Андрей Кураев

СВЯЩЕННЫЕ ВОЙНЫ ПРАВОСЛАВНОГО МИРА

2025

Любое использование материала данной книги,
полностью или частично,
без разрешения правообладателя запрещается.

Андрей Кураев

Священные войны православного мира / Андрей Кураев. —
BAbook, 2025. — 661 с.

ISBN 978-1-969573-01-9

Отпечатано в Германии

© Андрей Кураев, 2025
© BAbook, 2025

Войны ненавистны матерям

Гораций. Оды, 1, 1, 24

Обозначение темы

В России введен запрет на самопознание.

Нельзя видеть параллели между колониальной политикой Западных стран и аналогичными действиями родной Империи.

Нельзя смотреть на себя глазами невесть от чего невосторженных наших соседей[1].

Нельзя примечать схожесть Родины и Третьего Рейха и уж тем более говорить о заимствованиях германских пропагандистских и иных практик[2].

---

[1] Вот глаголы, которыми П. И. Мельников-Печерский описывает судьбу русского человека: «Русский человек... блажит, кобенится, орехи лбом колотит, полено по брюху катает, на всё плюет, душу отводит, проказит, себя кажет, слоняется, шмонается, гомозится, гулемыжничает, уросит...» Он это слышит в народе и и записывает. И к последнему слову дает профессорскую сноску: „Уросливый: капризный, своенравный... От татарского урус — русский". Татары своенравных и причудливых людей зовут русскими».

Его биограф добавляет: «Не скрою, добила меня эта сносочка. „Необязательный" штришок дотошного краеведа. Так ведь добавляет же этот штришок! Штришок к русскому портрету с точки зрения татарского здравомыслия. Завершение портрета. Последняя точка. „Уросничать". (Лев Аннинский. Три еретика. — М., 1988. С. 211).

[2] Эрик Зоммер с 1940-го года работал переводчиком в Министерстве Иностранных Дел Германии. Он вошел в советскую историю тем, что именно он в ночь на 22 июня 1941 года зачитывал русский текст меморандума об объявлении войны советскому послу. Из его рассказа русскому историку В. Померанцеву:

«— Вы не спали? Вы готовились к этому событию?

Есть госстандарт «нашей истории» ведомства тов. Мединского. Иногда он ясно не сформулирован, и тогда исполнителям приходится на свой вкус догадываться о намерениях «законодателя».

23 августа 2022 года ТАСС сообщил: «Никулинский суд Москвы во вторник оштрафовал бывшего диакона Андрея Кураева за пост в „Живом журнале", в котором были обнаружены признаки дискредитации российской армии. Об этом ТАСС сообщили во вторник в пресс-службе суда. „Никулинским районным судом Москвы в открытом судебном заседании было рассмотрено дело об административном

— Я был уже предупрежден за несколько дней до этой ночи, что должен постоянно сообщать в Министерство, где я нахожусь. Среди ночи меня разбудила мать и сообщила, что меня требует к телефону мой шеф, который вкратце уведомил, что через четверть часа за мной заедет служебная машина, и что я должен одеться в форму Министерства. А он будет ждать меня в протокольном отделе.
— У Вас была офицерская форма?
— Нет, это была форма Министерства Иностранных Дел. Не военная, а чиновничья. Мне вспоминается, что когда я сопровождал (посла СССР) Деканозова к болгарской границе, тоже в форме, но уже не в черной, а в зеленоватой форме военного времени — даже сотрудники Министерства во время войны носили форму, похожую на военную, то есть защитного цвета — так вот тогда я в течение нескольких дней беседовал с Деканозовым, и он меня спрашивал обо всех деталях, относящихся к этой самой служебной форме. К счастью, у кого-то оказалось наглядное пособие, и я смог ему объяснить, какие формы носят в МИДе, какие знаки отличия и т. д. Уже в лагере (советском лагере после войны) сотрудники советского Министерства, тоже заключенные, рассказывали мне, что Деканозов, вернувшись в Москву, настаивал на том, чтобы в Советском Союзе ввели служебную форму для дипломатов, что на самом деле и произошло».
(https://www.facebook.com/share/p/196JF2EZx7/)
«В конце 1943 года каждый день приносил нововведения. Ввели форменную одежду для дипломатов, потом для юристов, для железнодорожников. Один мой приятель шутя уверял, что скоро придумают мундиры для поэтов, на погонах будут одна, две или три лиры — в зависимости от присвоенного звания. Мы смеялись, но смех был невеселым» (И. Эренбург. Люди, годы, жизнь. 5,15).

правонарушении по ч. 1 ст. 20.3.3. КоАП РФ (публичные действия, направленные на дискредитацию использования Вооруженных сил Российской Федерации в целях защиты интересов РФ) в отношении Кураева А. В. Суд постановил признать Кураева виновным в совершении административного правонарушения и назначить наказание в виде штрафа в размере 30 000 рублей", — сказали в пресс-службе. Согласно материалам дела, в отношении Кураева составили административный протокол за публикацию в „Живом журнале" от 18 апреля, где он рассуждал о гражданской войне в России в 1918–1923 годах»[3].

И в самом деле, в законодательных новеллах начала СВО не было сказано, о каких именно действиях армии России нельзя судить иначе, чем об этом сказал пресс-генерал. Судебная практика уже и до моего суда показывала, что нежелательными, а порой и преступными объявляются «ревизионистские взгляды» на Великую Отечественную войну. И вот оказалось, что можно сказать нечто ревизионистски-подсудное и про «гражданскую войну в России в 1918–1923 годах». Причем пресс-служба суда не дала подсказки: какую из сторон той войны я якобы дискредитировал?[4]

Но уже есть церковно-образовательно-государственный канон рассказа об Александре Невском и Дмитрии Донском о более чем двух десятках «дней воинской славы России». Так что можно попасть под суд, если твой рассказ об исходе Бородинского сражения будет отличаться от первого рапорта о нем,

---

[3] https://tass.ru/proisshestviya/15541599

[4] На самом деле судили меня за заметку с упоминанием об украинской Буче. Сама та заметка называлась «Это ведь Гражданская война». Но скан, распечатанный в Роскомнадзоре, был столь плох, что в нем читался только заголовок (остальное пересказывалось в доносе Чичина Сергея Николаевича). На этот слепой скан и опиралась пресс-служба суда.

что Кутузов послал царю — рапорта победного, но, увы, лживого[5].

И есть госстандарт освещения текущей жизни; точнее, антистандарт: нельзя видеть те черты российской жизни, какие видели в ней сотрудники «экстремиста и террориста» Алексея Навального. В частности, нельзя верить даже новым фронтовикам — если их рассказы не прошли утверждение военной цензуры.

Даже видя — не переводи увиденное в слова, не фиксируй в памяти, не передавай другим и не вовлекай их в обсуждение.

Есть своя логика мифа в запрете зеркал в доме покойника. Но занавешивание зеркал в жизни общества делает улицу слепой и безъязыкой[6]. А само общество это беззеркалье делает беззащитным от корыстной пропаганды власти (будь она царская, олигархическая, чекистская или церковная).

Все узнаваемые и очевидные несоответствия пропагандистскому шаблону кажутся «частным случаем». Да, «случалось и такое», но «в целом у нас всё равно!..» Но главное — «не обобщайте!»

Поэтому приходится делать целые хрестоматии таких «частных случаев» и «исключений» — чтобы потом еще раз поставить вопрос: а вдруг всё же наш исторический мейнстрим был вот таким (ныне официально осуждаемым), а не бело-пушистым?

Один из стандартов российской пропаганды — «мы никогда ни на кого не нападали» — сопоставлен с реальной историей в моей предыдущей книге «Мифология русских войн».

Один из стандартов церковной пропаганды целиком соответствует стандартам современной левацкой пропаганды в Западном мире: «Мы — всегдашние жертвы! Нас всегда все

---

[5] См. главу «Бородино. В поисках победителя» в моей книге «Мифология русских войн»

[6] Не зная, входит ли «Облако в штанах» Маяковского в школьную программу XX века, напомню контекст: «улица корчится безъязыкая — ей нечем кричать и разговаривать».

обижали, но мы — никого!» Разбору этого тезиса посвящена моя следующая книга «Миссия и насилие». И там, кстати, будет разбираться уверение в том, будто в православии никогда не было инквизиции.

Но есть еще один рефрен церковной (а в нынешних условиях, по сути, и государственной) пропаганды: православие — самая миролюбивая религия. В отличие от католиков, мы никогда не предпринимали крестовых походов и не вели священных войн.

Этот вопрос не относится к числу чисто внутрицерковных. Если религия считается важнейшей структурой «культурного кода», то важно знать не только саморекламные ролики этой религии, но и ее реальную жизнь и историю. Вопрос данной книги — показать, какие стандарты военной этики, риторики и политики православная церковь генерирует и воспроизводит из века в век.

Воспитанникам приходских школ и семинарий ответ кажется очевидным: мы — бело-пушистые исповедники и жертвы, всегдашние жертвы чужих агрессий, никогда не обижавшие своих любимых соседей.

Однако я — решительный противник мнения, будто у русских есть какая-то особая или лишняя хромосома. Мы — как все… А религиозная мотивация войны — это константа всемирной истории. И Русь-Россия тут просто не может быть исключением.

Итак, данная книга начинается с фиксации изначального пацифизма древней церкви I–III веков.

В IV веке последовал грандиозный и почти мгновенный поворот жизни и политики церкви, вошедший в имперский («константиновский») период своей истории. И до объявления войны делом священным осталось только два века.

Далее следует глава с определением терминов — что считать «священной» или «религиозной» войной.

Потом будет краткий экскурс в историю Византийской Империи и церкви (именно там были заложены и сформулированы каноны православия[7]).

А далее последует обзор войн русской истории. Конечно, это не будет обзором хода боевых действий. Речь пойдет о том, какой религиозный смысл и статус церковно-государственная пропаганда придавала каждой из этих войн или по их ходу, или описывая их с «летописной» дистанции и тем самым опять же создавая «канон»[8].

В отдельную главу вынесен вопрос о том, можно ли приложить к реалиям русской церковно-военной истории слова из песенки французских гвардейцев (всем известной по советскому фильму «Д'Артаньян и три мушкетёра»):

Притон, молельня, храм или таверна,
Верши приказ, а средств не выбирай.
Тому, кто кардиналу служит верно,
Заранее заказан пропуск в рай.
Его Высокопреосвященство
Нам обещал на небе райское блаженство.

---

[7] Достаточно сказать, что христианство в Киевской Руси проповедовали поначалу болгарские священники, а не греческие. А все вопросы болгар на тему соотнесения их новой веры и войн снял лично римский папа Николай. На вопрос царя Бориса о том, можно ли вести военные приготовления и действия перед Великим Постом, он в 867 году написал ему, что человек, который сам не готовит оружия для защиты себя и своей страны, искушает Бога (Ответ папы Николая царю Борису, 46 // PL. v. 119 col. 998). Но и у греков к этому времени всё уже было однозначно.

[8] Понятно, что даже первая русская летопись «Повесть временных лет» не современна большинству описываемых в ней событий. Но писалась она монахом и писалась по заказу Киевского митрополита, а потому может рассматриваться как средство именно церковной пропаганды. А митрополит тот был прислан от греков из Константинополя, и потому заказанный им труд пересаживал на «новопросвещенную» русскую почву в том числе и византийские правила военно-церковной риторики.

...Не все источники я нашел и привлек. Не всё вместилось в эту книжку. Но всё же до начала советского периода России трудным оказалось скорее найти войну, которую великий князь-царь-император развязывал бы и вел без ее религиозного экзальтирования, нежели обратное.

Несложно ответить на вопрос — «были ли в нашей истории войны с религиозным их обоснованием, с религиозной их мотивацией и с поставлением именно религиозных целей?» Да, были, и множество примеров будут даны в этой книге.

Сложнее ответить на противоположный вопрос — «были ли в нашей истории хоть войны без религиозного ее обоснования, без религиозной ее мотивация и без поставления именно религиозных целей?»

Тут два беловатых пятна, о которых хотелось бы знать больше, но источники такой возможности не дают.

Первое — войны «Древней Руси». Об их идейном оформлении летописи XVI и более ранних веков источников говорят слишком мало. И, возможно, летописцы просто не пишут о том, что кажется им очевидным.

Второе — это войны с теми недругами, которых Москва или Петербург не считали себе ровней. То есть с теми народами, у которых еще не было своего государственного устройства, и которых просто надо облагать данью и время от времени вновь приводить к покорности. Договор Московского князя и князя Литовского, царя Московского и короля Польского — это договоры равных. Тут есть место формальностям и протоколу. А с «чудью»?

Вот восстали мари и другие народы Поволжья. Иван Грозный снимает с Западного (литовского или шведского) фронта полки. Они идут через Москву на восток, на Черемисские войны. Но летописи молчат о проповедях московских митрополитов тем полкам. Хотя вряд ли войны с «языческими» осмыслялись московской стороной вне привычной парадигмы священной войны с неверными...

Незнакомы мне и речи епископов и священников, напутствовавших казаков Ермака...

Были эти молебны, проповеди и благословения? — Несомненно. Были иконы, сопровождавшие покровителей Сибири? Несомненно. Но записанных слов этих проповедей со словами — «идите и утвердите веру Христову среди язычников» я не встречал. Московская Повесть о покорении Сибири, вставленная в «Новый летописец», составлена без религиозной тематики.

А вот сибирские казачьи летописи отмечают, что татарский «...царь Кучюм повеле босурманам своим кликати скверную свою молитву и призывати поганыя свои боги»[9]. Или: «...принесоша погании под городок с собою кумир, и поставиша его под древом и начаша ему жрети, надеющеся помощию его городок тот взяти. В то время стрелиша ис городка ис пушки, и древо, под ним же бе кумир, разбиша на многия части»[10].

Есиповская летопись с самого начала обличает верования жителей Сибири и Урала: «...апостоли написаша в правилех своих и вселенней предаша, еже бе рекоша: аще кто прилежит Маометовым заповедем и внемлет учение его, анафема да будет сиречь проклят. Паче же и идолоклонник предлежить проклятию»[11].

То есть для казаков было характерно и важно восприятие сибирского населения как чужеверного. А себя они считали войском Истинного Израиля, войском Божиим. После цитации ветхозаветных повелений об истреблении язычества, летописец говорит: «...посла Бог очистити место святыни и победити бусорманского царя Кучюма и разорити боги мерския и их нечестивая капища. Избра бог атамана Ермака Тимофеева»[12].

---

[9] Румянцевский летописец // ПСРЛ. Т. 36. Сибирские летописи. Ч. 1: Группа Есиповской летописи. — М., 1987. С. 39.

[10] Там же, с. 40.

[11] Есиповская летопись // ПСРЛ. Т. 36. Сибирские летописи. Ч. 1: Группа Есиповской летописи. — М., 1987. С. 48. Простим казакам неведение того, что апостолы жили за шесть веков до Магомеда и потому никак не могли давать оценку его учению.

[12] Там же, с. 50.

Летопись итожит: «Гл. 35. Оттоле солнце евангельское землю сибирскую осия, во многих местах поставишася святыя божия церкви и прибежище православным христианом. И мнози невернии уведевше християнскую веру крестишася. Гл. 36. Божиим изволением и повелением царя Михаила Федоровича всея Русии и благословением патриарха Филарета Никитича поставлен бысть в Сибирь первой архиепископ Киприян. Он же повеле имена убитых казаков написати в церкви в соборной синодик и в православную неделю кликати повеле с прочими **пострадавшими за православие** вечную память. Гл. 37. Синодик казаком. Избра бог и посла атамана Ермака с дружиною очистити место святыни и победити босурманскаго царя Кучюма и разорити богомерския их нечестивыя капища. Но на тех местах поставишася гради и воздвигошася святые божии церкви. И восприимше щит истинной веры вси глаголюще достойны умрети за истинныя святыя божия церкви за истинную веру пострадати»[13].

Религиозная война? Но в некотором смысле это прокси-войны. И московский царь сибирскому царю Кучюму войну не объявлял. И далекие московские патриархи в казачьих сибирских летописях отсутствуют…[14]

Также вековая цепочка покорения одного за другим народов Кавказа представлялась почти что пограничными инцидентами и обошлась без речей столичных иерархов (московский митр. Филарет упоминает о них даже без уточнения имени противника: «война против горцев»[15]).

Более уверенно можно бы сказать, что религиозный характер не придавался тем войнам, которые не объявлялись. Это военные походы в Среднюю Азию в конце XIX века.

---

[13] Там же, с. 67–71.

[14] Упоминание патриарха Филарета вместе с его сыном царем Михаилом — это просто формуляр любого документа той поры.

[15] Донесение Синоду по делу иеромонаха Владимира 27 июля 1844 // Собрание мнений и отзывов Филарета, митрополита Московского и Коломенского, по учебным и церковно-государственным вопросам. — СПб., Т. 3. 1885. С. 112 и 114.

И уж точно не было у русских царей-императоров таких военных замыслов, которые остановил бы их придворный митрополит-патриарх-синод своим кротким миротворческим евангельским увещеванием или даже угрозой анафемы.

Но для опровержения тезиса «в истории православного мира не было религиозных войн» не нужно доказывать, что «все войны православного мира имели религиозный характер».

«Фальсификация» (опровержение) экзистенциальных отрицательных суждений («N не существует»), включающих в себя кванторы всеобщности (типа «никогда») довольно просто. Так, для опровержения тезиса «черных лебедей не было и быть не может», достаточно представить один факт наблюдения одного лебедя черного цвета.

В этой книге представлено много более одного факта ведения православными церковно-государственными властями религиозно мотивированных войн, в том числе наступательных.

Но даже тем читателям, чьи исторические знания и так не позволяют им принять тезис «православная церковь никогда не...», предлагаемая мною подборка может быть и интересна, и полезна.

Ведь и среди их друзей и интернет-знакомых наверняка есть люди, которым нравится миф о стране, никогда не нападавшей и никогда не ведшей религиозных войн. Один и даже два примера их не переубедят. И тогда почему бы не усложнить их мир предложением вот такой хрестоматии?

Глава 1

Исторический путь православия: от пацифизма к милитаризму

Больше доблести в том, чтобы словами убивать войны, чем железом — людей.

Блаженный Августин.
Письмо CCXXIX. К Дарию, 2

Христианское отношение к войне сложно, как и само христианство. Ведь библейский фундамент христианства композитен: он сложен из двух блоков (блогов): книг еврейского Танаха («Ветхого» Завета) и книг «Нового Завета».

Взаимные отношения этих двух библиотек и их читателей непросты.

Люди Нового Завета изначально считали себя и людьми Писания (причем таковым апостолы считали именно ветхозаветные книги). И очень скоро встал вопрос: если продолжать исполнять весь еврейский Закон (с кашрутом и прочими 613 запретами) — это значит остаться в его орбите, а сама проповедь о Христе просто потеряется среди этого множества бытовых наставлений.

А если просто отсечь миру «иудейских древностей»?

Именно об этом и была первая богословская дискуссия в истории церкви. Сначала это был спор апостолов Петра и Павла.

Потом — мощное движение богословского антисемитизма, известное как «ересь Маркиона», а шире — антиномизма.

Церковь всё же решила защищать статус Ветхий Завет как Божьего Откровение. Ей это было богословски необходимо для обоснования самой себя, своей миссии и свое веры.

Если бы она его отвергла — она поставила бы под сомнение самый драгоценный из своих догматов: «Бог есть любовь».

Если бы у Евангелия не было предыстории — то евангельская история выглядела бы случайной импровизацией. Бог, некогда создавший мир, забыл о нем. Его земные дети росли без пригляда. Но, когда всё же они хоть малость похорошели — Небесный Отец вдруг вспомнил о нас и заглянул в гости.

В таком случае неправ евангелист Иоанн, сказавший о Христе: «пришел к своим, и свои Его не приняли» (Ин. 1,11). Нет, не к своим, а к чужим пришел Он — если Он не посещал их прежде. И, тогда, кстати, нет ничего странного и трагического в том, что чужие не приняли чужака. Но вся трагедия Евангелия в том, что свои не приняли Своего…

Если отвергнуть Ветхозаветную прелюдию к Евангелию — у нас не будет ответа на главный вопрос: Любовь — она всегда в Боге, или это было случайное чувство? Может, однажды на Него «накатило». И как Он не заботился о Своих земных детях до евангельских времен, также Он может забыть о них и после.

Вопрос об Израиле, в конце концов, — вопрос о нас самих. Можем ли *мы* быть уверены в том, что Бог и ныне с нами и будет впредь? Или же Тот, кто после первых же грехов людей отвернулся от них и на тысячелетия их забросил, также реагирует и на наши беззакония? Есть ли в Боге, в Его любви и в Его терпении постоянство?

Человеческое сердце требует надежды. Надежда требует вывода: Да, Бог — Тот же. «Христос вчера и сегодня и во веки Тот же» (Евр. 13,8). «И до старости вашей Я тот же буду, и до седины вашей Я же буду носить вас; Я создал, и буду носить, поддерживать и охранять вас» (Ис. 46, 4).

Так, защищая Евангелие, Церковь должна была защищать и мир Пророков. Не только из этических, но и из богословских соображений Церковь взяла под свою интеллектуальную защиту историю Израиля и его книги.

> «Церковь Божия, избегая крайностей и тех и других (иудеев и гностиков) идет средним путем — и не соглашается подчиниться игу закона, и **не допускает хулить его** и по прекращении его за то, что он был полезен в свое время» (свт. Иоанн Златоуст)[16].

Достаточно вспомнить издевки язычников Цельса и Юлиана, дикие эскапады гностиков в адрес ветхозаветной истории и религии — и станет ясно, какой путь Церковью был отвергнут.

Но эта решимость видеть в грозном Боге пророков и в Распятом Боге апостолов Одного и Того же Бога породила огромные проблемы, раздоры и споры в самом христианстве.

Никто ведь не издал Библию, в которой разным цветом или шрифтом были бы отмечены те законы и практики Ветхого Закона, которые: 1. остались обязательными для христиан, 2. стали факультативны, и 3. стали для христиан просто запретны.

Нет списка библейских мест с авторитетным предостережением: «Не для повторения! Осторожно: это не прецеденты!»

Значит, актуализация тех или иных эпизодов библейской истории или пророческих слов — это дело личного вкуса и общественной потребности христиан. Обычно это поиск нужных библейских мест для уже сложившейся практики. Это касается и богослужебных облачений, и обычаев, и даже судебной практики.

Например, апостол ясно сказал: «Всякий муж, молящийся или пророчествующий с покрытою головою, постыжает свою голову» (1 Кор. 11,4). Но вот захотелось папам и патриархам служить в тиарах (митрах) — и сразу вспомнили о таковых головных

---

[16] Св. Иоанн Златоуст. Шесть слов о священстве. Forestville, 1987. P. 72.

уборах ветхозаветных первосвященников. Ну и что, что на Тайной вечере Христос не был в тиаре? Ну и что, что апостол Павел это прямо запретил? Ведь речь идет о власти! Павел имел в виду, что снятие покрывала с головы при молитве — это отказ от своей автономии, от своей власти, знак беззащитности перед Богом, знак признания Его власти над собой. Но патриархам надо каждой деталью своего облачения показывать, что они имеют власть над своей паствой. Для другой цели — другая одежда.

Другая сложность отношения христиан с Ветхим Законом была в том, что у христиан как поначалу гонимой секты не было опыта социального управления. Это был мир личной этики, личного пути к Богу. Да, некогда народ Израиля прошел через пустыню А теперь каждый лично должен пройти путем своего поиска через свою пустыню.

Когда же церковь стала имперской, она, конечно, на практике сразу усвоила римские принципы управления. Но реал-политик всё же нуждалась в богословском оправдании. И тогда опять начался корыстный поиск подобающих «мест» в древних библейских книгах. В Риме есть смертная казнь. В Евангелии апостолы Христа никого не убивают. Что ж, зато мир Ветхого Завета желающим даст массу того, что можно объявить священными установлениями и прецедентами[17].

---

[17] Эти аргументы собрал Сергей Худиев в замечательной притче:

«Однажды некий отважный миссионер прибыл на острова, где жили охотники за головами. Отрезанные головы они сушили, и тщательно зашивали им рот, чтобы дух убитого врага оставался внутри и не мог им навредить. Такие головы считались мощным оберегом. Миссионер выучил язык дикарей и приобрел у них некоторое доверие и авторитет. Он успел строго запретить им охотиться за головами, но тут умер от какой-то местной болезни.

Новообращенные островитяне каждый день с усердием читали его наставление: «Дети мои! Отвергните этот худой обычай и не охотьтесь больше за головами!»

Островитяне понимали, что эту заповедь нельзя исполнять буквально.

Во-первых, все люди всегда охотились за головами. Так же как они дышали, ели, вступали в брак, строили хижины. Это часть жизни, и тут уж ничего не поделаешь.

Во-вторых, если перестать охотиться за головами, старые обветшают и придут в негодность, и племя лишится мощных магических амулетов, оберегающих его от злых духов.

В-третьих, все соседние племена, не видя больше голов, станут считать наше племя слабым и начнут дерзко угонять его скот.

В-четвертых, молодые воины больше не смогут становиться настоящими мужчинами и доказывать, что они — нашего рода, пройдя испытание по добыче головы врага.

В-пятых, наши великие и премудрые предки считали обычай охоты за головами очень важным — а это были достойные, почитаемые люди.

В-шестых, белые люди, как это всем известно, сами убивают врагов, но не делают ничего путного с их головами — так что не им запрещать нам хотя бы употребить отрезанные головы с пользой для племени.

В-седьмых, в Толстой Книге Белого Брата ясно сказано, «Тогда Давид подбежал и, наступив на Филистимлянина, взял меч его и вынул его из ножен, ударил его и отсек им голову его» (1 Цар. 17:51), из чего видим, что и Толстая Книга одобряет охоту за головами.

Следующий миссионер обнаружил племя христианских охотников за головами, которые сушили отрезанные головы и зашивали им рты с пением псалмов» (FB Sergey Hudiev 15 сентября 2014 г.).

Реальная история:

Начало XIX века. На островах Таити правит король Помаре II. Он был не только пьяницей и многоженцем, но и гомосексуалистом. На английских миссионеров он смотрел как на потенциальный источник европейских товаров, особенно мушкетов и другого вооружения. Явно для того, чтобы добиться их расположения, он принял христианскую веру, которая в лучшем случае была двусмысленной. Он просил оружие, чтобы покончить с мятежными силами, что вначале поставило миссионеров в тупик. Но с ростом воинственности окружающих людей, угрожавших и их жизни, они сдались и решили обеспечить Помаре II и его христианских последователей оружием и боеприпасами. Могли ли миссионеры оправдать такое вмешательство? Дело в том, что оно дало практические результаты, от которых зависела их собственная жизнь. По наблюдениям очевидца, мятежники бы выиграли, «если бы миссионеры не раздали местным оружия вместе с Библией и не научили обращению с огнестрельным оружием так же хорошо, как хорошо их научили молиться» (Такер Рут. От Иерусалима до края земли. История миссионерского движения. — Спб., 1998) (Глава 8. Острова в Тихом океане: проповедь в «раю», http://www.blagovestnik.org/books/00285.htm#9).

Вот так получилось и с формированием христианского отношения к войне.

В мире Ветхого Завета с этим довольно просто:

«И прогневался Моисей на военачальников, тысяченачальников и стоначальников, пришедших с войны, и сказал им Моисей: для чего вы оставили в живых всех женщин? Итак, убейте всех детей мужеского пола, и всех женщин, познавших мужа на мужеском ложе, убейте» (Числа 31, 14–15)

Очень легко показать преемственную связь между ветхозаветными «войнами Яхве» и средневековым богословием войны.

Но в эту вроде бы естественную преемственность врезается метеор Нагорной Проповеди Христа.

И для нескольких поколений христиан этот метеор своим сиянием затмевал и «здравый гражданский смысл» («если б были все как ты, ротозеи, штоб осталось от Москвы, от Расеи?!»), и ветхозаветные примеры.

…История вопроса о рецепции церковью войны и насилия схожа с историей вопроса о возникновении иконопочитания.

Представим себе хороший, честный и научный христианский университет. Вы идете на кафедру древнехристианской литературы и спрашиваете: «Какое мнение было у учителей церкви по вопросу об использовании живописи в христианском богослужении?» Специалист-патролог вам ответит: в первые века это отношение было негативным. И приведет цитаты:

Апологет второго века Минуций Феликс — *«Крестов мы не чтим и не молимся на них»* (Октавиан, 29).

Эльвирский собор в 306 году: *«Мы постановили: да не будет в церквах живописных изображений, дабы поклоняемое и почитаемое не было живописуемо на стенах»* (правило 36).

В том же IV веке Лактанций не сомневался в этом вопросе: «Несомненно, что не может быть никакой религии там, где образы» (Божественные установления. Кн. 2, гл. 19).

Придворный епископ императора Константина и первый церковный летописец Евсевий Кесарийский: *«Поскольку подобные вещи незаконны для нас, то и обсуждать их не следует. Бог законополагает не делать никакого изображения. Разве в церкви ты сама или от кого-нибудь другого не слышала этого?»* (Послание к Констанции, 5–6)[18].

Августин в пятом веке хвалил Варрона Римлянина такими словами: *«Раз Варрон полагал, что религия должна сохраняться в большей чистоте без образов, то кто не видит, насколько он близок к истине?»* (О граде Божьем. Кн. 4, гл. 31). То же самое Августин говорит в другом месте: *«Изображения имеют больше силы склонить и извратить слабую душу, чем наставить ее»* (На Пс. 113 Augustinus. Enaratio in Psalmum CXIII. Sermo II, 3 // PL. 37. Col. 1483).

Св. Епифаний Кипрский повелел уничтожить изображения в храмах своего острова: *«Когда я пришел в деревню, называемую Анаблата, и увидел там завесу, висящую в дверях церкви, покрашенную и разрисованную, с изображением якобы Христа или какого-то святого. Я недостаточно точно запомнил, кто это был. Когда же я увидел, что в церкви Христовой против указаний Писания было повешено изображение человека, я разорвал его и настоятельно советовал блюстителям того места, чтобы обернули им умершего бедняка и похоронили... Пусть они распорядятся, чтобы в Церкви Христовой такие занавесы, которые противны нашей религии, не вешались. Поистине украшает твое достоинство то, что ты усердно стараешься, чтобы упразднить нарушение, недостойное Церкви Христовой и народу, которые вверены тебе»* (Hieronymus. Epistola LI, 9 // PL. 22. Col. 526–527).

Это письмо Епифания епископу Иерусалимскому Иоанну, было переведено с греческого блаж. Иеронимом Стридонским, что, вероятно, свидетельствует, что и сам святой Иероним был с ним согласен.

---

[18] Византийский Временник. Т. 51. — М., 1990. С. 59–60.

Затем последовало несколько веков разномнений, не спорящих между собой. И наконец, вопрос был поставлен в контекст христологических догматических споров, и тогда были выносимы однозначные решения уже целыми соборами, считавшими себя вселенскими — как в иконоборческую сторону, так и наоборот. Кто победил — вы знаете[19].

Но если вы далее постучитесь в двери другой кафедры того же христианского университета — «кафедру церковной археологии» — и зададите тот же вопрос об использовании живописи в христианском богослужении? В ответ вам покажут фотографии множества произведения христианской культовой живописи I–V веков. Начиная с изображения креста на стене тайной молельной комнаты в Геркулануме — городе, погибшем вместе с Помпеями при извержении Везувия в 79 году. И далее с каждым десятилетием всё больше, включая огромное количество фресок в римских катакомбах.

Да и иконоборческие постановления и сочинения теоретиков появляются явно как реакция на иконопочитательскую практику прихожан (*«...я не знаю, почему некая женщина, несущая в руках два портрета, подобных изображениям философов, проронила слова, будто они суть изображения Павла и Спасителя — не могу сказать ни того, откуда она их взяла, ни того, откуда она узнала это»* — Евсевий. Послание к Констанции, 7).

Теперь возвращаемся к дверям этих кафедр с новым — военным — вопросом.

Кафедра археологии в узком смысле дает скромный результат: обнаружено не более десятка надгробных эпиграфических памятников[20], которые указывают на присутствие христиан в частях римской армии до Константина. Причем не совсем ясно,

---

[19] Один переводчик так перевел самую знаменитую фразу Виктора Степановича Черномырдина: We wanted the best, you know the rest.

[20] С начала Империи широко распространяется обычай создания надгробных памятников умершим солдатам и ветеранам. На этих памятниках

были ли воины христианами в период службы или приняли христианство позднее, а может быть, христианская символика на памятнике — пожелание родственников. Все памятники датируются рубежом III–IV веков[21]. И, конечно, археологи напомнят о папирусе Райленда, о коем ниже.

Поэтому возвращаемся на кафедру древнехристианской литературы и уточняем запрос, разделив его на два: 1. Какие тексты «церкви учащей» II–III веков нормируют отношение христиан к армейской службе? 2. Какие письменные свидетельства, описывающие жизнь христиан этого периода, упоминают о христианах в армии?

В этом случае мы получим ту же полиопию, что и в вопросе об иконе[22]. Каждый глаз видит свое. Одно — в высоких учительных текстах. Другое — в практике.

Эта «практика», то есть жизнь рядовых воинов и рядовых, христиан, не написавших книг, фрагментарно фиксируется в современных им судебных протоколах и позднейших Житиях, да и у самих церковных писателей.

Конфликт «церкви учащей» и «церкви учимой» хорошо видел в рассказе Евсевия Кесарийского о св. мученике воине Марине. Это был «муж, награжденный званиями в войске». Его уже хотели сделать центурионом, но *«Феотекн, бывший там еписко-*

указывались имя (собственное имя, имя отца, имя рода, а также пожизненное «прозвище» — когномен). Упоминаются также место рождения и, поскольку речь идет о римских гражданах, территориальный округ — триба, к которому был приписан солдат. Эти эпитафии собраны и опубликованы в: Desau H. Inscriptiones Latinae selectae. Ed. 2. Berolini, 1954–1955. Vol. I–III.

[21] Надписи № 2811. № 2790. № 2789 из собрания Desau, говорящие о солдатах-христианах приведены и переведены в: Соловьянов Н. И. Христианство и римская армия во II–III вв. // Грамота (Тамбов), 2016. № 7 (69): в 2-х ч. Ч. 2. С. 170. www.gramota.net/materials/3/2016/7-2/44.html).

[22] При монокулярной полиопии любой предмет представлялся ему расщепленным на множество образов. Удивительно, но именно таким было заболевание Кеплера. Что мешало ему самому вести наблюдения звездного неба, но не помешало стать величайшим астрономом.

пом, подойдя, увлек его беседой и, взяв за руку, привел в церковь. Там он поставил его рядом с собой перед алтарем, немного откинул его плащ и, показав на его пристегнутый меч, в то же самое время с другой стороны протянул ему книгу божественных евангелий, приказав ему выбрать по своему усмотрению одно из двух» (Церковная история 7,1,4). За сколько времени пред этим событием Марин принял веру и при этом продолжил служить, источник не говорит. Сам он свою веру не афишировал; к мученичеству не стремился и к суду был привлечен по доносу сослуживца. И проблемы в совмещении своей веры со службой и с возможным повышением Марин, кажется, не видел. В отличие от епископа Феотекна, ученика великого Оригена.

Так что же говорила о христианском участии в войне богословская теория первых веков?[23]

Христиане второго века не оставили манифестов христианского пацифизма. Намек на него можно увидеть в «Диалоге с Трифоном иудеем» св. Иустина Мученика: *«Мы, которые исполнены войной, взаимным кровопролитием и всяким злом, изменили свое воинское оружие, наши мечи на орала, а наши копья на орудия по обработке почвы»* (Диалог, 110). Татиан открыто приравнивал войну к убийству: богиня *«Афина посредством капли крови после отсечения головы у Горгоны, любовницы Нептуна, от которой произошли Пегас конь и Хризаор, сделалась человекоубийцею и производительницею войн»* (Речь к эллинам, 8). *«Ты хочешь вести войну и обращаешься к Аполлону, советнику убийств»* (19).

Вопросу об отношении христианина к воинской службе посвящена 19-я глава трактата Тертуллиана «Об идолопоклонстве».

---

[23] Как обычно, раньше всех соответствующую антологию выпустил Адольф фон Гарнак: Von Harnak A. Militia Christi. Die christliche Religion und der Soldatenstand in den ersten drei Jahrhunderten. Tübingen, 1905 (стр. 93 и далее).

*«В настоящей главе будет рассмотрено то, что касается воинской службы, которая также связана с властью и достоинством. На этот счет спрашивают, **может ли христианин поступать на военную службу и допустимо ли даже простого воина, которому не обязательно совершать жертвоприношения и произносить приговоры, принимать в христианскую веру?** Однако не согласуется Божья присяга с человеческой, знак Христа — со знаком дьявола, воинство света — с войском тьмы. **Нельзя, имея одну душу, обязываться двоим — Богу и цезарю.** Если есть желание пошутить, то можно сказать, что и Моисей носил жезл, а Аарон — застежку, что Иоанн был препоясан, а Иисус Навин водил войско в бой, и вообще весь народ Божий сражался на войне. Вопрос состоит в том, как человек этот будет сражаться, то есть я хотел сказать, каким образом будет он нести службу во время мира, без меча, который отобрал у него Господь? Ибо хоть к Иоанну и приходили солдаты, и приняли они некую форму благочестия, а центурион так даже уверовал, но **всю последующую воинскую службу Господь упразднил, разоружив Петра.** Нам не разрешено никакое состояние, служба в котором будет направлена на непозволительное для нас дело»*[24].

---

[24] Possit in isto capitulo etiam de militia definitum uideri, quae inter dignitatem et potestatem est. At nunc de isto quaeritur, an fidelis ad militiam conuerti possit et an militia ad fidem admitti, etiam caligata uel inferior quaeque, cui non sit necessitas immolationum uel capitalium iudiciorum. [2] Non conuenit sacramento diuino et humano, signo Christi et signo diaboli, castris lucis et castris tenebrarum; non potest una anima duobus deberi, deo et Caesari. Et uirgam portauit Moyses, fibulam et Aaron, cingitur loro et Iohannes, agmen agit et Iesus Naue, bellauit et populus, si placet ludere. [3] Quomodo autem bellabit, immo quomodo etiam in pace militabit sine gladio, quem dominus abstulit? Nam etsi adierant milites ad Iohannem et formam obseruationis acceperant, si et**iam centurio crediderat, omnem postea militem dominus** in Petro exarmando discinxit. Nullus habitus licitus est apud nos illicito actui adscriptus.

Интересно, что этот текст неизвестен русскому читателю Тертуллиана. Смотрим:

Творения Тертуллиана, христианского писателя в конце второго и в начале третьего века. 2-е изд.: СПБ: Издание Кораблева и Сирякова, 1849[25].

Эта глава просто пропущена!

Раннехристианский пацифизм не прошел имперскую цензуру.

К счастью, полный перевод был сделан в издательстве «Прогресс» в 1994 году: «Тертуллиан. Избранные сочинения».

Когда этот текст про «Петрово разоружение» показываешь современным православным, те тут же прячутся в уютный домик: «Тертуллиан — еретик! православные так не считали!»

Однако, разрыв Тертуллиана с ортодоксией датируется 213 годом. Об идолатрии он пишет в 208–212 годах. Более того, в этом вопросе для своего времени Тертуллиан был вполне нормативен. Его антимилитаристская позиция в его век не только его. Это церковный мейнстрим именно 3 века.

И как авторитетный свидетель современной ему церковной традиции Тертуллиан активно цитируется в ортодоксальной литературе.

В 211 году Тертуллиан для воина, обретшего веру, видит три выхода: 1. Отставка — statim deserendum — которая влечет за собой отказ от пенсии и земельного участка, что полагались ветеранам. 2. Продолжение службы с постоянным опасением, как бы не совершить что-то из того, что запрещено Богом 3. Мученичество.

«Переносить само почетное имя [христианина] из крепости света в крепость тьмы является преступлением. Безусловно, те, кого вера нашла после их вступления в воинское

---

https://www.tertullian.org/latin/de_idololatria.htm

[25] https://azbyka.ru/otechnik/Tertullian/ob_idolopokl/

звание, находятся в ином положении, похожем на то, в каком были те [воины], которых Иоанн допускал к крещению. Но в тоже время после принятия веры и ее запечатления [божественной крещальной] печатью следует либо немедленно оставить [военное дело], как многие и сделали, либо [продолжая им дальше заниматься] всеми возможными способами изворачиваться, чтобы не совершить что-либо противное Богу, — то, что не разрешается и за пределами воинской службы, — либо, наконец, стоит ради Бога твердо сносить то, что беспристрастно назначила ему языческая вера [в качестве наказания]» (О венце воина 11,4).

Контекст:

«Подобает ли христианину вообще заниматься военным делом? Каково это вообще: обдумывать второстепенные признаки [какого-либо явления], в то время как первостепенные подлежат осуждению? Разве мы верим, что к богоугодному обещанию позволительно добавлять человеческую присягу на верность и тем самым слушаться второго господина кроме Христа? Допустимо ли вести жизнь меченосца, в то время как Бог возвещает, что тот, кто воспользуется мечом, от меча и погибнет? И может ли сын мира участвовать в битве, если ему не положено [даже] ссориться? И [как] он будет ввергать в узы и в тюрьму, пытать и приводить в действия наказания, когда он не [должен] сам мстить за нанесенные ему обиды? Одно Евангелие и один и тот же Иисус. Для Него воин настолько является верным мирным жителем, насколько мирный житель является верным воином».

Тертуллиан хотел бы, чтобы солдат-христианин ушел из армии. Он готов приложить все полемические силы, чтобы полностью отбросить военное дело как нечто ненужное (11,7), но считает, что это не входит в конкретную задачу данного его сочинения «о венке». «В лучшем случае считай, что заниматься военным делом позволительно, но только пока не дойдет до необходимости ношения венка» (11,7).

Главное, что он отрицает позднейшее разделение заповедей Христа для гражданских и для солдат (мол, «не убий» не касается врагов отечества»): «Одно Евангелие и один и тот же Иисус». Фраза «как он будет ввергать в узы и в тюрьму, пытать и приводить в действия наказания, когда он не должен сам мстить за нанесённые ему обиды?» противостоит позднейшему тезису церковных моралистов, согласно которому прощать надо только лично тебе нанесенные обиды.

При этом сам Тертуллиан — сын центуриона (centurio proconsularis) (Иероним. О жизни знаменитых мужей, 53).

И, да, кажется, его позиция менялась. От благожелательного упоминания о том, что «христианами полны ваши военные лагеря» (см. Апологетик, 37) и пересказа легенды о молниеносном легионе (Апологетик, 5) — к цитированной главе из трактата «Об идолопоклонстве». Впрочем, и в Апологетике он знает, что *нашим учением повелевалось нам скорее быть самим умерщвлёнными, чем умерщвлять других* (Там же, 37)

Св. Киприан Карфагенский, как и Тертуллиан, не желает отличать личную этику от общественной и запрещенное в частной жизни считать доблестью в жизни общественной: «Смотри: дороги преграждены разбойниками; моря наполнены грабителями; военные лагери наполнены везде кровавыми ужасами. Вселенная обагрена кровию человеческою; *убийство, почитаемое преступлением, когда совершается частными людьми, слывет добродетелию, когда совершается открыто*» (Письмо к Донату о благодати Божией).

Св. Киприан считал, что говорит очевидную банальность: «Рука, принявшая Евхаристию, да не осквернится мечом и кровью» (О благе терпения, 14).

В том же третьем веке «Апостольское предание» св. Ипполита Римского утверждало: «Воин, находящийся под властью, пусть не убивает человека. Если ему приказывают, пусть не выполняет этого и не приносит клятвы. Если же он не желает, будет отвержен. Оглашаемый или христианин, желающие стать воинами, да будут отвержены, потому что они презрели Бога» (гл. 16)[26].

«Солдата, находящегося на государственной службе, следует учить не убивать людей и отказываться делать это, если ему это будет приказано. Кто принял власть отдавать приказы убивать, и даже простой солдат, не должны этого делать ни при каких обстоятельствах, даже если они получат приказ. Они не должны браниться [участвовать в боевых действиях]» (гл. 13).

Во втором веке язычник Цельс обвинял христиан: «Ибо если все будут поступать, как ты, то не будет препятствий к тому, чтобы он [император] остался один, всеми покинутый, а всё на земле досталось беззаконейшим и самым диким варварам... Ты ведь, конечно, не скажешь, что если бы римляне, послушавшись тебя, пренебрегли установленными у них законами в отношении богов и людей и стали призывать твоего всевышнего или кого хочешь, то он сойдет с неба и будет сражаться за них, и никакой другой силы не потребуется» (Ориген. Против Цельса, VIII, 68).

Ориген, отвечая Цельсу уже из третьего века, признает, что христиане могут уклоняться от службы не только военной, но и гражданской. Зато молитвами они более помогают государству, чем те, кто сражается. Молитвой *«мы большую помощь оказываем царям, чем солдаты, которые идут сражаться и убивают как можно больше врагов. А тем врагам нашей веры, которые требуют, чтобы мы носили оружие ради государства*

---

[26] Св. Ипполит Римский. Апостольское Предание. // Богословские труды. № 5. — М., 1970. С. 287.

и убивали людей, мы можем ответить: „Не тех ли, кто являются священниками в святилищах, и тех, кто служит богам, как вы их понимаете, держите вы руки чистыми от крови, чтобы они могли руками неоскверненными и свободными от человеческой крови приносить установленные жертвы вашим богам; и даже когда идет война, вы никогда не вербуете священников в армию. Если же это похвальный обычай, то тем более, что, в то время, как другие участвуют в битве, и эти должны участвовать как священники и служители Божии, сохраняя свои руки в чистоте и борясь в молитвах к Богу за тех, которые сражаются за правое дело и за царя, правящего праведно, чтобы истребилось все, что противится поступающим праведно". И так как мы своими молитвами побеждаем всех демонов, которые возбуждают войну и ведут к нарушению клятв, и нарушают мир, то мы таким образом гораздо полезнее царям, чем те, которые выходят в поле сражаться за них. И никто не сражается за императора лучше, чем мы. Мы действительно не сражаемся под его началом, хотя он и требует этого; но мы сражаемся за него, образуя особую армию — армию благочестия — вознося свои молитвы Богу» (Против Цельса, VIII, 68–73)

«Если бы христиане действительно получили свое начало от иудеев, которым было позволено поднимать даже оружие на защиту ближних и убивать врагов, то тогда законодатель христиан во всяком случае не запретил бы убийства человека и не стал бы учить своих учеников избегать даже такого насилия, которое вызывалось требованиями справедливости и направлялось на человека даже самого нечестивого. Ведь он вообще считал недостойным для своих божественных законов допускать какое бы то ни было убийство человека» (Против Цельса. 3, 6).

О произведениях Лактанция трудно сказать, какое из них написано до обращения императора Константина, а какое после. Но тем важнее их антивоенный настрой:

«Что же есть благочестие, где оно и каково? Конечно же, [оно] у тех, кто не приемлет войны, кто хранит со всеми мир, у кого друзьями являются даже враги, кто считает всех людей за братьев, кто умеет сдерживать гнев и усмирять сдержанностью любое душевное негодование» (Лактанций. Божественные установления, 5:10:10). *«...когда Бог запретил убивать, Он не только удерживал нас от разбоя, заниматься которым и общественными законами запрещено, но увещевал также, чтобы мы не совершали и того, что у людей считается дозволенным. Так, праведнику нельзя служить в армии, ибо он служит справедливости, и даже нельзя выносить кому бы то ни было смертный приговор, [т. е. нельзя быть судьей], ибо нет никакой разницы, убиваешь ли ты мечом или словом, поскольку запрещено уже само убийство. Итак, из этого предписания Бога нельзя делать никакого исключения. В самом деле, убивать человека — всегда великое злодеяние, ведь Бог восхотел, чтобы человек был неприкосновенным живым существом»* (Там же, 6:20:15).

Лактанций рассматривает войну как кару Божью. Но не видно, чтобы он видел христиан в качестве экзекуторов.

Были ли иные мнения в ранней церкви? Ответ зависит от того, как вы пожелаете поставить прописную букву вот в этом тексте Климента Александрийский (рубеж II–III вв.): *«Занимайся земледелием, если ты землепашец; но пока ты возделываешь свое поле, познавай Бога. Плыви по морям, занимающийся мореплаванием, но постоянно полагайся на небесного Кормчего. Можешь ли ты что-то узнать, если состоишь в войске? Слушайся Полководца, который указывает, что праведно»* (Увещание к язычникам (Пропрективное). 10, 100). Если слово «полководец» (strategos) написать с маленькой буквы, то получится современное армейское: убивай без лишних вопросов по приказу командира — и попадешь в рай. А если с большой? Тогда это сложно.

Ибо что указывает Бог в качестве праведного — каждый решает на свой вкус и по своей совести. Но Климент любил сложности и аллегории. И весь это абзац построен на усложнении и противопоставлении: «работай, но — помни о Боге». И современный перевод всё же уточняет через переводческую вставку: «Воюющим тебя застало познание — послушай *небесного* Стратега, приказывающего справедливое»[27].

Похоже, что в доконстантиновское время в учительной церковной литературе мы вообще не можем найти одобрительного отношения к службе христиан в армии и оправдания нарушения заповеди «Не убий».

Теперь ставим второй вопрос к знатокам раннехристианской письменности: отражена ли в ней реальность, отличная от предписываемого идеала?

И прежде всего учтем, что служба в армии Империи была добровольной[28]. Так что вероятность попадания в армию христианина с уже сформировавшимися взглядами была минимальна.

Призывы бывали, но только местами и в основном в приграничных областях. Причем призывали на одну кампанию, а не на всю жизнь. Например, в возрасте около 20 лет преп. Пахомий Великий где-то в верховьях Нила был призван в армию, потому что «великий Константин начал войну против некоего тирана» и отправлен вниз по Нилу на корабле вместе с другими новобранцами в Александрию. На пути корабль остановился в Фивах,

---

[27] Климент Александрийский. Увещевание к язычникам. Кто из богатых спасается. Пер. с древнегреч., вступ. ст., коммент. и указатель А. Ю. Братухина]. — СПб., 2006.

[28] «Для пополнения 26 легионов ежегодно требовалось не так уж много новобранцев — всего около 6 тыс. абсолютно здоровых физически и морально преданных идее „Римского мифа" и Императору 17–20-летних юношей. В эпоху ранней Империи римляне ни разу не прибегали к принудительному набору в легионы. Хватало добровольцев» (Н. И. Соловьянов. Христианство и римская армия во II–III вв. // Грамота (Тамбов), 2016. № 7 (69): в 2-х ч. Ч. 2. С. 169. www.gramota.net/materials/3/2016/7-2/44.html). Berolini. Desau H. Inscriptiones Latinae selectae. Ed. 2. Berolini, 1954–1955. Vol. I–III.

и здесь Пахомий впервые встретился с христианами, которые принесли еду и питье запертым в казарме новобранцам. Пахомий был настолько поражен их милосердием, что сам решил стать христианином. Когда корабль прибыл в Антиною, пришло известие об окончании военной кампании, и новобранцы были распущены по домам.

Кроме того, не было ни «прописки», ни постоянно охраняемых границ, ни вездесущей полиции. Так что у человека той поры было много больше возможности определить свое отношение к армейской службе, чем у, скажем, гражданина СССР.

В то же время во времена правления династии Се́веров (середина третьего века) армия наделяется полицейскими функциями: она привлекается для подавления беспорядков и подавления восстаний. И это тоже могло влиять на негативное отношение христиан к армейской службе.

Да, христиане-военнослужащие обильно упоминаются раннехристианскими писателями.

Можно сказать, что, как и всегда, непримиримость теоретиков-моралистов и многообразие жизненных практик вполне уживались.

Тут вроде бы всё очевидно: если есть множество житийных рассказов о святых воинах-мучениках, значит, множество христиан не считало для себя зазорным носить оружие. Но дело в том, что большинство упоминаний о христианах-легионерах говорит как раз об их конфликте с армией.

И это ставит два следующих вопроса:

1. В каком хронологическом порядке появлялись у этих людей их идентичности: военно-профессиональная и религиозно-христианская? То есть известные нам солдаты-мученики сначала приходили в армию и уже потом обретали веру? Или они уже были христианами, поступая на службу?

2. Был ли их конфликт чисто церемониальным (отказ от исполнения языческих ритуалов, обязательных в армии)? Или же

солдаты шли путем мученичества еще и по этическим соображениям?

Так были ли христиане, которые уже став таковыми, добровольно шли в армию?

Тотально отрицательный ответ невозможен, так как в мире людей возможно всё.

Как и сейчас (то есть в условиях, когда принадлежность к государственной христианской церкви не является обязанностью) через церковные общины проходит поток людей: приходят и уходят. Причин может быть много: охлаждение первичного интереса и энтузиазма, разочарование, понимание своего несоответствия слишком высоким предъявляемым требованиям, впадение в тяжелый грех и отлучение от общины, изменение семейно-жизненных обстоятельств, переезд в другое место, угроза гонений, появление более интересного или экзотического учения (блаж. Августин в юности ушел из христианства в манихейство)…

И всегда есть огромное количество христиан, которые принимают веру, подкраивая ее под себя, по своему размеру и вкусу[29].

Учтем и то, что христианский мир тогда вовсе не был унифицирован и было множество групп, называвших себя христианами, но имевших доктрины и поведенческие модели, отличающиеся от того, что позже назовется Вселенской (Католической) Церковью. Гностики, например, считали мученичество просто глупостью. Правда, и к закону (как римскому, так и еврейскому) они относились критически, но вполне могли быть и такие течения, что допускали службы в армии или в госаппарате и не видели проблем в том, чтобы участвовать в сопутствующих

---

[29] Из протокола допроса мч. Максимилиана: «Дион проконсул сказал: „В личной гвардии (sacer comitatus) господ наших Диоклетиана и Максимиана, Констанция и Максима, есть солдаты-христиане, и они служат". Максимилиан ответил: „Они знают, что для них лучше. Я же христианин и не могу творить зло"».

языческих ритуалах: всё равно то, что делает тело, никак не скажется на судьбе их вечного духа….

Наконец, и у самого сознательного и ортодоксального христианина есть право на глупость. Право на поступок, идущий вразрез с верой его же церкви, и поступок, в котором, возможно, он и сам потом будет раскаиваться. Так что вполне можно представить себе некоторое количество уже крещеных или оглашённых христиан, которые подписали армейский контракт.

И из этого предположения (будь оно даже фактически доказанным) не следовало бы ровным счетом ничего для анализа и применения церковной доктрины. Если даже мнение одного или нескольких церковных писателей из числа «учителей церкви» не обязано считаться догматически-нормативным даже в случае, если эти писатели объявлены святыми, то тем более те или иные случаи из жизни прихожан не могут привлекаться как аргумент — «смотрите, раз он сделал так, значит, так учила Церковь, и мы должны подражать именно ему».

Достаточно привести такой рассказ Лактанция:

«Когда Диоклетиан находился в восточных областях, то, чтобы изучить из страха будущие события, он приносил в жертву скот и по их печени старался узнать грядущее. Тогда некоторые из служителей, знавшие Господа, когда присутствовали среди приносящих жертвы, стали осенять чела свои бессмертным знаком (крестным знамением — А. К.), от действия которого из-за бегства демонов таинства нарушались. Гаруспики заволновались, так как не видели во внутренностях привычных знаков и, как бы получив недоброе предзнаменование, приносили жертвы вторично. Но закланные жертвенные животные ничего не показывали, пока глава гаруспиков Таг, то ли по подозрению, то ли разглядев что-то, не сказал, что жертвы не отвечают потому, что в священнодействиях участвуют непосвященные. Взбешенный (император) приказал тогда, чтобы не

только те, что прислуживали при обрядах, но и все бывшие во дворце принесли жертвы, а если кто откажется, наказывать тех плетьми. Отдав письменные приказы препозитам, он предписал и солдат принуждать к выполнению нечестивых обрядов, а тех, кто не явится, освобождать от воинской службы» *(О смертях гонителей, 10).*

Из этого рассказа следует, что в коллегии жрецов были тайные христиане, которые по долгу службы присутствовали при жертвоприношениях и «прислуживали при обрядах». Можно ли из этого сделать вывод, будто древняя церковь одобряла такое их поведение и учила прислуживать при языческих обрядах?

Но в церковной литературе II–III веков, как в Житиях воинов-мучеников, написанных в следующем столетии, нет утверждений об именно таком жизненном пути. Они или ясно говорят о том, что свою новую веру солдат обрел уже в армии, или же они молчат о его до-армейских религиозных взглядах.

Солдат может думать, может верить, может искать и может меняться. Не случайно самый древний папирус с текстом самого сложного Евангелия — Евангелия от Иоанна — найден в походной сумке легионера, умершего на марше в египетских песках[30]…

Вопрос же о временном зазоре между обращением и отказом от службы источники фиксируют далеко не всегда: прошла ли одна ночь или несколько лет армейских будней?

---

[30] В 1920 г. в Египте Бернардом Гренфеллом был найден папирус, содержащий отрывок из Евангелия от Иоанна (разговор Христа с Пилатом; Ин. 18, 31–33 и 37–38). Затем этот папирус хранился в Библиотеке Райленда в Манчестере; исследован и опубликован в 1935 г. С. Робертсом. По особенностям почерка все ученые независимо от своей конфессиональной принадлежности датируют этот папирус первой половиной II в. (вероятно, ранее 130 г.), см. Мецгер Б. Текстология Нового Завета. Рукописная традиция, возникновение искажений и реконструкция оригинала. — М., 1996. С. 36–37. Крывелев И. А. Библия: историко-критический анализ. — М., 1982. С. 61.

Конечно, в молчание источников можно проецировать все, что угодно. Но если они не подкреплены сильными дополнительными аргументами, то это именно проекции.

«Сильным дополнительным аргументом» могло бы быть доказательство того, что источник о чем-то молчит в силу того, что данная тема просто была точкой заведомого консенсуса автора и его читателей и не требовала дополнительных обоснований и разъяснений. Может быть, источник молчат о сомнениях, мотивах и решении христианского юноши перед армейским порогом по той причине, что у него, его семьи, пастыря и общины, и сомнений тут быть не могло? И провожали его в армию всем приходом, с песнями и церковными гимнами — так, как провожали его ровесников в 1914 году? Но это значит поместить телегу впереди лошади. Сначала постулировать наличие такого консенсуса во II–III веках христианской истории, а потом уже на его же основе придумывать «факты» для оправдания этого же постулата.

А тексты церковного учительства этого времени всё же никак не укладываются в такую проекцию.

Итак, смотрим, как же описываются христиане-солдаты вне учительско-богословских трактатов. И при этом всё время задаем эти два вопроса: 1. пошел ли этот человек в армию, уже веруя во Христа и 2. что его подвигло к бунту — гнушение языческими ритуалами, или также гнушение пролитием человеческой крови в предстоящем бою?

Святые дезертиры — это воины-мученики Нерей и Ахилий Nereus et Achilleus[31].

Они были солдатами преторианской гвардии (скорее всего в начале 4 века при имп. Диоклетиане). Внезапно обратившись ко Христу, Нерей и Ахилий покинули «нечестивый военный

---

[31] В Четьих Минеях свт. Димитрия Ростовского, читаются имена Иеремий и Алхимий, в современном календаре РПЦ — Иеремий и Архилий, иерей.

лагерь вождя» (ducis impia castra), отбросили щиты, фалеры и копья, открыто исповедали Бога и покинули лагерь. За что и были казнены.

О чем поведала эпитафия, составленная римским папой Дамасом I (366–384 гг.; *Damas*. Epigr. 1895. N 8, pp. 12–13)[32]? Два фрагмента мраморной плиты с отрывками эпитафии папы Дамаса были обнаружены в римских катакомбах Домитиллы. Вместе с этими фрагментами в апсиде базилики были найдены барельефные изображения, являющиеся своего рода иллюстрацией к тексту эпитафии и также относящиеся к концу IV века. На одном из них изображено страдание Ахилия с частично сохранившимся именем святого. Мученик представлен в длинной тунике без пояса (cingulum militare), т. е. он был лишен воинского звания. В отличие от него, палач, заносящий над святым меч, облачен в полное позднеримское воинское одеяние.

Мотив дезертирства Нерея и Ахилия из сохранившихся фрагментов неясен. Но подробное перечисление вооружения, брошенного ими, склоняет к версии именно пацифистского бунта.

Еще один святой дезертир — св. Маркел (Марсилий, Марцел; 298 год). В «Деяниях Марцелла» мученик, бросивший на землю свои пояс и меч перед строем легионеров, заявляет: «Не подобает христианину, сражающемуся за Христа, своего Господа, сражаться за войско этого мира» (Act. Marc. 4, 3)[33]. Тут явный пацифизм.

Вот «Деяния мученика Максимилиана» (Acta Maximiliani):

295 год. «В консульство Туска и Аннулина, в четвертый день до мартовских ид, в Тевесте на форум был приведен Фабий

---

[32] Зайцев Д. В. Нерей и Ахилий // Православная энциклопедия. Т. 49.

[33] Вариант перевода: «Я бросил меч. Воистину не следовало христианину быть солдатом в мирской армии; он солдат Господа Христа» (Жан Флори. Идеология меча. — Спб., 1999. С. 35).

Виктор вместе с Максимилианом, и было разрешено Помпеяну быть их адвокатом. Помпеян сказал: «Фабий Виктор, сборщик военного налога, приведен вместе с Валерианом Квинтианом, препозитом Цезарии (praepositus Caesariensis), и годным рекрутом Максимилианом, сыном Виктора; поскольку он готов к призыву, я прошу, чтобы его измерили (incumetur)».

Проконсул Дион сказал: «Как тебя зовут?» Максимилиан ответил: «Зачем ты хочешь узнать мое имя? Мне не позволено служить, так как я христианин».

Проконсул Дион сказал: «Приготовьте его». Пока его готовили, Максимилиан ответил: «Я не могу служить; я не могу совершить грех. Я христианин».

Проконсул Дион сказал: «Измерьте его». Когда он был измерен, служитель сказал: «Пять футов, десять дюймов» (Приблизительно 1 м 72 см.).

Дион сказал чиновнику: «Приведите его к присяге». Максимилиан, по-прежнему упорствуя, ответил: «Я не сделаю этого. Я не могу служить».

Дион сказал: «Служи, иначе погибнешь». Максимилиан ответил: «Не буду служить. Отруби мне голову, я не служу миру сему, но служу своему Богу».

Проконсул Дион сказал: «Кто тебе это внушил?» Максимилиан ответил: «Моя душа и Тот, кто меня призвал».

Дион сказал его отцу Виктору: «Убеди (consiliare) своего сына». Виктор ответил: «Он сам знает, он сам решил, что ему полезно».

Дион Максимилиану: «Служи и прими знак (signaculum) воина». Тот ответил: «Не приму этого знака (signaculum). У меня уже есть знак (signum) Христа, Бога моего».

Дион сказал: «Сейчас отправлю тебя к твоему Христу». Тот ответил: «Я даже хотел бы, чтобы ты сделал это. Это — слава для меня».

Дион сказал служителю: «Выдайте ему знак». И тот, сопротивляясь, сказал: «Я не приму знак этого мира, и, если поставишь печать, сломаю ее, так она ничего не стоит. Я христианин, мне не позволено носить кусок свинца на шее после того, как я получил спасительный знак Господа Иисуса Христа, Сына Бога живого, Которого ты не знаешь, Который пострадал за наше спасение, Которого Господь послал за наши грехи. Ему все мы, христиане, служим; за ним следуем как за князем жизни и источником спасения».

Дион сказал: «Служи и прими знак, иначе погибнешь мучительной смертью». Максимилиан ответил: «Не погибну. Мое имя уже перед Господом моим. Я не могу служить».

Дион сказал: «Вспомни о своей юности и служи. Ведь это подобает юноше». Максимилиан ответил: «Моя служба перед моим Богом. Я не могу служить этому миру. Уже сказал: я — христианин».

Дион проконсул сказал: «В личной гвардии (sacer comitatus) господ наших Диоклетиана и Максимиана, Констанция и Максима, есть солдаты-христиане, и они служат». Максимилиан ответил: «Они знают, что для них лучше. Я же христианин и не могу творить зло».

Дион сказал: «Какое же зло творят те, кто служит в армии?» Максимилиан ответил: «Ты же сам знаешь, что они делают».

Дион проконсул сказал: «Служи; если не согласишься на воинскую службу, мучительно погибнешь». Максимилиан ответил: «Я не погибну; и если ухожу из этого мира, то моя душа живет с Господом моим Христом».

Дион сказал: «Сотрите его имя». И когда оно было стерто, Дион сказал: «Так как из-за неповиновения властям ты отвергнул военную службу, то получишь соответствующий приговор в качестве примера для прочих». И с таблички прочел приговор: «Поскольку Максимилиан из-за неповиновения властям отвергнул военную присягу (sacramentum militiae), он приговаривается к казни мечом».

Максимилиан ответил: «Благодарю Бога!» В этом мире он прожил 21 год, 3 месяца и 18 дней. И когда его вели к месту казни, так сказал: «Возлюбленнейшие братья, спешите со всем мужеством, с жадной страстью достичь того, чтобы вам увидеть Господа, и чтобы Он дал вам такой венец». И с радостным лицом так сказал своему отцу: «Отдай этому палачу мою новую одежду, которую ты мне приготовил для военной службы[34]. Итак, когда я приму тебя в число сотни, вместе с Господом будем радоваться». И после этого он претерпел мученическую смерть. А его отец Виктор вернулся к себе домой с большой славой, благодаря Бога, что такой дар послал Господу, сам же вскоре последовал за ним. Слава Богу. Аминь»[35].

Акты недвусмысленно показывают, что он был казнен за отказ от военной службы, которую считал несовместимой с христианской заповедью любить своих врагов, а не убивать их: «Мне не позволено служить, так как я христианин... Я не могу служить; я не могу совершить грех. Я христианин». Mihi non licet militare quia christianus est... Non possum militare, non possum malefacere, christianus sum.

---

[34] Аналогично св Киприан оставляет 25 золотых своему палачу (Acta Cypr., 5, 4).

[35] Акты Максимилиана. Вступительная статья, перевод и комментарий А. Д. Пантелеева // Религия. Церковь. Общество. Исследования и публикации по теологии и религии. Выпуск 2. — СПб., 2013. С. 240–262. https://vk.com/doc53118638_447594146?hash=a7ade84487fc0e267c&dl=b20ddc6cf602dda69b)

Вот воин Юлий — заслуженный воин и центурион: «Я участвовал в семи войнах, ни за кем не прятался и никому не уступал в сражении». Но когда он стал христианином, его оценка воинской службы стала негативной: «Все двадцать семь лет, пока я, как видно, заблуждаясь, служил в суетном войске». Состоял ли он на момент ареста на действительной воинской службе, не вполне ясно, так как себя он называет «ветераном» («ordine meo egressus veteranus»; «egredior ordine» можно перевести как «покинуть строй»)[36].

Вероятно, дело происходит в момент выхода Юлия в отставку, а перечисление его заслуг, выход из строя, награда, которую предлагает ему наместник (премия в честь «десятилетия правления императоров») и несостоявшееся жертвоприношение — составные части обычного ритуала, который должен был закончиться дружеским застольем однополчан.

Юлий отказался… Какой Юлий отказался? Тот, «старый», что 27 лет был солдатом, или тот «новый» Юлий, который (когда? пять лет назад или вчера?) стал верить во Христа?

Итак, Юлий отказался принести требуемую жертву, и «При таких обстоятельствах наместник Максим вынес приговор, гласящий: „Юлий, не желающий императорские предписания почтить, приговаривается к смертной казни"». Казнили его 27 мая 303 г. в Дуросторуме в Нижней Мезии (совр. Силистра, Болгария)[37].

Есть написанное в конце 4 века «Мученичество ветерана Типасия». Оно к 303 году относит встречу легионера с императором Максимианом. Кажется, Типасий был ветераном и был уже в отставке. Но вторжение берберов привело к региональной мобилизации. Был ли в это время Типасий уже крещеным христианином,

---

[36] «Наместник Максим ответил: „Кем ты служил?" Юлий ответил: „В войске, а когда мой срок вышел, перезачислился ветераном"».

[37] Публикация и анализ: Пантелеев А. Д. «Страсти Юлия Ветерана»: агиография, история, риторика // Библия и христианская древность. — Спб., 2022.

не сообщается. Однако ночью перед встречей с императором ему явился архангел Гавриил и открыл Типасию его будущее. После этого Типасий отказался принять денежное вознаграждение от императора Максимиана и назвал себя воином Христа (miles Christi).

Что сделал архангел? Обратил язычника к вере? Проблематизировал перед номинальным христианином его собственное поведение? Просто укрепил перед предстоящим мученичеством? Это остается вне рамок повествования.

Архангел просто использует Типасия как посредника, который должен удивить царя пророчеством, что тот одержит победы в Африке и во всей империи, но лишь при условии, если Максимиан отпустит Типасия. Пока предсказание не исполнилось, Типасия держали под арестом, но потом отпустили домой.

Через несколько лет последовала новая мобилизация. Ветераны вновь были призваны (о призыве ветеранов обратно на службу не упоминает ни один другой источник). Архангел в этот раз не явился. Типасия привели к наместнику Мавритании Клавдию. Он объявил себя воином Христа и заявил, что уже одержал победу над миром, а после победы ветераны в строй не возвращаются. Также он заявил, что не дезертировал, а уволен по приказу Максимиана. Далее Типасий не согласился ни принести жертвы идолам, ни вернуться в строй. Солдаты силой облачили Типасия в воинские доспехи и вложили в руки оружие, но доспехи и меч чудесным образом рассы́пались на части…[38]

Я не спрашиваю — было так или нет. Вопрос в другом: можно ли из такого рассказа сделать вывод, что для его героя и авторов вооруженная служба христианина в армии этически нормальна?

В Житии святителя Мартина Турского читаем:

---

[38] Пантелеев А. Д. Типасий. // Православная энциклопедия. Т. 68. — М., 2023. С. 248–249.

«IV. 1. Между тем цезарь Юлиан, когда варвары вторглись в пределы Галлии, собрал всё свое войско у города вангионов и начал, как это обычно делалось, раздавать воинам деньги, для чего они по одному вызывались [из строя]. И вот дошла очередь до Мартина. 2. Тогда, полагая, что наступил подходящий момент, попросил он о своем увольнении со службы, ибо не сможет считать себя честным человеком, если возьмет деньги, не намереваясь служить дальше. 3. „До сих пор, — сказал Мартин цезарю, — я служил тебе, теперь же хочу стать воином Божиим. Твой дар пусть возьмет идущий в битву, я же воин Христов: мне сражаться не должно". 4. Услышав такие слова, возопил тиран, утверждая, что Мартин бежит из войска не из-за веры своей, а просто из страха перед битвой, которая должна была состояться на следующий день. 5. Но бесстрашный муж, еще более упорствуя и преодолевая появившуюся робость, сказал: „Если ты приписываешь мне трусость, а не веру, то завтра я встану перед строем безоружный и во имя Господа Иисуса, защищенный крестным знамением, а не щитом и шлемом, ворвусь в ряды врагов". 6. И вот, приказано было взять Мартина под стражу, дабы проверить его слова и выставить без оружия перед варварами. 7. На следующий день враги выслали послов с просьбой о мире, вверяя [римлянам] всё свое [добро] и себя самих. Разве кто усомнится в том, что эта победа была дана блаженному мужу, дабы, безоружный, он не был выставлен на битву? 8. И хотя милосердный Господь мог сохранить Своего воина среди вражеский копий и мечей, но чтобы не отягощать взор святого смертями других, Он уничтожил повод к этому сражению. 9. Ибо Христос и не должен давать воину Своему никакой иной победы, кроме как подчинения врагов бескровным путем» (Сульпиций Север. Житие Мартина Турского).

Житие Мартина изложено подробно, и мы знаем, что «Мартин вскормлен был родителями отнюдь не простого происхождения, занимавшими далеко не последнее место в этом мире, но язычниками. Отец его сначала был [рядовым] воином, затем — военным трибуном. И сам Мартин, с юности посвятив себя военной службе, пребывал в рядах конной императорской стражи. <…> И всё же когда было ему десять лет, бежал он в церковь от упорствующих родителей и потребовал там причислить себя к оглашенным». Отец был этим недоволен и понудил 15-летнего Мартина поступить на армейскую службу. Через три года службы Мартин принял крещение. «Когда исполнилось Мартину 18 лет, пришел он к крещению. Однако не сразу оставил Мартин военную службу, но был удержан просьбами своего трибуна, с которым находился в дружеском общении; тот обещал ему по окончании срока отправления своей должности [тоже] удалиться от мира. Потому Мартин, связанный этим обещанием, еще почти два года после своего крещения формально находился на службе».

Но едва он крестился — он порывается оставить эту службу. И удерживается в ней лишь своим другом-трибуном. Был ли этот трибун собственно армейским офицером или же гражданским лицом — неясно (военное непосредственное командование легионом осуществлял легат). И весьма вероятно, что трибун тоже или уже был христианином, или был близок к принятию новой веры.

Итак, вот ясный пример сознательного христианина, который всё же счел возможным пойти в армию. И всё же это не ответ на поставленный вопрос. Смотрим на первую строчку вышеприведенной цитаты: «Между тем цезарь Юлиан…»

Юлиан Отступник (361–363 годы) был императором уже гораздо позже Константина. К этому времени христианизация империи и милитаризация церкви зашли уже очень далеко. Сульпиций Севе́р пишет «Житие» в самом конце 4 века (390-е годы). Мартину в этом эпизоде 21 год. Значит, родился он не ранее 340-го. До его рождения уже были позади и Миланский эдикт, и Первый вселенский собор, и даже смерть Константина…

Отметим, что император Юлиан не требовал от Мартина и других солдат никакой язычески-ритуальной активности. Такой была его тактика: он просто очищал унаследованный от Константина госаппарат от присутствия в нем христиан. И делал он это через проблематизацию присутствия христиан в школе, госаппарате, суде и армии. Ваш Христос говорит вам «не судите»? Тогда оставьте судебные палаты. Вы считаете языческую культуру вредоносной? Тогда перестаньте преподавать в школах, где в основе каждого урока лежат книги великих язычников. Ваш Учитель говорит «подставь другую щеку»? Тогда вам не место в армии.

Юлиан сам прошел «оглашение» у христиан. Его готовили стать епископом (чтобы устранить из списка возможных наследников трона). Так что он хорошо знал, как больнее уколоть христиан. И он уже очень хорошо знал, какая огромная пропасть бывает у христиан, особенно придворных, между их учением и их поступками. Вот он и предлагает Мартину доказать, что тот способен поступать в соответствии со своими же словами.

Испытание не дошло до конца (битва была отменена), но Мартин несомненно прошел это испытание. Для нашей темы важно, что св. Мартин воспроизвел нравы прошлого, третьего века: «Я же воин Христов: мне сражаться не до́лжно».

И автор его Жития вполне единодушно с Тертуллианом и Лактанцием итожит этот сюжет: «Ибо Христос и не должен давать воину Своему никакой иной победы, кроме как подчинения врагов бескровным путем».

Как видим, пацифизм свв. Киприана Карфагенского или Ипполита Римского не оставался просто отвлеченной доктриной Церкви.

Помня об этом, обратимся к удивительному событию 314 года.

В 312 году Константин становится императором Западной Римской Империи и объявляет себя покровителем христианства. Уже в 314 году император Константин созывает Арльский (Арелатский) собор, который проходит в его присутствии. В соборе принимают участие 43 епископа, 17 из которых из Галлии. Они рассматривают вопрос о христианах-дезертирах.

Третий канон этого собора определяет: De his, qui arma proiciunt in pace, placuit abstinereeos a communione. «Отлучаются те, кто в мирное время уходят с военной службы» (вариант перевода: «Тех, кто сложит оружие (сдастся), отлучается от причастия»).

Решения этого собора не были включены в общеобязательный свод канонов. Но если бы такое решение было принято хотя бы сто лет спустя — к нему не было бы вопросов. А в 314 году получается слишком резкий контраст с тем, чему христиане учили до сих пор.

Давление императора? Нет — у Константина эта тема в те годы вряд ли была интересна: собор проходил на Западе, а Западная империя, а, значит, и армия, была много менее христианизирована, чем Восточная.

У епископов еще не было привычки бояться христианского с недавних дней царя. А у царя еще не было привычки вмешиваться в дела церкви.

И если этот канон рассматривать как меру, направленную на укрепление армейской дисциплины, то получится очень странная услуга императору: в лицо ему сказать, будто солдаты обязаны ему послушанием лишь в мирное время, а не на войне. Это был бы слишком смелый поступок даже в эпоху еще не погасшего мученичества.

Так что попробуем рассмотреть это решение как собственно церковное, а не как военно-дисциплинарное или придворно-политесное.

Главная его странность в том, что собор осуждает дезертиров не во время войны, а во время мира. О дезертирах с поля боя он молчит.

Когда древний источник молчит на тему, дискуссионную для позднейших времен, это молчание всё же можно понять.

Молчат о том, о чем не спрашивают. Молчат, когда ответ и так кажется очевидным. А очевидным кажется то, в чем есть консенсус авторитетов. В традиционном обществе и в традиционном институте (церковь даже начала четвертого века уже считала себя таковым) нужны веские и публичные доводы, чтобы сделать шаг за рамки традиции или против нее. Предположим, что эти 43 епископа всё же были консерваторами и убийство на войне они по-прежнему считали убийством.

Тогда понятно, что вопрос о дезертирах, ушедших с поля боя, их не интересует. Ибо «отцами положено», что христианин, уходящий из армии по своим обретенным христианским убеждениям, праведен есть. См. рассказ выше о святых мучениках-дезертирах.

А теперь представим себе солдата из тыловых служб римской армии 314 года… Он услышал о Христе и было то, что они могли уверовал. Услышал о мучениках и о святых дезертирах, и захотел подражать им.

Но времена изменились. В армии императора Константина исчез главный мотив для дезертирства христиан: никого уже не понуждают к жертвоприношениям[39].

Значит, для христианина остался лишь один мотив для отторжения службы в армии: нежелание стать убийцей.

Собор же рассматривает ситуацию мирного времени, когда и этот мотив христианского дезертирства — нежелание стать убийцей — ретушируется: в мирные годы перспектива вскоре

---

[39] Проблема могла возникнуть в любую минуту: поздние, конца пятого века, «Страдания мучеников Сергия и Вакха» говорят, что император Максимиан пригласил высокопоставленных офицеров своей гвардии пройти с ним в храм Зевса для принесения жертвы. Те же, будучи христианами, отказались войти в храм и остались стоять снаружи. За что были обвинены в дезертирстве: они покинули пост, на который были назначены (быть рядом с императором). «Вы пренебрегли приказом и стали дезертирами».

стать убийцей отсутствует, и воин может просто мирно подковывать лошадей.

Можно просто числиться солдатом — но лишь до тех пор, пока тебя не повлекли к кровопролитию. Носить мечи за солдатами — можно. Вонзать меч в человека нельзя.

Наводим резкость на слово «армия», и понимаем, что понятия «армейская служба» и «битва» вовсе не синонимы. Есть различие между militare (служить в армии) и bellare (воевать).

Есть то, что в наше время называется гражданская, тыловая или даже альтернативная служба. Вроде и солдат, и в форме, но занимается он огородами, починкой амуниции, телегами, лошадями, строительством дорог и т. п. Среди них были те, кто никогда не привлекался к бою. Значит, в мирное время нет знака равенства между «солдат» и — «тот, кто убивает и готов убить».

Можно ли в мирное время помогать невоюющей армии? Запрещает ли вера во Христа оказывать услуги армии и ее людям? — Нет. Христос исцелил дочь римского сотника. Палатками, что шил апостол Павел, вполне могли пользоваться и солдаты.

Итак, солдат 314 года к физическим обрядам не понуждается. Вот прямо сейчас («в мирное время») убивать ему не приходится.

Если сказано «не заботься о завтрашнем (предположительно кроваво-военном) дне», то какие остаются вероучительные аргументы для дезертирства солдата после его обращения к вере?

Таковых аргументов нет, а, значит, тот, кто уходит из армии «в мирное время», просто решает свои личные проблемы, а не следует церковной традиции. Так что тыловик, который после крещения пожелал уйти из религиозно нейтральной мирной армии, не столько следовал святым примерам мучеников, сколько играл свою роль в придуманном им театре.

Такой была церковная политика в другом вопросе: христианин мог служить в языческой армии или в иной языческой институции (школе или суде), если его не вовлекают в языческие жертвоприношения.

Как у Тертуллиана — солдат может в мирное время служить и присутствовать на церемонии награждения других венками, но сам не может принять венок. Это политика ограниченной сопричастности. В советские времена священник спокойно принимал новость о вступлении прихожанина в профсоюз и неодобрительно вздыхал, если тот вдруг собрался в партию…

Так кто же мог дезертировать с мирной тыловой службы? Кого и от чего предостерегает такой канон? Почему вдруг епископы сочли эту тему актуальной? Каков его собственно пастырский смысл?

Вспомним современное Арльскому собору 314 года решение Эльвирского собора 306 года (это испанская Гранада):

«Если кто-то разбивает идола и затем наказывается смертью, он или она не могут быть внесены в список мучеников, поскольку такое действие не благословлено Священным Писанием или апостолами» (правило 60)[40].

Были христиане, вдохновленные примером и рассказами о мучениках, которые сами искали смерти. Жития святых полны примерами того, как христианин врывается в языческий храм, сокрушает идолов, принимает смерть и объявляется святым[41]. Но Эльвирский собор следовал интуиции, которая в советские времена формулировалась так: на крест не просятся, но с креста не бегают. В конце концов, у апостолов были ежедневные

---

[40] Среди интересных правил этого собора не только запрет на церковную живопись (правило 36), но и запрет женщинам выходить за длинноволосых мужчин: «Крещеная и оглашённая женщина не должна выходить замуж за парикмахеров или мужчин с длинными волосами, иначе будет лишена причастия» (правило 67).

[41] Примеры — свв. Дасий, Гаий и Зотик в 303 г. Или диакон Эвпл, пришедший с Евангелием в руках ко дворцу проконсула и воскликнувший: «Я хочу умереть, ведь я христианин!»

возможности сокрушить что-нибудь в соседнем языческом святилище, но они никогда так не делали…

Вот этот самочинный энтузиазм неофитов и осаживает решение Арльского собора вслед за анти-шахидским решением Эльвирского собора.

Я полагаю, что решения обоих соборов направлены против монтанистов. Это не просто индивидуальные энтузиасты и активисты, не неофиты, а напротив, поднявшаяся еще в конце второго века и весьма устойчивая волна протеста против теплохладности и предполагаемой излишней уступчивости духовенства. Далеко не всегда они демонстрировали свою дистанцию от церкви большинства, нося то же имя и совершая те же молитвы. Меняя названия (новатиане, донатизм и т. д.) и становясь всё более доктринально близкой к официальному православию, это течение дошло до пятого века, став погромщиками-циркумциллионами с одной стороны, и уйдя в монашество — с другой.

Так вот, у монтанистов были в ходу добровольные мученичества через вторжения в языческие святилища[42]. Конечно, и к армии у них было более однозначное отношение.

Солдаты-неофиты могли встретиться с миссионерами монтанистской версии христианства. Объяснять им вероучительные различия было бы долго. Проще было провести ясную разграничительную линию (то, что позже делали с помощью постов или их отмены, особенностей крестного знамения и т. п.).

А теперь вновь посмотрим на арльский канон. Своим акцентом на именно мирное время он ведь предполагает, что у солдата-христианина должны быть разные модели поведения для мирного и для военного времен.

Если христианин не может дезертировать не вообще, а именно в мирное время, то что же он должен делать во время

---

[42] «Именно с монтанизмом связывают появление такого феномена в жизни церкви как добровольное мученичество» (А. В. Каргальцев. Монтанизм в римской Северной Африке: к проблеме восприятия мученичества. Религия. Церковь. Общество. — Спб., 2012. № 1. С. 124.

войны? Не то ли, что противоположно предписанию для дней мира?

Этот еще собор слишком консервативен, чтобы переступить через Евангелие и по ветхозаветному сказать: «есть время убивать, и время врачевать» (Эккл. 3, 3). Для него еще не может быть «времени убивать». И если звучит приказ о начале войны и убийств, то мирное сосуществование армии и солдат-христиан должно завершиться: во время войны быть в сражении и убивать христианин не может, и значит, при сигнале «К бою!» его дезертирство оправдано.

…Есть и другая версия[43]: гальские епископы, составлявшие ядро этого собора, просто «психанули». Они — горожане. А в лесах, горах и села Галлии почти непрестанно полыхают восстания. От «войны дезертиров» в конце 2 века (см. Геродиан. История 1,10) через третий век идет восстание багаудов. Много позже в тех же местах это называлось «жакери́я». И эти восставшие селяне, конечно, «поганые» (от лат. paganus, букв. «сельский»). Христианство еще городская религия, а селяне — это еще кельты и язычники. И куда деваться дезертиру? В пределах досягаемости Империи его казнят. Значит, надо бежать в леса, к багаудам. А, значит, погружаться в их быт и в их языческие верования. Вот тут и появляется у епископов повод для анафемы…

При этом «нужно учитывать, что отношение к военному делу зависело от места жительства: антивоенные чувства были сильнее в центральных областях империи и слабее на границе»[44]: лимис был под постоянными набегами «варваров» и тут труднее было быть пацифистом, нежели в относительно мирной, пусть и провинциальной, столице типа Александрии.

---

[43] Andre Mehat. Le Concile d'Arles (314) et les Bagaudes // Revue des sciences religieuses Année. 1989 tome 63, fascicule 1–2, P. 47–70. https://www.persee.fr/doc/rscir_0035-2217_1989_num_63_1_3114

[44] Пантелеев А. Д. «Страсти Юлия Ветерана»: агиография, история, риторика // Библия и христианская древность. — Спб., 2022. С. 58.

Но даже из приведенных текстов видно, что христиане в римской армии были. Причем это не были только минутные пересечения (солдат служил — уверовал — тут же ушел или казнен). Но из наличия таких случаев нельзя делать вывод, будто церковь одобряла армейскую службу своих членов.

… В IV веке христианство становится главной религией Империи, что естественно влечет за собой перестройку церковной жизни и церковного учительства. Не во всех головах и не сразу, конечно.

В середине 4 века св. Григорий Богослов еще был противником земного, имперского патриотизма:

«А я веду себя по старине и по-философски, так что по мне одно небо, и оно для всех, а также почитаю общими для всех обращение Солнца и Луны, и порядок и расположение звезд, уравненность и благопотребность дня и ночи, и еще преемство времен года, дожди, плоды, животворную силу воздуха, думаю, что для всех равно текут реки, это общее и независтное богатство, что земля одна и та же… У всех высоких (то есть христиан)… одно отечество — горний Иерусалим, в котором сокрыта жизнь наша. У всех — один род, и если угодно смотреть на дольнее — это прах земной, а если на высшее — это дыхание (Божие), которого стали мы причастниками, которое заповедано нам хранить, и с которым до́лжно предстать на суд и дать отчет в соблюдении горнего нашего благородства и образа. Поэтому всякий благороден, кто сохранил это дыхание добродетелью и стремлением к Первообразу; и всякий не благороден, кто осквернил его пороком и принял на себя чуждый образ — образ змия. Дольние же эти отечества и породы — только забава привременной нашей жизни и лицедейства. Ибо и отечеством именуется то, что каждый предвосхитил себе или насилием, или собственным бедствием, и где

все одинаково странники и пришельцы, сколько бы мы ни играли названиями... И потому предоставлю тебе высоко думать о гробах и баснях; а сам попытаюсь, сколько могу, освободиться от обольщения, чтобы или возвратить, или сохранить благородство» (Слово 33. Против ариан и о самом себе).

Происходящая перемена для своей нормализации требует назвать себя стариной. Поэтому появляется множество текстов, которые говорят о далеком прошлом, но вкладывают в свой рассказ нужные сегодняшнему дню намеки.

О жизни христиан во втором веке теперь предлагается судить по легенде о «Молниеносном легионе», якобы целиком состоявшем из солдат-христиан.

Эту легенду разобрал величайший русский церковный историк В. В. Болотов:

*«Рескрипт **Марка Аврелия**, несомненно, подложен. Император здесь рассказывает сенату, что во время его похода против квадов в 174 г. вся римская армия во время бездождия подвергалась смертельной жажде. Но по молитве христиан к Богу пошел дождь. В благодарность за это император запрещает вовсе преследование против христиан и приказывает сожигать живыми тех, которые станут обвинять христиан за то только, что они христиане.*

Вопрос, возбуждаемый этим эдиктом Марка Аврелия в пользу христиан, имеет две стороны. Речь может идти 1) о факте, которым этот эдикт будто бы вызван, и 2) о содержании самого эдикта. Что касается факта, то о нем исторически можно сказать только то, что во время войны с квадами в 174 году Марк Аврелий с войском действительно подвергался опасности от жажды, но вовремя пошедший дождь избавил римлян от бедствия. Но император-философ далеко не был расположен приписывать такой счастливый исход дела христианам; напротив, существуют даже два варианта языческого предания об этом факте, и по одному из них дождь пошел вследствие заклинаний египетского мага Арнуфиса, его молитв к воздушному богу Гермесу (Тоту) (Dio Cassius. Hist. Rom. LXXII 8–10), а другой вариант приписывает этот дождь действию молитвы самого императора Марка Аврелия.

Невероятно и то, чтобы христиан было так много в войске Марка Аврелия, что они не только могли составить целый легион, но и действительно все состояли в одном легионе. Один из самых древних свидетелей об этом происшествии, Аполлинарий иерапольский, говорит, что в честь этого события легион получил название «молниеносного». Ученые, занимавшиеся римской военной историей, выяснили, что действительно двенадцатый легион носил это название (legio duodecima fulminata); но это был один из девятнадцати легионов, существовавших еще при Августе. Такое название он носил уже давно, несомненно, при Нерве и Траяне (вообще римские легионы, кроме цифры, носили еще какое-нибудь прозвание). Этот легион в 68 г. находился в Сирии, принимал участие в завоевании Иерусалима при Веспасиане, при Траяне стоял в Каппадокии. Из слов Аполлинария можно заключить, что в его время этот легион стоял в городе Мелитине, т. е. в Каппадокии же. При Александре Севере legio XII fulminata стоял всё еще в Азии. Что он в 174 г. был вызываем на Дунай, серьезных доказательств не представлено» (Болотов. Лекции по истории Древней Церкви. Т. 2. Гл. Рескрипты с именами Адриана, Антонина Пия и Марка Аврелия).

Современный историк того же мнения:

«Значительным новшеством в жизни государства стало то, что римская элита, в течение не одного столетия

склонная к рационализму и скептицизму, признала это явление на самом высоком офиц. уровне. Чудо широко обсуждалось и использовалось императорской пропагандой как доказательство благосклонности богов к римлянам и Марку Аврелию. Согласно официальной версии, римляне победили в результате вмешательства Юпитера; изображения этих событий помещены на колонне Марка Аврелия в Риме. В 172–174 гг. была выпущена серия монет с изображением Гермеса, иногда рядом с храмом в египетском стиле, с легендой *Religio Augusti* („Благочестие августа"). В византийском словаре „Суда" (X в.) приводится мнение, явно восходящее к эпохе Марка Аврелия, что „чудо дождя" было сотворено неким теургом Юлианом Халдеем. Византийский писатель Михаил Пселл (XI в.) рассказал, что Юлиан изготовил из глины человеческое лицо, увидев которое, варвары были поражены молниями. В „Истории августов" (IV в.) сказано, что чудо вызвала молитва самого Марка Аврелия (*Scr. hist. Aug. Marcus Aurelius. 24,4 Ibid. Heliogabal. 9. 1*)

На рубеже II и III вв. Тертуллиан утверждал, что существует письмо Марка Аврелия, в котором император рассказывал о „чуде дождя" и своем изменившемся отношении к христианам, что, по мнению христианского писателя, доказывало добродетель и мудрость императора (Tertull. Apol. adv. gent. 5. 6; Idem. Ad Scapul. 4). Каким именно письмом пользовался Тертуллиан, неизвестно. В сохранившемся виде письмо Марка Антония помещено в приложении к „Первой Апологии" св. Иустина Философа (Iust. Martyr. I Apol. 71). В нем содержится подробный рассказ о чуде, а также указание на то, что Марк Антоний якобы признал роль молитвы христиан в спасении войска и приказал прекратить их преследования. Как считают историки, существующий текст был составлен (или отредактирован) в 1-й пол. IV в., вероятнее всего между 311 и 20-ми гг. IV в.

(Harnack. 1902. S. 863, 871, 878, 882; Mommsen. 1895; Geffcken. 1899. P. 264, 267, 269; Posener. 1951; Birley. 1987. P. 173–174; Kovacs. 2009. P. 113–121). В нем отчетливо отражены реалии религиозной борьбы периода последних гонений и легализации христианства, текстуальные совпадения с Никомидийским эдиктом имп. Галерия 311 г. Еще одна очень влиятельная впоследствии версия „чуда дождя" была пересказана в „Церковной истории" Евсевия (20-е гг. IV в.). В ней отражен процесс дальнейшей христианизации легенды. Согласно ей, под угрозой разгрома оказался 12-й Мелитенский легион, все солдаты которого были христианами, и их молитва спасла армию (Euseb. Hist. eccl. V 5. 1–4). Евсевий полемизировал с писателями-язычниками, которые отрицали роль христиан в этом событии. Тем не менее присутствие этого легиона в Маркоманских войнах является анахронизмом. Представляется вероятным, что сохранившийся текст письма М. А. в Iust. Matryr. I Apol. 71 и рассказ Евсевия являются вариантами уже сложившегося к нач. IV в. христ. предания о „чуде дождя"[45].

Так что этот рассказ говорит не о мнении христиан второго века, а об апологетической потребности христиан четвертого века представлять себя «тоже защитниками Рима».

К аналогичным выводам приводит разбор другого рассказа о христианском легионе — на этот раз «Фиванском»:

К концу III столетия относится рассказ о святом воине Маврикии. Точнее говоря: его жизнь описана святым V века Евхерием (Eucherius, Eucher) Лионским («Страдание св. Маврикия и Агаунских мучеников» (Bibliotheca hagiographica Latina antiquae et mediae aetatis. Brux., 1898 (BHL), N 5737)). Но автор отнес Маврикия именно к III веку.

---

[45] Попов И. Н. Марк Аврелий // Православная энциклопедия. Т. 43.

По этому рассказу Маврикий (Mauritius) был христианином и командиром Фиванского легиона.

Местом дислокации легиона была Фиваида, в Египте. Отсюда этот легион был отправлен императором Максимианом в Галлию, для подавления восстания багаудов. Его помощниками были Кандид (Candidus) и Экзюперий (Exuperius; отсюда «Сент-Экзюпери»), которые тоже почитаются святыми. После разгрома багаудов легион был отведен в город Агаунум, нынешний Сен-Морис д'Агон (Saint-Maurice или Saint-Maurice-en-Valais), а император Максимиан издал приказ, чтобы все в честь победы совершали жертвоприношения римским богам. Легионеры твердо и единодушно отказались от этого, за что были подвергнуты децимации и предупреждены, что император не остановится, пока приказ не будет выполнен. Тогда св. Маврикий обратился к легиону с призывом не поддаться угрозам и быть верными клятве, данной при крещении, по примеру уже казненных товарищей. Его слова нашли отклик в сердцах этих отважных солдат и от имени легиона было отправлено письмо Максимиану следующего содержания:

«Император, мы — твои солдаты, но также и солдаты истинного Бога. Мы несем тебе военную службу и повиновение, но мы не можем отказываться от Того, кто наш Создатель и Властитель, даже при том, что ты отвергаешь Его. Во всем, что не противоречит Его закону, мы с величайшей охотой повинуемся тебе, как мы это делали до настоящего времени. Мы с готовностью выступаем против своих врагов, кем бы они ни были, но мы не можем обагрять наши руки кровью невинных людей христиан. Мы приняли присягу Богу прежде, чем мы приняли присягу тебе. Ты не сможешь придать никакого доверия нашей второй присяге, если мы нарушим другую, первую. Вы приказали нам казнить христиан — смотрите, мы — такие же. Мы признаем Бога Отца, Создателя всего сущего, и Его Сына, Господа и Бога

Иисуса Христа. Мы видели наших товарищей, усеченных мечом, мы не оплакиваем их, а, скорее, радуемся их чести. Ни это, ни любое другое происшествие не соблазнили нас восстать. В наших руках оружие, но мы не сопротивляемся, потому что мы предпочли бы умереть невинными, чем жить во грехе».

Так как акт устрашения не возымел действия, его многократно повторяли до тех пор, пока не был истреблен весь легион.

Согласно посланию Евхария Лионского, тела Агаунских мучеников были обнаружены и идентифицированы епископом города Октодурума (нынешний Мартиньи) Феодором в 350 г.

Евхарий говорит, что численность легиона была равна «шести тысячам и шестистам мужам».

Предание о Фиваидском легионе и житие св. Маврикия стали очень популярными в Средневековье и упоминались в «Золотой легенде» Иакова Ворагинского. В этом сборнике число легионеров равняется 6 666.

Это западная версия[46]. Православное житие св. Маврикия говорит только о 70 мучениках-воинах.

Так как святой Маврикий был родом из римской провинции Африка, в Германии с XIII века возникла традиция изображать его мавром, хотя, скорее всего, святой Маврикий выглядел как современные арабы (римская провинция Африка включала территорию современных арабских государств Северной Африки). С 1430 года на городском гербе немецкого Кобурга изображена голова святого Маврикия, являющегося покровителем города — голова мавра с красными губами и золотой серьгой на желтом фоне. Темнокожего Маврикия во времена Третьего рейха заменили на меч и свастику, но после окончания войны исторический герб был Кобургу возвращен.

---

[46] http://iconsv.ru/index.php?option=com_joomgallery&func=viewcategory&catid=1751&Itemid=3

Против историчности Фиваидского легиона приводят следующие доводы:

1. Максимиан не мог вызвать войска с Востока, так как в 285–305 гг. управлял Западом — провинциями Италия, Испания и Африка, и, соответственно, не имел права распоряжаться войсками на Востоке.

2. В конце III в. в римской армии не было легионов с названием «Фиваидский». В египетских Фивах в это время были размещены легионы, один из которых в первой половине IV в. назывался II Flavia Constantia (Annee Epigraphique, 1987, 975b), а второй — I Maximiniana. Эти легионы располагались в верхнем Египте постоянно и никогда не переводились в другие регионы империи. Формирование этих легионов датируется 297 годом, что на 11 лет позже вышеуказанных событий.

3. Евхарий сообщает о 6 600 легионерах-мучениках, тогда как в позднеантичном легионе после реформы Диоклетиана служило 1–2 тыс. человек.

4. Ключевые фигуры рассказа Эвгерия — Маврикий, Экзуперий и Кандид наделены автором титулами, которых не было в позднеантичном легионе, но были в дворцовых частях.

5. После 68 г. в римской армии почти не применялась децимация (казнь каждого десятого из солдат провинившейся части) как вид наказания воинов (ко второй половине IV века Юлиан, решив децимировать проштрафившуюся часть, казнил только десять, а не каждого десятого).

«Православная энциклопедия» говорит, что «Мученичество Маврикия относилось к жанру агиографического романа. Большинство исследователей отрицают достоверность информации о мучениках, сохранившейся в агиографических сказаниях»[47].

---

[47] Крюкова А. Н. Маврикий // Православная энциклопедия. Т. 42. https://www.pravenc.ru/text/2561146.html

Еще одна легенда — про святого Дасия. Он служил в армии, когда во время празднования Сатурналий ему выпал жребий в течение 30 дней играть роль земного воплощения божества. В этот период окружающие должны были выполнять любое его желание, а по истечении этого срока принести в жертву. Дасий, будучи христианином, отказал богам и образу императора Диоклетиана, разбросал благовония и опрокинул идолов. После жестоких истязаний ему отсекли голову... Но есть проблема: в IV веке в римском войске практика человеческого жертвоприношения была невозможна...

Аналогично и «Страсти Сергия и Вакха» историки относят или к «эпическим житиям», или видят в них удревление случая, бывшего во времена Юлиана Отступника (мученичество Ювентина и Максимина).

Это случаи, когда позднейшие православные уже имперской поры проецируют в прошлое свои ожидания, страхи и стандарты. И эти легенды — способ примирения новой милитаризации церкви с ее недавним пацифистским прошлым. Еще один путь такой подгонки древней церкви под стандарты константиновской церкви — это присвоение некоторым древним мученикам воинского статуса, какового они вовсе не имели, то есть своего рода их посмертная мобилизация[48].

И, конечно, теория (богословие) вскоре было вынуждено смириться с практикой и с политическим заказом со стороны уже как бы «своей» Империи. Это происходит быстро, без споров и без соборных обсуждений и решений.

И как спорить со «своим» божественнейшим[49] императором? Теперь ведь защита империи равна защите церкви...

---

[48] см. Жан Флори. Идеология меча. — Спб., 1999. С. 54–55.

[49] Так св. Григорий Богослов в Словах против Юлиана (Первое слово, 34) называл императора Констанция, хотя тот и был еретиком и утеснял православных. Похвалы, которые расточал ему св. Григорий, вызвали

Для такой перемены был быстро найден аргумент: война приравнивалась к землетрясению, стихийному бедствию. Мы тут бессильны. Ну да, заслужили своими грехами. Это всё Бог. Он нас наказывает войной и нас же бросает бой, используя для наказания других грешников.

«Если под словом «мир» будешь разуметь освобождение от войн, а злом назовешь трудности, сопровождающие воюющих — дальние походы, труды, бдения, беспокойства, пролитие пота, раны, убийства, взятие городов, порабощения, отведение в плен, жалкий вид пленных, и вообще, все скорбные последствия войн, то утверждаю, что сие бывает по праведному суду Божию. Бог в войнах насылает казни на достойных наказания. Или тебе хотелось бы, чтобы Содом не был сожжен после беззаконных его дел? Чтобы Иерусалим не был разрушен и храм опустошен после ужасного неистовства иудеев против Господа? Но как же иначе справедливо было совершиться сему, как не руками римлян, которым предали Господа нашего враги жизни своей иудеи? Поэтому иногда справедливость требует, чтобы зло, порождаемое войною, посылаемо было на достойных того... Поэтому болезни в городах и народах, сухость в воздухе, бесплодие земли, и бедствия, встречающиеся с каждым годом в жизни, пресекают возрастание греха. И всякое зло такого рода посылается от Бога, чтобы предотвратить порождения истинных зол. Ибо и телесные страдания, внешние бедствия измышлены к обузданию греха. Итак, Бог истребляет зло, а не от Бога зло. И врач истребляет бо-

---

даже смущение русского переводчика XIX в., который счел своим долгом их смягчить: так, где св. Григорий называет Констанция «божественнейшим» θειότατε βασιλέων, в русском переводе стоит «боголюбезнейший». Этим суперлативом θειότατος потом обращались и к Константинопольским и трем другим восточным патриархам.

лезнь, а не влагает ее в тело. Разрушения же городов, землетрясения, наводнения, гибель воинств, кораблекрушения, всякое истребление многих людей, случающееся от земли, или моря, или воздуха, или огня, или какой бы то ни было причины, бывают для того, чтобы уцеломудрить оставшихся, потому что Бог всенародные пороки уцеломудривает всенародными казнями» (Василий Великий. Беседа 9. О том, что Бог не виновник зла)

В частном порядке св. Василий ходатайствует перед военным губернатором своей провинции о том, чтобы он освободил от воинской службы его молодого родственника. Но у Василия нет и тени протеста против призыва христиан в армию вообще. Напротив, в эпоху Юлиана Отступника он вместе с Григорием Богословом отстаивает право христиан служить в римской армии.

Пришло время активно воспроизводить ветхозаветные военные мудрости: «должно наблюдать время войны и мира, а иногда, по закону и слову Соломона, хорошо вести и войну (см. Еккл. 3, 8)» (Григорий Богослов, Слово 23. О мире, произнесенное в Константинополе по случаю распри, произошедшей в народе).

А в пятом веке Августин уже создает классическую теорию «справедливой войны».

Нет, он осуждает войны, «время худое, бешенство войн», цитирует он Вергилия (О граде Божием, 3,10). И он не согласен с говорящими, что *«государство-де Римское не могло бы разрастись так широко и приобрести такую огромную славу, если бы не вело постоянных, непрерывно следовавших одна за другою войн? Нечего сказать, уважительная причина! Зачем же государству, чтобы стать великим, не иметь покоя? Разве в том, что касается тела человеческого, не лучше иметь средний рост в придачу к здоровью, чем достигнуть каких-либо гигантских размеров посредством постоянных мучений, и по достижении не успокоиться, а подвергаться тем большим бедствиям, чем громаднее будут члены?»*

Но оборонительная война вызывает его сочувствие: «римляне имели достаточное оправдание в том, что, когда на них нагло нападали враги, их вынуждала сопротивляться не жадность к славе, а необходимость охраны собственного благосостояния и свободы» (О граде Божием, 3,10). Подробнее список поводом к войне он дает толкованиях на Пятикнижие Моисеово: справедлива война оборонительная, а также предпринятая, чтобы покарать злодеев, война ради восстановления и защиты частных прав, нарушенных или находящихся под угрозой (На Пятикнижие, 6, 10).

Всё. Список казус белли можно уже не расширять. Он и так уже беспределен. Тут уже есть и превентивные войны, и «ответные». Любую войну можно представить в пропаганде как «а они первые начали» и «мы возвращаем потерянное».

Но надо же тогда объяснить прекрасные слова того же Августина, вынесенные в эпиграф этой главы: Sed majoris est gloriæ ipsa bella verbo occidere quam homines ferro, et acquirere vel obtinere pacem pace, non bello («Больше доблести в том, чтобы словами убивать войны, чем железом — людей») (Письмо CCXXIX. К Дарию, 2).

Их контекст таков:

В 427 году наместник (комит) Африки Бонифаций отложился от Рима.

О нем очень высоко отзывался Прокопий Кесарийский: «Было два римских полководца, Аэций и Бонифаций, оба исключительной доблести и по опытности в военном деле не уступавшие никому из своих современников. Хотя они не имели согласия в том, как вести государственные дела, оба они были одарены таким величием духа и такими выдающимися качествами, что если бы кто назвал того или другого „последним из римлян", он бы не ошибся. Ибо вся римская доблесть оказалась сокрытой в этих мужах» (Война с вандалами. 1.3.14).

Императрица Галла Плацидия, правящая от имени своего 9-летнего сына Валентиниана, посылает армию через море. В 428 году эта армия захватывает Гиппон. Епископ этого города — Августин. Понятно, что он принимает сторону Рима, а не Бонифация.

Августин уже старец (он умрёт меньше, чем через три года). Бонифаций в юности был его учеником. Поэтому Августин пишет (Письмо CCXX) откровенно. Впрочем, более всего Августин порицает Бонифация за его второй брак, вдобавок на арианке…

Но напоминания о прежних разговорах про принятие монашества и обсуждение текущего брачного статуса наместника (тут великий философ согласен лишь на развод) нужны для незаметного перехода к политике: *«люди должны приписывать своим грехам великие бедствия, от которых страдает Африка»*. Перекинув такой мостик между темами частными и публичными, Августин призывает Бонифация к христианскому смирению и прекращению вражды с Римом.

В 429 году некий Дарий, офицер на службе у императрицы Галлы Плацидии, посылается на переговоры с Бонифацием. Ему удалось заключить перемирие с вандалами, с чем Августин поздравляет его в том письме, откуда взята фраза для эпиграфа к этой главке.

Уже после смерти Августина, в 432 году, вандалы (ариане) побивают Бонифация, и он с остатками войска эвакуируется в Италию, где между ним и Аэцием разгорелась настоящая война (ingens bellum). Видимо, в одном из сражений Бонифаций был смертельно ранен.

Так что миссию Дария всё же нельзя назвать успешной. А полностью письмо Августина к нему таково:

«Ты имеешь радость вновь открыть для себя, и мы вместе с тобой, как в зеркале, открываем этот внутренний облик себя в том месте Евангелия, где Тот, Кто есть Истина,

сказал: „Блаженны миротворцы, ибо они будут наречены сынами Божиими".

Военные люди имеют свое величие и свою славу, и не только те, которые наиболее отважны, но и, что поистине более достохвально, те, которые в бою показывают себя наиболее верными своему долгу: под защитой и с помощью Бога они усмиряют врага своим трудом и своим мужеством, и своими победоносными усилиями дают мир республике и провинциям.

Но славнее убивать войну словом, чем убивать людей железом, и побеждать и добиваться мира миром, чем войной.

Воюющие, если они добры, несомненно, стремятся к миру, но они добиваются его, проливая кровь; ты же послан для того, чтобы не проливать ничьей крови: поэтому тебе выпала привилегия предотвратить то бедствие, которое другие вынуждены порождать.

Поэтому, мой заслуженно прославленный и дражайший сын во Христе, радуйся этому необычайно великому благословению, которое тебе даровано, и наслаждайся им в Боге, Которому ты обязан тем, что ты есть, и тем, что ты взялся за выполнение такой работы. Пусть Бог „укрепит то, что Он совершил для нас через вас"» (Письмо CCXXIX. К Дарию).

Взятая в отдельности и вынесенная мною в эпиграф фраза прекрасна и афористична. И даже может быть манифестом пацифизма.

Но она сказана Августином, который ранее уже призывал императорские армии для уничтожения раскольников-донатистов. И в целом это его письмо никак не осуждает ратные труды и подвиги.

Так что перед нами интересный памятник «переходного возраста» в жизни имперской Церкви: отдельные слова еще остаются миролюбивыми, но риторический мейнстрим уже оправдывает и освящает войны.

Юноше Бонифацию в порядке частной беседы Августин говорил: «Я не хотел бы, чтобы ты был в числе тех злых и нечестивых людей, которых Бог использует для того, чтобы поражать тех, кого хочет, болью». Но позже и официально он же восхваляет профессионального военного Дария и, несомненно, считает, что и этого доброго человека «Бог использует для того, чтобы поражать тех, кого хочет, болью».

Августин Иппонский вместе со своим учителем св. Амвросием Медиоланским создали христианскую теорию «справедливой войны», чем богословски покончили с раннехристианским пацифизмом.

«Мужество, которое на войне спасает родину от варваров или в мирное время защищает слабых либо товарищей своих от разбойников, преисполнено справедливости» (Амвросий. Об обязанностях 1, 129)[50]. *«Мужество без справедливости давало бы повод к несправедливости. Чем кто-либо сильнее,*

---

[50] Амвросий перелагает книгу Цицерона с тем же названием. Но у Цицерона совсем иные критерии справедливой войны: «Войны надо начинать с целью, не совершая противозаконий, жить в мире; но после победы надо сохранять жизнь тем, кто во время войны не был ни жесток, ни свиреп; так, например, предки наши даже предоставили права гражданства тускуланцам, эквам, вольскам, сабинянам и герникам, но Карфаген и Нуманцию разрушили до основания. Понятие справедливой войны было строжайше определено фециальным уставом римского народа (т. е. законно-справедлива война, объявленная римскими жрецами-фециалами с соответствующим ритуалом — А.К.). Справедливой может быть только такая война, которую ведут после предъявления требований или же предварительно возвестили и объявили… Войну с кельтиберами, войну с кимврами мы вели как войну с недругами — из-за того, кто из противников будет существовать, а не из-за того, кто из них будет повелевать; с латинянами, с сабинянами, с самнитами, с пунийцами и с Пирром мы сражались из-за владычества» (De off. I. 34–37). Ср. у Лактанция: «В какой же мере польза расходится со справедливостью, дает понять сам римский народ, который, объявляя войны при посредстве фециалов, нанося обиды [якобы] законным путем и всегда желая чужого и [в конечном итоге] захватывая его, завладел всем миром» (Божественные установления, 6, 9, 4).

тем скорее он готов угнетать более слабого, поэтому в военных делах считается необходимым решить, справедлива война или нет. Давид начинал войну, если только на него нападали» (1, 176–177). Повод обнажить меч Амвросий видит в защите ближнего: *«Не отразивший опасность от товарища, хотя и мог, столь же виновен, как и тот, кто наносит ее. Святой Моисей именно так впервые проявил свое воинское мужество: когда он увидел египтянина, обижающего еврея, он вступился, поразил египтянина и зарыл его в песке. Соломон говорил: Спаси ведомого на смерть (Притч. 24:11)»* (1, 179).

Августин полагал, что христианские воины должны были воевать даже по приказу Юлиана Отступника, а также любого неправедного, но законного правителя:

«...если праведный человек служит воином под началом безбожного правителя, он должен верно сражаться под его началом для сохранения мира в государстве. Так должно быть независимо от того, соответствуют ли приказы божественным заповедям или нет»[51].

Эти слова о «справедливой войне» были включены в «Декрет Грациана»[52], западный сборник канонов XII века.

Отголоски былого пацифизма порой мелькали.

Удалось отстоять лишь свободу клира от военной службы. Скорее всего именно в IV веке складываются т. н. «апостольские правила». 83-е среди них запрещает священнику обучаться и обучать военному делу:

---

[51] Augustine. Contra Faustum. XX, 75 // P. L. T. 42. Col. 448: «Cum ergo vir justus, si forte sub rege homine etiam sacrilego militet, recte poscit illo jubente bellare civicae pacis ordinem servans; cui quod jubetur, vel non esse contra Dei praeceptum certum est, vel utrum sit, certum non est...»

[52] Gracianus. Decretum. C. 11, q. 3, c. 94, C. 15, q. 6, C. 4–5.

«Епископ, или пресвитер, или диакон, который упражняется в воинском деле, и хочет удержати и то, и другое, то есть римское начальство и священническую должность, да будет извержен из священного чина. Ибо кесарю кесарево, и Божие Богу».

В 400 г. Толедский собор заявил, что *«если кто-нибудь после крещения участвовал в войне и носил хламиду или портупею и даже не совершил более тяжких поступков, то, став клириком, он не получит чина дьякона»*[53].

С неодобрением св. Василий Великий писал, что *«дело доходит уже до крайности, особливо теперь, когда многие, боясь набора в военную службу, приписываются в церковнослужители»* (Письмо 50. К хорепископам).

15 февраля 404 года, почти сто лет спустя после обращения императора Константина св. Римский папа Иннокентий запретил принимать в клир людей, которые после крещения служили в армии[54].

В той же первой половине пятого века преп. Исидор Пелусиот не стеснялся в выражениях: «Иные сказывают, будто бы до того ты обезумел и расстроился в рассудке, что этому отроку, которому Бог дал способность всему обучаться, намереваешься дать в руки оружие и определить его в военную службу, невысоко ценимую, даже презираемую и делающую людей игрушкою смерти. Поэтому, если не вовсе повреждён у тебя рассудок, оставь безрассудное намерение: не гаси светильника, который о том старается, чтобы возгореться на славу; дозволь человеку разумному продолжать занятие науками. А эту честь, или, лучше сказать, это наказание, побереги для других, каких-нибудь бродяг, которым прилично невежество толпы» (Письмо 390. Кинтиниану).

---

[53] Контамин Ф. Война в Средние века. — СПб., 2001. С. 286.
[54] http://www.pravenc.ru/text/468771.html

Но это всего лишь частное письмо по частному случаю. А в принципе преп. Исидор Пелусиот уже разделяет восхищение военными героями: *«На войнах, когда весьма немногие, сражаясь за отечество, вступают в борьбу с многими, тогда люди умные и не требуют, чтобы они победили, но дивятся, если не падут они бесславно, а если причинят противникам больше вреда, нежели можно было предполагать, ставят их в один ряд с героями. Ибо первое признают мужественным, а второе даже вышеестественным. И поскольку последнее выше возможности, то удостаивают его почестей, как нечто блистательное и славное, но не оставляют без внимания и первого, так как и те побеждены, будучи осилены множеством, но не превосходством в мужестве»* (Письмо 295. Грамматику Нилу). (Впрочем, это восхищение ограничено: *«...мы, очами веры ясно прозирающие в жизнь будущую, по справедливости пренебрегаем и войнами нашими, и победными памятниками, и прославлением, как прекращающимся вместе с настоящею жизнью»*).

Исидор осуждает лишь гражданские войны[55] и приветствует внешние:

> *«Не во всяком случае победа — прекрасное дело; но, если предмет хорош и благороден, то она доблестна, а если предмет гнусен и дурен, то и победа — дело весьма худое. Например (приведу в доказательство то, что уважают язычники), война с иноплеменниками почитается и законною, и необходимою, а война с единоплеменниками беззаконна, и обративший их в бегство не получает похвал»* (Письмо 194. Антиоху).

---

[55] «В войнах междоусобных победители более жалки, нежели побежденные, потому что понесут на себе по сравнению с теми больший стыд — настолько больший, насколько более других достигнут чего-либо в этой войне. Однако же, если примирятся, одержат над побежденными верх» (Письмо 142. Симмаху).

С 416 года, согласно декрету императора Феодосия, в армии могут служить только христиане (Кодекс Феодосия.16,10,21). А самому Феодосию уже послушен сам Бог!

Вот рассказ церковного историка об этом: в 394 году Феодосий ведет битву против узурпатора Евгения. Поначалу бой складывается для него неудачно:

«Царь пришел в величайшее смущение, упал на колени, призывая Бога на помощь, — и молитва его не была отвергнута. Поднялся сильный ветер и стрелы, пускаемые воинами Евгения, обращал на них самих, а стрелам противников их придавал бо́льшую стремительность. Столь могущественна была молитва царя!» (Сократ Схоластик. История. 5, 25).

Переворот проявился и в том, что воины, принявшие мученическую смерть за отказ служить в армии, стали считаться ее покровителями. Появляется легенда о мученике Меркурии, который явился с неба и копьем убил императора Юлиана Отступника...[56]

---

[56] Идея о том, что Юлиан был убит именно чудесно явившимся мучеником Меркурием, появляется впервые в VI веке у Иоанна Малалы (в «Лавсаике» Палладия, как и в «Истории» Созомена, т. е. в V веке, имя всадника еще не называется). Псевдо-амфилохиево житие св. Василия Великого и Псевдо-Элладиево житие того же святого, которого держится Иоанн Дамаскин, представляют две окончательные редакции чуда. Причем в собственно житиях св. Меркурия эта легенда отсутствует (по крайней мере в византийских вариантах житий). Сегодня же она рассказывается так: «Когда святой Василий Великий молился пред иконою Пресвятой Богородицы, — при которой было изображение и святого великомученика Меркурия с копьем как воина, — чтобы злочестивый царь Юлиан Отступник, великий гонитель и истребитель правоверных христиан, не возвратился из Персидской войны для истребления христианской веры, то увидел, что там, при иконе Пресвятыя Богородицы, образ святого Меркурия сделался на некоторое время невидимым, потом показался с окровавленным копьем. А в то самое время Юлиан Отступник был пронзен на Персидской войне копьем неизвестного воина, который

Красивая испанская легенда прикрывает этот переход от древних канонов к текущей практике, призывая в армию не рядового мученика Меркурия, а лично брата Господня — апостола Иакова.

Это легенда про крест святого Иакова (*Cruz de Santiago*) — красный крест на белом фоне с тремя концами по форме флёр-де-лис и нижним в виде лезвия меча. Этот красный меч корреспондировался с девизом рыцарей Реконкисты — *Rubet ensis sanguine Arabum* («Ал мой клинок от крови арабов»).

Итак, идет одно из сражений Реконкисты (под Клавихо 23 мая 844 года): христианские войска астурийского короля Рамиро I сражаются с сарацинами (маврами) Абд ар-Рахмана II. И в ее разгар является апостол, крестивший Испанию — святой Иаков (*Santiago*). На белом коне и с мечом он врезается в ряды сарацин...

Но в 1064 году греческий (то есть неместный) епископ Остиан был шокирован историей об апостоле, что размахивал

тотчас после того сделался невидим» (свт. Димитрий Ростовский. Жития святых, 24 ноября). Об истории сюжета см.: Муравьев А. В. Мар Афрем из Нисибина (прп. Ефрем Сирин) и его духовные стихи против императора Юлиана // Мар Афрем Нисибинский. Юлиановский цикл. — М., 2006. С. 62–64.

В коллекции Эрмитажа есть амулет, изготовленный из зуба средиземноморского кашалота (!). Время создания амулета — IX–X века (См. В. Н. Залесская Послесловие к статье А. П. Смирнова // Византия и византийские традиции. — СПб., 1996. С. 188–190. А. П. Смирнов. Греческий амулет из собрания академика Н. П. Лихачева // Там же. С. 184–188). А на том амулете вырезана сцена: св. мученик Меркурий поражает копьем императора Юлиана Отступника. Меркурий верхом на коне. Обе его руки подняты вверх, в каждой по сабле. Тем не менее через правую его руку проходит еще и копье, которым он пронзает лежащего ниц Юлиана в царской короне. В сторонке стоит молящийся св. Василий. На иконах св. Георгия со змием принято изображать копье, лежащее на его открытой, не сжатой ладони. В обоих случаях это знак того, что копье направляется Самим Богом, а святой это лишь Его инструмент. Фото амулета тут: https://diak-kuraev.livejournal.com/703701.html

мечом. Он начал хулить тех, кто описал Иакова как вооруженного всадника, приговаривая: «Друзья, призывайте не рыцаря, а рыбаря!» (¡Amigos, no lo llaméis caballero sino pescador!).

Свою беседу епископ Остаин вел в ночь накануне взятия Коимбры (1064 год). И этой же ночью греку во сне явился сам Иаков, обутый в шпоры, одетый в сияющие одеяния и держащий в руках два ключа. Апостол сказал паломнику: «Остиан, не имей сомнений в моей рыцарственности, ибо должен ты знать, что я есмь кабальеро Господа моего Иисуса Христа, вспоможитель христианам в борьбе с маврами, и скажу тебе больше: этими ключами, что держу я в руке, завтра в воскресенье в третьем часу я открою городские врата Коимбры и предам ее королю Фернандо». Сказав это, святой вскочил на коня и умчался. Недоверчивый Остиан сообщил о небесном явлении церковным властям, а в третьем часу мавры Коимбры и в самом деле сдались после семилетней осады, позволив армии короля Фернандо I Великого вступить в город[57].

Эту легенду Дон Кихот рассказывал своему Санчо Пансо:

> *«...великому этому рыцарю багряного креста Господь повелел быть покровителем и заступником Испании, особливо в годину тех ожесточенных боев, какие вели испанцы с маврами, вот почему, когда испанцам предстоит сражение, они обращаются к этому святому как к своему защитнику и призывают его имя, и многие сами видели его в бою, видели, как он сокрушал, попирал, уничтожал и истреблял полчища агарян — в доказательство я мог бы привести немало примеров, почерпнутых из правдивых испанских хроник».*

Какая-то глубокая и мало кем замечаемая шизофрения с той поры появилась в нашей церковной жизни:

---

[57] https://ru.wikipedia.org/wiki/Сантьяго_Матаморос

С одной стороны, наши священники литургически чтят памяти воинов-мучеников, отказавшихся от воинской службы.

С другой — те же священники чуть ли не вместе с военкомами ходят по квартирам, разыскивая и зазывая призывников. Широк человек, слишком широк. Евангелие и нормы ранней Церкви слишком жмут нашим митрофорным замполитам.

А слова Христа: «Нет больше той любви, как если кто положит душу свою за други своя» проповедники стали подавать как девиз армейской службы, подходящий для любого язычника-самурая (подробнее об этом — в главе 8 «Точно ли солдатская любовь самая большая?»).

Ну, а после того, как великий Григорий Богослов сказал «хорошо вести войну», осталось совсем немного пройти до священных войн.

Глава 2

Восемь признаков религиозной войны

Что такое «крестовый поход или «религиозная война»? Определений может быть много, но просто привлечем эталон — речь римского папы Урбана **на Клермонтском соборе в ноябре 1095 г.**, призывающей в крестовый поход:

«От пределов Иерусалима и из города Константинополя в нам пришла важная грамота, и прежде часто доходило до нашего слуха, что народ персидского царства, народ проклятый, чужеземный, далекий от Бога, отродье, сердце и ум которого не верит в Господа, напал на земли тех христиан, опустошил их мечом, грабежом и огнем, а жителей отвел к себе в плен или умертвил поносною смертью, церкви же божии или срыл до основания или обратил на свое богослужение.

Кому же может предстоять труд отмстить за то и исхитить из их рук награбленное, как не вам, которых Бог одарил пред всеми народами и славою оружия, и великим духом, и телесною силою и доблестью к покорению сопротивляющихся вам?

Вас побуждают и призывают к подвигам предков величие и слава короля Карла Великого, сына его, Лудовика (т. е.

Благочестивого) и других ваших властителей: они разрушили царство турок и на их счет распространили пределы святой церкви. В особенности же вас должна вызывать святая гробница Спасителя и Господа нашего, которою владеют ныне нечестивые народы, а святые места обезчещены ими и замараны их нечистью. О, храбрейшие воины, потомство непобедимых предков, не унизьте себя и вспомните о доблести своих отцов.

Если вас удерживает нежная привязанность к детям, родителям и женам, то подумайте о том, что сказал Господь в Евангелии: „Кто любит отца, или мать больше меня, недостоин меня. Всякий, кто оставит дом или отца, или мать, или жену, или детей, или землю во имя мое, тому воздастся сторицею и жизнь вечную наследует". Да не увлекает вас какое нибудь стяжание, или забота о домашних делах, потому что земля, которую вы населяете, сдавлена отсюду морем и горными хребтами, и вследствие того она сделалась тесною при вашей многочисленности; богатствами она необильна, и едва дает хлеб своим обработывателям. Отсюда происходит то, что вы друг друга кусаете и пожираете, ведете войны и наносите смертельные раны. Теперь же может прекратиться ваша ненависть, смолкнет вражда, стихнут войны и задремлет междоусобие.

Предпримите путь ко Гробу святому; исторгните ту землю у нечестивого народа и подчините ее себе. Земля та была дана Богом во владение сынам Израиля, и по выражению Писания, „течет медом и млеком". Иерусалим — плодоноснейший перл земли, второй рай утех. Спаситель рода человеческого прославил его своим присутствием, украсил своею жизнью, освятил страданиями, смертью искупил и погребением превознес. И этот царственный город, расположенный в центре земли, держится теперь в неволе у своих врагов и пресмыкается пред народом, неведущим

Бога. Он просит и ждет освобождения, и непрестанно молит вас о помощи. А всякая помощь исходит от вас, потому что, как я уже сказал, Бог пред всеми народами вас одних одарил славою оружия.

Пуститесь же в этот путь, во отпущение грехов своих, с уверенностью наследовать незапятнанную славу царствия небесного! Когда вступите в бой с врагом, поднимайте один крик: «Так хочет Бог, так хочет Бог!» Тот же, кто вознамерится предпринять странствование, даст обет Богу, и себя принесет ему в живую и святую жертву, должен носить на челе или на груди изображение креста господня. Тот же, кто намерен вступить в лагерь обетования, пусть возложит его между плеч. Всем этим они исполнят заповедь господню, как она предписана в Евангелии: „Кто не несет крест свой и не пойдет за мною, недостоин меня"»[58].

Список признаков религиозной войны я бы предложил в таком виде:

1. Государственный статус религии, заявляющей, что война ведется в ее интересах.

2. Акцент государственной и церковной пропаганды на том, что данное боестолкновение есть «конфликт ценностей» и вер.

Как два различных полюса,
Во всем враждебны мы.
За свет и мир мы боремся,
Они — за царство тьмы.

(это редко исполняемый куплет из песни Лебедева-Кумача «Священная война»).

---

[58] Роберт Реймский. Иерусалимская история, кн. 1. // История средних веков в ее писателях и исследованиях новейших ученых. Том III. — СПб., 1887. С. 79–81.

Ср. с обращением патриарха Кирилла к раненым в ходе российско-украинского конфликта:

«в мире существует такое явление, как борьба добра со злом, и она проходит и по государственным границам. Очень важно, чтобы наши военнослужащие, наша армия всегда были на стороне добра. Это несомненно поможет обретать Божественную поддержку в ответ на их подвиг — поддержку силой Божественной»[59].

Или с его же обращением к епископам, которые приехали поздравить его с 75-летним юбилеем:

*«Днем 24 мая 2022 года, в кафедральном соборном Храме Христа Спасителя в Москве, состоялся прием по случаю тезоименитства Святейшего Патриарха Московского и всея Руси Кирилла. В завершение приема Святейший Патриарх Кирилл обратился к архиереям — участникам торжеств. Святейший Владыка, в частности, сказал: „Мы должны всегда оставаться на стороне правды, **на стороне света.** Мы должны понимать: если силы зла получили глобальную возможность влиять на весь человеческий род, значит, наступает то, чего никогда не было в истории человечества. И я очень надеюсь, что соборный голос Русской Церкви поможет сохранить правильный вектор развития не только нам и народам нашим, но, быть может, всему миру. Призываю всех вас, мои дорогие владыки, мобилизоваться. Сегодня мы должны работать на то, чтобы укреплялось духовное влияние Русской Православной Церкви на весь наш народ и даже на весь мир. Таково наше призвание,*

---

[59] Слово патриарха Кирилла 21 июня 2022 года в Центральном военном клиническом госпитале имени А. А. Вишневского Министерства обороны Российской Федерации.
http://www.patriarchia.ru/db/text/5938567.html

и это не максимализм, не фантазии — это реальность. Мы должны не поддаваться ни на какие соблазны и утверждать Православие как веру, способную вооружить людей силой сопротивляться апостасии. Наступают особые времена — и для народа нашего, и сугубо для Церкви нашей"»[60].

«Особые времена» — это разгар «специальной военной операции» России в Украине.

В эти «особые времена» лейтмотивом патриарших проповедей стали призывы к «непременному сохранению за собой права стоять на стороне света, на стороне Божьей правды, на стороне заповедей… Мы вступили в борьбу, которая имеет метафизическое значение»[61].

Борьба, которая «имеет метафизическое значение», это вечная война Добра и Зла, Света и Тьмы. Настойчивое упоминание о ней означает, что частное столкновение земных интересов двух групп политиков патриарх вставляет в рамку Священной Войны, а тем самым увековечивает (этернизирует) этот конфликт. И задает ему максимально высокие цели, столь высокие, что в их метафизическом величии теряется вопрос о соразмерности средств (вплоть до ядерных бомбардировок). Армагеддон, так Армагеддон.

3. Предельная точка этого «конфликта ценностей» — публичное провозглашение своих врагов (т. е. врагов правителя, церковной верхушки и нации) врагами Бога и их демонизация.

Примеры см. в главе 5 «Где живет сатана?»

4. Декларация того, что одна из целей конфликта состоит в том, чтобы доставить торжество правоверию и защитить его.

5. Признак необходимый, но недостаточный: мобилизация Бога в свои армейские ряды как гаранта будущей победы или автора победы уже совершившейся.

---

[60] http://www.patriarchia.ru/db/text/5929154.html
[61] Слово 6 марта 2022 года http://www.patriarchia.ru/db/text/5906442.html

Очень ярко эта мобилизация видна в речи президента Трансваальской Республики Крюгера, в день объявления войны англичанам:

«Будем уповать на Бога, и Его Святую Волю!.. Пусть Он решит наш спор... Если нам суждено умереть, то весь мир будет поражен — сколько нужно будет пролить человеческой крови, чтобы нас, буров, истребить!.. На чьей стороне правда — решит Господь! Бог управляет миром и направляет пули в защиту правого дела»[62].

Это вроде бы часть общей монотеистической веры в то, что всё в нашем мире зависит от воли Творца. *«В окопах, осадах и штурмах, также и в боях и сражениях каждый бы помнил, что ему без воли Божией ни волос от головы его не может пропасть, и с тем бодрым сердцем то исполнял, к чему он призван»* (Артикул краткий для употребления в кавалерии. Глава 8. Статья 5.). Именно это делает данный признак недостаточным: христианин на любое свое дело испрашивает Божье благословение. Что в пределе, опять же снимает различие профанного и сакрального, и всю жизнь со всеми ее бытовыми подробностями («едите ли, пьете ли...») делает литургией.

Но отчего-то никто не проповедует, что «Бог с диссидентами!», что «воля Бога в том, чтобы воспротивиться дури воинственного царя» или «воля Бога в том, чтобы уступить и не лезть в драку». Волю Бога проповедники священной войны видят именно в самой войне и не допускают, что она может проявляться через тех, кто с этой войной не согласен.

Мне годами твердят: не критикуй патриарха! Он нам дан по воле Божией! Не спорю. Но вдруг воля Божия еще и в том, что Он меня сделал его современником этого патриарха, дал мне

---

[62] Лебедев К.А. Примеры военного красноречия разных народов минувших лет и настоящего времени. (Замечательные речи, приказы, воззвания, манифесты). — СПб., 1900. С. 92.

опыт близкой работы и лично с ним патриархом и в структурах патриархии, дал надлежащее образование, инсайты и — независимость?

Некогда Прокопий Кесарийский написал две биографии св. императора Юстиниана Великого. Одну — официально-прехвалебную, другую — искренне-подпольную. Как ни странно, историки более благодарны ему именно за вторую…

Воля Бога только с царями и победителями? Но ведь в XX веке все православные монархии (русская, греческая, румынская, болгарская, сербская, албанская, румынская) пали. Православный официоз плачет, но объяснить этого не может… А не-официоз в таких обстоятельствах вспоминает, что Распятый Христос вообще-то с теми, кому больно, кто унижен…

В общем, вопрос «как узнать, в чем воля Бога» до сих пор остается вопросом, и лишь пропагандистам тут всё ясно.

6. Признак достаточный, но не необходимый: обещание рая воинам, которые погибнут в предстоящей войне.

Примеры см. в главе 7 «Все солдаты попадают в рай».

7. Особые молитвы о победе в текущей кампании сверх церковного «обихода».

8. Акцентированное использование религиозных амулетов и реликвий для победы над врагом и приписывание ожидаемой или одержанной победы чудодейственной силе этих реликвий.

Носит ли данная война характер оборонительный или агрессивный, справедливая она или нет — это другая шкала оценок, неважная для оценки конфликта как религиозного или чисто светского.

Вот определение из самой первой книги, типографски напечатанной в России (точнее говоря, первой светской, нецерковной, книги). Это переведенный с немецкого учебник военного дела. В нем есть разделение войн на плохие и хорошие. Плохие это войны междоусобные (между князьями) и жилецкие (гражданские).

«А явные и всемирные войны, те есть справедливы, и называют их законно который правдою и делом основаны и прямою причиною починаются, и которыя мочно правдою и доброю совестию почати и в нем служити. Как есть первые те войны, которые ведены бывают против тех, которые Божией чести и слова Его ищут попрати и изгоняти, и которые есть враги имени Христову. Как есть турки татаровя языки и варварские люди, такожде и то когда един государь у другого ищет землю осилети и отняти, и тогда встречной супостат имеет справедливую войну вести причину себя обороняти; и татя войны противу языков вели. Моисей, Числа в третей надесять главе. Такожде чти книгу Iсуса Наввина, и про Давида в первой книзе царств, как с филистимляны и со амониты и с хетимляны и с иными воевалися и вси богоспасаемии цари которые против языков стояли. И то были прямые войны как и днесь против турков и татар и против иных врагов християнского имене»[63].

То есть: если война идет между христианскими властителями, то справедлива лишь оборона своих владений. Но с язычниками и нехристями справедлива любая война.

Между крестовыми походами католичества и православия есть лишь одно различие.

Православная церковь политически несубъектна. Когда Римский папа объявляет крестовый поход, то это его и только его суверенное решение. В православном мире аналогичное решение принимает император, а церковь его поддерживает.

Но эта разница скорее кажущаяся. Ведь между словами «церковь» и «патриарх» нет знака равенства. Император в православном мире — это высшая инстанция, и церковной власти — тоже. Уже императора Константина называли «епископ внешних

---

[63] Учение и хитрость ратного строения пехотных людей (1647 г.). — Спб., 1904. С. 32.

дел церкви», а законы Российской империи именовали императора «крайним судией сей духовной коллегии».

Священнейший предмет храма и алтаря — это антиминс. Тканевый плат, в который вшита частица мощей и на который ставится чаша. Без антиминса служить нельзя, и в случае пожара первое, что должен спасать священник, это именно антиминс.

Так вот, на русских антиминсах писалось, что он освящен «повелением государя». И только в 1863 году директор синодальной типографии Н. П. Гиляров-Платонов поднял вопрос о еретичности этой формулы. Его мнение было поддержано митрополитом Филаретом Московским[64].

В этой цезарепапистской модели епископы назначались и перемещались также волей царя. И если церковь столь много власти над собой дала царю, то совместные решения «синклита и синода» это именно решения церкви. В том числе в вопросах об объявлении войны и придания ей религиозного характера.

Я понимаю всю сложность вопроса «Где голос Церкви?». Понимаю апологетический прием, принятый у православных: «Голос Церкви это только определения Вселенских Соборов, а Соборы войну никому не объявляли и ни на кого не нападали». Ну так и Римские Папы официально «экс катедра» тоже этого не делали.

И всё же вполне официально православная Римская Империя (Византия), организатор Вселенских Соборов, прописала в своих законах:

> *«Нет ничего недоступного для надзора царю, принявшему от Бога общее попечение о всех людях. Императору подобает верховное попечение о церквах и забота о спасении подданых. Император — блюститель канонов и Боже-*

---

[64] см. Донесения и письма Филарета, митрополита Московского и Коломенского по некоторым церковным и государственным вопросам. — СПб., 1891. С. 51–64.

ственных Законов. Царь через Собор и священников утверждает Правую веру» (св. Имп. Юстиниан. Новелла 133. О монахах и монахинях и их образе жизни. Предисловие). По тексту шестой новеллы, «царство заботится и о догматах, и о чести священников, и о соблюдении церковных правил» (Новелла 6)[65]. И Законы Российской Империи определяли, что «государи российские суть главою церкви»[66]. Последование «Недели торжества Православия» с 1766 года возглашало по всей стране: «Помышляющим, яко православные государи возводятся на престолы не по особливому о них Божию благоволению, и при помазании дарования Святаго Духа к прохождению великого сего звания в них не изливаются, и тако дерзающим противу их на бунт и измену, анафема».

Уж тем более всеизвестно, что патриархи и вообще «главы церквей» считали себя и считаются всеми историками и культурологами официальным «голосом церкви». А что еще делать историкам, если их источники и сохранили почти исключительно только отклики епископов на текущие события?

Если под словом «церковь» иметь в виду общественную корпорацию, зарегистрированную в Минюсте в соответствии с поданным туда Уставом, то это несомненно так.

Но если речь идет о Церкви Христовой, то всё сразу становится сложнее. И размышления на эту темы с таким строгим ограничением сразу логически ведет к доктрине «Невидимой Церкви», объединяющей немногих «настоящих христиан», живших в разные столетия и в разных местах и даже незнакомых между собой (в православии эту идею считают еретической,

---

[65] Полный текст знаменитой 6-й новеллы Юстиниана (той, что про симфонию) тут: http://pstgu.ru/download/1175594917.02maksimovitch.pdf

[66] Акт о порядке престолонаследия // Полное собрание законов Российской империи с 1649 года. Собрание первое. Т.XXIV, № 17910. — СПб., 1830.

масонско-протестантской) и далее к «ереси донатизма» (вера в то, что Бог не обязан сотрудничать (см. синергия) с теми священниками даже самого высокого ранга, которые живут не по Его Евангелию).

Но я сейчас предлагаю труд не богословский, а исторический: что было, а не во что хочется веровать.

Я пишу о той истории, в которой патриарх вручает воинские награды императору. Ну, патриарх Кирилл наградил Путина орденом Мужества и присвоил ему звание Героя России… Ой, нет, это св. император Игнатий в IX веке не раз награждал венками царя Василия I Македонянина, возвращавшегося с походов (*«Занимавший тогда патриарший престол увенчал его победным венком… Придя в царственный город, он по прежнему обычаю принял от патриарха венок победы»* (Продолжатель Феофана. История 5, 40; 5, 49).

Можно придумать еще один критерий крестовопоходности, чтобы инициатива папы Урбана смотрелась эксклюзивнее: мол, специфика крестового похода в том, что он ведется ради захвата чужих земель, население которых потом будет обращено в истинную веру[67].

Но как раз папа Урбан не провозглашал целью похода обращение выживших сарацин в христианство. Идея похода была в возврате утраченных святынь и освобождении христиан.

Так, может и сделать это единственным признаком крестового похода? Мол, признак крестового похода — это то, что он предпринимается в целях помощи страждущим за границей христианам.

---

[67] «Мысль о возможности вести войну ради распространения своей веры за пределы границ страны… вопрос о «вооруженном миссионерстве» и насильственном обращении населения завоеванных земель не ставился ни Ираклием, ни его преемниками» (Каптен Г. Ю. Проблема сакрализации войны в византийском богословии и историографии. — Спб., 2020. С. 103).

Но этот мотив присутствовал в большинстве войн с варварами, мусульманами и персами. Даже крымские походы из Москвы среди своих целей ставили освобождение русских пленников из рабства крымчаков. Если всерьез руководствоваться этим критерием, то и холодная война была крестовым походом без кавычек, так как среди ее целей было обозначено облегчения жизни христиан в советском блоке. И война Путина с Украиной тоже крестовый поход — ибо в качестве прикрытия и оправдания «СВО» постоянно говорится о «гонениях на нашу Украинскую Православную Церковь».

То есть этот критерий может быть слишком широк. И сам по себе недостаточен.

И он же слишком узок, так как он не может быть отнесен к войнам, у которых не было долгих предысторий (в ходе которых святыни и христиане попали в плен), но нападающая сторона всё равно провозглашает свои мечи и ружья священными (как это было в проповедях протестантских пасторов, зовущих на войну с индейцами в Северной Америке).

И разве можно сказать, что лишь та война священна, которая ведется ради освобождения «святынь», ранее утраченных, а вот война для защиты святынь уже имеющихся не делает эту войну священной?

Важно еще, что папа Урбан от участников похода ожидал покаяния, а по итогам обещал им отпущение грехов. Но в этом уже даже не было новизны ни для Запада, ни для Востока христианского мира.

А обращение «варваров» в христианство по итогам похода может быть проведено по-разному. Первый вариант: на «возвращенные территории» переносится режим государственного единоверия, уже принятый в Империи. Второй: «туземцы» в качестве пленных депортируются с временно оккупированных территорий вглубь Империи, и тогда см. вариант первый. И такая практика была в Византии задолго до папы Урбана.

При желании можно уточнить «подвиды» религиозных войн и сказать, что не всякая «священная война» есть «крестовый поход».

Если же в пропаганде некоей военной кампании есть большинство из перечисленных в этой главе признаков, значит те, кто эту войну замышлял, желали, чтобы она воспринималась как священная.

Я просто предлагаю с уважением отнестись к этому замыслу полководцев и их капелланов и согласиться с ними.

То, что у этих же правителей могли быть другие и не всегда афишируемые мотивы для военных действий — вопрос другой. То, что вообще у тех же войн есть причины «объективные» — экономические, социологические и т. п. — вопрос другой. И он, конечно, тоже должен быть исследован. Но не мной и не в этой книге.

Современный историк может сказать, что причиной крестовых походов был переизбыток младших безземельных сыновей в европейском дворянстве. Но римский папа всё же никогда не говорил: «Вас, дети мои, стало слишком много, и поэтому идите и умрите у стен Иерусалима».

Английский парламент мог честно сказать: *«Эта война нам нужна в наших торговых интересах ... ради нашей беспошлинной торговли... для поддержания нашей монополии... для поддержания бесперебойных поставок нужного нам сырья...»*

Русский царь в таких низких категориях вещать не мог. Вместо него и за него военные историки могут так выражаться («России был нужен выход к незамерзающим портам...»), но не он сам. Помазанник Божий не какой-то профанный торгаш, и он просто обязан был придавать своим деяниям иератический характер.

Вот и посмотрим, в каких словах и жестах они это делали.

Глава 3

Вела ли «Крестовые походы» православная Византия?

Есть православие, а есть мифы о нем. Среди этих мифов есть мифы, создаваемые нецерковными людьми, а есть мифы, с радостью передаваемые людьми из Церкви.

Вот именно к числу последних относится и распространенное мнение о том, что в отличие от католиков, православие никогда не прибегало к понуждению в вопросах веры, что православный мир не знал ни инквизиции, ни костров, ни индульгенций...

Прежде всего, в библейских текстах Ветхого Завета есть множество прямых повелений и описаний религиозных войн. Они ведутся по повелению Бога и своей целью ставят уничтожение и вытеснение инаковерующих.

Приведу лишь одни пример, который в силу его неочевидности не включается в обычные подборки библейских текстов про «войны Яхве» *(«войны Господа»* — 1 Царств 1. 47; 2 кн. Паралипоменон 20. 15).

2 Цар 5,6–8:

«И пошел царь (Давид) и люди его на Иерусалим против Иевусеев, жителей той страны; но они говорили Давиду: „ты не войдешь сюда; тебя отгонят слепые и хромые“, — это значило: „не войдет сюда Давид“. Но Давид взял

крепость Сион: это — город Давидов. И сказал Давид в тот день: „всякий, убивая Иевусеев, пусть поражает копьем и хромых и слепых, ненавидящих душу Давида. Посему и говорится: слепой и хромой не войдет в дом Господень"».

Залоги тут могут быть расставлены иначе:

«Ты не войдешь сюда, пока не уберешь слепых и хромых».

«Всякий, кто побьет Йевусеев и доберется до трубопровода и до хромых и слепых».

«...до хромых и слепых, ненавистных душе Давида»[68].

Почему, уже завоевав Иерусалим, Давид приказал уничтожить не только воинов, но и „слепых и хромых" жителей города? Почему эти калеки „ненавидимы Давидом". Как эти калеки связаны с трубопроводом?

Русский синодальный переводчик еще не знал про Силоамский тоннель, включающий **Шахту Уоррена (Warren's Shaft)**. Она была названа так в честь Чарльза Уоррена, открывшего ее в 1867 году. Шахта была частью подземной водной системы, питавшей Иерусалим из-за пределов его стен из источника Тихон. Первоначально это был водный источник, появившийся в разломах скал; к 1000 г. до Р. Х., возможно, иевусеи расширили шахту, чтобы использовать источник[69].

У историков есть версия, что по этому тоннелю воины Давида проникли внутрь города.

А если забрать этот сюжет из рук историков и моралистов и передать культурологам, специалистам по древним мифам и хтоническим глубинам?

---

[68] Первые и последние пророки. Йерушалайм, 1978. С. 122.

[69] См.: https://ja-tora.com/podzemelia-goroda-davida-nina-kheimets/ и Силоамский тоннель – https://ru.wikipedia.org/wiki/Силоамский_тоннель

Калеки — это традиционные посредники с «миром иным». Темы связи хромоты с хтоникой касались Вяч. Иванов и Л. Сараскина при исследовании образа Хромоножки у Достоевского. Слепой к земному может быть сугубо зряч к реалиям потусторонним. Трубопровод (водопровод; букв. «циннор» צִנּוֹר — труба), в котором прячутся слепцы и хромцы — это подземное сооружение.

В египетской религии карлики имели какой-то магический вес. Можно вспомнить бога — карлика Беса[70]. Однажды карлика (или пигмея) доставили ко двору фараона. Его привезли из «страны горизонта». Горизонт — это место, где небо примыкает к земле. Так возможен переход из одного мира в другой и коммуникация между ними (нечто функционально похоже на «мировое древо», ось мира)[71].

Иевусеи — это доеврейское население Иудеи. Так, может, и в их религии было представление о том, что калеки могут быть медиумам и медиаторами с миром духов, а наипаче — с миром мертвых? Может, поэтому они и жили в подземельи? Историки говорят, что иевусеи были неспособны построить эти подземные тоннели. Значит, в их время это были просто карстовые трещины-пещеры. Тогда тем паче они могли восприниматься как некое не-человеческое сооружение, и, значит, как врата в иной мир. Уродцы как не вполне человеки были вполне логичными стражами у такого портала в нечеловеческий мир[72].

В древнерусской культуре скоморохи были не просто шутами, но жрецами языческого культа (и потому вызывала ненависть христианского духовенства).

---

[70] «Статуя карлика-уродца в Египте предназначалась для магической охраны человека от укусов змей, скорпионов, крокодилов, оберегает спящих» (Коллекция статуэток бога Беса в собрании ГМИИ им. А.С. Пушкина // Вестник древней истории. 2001 № 2).

[71] См. Александрова Е. «Подземные карлики» в Египте: между историей и мифом // Шаги/Steps. Т. 5. № 2. 2019. С. 175–187.

[72] Федотова Е. Роль архаических деталей похоронного обряда в библейском повествовании. // Норма и аномалия в славянской и еврейской культурной традиции. — М., 2016. С. 33 — 49.

Так что у Давида были основания считать этих увечных жрецами чуждого культа[73]. Чтобы завладеть Иерусалимом, нужно было порвать его связь с прежними богами, защищавшими его. Увечные сами хвастались, что именно они не дадут Давиду взять их город. Ясно, что не физической силой, а своими магическими связями. Вот потому Давид и ставит в качестве первоочередной цели уничтожение медиумов, связанных с подземными богами.

Это — религиозная война. Фраза «слепые и хромые не войдут в Дом [Господень]» помещает повествование не в военный, а в религиозный контекст.

Пусть и не этот случай, но многие другие ветхозаветные войны, конечно, воспринимались христианами как прообраз и как оправдание тех войн, что вели они сами.

Были ли в истории православных стран «священные войны», целью которых декларировалось приведение еретиков и иноверцев к православной вере? Да.

Имя Христа стало боевым знаменем и амулетом еще с битвы Константина у Мульвийского моста в 312 году (лабарум: «Сим победиши»). Гвозди, коими был распят Спаситель, тот же император Константин «одни вковал в свой шлем, а другие вставил в уздечку своей лошади» (Феофан Исповедник. Хроника. 317 год).

А вот в 585 году образ Христа в первый раз появился в византийской армии в качестве военного знамени. Это произошло во время сражения у Салахона в правление императора Маврикия, по приказу полководца Филиппика:

> *«Когда неприятельское войско стало приближаться, Филиппик велел вынести образ богочеловека, о котором издавна идет молва, будто создан этот образ божественным промыслом, а не выткан руками ткача и не нарисован красками художника. Поэтому у ромеев он прославляется как*

---

[73] Федотова Е. Коротко о «слепых и хромых». https://rmvoz.ru/forums/index.php?topic=4924.0

нерукотворный и почитается как богоравный дар господень; подлиннику его ромеи поклоняются с трепетом, как таинственной святыне. Сняв с него все священные покрывала, стратиг быстро нес его по рядам воинов и тем внушил всему войску еще большую и неотразимую смелость. Затем он остановился в центре и обратился к войску со словами поощрения. И сила проникновенных слов его была такова, что у смелых она увеличила решительность, а у вялых и медлительных возбудила готовность к бою. Тотчас загремели трубы, и их призывная мелодия еще больше вдохновила войска к сражению. Тем временем стратиг отослал святой образ господень в Мардис к Симеону, занимавшему в это время епископский престол в Амиде. Все бывшие в этот день в укреплении молились и, стараясь умилостивить бога, со слезами служили молебны, чтобы ромеи вышли из этого боя победителями» (Феофилакт Симокатта. История. Том I.3, 4–8).

В этой связи стоит обратить внимание на то, что «самодержец (Алексей Комнин) приветливо принял варвара (Вукана, лидера даламатов-сербов), так как ненавидел междоусобную войну и стремился ее предотвратить — ведь далматы тоже были христианами» (Анна Комнин. Алексиада 9,10). Это означает, что религиозная идентичность врага учитывалась при определении отношения к нему.

Тема боевых икон получила максимальное (буквально; по размерам) развитие в В 610 году. Тогда патриций Ираклий, военачальник Африки, послал сына своего (тоже Ираклия) с флотом на захват Константинополя. *«В сем году октября 4-го, прибыл Ираклий из Африки на кораблях с башнями, а на мачтах с киво-тами и с образом Богоматери[74], как говорит Георгий Писида, и с многочисленным войском из Африки и Мавритании»* (Феофан Исповедник. Хронография 602 год).

---

[74] ἑκοντες ἐν τοῖς καταρτίοις κιβώτια, καί εἰκόνας τῆς Θεομήτορος.

Это была гражданская война, по итогам которой тут же под иконами *«Ираклий еще на корабле приказал подвергнуть Фоку казни мечом, затем отсечению членов, в том числе правой руки от плечевого сустава, и повесить их на копья, а тело его протащить к так называемому форуму Быка и там его предать сожжению»* (патриарх Никифор. Краткая история[75]); Ираклий же, вступивший во дворец, был венчан патриархом Сергием.

«После богослужения в соборе Святой Софии было проведено шествие войск во главе с императором, который держал в руках знамя с изображением Спасителя» (Georgius Pisida. De expedicione persica. 1–2. 1959), и Ираклий отправился на войну с персами. Писида не останавливается перед тем, чтобы Нерукотворный образ уподобить Медузе Горгоне[76]: при виде этого образа персы каменеют (поскольку на Нерукотворном Спасе представлена лишь глава Христа, она уподобляется отрезанной главе Медузы, которой Персей умерщвляет врагов).

«Сам царь с Нерукотворенным образом в руках, и полагаясь на сей богописанный отпечаток, шел на сражение» (Феофан Исповедник, 613 год).

По ходу войны он призывал:

«Ираклий же, призвавши к себе всё войско, возбуждал его увещательными словами: „мужи, братья мои, возмем себе в разум страх Божий, и будем подвизаться на отмщение за

---

[75] У Георгия Амартола «Ираклий приказал сначала отсечь Фоке руки и ноги, а потом живьем резать на куски, а тайные члены отсечь и привязать к копьям за безмерные осквернения, какие совершал Фока, — в заключение отсечь голову и обезображенное тело мрачной памяти Фоки предать огню на так называемом бычачьем рынке» (563–564). Это уже вполне соответствует эпизоду из фильма «Законопослушный гражданин».

[76] G. Pisides, Heraclias, II, 91: Migne, P. G., 92, 1323. Так это место понимает A. Грабарь: Grabar A. L'iconoclasme byzantine. Le Dossier archéologique. — Paris, 1984. P. 62 и 581. Перевод Сергея Иванова этого не предполагает см. Бибиков М. В. Byzantinorossica. Свод византийских свидетельств о Руси. Ч. 2. — М., 2009. С. 84.

поругание Бога. Станем мужественно против врагов, причинивших много зла христианам; примем веру, убивающую убийства; отмстив за растление дев, за поругание над воинами, которых мы видели с отрезанными членами и поболим об них сердечно. Опасность наша не без награды, но ведет нас к вечной славе. Станем мужественно и Господь Бог споборет нам и погубит наших врагов"» (Феофан Исповедник, 614 год).

Слова, которыми в 628 году Ираклий провозгласил свою победу над Хосровом, отождествляли войну византийского императора с войной Бога: «побежденный Хосров был гордым нечестивцем, восставшим против Христа. Он был Богоненавистным (θεομίσητος) Богоборцем (θεομάχος). Христолюбивые (φιλοκριστοί) византийские армии, сбросили его в пропасть истерли его память» (Пасхальная хроника).

«Царь, шесть лет воевавший с Персиею, с великою радостью возвратился в Константинополь, выполнив некую мистическую феорию (θεωρίαν). В шесть дней создавший всякое творение Бог назвал седьмой день днем успокоения: равным образом Ираклий, в шесть лет совершивший многие подвиги, в седьмом году с миром и радостью возвратясь в свой град успокоился» (Феофан Исповедник, 619 год).

Прот. Иоанн Мейендорф полагает ту войну уникальной:

«Обе стороны смотрели на эту войну как на религиозную борьбу между двумя мировыми религиями-христианством и зороастризмом. Каждая сторона[77] сражалась не

---

[77] «На 34-м году своего царствования царь Хозрой пишет к Ираклу следующую грамоту: «любимый богами господин и царь всей земли, рождение великого Ормузда, Хозрой — Ираклу, бессмысленному и негодному рабу нашему. Не желая отправлять службу рабскую, ты называешь себя господином и царем; ты расточаешь сокровища мои, находящиеся у тебя, и подкупаешь рабов моих. Собрав разбойничьи войска, ты не даешь мне покоя. Разве я не истребил греков? Ты говоришь, что ты упо-

за преходящую политическую выгоду, а за окончательное торжество того, что она считала всемирной и абсолютной Истиной. Хотя во всех войнах Древнего мира известную роль играли религиозные ценности, никогда прежде их столкновение не было столь определенным и осознанным. С византийской стороны религиозное значение войны подчеркивалось самим императором, постоянно пользовавшимся советами своего друга, патриарха Сергия. Впервые византийские войска выступали против персов с иконами Христа и Богоматери как символами небесного покровительства[78]».

Профессор Мелиоранский также говорил (увы, без указания источников), что:

«Ираклий провозгласил персидскую войну священной, на парусах его военных судов была вышита икона Богородицы; к 626 г. относится появление (или по крайней мере — широкое распространение) знаменитого акафиста Богородице, который сделался в эту войну патриотическим гимном в Византии»[79].

ваешь на своего Бога. Почему Он не спас Кесарии, Иерусалима и великой Александрии от рук моих? Неужели ты и теперь не знаешь, что я подчинил себе море и сушу; разве я теперь не могу подкопать Константинополя; но я отпускаю тебе все твои преступления. Возьми жену свою и детей и приди сюда; я дам тебе поля, сады и оливковые деревья, которыми ты можешь жить, и мы с любовью будем смотреть на тебя. Да не обманет вас тщетная ваша надежда — Христос, который не мог спасти себя от евреев, которые убили его на кресте. Как же он избавит тебя из рук моих? Если ты сойдешь в бездны моря, я протяну руку и схвачу тебя, и тогда увидишь меня, каким бы ты не желал видеть» (Себеос. Повествование об Иракле Отдел 3, гл. 26). Ответная декламация армии Ираклия: «Мы будем с тобой — на жизнь и на смерть; да превратятся все враги твои в прах пред ногами твоими, да сотрет их Господь Бог наш с лица земли и прекратит порицание Свое людьми» (там же).

[78] Прот. Иоанн Мейендорф. Единство Империи и разделения христиан. — М., 2012. С. 44.

[79] Мелиоранский Б. М. Из лекций по истории и вероучению Древней христианской Церкви (IV–III в.). — Спб., 1910. С. 314.

Корректнее, наверное, будет сказать, что сухопутные войска Ираклия шли на ту войну, проходя под полотнищем с Нерукотворным Спасом (сей образ, как известно, был на ткани, а не на доске), вывешенным над воротами. Впрочем, Андрей Грабарь полагает, что иконы Спаса Нерукотворного были придуманы в императорском дворце специально для подъема духа армии[80].

Со своей стороны Георгий Писида, официальный поэт Ираклия, показывает, что во время этой религиозной войны Ираклий и его христианские армии должны были не просто покорить некие земли и города, а уничтожить религию персов, чтобы восторжествовала истинная религия — христианство. В описании отношений между двумя верованиями он использует юридические термины «законный» (γνήσιον) и «незаконнорожденный» или «ублюдок» (νόθον): христиане верят в то, что законно восходят к Богу, тогда как персы привязаны к суевериям, которые являются «ублюдочными» традициями. Следовательно, война против персов — это борьба против нечестия Сасанидов и их государства. Значит, нечестие — это преступление, которое христианский император обязан пресечь. «Война, которую Ираклий вел против Хосроя II, — это операция христианской полиции»[81]. Его армия — это «справедливость на марше» (δίκη πίνουμένη). Эта война между Ираклием и Хосроем — как гонки на ипподроме, где арбитром был сам Бог. И после уничтожения персов Бог даст всепобеждающему (παφφενής νικηφρος) Ираклию власть над всем миром.

Стоит отметить также вводный энкомий диакона Георгия Писиды к его поэме «Аварская война», где Богородице приписывается главная роль в победе над аварами и славянами, осадившим Константинополь.

---

[80] Grabar A. L'iconoclasme byzantine. Le Dossier archéologique. — Paris, 1984. P. 60
[81] Там же. P. 53.

«Одна лишь Родившая без зачатия натягивала луки и ударяла в щиты. И незримо вступив в бой, стреляла, ранила, раздавала ответные удары мечом, опрокидывала и топила челны, делая прибежищем для них морскую глубину... Море покраснело от иноплеменной крови, и теперь великолепно окрасилось оно кровью варваров»[82].

Аналогично риторствует Феодор Синкелл:

«Богородица потопила их моноксилы вместе с командами. Их тел было так много, что по заливу можно было ходить словно посуху. Что одна только Дева вела это сражение и одержала победу, несомненно явствовало из того...»[83].

Может ли быть более яркий пример «священной войны»? Прав историк, говоря, что экспедиции императора имели характер крестовых походов[84].

Впрочем, в этом вопросе есть мнение более авторитетное, нежели того или иного современного ученого. Сами крестоносцы считали своим предтечей императора Ираклия!

Первый крестовый поход в середине XII века описан архиепископом Гийомом (Вильгельмом) Тирским в книге, которую он и назвал в честь императора Ираклия, и в которой крестоносцев поименовал «ираклийцами»:

«Начинается книга, называемая „Ираклийцы", книга о деяниях Готфрида Буйонского. В ней речь пойдет о покорении Святой земли Иерусалима, содержатся истории о различных войнах и благородных подвигах войск, достигших Иеру-

---

[82] Бибиков М. В. Byzantinorossica. Свод византийских свидетельств о Руси. Ч. 2. — М., 2009. С. 83. Далее следует псогос в адрес аварского кагана. Полный текст: PG v. 92.

[83] Там же, с. 87

[84] Гельцер Г. Очерк политической истории Византии // Бенешевич В. К. Очерки по истории Византии. Вып. 1. — СПб., 1912. С. 48.

салима и соседних с ним мест, Древние историки повествуют об Ираклие, который был Истинным Христианином, [и] губернатором Римской Империи... В это время Ираклий покорил Персию, и убил Хосрова, [который был] могущественным королем, [тогда же] Ираклий вернул в Иерусалим Истинный Крест, данная реликвия до того находилась в Персии...» (История священной войны христианских государей в Палестине и на Востоке» (лат. Historia belli sacri a principibus christianis in Palaestina et in Oriente gesti)[85].

Чтобы война между соседями стала религиозной и священной, нужно педалировать тему религиозных различий.

Например, так это делал генерал Юстиниан, когда в 576 году император Юстин послал его армию на войну с персами.

Перед боем Юстиниан, *«стратиг ромеев, поднявшись на один из холмов и расположив своих бойцов на равнине, обратился к ним с такою речью: „Не на лжи основана вера наша, не подложных богов избрали мы своими вождями. Нет у нас бога, которого бьют плетками; не выбираем мы себе для поклонения коня. Мы не поклоняемся богу, обращающемуся во прах, сегодня сгорающему и не появляющемуся вновь. Дым и дрова не создают богоучения, самое исчезновение их материи изобличает ложность подобного учения. Мужи-философы (я скорее называю вас философами, чем воинами: у вас ведь одних постоянное занятие — смерть), покажите варварам вашу бессмертную отвагу. Сегодняшняя сладкая смерть, о которой всегда мы думаем, является каким-то сном, сном более длинным, чем обычно, но очень коротким по отношению ко дню будущей жизни. Ныне ангелы записывают вас в свое воинство и имена умерших заносят в свои списки"»* (Феофилакт Симокатта. История 3,13).

---

[85] A Middle English chronicle of the First Crusade: the Caxton Eracles / [William of Tyre]. Ed. and with an introd. by Dana Cushing. Vol. 1. 2001. Русский перевод: https://www.vostlit.info/Texts/rus/Gijom_Tir_Saxton_1/frametext1.htm

Тут и подчеркивание религиозных отличий, и обещание погибшим воинам рая. Это не священная война?

Византийские риторы и писатели старательно подчеркивали иноверие своих врагов:

«Ромеям следует, снаряжая в поход против тех, кто не верит в повелителя мира Христа, Господа нашего, стратиотов, и обеспечивая их всем необходимым для борьбы с враждебными племенами — и оружием, и сопроводительными молитвами...» (имп. Лев Мудрый. Тактика, 18, 129).

«Сарацины, когда видят проявление Божественного благочестия, они противопоставляют ему свою хулу, не признают Христа истинным Богом и не считают Бога спасителем мироздания. Их нечестивость враждебна нашему благочестию и нашей истинной вере» (18,110–111).

Вот вполне стандартная византийская речь к войне: молодой царь Роман задумал отвоевать Крит; некоторые его отговаривают.

«Но паракимомен Иосиф, выйдя вперед, сказал: „Все мы знаем, государь, какие беды причинили нам, ромеям, враги Христа. Вспомним убийства, насилия над девами, разрушение церквей, опустошение прибрежных фем. Сразимся за христиан и единоплеменников. Наш долг повиноваться твоему боговдохновенному приказу, ибо Бог внушил тебе эту мысль. Сердце царя в руке Господа, залог тому: твоя боговдохновенная царственность отправляет в поход верного и честного раба"» (Продолжатель Феофана 7, 9).

Далее уже командующий экспедиционной армией Никифор вдохновляет своих воинов:

«Мои братья и соратники, вспомним о страхе Божьем, сразимся, чтобы отомстить за оскорбление Бога, доблестно

встанем на Крите против воителей нечестия, вооружимся верой — убийцей страхов. Выстоим и выдюжим в борьбе с врагами Христа, и Бог Христос поможет нам, погубит врагов наших и разорит крепость хулителей Христа» (7,12).

И обратное: у поражений тоже должна быть религиозная причина. Например, такая, которой патриарх Никифор объясняет взятие сарацинами имперского Пергама в 717 году:

«Взяли они его по такой причине. Вследствие какой-то дьявольской выдумки находящиеся внутри города взяли беременную в первый раз женщину, да еще близкую к родам, разрезали ее и, вынув находящееся в ней дитя, сварили его в котле с водой, в которой окрестили кисти правых рук готовящихся к сражению с врагами. Поэтому же они и приняли на себя гнев Божий. Ибо их руки не могли схватить оружия, и враги из-за их бездействия взяли город без битвы» (Краткая история со времени после царствования Маврикия).

Вошел в оборот и сам термин «священная война»: «Сарацинами движет безверие во всё святое, и поскольку отсюда проистекает прямая угроза для нас, это вынуждает нас встать на путь священной войны (θεὸν ἡγοῦνται πολέμιον ἔχειν)» (имп. Лев VI Мудрый. Тактика, XVIII, 24).

Понятно, что священную войну надо начинать с молитвы.

Перед своим болгарским походом Иоанн Цимисхий совершил молитвы в храме Христа Халкита. В столичном храме св. Софии он *«стал молиться о ниспослании ангела, который бы двигался впереди войска и руководил походом; затем при пении гимнов он направился в славный храм Богоматери, расположенный во Влахернах»* (Лев Диакон. История. кн. VIII, 1).

Понятно, что священную войну надо вести во имя Бога.

«Во имя Господа Иисуса Христа начинаем мы всегда каждое наше предприятие и действие. Им дано было защитить Африку и покорить ее нашей власти. Он дает нам силу мудро управлять государством и твердо сохранять над ним нашу власть. А поэтому вручаем нашу жизнь Его Провидению и готовим наши полки и военачальников» (Кодекс Юстиниана 1, 27, 2)[86]. Такая формула годна для любого крестового похода.

Понятно, что на «священной войны» нужны святые воины. Все вместе такие праведные воины составляли «христолюбивое воинство», достойное победы в борьбе со «врагами Креста».

«Мы предписываем тебе, стратиг, чтобы войско в день сражения было прежде всего здоровым. Следует еще до ночи провести усердную молитву и всем получить благословение священников, чтобы благодаря этому все должны быть убеждены словами и делами в благоволении Бога, а потому шли в бой просветленными и уверенными» (Тактика 14, 1).

«Почитание Бога должно быть превыше всего остального. Особенно важно это почитание для тебя, стратиг, когда ты намереваешься ввергнуть себя в военные опасности: если ты почитаешь Бога с чистым сердцем, то в трудных обстоятельствах ты получишь право обратить к Нему свои молитвы как к другу и надеяться на спасение, соответствующее твоей дерзости» (20, 47).

«Прежде чем двигаться в путь, должны быть освящены все фламулы каждого из дромонов через богослужения, проведенные иереями, и пусть всё войско усердной молитвой будет наставлено на успешный поход против врага» (19, 21).

---

[86] Речь идет о разгроме императором Юстинианом африканского и арианского королевства вандалов в ходе войны 533–534 годов.

Аналогичны советы императора Никифора II Фоки:

«Следует же командиру установить, чтобы в лагере, в котором всё войско разместилось, во время славословия и в вечерних и в утренних гимнах священники армии совершали после исполнения гимнов усердные молитвы, а всё войско восклицало „Господи, помилуй!" вплоть до сотни раз со вниманием и страхом Божиим и со слезами; чтобы никто не отваживался в час молитвы заниматься каким-то трудом… Кто же будет найден занимающимся какими-либо делами и посчитавший всё побочным, оного с наказанием, остриженными волосами пусть понизят до незначительного чина»* (Стратегика, VI, 2).

Особо необходимы пост и религиозное очищения перед битвой с неприятелем:

«Когда же неприятели приближаются, нужно вынести решение, когда и где дать сражение. И после того, как решение принято, командующий должен созвать также всех стратигов, и начальников и всех подчиненных им людей, и поощрить и определить им очиститься перед боем, и поститься три дня, занимаясь сухоядением и принимая пищу один раз вечером. А также пусть выбросит каждый из своей души и соперничество друг с другом, и злопамятность, и ссоры. Точно также и в остальных прегрешениях каждый пусть перед Богом делает обеты покаяния и чтобы он, отступив, не был захвачен этими же пороками, но чтобы жил в угодном сообществе и покаянии».

Военный трактат второй половины X в., условно названный De velitatione bellica, в 19 главе изображает идеал христианского воина, который *«с воодушевлением, рвением и ликующим сердцем стремился пожертвовать свою жизнь за наших священных императоров и за всё христианское сообщество»* (parato atque erecto animo pro sacris Imperatoribus nostris universaque republica Christiana[87] periculis obiicere sese velint)[88]. Понятно, что по мнению автора трактата, для этого надо «иметь поддержку Христа Бога нашего в твоей победе»[89].

Святых воинов священной войны, конечно, сопровождают священники:

«За день до боя следует священникам совершить бескровные жертвоприношения и, совершив обычную службу, удостоить всё войско участия в божественных и незапятнанных таинствах» (Стратегика. VI, 3).

И, безусловно, немыслимо вести священную войну без совета с патриархом и без его одобрения.

Перед началом африканского похода имп. Юстиниана (533 год) генералы сдерживали царя: зачем тебе эта Африка? Даже разгромив вандалов, ты не сможешь контролировать эти земли, если ты не владеешь Италией и Сицилией.

«Василевс прислушался к его словам и сдержал свое стремление к войне. Но тут с Востока прибыл один епископ и сказал, что Бог в сновидении приказал ему явиться к василевсу и упрекнуть его, что, решившись освободить христиан Ливии от тиранов, он безо всякого основания испугался. «Я, — сказал он, — буду ему помощником в этой войне и сделаю его владыкой Ливии». Услышав это, василевс уже не мог

---

[87] В греческом оригинале стоит Χριστιανικοῦ πληρώματος — «полноту христианства». Этот термин ныне очень любим патриархом Кириллом, который отождествляет себя с этой «полнотой».

[88] Leonis Diaconi Caloensis Historiae libri decem et liber de velitatione bellica Nicephori Augusti, 19 / Ed. K. B. Hase // Corpus scriptorium historiae Byzantinae. Bonnae, 1828. P. 239. https://books.google.cz/books?id=MNQFAAAAQAAJ&pg=PA181&source=gbs_selected_pages&cad=1#v=onepage&q&f=false

[89] Там же. P. 238.

сдержать своих помыслов; он стал собирать войско и флот» (Прокопий Кесарийский. Война с вандалами. Кн. 1.10, 18–21).

Другие примеры приведены военной активности патриархов приведены в главе 4, раздел «Война по просьбе патриарха».

Это понятно: в византийском церковном мышлении столь серьезные мероприятия, как война не могут вестись без религиозного осмысления и испрашивания церковной и божественной санкции на нее.

Патриархи бывали заметны среди лиц, которые подговаривали императоров на эти войны и не были заметны среди тех, кто отговаривал.

Концепция «священной войны» предполагает, что Силы Небесные непосредственно участвуют в сражениях на нашей стороне. Тут, правда, есть некая рассогласованность богословских картинок. В учебниках богословия и в воскресных школах поясняют, что есть Церковь Воинствующая и Церковь Торжествующая. «Церковь Воинствующая» — это еще живые христиане, продолжающие грешить и бороться со своими грехами. А «Церковь Торжествующая» — это Бог, ангелы, святые и спасенные усопшие христиане.

Но в «богословии войны» как раз Небесная Церковь активно участвует в сражениях, и потому именно она, несомненно, является Воинствующей.

«Господь Бог споборет нам и погубит наших врагов» (Феофан Исповедник. История, 614 год).

По мысли профессора Оболенского:

«Нигде эта вера в небесную защиту не выражена столько красноречиво, как в Акафисте: „Я, Город, освобожденный от опасности, обращаю свою благодарность за победу

к тебе, Богородица, необоримая воительница. Поскольку Ты обладаешь силою непобедимою, освободи меня от всякой напасти"»⁹⁰.

Упоминание об Акафисте не вполне убедительно для славянских читателей. В славянском тексте Марию благодарят ее «рабы». Но в греческом оригинале это делает Город Константинополь. Именно для него она «Взбранная воевода» (στρατηγῷ). «Город» впервые заменили на «раб» в XIV веке, при правке болгарских и сербских славянских богослужебных книг на Афоне. В XV веке и в русских списках появляется форма «раби»⁹¹.

И Крест должен была защищать именно Город и Империю. Славянский текст тропаря Кресту — «Спаси, Господи, люди Твоя и благослови достояние Твое, победы на сопротивныя даруя и Твое сохраняя Крестом Твоим жительство» — дает перевод-толкование: «жительство» — это вместо слова πολίτευμα, (гражданство, сообщество, правительство)…

Страха ради большевицкого из этого тропаря в Русской церкви вдобавок убрали уточнение — кому именно нужна победа. В греческом оригинале было про «победу царя над варварами» (νίκας τοῖς Βασιλεῦσι κατὰ βαρβάρων). Так и пели в Российской империи, правда, расширив круг его врагов и на цивилизованный мир: «Победу благоверному Императору (имя рек) на супротивныя даруя». В революционной Москве сначала убрали имя императора, заменив его на «православным христианом», а потом убрали и «православных христиан»⁹². Кому теперь Бог должен даровать победу, стало совсем размыто. Возможно, Советской власти…

---

⁹⁰ Димитрий Оболенский. Византийское содружество наций. Шесть византийских портретов. — М., 1998. С. 63–64.

⁹¹ Акафист // Православная энциклопедия. Т. 1. — М., 2000. С. 373.

⁹² Решение Заместителя Патриаршего Местоблюстителя и Временного при нем Синода от 30 ноября 1933 года, журнал № 107 «О тексте тропаря и кондака Святому Кресту Господню».

*Сменяются правды, как в оттепель снег
И скажем, чтоб кончилась смута:
«Каким-то хазарам какой-то Олег,
За что-то отмстил почему-то».*
(Александр Галич. Съезду совестких историков)

Слово «достояние» κληρονομία включает в себя κλῆρος, а это в изначальном смысле — отломок чего-либо, использовавшийся в качестве жребия, знак избрания и избранничества. «Достояние Твое» — это то, что Бог избрал в свой удел и, конечно, под Свою защиту. Так что при многозначности слова «клир» для греческого слуха тропарь кресту напоминал еще и краткое описание структуры византийского общества: лаики-клирики-император (Господи, спаси лаиков, благослови клириков и дай победу царю).

Даже по молитвам видно встраивание Бога в боевые порядки армии.

Вот как византийцы понимали причину поражения киевского князя Святослава в Доростоле:

«Говорят, что накануне сражения вечером произошло следующее. В Византии одной девице, посвятившей себя Богу, явилась во сне Богородица, которую сопровождали огненные воины. Она сказала им: „Позовите мне мученика Феодора" — сейчас же к ней подвели храброго и смелого вооруженного мужа. Богородица обратилась к нему со словами: „Твой Иоанн (император Иоанн Цимисхий) в Доростоле, о досточтимый Феодор, сражается со скифами и находится в крайнем затруднении; поторопись его выручить — если промедлишь, ему не избежать опасности". Тот ответил, что готов повиноваться матери своего Господа и Бога, и, сказав это, сразу же удалился. Тут же и сон отлетел от глаз девицы. Вот каким образом сбылось сновидение этой девушки»... Говорят, что перед ромеями появился

какой-то всадник на белом коне; став во главе войска и побуждая его наступать на скифов, он чудодейственно рассекал и расстраивал их ряды. Впоследствии распространилось твердое убеждение, что это был великомученик Феодор, которого государь молил и за себя, и за всё войско быть соратником, покровителем и спасителем в битва» (Лев Диакон 9, 9).

В X веке император Иоанн Цимисхий (тот, которому киевский князь Святослав писал: «Хочу идти на вас и взять столицу вашу») писал армянскому царю Ашоту III о своих чудесных успехах и крестовопоходных планах:

«Арабы сначала подвергли было нашу армию некоторой опасности, но после, с Божьей помощью, мы с неотразимой силой победили их. Тогда мы овладели внутренними областями их страны, предали мечу жителей многих округов. Мы возымели желание освободить святой гроб Господа нашего Христа от порабощения мусульман. Ныне вся Финикия, Палестина и Сирия освобождены от порабощения мусульман и признали власть византийских греков. Ныне в месяце сентября, с Божьего благоволения, мы обратно привели в Антиохию богоспасенное воинство наше, о чем уведомляем Твою Славу, дабы и ты восхищался этой вестью и превознес бы великое человеколюбие Божье и знал, какие благие деяния совершились в настоящее время и как велико число их! Сила святого креста Христова простирается далеко и широко и имя Бога повсюду в этих краях прославляется и восхваляется»[93].

---

[93] Кучук-Иоаннесов X. Письмо императора Иоанна Цимисхия к армянскому царю Ашоту III // Византийский временник. 1903. Т. 10. С. 98. Письмо сохранилось в летописи армянского писателя XII в. Матфея Эдесского.

Эти планы были реализованы в его походе в Сирию и Палестину в 975 г.:

«Мы опустошили совершенно всю триполийскую область, уничтожили виноградники, оливковые деревья и сады; мы всюду несли разорение и все области предали полному разорению. Но жившие там африканцы (подданые египетских Фатимидов) дерзнули выступить против нас войной. Тогда мы напали на них и истребили до последнего... Вот, ты знаешь, какие победы Бог даровал христианам, чего никогда прежде не было. В том городе Габаон мы обрели Христа, Бога нашего, священный сандалий, в котором Он ходил в мире. Там же мы добыли волосы с головы Предтечи»[94].

Император заявляет, что всё предприятие было сотворено при непосредственной поддержке Всевышнего. И прежде всего эта поддержка ощущается византийским воинством, когда ему удается захватить те или иные города, связанные с христианскими святыми или мучениками.

А это его же поход на Святослава:

«Император поднял крестное знамя и стал спешить [с походом] против тавроскифов. Прямо из дворца он отправился помолиться Богу во всеми почитаемый храм Христа Спасителя, находящийся в Халке... Оттуда, он пришел в знаменитый святой храм божественной Премудрости и стал молиться о ниспослании ангела, который бы двигался впереди войска и руководил походом; затем при пении гимнов он направился в славный храм богоматери, расположенный во Влахернах. Вознеся надлежащим образом мольбы к Богу, он поднялся в находившийся там дворец, чтобы посмотреть на огненосные триеры» (Лев Диакон. История, VIII, 1).

---

[94] Там же. С. 99–101.

Порой можно было мобилизовать Бога и напрямую, минуя патриарха:

«И вот Алексей созвал воинское и священническое сословие и вечером отправился в Великую церковь в сопровождении самого патриарха Николая. Император написал на двух дощечках по вопросу, следует ли выступать против куманов или нет, запечатал их и велел корифею положить на святой престол. Ночь прошла в пении молитв. На рассвете в алтарь вошел положивший дощечки, взял одну из них, вынес и на виду у всех вскрыл и прочел. Это решение самодержец принял как божий глас, он с головой ушел в заботы о предстоящем походе и стал письмами собирать отовсюду войско. И вот, хорошо подготовившись, он двинулся навстречу куманам» (Анна Комнин. Алексиада. 10, 2)[95].

В ином случае:

«Император боялся, что по пути в Иконий его войско из-за недостатка пищи падет жертвой голода, и в то же время опасался ожидавшегося наступления варваров. И вот он принимает разумное и смелое решение — спросить бога,

---

[95] Пояснение историка: «Кроме гаданий по книгам Священного Писания, в Византии существовал особенный торжественный способ вызывать или узнавать решение Верховной силы и мудрости, способ, известный нам близко по его приложению в Новгороде к избранию владык Новгородских. Император, сопровождаемый военными чинами и многочисленным духовенством, отправился вечером в храм св. Софии. В присутствии патриарха он написал два жребия на двух табличках или хартиях, то есть, на одной было написано — следует идти в поход против Половцев, на другой — не следует. По приказанию императора, патриарх положил оба жребия на престоле великой церкви, где они и оставались во время всенощного бдения. По окончании богослужения, уже утром, патриарх снова вошел в алтарь и вынес одну из хартий, которая была им при всех распечатана и громогласно прочитана. Вышел жребий, решающий поход навстречу Половцам» (Византия и печенеги (1048–1094) // Васильевский В. Г. Труды. Том 1. — СПб., 1908. С. 112–113).

как ему поступить, — отправиться к Иконию или же выступить против варваров, находившихся у Филомилия. Он записал свои вопросы на двух листках, положил их на святой престол и провел всю ночь в усердных молитвах и песнопениях. Утром явился священник, в присутствии всех развернул один из листков и прочел самодержцу повеление отправляться по дороге в Филомилий» (Там же. 15, 4).

Иной способ согласования своих боевых действий с Богом:

«Император испытывал опасения, что при его выходе богоматерь во Влахернах не явила обычного чуда. Поэтому он задержался на четыре дня, а затем после захода солнца отправился назад и, скрытно войдя вместе с немногими спутниками в святой храм Богоматери, исполнил там обычные песнопения и усердно сотворил молитву. Затем, после того как свершилось обычное чудо, он с благими надеждами вышел из храма. На следующий день император отправился по направлению к Фессалонике» (Там же, 13, 1). (Речь идет о «вторничном чуде»).

Конечно, византийцы на войну мобилизовывали не только Бога, христианских святых и их благодатные силы, но и астрологию и магию: *«Астроном Иоанн, увидев царя, сказал: „Господин, статуя, стоящая в арке на Ксиролофе и обращенная на запад, — Симеона. Если отрубишь ей голову, в тот же час умрет Симеон". И ночью послал царь Роман отрубить голову статуе. В тот же час скончался Симеон в Болгарии, который погиб, охваченный безумием и терзаемый сердечной болезнью»* (Продолжатель Феофана 6, 21). Это 927 год и речь идет о том, как византийцы представляли себе смерть болгарского царя Симеона (сына крестителя Болгарии царя Бориса, и, значит, уже христианина).

Но и магия и астрология должны были или открыть волю Бога или склонить ее на нашу сторону. Как и церковные посты, молитвы, раздача милостыни нищим и монастырям и т. п. Война была повседневностью. И религия была повседневностью. Понятно, что они не просто соприкасались, но и пронизывали друг друга насквозь. Даже отшельники и пустынники помогали царям и их армиям.

Было и исключение: *«Причиной войн, полагаю, не являются, как говорят многие, движения звезд или судьба и противный разуму рок. Если бы предначертанное судьбой торжествовало во всем, то была бы отнята у людей свободная воля и право выбора. И божество, как думаю, нельзя полагать причиной убийств и сражений. Я и сам бы не сказал и не поверил бы никому, утверждающему, что высшее благо, изгоняющее всякое зло, радуется сражениям и войнам»* (Агафий Миринейский. О царствовании Юстиниана 1, 1). Но Агафий особый автор. Свою литературную деятельность он начал с написания труда «Дафниака» (Δαφνιακά) аж в девяти книгах. И было это поэтическим изложением эротических мифов эпическим размером. И вообще до конца жизни он был сторонником веротерпимости[96]. Надо сказать, что такие необычные люди прошли через всю историю Византии. Но не они создавали мейнстрим ее идеологии.

И в этой идеологии оформляется важнейшая черта «священной войны»: император ощущает себя орудием Бога. «Сердце царево в руце Божией» — тысячекратно повторялось во всех православных царствах. И если сердце царя повернулось к мечу, значит, это Господь так его направил и управил. Война в таком случае становится уже не императорской, а Божьей, не земной, а небесной.

Также важно помнить, что император в византийской церковной идеологии имел высочайший религиозный статус и именовался божественнейшим. Понятно, что и его решения о начале войны считались боговдохновенными.

---

[96] Левченко М. В. Византийский историк Агафий Миринейский и его мировоззрение // Византийский Временник. 1950. Т. 3. С. 62–84.

А еще многие из них канонизированы. А воля и поступки святого — это, понятно, воля Бога и образец для подражания.

Жития святых византийский царей и цариц лучше вообще не сверять с историческими хрониками. А если при чтении источников вставлять слово «святой» каждый раз, когда упоминается имя канонизированного царя, то когнитивно-нравственный диссонанс будет неизбежен:

Весной 960 года греки перенесли борьбу с мусульманами на Крит: они осадили главную крепость арабов на Крите — Хандак (ныне Ираклион). Часть арабских войск при попытке прорыва была перебита. Никифор приказал отрезать головы убитых. Часть голов, насадив на копья, он выставил против стен, а остальные приказал забрасывать камнеметами в город. Наконец, Хандак пал 7 марта 961 года. Город подвергся ужасной резне, а затем был разрушен до основания, после чего ромеи возвели недалеко от этого места крепость Теменос.

Итак, берем первоисточник — «Историю» Льва Диакона — и делаем вставку слова «святой» перед именем полководца:

«...состоявшее из сорока тысяч варварское войско стало жертвою ромейских копий и было полностью истреблено. К этому новому трофею святой Никифор присоединил еще и другой трофей: он приказал отрубить головы у всех убитых и нести их в походных сумках в лагерь; каждому, кто принесет голову, он обещал денежную награду. Все воины с радостью стали выполнять этот прика. Они отрезали головы варваров и укладывали их в сумки. На следующий день, как только лучезарное светило поднялось над горизонтом, святой Никифор приказал насадить часть варварских голов на копья и расположить рядами на воздвигнутом им валу, другую же часть бросать камнеметами в город. Когда критяне увидели строй копий, утыканных головами, и убедились, что эти головы и другие, что летели по направлению к городу и ударялись о зубцы стен, принадлежали их

соотечественникам и родственникам, их охватил ужас и безумие: они оцепенели от неожиданного душераздирающего зрелища. Раздавались вопли мужчин и рыдания женщин, и казалось, что город, где все рвали на себе волосы и оплакивали горячо любимых близких, уже взят... Святой Никифор приказал разрушить окружавшие его стены и вывел свое войско в новые области. Разграбив их, обратив жителей в рабство, он без кровопролития подавил всякое сопротивление» (кн. 1, 8 и кн. 2, 8).

Напомню, что этот Никифор II Фока был канонизирован.

Как начался этот критский поход?

«Доместика схол Никифора Фоку царь произвел в магистры и послал на Восток против врагов Христа» (Продолжатель Феофана. 6, 6). «Движимый божественным рвением самодержец Роман собрал отовсюду военные корабли и решил направить их к Криту» (6, 8).

Далее уже командующий экспедиционной армией Никифор вдохновляет своих воинов:

«Мои братья и соратники, вспомним о страхе Божьем, сразимся, чтобы отомстить за оскорбление Бога, доблестно встанем на Крите против воителей нечестия, вооружимся верой — убийцей страхов. Выстоим и выдюжим в борьбе с врагами Христа, и Бог Христос поможет нам, погубит врагов наших и разорит крепость хулителей Христа» (7, 12)[97].

---

[97] В предыдущий набег на Крит «флотоводец Никита Оорифа врагов принудил рассеяться по острову. Позднее он их поймал, схватил и подверг разным наказаниям: с одних содрал кожу (особенно с отрекшихся от христова крещения) и говорил при этом, что забирает у них не принадлежащую им собственность, у других, причиняя жуткую боль, вырезал ремни от шеи до пят, иных же, подняв на журавлях, сталкивал и сбрасывал с высоты в чаны со смолой и говорил, что подвергает их своему крещению, мучительному и мрачному» (5, 61).

Подбадривая своих воинов во время тяжелой зимовки 960–961 годов:

> *«Никифор сладостными речами удержал их всех. А сказал он следующее: „Бог Христос поможет нам, погубит врагов наших и разорит крепость хулителей Христа"»* (6,12).

Рукопись Продолжателя Феофана на этом обрывается, но рассказ продолжает Лев Диакон:

> *«Стратиг ромеев Никифор велел воинам сомкнуть щиты и выставить копья, приказал вынести вперед знамя с изображением креста и, возгласив боевой клич, двинулся прямо на варваров»* (1, 3).

> *«Он созвал всех военачальников к своему шатру и громко провозгласил следующее: Я думаю, что никто из вас не забудет жестокости и зверства потомков рабыни, агарян. Провидение не позволило этим лжецам, этим ненасытным зверям, истребить до конца христианский народ. Доказательством сказанному служит недавняя [наша] победа. Мы едва успели завершить плавание и выйти на остров, нас еще мутило от путешествия по морю, а мы уже с помощью Всемогущего обрекли большинство варваров мечу, остальных же без труда заперли в городе»* (1, 6).

По возвращении в Константинополь «весь город собрался на его триумф», следом за победителем «шла собранная в несметном множестве толпа обращенных в рабство варваров» (1, 9).

По крайней мере с XII в. это было сознательной политикой, направленной на пополнение собственного людского ресурса. Алексей I Комнин, позвращаясь из похода в Анатолию в 1114 г. и отбиваясь от непрестанных нападений тюрков, использовал изобретенное им новое построение войска на марше. В этом построении обоз и гражданские находились посредине колонны, окруженные плотными рядами воинов. Среди гражданских, защищаемых таким образом, Анна Комнин упоминает «всех военнопленных с женщинами и детьми» (Алексиада. XV.4, XV.7).

Пленных мужчин, женщин и детей по закону войны (νόμῳ πολέμου) обращали в рабство.

Но только ли в рабство были обращены эти люди? Конечно, их понуждали и к крещению.

Захватывая новые территории (или «освобождая» былые владения Римской империи), Византия никогда не предполагала, что на этих землях местные жители сохранят свою прежнюю веру. Законы о непременной верности имперской ортодоксии тут же вводились в действие.

Это касалось и тех жителей, что оставались на своей земле, присоединенной к Империи, и тех, что были депортированы. Христианизация пленных являлось важной частью византийской политики по отношению к пленным и носило название культурной ассимиляции. Эта практика могла применяться как к военным, так и к мирным жителям, попавшим в плен. Вероятно, основным и главным условием сохранения жизни и дальнейшего безопасного пребывания иностранных пленников на территории империи было принятие христианства. Среди захваченных в плен людей находились женщины и дети, для которых в Константинополе были организованы специальные учреждения. Для детей, оставшихся без родителей — специальные детские дома, для женщин — приюты и богадельни. Анна Комнина сообщает о реорганизованном ее отцом Алексеем I Комниным сиротском приюте, где дети варваров имели возможность получить знания о греческом языке и об основах христианской религии.

Византийцев волновал вопрос — как быть с пленными, взятыми на территориях, которые в недавнем прошлом были имперскими, потом попали под власть мусульман, а затем были возвращены. Вот есть пожилой пленник. Он уверяет, что в детстве был крещен (или во времена еще греческого владычества, или вскоре после его прекращения, когда христианские традиции пусть на бытовом уровне, но были еще живы), потом принял ислам. Крестить его или нет? Каноны запрещают повторное крещение.

При патриархе Луке Хрисоверге (1157–1170) для решения вопроса созвали синод. Он постановил, что тех, кто был полонен в землях неверных, надо крестить без разбирательств. Даже детей православных гречанок из тех земель следовало крестить заново, если только нет верных свидетелей тех крестин. Более того, синод вообще отверг детские крещения, совершаемые по суеверным мотивам: в мусульманской Анатолии крещение младенцев было в обычае, ибо, как полагали родители, оно уберегало детей от демонов и избавляло их от «запаха псины» (κατὰ κύνας ὄζειν). Синод постановил, что описанное крещение выполняло функции целебного средства и принималось скорее ради телесного попечения, но не духовного очищения и обретения правой веры. Соответственно, такое крещение агарян признавалось недействительным[98].

Эта тема обсуждалась и в следующем, XII, столетии патриархом Вальсамоном, и канонистом Матфеем Властарем в XIV веке. Властарь добавляет новые детали относительно обычаев агарян, крестивших своих детей: «У весьма многих из агарян есть обычай — своих новорожденных младенцев обрезáть не прежде, чем христианские священники, состоящие у них в подданстве, хотя и против воли, принуждены будут их окрестить» (Синтагма. Буква В. Глава 3-я — О крещаемых младенцах агарянских). А «в сомнительных случаях несомненное должно человеколюбиво одерживать победу», то есть крестить.

Свободно исповедовать ислам на византийской территории могли только подданные мусульманских государей, в том числе военнопленные, торговцы и дипломаты. Именно их нужды обслуживали мечети, существовавшие на территории империи. Именно для иностранцев-мусульман в XIV–XV вв.

---

[98] PG. T. 119. Col. 785.

в Константинополе, под давлением османов, учреждались шариатские суды кадиев[99].

Границы терпимости видны на примере Кайкавуса II — главы Конийского султаната сельджуков в Малой Азии, который был вынужден бежать и просить убежища в Константинополе. В 1265 г. он всё же устроил заговор против императора Михаила VIII Палеолога. Заговор провалился. Байбарс ал-Мансури дает продолжение истории:

> император *«распорядился, чтобы собрали всех тюрков, кто имел отношение к ним, из воинов и рабов, простолюдинов и слуг. Все они были собраны в Великой церкви, и явились высшие клирики и чиновники и предложили им принять христианскую веру. Те из них, кто крестился, остались невредимыми, а тех, кто во что бы то ни стало хотел остаться в мусульманстве, ослепили»*[100].

Прибывшие в его свите мусульмане на византийской территории считались подданными иностранного государя и в этом качестве на законных основаниях сохраняли свою веру. Однако после провала заговора Кайкавуса и его побега статус его людей изменился: их стали рассматривать в качестве военнопленных или новых поселенцев, которые, как лица экспатриированные, подпадали под юрисдикцию императора и, следовательно, римского и канонического права. Пскольку ислам в византийской церковной традиции квалифицировался как язычество, а в соответствии с гражданским законодательством исповедание любого варианта язычества было незаконным на территории империи, мусульмане Кайкавуса не имели другого выбора, кроме крещения[101].

---

[99] Шукуров Р. М. Тюрки в византийском мире (1204–1461). — М., 2017. С. 114.

[100] Цит. по: Шукуров Р. М. Тюрки в византийском мире (1204–1461). — М., 2017. С. 312.

[101] Там же. С. 315.

Для пленных принятие христианства являлось в какой-то степени способом обретения личной свободы, поскольку таким образом они избегали тюрьмы и могли быть переселены в отдаленные фемы империи, либо продолжать службу на стороне Византии. Никита Хониат[102] сообщает, что:

«порой количество пленных, принявших христианство, было настолько велико, что они могли составлять целые селения единоземцев... Последний эмир острова Крит Абд аль-Азиз и его сын, известный византийцам под именем Анемас были схвачены византийцами во время отвоевания острова в 961 г. и доставлены в Константинополь. Там они приняли участие в триумфальном шествии завоевателя и будущего императора Никифора II Фоки. Поселившись в столице, Анемас обратился в христианство и присоединился к византийской армии в качестве имперского телохранителя»[103].

Так же было и в Московии: диакон Павел Алеппский сообщает в середине XVII века, что после набегов московских войск на татарские земли и пленения жителей:

«У каждой богатой женщины бывает 50, 60 рабынь и у каждого важного человека — 70, 80 рабов. Они обращают их в христианство, хотят ли они или нет, их крестят даже насильно. Если потом увидят, что они хорошо ведут себя, и усердны в вере, то их женят между собой и детям их дают наилучшие имена. Мы заметили в них набожность и смирение, каких не встречали и среди лучших христиан: они научились тайнам веры и обрядам и стали такими, что лучше и быть нельзя»[104].

---

[102] Никита Хониат. История Т. 1. — Спб., 1860. С. 21.

[103] Грозова В.А. Типология и пути пленных в Византийской империи IX–XII вв. // Tractus Aevorum. 2022. Т. 9. № 1. С. 37–49.

[104] Архидиакон Павел Алеппский. Путешествие Антиохийского патриарха Макария в Россию в первой половине XVII века, описанное его сыном, архидиаконом Павлом Алеппским. — М., 2005. С. 199 и 206.

«По взятии Смоленска царь нашел в нем много евреев, которые скрывали себя, переодевшись христианами, но московиты узнали их по неумению делать крестное знамение. По приказанию царя всех их собрали и потребовали, чтобы они крестились, если хотят спасти себе жизнь; кто уверовал и крестился, тот сохранил свою жизнь, а тех, кто не пожелал, посадили в деревянные дома и сожгли»[105].

«В Смоленске в плен было взято более 100 000... Восемь мальчиков и девочек продавали за один рубль. Что касается городов, сдавшихся добровольно, то тех из жителей, которые приняли крещение, оставляли, обеспечивая им безопасность, а кто не пожелал креститься, тех изгоняли»[106].

Это к вопросу о том, что якобы необходимым признаком крестового похода является намерение обратить в свою веру покоренных жителей новых территорий. Как видим, и это тоже было в истории православных.

Логика требует вслед за тезисом «с нами Бог» сказать противоположное: «Наши враги — враги Бога». И, конечно, это было сказано.

Прокопий Кесарийский, в седьмом веке говоря о более ранних войнах, употребляет именно эту формулу:

«В следующем году [544 г.] Хосров, сын Кавада, в четвертый раз вторгся в землю римлян, двинув войско в Месопотамию. Это вторжение было совершено Хосровом не против Юстиниана, василевса римлян, и не против кого-либо другого из людей, но исключительно против Бога, которому единому поклоняются христиане» (Прокопий. Война с персами 26. 2).

---

[105] Там же, с. 244.
[106] Там же, с. 246.

Но Бог Свою войну ведет с Сатаной. Значит, и противники христианских армий просто обязаны быть сатанистами. Понятно, что добрые чудеса помогают грекам, а у сарацин чудеса демоничны:

> *«...и две башни вместе с находившейся между ними частью стены, внезапно растрескавшись, осели и рухнули, обвалившись, на землю. Изумленные неожиданным зрелищем и устрашенные сверхъестественностью происшедшего, критяне некоторое время уклонялись от сражения. Но вскоре, вспомнив о том, что им грозят пленение и рабство, враги плотно сомкнули строй, с поразительным мужеством встретили устремившуюся через пролом в стене фалангу ромеев и, презирая опасность, с нечеловеческой яростью вступили в бой за свою жизнь»* (Лев Диакон 1,7).

Для закрепления доктрины священных войн-крестовых походов недоставало одного: обещания рая всем воинам (см. об этом главу «Все солдаты попадают в рай»).

При этом, наверное, ни одна война на свете не велась из исключительно религиозных мотивов (в том числе и «крестовые походы»). При этом даже у самых религиозных конфликтов есть и другие причины — экономические или какие-то еще.

И собственно Крестовых походов вообще не было бы, если бы о них не просила и в них не участвовала православная Византийская Империя.

Первый крестовый поход собрался по просьбе православного византийского императора Алексея I Комнина, обращенной им к папе Урбану: он хотел выгнать сельджуков из Анатолии. Крестоносцы помогли Алексею покорить Никею (1097 г.), а потом, пройдя центральную Анатолию, византийская армия смогла отвоевать у турок западное побережье Малой Азии. Хотя соглашение между Византией и крестоносцами было нарушено из-за того, что Алексей не смог участвовать в осаде Антиохии (1098 г.), а Боэмунд (сын Гвискара) впоследствии отказался сдать город, тем не менее руководство Алексея Крестовым походом означало для империи возврат наиболее финансово значимых областей Анатолии.

Хронист Первого похода пишет: «Патриархом в то время был Симеон, добрый, мудрый, благочестивый и очень религиозный человек». И этот иерусалимский патриарх сказал идеологу похода, Петру Пустыннику (Petrus Ambianensis):

«Мы часто молимся и просим нашего Господа проявить к нам свою милость и благоволение, но мы всегда видим, что нашими молитвами не искупить нашей вины. Мы, конечно же, очень сильно виноваты перед нашим Господом, который своей мудростью оставляет нас в плену. Однако же слава стран по ту сторону гор невероятно велика, репутация людей там, и, в частности, Французов [таких же, как и ты], как хороших Христиан и очень твердых воинов разнеслась по свету, и за это наш Господь предоставил им сейчас великий мир и благородную силу. Если бы случилось так, чтобы они попросили нашего Господа, чтобы он сжалился над нами, или же сами приняли решение спасти нас, [тогда] мы смогли бы надеяться на то, что Господь спасет нас, завершив Вашу работу» (Гийом Тирский. История священной войны христианских государей в Палестине и на Востоке).

Позже грекам очень не понравилось, что Четвертый Крестовый поход в 1204 году разгромил их столицу. И опять же византийский принц Алексей попросил крестоносцев зайти к нему, чтобы прогнать своего дядю Алексея III Ангела и помочь унаследовать престол своего отца, Исаака II Ангела, по-братски свергнутого еще в 1195-м году.

Вообще надо заметить, что разрыв Константинополя и Рима был легко забываемой формальностью вплоть до этого разгрома Константинополя крестоносцами. Например, в 1074 году брачный договор между византийским императором Михаилом Дукой и норманско-сицилийским герцогом Робертом Гвискаром обещал двухлетнего сына императора в мужья дочери герцога. Гвискар — злейший враг Византии: отвоевал у нее Сицилию и Апулию (южную Италию). Но турецкая угроза заставляла искать союзников и среди врагов. Договор скреплен подписью патриарха Иоанна («Иоанн, наименьший архиепископ Константинополя Нового Рима»).

Гвискар в 1059 году принес вассальную присягу римскому папе. Выполняя свой вассальный долг перед папой, Роберт последовательно вытеснял из своих владений византийский обряд, заменяя его латинским. С этой целью греческий епископат по мере смерти архиереев последовательно заменялся латинским. Вроде бы раскол между двумя Римами уже объявлен (1054). Но этот договор составлен так, будто церковного разрыва нет. Нет и речи о конфессиональных переходах. Гвискару даже была обещана хиротония (возведение в сан нобелиссима — хиротониа новелисиму) — полу-церковная, полу-придворная церемония, проводившаяся во время богослужения в храме Софии.

И, кстати, внук киевского князя Ярослава Мудрого стал одним из организаторов и вождей Первого крестового похода: сын Анны Ярославны Гуго Великий, граф Вермандуа (1057–1102), принимал участие в битве при Долирее (1 июля 1097 года), был тяжело ранен в Каппадокии, отчего и умер 18 октября 1102 года.

Так что даже западные крестовые походы — это и часть православной истории тоже. Но и без римских пап Византия умела и любила вести собственные священные войны.

Глава 4

Вела ли «Крестовые походы» православная Русь?

И мы воевали, но наши войны все были идейными.

Прот. Иоанн Восторгов

Первая русская летопись о первом русском крестовом походе

Сначала прочитаем нечто из современной православной публицистики:

«Поход на половцев в 1111 году по сути своей был войной за Святую Русь, великопостным покаянным Крестным ходом. Удар врагу нужно было нанести на его территории, в самое сердце, иначе проблема внешнего влияния осталась бы в принципе нерешенной... Так свершаются русские победы — в покаянии, в братском единстве, где впереди под святыми хоругвями вождь и священство»[107].

---

[107] Олег Слепынин. Мономах. Святая Русь. https://ruskline.ru/monitoring_smi/2013/04/28/monomah_svyataya_rus

Или:

«Этот поход начался необычно. Когда войско подготовилось к выходу из Переяславля, то впереди него выступили епископ, священники, которые с пением вынесли большой крест. Его водрузили неподалеку от ворот города, и все воины, в том числе и князья, проезжая и проходя мимо креста, получали благословение епископа. А затем на расстоянии 11 верст представители духовенства двигались впереди русского воинства. И в дальнейшем они шли в обозе войска, где находилась и вся церковная утварь, вдохновляли русских воинов на ратные подвиги. Мономах, бывший вдохновителем этой войны, придал ей характер крестового похода по образцу крестовых походов западных рыцарей»[108].

«Сегодня, когда мы отмечаем годовщину главной битвы единственного крестового похода в нашей истории, стоит поговорить о том, как нам это удалось»[109].

А что говорит летопись?

«В год 6619 (1111) князь Владимир повелел попам, едучи перед войском, петь тропари и кондаки в честь креста честно́го и канон святой Богородицы. Марта 24-го собрались половцы, построили полки свои и пошли в бой. Князья же наши, возложив надежду свою на Бога, сказали: „Здесь смерть нам, так станем же крепко". И прощались друг с другом и, возведя очи на небо, призывали Бога вышнего. И когда сошлись обе стороны, и завязалась битва жестокая, Бог вышний обратил взор свой, исполненный гнева, на

---

[108] Боханов А.Н., Горинов М.М. История России с древнейших времен до конца XX века. Кн. 1. — М., 2001.
[109] https://histrf.ru/read/articles/kak-rus-pobiedila-stiep-o-nashiem-iedinstviennom-kriestovom-pokhodie

иноплеменников, и пали они перед христианами. И помог Бог русским князьям. И воздали хвалу Богу в тот день. И наутро праздновали Лазареве воскресение, день Благовещенья, и, воздав хвалу Богу, проводили субботу и дождались воскресенья. В понедельник же Страстной недели вновь собрали иноплеменники многое множество полков своих и двинулись, словно огромный лес, тысячами тысяч. И окружили полки русские. И послал Господь Бог ангела на помощь русским князьям. И падали половцы перед полком Владимировым, невидимо убиваемые ангелом, что видели многие люди, и головы, невидимо [кем] ссекаемые, падали на землю. И победили их в понедельник Страстной недели, месяца марта в 27-е. Перебито было иноплеменников многое множество на реке Сальнице. И спас Бог людей своих. Святополк же, и Владимир и Давыд прославили Бога, даровавшего им такую победу над погаными, и взяли полона много, и скота, и коней, и овец, и пленников многих похватали руками. И спросили пленников, говоря: „Как это случилось: вас была такая сила и такое множество, а не смогли сопротивляться и вскоре обратились в бегство?" Они же отвечали, говоря: „Как можем мы биться с вами, когда какие-то другие ездили над вами в оружии светлом и страшные и помогали вам?" Это только и могли быть ангелы, посланные Богом помогать христианам. Это ведь ангел вложил Владимиру Мономаху мысль призвать братьев своих, русских князей, на иноплеменников... Так вот и теперь с Божьей помощью по молитвам святой Богородицы и святых ангелов возвратились русские князья восвояси к своим людям со славой, которая донеслась до всех дальних стран — до греков, до венгров, поляков и чехов, даже и до Рима дошла она, на славу Богу всегда и ныне и присно во веки, аминь»[110].

---

[110] Повесть временных лет (По Лаврентьевскому списку 1377 г.). Пер. Д.С. Лихачева. — СПб., 2012.

По слову «Православной энциклопедии», это говорит о том, что в глазах князя Владимира «эти походы **явно имели характер религиозной войны**»[111].

Война по просьбе патриарха

Византийский историк Никита Хониат сообщает о войне, начатой далеким русским князем по инициативе греческого патриарха:

> «В следующий год валахи вместе с команами опять произвели нашествие на римские владения и, опустошив самые лучшие области, возвратились обратно, не встретив нигде сопротивления. Может быть, они подступили бы даже к земляным воротам Константинополя и устремились против самой столицы, если бы христианнейший народ русский и стоящие во главе его князья, частию по собственному побуждению, частию уступая мольбам своего архипастыря, не показали в высшей степени замечательной и искренней готовности помочь римлянам, приняв участие в них, как народе христианском, каждый год несколько раз подвергающемся нашествию варваров, пленению и продаже в рабство народам нехристианским. Именно Роман, князь галицкий, быстро приготовившись, собрал храбрую и многочисленную дружину, напал на коман и, безостановочно прошедши их землю, разграбил и опустошил ее. Повторив несколько раз такое нападение во славу и величие святой христианской веры, которой самая малейшая частица, каково, например, зерно горчичное, способна переставлять горы и передвигать утесы, он остановил набеги коман и прекратил те ужасные бедствия, которые терпели от них римляне»[112].

---

[111] https://www.pravenc.ru/text/159100.html
[112] Никиты Хониата История, начинающаяся с царствования Иоанна Комнина. Том 2. — СПб., 1862. С. 245–246

Походы против половцев, которые Роман Мстиславич осуществлял в 1197–1198 гг. И как видим, русский князь идет в поход на «варваров» в интересах народа «римлян». Причем просьба римлян передана через «архипастыря» (ἀρχιποιμήν). «Православная энциклопедия» видит в этом архипастыре Киевского митрополита Никифора и обращает внимание на воспоследовавший поход Всеволода Большое Гнездо на половецкие кочевья «възле Дон» в 1199 г. (ПСРЛ. Т. 2. С. 286)[113].

Понятно, что грек Никифор действовал по инструкции, переданной патриархом с его родины и в ее интересах.

Это было проявлением традиционной византийской политики: если некая приднепровская орда переходила Дунай, византийцы начинали дружить с той ордой, что была в нижнем Поволжье и Кубани.

Когда в IX веке русы впервые осадили Царьград, император немедленно послал Кирилла и Мефодия на Кубань к хазарам. Вовсе не для проповеди, а для того, чтобы подговорить кагана ударить в тыл русским.

В 894 году разразилась война между болгарами и Византией. Посол императора Льва VI отправился к венграм (тогда кочевавшим в причерноморских степях между Дунаем и Днепром в их нижних течениях, т. е. в позднейшей «Новороссии») и щедрыми дарами побудил их напасть на болгар[114]. Византийцы перевезли через Дунай (Истр) венгерское войско, и венгры ударили по болгарам с тыла[115]. Уграм придунайский край понравился больше,

---

[113] https://www.pravenc.ru/text/2565508.html

[114] В войне 837 года, наоборот, болгары позвали венгров быть их союзниками в войне против греков.

[115] «Когда наши войска были заняты войной с сарацинами, волей Божественного Провидения вместо ромеев военный поход против болгар осуществили турки, которые с помощью нашего императорского флота были переправлены через Истр, вступили в войну в качестве наших союзников и одержали победу в трех сражениях над болгарским войском, злодейски развязавшим войну против христиан. Так по отношению к ним распорядились высшие силы, чтобы христиане-ромеи не были против своей воли обагрены кровью христиан-болгар» (имп. Лев Мудрый.

чем Урал или Приднепровье — и они решили не уходить отсюда, на несколько столетий став ужасом для всей Центральной Европы.

В 12 веке:

«походы Руси на печенегов и половцев были выгодны империи. Пример помощи русов Византии по прямой ее просьбе — удар по половцам, нанесенный по просьбе Алексея III Ангела Романом Мстиславичем Галичским»[116].

А в XIV веке врагами Византии были турки-османы. Врагами же турок стали монголы. Монгольский хромец Тамерлан разбил турок в битве под Анкарой в 1402 году не ради помощи византийскому императору. Но сбылась как раз классическая схема византийской геополитики[117]. За десять лет до этого Тимур разбил и грозу Москвы — золотоордынского хана Тохтомыша. И это для сбрасывания ига значило больше, чем Куликовская битва[118].

Тактика 18, 42). Под этнонимом «турки» Лев имеет в виду венгров. Речь идет о событиях болгаро-византийской войны, начатой в 894 г. по инициативе болгарского царя Симеона. См. Пилипчук Я. В. Обретение венграми родины и их походы на Балканы // Финно-угорский мир. 2017. No 1. http://csfu.mrsu.ru/arh/2017/1/86-96.pdf

[116] Литаврин Г. Г. Византия, Болгария, Древняя Русь (IX — начало XII в.). — СПб., 2000. С. 356.

[117] Понятно, что современные этим событиям византийские риторы, написавшие даже «Плач по Тамерлану», именуют Тимура «великий гиперборейский властелин», «герой» (см. Чернов А. Ю. Битва при Анкаре 1402 г. в восприятии византийцев // Люди и тексты: исторический альманах, 2019).

И, конечно, «причина этого всего — одна единственная Дева», то есть Богородица и ее икона (выражение несколько более позднего византийского историка Дуки).

[118] А в 1399 году в битве на Ворскле воспитанник и родственник Тимура — хан Едигей — разбил армию Витовта, тем самым сильно облегчив Москве борьбу за «собирание русских земель». Впрочем, не только русских, но и ордынских: «У реки Ворсклы армию Витовта встретило войско ставленника Тамерлана — Темир-Кутлуя, руководимое опытным

Понятно, что византийский патриарх был верен государственным интересам Византии, и в интересах выживания своей империи повелевал русским митрополитам вести политику замирения с империей монгольской. Без этого будет непонятна странная лояльность Русской церкви к Ордынским царям. Учитывая, что Тамерлана византийцы именовали «северным властелином» и «вождем скифов», можно предположить, что они не всегда отличали русских от монголов, и тематика русского национального сопротивления игу была им совершенно непонятна.

Так что порой киевские митрополиты, назначенные из Греции, понуждали русских князей к миру или к войне, исходя из интересов своей родной Византии и своей православной веры.

Из столицы в Киев присылались и особые военные молитвы. Веками на Руси «творились каноны и молитвы» Константинопольского патриарха Филофея Коккина (1354–1355, 1364–1376) «на поганыя». Их он написал много:

«Канон на поганыя. Канон к господу Иисусу Христу и причистей его матери на поганыя молебен. Творение святейшаго и вселеньскаго патриарха Филофиа, и потружение же Киприана, смиренаго митрополита всея Руси („От сердца болезнена, владыко, ныне приходящих нас...“). Канон в усобных и иноплеменных бранех. Канон молебен к господу Иисусу

полководцем беклярибеком Эдигеем.... Армия Витовта была почти полностью уничтожена. Только литовских и русских князей погибло более двадцати, среди них Андрей и Дмитрий Ольгердовичи, Йомант, Иван (Jonas) Вельский, бывший смоленский князь Глеб. Пало десять рыцарей Тевтонского ордена (погиб и Фома Сурвила), Спитек из Мельштына пропал без вести. Витовту, Сигизмунду, Швитригайло и Маркварду Зальцбаху удалось спастись. Все планы Витовта на господство в Золотой Орде — рассыпались в прах. Рухнули не только Витовтовы надежды на торжество в русских и татарских просторах. Оплаченное жямайтами замирение с Тевтонским орденом должно было избавить Литву от гегемонии и сюзеренитета Польши. Теперь всё это оказалось напрасным» (Гудавичюс Э. История Литвы с древнейших времен до 1569 года. — М., 2003. С. 205–206).

Христу в усобных и иноплеменных бранех. Творение святейшаго патриарха Филофея; потружение же Киприана, митрополита Кыевьскаго и всея Руси („Тебе источнику благых богатну...") Канон егда исходити противу ратным. Канон молебен к господу Иисусу Христу и ко всем святым его, певаем за князя и за люди, егда исходити из града противу ратным». Глас шестой. «Крепкаго в бранех, силнаго в крепости...» входит в «Согласие, певаемо за царя и за люди, внегда исходити противу ратным. Творение Филофея патриарха Цяряграда»[119].

В 1368–1372 годах полыхала московско-литовская война. В 1370 году далекий константинопольский патриарх Филофей Коккин решительно поддержал Москву и драку князей между собой возвел до уровня религиозной войны: «Так как благороднейшие князья русские заключили договор с великим князем всея Руси Димитрием, обязавшись страшными клятвами и целованием креста в том, чтобы все вместе идти войною против чуждых нашей вере, врагов креста, не верующих в Господа нашего Иисуса Христа, но скверно и безбожно покланяющихся огню. И великий князь, ставя выше всего обязанность **воевать за Бога и поражать врагов Его**...»[120].

Князей, отказавшихся идти против Ольгерда, греческий патриарх отлучил от церкви. Стоит отметить, что в это время литовцы, хоть и были язычниками, но никакого религиозного притеснения подвластных крещеных славян с их стороны не было. Ольгерд сам и писал, и ездил в Царьград, умоляя устроить в его стране православную митрополию. Так что религиозная война была объявлена лишь одной, православной стороной.

---

[119] Прохоров Г. М. К истории литургической поэзии: гимны и молитвы Филофея Коккина // Труды отдела древнерусской литературы. Т. 27. С. 144–145.

[120] Памятники древнерусского канонического права. Приложения. № 20. Стб 118.

Боевые иконы православия

Проложное «Сказание о победе над волжскими болгарами»[121] говорит, что в 1164 году дружина св. кн. Андрея Боголюбского, идущая «против неверных», была предшествуема священниками с иконами и крестами. Особенно выделялись два пресвитера «в священных ризах»: один нес «икону Владычица нашиа Богородица и приснодевыя Мария» (то есть Владимирскую икону), а второй держал над головой большой выносной крест. Включенное в Лаврентьевску летопись «Сказание о победе над волжскими булгарами» уверяет:

«...и поможе им Бог и Святая Богородица на болгары: самех исекоша множьство, а стяги их поимаша. Стояху же пеши перед святою Богородицею на полчищи и песни и хвалы Ей вздвавающе Ей, и шедше взяша град их славный Бряхимов а три города их пожгоша се же бе чюдо новое святое Богородици Володимерское южже взял бяше с собою благоверныи князь Андреи»[122].

И современные русские историки опять согласны: «поход 1164 г. получил во владимирском летописании трактовку крестоносного»[123]. А как иначе — если в честь этого похода был установлен даже церковный праздник Спаса (1 августа). В современном русском переводе «Сказание о победе над волжскими булгарами» звучит так:

«Был же у князя Андрея обычай: всегда, когда шел на войну, два пресвитера в священных ризах с чистой душой несли

---

[121] http://lib.pushkinskijdom.ru/Default.aspx?tabid=4616

[122] Лаврентьевская летопись // ПСРЛ. Т. 1. — Л., 1926. С. 242–243.

[123] Ковалев А.В. Военные кампании Андрея Боголюбского и их идеологическое оформление в летописании // Studia historica europae orientalis. — Минск. 2010. Вып. 2. С. 32 и 33.

икону владычицы нашей Богородицы, Приснодевы Марии и крест. И во время причащения князя и бывших с ним говорил князь так: „Богородица, владычица, родившая Христа, Бога нашего, всякий, уповающий на тебя, не погибнет. Я же, раб твой, имею тебя как стену и покров и крест сына твоего — оружие обоюдоострое против врагов, и огонь попаляющий лица наших противников, хотящих с нами брани". И все пали на колени перед иконой святой Богородицы, со слезами целуя ее. И, выступив тогда, взяли 4 города болгарских и 5-й Бряхимов на Каме. Возвращаясь с сечи, увидели все лучи огненные и всё воинство его вокруг. И князь возвратился назад и сжег те города и опустошил ту землю, а прочие города принудил осадой платить дань»[124].

А еще есть «Сказание о битве новгородцев с суздальцами», которое приписывало поражение Андрея Боголюбского заступничеству Богородицы за Великий Новгород.

«И помог Бог мужам новгородским, и убили они из полка Андреева восемьсот воинов... Когда новгородцы услыхали об этой силе великой, идущей на них, то охватила их печаль и скорбь великая и сетование многое; молились они милостивому Богу и Пречистой его матери, святой госпоже Богородице... Во вторую же ночь осады, когда святой архиепископ Иоанн стоял на молитве пред образом Господа нашего Иисуса Христа, молясь о спасении города этого, в ужасе услышал он голос, говоривший так: „Иди в церковь святого Спаса на Ильину улицу, и возьми икону святой Богородицы, и вынеси ее на острог, воздвигнутый против супостатов". И святейший архиепископ Иоанн, услышав это, пребывал без сна всю ночь, молясь святой Богородице,

---

[124] Сказание о чудесах Владимирской иконы Божией Матери. Подготовка текста и его перевод выполнены Т. А. Сумниковой. https://iphras.ru/uplfile/root/biblio/hp/hp16/2.pdf

матери Божьей... И вот, когда наступил шестой час, начали наступать на город все русские полки. И полетели на город стрелы, словно дождь проливной. Тогда икона по божьему соизволению обратилась ликом к городу, и увидал архиепископ текущие слезы от иконы, и подставил он под них фелонь свою... Тогда Господь Бог наш умилосердился над городом нашим по молитвам святой Богородицы: обрушил гнев свой на все полки русские, и покрыла их тьма, как было при Моисее, когда провел Бог израильтян сквозь Красное море, а фараона потопил. Так и на сих напал трепет и ужас, и ослепли все, и начали биться меж собой. Увидев это, новгородцы вышли в поле и одних перебили, а других захватили в плен... Так минула слава суздальская и честь, Новгород же избавлен был от беды молитвами святой Богородицы. Святой же архиепископ Иоанн учредил праздник светлый, и начали праздновать всем Новгородом, — все новгородцы, мужчины, женщины и дети, — праздник Честного Знамения святой Богородицы»[125].

Есть и церковный праздник, и знаменитая икона с этим сюжетом, вошедшая в каждый школьный учебник. Но это сражение всё равно не «священная война»?

Православный погром Киева

В 1169 году святой князь Андрей Боголюбский отправил своего сына Мстислава Андреевича на штурм Киева.

Лаврентьевская летопись описывает произошедшее так:

«Стояша о города 3 дни и поможе Бог, и святая Богородица, и отняя, и дедняя молитва князю Мстиславу Андре-

---

[125] Библиотека литературы Древней Руси. — СПб., 1999. Т. 6: XIV — середина XV века.

евичю с братьею своею взяша Киев егож не было никогда же, а Мстислав Изяславич бежа с братом ис Киева Володимерю с малою дружиною, а княгиню его, еша и сына его, и дружину его изъимаша. И весь Киев пограбиша, и церкви, и манастыре за 3 дни, и иконы поимаша, и книги, и ризы. Се же здееся за грехи их паче же за митрополичю неправду»[126].

Ипатьевская летопись дает такую картину:

«И грабиша за 2 дни весь град, Подолье и Гору, и манастыри, и Софью, и Десятиньную Богородицю, и не бысть помилование никомуже, ни откодуже. Церквам горящим, крестьеном оубиваемом, другым вяжемым, жены ведоми быша в плен разлучаеми нужею от мужии своих, младенци рыдаху зряще материи своих. И взяша именье множьство: и церкви обнажиша иконами и книгами, и ризами, и колоколы. Изнесоша все Смолняне и Соуждалци, и Черниговци, и Олгова дружина, и вся святыни взата бысть. Зажьже бысть и манастырь Печерьскыи святые Богородица от поганых, но Бог молитвами святые Богородица съблюде. И бысть в Киеве на все человецех стенание и туга, и скорбь не оутешимае, и слезы непрестаньные. Си же вся сдееешася грех ради наших»[127].

Это два основных источника по теме.
Возьмем из них, то, что касается религии.
«Отчая и дедовская молитва за князя Мстислава» — это молитва отца Мстислава — Андрея Боголюбского и уже умершего его же деда Юрия Долгорукого. Сам князь Андрей уже не молод, ему около 60 лет. Может, поэтому он сам в поход не идет. Но

---

[126] Лаврентьевская летопись // ПСРЛ. — Л., 1926. Т. I. С. 243–244.
[127] Ипатьевская летопись // ПСРЛ. Т. 2. — СПб., 1908. С. 374.

летописец уверен, что и его молитва издалека помогла падению Киева.

Цель похода и погрома для Лаврентиевской летописи вполне религиозна — «за митрополичю неправду». Чуть выше та же летопись поясняет, что это за «ересь Леонтианьскую». Ипатьевская летопись менее конкретна: «Си же вся сдеешася грех ради наших»[128].

В обоих случаях суздальцы предстают в роли карающей десницы Бога, рухнувшей на киевлян. (Аналогично летописец понимает и поход Андрея на Новгород годом позже: «навел и наказал по достоянью рукою благовернаго князя Андрея»[129]).

Так в чем же неправда митрополита?

Незадолго до Пасхи 1162 г. Андрей Боголюбский «нача просити» у ростовского епископа Леонтия «от воскресения Христова до всих святых ести мяса и в среду и в пяток». То есть — два послепасхальных месяца жить без поста.

Леонтий же «повеле ему одину неделю порозную (Пасхальную, Светлую седмицу) ести мяса в среду и в пяток, а прочею добре хранити»[130].

Князь Андрей устроил публичные прения по вопросу о соблюдении постов в прадничные дни, по итогам которых объявил, что ростовский епископ Леонтий был побежден суздальским епископом Феодором, княжеским любимцем и, очевидно, духовником[131].

Леонтий убежал в Киев, а только что (в 1163 году) прибывший из Царьграда новый киевский митрополит *Иоанн IV* принял сторону Леонтия.

---

[128] В следующем 1170 году году армия суздальцев будет разбита новгородцами, и тот же летописец признает — «Се же бысть за наши грехи» (Ипатьевская летопись // ПСРЛ. Т. 2. С. 249).

[129] Лаврентьевская летопись // ПСРЛ. — Л., 1926. Т. I. С. 249.

[130] Ипатьевская летопись // ПСРЛ. Т. 2. С. 357.

[131] По некоторым рукописям — Федорцо, Белый клобучек, Феодорец-Калугер.

После этого кн. Андрей направил посольство в Константинополь к патриарху с просьбой открыть во Владимире митрополию во главе с Феодором. Однако патриарх Лука подтвердил вердикт Киевского митрополита о неотменности постов и отказался разделять митрополию. Более того, патриарх возвел Леонтия в сан архиепископа.

Следующий митрополит-грек, присланный в Киев — Константин II — продолжил эту дискуссию и даже запретил в служении Поликарпа, настоятеля Киево-Печерского монастыря, за то, что тот поддерживал антипостовую позицию Андрея — Феодора. После чего Андрей Боголюбский писал к киевскому князю Мстиславу: «...да ссадит митрополита и велит ина епископом избрати»[132]. Но когда собор разошелся, Мстислав в сговоре с митрополитом просто арестовал игумена Поликарпа[133].

Вот именно этот Поликарп скорее всего и является автором сообщения в Ипатьевской летописи. По этой летописи только его Киево-Печерский монастырь и был спасен Богом и Богородицей при погроме 1169 года. Значит, пожар вокруг летописца с его точки зрения был Богонаведенным и Богоконтролируемым — наказующим грешников и избавляющим праведников (к коим, конечно, автор относит себя).

Ставим рядом известие Лаврентьевской летописи, в котором сказано, что погром был из-за митрополичьей неправды. Добавляем уточнение Татищева, о том, что в пожаре сгорел и «митрополич дом»[134], *но не оппонирующий ему монастырь*. И получаем, что «неправда» — это как раз спор митрополита Константина с игуменом Поликарпом.

А раз «за митрополичью неправду» Киев потерял звание духовной столицы, то город Владимир мог занять вакантное место. Погром должен показать, что Киев уже не свят, он стал

---

[132] Татищев В.Н. История Российская кн. 3. — М., 1774 С. 161.
[133] Там же.
[134] Там же. С. 166.

профанным местом еще раньше вторжения дружин кн. Андрея — по грехам жителей и митрополита и погром, попущенный Богом, это не грех, а всего лишь впечатляющее свидетельство о новом печальном статусе «матери городов русских»[135].

Взятие и разорение Киева про-суздальскому автору, как отметил А. Ю. Карпов, мыслилось «чуть ли не богоугодным и благочестивым»[136].

В обеих летописных версиях делается упор именно на полемику митрополита Константина II и игумена Киево-Печерской обители Поликарпа, и при этом летописцы не впускают в своих записях ни намека на осуждение победившей стороны.

Отметим также отсутствие внятной реакции со стороны русских епископов на разгром митрополичьей столицы. И сам пострадавший митрополит Константин позже вполне сотрудничал с князем Андреем (например, в деле суда над Федорцом).

Что сами киевляне думали о произошедшем? У нас есть два современных событиям голоса киевлян. Они донесены Ипатьевской летописью. Я не стал вдаваться в вопрос об авторстве тех или иных редакций и статей этой летописи. Б. А. Рыбаков считал, что эти записи сделаны очевидцем событий: игумен Поликарп, настоятель Псково-Печерского ввел свои записи в летопись в конце 60 — начале 70-х гг. XII века[137]. Поэтому так много упоминаний о нем на ее страницах.

---

[135] Нередко встречается мнение, что именно по итогам этого разгрома Киева Андрей Боголюбский вывез оттуда Владимирскую икону Богородицы. Но Ипатьевская летопись говорит об этом в статье 1155 года: «Того же лета иде Андреи от отца своего Суждалю, и принесе ида икону святую Богородицю, юже принесоша в едином корабли с Пирогощею из Царяграда <…> и украсив ю постави и в церкви своеи Володимери» (Ипатьевская (ПСРЛ. Т. 2. С. 78). Кроме того, в «киевский» период своего бытия эта икона находилась в женском Богородичном монастыре Вышгорода, удельном городе Андрея Боголюбского.

[136] Карпов А. Ю. Андрей Боголюбский. — М., 2014. С. 241.

[137] «Слово о полку Игореве» и его современники. — М., 1971. Там же, с. 141 и 52–55.

Но есть еще Киевская (!) летопись. Это составная часть Ипатьевского списка, составленная около 1200 года игуменом киевского Выдубицкого монастыря Моисеем.

Он помещает пространный, на много страниц, некролог князю Андрею, убитому в 1175 году. И этот некролог (а скорее панегирик) рассказывает о смерти князя Андрея без упоминания о киевском разгроме.

Напротив, киевский игумен именует его «благоверныи и христолюбивый князь Андреи». Он «ум яко полату красну душею украсив, всими добрыми нравы уподобися царю Соломану, не помрачи ума своего пьянством и кормитель бяшет черньцем и черницам, мужство и ум в нем живяше, правда же и истина с ним ходяста, иного добродеяния много в нем бяше и всяк обычаи добронравен. Тем достоино от Бога победный венец приял еси княже Андрею, мужству тезоимените»[138].

Много места в этом панегирике посвящено тому, как благолепно князь Андрей украшал храмы и иконы:

«иногда бо аще и гость приходил из Цесарягорода и от иных стран из Рускои земли и Латинин и до всего христьанства и до всеи погани и введе их в церковь и на полати да видят истинное христьанство и крестятся и Болгаре и Жидове и вся погань видивше славу Божию и украшение церковное»...

Есть еще южнорусская (но и много более поздняя, с «постзнанием» из XVI века) позиция Густынской летописи:

«Попущением Божиим... князи, обступивши Киев, взяша его марта 8, второй недели в пост, и грабиша в нем два дни, такожде и по монастырем и церквам. Во третий же день зажгоша его, такожде и все монастыре и церкви огнем пожгоша. Зажжен же бысть тогда и Печерский монастырь,

---

[138] Ипатьевская летопись // ПСРЛ. Т. 2. С. 398–408.

но молитвами преподобных отец сохранен бысть от таковыя беды. И то сотворивше, возвратишася восвояси, а людей всех связавше, в плен поведоша. Токмо Мстислав Боголюбович на пустом княжении Киевском остави Глеба Юриевича, стрия своего, а сам пойде в Москву. И отселе впаде княжение Киевское, а Володымерское в Москве вознесеся. Оттоли бо московские князи над киевскими начата владети, донели же литовские князи взяли во свою власть»[139].

Был ли именно богословский спор о посте так важен для св. князя Андрея, что он взялся за оружие и решился на разгром древней столицы? Не буду строить гипотезы о мотивах древнего князя[140].

Данная книга не попытка (психо)анализа мотивов русских князей. Это просто исследование публичной пропаганды. Какими хотели русские князья, чтобы их видели — такими их и живописали их придворные летописцы.

«Да внимаемы мы собе, кождо нас и не противится Божью закону» — этой сентенцией суздальский летописец заканчивает повествование о киевском взятии. Такова, надо полагать, была официальная версия[141].

И вот это — факт: св. князь Андрей Боголюбский желал, чтобы задуманный им погром Киева выглядел религиозно мотивированным[142].

---

[139] ПСРЛ. Т. 40. — Спб., 2003. С. 93.

[140] А среди этих мотивов есть и еще один церковный мотив: желание добиться, чтобы центром митрополии стал город Владимир и у князя появился бы свой, карманный митрополит, при любых раскладах независимый от Киева.

[141] Карпов А. Ю. Андрей Боголюбский. — М., 2014. С. 242.

[142] Подробный анализ этих событий см.: Подвальнов Е. Д. Взятие Киева 1169 г. Мстиславом Андреевичем в двух летописных традициях // Палеоросия. Древняя Русь: во времени, в личностях, в идеях. № 1 (21), 2023.

Зачем Мамай пошел на Русь?

Посмотрим на самую ныне школьно-знаменитую военную кампанию средневековой Московии: противостояние св. князя Дмитрия Донского и Мамая. И зададимся вопросом о цели похода Мамая. Точнее — о том, как эту цель описывали русские источники.

Летописцы XV и XVI веков уверяли, что битва на поле Куликовом шла именно в религиозных целях.

Перед выступлением из Москвы, выйдя из храма после молитвы, «рече князь великии ко брату своему князю Володимеру Ондреевичу и ко всем князем руским и воеводам:

«Поидем противу окояннаго сего, и безбожнаго, и нечестиваго, и темного сыроядца Мамая, за православную веру хрестиянскую и за святыя церкви, и за вся младенца и старца, и за вся хрестияны сущая»[143].

Та же летопись говорит, что Дмитрий Иванович в обращении к русскому войску перед переправой за Дон приписывал

Виноградов А. Ю., Желтов М. С. Церковная политика Константинопольской патриархии при Мануиле I Комнине и кризис Русской митрополии в 1156–1169 гг. // Электронный научно-образовательный журнал «История». 2019. Т. 10. Вып. 9 (83). С. 1–18. https://azbyka.ru/otechnik/Mihail_Zheltov/tserkovnaja-politika-konstantinopolskoj-patriarhii-pri-manuile-i-komnine-i-krizis-russkoj-mitropolii-v-1156-1169-gg/

Виноградов А. Ю., Желтов М. С. Жизнь и смерть Феодорца Владимирского: право или расправа? // Электронный научно-образовательный журнал «История». 2019. Т. 10. Выпуск 10. https://publications.hse.ru/mirror/pubs/share/direct/322786164.pdf

Желтов М. С. «Первая ересь на Руси»: русские споры 1160-х годов об отмене поста в праздничные дни // Древняя Русь. Вопросы медиевистики. 2018. № 3. С. 118–139.

[143] Четвертая Новгородская летопись. Список Дубровского // ПСРЛ. Т. XLIII. С. 132. Аналогично: ПСРЛ. IV. Ч. 1. С. 313; ПСРЛ. VI. Вып. 1. С. 457 и др.

Мамаю именно религиозные мотивы: «приходяще аки и змии ко гнезду» он «на хрестиянство дерзнул, а кровь им хотя прольяти, и всю землю осквернити, и святыя божьи церкви разорити»[144].

Никоновская летопись эту речь передает так: Дмитрий Иванович «мужественно рече ко всем: „Братиа, лучши есть честна смерть злаго живота; лутчи было не ити противу безбожных сих, неже, пришед и ничто же сотворив, возвратитися вспять; преидем убо ныне в сий день за Дон вси и тамо положим главы своя за святыя церкви и за православную веру и за братью нашу, за христианство!"»[145]).

Последний раз великий князь обратился к воинам, уже стоящим на поле битвы в ожидании неприятелей: *«возлюбленнии отцы и братиа, Господа ради и пречистыа Богородицы и своего ради спасениа подвизайтеся за православную веру и за братию нашу! Вси бо есмы от мала и до велика братиа едини, внуци Адамли, род и племя едино, едино крещение, едина вера христианскаа, единаго Бога имеем Господа нашего Иисуса Христа, в Троице славимаго; умрем всий час за имя Его святое, и за православную веру и за святыа церкви, и за братию нашу за всё православное христианьство!»*[146]. В русской историографии принято верить этому сообщению об антихристианских планах Мамая.

В современном «Житии Сергия Радонежского» беседа старца с князем представляется такой:

> *«Но прежде, господине, пойди к ним с правдой и покорностью, как следует по твоему положению покоряться ордынскому царю. Ведь и Василий Великий утолил дарами нечестивого царя Юлиана, и Господь призрел на смирение Василия, и низложил нечестивого Юлиана. И Писание учит*

---

[144] ПСРЛ. XLIII. С. 133. Аналогично: ПСРЛ. IV. Ч. 1. С. 317; ПСРЛ. VI. Вып. 1. С. 462 и др.

[145] ПСРЛ. Т. 11. — СПб., 1897. С. 56.

[146] ПСРЛ. Т. 11. — СПб., 1897. XI. С. 58.

нас, что если такие враги хотят от нас чести и славы, — дадим им; если хотят злата и сребра, дадим и это; но за имя Христово, за веру Православную, нам подобает душу свою положить и кровь свою пролить. И ты, господине, отдай им честь, и злато, и сребро, и Бог не попустит им одолеть нас. — Всё это я уже сделал, — отвечал ему Великий Князь, — но враг мой возносится еще более. — Если так — сказал угодник Божий, — то его ожидает конечная гибель, а тебя, Великий Княже, помощь, милость и слава от Господа»[147].

Бывший ректор МДА еп. Питирим Творогов заявил, что «Мамай шел исламизировать Русь»[148].

Это вполне церковно-канонично: за деньги идти в бой нельзя, а вот если враг замахнулся на самое святое, на Веру…

Но был ли такой замах у Мамая? Есть ли его подтверждения в татарских (монгольских) источниках? Да и просто в исторических фактах и в их логике?

Монгольские ханы выдавали «ярлыки» на правление не только русским князьям, но и митрополитам. Первый такой ярлык, дошедший до наших дней, датируется 1267 годом (его получатель — митрополит Кирилл), в нем есть упоминание о более ранних аналогичных документах (ярлык, выданным ханом Берке́ в 1258 году). Более того — со времен хана Берке при ставке хана было постоянное представительство Русской церкви — «Сарайская епископия» (основана в 1261 г. всё тем же митрополитом Киевским Кириллом в столице улуса Джучи (Золотой Орды) Сарае-Бату (ныне Селитренное городище Астраханской обл., на р. Ахтуба)[149].

---

[147] Иером. Никон Рождественский. Житие и подвиги преподобного и богоносного отца нашего Сергия, игумена Радонежского и всея России чудотворца. Троице-Сергиева Лавра, 1885; в более ранних источниках такая версия отсутствует.

[148] https://www.youtube.com/watch?v=KQAmCoj33Oc 16-я минута

[149] Сарайский епископ был столичным архиереем — при ставке хана, которого русская церковь именовала своим царем. Оказывается,

Отметим, что исламизация Орды началась с первой четверти XIV века. Хан Берке уже был мусульманином. Но епископа в своей ставке поселил.

Протокол требовал личного присутствия соискателя ярлыка в ставке хана. Известны имена русских князей, погибших в Орде. Но такого никогда не случалось с митрополитами.

Понятно, что каждый новый хан подтверждал ранее выданные ярлыки (если успевал до своего свержения).

Если речь идет о ярлыках митрополитам, то это было не просто «должностное удостоверение», а документ со вполне четко прописанным полным налоговым иммунитетом не только владельца ярлыка, но и всего церковного имущества и духовенства.

В качестве примера можно привести ярлык хана Бюлека митрополиту Михаилу (в реконструкции А. Григорьева):

«Было провозглашено наше, Бюлека, слово ко всем подданным Монгольского государства: князьям тюменов, под началом с особоуполномоченным Мамаем, тысяч, сотен и десятков, даругам-князьям тюменов и городов, служащим государственной канцелярии, таможникам и весовщикам, проезжающим посланцам — сокольникам, звериным ловцам, караульщикам, заставщикам и лодейщикам, а также многим другим людям, идущим по какому-нибудь делу.

столичный епископ вовсе не обязательно при этом считается главой митрополии или поместной церкви.

Тут важнее не админресурс, а направление финансовых потоков: хан вряд ли выделял финансирование церкви; скорее он принимал от нее «приношения». А вот Владимирский (позже Московский) князь был, напротив, генеральным спонсором церкви. Поэтому их получатель и распределитель (то есть диакон в апостольском смысле) был главным.

В русской церковной иерархии сарайский (напомню, что тюркское «сарай» означает «дворец») епископ считался вторым после киевского митрополита. В Москве резиденцией саранского епископа было Крутицкое подворье, и вот это второе место Крутицкого архиерея в управлении РПЦ осталось до сих пор.

В ярлыках Чингисхана и последующих ханов — наших предшественников, включая покойного Бердибека, было сказано, чтобы христианские митрополиты, священники и монахи, не видя каких бы то ни было налогов и повинностей, молились за них богу и возносили им благопожелания. И ныне мы, согласно с прежними ярлыками, на тех же условиях пожаловали этого митрополита Михаила.

После того, как он, воссев в митрополии города Владимира, возносит за нас и наш род родов молитвы и благопожелания, мы повелели так: „Пусть они не дают никаких общепринятых налогов и сборов, подвод и кормов, а также чрезвычайных налогов и сборов". В принадлежащие их храмам и монастырям земли и воды, сады и огороды, бани и мельницы кто бы то ни было пусть не вступают, какое бы то ни было насилие им пусть не причиняют, что бы то ни было у них пусть не тащат и не забирают. В их храмах, монастырях и жилищах кто бы то ни было на ночлег и на постой пусть не останавливаются. Те из наших подданных, кто будут творить притеснения в принадлежащих их храмам и монастырям землях и водах, садах и огородах, банях и мельницах, а также те, кто будут останавливаться на ночлег и на постой в их храмах, монастырях и жилищах, — да будут обвинены и умрут! И ты, митрополит Михаил, говоря: „Я так пожалован!" — если совершишь в отношении людей, подведомственных храмам и монастырям, какое бы то ни было противозаконное действие, тогда тебе также хорошо не будет! Для постоянного хранения был выдан алотамговый ярлык. Написан в год овцы, по хиджре семьсот восьмидесятый, месяца зу-ль-каада в десятый день прибывающей Луны [28 февраля 1379 г.], когда ставка находилась в месте, называемом Великий Луг»[150].

---

[150] Григорьев А.П. Ярлык Мухаммеда-Бюлека митрополиту Михаилу // Мамай. Опыт историографической антологии. Сборник научных трудов. — Казань: Изд-во «Фэн» АН РТ, 2010. С. 99.

Русская Лаврентьевская летопись говорит, что в 1258 году Русь обошли ордынские «численники». Они делали перепись населения с целью исчисления налогов, подлежащих изъятию. «Они исщетоша всю землю, толико не чтоша игуменов, ченьцов, крилошан»[151].

Отошел ли от этой политики Мамай?

Мамай это классический кингмейкер («делатель королей»)[152].

В 1362 г. Мамай посадил Абдуллу на общеордынский трон, а сам стал улугбеком в его правительстве.

Под 6878 годом (то есть в 1370 году) в Рогожском летописце помещено известие, согласно которому «Мамаи у себе в Орде посадил царя другого Мамат Солтан»[153]. Мамат-салтан русского источника — это хан Мухаммед. Тот правил до 1376 года. С ним в 1374 г. московский князь Дмитрий Иванович разорвал отношения и прекратил выплату дани во второй половине марта 1377 г.

Со второй половины марта 1377 г. до падения Мамаевой орды осенью 1380 г. номинальным ханом был Бюлек (Тюляк).

Так вот, в 1363 году Мамай именем хана Абдуллы дал великокняжеский ярлык малолетнему князю Дмитрию Ивановичу и регенту — св. митрополиту Алексию.

В 1376 г. Мамай именем хана Бюлека выдал ярлык митрополиту Киприану на управление литовской части русской митрополии (митр. Алексей был еще жив)[154].

---

[151] Лаврентьевская летопись // ПСРЛ. Т. 2 С. с 330.

[152] См. статью английской Википедии, которая в список кингмейкеров включает не толко Мамая, но и махатму Ганду. https://en.wikipedia.org/wiki/Kingmaker

[153] Рогожский летописец // ПСРЛ. Т. 15, вып.1. — Пг., 1922. Стб 92.

[154] «Ордынцы обязали Киприана выкупить ярлык Бюлека на свою часть митрополии, что тот и сделал, неизбежно прибегнув при этом к финансовой помощи великого князя литовского Ольгерда» (Григорьев А.П. Ярлык Мухаммеда-Бюлека митрополиту Михаилу // Мамай. Опыт историографической антологии. Сборник научных трудов. — Казань: Изд-во «Фэн» АН РТ, 2010. С. 71.

После кончины Алексия, в феврале 1379 г. «Мамаев» хан Мухаммад (Бюлек, Тюляк) выдает ярлык русскому митрополиту Михаилу (Митяю), подтверждающий прежние привилегии русской церкви (Никоновская летопись. С. 44)[155].

Как известно, этот Митяй был ставленником Дмитрия Московского («Сего же епископи вси и игумени и прозвутери и мниси и священници вси не хотяху, но един князь великий хотяше»[156]).

В августе-сентябре 1379 г. Михаил ехал по территории Орды в Крым, чтобы далее проследовать в Константинополь к патриарху (кроме ханского ярлыка для занятия митрополичьего престола ему еще нужна была и патриаршая грамота). Ордынская администрация всячески ему помогала в этом его путешествии. И это за год до Куликовской битвы.

В Орде за этот год перемены власти не произошло. Тем более не произошло смены ее собственной религиозной идентичности. Так с чего бы это такая внезапная перемена религиозной политики отношению к Руси?

И к чему бы предпринимать эту перемену, если русские князья лояльны и союзны Орде? И даже если один из них восставал — другие готовы были вместе с ханом наказать ослушника. Предположим, Мамай шел, чтобы навязать ислам Москве. Но разве стал бы он это делать в союзной ему Рязани?

И зачем ему нужно было бы своей антихристианской политикой объединять Литву, Москву, Тверь, Рязань, если у него самого в тылу есть враждебный ему хан Тохтамыш? Мамай — лидер правого (западного) крыла Орды. Тохтамыш — лидер «левого крыла». Грубо говоря, за Мамаем — европейская часть монгольских завоеваний, за его конкурентом — азиатская[157].

---

[155] См. также Григорьев А.П. Сборник ханских ярлыков русским митрополитам: Источниковедческий анализ золотоордынских документов. — СПб., 2004. С. 92.

[156] Рогожский летописец // ПСРЛ. Т. XV. Вып. 1. — Пг., 1922. Стб 136.

[157] Никоновская летопись: «Того же лета (1361) темник Мамай воздвиже ненависть на царя своего и бысть силен зело, и возста на царя своего на

Не верится, что имея весьма шаткое положение в Орде, Мамай решился бы настолько озлобить своих христианских подданых и союзников (включая киевско-литовские земли и крымско-итальянские колонии).

Мамай — исламский фанатик?

Но в ярлыке, что мамаев хан Тюляк (Tüläk, Бюляк, Теляк, Тюлякбек, Тюлюбяк, Тулукбек) выдал митрополиту Михаилу (Митяю) о связи с миром ислама напоминает только календарь «по хиджре». А ведь:

«во времена исламского владычества над христианскими народами с патриархи получали от мусульманских властей фирманы — грамоты, удостоверявшие их легитимность и признание государством. Эти документы выдавались во имя Аллаха, в них приводился текст из Корана, а летоисчисление велось по мусульманскому календарю»[158].

Темир Хозю, и замяте всем царством его Воложским, и бысть брань и замятня велиа во Орде».

«Мамай, осенью 1362 г. изгнанный Мюридом из Сарая, быстро осознал, что легче было неожиданным наскоком овладеть столицей, чем удержаться в ней сколько-нибудь продолжительное время. С лета 1359 до осени 1361 г. столицу целых шесть раз одним махом захватывали очередные претенденты на всеордынский престол. Пример Мюрида показал Мамаю, что прежде следует капитально обосноваться в другом, более спокойном месте. Далеко к северу от Крыма, в излучине Днепра, в пределах бескрайнего Великого Луга (Улуг Чаир), было подыскано место. Оно было скрыто в днепровских плавнях среди речных проток, озер и болот. Ныне там находятся развалины золотоордынского города площадью около 10 га. Городище было обнаружено в 1953 г. в урочище Великие Кучугуры в 30 км к югу от **г. Запорожье** (Украина). В городе-убежище в спешном порядке возвели минимум самых необходимых монументальных кирпичных зданий, в числе который был и монетный двор. Крепостных стен не строили. Город получил официальное название **Орда** (Орду)... Орда, скрытая в днепровских плавнях ставка-убежище для последних представителей рода Джучидов-Батуидов, постоянно охраняемая и опекаемая Мамаем, с 1363 г. уже функционировала» (Григорьев А. П. Загадка крепостных стен Старого Крыма // Мамай. Опыт историографической антологии. Сборник научных трудов. КазаньАкадемия наук Республики Татарстан, 2010. С. 111–114).

[158] Митрополит Мелетий. Печать антихриста в православном Предании. — М., 2001. С. 21–22.

Ислам позволяет в городе, который восстал против власти «правоверных», закрыть все храмы других религий.

За пять лет до Куликовской битвы войска Мамая захватили Нижний Новгород. В следующем году они «навестили» Рязань. Повторный набег и захват Рязани имел место в 1379-м году. Были ли там закрыты храмы и отменено христианство?

Через два года после Куликовской битвы Москву захватил хан Тохтамыш. Но он не проявил никакого намерения понудить москвичей к перемене их религии.

Так что сообщения русских летописцев о планах Мамая сродни сообщениям газеты «Правды» о «планах американских империалистов» вообще и «плане Даллеса», в частности[159].

Они нужны для целей внутренней пропаганды[160].

Потребность в таких пропагандистских усилиях вытекала из того обстоятельства, что в 1380 году ханом был Тюляк. Да, он номинальный царь, он ставленник Мамая. Но — законный царь.

От каждого нового хана князь Дмитрий получал ярлык. Так, в 1371 г. кн. Дмитрий ездил в Орду и «многы дары и великы посулы подавал» к Мамаю. В результате его «отпустили князя

---

[159] Текст, приписываемый Даллесу, впервые появился в российской печати в статье митрополита Санкт-Петербургского и Ладожского Иоанна (Снычева) в газете «Советская Россия» 20 февраля 1993 года и представляет собой подборку фрагментов романа А. С. Иванова «Вечный зов» в редакции 1981 года. Автор статьи митрополита — капитан в отставке Константин Душенов.

[160] Пример пропагандистской войны в средневековых хрониках:
В 754 году римский папа Стефан II (III) стал первым в истории римским епископом, который пересек Альпы. Он приехал для встречи с королем франков Пипином Коротким. Согласно папской хронике Liber Pontificalis, король Пипин вместе с супругой, детьми и представителями франкской знати простерся ниц перед Папой, а потом шел рядом с папским конем, держась за стремя, как конюх. Но в «Муасакской хронике», которая составлялась хоть и монахами, но на земле франкских королей, картина дается радикально иная: Стефан и сопровождавшие его клирики надели одежды кающихся и простерлись ниц перед Пипином (см. Мереминский С. Стефан II (III) папа римский // Православная энциклопедия. — М., 2022. Т. 66. С. 370).

Дмитрия с любовию, опять дав ему княжение великое <...> Князь Дмитрий прииде из Орды и быше от него по городам тягость данная велика людем»[161].

Значит, выступление против хана было двойным преступлением: нарушением клятвы и восстанием против законного царя.

Русские летописи (точнее, их позднейшие редакторы) предпочли не упоминать о присутствии хана Бюлека на Куликовом поле. Это было нужно, чтобы оправдать мятеж князя Дмитрия против Орды: мол, он выступил не против законного царя, а против всего лишь «темника» Мамая. По контрасту: в 1382 г., когда на русские земли пошел набегом хан Тохтамыш, великий князь Дмитрий, «слышав, что сам царь идет на него с всею силою своею, не ста на бои противу его, ни подня руки против царя, но поеха в свои град на Кострому»[162].

> «Князь, пусть даже великий, не имел формального права выступать с оружием в руках против своего царя. Таким был закон. В 1380 г. Дмитрий этот закон нарушил. Только в тексте Новгородской IV летописи, видимо случайно сохранился фрагмент рассказа о начале сражения, в котором можно прочитать: „Преже бо начата ся съеждати сторожевым полки и рускии с тотарьскими, сам же великий князь наеха наперед в сторожевых полцех на поганаго царя Теляка, на реченаго плотнаго дьявола Мамая"[163]. Иными словами, только в этом случае в летописи XV в. проглядывает изначальный текст рассказа XIV в., из которого явствует, что главнокомандующим в этой битве был царь Теляк, а „названный дьявол во плоти" князь Мамай формально был ему подчинен»[164].

---

[161] Рогожский летописец // ПСРЛ. Т. XV. Вып. 1. — Пг., 1922. Стб 96 и 98.
[162] Там же. Стб 143–144.
[163] Четвертая Новгородская летопись // ПСРЛ, Т. IV, Вып. 1. — Пг., 1915. С. 319.
[164] Григорьев А.П. Ярлык Мухаммеда-Бюлека митрополиту Михаилу // Мамай. Опыт историографической антологии. Сборник научных трудов. — Казань: Изд-во «Фэн» АН РТ, 2010. С. 77 и 76.

Хан Бюлек в сражении участвовал. После битвы он не упоминается, что дает основания предполагать его гибель на Куликовом поле. Попытки позднейших летописцев скрыть этот факт служат лишь указанием на то, что Бюлек в той битве погиб[165]. Смерть хана Бюлека на Куликовом поле и стала причиной бегства всей его армии.

Но, значит, князь Дмитрий стал и клятвопреступником, и цареубийцей. В монархическом обществе память о таком неудобна. Поэтому факт цареубийства отменяется стиранием имени царя, а факт клятвопреступления — домыслом о том, что это Мамай решил нарушить все устои и покусился на самое святое — на русскую веру.

Ясно, что в таком случае и война князя Дмитрия возводится до уровня священной. Приписывание религиозного и антихристианского мотива врагу помогало сакрализовать свою ненависть к нему.

Епископы в повседневности княжеских междоусобиц

В принципе междоусобные войны как таковые осуждались церковным учением.

В 1195 году киевский митрополит Никифор Второй говорил киевскому князю Рюрику Ростиславичу: *«Княже, мы есмы приставлены в русской земли от Бога востягивати вас от кровопролития»*[166].

---

[165] Григорьев А.П. Ярлык Мухаммеда-Бюлека митрополиту Михаилу // Мамай. Опыт историографической антологии. Сборник научных трудов. — Казань: Изд-во «Фэн» АН РТ, 2010. С. 78; Григорьев А.П. Сборник ханских ярлыков русским митрополитам: Источниковедческий анализ золотоордынских документов. — СПб., 2004. С. 178, 179.

[166] Ипатьевская летопись // ПСРЛ. Т.2. — Спб., 1843. С. 145.

Ну, это просто самосознание епископа и его память о его призвании. Бывали ли на практике епископы верны этому своему призванию?

Не всегда. Редкие случаи их миротворческих интервенций я приведу ниже, сразу сказав, что иногда примирение удавалось; иногда — нет.

В 1097 году князья Владимир Мономах, Давыд и Олег пошли ратью на Святополка, правившего в Киеве. Напуганный Святополк хотел бежать из города, но киевляне задержали его, послав мачеху Мономаха и киевского митрополита Николая к Владимиру Мономаху.

«Митрополит Никола» обратился к осаждавшим:

«Молимся, княже, тобе и братома твоима, не мозете погубити Русьские земли; аще бо взмете рать межю собой, погани имуть радоватися и возмуть землю нашу, иже (юже) беша стяжали отци ваши и деды ваши трудом великим и храбрьствомь, поборающе по русской земле, и иныя земли приискиваху[167]; а вы хощете погубити русскую землю, и за то и в настоящем, и в будущем страдати имате; но сотворите межи собою мир и блюдите земли русския содною, а брань творите и боритеся с погаными» (Никоновская летопись. Год 1097)[168].

---

[167] Это к вопросу о том, что «мы никогда ни на кого не нападали и не захватывали чужие земли».

[168] В сталинские годы академик Лихачев сделал эти слова «народными»: «Призывая к единению, **народ киевский** обратился к Владимиру Мономаху со словами: „Молимся, княже, тобе и братома твоима, не мозете погубити Русьские земли. Аще бо възмете рать межю собою, погании (язычники — половцы) имуть радоватися и возмуть землю нашу, иже беша стяжали отци ваши и деди ваши трудом великим и храбрьствомь, побарающе по Русьской земли, ины земли приискываху, а вы хочете погубити землю Русьскую". **Этот призыв народа к князьям** был на устах у каждого поколения русских людей» (Лихачев Д. С. Слово о полку Игореве. Историко-литературный очерк. — М., 1950. С. 14).

Речь митрополита достигла своей цели; дело обошлось без кровопролития.

В 1127 году киевский великий князь Мстислав на кресте поклялся вооруженною рукою поддерживать Ярослава Святославовича против его племянника и своего зятя Всеволода Черниговского за то, что Всеволод привел половцев на Русь.

«Тогда бывший при Мстиславе Григорий, игумен Андреева монастыря, который у Владимира, потом и у Мстислава был в милости и у всех людей из-за того в почтении, сей взялся помогать Всеволоду, стал Мстислава прилежно уговаривать, чтоб перестал за Ярослава на зятя воевать. И хотя Мстислав и некоторые вельможи спорили, отстаивая справедливостью Ярослава и данную от Мстислава присягу, поставляя нарушение за тяжкий грех, но игумен сказал, что он сие клятвопреступление снимает на себя, рассуждая, что легче клятву преступить, нежели кровь неповинных пролить. Но видя, что его одного слова недостаточны были, созвал тотчас духовных на собор, поскольку тогда митрополита в Руси не было. Оные, сошедшись, и все либо по страсти, либо по неразумению тяжкости греха клятвопреступления, согласились и Мстиславу представили, что ему клятву, данную Ярославу, преступить греха

Тут интересный пропуск.

Лаврентьевская и Воскресенская летописи говорят: «Ст҃ополкже хотѧше побѣгнути ис Кыева и не даша ему Киѧ не побѣгнути. но послаша Оусеволожюю и митрополита Николу кВолодимеру гл҃ща молимсѧ кнѧже тобѣ и братома твоима. не мозѣте погубити Русьскои землѣ. аще бо возметь рать межю собою. погани имуть радоватисѧ. и возмуть землю нашю. юже бѣша стѧжали ваши дѣди ї ѡц҃и ваши трудомвеликими хоробрьствомъ. побарѧюще по Русьскои земли. а ины земли приискаху. а вы хощете погубити Русьскую землю. Всеволожаѧ и митрополитъ. приидоста к Володимерю и молистасѧ ему. и повѣдаста молбу Кыѧнъ. ѧко створити миръ».

С одной стороны, «мольба киевлян» тут есть. Но их спикером является митрополит Николай. А именно его Лихачев упомянуть не решился. Или цензура вычеркнула.

нет, и они тот грех соборно приемлют на себя: «На нас буди той грех, сотвори мир»[169]. Мстислав же сначала с ними не соглашался, говоря: «Как я, яко глава государства, могу клятву преступить, стыдно бо и грех мне, слово мое с разумом реченное переменить. Також как я могу, видя неправду и явную обиду, терпеть, и сам, учиня суд неправедный, как я могу от подданных и от подчиненых моих правости требовать, а за преступления их, сам быв преступным наказать?»

«Но оный игумен и бояре так его донимали, что в конце концов, послушав их, клятву, данную Ярославу, преступил», — то есть отказался от войны против Ярослава.

Но изумительно завершение этой истории — она становится рассказом о том, как князь каялся всю жизнь в однажды совершенном им христианском поступке:

«Но оный игумен и бояре так его донимали, что в конце концов, послушав их, клятву, данную Ярославу, преступил и, по воле оных бессовестных советников учинив, до смерти о том сожалел и никогда без плача и воздыхания не воспоминал»[170].

Похожую историю мы видим в 1195 году. Суздальский князь Всеволод Большое Гнездо потребовал у киевского князя Рюрика Ростиславича тех городов, которые Рюрик ранее уже отдал своему зятю Роману, закрепив свой договор крестным целованием.

Положение Рюрика было затруднительно: отнять города у Романа значило нарушить крестное целование; не исполнить

---

[169] «И совокупи весь собор ерейский, митрополита же в то время не бяше и рекоше Мстиславу *на нас буди тот грех*» (Никоновская летопись // ПСРЛ. Т. 9. — Спб., 1862. С. 154).

[170] Татищев В. Н. История Российская. Кн. 2. — М., 1773. С. 235. Но это переложение Татищева. Летописный источник более спокоен: «Мстислав же сотвори волю их и преступи крест к Ярославу, и плакася того вся дни живота своего» (Никон. лет. под 1127 г.).

требования Всеволода значило навлечь на себя нападение могущественного врага.

В таких затруднительных обстоятельствах Рюрик обратился за советом к киевскому митрополиту Никифору Второму, и *«рече митрополит Рюрикови: „Княже, мы есмы приставлены в Руской земле от Бога востягивать вас от кровопролитья... а ныне аз снимаю с тебя крестное целование и взимаю на ся, а ты послушаи мене, возма волость у зятя у своего, даи же старейшому, а Романови даси иную, в тое место"»*[171]. Рюрик так и сделал.

В тему о том, как священники брали на себя грех отступничества князей от крестоцеловальной клятвы есть еще эпизод.

В 1446 году игумен Кириллова монастыря монастыря Трифон «освободил» Василия Темного от крестного целования великому князю Дмитрию Юрьевичу Шемяке, заявив, согласно Ермолинской летописи: «Тот грех на мне и на моей братьи главах, что еси целовал князю Дмитрею и крепость давал» («...буди тот грех на нас, еже еси целовал неволею»[172]). Трифон, правда, тут же и умер.

Это происшествие, случившееся на заре истории «Третьего Рима», стоит сопоставить с совсем не-аналогичным происшествием, имевшим место на заре истории просто Рима. В первую Пуническую войну карфагеняне разбили римский экспедиционный корпус и взяли в плен его командира Регула. Через несколько лет пленного Регула послали в Рим на переговоры. С него взяли клятву: если мира не будет, он вернется в плен. Сенат был готов на любые условия, чтобы только спасти Регула. Но сам Регул призвал сенаторов не к миру, а к войне: карфагеняне слабеют, победа близка, а его, Регула, жизнь — недорогая плата за торжество над неприятелем. Сенат предложил остаться — он не захотел нарушить клятву. Жрецы обещали именем богов снять с него клятву — он отвечал, что хочет быть честным не перед богами, а перед людьми.

---

[171] Ипатьевская летопись // ПСРЛ. Т. 2. — Спб., 1843. С. 145.
[172] Никаноровская летопись // ПСРЛ. Т. 27. С. 273, 347.

Как говорится — «бойтесь христиан: их бог прощает им всё».

Но в некоторое оправдание русских священников стоит заметить, что такова была общая формула отпущения грехов в древней Русской церкви. Выслушав исповедь, духовник говорил: «Грехи твои на вые (шее) моей, чадо». Правда, в трех приведенных случаях речь шла вовсе не о прошлом грехе, а о подталкивании ко греху будущему.

9 декабря 1134 г. в Новгород впервые в истории Новгородской епархии прибыл митрополит Киевский. Это был грек митрополит Михаил.

Тут в следующем, 1135 году он «послал запрещение на весь Новгород» (наложил интердикт — редкий случай в русской истории). За что — Никоновская летопись не уточняет[173]. По Новгородской владычной летописи, митрополит хотел продолжить пастырскую поездку, отправившись во враждебный Новгороду Суздаль (очевидно, с примиряющей миссией), но новгородцы не пустили его.

Но в Никоновской летописи сразу за рассказом об интердикте следует рассказ о том, как митрополит узнал, что новгородцы сбирались идти войною на Ростов и Суздаль. Михаил всячески старался отговаривать новгородцев от кровопролития — причем будучи у них в городе и в их власти:

> *«В лето 6643 неции злые люди начаша въздвизати Всеволода Мстиславича воинствовати на Суздаль и на Ростов; и сиа услышав Михаил митрополит Киевский запрешаше князю Всеволоду и всем новогородцем да не проливают напрасно крови христианскиа и не творять брани аще преслушав мене поидете на Суздаль и на Ростовъ, неугодно вам будет; аще бо и грешен есмь, но и мене грешного услышит Господь Бог, молящася Ему со слезами»*[174].

---

[173] Никоновская летопись // ПСРЛ. Т. 9. С. 158.
[174] Там же. С. 158–159.

Его не послушали и оставили под «домашним арестом»[175]. Митрополит Михаил покинул Новгород только после поражения новгородцев во главе со святым благоверным кн. Всеволодом (Гавриилом) Мстиславичем от суздальского войска в битве на Ждане горе 26 января 1135 года.

В том же 1135 году Михаил успел примирить враждующих великого князя Ярополка и черниговских Олеговичей, «ходячю» меж враждующими лагерями с крестом.

О том, как он убедил великого князя отдать Олеговичам то, чего они требовали (т. е. отчину их, города по реке Сейму), Ипатьевская летопись говорит:

«Ярополк же бяше събрал множьство вой нань изо всих земль, и прием размотрение в сердци, не изиде нань противу, ни створи кровопролитья: но убоявся суда Божия, створися мний в них, хулу и укор прия на ся от братье своея и от всих, по рекшему: любите враги ваша. И створи с ними мир в 12 генваря, и целоваше хрест межю собою, ходячю межи ими честньному Михаилу митрополиту со крестом, и вда Ярополк Олговичем отчину свою, чего и хотели»[176].

В 1138 г. умер Ярополк, великий князь Киевский. Место его занял брат его Вячеслав, и благословил его преосвященный Михаил, митр. Киевский и всея Руси. Не прошло еще трех недель, как на Киевский престол явился новый претендент в лице Всеволода Ольговича, который, подступив к Киеву с большими силами, послал сказать Вячеславу: «поиди добром из града Киева». Вячеслав, по совету митрополита, во избежание кровопролития, согласился без боя уступить своему сопернику; *«Михаил смири их и утверди их крестом честным»* (Никоновская Летопись под 1138 г.).

---

[175] Тем самым создав прецедент для аналогичного обращения уже московские власти со вселенским патриархом Иеремией для решения опроса о московском патриаршестве.

[176] См. также Соловьев С. М. История России. кн. II, прим. 204.

Но в итоге «митрополит Михаил, который всего более любил быть миротворцем, наскучив непрерывными волнениями, удалился в 1156 г. в Константинополь и не возвращался»[177]. «Отшедшу же преос. Михаилу, митр. киевскому и всея Руси к патриарху в Царьград, и тамо ему сущу, *услыша наипаче многи волны и которы в Киеве и всеи русской земле и того ради не приложи возвратитися на свои стол в Киев*» (Никоновская летопись под 1156 г.). При этом Михаил взял с епископов «рукописание» не служить без него в киевском храме св. Софии.

Епископ новгородский Нифонт в 1136 году вместе с митр. Михаилом «ходил в Русь» (Новгород себя Русью не считал) — в Киев мирить киевлян с черниговцами (точнее Мономашичей и Ольговичей во главе соответственно с кн. Киевским Ярополком Владимировичем и кн. Черниговским Всеволодом Ольговичем). Князья черниговские — Ольговичи — хотели бежать к половцам, чтобы затем вернуться в свою землю с языческими союзниками, но черниговский епископ Пантелеимон остановил своих (!) князей такими словами: «*Аще побежите в Половци, то власть свою погубите, и вспять не можете возвратитися, тако сотворивше. Писано бо есть: Бог гордым противится, смиренным же дает благодать... Смиритеся убо с великим князем Ярополком*».

Слова эти произвели желаемое действие. Старший из Ольговичей, Всеволод, отвечал: «Права и истинна есть словеса твоя, отче святый; буди тако, якоже глаголал еси»[178].

Тот же епископ Нифонт в 1148 году ходил «мира деля» в Суздаль к Юрию Долгорукому и принят был от него с великой честью, достигнув вполне цели путешествия — освобождения пленных новгородцев (хотя мирный договор подписан не был).

В 1149 г. воевали между собою Юрий Долгорукий (уже основавший Москву, но правивший то из Ростова, то из Суздаля) и его племянник Изяслав, великий князь Киевский. Евфимий,

---

[177] Татищев В. Н. История Российская. Кн. 2. — М., 1773. С. 235.
[178] Никоновская летопись // ПСРЛ. Т. 9. С. 162.

епископ Переяславский, взял на себя дело миротворца: «А князь великий Изяслав Мстиславич, собрав многое воинство, поставил его на болоте в крепости; а назавтра, отслушав обедню у святого Михаила, пошел из церкви; а Евфимий, епископ Переяславский, возбранял ему, говоря так: *"Княже, мирися с дядею своим, да благо будет ти от Христа Бога и державу свою избавиши от великих бед"*» (Никоновская и Лаврентьевская летописи; 1097 г.)[179].

Изяслав не послушался неоднократных внушений епископа. Дважды Юрий захватывал Киев и дважды изгонялся Изяславом.

Еще миротворческие удачи древнерусских епископов:

В 1296 г.:

«В лето 6804. Бысть нелюбие межи князей Русских, князем великим Андреем и братом его князем Данилой Александровичем Московским и князем Иоаном Переяславским и князем Михаилом Тверским. Приде же тогда посол из Орды от царя Олекса и Неврюй, а князем всем бысть розъезд в Володимери и сташа с едину сторону князь Андрей Александрович, князь Федор Ростиславович Ярославский, князь Костянтин Ростовский, противу же сташа им князь Данило Александрович Московский и князь Михаил Ярославич Тверской, с ними же и Переяславцы с единого. И малым не бысть межи има

---

[179] Возможно, такая необычная оппозиция провинциального епископа своему князю связана с церковной политикой. После отъезда грека митрополита Михаила в Константинополь, Изяслава созвал в Киеве собор русских епископов, чтобы они поставили митрополитом его, русского кандидата. Таковым стал Климент Смолятич. Не все русские епископы согласились с такой явочной автокефалией. Когда в 1156 г. в Киеве всё же правил Юрий Долгорукий, Климент бежал из Киева, из Константинополя прибыл новый митрополит, Константин грек. Он был встречен Юрием, наложил интердикт на священников и дьяконов, поставленных Климентом, и проклял прах тогда уже умершего Изяслава. Так что Евфимий мог поддерживать Юрия именно как сторонника законной патриаршей (константинопольской) власти.

кровопролитие, сведоша об их в любовь владыка Владимирский Семен и владыко Измайло, и разъеховши каждо во свояси»[180].

(Упомянутые владыки — Владимирский Симеон и Измаил Сарский — это «старейшие епископы» в Северных княжествах. В следующем году убегающий из Киева митрополит Максим поселится во Владимире, сослав Симеона в Ростов. А Сарский епископ в течение нескольких веков — это официальный представитель Русской церкви при ставке хана и второй человек в русской церковной иерархии).

Рассказывает об этом и Суздальская летопись по Академическому списку, причем на той же странице добавляет похожую историю под 1301 годом: «Заратися Иван князь, да Константин, смири их владыка Симеон»[181].

29 декабря 1447 г. Собор в Москве направил князю Дмитрию Шемяке грамоту с требованием примириться с Василием II и с угрозой отлучения от Церкви в случае неповиновения Собору.

В 1480 г. рознь, возникшая между великим князем Иваном Васильевичем и братьями его Андреем и Борисом прекращена при посредничестве митрополита Геронтия[182]. Правда, тут митрополит вряд ли выступал в качестве нейтральной стороны, но скорее качестве инструмента в руках великого князя.

---

[180] Воскресенская летопись // ПСРЛ. Т. 7. С. 181. Короче: «Бысть нелюбие межи князьми, Андреем великим князем и Иваном Переяславским и Данилом Московским, Михаилом Тферским. И сведе их на любовь владыка Семеон и владыко Измайло» (Лаврентьевская летопись // ПСРЛ. Т. 1. — М., 1846. С. 228).

[181] Лаврентьевская летопись. Вып. 3. Приложение: Суздальская летопись по Академическому списку. — М., // ПСРЛ. Изд-е 2. Т. 1. — Л., 1928. С. 528.

[182] Воскресенская летопись. 1480 год.; Сергеевич В.С. Вече и князь: русское государственное устройство и управление во времена князей Рюриковичей. — М., 1867. С. 136.

И всё же — число княжеских междоусобных войн исчисляется многими сотнями.

Чтобы представить себе их размах, ужас и методы, напомню про «смоленское» побоище 1386 года.

Смоленский князь Святослав решил отобрать у литовцев некогда свой Мстиславль (сто километров от Смоленска в сторону Могилева).

«Проходя через литовскую землю [этнически и религиозно в тех местах неотличимую от смоленской], смоляне воевали ее и многа зла причинили ей. Иных литовских мужей мучили разными муками и казнили. Мужчин, женщин и детей, заперши в избах, сжигали. В иных случаях дома разбирали и бревна складывали вновь — но между бревен вставляли руки людей, и те висели на стенах своих же домов. И дома те опять же поджигали. Младенцев поднимали на копьях. Кому-то пробивали голени и вешали на жердях вниз головой как туши свиней...»

(*«Того же лета князь велики Святослав Иванович Смоленский з братаничем своим, со князем Иваном Васильевичем, и з детми своими Святославичи, з Глебом и с Юрьем, со многыми силами собрався, поиде ратью ко Мстиславлю граду, егоже отняша у него Литва, он же хотяще его к себе взятии. И много зла, идуще учиниша земле Литовьской, воюя землю Литовьскую. Иных Литовьских мужей Смолняне, изымавше, мучаху различными муками и убиваху; а иных мужей и жен и младенцов, во избах запирающе, зажигаху. А других, стену развед храмины от высоты и до земли, меж бревен руки въкладываху, ото угла до угла стисняху человеки; и пониже тех других повешев, межи бревен руки въклаше, стисняху такоже от угла до угла;, и тако висяху человецы; такоже тем образом и до верху по всем четырем стенам сотворяху; и тако по многым храминам сотвориша и зажигающе огнем во мнозе ярости. А младенци на копие возстыкаху, а других, лысты процепивше, вешаху на жердех, аки полти, стремглав; нечеловечьне без милости мучаху»*[183]).

При виде такого «духовные отцы» князей вроде бы должны были бы криком кричать и срывать кресты со своих воинствующих «чадушек». И этот стон должен был быть непрерывным.

Ведь каждый год велось несколько из подобных войн. Причем эти войны могли быть независимы друг от друга. У новгородцев с псковичами — свои войны. Полоцкий князь Всеслав нападал и на Псков, и на Новгород. А потом Полоцкое княжество раздробилось сначала на шесть, а затем и больше уделов (Минское, Витебское, Друцкое, Изяславское, Логойское, Стрежевское и Городцовское княжества), которые воевали между собой… У Галича с Черниговом — свои войны и т. п. А поскольку летописи вели только крупнейшие города, то далеко не все эти войны попадали на их страницы.

Далеко не всегда борьба шла именно за великокняжеский престол. Княжеств были десятки, и каждому князю надо было чем-то занять свою дружину[184], а уж поводов для похода за «отчины и дедины» (т. е. владения отца данного князя и его дедов) и просто «за обиды» и «для славы» было несчетно.

На фоне ежегодно гремевших сотен и сотен междоусобных войн десяток мирных исходов, произошедших вследствие успешных епископских вмешательств, трудно назвать удачей. Мало и в историческом масштабе безрезультатно.

Не удалось договориться о примирении князей даже перед лицом общего врага (монголов). Не удалось договориться о том, чтобы не наводить на русские города половцев или татар, то есть

---

[183] Никоновская летопись // ПСРЛ. Т. 11. — Спб., 1897. С. 91.

[184] Русские дружины составляли в среднем 300–400 бойцов. См. Сабитов Ж. О численности монгольской армии в Западном походе // Вопросы истории и археологии Западного Казахстана. 2010. № 2.

ситуативных языческих союзников какого-то из князей. Не удалось договориться о том, чтобы не сжигать монастыри и храмы...

По итогам понятно, что епископы чаще всего были бессильны перед княжеским боевым азартом и что их протесты были редкостью[185].

И всё же успехи, которые хоть иногда, но бывали в раздробленной Руси, стали невозможны в централизованной Московии. По инерции пробовал поднять свой голос св. митрополит Филипп... И был убит.

И более главы московской церкви не «печаловались» и не досаждали своему князю или царю, сдерживая его карательные или завоевательные походы.

Ранее епископы могли восставать по трем причинам:

1. Митрополиты были по большей части иностранцы. Из 23 киевских митрополитов до-монгольского периода 17 были греками, трое — неизвестной национальности, и лишь трое — русскими. Если они и мыслили категориями «государственных и национальных интересов», то это были интересы их греческой родины.

2. Русская церковь не была автокефальна; ее епископы подлежали назначению и суду только в Царьграде[186]. Патриарх был далеко и не зависел от русских князей и их ссор.

---

[185] Я не могу сказать, что изучил все летописи. Наверняка я какие-то миротворческие эпизоды не заметил. Но профессиональный историк-медиевист И. Я Фроянов, обратившись к этой теме, привел еще меньше таких эпизодов, чем я (см. Фроянов И. Я. Начало христианства на Руси. — Ижевск, 2003. С. 132–133).

[186] Сохранился древнерусский чин архиерейской хиротонии 1423 года (Русская Историческая Библиотека. Т. VI. № 52. Стлб. 454; ср.: Акты Археографической экспедиции. Т. I. № 375. С. 471). Поставляемый во епископы приносил клятву, что он не признаёт никакого иного митрополита, кроме того, которого пришлют из Константинополя. Епископ брал на себя обязательство исправно вносить «пошлины» в пользу митрополичьего престола, «без слова всякого» являться к митрополиту по его первому вызову, **даже если бы «князья и бояре» его епархии были против этого**. Внесение в чин поставления последней статьи

3. Единого центра власти на Руси не было. Князей и их групп много, и потому ссора даже с великим князем может быть лишь временной неприятностью, ибо завтра или его же братья его убьют, или монголы передадут ярлык его конкуренту.

Князей много, импортный митрополит — один. Насилие князя над ним скорее сплотит его же многочисленных врагов.

Но установление жесткой властной московской вертикали, которая сразу же под ложными предлогами отрезала связи с Царьградским патриархом, лишило епископов свободы апелляции и свободы выезда за границу (вспомним бегство митр. Михаила), свободы выбора светского сюзерена (вспомним переезд киевского митрополита во Владимир, а потом в Москву), а в итоге сделало их обычными госчиновниками, служащими по «ведомству православного вероисповедания».

Умолкли епископы. Но тем громче зазвучал голос мирян — юродивых.

В 1570 г., после опричного разорения Новгорода Иоанн Грозный пришел во Псков с «опритчиною, со многою ратию», «с великою яростию, яко лев рыкая, хотя растерзати неповинныя люди и кровь многую пролити». Царь зашел в келью блаженного Николая Салоса, а тот, «поучив его много ужасными словесы, еже престати от велия кровопролития и не дерзнути еже грабити святыя Божия церкви» (Псковская первая летопись)[187].

было связано с обязанностью митрополита «дозирать» за «делом церковным» на территории подчиненных ему епархий и не только отменять предпринятые там неверные действия, но и «казнити» виноватого. Имеется ряд свидетельств о том, что указанные нормы соблюдались на практике, как показывает разбор дела новгородского архиепископа Иоанна, который явился в Москву по вызову митрополита Киприана в 1401 г. Тем самым с помощью архиерейской присяги епископ входил в косвенное подчинение византийскому императору, поскольку митрополит ставился исключительно в Константинополе, где и приносил клятву верности василевсу.

[187] Псковские летописи // ПСРЛ. Т. 5. Вып. 1. С. 115–116.

В 1591 году англичанин Дж. Флетчер видит в Москве, что:

«кроме монахов у них есть особенные блаженные (которых они называют святыми людьми), очень похожие на гимнософистов и по своей жизни и поступкам, хотя не имеют ничего общего с ними относительно познаний и образования. Их считают пророками и святыми мужами, почему и дозволяют им говорить свободно всё, что хотят, без всякого ограничения, хотя бы даже о самом Боге. Если такой человек явно упрекает кого-нибудь в чем бы то ни было, то ему ничего не возражают, а только говорят, что заслужили это по грехам. В настоящее время есть один в Москве, который ходит голый по улицам и восстанавливает всех против правительства, особенно же против Годуновых, которых почитают притеснителями всего государства. Был еще такой же другой, умерший несколько лет тому назад (по имени Василий), который решался упрекать покойного царя в его жестокости и во всех угнетениях, каким он подвергал народ. Был еще один такой же, пользовавшийся большим уважением, в Пскове (по имени Никола Псковский), который сделал много добра в то время, когда отец нынешнего царя пришел грабить город, вообразив, что замышляют против него бунт. Царь, побывав прежде у блаженного на дому, послал ему подарок, а святой муж, чтобы отблагодарить царя, отправил к нему кусок сырого мяса, между тем как в то время был у них пост. Увидев это, царь велел сказать ему, что он удивляется, как святой муж предлагает ему есть мясо в пост, когда святая церковь запрещает это. „Да разве Ивашка думает, — сказал Никола, — что съесть постом кусок мяса какого-нибудь животного грешно, а нет греха есть столько людского мяса, сколько он уже съел?" Угрожая царю, что с ним случится какое-нибудь ужасное происшествие, если он не перестанет умерщвлять людей и не оставит город, он таким

образом спас в это время жизнь множеству людей. Вот почему блаженных народ очень любит, ибо они, подобно пасквилям, указывают на недостатки знатных, о которых никто другой и говорить не смеет. Но иногда случается, что за такую дерзкую свободу, которую они позволяют себе, прикидываясь юродивыми, от них тайно отделываются, как это и было с одним или двумя в прошедшее царствование за то, что они уже слишком смело поносили правление царя» (Флетчер. О государстве Русском. гл. 22).

Дж. Горсей, прибывший в Москву через три года после той встречи, в 1573 г., также сообщает, что Никола (Mickula Sweat):

«осыпа́л Ивана смелыми проклятиями, заклинанием, руганью и угрозами, называл его кровопийцей, пожирателем христианской плоти, клялся, что царь будет поражен громом, если он или кто-нибудь из его войска коснется с преступной целью хотя бы волоса на голове последнего из детей в этом городе, предназначенного Богом и его добрым ангелом для лучшей участи, нежели разграбление...»[188]

Иностранцам осталось неизвестно тайное сугубо псковское народное предание, которое говорило, что, когда псковичи встречали царя хлебом-солью, Никола приговаривал, прыгая на палочке около царя: «Иванушко, Иванушко, покушай хлеба-соли, а не христианской крови». Этот рассказ сохранился в «Записи о святом Николае Юродивом» (кон. XVIII в.), при этом составитель этого текста ссылается на устное предание («во Пскове есть изъустное предание...»)[189].

Соловецкий (то есть опять же не-московский) монах Сергий (Шелонин) в «Слове на перенесение мощей митрополита

---

[188] Горсей Дж. Записки о России: XVI — нач. XVII в. / Пер. и сост.: А. А. Севастьянова. — М., 1990. С. 54.

[189] Ильинский Н. С. Историческое описание г. Пскова и его древних пригородов. — СПб., 1794. Ч. 4. С. 63–64.

Филиппа», составленном в 1650-х годах, пишет, что Николай на трапезе предложил царевичам молоко, сыр и яйца, а царевичам Иоанну и Феодору — хлеб и рыбу, ибо был постный день. Царь был удивлен, Николай же сказал, что царю в постный день лучше есть эту пищу, чем плоть человеческую вкушать и кровь пить («Яждь, рече, сия, аще и постен день, уне ти ясти сия, недели плоти человеча вкушати и кровь их пити»[190]).

Позже всё же москвичи атрибутировали своему Василию дерзость псковского Николы. В позднем, «Шепаревском», списке жития Василия Блаженного конца XVIII — начала XIX веков[191] говорится, что в разгар казней новгородцев Василий Блаженный пригласил царя в «убогий вертеп» под мостом через Волхов и предложил ему «скляницу крови и часть сырого мяса». В ответ на недоумение государя святой сказал, что это кровь и плоть невинно убитых людей. Выведя царя на улицу, Василий наступил ему левой ногой на ногу и правой рукой указал на восток. Царь увидел в небе души невинно убитых, увенчанные мученическими венцами, и замахал платком в знак прекращения казней. После этого кровь в сосуде превратилась в сладкое вино, а мясо — в арбуз.

Этот сюжет противоречит всем датировкам жизни Василия Блаженного и является обработкой рассказа о блаж. Николае Салосе. Но важна сама потребность москвичей (а не их властей) в таком рассказе.

---

[190] «Сергия смиренного инока и пресвитера обители Пантократоровы, сущем понта окиана, иже на полунощной стране, на отоце Соловецком, слово на перенесение мощей иже в святых отца нашего Филиппа, митрополита московского и всея России чудотворца. Евлогисон патера». Публ. В: Сапожникова О. С. Слово на перенесение мощей митр. Филиппа Сергия Шелонина // Книжные центры Древней Руси (КЦДР). Соловецкий монастырь. — Спб., 2001. С. 417.

[191] Рукопись Шепарева не сохранилась, но была опубликавана: прот. И. Кузнецов. Св. блаженные Василий и Иоанн, Христа ради Московские чудотворцы // Записки Московского археологического института. — М., 1910. Т. 8.

Георгий Федотов в XX веке имел основания сказать:

«Не случайно, что пророческое служение юродивых получает в XVI веке социальный и даже политический смысл. В эту эпоху осифлянская иерархия ослабевает в своем долге печалования за опальных и обличения неправды. Юродивые принимают на себя служение древних святителей и подвижников. Но в XVI веке юродивые встречаются реже, московские уже не канонизуются церковью. Юродство — как и монашеская святость — локализуется на севере, возвращаясь на свою новгородскую родину. Вологда, Тотьма, Каргополь, Архангельск, Вятка — города последних святых юродивых. На Москве власть, и государственная, и церковная, начинает подозрительно относиться к блаженным. Происходит умаление и церковных празднеств уже канонизованным святым (Василию Блаженному). Синод вообще перестает канонизовать юродивых» (Святые Древней Руси. Гл. Юродивые).

Святые Юродивые Христа ради — это голос Церкви? — Да. Но лишь богословски и «постфактум». Официальные лидеры церкви, ее «князья» обычно находятся в оппозиции к юродивым критикам. А юродивые своей жизнью и своими притчами опровергают благоуветливые речи своих архипастырей и порой даже под кремлевской иконой прозревают бесовские козни (это из жития Василия Блаженного). И тем более «Русские святые — не русский народ. Во многом они являются прямым отрицанием мира, к которому они принадлежат»[192].

Была ли религиозная подкладка под междоусобными войнами?

В минимальной степени. Ведь это люди одного языка, одной веры, одной семьи (Рюриковичи). Обвинить их врагами веры и Христа сложно. Но можно.

---

[192] Федотов Г. П. Святые древней Руси. — Н.-Й., 1959. С. 233

Главный публичный мотив этих войн — сложности удельно-лествичного права[193], допускавшие разные и своекорыстные толкования. Но ведь по обычаям традиционного сознания всё «правильное» имеет религиозный генезис и санкцию. Поэтому лозунги «за правду» и «за Бога» оказываются почти идентичны.

Кроме того, гарантом всех договоров была крестоцеловальная клятва. Если мой брат ее нарушил, то я иду почти что в крестовый поход — я, мол, не смог стерпеть оскорбления Креста Господня.

И тут вскоре выяснилось, что джокер — это связи с митрополитом, в том числе его место жительства. Митрополит: 1. может объявить клятву (например, брачную) недействительной. 2. Он может расторгнуть брак (а в Средние века брак — это большая военная политика). 3. Он может даже взять грех княжеского клятвопреступления на себя. 4. Он может истолковать всё так, что и нарушения клятвы как будто не произошло. 5. Он может за нарушение клятвы наложить незначительное наказание (епитимью). 6. Он может проклять врага своего князя.

Князь Александр Михайлович от татарско-московской мести бежал в Псков. В 1329 году Иван Калита приехал в Новгород

---

[193] Это передача наследных прав сперва по горизонтали — между братьями, от старших к младшим до конца поколения, а лишь затем по вертикали — между поколениями, вновь к старшему из братьев младшего поколения.

Наследование шло сначала от отца к старшему сыну, но далее от этого старшего брата не к его сыну, а к его младшему брату и лишь затем к сыну старшего брата. А братьев в поколении могло быть более чем два... А как быть, если к моменту смерти уже правящего брата № 2 старший сын брата № 1 уже умер и его следующий династически старший сын по возрасту меньше, чем старший сын князя № 2?

Кроме того, старший племянник мог превосходить возрастом своих младших дядьев. И это подталкивало старших племянников захватывать власть, отталкивая молодое старшее поколение. Этому способствовал и тот факт, что именно сын, а не брат, находился в столице в момент смерти князя и был знаком дружине, выполняя в молодости вместе с ней отцовские поручения.

и во исполнение воли хана потребовал к себе Александра, чтобы представить его на казнь в Орду. Калита обложил Псков своими войсками и велел Феогносту, митрополиту Киевскому и всея Руси (греку, жившему в Москве, а не в Киеве), чтобы тот наложил отлучение на князя Александра и интердикт на весь Псков, не хотевший отрекаться от своего князя. Святой Феогност послушно наложил проклятие и на князя, и на город («и прокля плесковичи»[194]).

В 1363 году при 15-летнем князе Дмитрии Донском св. митрополит Алексий вмешался в вопрос о суздальском престолонаследии (два брата — Борис и Дмитрий — не могли поделить престол) — и его послы наложили интердикт на Нижний Новгород, повелев закрыть там все храмы[195].

---

[194] Львовская летопись // ПСРЛ. Т. 20. Стб 178. Борисов Н. С. (Политика московских князей, конец XIII — начало XIV века. — М., 1999. С. 135–136) и Соколов Р. А. (Русская церковь во второй половине XIII — первой половине XIV века. — Спб., 2010. С. 161–162) полагают, что Иван Калита и митрополит лишь ради Орды изображали активность по изгнанию Александра. И псковичи были рады временно расстаться с беглым князем, сохранив лицо: прости князь, нам из-за тебя молиться даже запретили, так что ступай. Но всё же он был казнен в Орде...

[195] В Московском своде 1479 г. отмечено, что «...тое же зимы (1365/66 г.) прииде посол из Орды от царя Баирам Хози и от царицы Асан, и посадиша в Новегороде Нижнем на княженьи князя Бориса Костянтиновича. А митрофолит Алексеи отня епископью Новгородцкую от владыки Алексеа; а тогда князь велики Дмитреи Ивановичь посла в Новъгород Нижней ко князю Борису Костянтиновичю игумена Сергея, зовучи его на Москву к себе, да смирит его с братом его со князем Дмитреем, он же не поеде, игумен же Сергеи затвори церкви в Новегороде» (Московский летописный свод конца XV века // ПСРЛ. Т. XXV. — М., 2004. С. 182,183; Ермолинская летопись // ПСРЛ. Т. XXIII. — СПб., 1910. С. 114.

Но «Рогожский летописец» называет иные имена: «Тое же осени приехаша в Новъгород Нижнии от митрополита Алексея архимандрит Павел да игумен Герасим, зовучи князя Бориса на Москву, он же не поеха, они же церкви затвориша» (ПСРЛ. Т.XV. Ч. 1. — Пг., 1922. Стб 74–75).

Но тогда правомерен вопрос: какая из версий событий первична — «рогожская» или «новгородско-софийская»? Решая этот вопрос, В. А. Кучкин справедливо обратил внимание на употребление множественного

В 1370 году царьградский патриарх Филофей отлучил князей, нарушивших военный союз с Москвой:

«Князья русские все согласились, чтобы всем вместе идти войною против чуждых нашей вере врагов Креста, скверно и безбожно поклоняющихся огню... Они же соединились с нечестивым Ольгердом, то князья эти как нарушители заповедей Божьих и своих клятв отлучены от церкви митрополитом Киевским и всея Руси. Мерность наша со своей стороны имеет этих князей отлученными и объявляет, что они только тогда получат от нас прощение, когда, ополчившись вместе с великим князем на врагов креста, затем придут и припадут к своему митрополиту...»[196]

числа в рассказе о посольстве Сергия Радонежского: «...сохранившаяся в Н[овгородской] IV фраза «они же церкви затвориша» показывает, что в источнике С[офийской] I и Н[овгородской] IV читалось о двух послах, а не об одном Сергии. Поэтому последовательность событий приходится восстанавливать по тексту „Рогожского летописца"». (Кучкин В. А. Русские княжества и земли перед Куликовской битвой // Куликовская битва. — М., 1980. С. 68, прим. 196; Кучкин В. А. Сергий Радонежский. // Вопросы истории. — М., 1992. No 10. С. 91, прим. 27)
Введение в научный оборот «Рогожского летописца» — весьма раннего памятника XV века — заставило внести коррективы в представления ученых о «нижегородском противостоянии». Попытка переговоров с Борисом была предпринята Москвой в 1363 г., а не в 1365 г. Но самое главное: для переговоров в Нижний, по сообщению Рогожского летописца, был направлен не игумен Сергий, а совершенно иные лица — архимандрит Павел и игумен Герасим; Сергий Радонежский в этих летописных статьях не упомянут вообще». К. Аверьянов пишет, что «часто, но ошибочно послом св. Алексея в этом деле считается преп. Сергий Радонежский» (Аверьянов К. А. Сергий Радонежский. Личность и эпоха. — М., 2006). «Сообщение летописей «новгородско-софийской» группы и последующих памятников о миссии Сергия Радонежского в Нижний Новгород приходится признать ошибочным вследствие искажения первоисточника» (Пудалов Б. М. Анализ летописных известий *о* событиях *в* Нижнем Новгороде *в* 1363–1365 гг. https://www.archive-nnov.ru/?id=16289 С. 16).

[196] Отлучительная грамота русским князьям // Русская Историческая Библиотека (РИБ). — Спб., 1880. Т. 6. Приложение. Стб 118.

Смоленскому князю Святославу патриарх еще и отдельно угрожал: «Знай же, что отлучение совершенно удаляет человека от святой церкви Божией, и умершее тело его остается неразрушимым в обличение его злого деяния»[197]. Отметим выраженное патриархом народное поверие в неразложимость тела именно грешника. Модная ныне тема в связи с мумией Ленина.

Вот поэтому так важно было иметь карманного митрополита. И это стало одной из причин московско-литовских войн.

XIV век. Киев разрушен. Киевский митрополит с разрешения патриарха переселился во Владимир и далее уже без его разрешения в Москву.

Северо-западные русские княжества воюют между собой за право стать «собирателями русских земель» (прежде всего — войны Москвы и Твери).

Юго-западные княжества собираются литовскими князьями. И Киев находится под их властью (Гедимин с 1320-х годов именует себя «король литовцев и многих русских» (Dei gratia Gedemini lethwinorum et ruthenor. reg.), а его сын Ольгерд в 1362 г. присоединил Киев к Литве).

И им глубоко непонятно, отчего киевский митрополит живет не в Киеве и не под их охраной (татар они начали бить еще ранее Дмитрия Донского).

Реально управлять этой огромной русско-заграничной территорией московский митрополит[198] не мог: Алексий в 1358

---

[197] Там же, Стб 124.

[198] Впрочем, главы РПЦ никогда не носили титул «митрополита Московского». В XIV–XV веках их титул был «митрополит Киевский и всея Руси». После автокефального московского раскола с греческой патриархией они стали называть себя этнографически — «митрополит всея Руси» без указания столичного города. И лишь в самом конце XVI века Москва согласилась получить от греков достоинство автокефалии и патриархии взамен на отказ от Киева — и потому патриархи стали «Московскими и всея Руси». Константинополь же 14 февраля 1467 г. наложил анафему на Москву за раскол, и до 1686 года продолжал назначать в Киев митрополитов с титулом «Киевский и всея Руси». См. об этом мою книгу «Византия против СССР».

году выезжал в Киев, был здесь арестован, но смог сбежать в Москву.

Гедимин и Ольгерд оставались язычниками, но последний готов был принять православие, если патриарх согласится или вернуть Киевского митрополита в Киев из Москвы, или назначит в Киев нового митрополита по его его рекомендации. В этом случае Вильно (Вильнюс) стал бы столицей и точкой сборки огромной России, но с более евроориентированным центром тяжести. История Европы могла бы стать совсем иной...

Но в 1371 году св. Алексей привез из Москвы в Константинополь огромную взятку, и св. патриарх Филофей отказал Ольгерду. В итоге чрез 15 лет литовский князь Ягайло (сын Ольгерда) крестился у католиков.

И эта жесткая конкуренция доходила до войны, причем поводом ее и ее целью было именно право поставления епископа.

Речь идет о походе Москвы на Новгород из-за того, что в 1470 году новгородское вече постановило, что их новый епископ должен принять хиротонию от митрополита, живущего в Литве. Началась война, венцом которой стала битва на Шелони, в которой новгородцы потерпели поражение от московско-татарской армии. Сегодня там стоит памятник с издевательско-лживой надписью: «"Здесь на берегу Шелони 14 июля 1471 года произошла битва между войсками Москвы и Новгорода за объединение разрозненных русских княжеств в единое российское государство»[199]. В итоге 15 декабря 1472 года новгородский кандидат был посвящен в архиепископы Новгородские в Москве.

Можно ли считать ту московско-новгородскую войну 1471 года религиозной?

... И еще надо учитывать, что для епископов вопрос о том, справедлива ли политика князя, или нет, вовсе не был главным

---

[199] Об этом см. главу «Война за хиротонию» в моей книге «Византия против СССР».

ни для оценки этого князя, ни для миротворческой интервенции самого епископа. По выводу Е. Голубинского:

«Для представителей духовной власти неважно было знать, прав или неправ был князь, поднимавший оружие. Их забота состояла только в том, чтобы предотвращать кровопролития, и поэтому они одинаково унимали от междоусобий как неправых, так и правых, указывая последним на то, что они много спасения примут от Бога и избавят землю свою от великих бед»[200].

А для общей оценки самого князя высшим духовенством главным было, чтобы он в этой недавно крещеной стране не возвращался бы к языческим практикам и помогал в их искоренении. Второе — чтобы он демонстрировал приверженность церковным брачным правилам и приличиям. Третье — чтобы он был спонсором епископа и его проектов. Исполняй это — и будешь объявлен святым, даже если ты разграбил Киев (св. Андрей Боголюбский)…

Киевский историк XIX века видит:

«довольно безучастное отношение русских архиереев к княжеским распрям. <…> мы встречаем не особенно много известий о деятельности архиереев среди княжеских распрей. Много усобиц начиналось и оканчивалось без того, чтобы архиереи становились к ним в какое-нибудь определенное и отмеченное летописцем отношение»[201].

Точно можно сказать, что никто из епископов не рассказал князьям историю из библейской книги Царств (3 Царств 12) (она

---

[200] Голубинский Е. Е. История Русской Церкви. Том 1. Часть 1. — М., 1901. С. 549.

[201] Тернавский Ф. А. Участие древле-русских архиереев в делах общественных в период удельно-вечевой. — Киев, 1870.

была им доступна, так была переведена на славянский язык еще в IX веке).

Царю Соломону наследовал его сын Ровоам. К нему старцы и попросили уменьшить дань, введенную Соломоном. А еще Ровоам спросил своих молодых друзей. Те ответили так, как обычно отвечают молодые фавориты юного царя на советы старых вельмож. Конкретно в этом случае их совет был таким: «скажи им: „мой мизинец толще чресл отца моего"» (12,10).

Ровоам заявил народу, что не уменьшит, а увеличит поборы: «отец наказывал вас бичами, а я буду наказывать вас скорпионами».

Народ кликнул «По шатрам, Израиль!» — и 10 из 12 колен израилевых отделились от Ровоама и провозгласили царем Иеровоама.

Ровоам для усмирения восставших прежде-подданных собрал 180 тысяч отборных воинов. И вот тогда:

«Так говорит Господь: не ходите и не начинайте войны с братьями вашими, сынами Израилевыми; возвратитесь каждый в дом свой, ибо от Меня это было. И послушались они слова Господня и пошли назад по слову Господню» (3 Цар., 12:22-24).

Начавшаяся было гражданская война остановилась.

Перед нами пример бунта и сепаратизма «от Бога». И Божий призыв к «восстановителям конституционного порядка» — «возвратитесь каждый в дом свой, ибо от Меня это было».

Так вот, русские епископы (как греки, так и славяне) могли бы эти слова Бога — «не начинайте войны с братьями вашими» сделать близкими к устам своим и вновь и вновь напоминать их князьям.

Для историка культуры (в том числе политической) «места́ умолчания» порою громко кричат о привычках древних писателей и ораторов. В данном случае мы видим отсутствие поисковой установки на подбор миротворческих библейских цитат. Нет запроса — нет ответа. И наоборот: не нашли, значит, и не искали, и не хотели подкрепить именно такую свою позицию.

К сожалению, летописи не передают проповеди епископов, которыми те напутствовали и встречали княжеские дружины.

Поэтому вопрос о том, можно ли считать хотя бы некоторые из тех междоусобных войн религиозно-священными, я оставляю открытым.

В былинах отец Ильи Муромца, благословляя его на ратный подвиг, заповедует: «Не помысли злом на татарина, не убей в чистом поле христианина». Хочется верить, что так же тогда говорили и епископы.

Назидания святого Макария Ивану Грозному

Когда Московия начала свое расширение, то епископы не затруднились найти религиозные обоснования экспансии. Религиозный мотив возникал не только, когда нужно было призвать к защите своих земель, но и при оправдании похода в чужие края.

На Руси святой Максим Грек был первым русским публицистом, поставившим вопрос (в 1521 году) о необходимости завоевания Казани: «Найдем и мы и нападем на христианоубийцы града Казани»[202]. В 1553 году преп. Максим ходатайствует перед Иваном Грозным о сиротах и вдовах воинов, «павших **за православие** при завоевании прегордого бусурманского царства Казани». Как видим — мотивы этого похода у св. Максима подчеркнуто религиозны (а что не религиозно в средневековой и наипаче церковной риторике?).

---

[202] Казакова Н. А. Очерки по истории русской общественной мысли. — Л., 1970. С. 218.

Сам поход царь предпринял, посоветовавшись с Боярской думой «и с отцом своим преосвященным митрополитом Макарием всеа Русии <...> приговорил, как ему, государю дела своего беречь от недруга своево от крымскаво царя и как ему идти на свое дело и на земское в Казани»[203].

Святитель Макарий Московский[204] в мае 1552 года пишет царю, уже ушедшему в Казанский поход. Поскольку евангельские примеры священной войны отсутствуют, то митрополит приводит изрядный список эпизодов «войн Яхве»:

«Мы же смирении богомолцы твои, о благочестивый царю Иоанне, всегда молим Господа Бога о укреплении твоего вашего христолюбиваго воинства, яко да послет ти Господь свыше, на помощь вашу, скораго своего Архистратига Михаила, предстателя и воеводу святых небесных Сил, бывшаго древле помощника и заступника Аврааму на Ходоллошмора царя Содомскаго: имяше бо с собою вой триста тысящь, Авраам же с тремя сты и осмьюнадесять своих домочадец, Божиею силою и помощию великаго Архангела Михаила, победи их (Быт. 14:13-15). А Иисусу Наввину бысть помощник той же Архистратиг Михаил, егда обступаше Ерихон град, в немъже бяше седмь царей Хананейских,

---

[203] Разрядная книга 1475–1605 гг. — М., 1978. Т. 1. Ч. 3. С. 411.

[204] Канонизирован в 1988 году по той причине, что в составе Историко-канонической рабочей группы при подготовке юбилейного собора был его тезка — архимандрит Макарий Веретенников, только что завершивший работу над диссертацией, посвященной митрополиту Макарию. Первоначально перечень подвижников, подлежащих канонизации, был представлен в Совет по делам религий («Былое пролетает...» Патриарх Пимен и его время. — М., 2010. с. 354). Как заметил свидетель тех событий проф. Поспеловский: «По нашему мнению, канонизация Дмитрия Донского и Митрополита Макария (современника Ивана Грозного) была деянием скорее политическим, чем духовным, так как жизнь и поведение этих лиц при всей их национально-исторической значимости не дает достаточных оснований для святости» (Поспеловский Д. В. Русская Православная Церковь в XX веке. — М., 1995. с. 401).

и повелением Божиим, от Архангела Михаила стены градные падоша сами до основания, Иисус же Наввин царей и всех людей изсече (Нав. 6). Такоже пособник бысть и Гедеону на мадиямы, ихъже бе тысяща тысящ, Гедеон же бе с тремя сты своих вой и их победи; имеяще бо с собою, в нощи фонари со свещами, и мадиамы сами меж собя иссекошася, смятением Архангеловым (Суд. 7:6-23). Такоже и при благочестивом царе Иезекеи обстояше Иеросалим град Сенахирим царь ассирийский с вой своими, и укоряше Бога Израилева: и помолися Иезекей к Богу, и посла Господь Бог Архангела Михаила, и во едину нощь уби от полка Асирийска 185 тысящ вой асирийских (4 Цар. 19:30-37)»²⁰⁵. При изобилии прецедентов священных войн на страницах Библии, св. Макарий отчего-то упоминает не только их, но и некий апокриф: «Да послет ти Господь свыше архистратига Михаила, заступника Аврааму на Ходолгомора, царя Содомского».

---

[205] Никоновская летопись // ПСРЛ. Т. 13. — СПб., 1904. С. 180–183.

Я давно говорил, что в чине венчания пора бы если не заменить бесконечный перечень еврейских имен на примеры святой христианской брачной жизни, то хотя бы дополнить этот ветхозаветный каталог. Да, это будет непросто, ибо церковно-властное чайлдфри сообщество очень не любило объявлять святыми не-монахов. Но хотя бы три-четыре пары благочестивых и многодетных супружеских союзов за 2 000 лет истории можно было бы найти. Тем, кто полагает, что нельзя библейские примеры подменять позднейшими, можно напомнить это слово св. Макария. Сегодня приведенные им примеры ушли из церковно-военной проповеди. Патриарх Кирилл предпочитает без конца повторять примеры из русской военной истории — Андрей Боголюбский, Александр Невский, Дмитрий Донской, Казанская икона, Донская, Августовская, Суворов, Ушаков, Жуков…

То есть когда очень надо, то импортозамещение всё же возможно. Понятно, что если некая область интенсивно развивается — значит, именно ее развитие начальство считает приоритетным. И если перемены происходят именно в военной риторике, значит, это главное для данных якобы учеников Христа.

В июльском 1552 года послании митрополит так определяет своего с царем врага: «...против супастат... безбожных казанских татар... иже всегда неповинны проливающих кровь христианскую и оскверняющих и разоряющих святые церкви».

Предмет защиты и оправдание похода — «наипаче же подвизатися вам за святую веру христианскую Греческого закона, на нюже всегда свирепеет диавол и и воздвизает брань погаными цари, твоими недруги, Крымских и Казанских Татар».

Вполне в стиле монашеских рыцарских орденов Запада митр. Макарий увещевает царя и его воинство соблюдать в походе целомудрие (отголосок общерелигиозного убеждения в том, что девственникам более доступны чудеса)[206].

Еще одно послание митрополита повышает мотивацию царя и его армии: «Мужайся и крепися, яко истинный добрый пастырь, призывая Бога на помощь, и крепко вооружася поиде против бесермен, окаянных казаньцов, за святыя церкви и за Православную веру и за кровь християнскую»[207].

Царь это воспринял, и в ноябре по возвращении из похода, ответствовал митрополиту:

«И ныне есми з Божиею помощью по вашему съвету ходили на них. Милосердый Бог призре с высоты небесныя и излиа щедроты благости Своея на ны, неблагодарныя рабы Своя, и не по нашему согрешению дарова нам благодать Свою: царьствующее место, многолюдный град Казань, и со всеми живущими в нем предаде в руце наши и магметову прелесть прогна водрузил Животворящий Крест в запустенной мерзости Казанской. И все живущии в ней бусурмане судом Божиим в един час без вести погибе, а царь казанской Едигерь-Магометь един жив у нас обрелся. И по Божию дарованию и по Его святой воли, а вашими святыми молитвами

---

[206] Никоновская летопись // ПСРЛ. Т. 13. С. 193–196.
[207] Казанский летописец // ПСРЛ. — СПб., 1903. Т. 19. Стб 427–433.

град Казаньскый, прежебывый нечестивый, освящали во Имя Живоначалныя Троицы, Отца и Сына и Святаго Духа, Неразделимое Божество, и по стенам с кресты ходили и церковь съборную во имя Пречистыя нашиа Богородицы възвигли, по твоему прежнему благословению и совету, и иные храмы во Имя Владычне и угодник Его възвигли»[208].

Андрею Курбскому царь так описывал этот поход: «Когда же мы Божьей волей с крестоносной хоругвью всего православного христианского воинства ради защиты православных христиан двинулись на безбожный народ казанский, и по неизреченному Божьему милосердию одержали победу над этим безбожным народом»[209]. В том походе 23 августа 1552 г., «велел государь хоругви крестиянские розвертети»[210].

Богословско-политическим манифестом тех дней можно считать икону «Благословенно воинство Небесного Царя (Церковь Воинствующая)». Икона середины XVI столетия писалась для Успенского собора Московского Кремля, где она находилась в специальном киоте около царского места. Ныне находится в Третьяковской галерее.

Она изображает московское войско, возвращающееся из похода на Казань. Справа изображен объятый огнем Погибельный град, написанный в темном полукруге (Казань), слева — Град Небесный в кругах славы (Москва), у стен которой сидит Богоматерь с Младенцем Иисусом, вручающая ангелам Небесные венцы для воинов. От Казани тремя колоннами движется русское войско, возглавляемое Архангелом Михаилом и следующим за ним Грозным царем. Верхняя и нижняя колонна — в нимбах, центральная — без, но и там есть несколько святых. Ангелы с венцами летят навстречу воинам и увенчивают их.

---

[208] Никоновская летопись // ПСРЛ. Т. 13. — СПб., 1904. С. 225.

[209] Первое послание Ивана Грозного Андрею Курбскому // Переписка Ивана Грозного с Андреем Курбским. — Л., 1979. С. 141.

[210] Летописец начала царства царя и великого князя Ивана Васильевича // ПСРЛ. — М., 1965. Т. 39. С. 95.

Икона трактует поход Ивана Грозного на Казанское ханство как священную войну, совершенную по Божественному велению.

В своей речи по возвращении из-под Казани Иван IV говорил:

> «*И милосердный Бог, призри с высоты небесныя и излиа щедроты благости своея на ны, неблагодарные рабы своя, и <...> дарова нам благодать свою: царьствующее место, многолюдный град Казань, и со всеми живущими в нем предаде в руце наши и Магометову прелесть прогна и водрузил животворящий крест в запустенной мерзости Казаньской. И вси живущии в ней бусурмани судом Божиим в един час без вести погибе, а вашими святыми молитвами град Казанский прежебывый нечестивый, освящали во имя Троицы <...> И ныне вам челом бью, что вашими молитвами Бог нам милость посла и новопросвещеный град Казанский утвердил бы в нем закон истинный христианский и неверных бы обратил к истинному христианскому закону»*²¹¹.

Тут цель похода отчетливо крестовопоходная — в новопокоренном граде Казанском «утвердить закон истинный христианский».

В октябре 2015 сайт казанской митрополии несказанно порадовал своих со-республиканцев статьей про «Крестовый поход Ивана Грозного»²¹². Автор — иеромонах Владимир (Овчинников). Место первой публикации – монастырский «Раифский вестник».

> «*Переход новых подданных из ислама в православие Иван IV рассматривал как средство к дружественному слиянию*

---

²¹¹ Никоновская летопись // ПСРЛ, Т. XIII, стр. 225.
²¹² http://www.tatarstan-mitropolia.ru/all_publications/publication/?id=57493
Републикация: https://zvezdapovolzhya.ru/obshestvo/krestovyy-pohod-ivana-groznogo-25-03-2016.html

казанцев с Русью — многонациональной, но православной. И посему сам царь и все его сподвижники, как и все последующие поколения россиян, рассматривали действия против ханства не как отмщение за ежегодные набеги, не как захват новых земель, но именно как крестовый поход, как борьбу христианства против магометанства... Самым удивительным было то, что штурм назначили на воскресный день — это было против обычая православных! Они всегда твердо хранили святость воскресного дня. Само таковое нарушение обычая ясно показывает, что русские хорошо осознавали: это бой Христа с Магометом, это завершение их крестового похода».

Что ж, публиковать такое в современном Татарстане было неумно. Но исторически так оно и было.

Жили ли христиане в Белоруссии в XVI веке? Точка зрения Москвы

Религиозная подкладка предлагалась не только для войны с мусульманами, но и для войн с другими христианами.

Впрочем, какие вне Московии могут быть христиане?!

«Представь же себе, как во время военного нашествия конские копыта попирают и давят нежные тела младенцев! Когда же зима наступает, еще больше жестокостей совершается... Если же ты возразишь, что мы тоже воюем с христианами — германцами и литовцами, то это совсем не то. Если бы и христиане были в тех странах, то ведь мы воюем по обычаям своих прародителей, как и прежде многократно бывало; но сейчас, как нам известно, в этих стра-

нах нет христиан, кроме мелких церковных служителей и тайных рабов Господних»²¹³.

Ну и чего их жалеть-то, латинских нехристей?

Русско-литовская война 1512–1522 годов обогатила русскую литературу «Повестью об обороне Опочки» (Эта повесть стала частью Жития Сергия Радонежского²¹⁴):

«В то время одна женщина в городе том увидела во сне великого из преподобных чудотворцев Сергия, который говорил ей так: „Почему воевода и все горожане объяты недоумением, будто у них нет никакого метательного оружия, которым можно было бы биться с супостатом? Разве они не знают, что есть много камней, зарытых в земле за алтарем городской церкви?" ... А наутро к стенам подступило безчисленное множество воинов, которые надеялись без труда захватить город, не ожидая, что в городе имеется какое-либо защитное оружие. И ринулись они на городские стены, толкая друг друга, все вместе. Горожане же, осмелев, с Божьей помощью вооружившись храбростью, стали метать на осаждающих заготовленные ими поленья, бревна и множество новообретенных камней. И убили они такое безчисленное множество литовцев и поляков, что их трупами заполнились все рвы под стенами города со всех сторон и кровь человеческая текла быстрыми струями, как река.

А главного польского воеводу убили и знамя его взяли. Тем временем [русские] воеводы подоспели и ударили по литовскому войску. Так как Бог им помог, то убили они немало воинов, а других взяли в плен и послали к главным воеводам.

---

²¹³ Первое послание Ивана Грозного Андрею Курбскому // Переписка Ивана Грозного с Андреем Курбским. — Л., 1979. С. 123.
²¹⁴ https://lavra.ru/lib/book2/chap_e51-71.htm

Тогда же сюда подошли на помощь литовцам и польские воеводы[215] с большим войском, а их тут побили и убили четыре тысячи воинов вместе с воеводами. У некоторых воевод взяли в плен много воинов, захватили польские и литовские пушки и пищали, и таким образом всё отправили к главным воеводам. А королевские гетманы и воеводы, увидев, что немало воинов уже убито, и узнав, что на них идут вблизи главные силы великого князя с воеводами, ударились в бегство, побросав всё свое воинское снаряжение, которое было приготовлено для осады города Опочки. Некоторые защитники города погнались за врагами и нашли на дорогах и в лесах много воинов такими изможденными и расслабленными и безгласными от полученных ран, будто их невидимо поразил Бог; они многих взяли в плен и привели в город. А иных нашли в лесах: те сидели и спали на толстых колодах, по десяти человек на колоде. И зажгли тогда одно из бревен под ними. Они же нисколечки не шелохнулись, так и сгорели все»[216].

Автор и читатель пребывали в уверенности, что Христос радуется, «видя их же трупы яко реку запрудиша от всех стран града; и кровию человеческою быстрыми струями яко река потече», а потом еще и убили четыре тысячи воинов, и как «сгорели все» заживо…

Аналогично полагал и автор такого текста:

«Христиане же выскочили из города и далеко за ними гнались, рубя их; тех, кого настигали в псковском рву, поубивали, многих живыми взяли и самых знатных пленных при-

---

[215] В их числе князь Константин Острожский.
[216] Оригинальный текст: Книга Степенная царского родословия. Ч. 2 (ПСРЛ. — СПб., 1913. Т. 21, вторая половина. С. 592–595) (Степень 16, гл. 11 «Чюдо преподобного чудотворца Сергия о преславной победе на Литву у града Опочки»).

вели к государевым боярам и воеводам с барабанами, трубами, знаменами и боевым оружием. И так по Божьей благодати и неизреченному милосердию Пребожественной Троицы и молитвами и молением пречистой Богородицы и всех святых чудотворцев спасен был великий град Псков; в третий час ночи Бог даровал христианскому воинству великую победу над горделивой и безбожной литвой» (Повесть о прихождении Стефана Батория на град Псков)[217].

Вот религиозная подпорка для войны того же царя Ивана на западном фронте: в ноябре 1534 г. на заседании Боярской думы юный Иван IV и его мать Елена «сказа отцу своему митрополиту многи королевы неправды» (посылка королем своих воевод «на христианство», «наведение» татар и пролитие «крови христианской»), «и то сказал князь великий митрополиту что хочет воевод своих послати королевы земли воевати».

В ответной речи митрополит «рече великому князю: вы, государи православные, пастыри христианству, тобе, государю, подобает христианство от насилиа боронити, а нам и всему вселенскому собору за тебе, государя и за твое войско молити, а зачинающего рать погубляется, а в правде Бог помощник»"[218].

С благословения митрополита Даниила ушло стотысячное войско в зимний поход в Литву. До Вильно оставалось 40 верст, когда они решили повернуть назад — «...да пошли по Немецкому рубежу, жгучи и воююще и секучи и в плен емлюче, и вышли все здравы с великим полоном». Далее идет перечень белорусских городов — Туров, Бобруйск, Мозырь, Рогачев. «Посады у тех городов жгли и села жгли и люди и живот и животину выимали и иное жгли и вышли поздорову».

Это был ответ на подобный же набег литовцев. Но от последнего он отличался своим масштабом: осенняя кампания 1534 г.

---

[217] Библиотека литературы Древней Руси. Т. 13: XVI век. — Спб., 2005.
[218] Воскресенская летопись // ПСРЛ. Т. 8. — Спб., 1856. С. 288.

представляла собой серию налетов на пограничные земли и крепости, русские же воеводы зимой 1535 г. дошли, не встречая сопротивления, до самой столицы Великого княжества Литовского.

Карамзин это называл «истребительные воинские прогулки».

А я бы тут вспомнил Тацита: «И создав пустыню, они говорят, что принесли мир»[219].

Отметим, что нигде московские войска не встретили поддержки со стороны местного населения. Даже осажденный Мстиславль, не получивший своевременной помощи от литовских властей, сохранил лояльность Великому княжеству и не открыл ворота кн. В. В. Шуйскому «со товарищи»…

В 1558 году Иван Грозный начал Ливонскую войну.

В 1562 году царь шлет «богомольную грамоту» по случаю войны с Польшей:

*«От Царя и Великого Князя Ивана Васильевича всеа Руси, в пречестную обитель Живоначальныя Троицы и великого Чудотворца Сергия, богомолцу нашему архимариту и всем еже о Христе братии. Аз молю преподобие ваше, да подвигнется со тщанием на молитву, да подаст нам оставления грехов. Також врагов християнства и наших, Крымского царя, древнего отступника Божия, буяго варвара, всегда готовящагося пролить кровь християнскую, и **Литовского Короля, иже против имени Божия и пречистыя Его Матери и всех Святых Его много хулившаго, и святые иконы поправшаго, и честному кресту ругающуся, с ними отдавна прельщенный от диавола Немецкий род, от них же сия злоба беззакония изыде, еже всеконечне от Бога***

---

[219] «…ubi solitudinem faciunt, pacem appellant». (Тацит. Жизнеописание Юлия Агриколы, 30). Это из речи вождя пиктов (жителей нынешней Шотландии) Калгака о вторжении римлян. На самом деле это мысль и позиция самого Тацита.

душею и телом отступшим, и сице к дьяволстей воли устроившимся, и готови суть крови человеческие пролияти, яко звери свирепые: им же ныне воедино согласившимся, образом дивьяго зверя, распыхахуся на всё православие, пожрети хотяще, ничтоже ино уповающе токмо на свое бесовское волхвование. Тем же молим ваше преподобие, дабы есте молили Господа Бога, и пречистую Его Матерь, и великих Чудотворцов, и всех Святых, дабы Господь Бог и пречистая Его Мати вся сети вражия честным крестом своим разорил, а нам бы в помощь и в заступление послал Архангелов, и Ангелов, и Великомучеников, и всех Святых, и даровал бы нам и нашей братия, нашим бояром и воеводам и всему православному християнскому воинству, противу сих **безбожных язык** мужество, и храбрость, и крепость, дабы свое отечество от мысленных сих волков защитити и словесное стадо Христовых овец из рук их исхитити, *в их же землях и на них даровати нам победу и одоление.* Писан на Москве, лета 7070 Маia в 12 день»[220].

Отметим, что война предполагается «**в их же землях**», то есть носит характер наступательный.

В 1566 году в Москву прибыло литовское посольство, предложившее произвести раздел Ливонии на основании существовавшего на тот момент положения. Созванный в это время Земский собор поддержал намерение правительства Ивана Грозного вести борьбу в Прибалтике вплоть до захвата Риги. Продолжение войны кончилось для Ивана плохо: он потерял всё ранее завоеванное. Вернулись довоенные границы. Но северо-запад России был опустошен.

---

[220] Акты, собранные в библиотеках и архивах Российской Империи Археографическою экспедициею Императорской академии наук. Т. 1. — СПб., 1836. С. 286–287.

А теперь — реакция на предложение о перемирии от лучшего из русских первосвятителей — св. митрополита Филиппа:

«1567 Ноября 24. Богомольная грамота митрополита Филиппа в Кириллов монастырь по случаю войны с Крымом и Польшей.

Благословение пресвященного Филиппа, Митрополита всеа Руси, в Белозерской уезд, настоятелю игумену Кирилу. Грех ради наших, безбожный крымский Царь Девлет-Кирей, со всем своим бесерменством и латынством, и Литовский Король Жигимонт Август, **и поганые Немцы во многие различные ереси впали, наипаче в лютореву прелесть, и святые христианские церкви разорили, и святым и честным иконам поругалися, и впредь свой злый совет полагают во единачестве на святые церкви и на честные иконы и на нашу святую и благочестивую христианскую веру Греческаго закона.** *И слышав таковая боговенчанный Царь и Государь Великий Князь Иван Васильевич, всеа Руси Самодержец, зело* **оскорбися и опечалися за святые церкви и за святые честные иконы, от безбожных попранных и впредь хвалящихся таковая творити**, *и взем Бога на помощь и пречистую Богородицу и оградився силою честнаго креста Господня и заступлением святых небесных Сил, Михаила и Гаврила и прочих безплотных Сил, и всех Святых молитвами, и великих Чюдотворцев Петра и Алексея и Ионы и прочих святых новых Чюдотворцов молитвами, и святых прародителей и сродник своих молитвами, равноапостольного Великого Князя Владимера Киевского и всея Руси, и сынов его святых страстотерпец Бориса и Глеба, и прочих святых своих сродник, и по нашему благословению и всего священного собора,* **пошел со всем своим воинством на своих недругов, за святые церкви, и за святые честные иконы, и за нашу святую и благочестивую христианскую веру Греческого закона**, *и за свое царское отечество* *и обиду, Богом порученное ему Росийское царство, стояти не токмо до крови, но и до смерти. И вы б пожаловали, ныне и впредь, пели в церкви по вся дни молебны соборно и но кельям молили всесильного Бога, и пречистую Богородицу, и небесных Сил, и великого Иоана Предтечу и великих Чюдотворцов и всех Святых, о устроении земском, и о миру, и о тишине, и о нашем согрешени, и о многолетному здравии и спасении боговенчанного Царя Государя Великого Князя Ивана Васильевича, всеа Руси Самодержца, и о его благочестивой Царице Великой Княгини Марьи, и о их богодарованных чадех Царевиче Иване и Царевиче Феодоре, и о болярах, и о всем христолюбивом воинстве, и о всех православных христианах, чтобы Господь Бог послал благочестивому Царю и всему его христолюбивому воинству благодать и помощь свыше, и мир и тишину, и крепость и одоление на враги, на бесерменство и на латынство, и на все враги его видимые и невидимые; и не помянул бы Господь Бог грехов наших и избавил бы нас от огня и меча, и от нашествия иноплеменных и межуусобные брани. А милость Божия и пречистыя Богородицы и великих Чюдотворцов молитва и благословение, да и нашего смирения благословение, да есть всегда с вашим преподобством во веки, аминь. Писана на Москве, лета 7076 Ноября в 24 день»*[221].

Прочитав такое, кто посмеет утверждать, будто Москва никогда не вела «религиозных войн»?

Вот прямо сейчас можно еще раз сравнить эти речи московских митрополитов с Речью римского папы Урбана на **Клермонтском соборе в ноябре 1095 г.**, призывающей в крестовый поход.

---

[221] Там же. С. 312–313. Также из этой грамоты ясно видно, как тогда понималось слово «отечество»: как наследуемое недвижимое имущество, «дворянское гнездо».

В другой главе я приведу уверения московского митр. Макария воинам в том, что они непременно попадут в рай, если погибнут. Так что отличий от католиков тут нет.

И всё же стоит прислушаться к словам историка:

«Словесная пелена не должна закрывать от нас сути происходивших явлений. Сама риторика стала более византийствующей и помпезной, пелена сгустилась, риторические фигуры, словно заклинающие читателя и слушателя поверить в „христолюбие" „христолюбивого воинства", уже сами по себе должны насторожить нас. Еще ветхозаветные пророки предупреждали: «Твердят: „Мир! Мир!" — а мира нет». Именно топосы, связанные с христианским воинством, должны были заполнить пустоту, господствующую в московской казарме, поскольку по-настоящему христианский идеал воина был вытеснен политической конъюнктурой. Церковная фразеология и религиозная активность епископата решительно ставились на службу политике насильственной централизации и откровенного экспансионизма Московского царства. Безразличие к содержанию и было восполнено интересом к словесной форме. Именно тогда христианская эортология, литургический календарь церкви были приспособлены к обслуживанию воинских побед великокняжеского оружия, военные походы перестали соотноситься с великопостным подвигом, а строительство храмов превратилось в сооружение победных обелисков и не рассматривалось более как особая форма поминовения убиенных воинов. Такое равнодушие к воинской этике хорошо проявилось в изменении военной эстетики эпохи зрелого Средневековья. Совесть человека Московской Руси была вручена духовнику. Удивляет не столько практически полное исчезновение христианских и библейских сюжетов из способов орнаментации оружия, сколько замещение их в ряде случаев сюжетами культуры ислама. Парадок-

сально, но боевые шлемы с сурами из Корана начинают приписываться князьям-воителям Древней Руси, в частности святому князю Александру Невскому. Здесь видится не просто влияние военной моды, диктуемой армиями мусульманского мира, или утеря исторической памяти. Ориентализация русской социально-политической системы, как и воинской культуры и организации, обретает здесь свою осязаемость»[222].

Призывы патриарха Гермогена

Вчитаемся в «Две грамоты патриарха Гермогена к изменникам, пытавшимся свергнуть царя Василия Шуйского» (1609 г.):

«Грамота 1

Аз, смиренный Ермоген, Божиею милостию патриарх Богом спасаемого града Москвы и всеа Русии, воспоминаю вам, преже бывшим господием и братием, и всему священническому и иноческому чину, и бояром, и окольничим, и дворяном, и дьяком, и детем боярским, и гостем, и приказным людем, и стрельцом, и казаком, и всяким ратным, и торговым, и пашенным людем — бывшим православным християном всякого чина, и возраста же, и сана.

Ныне же, грех ради наших, сопротивно обретеся, не ведаем, как вас и назвати: оставивши бо свет — во тьму отойдосте, отступивше от Бога — к Сотоне прилепистеся, возненавидевше правду — лжу возлюбисте, отпадше от соборныя и апостольския церкви пречистыя владычицы нашея

---

[222] Диакон Александр Мусин. Milites Christi Древней Руси. Воинская культура русского Средневековья в контексте религиозного менталитета.— СПб., 2005. С. 340–342.

Богородицы, крестьянския непогрешительныя надежи, и великих чюдотворцев Петра, и Алексея, и Ионы, и прочих святых, просиявших в Русии.

И чужившимся православных дохмат и святых Вселенских седми соборов, и невосхотевшим святительских настольник и нашего смирения благословения, и отступившим Богом венчанного, и святым елеом мазанного, и ото всего мира и от вас всех самех избраннаго царя и великого князя Василья Ивановича всеа Русии, туне или не знаючи, яко Вышний владеет царством человеческим и ему же хощет — и дает.

Вы же, забыв обещания православныя крестьянския нашея веры, в нем же родихомся, в нем же крестихомся, и воспитахомся, и возрастохом, и бывши во свободе — и волею иноязычным поработившимся, преступивше крестное целование и клятву, еже стояти было за дом пречистыя Богородица и за Московское государьство до крови и до смерти, сего не воспомянувше — и преступивше клятву ко врагом креста Христова и к ложно-мнимому вашему от поляк имянуемому царику приставши.

Грамота 2

Оставя веру, в ней же родишася, в ней же и крестишася, в ней же и воспитани быша — воистинну исполнь чуда, в таковем разуме и хитрейша, и крепчайша верою к Богу всех язык — ныне безумнее всех явишася; оставльше свет — во тьму отпадоша, оставльше живот — смерти припрягошася, оставльше надежу будущих благ и безконечнаго блаженнаго живота и царства небеснаго — в ров отчаяния сами си ввергоша, и аще и живи, а отпадением от веры, паче же и от Бога, — мертви суть.

Мы чаем, что здрогнетеся, и воспрянете, и убоитеся праведного и нелицемерного судии Бога, и к покаянию прибег-

нете, и у возлюбленнаго Богом царя государя отпущение винам своим испросите.

И несть в вас радости и веселия, но печаль, и плач, и воздыхание, и болезнь, понеже отпадосте от Бога, и не смеете призвати святаго имени его, понеже остависте его, да той и не послушает вас, понеже отвергостеся его и паки востасте на веру, и на люди, и на вся любимая ему.

А то сами известно ведаете <...> кого ни убьете с нашия стороны благословенных воинов — те все идут в небесное царьство, с мученики святыми в безконечную радость веселитися, и о сих мы радуемся и молим их о нас молити, дабы их молитвами и нас сподобил Господь с ними быти.

А с вашия отпадшия стороны кто ни будет убьен или общею смертию умрет — тот во ад идет и во святых церквах приношения за таковых, по писанному, неприятна Богом и конечно отвержено и идут таковии без конца мучитися.

Можете, аще хощете, преборотн врага и с нами паки воедино быти и небесная вся возвеселити. Можете обрящением своим двигнути небеса на веселие, писано бо есть: „Радость бывает на небесех о едином грешнице кающемся", — кольми паче о тьмах християнского народа возвеселитися имать Бог и ангели его?!

Возсташа бо на царя, его же избра и возлюби Господь, забывше писаного: „Существом телесным равен есть человеком царь, властию же достойнаго его величества приличен Вышнему иже надо всеми Богу".

Чающе бо они на царя возсташа — а того забыша, что царь Божиим изволением, а не собою приим царство, и не воспомянуша писания, что всяка власть от Бога дается, и то забыша, что им, государем, Бог врага своего, а нашего губителя и иноческого чина поругателя потребил, и веру нашу християнскую им, государем, паки утвердил, и всех нас, православных християн, от пагубы в живот паки приведе.

На царя же возстание их таково бе. Порицаху бо нань, глаголюще ложная: „Побивает де и в воду сажает братию нашу дворян, и детей боярских, и жены их, и дети в тайне, и тех де побитых с две тысячи!" Нам же о сем дивящимся и глаголющим к ним: „Како бы сему мочно от нас утаитися?" — и их вопрошающим: „В каково время и на кого имянем пагуба сия бысть?"

Им же ни единого по имяни от толикого числа объяв(ив)шим нам. И учали говорить: „И топере де повели многих нашу братию сажать в воду, за то де мы стали". И мы их спрашивали: „Кого имянем повели в воду сажати?" И они сказали нам: „Послали де мы ворочать их — ужжо де сами их увидите!"

И тот понос на царя напрасно ж, ничто бо в их речах обрелося праведно, но все ложно.

А вы, забыв крестное целованье, немногими людьми возстали на царя, хотите его без вины с царства свесть. А мир того не хочет, да и не ведает, да и мы с вами в тот совет не пристанем же. И то вы вставаете на Бога, и противитесь всему народу християнскому, и хотите веру християнскую обезчестити, и царству и людем хотите сделати спону великую.

А мы Богу не противимся, и во враждебной совет ваш не приставаем к вам, и молим Бога, чтоб нам здрава и многолетна учинил на Российском царстве того государя царя, его же он возлюбил.

А что вы говорите: „Его для государя кровь льется и земля не умирится", — и то делается волею Божиею. Своими живоносными усты рек Господь: „Возстанет язык на язык и царство на царство, и будут глади, и пагубы, и труси", —

ино всё то в наших летех исполнил Бог, да и ныне исполняет слово свое, рече бо паки: „Небо и земля мимо идут, словеса же моя не мимо идут".

Морове, и глади, и колебание земли было чего для? Тогда на царствующих не вставали и в том на них не порицали. А ныне язык нашествие, и межуусобныя брани, и кровем пролитие. Божиею же волею совершается, а не царя нашего хотением. Рече бо Господь: „Едина от малых птиц не умрет без воли Отца небеснаго".

К вам же мы пишем, понеже стражи нас над вами постави Господь и стрещи нам повеле, чтобы вас кого Сатана не украл; вы же самохотием ему сами поклонистеся, и нас воистинну о том велика печаль и страх объемлет, чтоб кого от вас там смерть не постигла и чтоб вам с Сатаною и с бесы в безконечные веки не мучитеся.

Бога ради, узнайтеся и обратитеся от смерти в живот, чтоб не быти вам отлученым от лика святых православных воин, братии ваших.

И вы, Бога ради, ревнуйте своим родителем, и не будите супротивни делом их, и не отметайтеся от веры, в ней же родишася и святым крещением просветишася, и паки со тщанием и с радением возвращайтеся к нам!»[223].

Еще одна грамота:

«В Нижний Новгород благословение Архимандритам, Игуменам, и протопопам и всему святому собору, и воеводам, и дьякам, и дворянам, и детем боярским и всему миру. От патриарха Ермогена Московскаго и всея Русии мир вам

---

[223] Акты, собранные в библиотеках и архивах Российской империи Археографической экспедицией Академии наук. Т. 2. — СПб., 1836. № 169.

и прощение и разрешение. Да писати бы вам из Нижняго в Казан к Митрополиту Ефрему, чтоб Митрополит писал в полки к боярам учительную грамоту, да и Казанскому войску, чтоб они стояли крепко о вере, и боярам бы говорили натамасье безстрашное, чтоб они отнюдь на Царство проклятаго Маринки паньина сына, не благословляю; и на Вологду ко властем пишите ж, также бы писали в полки; да к Рязанскому пишите тож, чтоб в полки также писал к боярам учительную грамоту, чтоб уняли грабеж, корчму, имели б чистоту душевную и братство и промышляли б, как реклись души свои положити за Пречистой дом и за чудотворцов и за веру, так бы и совершили; да и во все городы пишите, чтоб из городов писали в полки боярам натамасье, что отнюдь Маринки-на Царство не надобеть: проклят от святаго собору и от нас. Да те бы вам грамоты с городов собрати к себе в Нижний Новгород, да прислати в полки к боярам натамасье; а прислати прежних же, коих есте присылали ко мне советными челобитными, безстрашных людей Свияжанина Родиона Моисеева да Ратмана Пахомова, и им бы в полках говорити безстрашно, что проклятье отнюдь не надобе; а хотя, буде и постраждете, и вам в том Бог простит и разрешит в сем веце и в будущем; а в городы, для грамот, посылати их же, а ведети им говорити моим словом. А вам всем от нас благословенье и разрешенье в сем веце и в будущем, что стоите за веру неподвижно; аз я, должен за вас Бога молить»[224].

И что — это тоже не призыв к религиозной войне?

---

[224] Грамота в Нижний Новгород, с повелением написать в Казань и другие города, чтоб отнюдь не упрочивали царства сыну Маринкину, а стояли бы все за Веру, не щадя живота своего. Писана 1611, в Августе. // Творения святейшего Гермогена патриарха Московского и всея России. — М., 1912. С. 100–101.

Азовское сидение и первое «нашествие двунадесяти языков»

1637 год. Казаки захватили Азов. Четыре года Турция, занятая войной с Ираном, а потом сменой султана, не могла послать войска под Азов, и только в июне 1641 году их армия пришла к Азову.

Из Азова казаки написали туркам про свою заветную мечту: «Мы ведь всё примериваемся к Иерусалиму и к Царьграду. Удастся взять нам у вас и Царьград. Ведь было там прежде царство христианское»[225]. «Предки ваши басурманы, что с Царьградом устроили — захватили его у нас! Убили в нем государя царя храброго, Константина благоверного. Побили христиан в нем тысячи, многое множество. Так бы и нам с вами поступить нынче по примеру вашему! Взять бы тот Царьград приступом из рук ваших. Убить бы в нем так же вашего Ибрагима, царя турецкого, и всех вас, басурман. Пролить бы так же вашу кровь басурманскую нечистую. В то время б и мир у нас с вами был»[226]. Себя же они считают мучениками за веру: «Смерть пришла в пустыне нам, грешникам, за ваши иконы чудотворные, за веру христианскую и за имя царское, за всё царство Московское!» (это их молитва всем святым).

Эта история стоит того, чтобы на ней остановиться и подметить знакомые константы русскомирской пропаганды.

1. Казаки захватили чужой Азов в июле 1637 года. Но, конечно, это турки вероломно напали на мирную Святую Русь. «Начали турки по полям **у нас** ставить шатры свои турецкие».

2. Тут впервые встречается тема «нашествия двунадесяти языков». Оказывается, это не только штамп ростопчинской пропаганды 1812 года. Это более древний мем:

---

[225] Повесть об Азовском сидении // Русская повесть XVII века. — М., 1954. С. 222. (Я цитирую перевод на современный русский язык. Оригинал см. https://archive.org/details/xvii-1954/page/225/mode/2up?view=theater)

[226] Там же, с. 224.

*«А с теми пашами прислал он против нас обильную рать басурманскую, им собранную, совокупив против нас из подданных своих **от двенадцати земель** воинских людей, а были еще у тех пашей наемные люди, два немецких полковника, а с ними солдат 6 000. И еще были с теми же пашами для всяческого против нас измышления многие немецкие люди, ведающие взятие городов и всякие воинские хитрости по подкопам и приступам и снаряжение ядер, огнем начиняемых, — из многих государств: из греческих земель, из Венеции великой, шведские и французские петардщики. И были с пашами турецкими против нас люди из разных земель, что под властью его, султана: во-первых, турки; во-вторых, крымцы; в-третьих, греки; в-четвертых, сербы; в-пятых, арапы; в-шестых, мадьяры; в седьмых, буданы; в-восьмых, босняки; в-девятых, арнауты; в-десятых, волохи; в-одиннадцатых, молдаване; в-двенадцатых, черкесы; в-тринадцатых, немцы. А всего с пашами и с крымским царем было по спискам их набранных ратных людей, кроме выдумщиков-немцев, черных мужиков и охочих людей — 256 000 человек. И собирался на нас и думал за морем турецкий царь ровно четыре года. А на пятый год он пашей своих к нам под Азов прислал»*[227].

Этот эпизод не попал в поле зрения исследователя истории мемов К. Душенко. Но дальнейшая история и мутация мема про «двунадесят языков» хорошо представлена в его книге: Душенко К. В. Красное и белое: Из истории политического языка. — М., 2018.

3. Кремль и тогда отрекался от своей ЧВК. Царское правительство заверяло султана в своей непричастности к казачьему походу. В послании Мураду IV русский царь называл казаков *«ворами»*, за которых *«мы... никак не стоим и ссоры за них*

---

[227] Там же, с. 216. «Буданы» — это мадьяры, «арнауты» — албанцы.

никакой не хотим, хотя их, воров, всех в один час велите побить». Тем не менее в 1638 году московские власти отправили на Дон 100 пудов пороха и 150 пудов свинца, а также царское знамя[228].

4. Казаки, как всегда, вели двойную игру. Царю писали «мы твои холопы» («мы, люди божии, холопы государя царя Московского»[229]). А султану — «вы, басурманы, нас пугаете, что не будет нам из Руси ни припасов, ни помощи, будто к вам, басурманам, из государства Московского про нас о том писано. А мы про то и сами без вас, собак, ведаем: какие мы на Руси, в государстве Московском, люди дорогие и к чему мы там надобны! Знаем мы государство Московское, великое, пространное и многолюдное. Не почитают нас там, на Руси, и за пса смердящего. Бежали мы из того государства Московского, от рабства вечного, от холопства полного, от бояр и дворян государевых, да и поселились здесь в пустынях необъятных»[230].

Но есть одно отступление от канонов современной пропаганды. «Повесть», написанная в восхваление казаков, приводит слова турецкого парламентера:

«перебили вы всех армян и греков, что были с послом султана Фомой Кантукузином. Да вы же взяли у него, султана, любимую его царскую вотчину, славный и красный Азов-город. Напали вы на него, подобно как волки голодные. Не пощадили в нем из пола мужеского ни старого, ни малого и детей убили всех до единого. И тем снискали вы себе имя зверей лютых»[231]...

В ответном слове казаки не отрицают этого. «А серебро и золото за морем у вас находим. А жен себе красных, любых

---

[228] Тихонов Ю. А. Азовское сидение // Вопросы истории. 1970. № 8.
[229] Повесть об Азовском сидении // Русская повесть XVII века. — М., 1954. С. 224.
[230] Там же, с. 222.
[231] Повесть об Азовском сидении // Русская повесть XVII века. — М., 1954. С. 218.

выбираючи, от вас же уводим»²³². «Разорили мы гнездо змеиное, взяли Азов-город. Побили мы в нем всех христианских мучителей, идолослужителей»²³³.

Это их признание в разбое и убийстве мирного населения является нарушением догмата современной Гражданской Религии России, гласящего, что солдаты России никогда никого не обижали, а с мирным вражеским населением только кашей делились.

Война за Смоленск и патриарх Никон

1653 год. Царь Алексей Михайлович объявляет войну Польше:

«Государь обещание свое Богу дал, что ему за церкви Божии и за православную Христианскую веру и за честь отца своего против Казимира короля и против польских и литовских людей стоять и с Божиею помощию над ними промышлять. Да и отец его Великий Господин Святейший Никон Патриарх по совету с митрополиты и со всем освященным собором Его Государя на то благословили»²³⁴.

Не просто благословили. Диакон Павел Алеппский говорит, что «Патриарх (Никон) немало побуждал царя идти войной на ляхов»²³⁵.

---

²³² Там же, с. 223.

²³³ Там же, с. 229.

²³⁴ О объявлении войны Казимиру Королю Польскому и Литовскому // Полное собрание законов Российской империи. Т. I. С. 307–308.

²³⁵ Архидиакон Павел Алеппский. Путешествие Антиохийского патриарха Макария в Россию в первой половине XVII века, описанное его сыном, архидиаконом Павлом Алеппским. — М., 2005. С. 245.

Впрочем, среди причин войны значится и светская, и личная. На московских царей из новой династии Романовых «в книгах их напечатаны злые безчестия и укоризны и хулы, чего не только Помазанникам Божиим, но и простому человеку слышати и терпети невозможно... И в листех их именованья и титлы писаны со многим примененьем». В этот текст замечателен оборот: «а в конституции 1637 года написано: а на таковых, которые бы дерзали титлы умаляти пенам пердуеллионис закладаем, а по русски то слово: смертная неотпущательная казнь и отлучение имения». Perduellionis — *враждебные действия, госизмена.*

23 октября 1653 года после молебна в Успенском соборе, царь объявил собравшимся чинам, что он «повелел идти на недруга своего, Польского и Литовского Короля, Яна Казимира, за его многие неправды».

23 апреля после патриаршей обедни в Успенском соборе царь вручил патриарху свой наказ командующему, князю Трубецкому. Патриарх взял из царских рук воеводский наказ, положил его в киот Владимирской Богородицы на пелену, и, сказав краткое наставительное слово, вручил наказ князю Трубецкому.

По выходе из собора государь пригласил к себе бояр и воевод хлеба есть. Пришло духовенство и совершило чин панагии. Государь вкусил освященного хлеба, сказал речь, в которой убеждал воевод: 1) в первую неделю Петрова поста привести к причастию всех людей, 2) исполнять тоже и в походе, по мере возможности. «Если хотя один человек нерадением вашим не обновится покаянием, то вы ответ дадите на страшном суде», — заключил он.

С крыльца же царь сказал: «Мы идем сами вскоре и за всех православных христиан начнем стоять, и если Творец изволит кровью нам обагриться, то мы с радостью готовы всякие раны принимать вас ради православных христиан, и радость, и нужду всякую будем принимать вместе с вами». Полчане возопили:

«Что мы видим и слышим от тебя, государь? За православных христиан хочешь кровью обагриться! Нечего нам уже после того говорить: готовы за веру православную, за вас, государей наших, и за всех православных христиан без всякой пощады головы свои положить»[236].

26 апреля 70-тысячное войско выступило в Брянск. Оно шло через Кремль мимо дворца, и патриарх Никон кропил проходящее войско святой водою. И здесь царь, патриарх и воеводы обменялись речами и благопожеланиями. 15 мая царь отправил из Успенского собора под Смоленск, в Вязьму, чудотворную Иверскую икону, которая незадолго до того была принесена в Москву из Царьграда от патриарха Парфения. Вместе с патриархом Никоном, освященным собором и со крестами царь провожал ее до Донского монастыря. Далее с ней поехал митрополит Казанский Корнилий[237].

8-го мая выступил из Москвы и сам царь. Из окна столовой избы патриарх кропил их св. водой. В воротах, через которые шел государь, сделаны были рундуки с большими ступенями и обитые красным сукном; на рундуках стояло духовенство и кропило государя и ратных людей святой водой.

31 мая 1654 года царь дает собственноручную грамоту к князю А. Н. Трубецкому:

> *«Мы за Христа нашего и Пречистую Его матерь и за всех святых и за святые Ево церкви одушевленные и за весь освященный собор пошли в поход противу врага креста Христова и всех Святых неприятеля и нашего злодея маия в 18 день в четверг после обеда ис церкви святые соборные и апостольские церкви Успения, <...> и за милостию Божиею воевать и разорять их землю и святые Божия церкви очищать*

---

[236] Орловский И. И. Смоленский поход Царя Алексея Михайловича в 1654 году. — Смоленск, 1906. С. 6–7.

[237] Иловайский Д. И. История России. Т. 5. Алексей Михайлович и его ближайшие преемники. — М., 1905. С. 130.

и православных христиан свобождать. Будет Белорусцы, а будет Ляхи будут в городех, а не похотят креститца, и их сечь и Белорусцов сечь»[238].

(Кн. Трубецкой командовал Юго-Западной армией, которая в кампанию 1654 года взяла Мстиславль, породив термин «Трубецкая резня»[239]).

11 марта [1655], в воскресенье второй недели Великого поста, в Успенском соборе патриарха Никон вместе с приехавшим антиохийским патриархом Макарием призвали благословение Божие на отъезжающего в поход Алексея Михайловича и читали над ним соответственные молитвы.

«Никон при сем случае не пропустил сказать пространное напутственное слово с изречениями св. Отец, с указаниями на примеры побед Моисея над фараоном, Константина над Максимианом и Максенцием и т. п. Он говорил громко, велеречиво, неспешно, с движением руки и другими ораторскими приемами, иногда останавливался и обдумывал свои слова; а царь, в своем великолепном облачении, скрестив руки и опустив голову, смиренно слушал поучение. Окончив слово молитвой об успехе царского похода, Никон поклонился царю и облобызался с ним. Патриархи после того отправились к Лобному месту с крестным ходом и со свечами, ибо наступил уже вечер; там еще раз благословили царя, окропив его святой водой, и облобызались с ним. Алексей Михайлович сел в сани, имея по правую и по левую руку двух братьев крещеных сибирских царевичей, Петра и Алексея; насупротив его была помещена Влахернская икона Богородицы. Царь сказал последнее «простите!» и поехал. За ним следовали многие бояре с окольничими и дворовый или гвардейский отряд,

---

[238] Записки отделения Русской и славянской археологии Императорскаго русскаго археологическаго общества. Т. 2. — Спб., 1861. С. 713 и 715.
[239] https://ru.wikipedia.org/wiki/Взятие_Мстиславля_(1654)

состоявший из стольников, стряпчих, жильцов и дворян. В его свите находился Тверской архиепископ, со многими священниками и дьяконами»[240].

17 ноября 1655 г. царь писал:

«Тебе бы, боярину нашему и воеводе князю Семену Андреевичу Урусову, итить бы по нашему государеву указу прямо за Немон под Бресть и под иные городы. И прося у Бога милости, и у Пречистой Его Матери, общия нашея Заступницы и страшныя Воеводы, Пресвятыя Богородицы, Ей же нихто возможет противу силы Ея стати, и за молитв всех святых промышлять над теми городы милостию и жесточью. И делати тебе так наше дело, сколко силы вашей и ратных людей будет, а чтобы из войны воротитца заговев. А как пойдешь, взяв на помочь престрашное и грозное оружие, Честный и Животворящий Крест Господень, пред Ним же все враги рассыплются яко прах, и тебе бы промышлять, городы и шляхту и мещан зговаривать, а как здадутца, велеть дворяном к вере приводить. А будет не здадутца, и тебе бы промышлять по силе, будет в меру» (1655 г., [октября 5]. «Статьи» к боярину кн. С. А. Урусову о походе из Ковны к Бресту. ст. 2)[241].

В ответ сообщалось:

«И я, холоп твой, велел до бою твое Государево болшее знамя вынесть и роспустить. И учали у Всесилнаго в Троицы Славимаго Бога и у Пречистей Его Богоматери Пресвятей Богородицы и у всех Небесных Сил помощи просить и молеб-

---

[240] Иловайский Д. И. История России. Т. 5. Алексей Михайлович и его ближайшие преемники. — М., 1905. С. 157.

[241] Публ. в: Курбатов О. А. «Чудо архангела Михаила»: Документы о походе Новгородского полка на Брест и битве при Верховичах. 1655 г. // Исторический архив, № 3.

ствовать, и воду велели святить и твоих государевых ратных людей кропить. И после того вскоре учинился бой, и на бою, государь, взяты в языцех полковник Станислав Липницкой да князь Александр Полубенской. И в роспросе он, полковник Станислав, и князь Полубинский нам, холопем твоим, сказали: как де полские люди готовились на поле на бой, и в то де время в полку у нас, холопей твоих, вынесли и роспустили твое Государево болшое знамя. И как то знамя роспустили, и видел де полной гетман Адам Жигимант Служка над твоими государевыми ратными людми, над большим твоим Государевым знаменем Архангела Михаила, а в руце де держит мечь наголо. А в то де время гетман Служка ездил по своим полским полкам, и то видение видев, сказывал польским людем и сам от того де видения устрашился. И польские де люди от него про то видение слышав, и на них де нашол страх. И Божиею милостию, и Пречистые Богородицы помощию, и московских чюдотворцов Петра и Алексея и Ионы и Филиппа митрополитов и всех святых молитвами и твоим великого государя, царя и великого князя Алексея Михайловича всеа Великия и Малыя и Белыя Росии самодержца, и сына твоего, великого государя нашего, благовернаго царевича и великого князя Алексея Алексеевича счастием, и отца твоего государева и богомольца великого государя святейшего Никона, патриарха Московскаго и всеа Великия и Малыя и Белыя Росии молитвами полских людей побили наголову»[242].

10 декабря 1655 года воротился в столицу и царь Алексей Михайлович. К приезду его под личным наблюдением патриарха Никона отлит был в Кремле огромный колокол, весивший от 10

---

[242] Отписка боярина кн. С. А. Урусова о видении архангела Михаила в битве при Верховичах 17 ноября 1655 г. Публ. в: Курбатов О. А. «Чудо архангела Михаила»: Документы о походе Новгородского полка на Брест и битве при Верховичах. 1655 г. // Исторический архив, № 3.

до 12 тысяч пудов; его подняли на небольшую высоту и повесили на громадном бревне, и накануне царского прибытия далеко в окрестностях раздался его звон. Вступление в столицу царя — победителя и завоевателя, обставлено было всевозможной торжественностью, т. е. пушечной пальбой, колокольным звоном, крестным ходом, расставленными вдоль всего пути войсками и густыми народными толпами. Несмотря на холод и мороз, не только народ стоял с непокрытыми головами, но и сам царь, у Земляного вала вышедший из саней навстречу крестному ходу и патриархам (Никону и Макарию Антиохийскому), всё время оставался также с открытой головой. Никон после молебна сказал царю длинную витиеватую речь, причем напомнил библейские и византийские примеры: Моисея, Гедеона, Константина, Максимиана и пр. Царь отвечал патриарху, что победами своими обязан его святым молитвам. Потом продолжалось шествие. Уже стемнело, когда царь прибыл в Успенский собор, где приложился к иконам и мощам и снова принял благословение от патриархов[243].

Н. И. Костомаров видит такую же картину:

«Началась у московского государства война за Малороссию; Никон с особенным рвением благословлял царя на эту войну своим советом. В 1656 году Никон был еще в силе, и его влиянию, между прочим, принадлежит несчастная война, предпринятая против Швеции»[244].

Это отдельная тема для наблюдений и дискуссий: роль патриарха в развявыхвание войны со Швецией. С. В. Лобачев привел ряд свидетельств шведских источников весны 1656 г., свидетельствующих, что и шведские послы в Москве, и шведские

---

[243] Иловайский Д. И. История России. Т. 5. Алексей Михайлович и его ближайшие преемники. — М., 1905. С. 165–166.

[244] Костомаров. Русская история в жизнеописаниях ее главнейших деятелей. Патриарх Никон.

власти в Ливонии были убеждены в том, что именно патриарх толкает царя к войне со Швецией[245].

И в самом деле, в записке шведских послов о причинах войны патриарх упоминается как лицо, призывавшее царя к войне и ставившее ему в пример Ивана Грозного[246].

Вывод: «патриарх Никон был самым прямым образом причастен к принятию важных политических решений. И хотя патриарх был, несомненно, сторонником войны со Швецией, не его доводы оказали решающее влияние на царя»[247].

Крымский поход патриарха Иоакима

В феврале 1687 года русская армия направилась в Крым. Решение о начале войны было принято в доме у патриарха и с его совета:

> *«Было по их государскому указу сидение и дума у святейшего патриарха со всеми митрополиты и с их государским синклитом, и разсуждение, и размышление имели о такой тяжкой войне многое, только положили то на волю Божию и крымской промысел взять»*[248].

На площади перед Успенским собором Кремля слово к войскам, отправлявшимся в Крымской поход, сказал архимандрит Игнатий (Римский-Корсаков). Причем его слова были выдержаны вполне в стиле папы Урбана II, объявляющего Первый Крестовый поход.

---

[245] Лобачев С. В. Патриарх Никон. — СПб., 2003. С. 172.
[246] Форстен Г. В. Сношения Швеции с Россией во второй половине XVII в. // Журнал Министерства Народного Просвещения. 1898. С. 325.
[247] Флоря Б. Н. Русское государство и его западные соседи (1655–1661 гг.). — М., 2010. С. 91.
[248] Кочегаров К. А. Речь Посполитая и Россия в 1680–1686 годах. Заключение договора о Вечном мире. — М., 2008. С. 332.

«За православную веру вы ополчаетеся, животворящий крест в помощь, прострети меч, на варвары махометаны, и поженет [погонит] их, и постигнет и не возвратится дондеже вси противнии падут под ногами вашими и скончаются. Святый Сергий обыкл есть российское воинство благословляти. Исполнит Господь прошения ваша, и подаст вам на сопротивныя, с небес аггельскую помощь, и прожженет от лица вашего всех махометанов. Да имате совершенную надежду на Господа, яко имать помощи вам на безбожный турки и татары, молитв ради пресвятыя Богородицы, и всех святых молящихся на небеси: к сему же и на земли прилежнейших молитв всеблаженнейшаго пастыря нашего, и всесвятейшаго российского патриарха.

Нетрудные же вещи малыя, легкия, недостойныя быти достоинства храбрых, и таковыя приличны суть лежебоком домашним не хотящим за православие и за врата дому изыти.

И в незнающих странах, по их царскому велению, вашым предводителством, и врученнаго вам храбраго многочисленнаго российского воинства храбрством, да подаст господь Бог, познати им неверным языком, юдоля свое святое, христианскаго именования, и да будет по гласу Спаса нашего, едино христианское стадо, и един пастырь господь наш Иисус Христос. По всей вселенней, и от Него поставленнии по образу небеснаго Его царствия содержащи российский скиптродержавства пресветлии наши цари самодержцы, и великие государи такожде да будут в царском их многолетном здравии, всея Вселенный государи и самодержцы.

Сия убо от божественных писаний свидетельства, тое знаменует всея России, понеже господь Бог по всей земли разсея сыны человеческия. Всё царство Ромейское, еже есть греческое, приклоняется под державу, российских царей, РОМАНОВЫХ. Всяко они грекове, яко к первовенчанным своим греческим православным царем, вскоре прибегнут, под державу богохранимых великих государей Всея России; въкупе со престолом Цареградским, который по законом ваш есть, и самодержавство всея вселенныя. Да зрит убо мужество ваше каковое греки намерение имеют, яко седмохолмный, еже есть Царьград, по законом нарицают, пресветлых наших и самодержавнейших царей всея России отчинный их престол дабы пресветлии цари всея России царствовали, и в нем, по древнему греческому православному закону.

Дело же вам предлежащее, есть дело не ваше, но дело Божие, занеже о вере православней кафоличестей, о славе Бога небеснаго, о свобождении церкве, лютое и нестерпимое от враг гонение страждущия. Всяк бо на сицевой брани умираяй, близ святых мученик водворяется чина: яко о Бозе и о церкви полагает свою»[249].

Этому походу предшествовало заключение Вечного Мира с Польшей. Русское царство аннулировало мирные договоры с Османской империей и Крымским ханством и присоединялось к Священной лиге — странам, ведущим войну против Турции. Конкретно Русское царство обязывалось немедленно организовать военный поход против Крымского ханства, причем всё это выдержано в риторике Крестовых походов, включая упоминание Гроба Господня:

«Разсудив добро всего Христианства и желая народы под бусурманским игом стенящие из столь тяжкой свободить

---

[249] Публ.: Богданов А. П. Памятники общественно-политической мысли в России конца XVII в.: Литературные панегирики. — М., 1983. С. 135–174. Анализ — Богданов А. П. «Слово воинству» Игнатия Римского-Корсакова — памятник политической публицистики конца XVII в. // Исследования по источниковедению истории СССР дооктябрьского периода. — М., 1984. С. 131–158. Богданов А. П. От летописания к исследованию: Русские историки последней четверти XVII века. — М., 1995. С. 107–198, 380–423

неволи, а паче всего хотя истинную веру Божию, магометанские мерзости извергше, в святилище Господне ввесть, видя при том ненадежность всяких с поганством постановлений, изволили Их Царское Величество покой разорвать, который с Солтаном Турским и Ханом Крымским по се время временной имели, а союз с Его Королевским Величеством вечный оборонительный против поганства принять, а поступательный, покамест с бусурманы война пребывати будет. А чтоб совершеннейший тот союз постановленный был, тотчас за многие бусурманские неправды, для имени христианского, и для избавления многих христиан, стенящих в бусурманской неволе, отвращая силы хана крымского от государства Его Королевского Величества, укажут Их Царское Величество послать войска свои в Сечу и на переправах на Днепре, где крымские войска обыкли переправлятися, и в тех местах всякое воинское дело над неприятелем Креста Святаго чинить. А в будущем 1687 году многими силами на самой Крым бытии имеют» (статья 10).

Тем, кто считает, что Россия никогда не вела религиозно-мотивированных войн, стоит почитать письма, которые патриарх Иоаким слал из Москвы воеводам, пошедшим в Крымский поход:

3 апреля 1687:

«Церкви святыя сын послушный воинство руководствати российского государства противу врагов христианских проклятых махометанов пошел еси. Поспешит бо Господь Бог уповающим на милость Его. Чесого наша мерность и всему воинству российскому благословение наше архипастырское посылаем».

6 мая:

«Твое благородие из общия матери нашея церкви во ополчение противу врагов христианских проклятых агарян отпу-

стихом и в полки животворящий Крест Господень и пресвятыя Богоматере иконы во воспоможение христолюбивому воинству дахом да дарует вам и нам Господь честным Его крестом на врагов христианских победу и имя Господне славится всюду и на всяком месте православно. Победы же на враги и искоренения нечестия их желаем всегда».

«Зловерных же и проклятых иноплеменников да победит Господь и истребит от земли нечестивую память их. Всех воинов защищающих веру православную от проклятого агарянского злобожного свирепства Господь да сподобит прекрасного рая приятии».

«Наипаче же хранит Господь пошедших во ополчение на противныя враги магометанские и послушания ради ополчающихся за род христианский. Чесого ради мздовоздаятелства в вечном блаженстве на небесех сподобишася от Господа».

«...противу богомерзких агарян и проклятыя махометанския веры злобожных татар».

«К сему и богомерзкия их жилища искоренил бы до конца. За что от Бога мздовоздаяния сподобтесь и зде и на небесех вечно».

«Желаем, да в Божией благодати на злыя и богомерзкия супостаты сонмицу махометан проклятых татарских орд победительство да возымеет вси».

«Иоанну Стефановичу Мазепе, пошедшему против злых измаилтесских людей проклятых агарян татарских орд желаем здравия и спасения. Темже твоя любовь и всё православное воинство во Христе Бозе крепотствуйте, да победу *сотворит христианским врагом силою Своею на хваление имене Святаго Своего»*[250].

И это при том, что патриарх Иоаким как раз не был сторонником этого похода[251], а после его неудачи (так, во всяком случае это расценивалось в тогдашней Москве), обвинял главнокомандующего, князя Голицына[252].

Священные брани осьмнадцатого веку

*Весело росс проливает
Кровь за закон и царя;
Страху в бою он не знает,
К ним лишь любовью горя.
Знайте, языки, страшна колосса:
С нами Бог, с нами; чтите все росса!*

(Г. Державин, 1807)

На вышеописанном фоне скорее неожиданным исключением кажется чисто светский характер указа Петра Первого от 19 августа 1700 г. о начале Северной войны. «За многие неправды Свейского короля, и что во время Государева шествия чрез Ригу, от рижских жителей чинились ему многие противно-

---

[250] Савелов Л. Переписка патриарха Иоакима с воеводами, бывшими в Крымских походах 1687—1689 гг. Симферополь, 1906 // Известия Таврической Ученой Архивной Комиссии. Т. 40. — Симферополь, 1907. http://www.library.chersonesos.org/showtome.php?tome_code=39§ion_code=1

[251] См. Богданов А. П. Московская публицистика последней четверти XVII века. — М., 2001. С. 79–82.

[252] Предлагая «препону сотворити и казнити» князя В. В. Голицына (там же, с. 146). Впрочем, и Голицын в 1687 г. писал «О патриаршей дурости подивляюся» (с. 369).

сти и неприятства, идтить на его городы ратным людям войною»²⁵³.

Но традиционная инерция церковно-военной риторики придала священный характер даже Северной войне, которую Петр вел против христианской державы и против учителей своей юности:

Речь Петра I накануне Полтавской битвы предлагала традиционную теоцентричность:

«И не помышляли бы поставленных себе, быти за Петра, но за государство, Петру врученное, за род свой. Едино бы себе имели пред очима что сам Бог и правда воюет с нами»²⁵⁴.

«Изволил [государь] прибыть перед гвардией и повелел выйти перед собой штаб- и обер-офицерам, и потом, сняв шляпу, едва не со слезами изволил говорить: Свидетели вы, сколько храмов Божиих неприятели в стойла конские обратили, алтари осквернили, святыню, на которую и взирать не достойны, ноги зверей попирают, образам святых ругаются, посмеиваются истинной вере и закону; не могу более терпеть такого уничтожения святой веры, но желаю лучше смерти, нежели такое зло видеть; прошу вас, храбрые мои воины, мужайтесь, как добрые и христолюбивые воины, знайте, что Господь крепок во брани и праведного оружие сильною своею мышцею подкрепляет, помощник нам есть и будет, но видя меня вместе с вами на раны и на смерть готова, дерзайте за истинную веру, матерь Церковь и любезное Отечество, и за жизнь вашу, други мои. Отечество, за которое ныне кровь проливать и полагать души наши готовимся, дано мне от Бога на сохранение, а не для расхищения противникам; того ради совершайте

---

²⁵³ Полное собрание законов Российской Империи. Т. 4. — Спб., 1830. С. 74–75.

²⁵⁴ Архиеп. Феофан Прокопович. История императора Петра Великого от рождения его до Полтавской баталии. — М., 1788. С. 250.

богоугодный этот подвиг, в котором вам предки наши благочестивые князья российские: Владимир, Борис и Глеб и Александр и прочие святые своими" <...> Когда изволил приехать в дивизию генерал-лейтенанта князя Голицына, то призвав также штаб- и обер-офицеров, изволил говорить и увещать и иметь упование на Бога, который поскольку с нами есть и будет, то этим щитом веры сможете угасить силу огненную и притупить острие оружия противников, восстав от немощи, быть крепкими в бою, обратить в бегство чужие полки; этим щитом веры заградите уста северных львов и челюсти их на нас отверстые расторгнете. Знайте, что верующим всё всевозможно.

Царское величество, получив известие от генерала князя Меншикова, что шведский король со всей армией идет, и начинающая у кавалерии баталия стала слышна, изволил встать на колени перед образом Спаса Нерукотворного, образом животворящего древа Креста Господня и изволил взять от образа животворящий крест и, перекрестившись, поцеловал и возложил на себя, говоря: Ты мне щит, и шлем, и непобедимое оружие на враги, на тебя единого упование мое, и с великим излиянием слез изволил говорить: Суди, Господи, обидящим мя, побори борющия мя, приими оружие и щит и возстани в помощь мою и потом: Заступница христиан непостыдныя и прочие молитвы. Также приносил моление благочестивым князьям российским, сродникам своим, да помогают святыми своими молитвами»[255].

(Правда, ни в «Истори Петра» Феофана Прокоповича, ни у Голикова[256] этих речей нет).

---

[255] Архивный материал, хранящийся в архиве Императорской академии наук. Меншиковский архив // Павловский И. Ф. Битва под Полтавой 27-го июня 1709 года и ее памятники. — Полтава, 1908. С. XXI.

[256] Голиков И. И. Деяния Петра Великаго, Мудрого Преобразователя России. Часть 3. — СПб., 1788.

Священники поясняли подробнее:

*«Праведная сия брань и на зело праведных причинах основанная начата бысть, за поругание чести царственной, за восхищенную неправедно и вероломно землю Ижерскую, за раззорение храмов и обителей божиих, за разграбление многих провинций и градов. Праведно вооружися Россия за многия люди и страни плененныя, за многия страны Российского государства, инныя вероломно завладенныя и отъятыя, а инныя разграбленныя и опустошенныя. И, якоже рех, за храмы святыя и обители разграбленныя и, что паче, **за повреждение чести достолепныя самаго Христа Господня!»**²⁵⁷.*

Напомню, что Северную войну по своей инициативе начал именно Петр и что первая Нарвская битва произошла на тогдашней шведской территории и что со времен Смутного времени, то есть уж почти сто лет, шведские отряды на территорию Российского государства не заходили. Зато Швеция активно снабжала Москву современным оружием в рамках союзной борьбы против Польши.

*«Сие преславное и неизреченное благодеяние, Россие, произведе тя от безчестия и поношения к славе и чести верховнейшей: сие сотвори тя, прежде укоризненную, ныне всем ужасную и преславную; отсюду венцы победный, врагом страх и трепет... От сих всех имами уразумети помощь Божию, отсюду дерзновенно воскликнути: с нами Бог, разумейте языци и покоряйтеся, с нами Бог!»*²⁵⁸

---

²⁵⁷ Слово обер-иеромонаха Гавриила благодарственное Богу триипостасному о полученной победе над Каролом королем шведским и войски его под Полтавою произнесенное при Ангуте в церкви Преображения Господня походного полка Преображенскаго 1719 лета месяца июня, 27 дня // Панегирическая литература Петровского времени. — М., 1979. С. 252.

²⁵⁸ Там же. С. 249 и 254.

Сегодня это стандарт российского общественного самомнения: в массовом сознании «нас уважают» — это синоним «нас боятся». Но и триста лет назад уверяли: «преславна» та страна, что «всем ужасна»...

Объявление о Прутском походе против Турции также было совершено с указанием религиозных различий: 25 февраля 1711 года в Московском Успенском соборе в присутствии царя прошло «всенародное молебствие да низпослет правосудный Творец победу на врагов имени Христова, турков». Перед собором стояли оба гвардейские полка, готовые к выступлению в поход: на их красных знаменах — «За имя Иисуса Христа и Христианство»; вверху же знамен был сияющий крест и надпись вокруг — «Сим знамением победиши»[259].

В 1717 году речь еп. Феофана Прокоповича к Петру Первому упоминает о льве Свейском, гнездящемся в Стамбуле (то есть о Карле, из-под Полтавы бежавшем туда), а затем — «Господи, сотвори **да вместо лунных верхов узрим крест** Твой пречестный на стенах Сионских; время уже есть, время»[260].

...Пропускаю шведскую и Семилетнюю войну. Но войны с мусульманской Турцией просто не могли обойтись без крестоносного пафоса.

Манифест императрицы Екатерины об объявлении войны Турции 18 ноября 1768 года начинался с определения статуса самой царицы как «стража Православной Церькве».

Далее обозначалась проблемная зона: «...православие там, есть ли не вовсе истреблено, по крайней мере несказанно утеснено».

Противник в манифесте дважды религиозно маркирован как «враг имени христианского».

---

[259] Голиков И. И. *Деяния Петра* Великаго, мудраго преобразителя России. Ч. 3. — М.,1788. С. 308

[260] Речь, которою Его Царское Величество Петр Первый по возвращению своим из чужих краев именем всего российского народа поздравлен 21 окт 1717 // Слова и речи. Т. 1. — Спб., 1760. С. 192 и 194. https://imwerden.de/pdf/feofan_slova_i_rechi_ch1_1760__ocr.pdf

И в финале — мобилизация Бога в ряды своих полков:

«Теперь, когда не примиримый имени Христнскаго враг нарушил толь нагло священные союзы вечнаго мира, надежно и не сомненно уповаем МЫ на правосудие Вседержителя Бога, что Он, покровительствуяй России чрез толь долгое время и толь видимым образом, благословит и увенчает и ныне успехами праведное НАШЕ оружие, восприятое для защиты Святой Его Церькви. От НАШИХ верноподданных ожидаем МЫ, что они пролиют теплыя молитвы пред Царем Царей, да ниспошлет Он благодать Свою на защитников Отечества, и да будет им свыше Сам предводитель».

В начале ноября 1768 года тогдашние фавориты Екатерины II братья Алексей и Григорий Орловы переписывались о задачах планируемой[261] войны и морской экспедиции в Средиземное море. Алексей из Венеции писал брату Григорию (а, значит, императрице Екатерине): «Если уж ехать, то ехать до Константинополя и освободить всех православных и благочестивых от ига тяжкого. И скажу так, как в грамоте государь Петр I сказал: а их неверных магометан согнать в степи песчаные на прежние их жилища. А тут опять заведется благочестие, и скажем слава Богу нашему и всемогущему»[262].

Разве не так формулировались цели латинских крестовых походов?

Екатерина отвечала ему 29 января:

«Мы сами уже по предложению брата вашего помышляли об учинении неприятелю чувствительной диверсии со

---

[261] Еще до того, как Россия взяла Крым и еще до подписания манифеста об объявлении войны.
[262] Майков Л.Н. Первая мысль о морейской экспедиции графа А. Г. Орлова // Заря. 1870. № 6. Приложение. С. 142; Барсуков А. Князь Григорий Григорьевич Орлов // Русский архив. 1873, кн.1. С. 61–62.

стороны Греции как на твердой ее земле, так и на островах архипелага, а теперь, получа от вас ближайшие известия о действительной тамошних народов склонности к восстанию против Порты, и паче еще утверждаемся в сем мнении; а потому, будучи совершенно надежны в вашей к нам верности, в способности вашей и в горячем искании быть отечеству полезным сыном и гражданином, охотно соизволяем мы по собственному вашему желанию поручить и вверить вам приготовление, распоряжение и руководство всего сего подвига... Да будет первым и верховным вашим попечением приводить все тамошние народы или большую их часть в тесное между собою единомыслие и согласие видов, приведя их к оным ясным убеждениям собственно их взаимной пользы и надеждою общего всех освобождения от несносного ига неверных, особливо же равною всех православных христиан обязанностию защищать Св. церковь и самое благочестие».

Орлов должен был распространить между христианским народонаселением Турции следующее воззвание:

«Божиею милостию мы, Екатерина II и проч., объявляем всем греческим и славянским народам православного исповедания, как на твердой земле, так и на островах архипелага обитающим. Крайнего сожаления достойно состояние древностию и благочестием знаменитых сих народов, в каком они ныне находятся под игом Порты Оттоманской. Свойственная туркам лютость и ненависть их к христианству, законом магометанским преданная, стремятся совокупно ввергать в бездну злоключений в рассуждении души и тела христиан, живущих не только в подданстве и порабощении их, но и в соседстве уже, ибо злочестие агарян, не зная другого себе обуздания, кроме страха, не находило по сю пору никакого. Порта Оттоманская по обыкновенной ей

злобе к православной церкви нашей, видя старания, употребляемые за веру и закон наш, который мы тщились в Польше привести, дыша мщением, презрев все права народные и самую истину, за то только одно по свойственному ей вероломству, разруша заключенный с нашею империею вечный мир, начала несправедливейшую и без всякой законной причины противу нас войну и тем убедила и нас ныне употребить дарованное нам от Бога оружие. И сие есть то самое время, в которое христиане, под игом ее стенящие, еще большее почувствуют угнетение. <...> Соображая горестное благочестивых сих сыновей церкви Божия состояние, приемлем мы ныне во всемилостивейшее рассуждение и желаем, сколько возможно, избавлению их в отраде споспешествовать. Наше удовольствие будет величайшее видеть христианские области, из поносного порабощения избавляемые, и народы, руководством нашим вступающие в следы своих предков».

Тайный посланник царицы на Балканы Пучков потом доносил, что хотя черногорцы — народ дикий, но «добрым предводительством и нравоучительным наставлением можно из него со временем (хотя и с трудом) нечто доброе сделать, с тою токмо кондициею, чтоб черногорский архиерей Василий, от естества человек неспокойный, невместно честолюбивый, сребролюбивый и возмутительный клеветник, между ими не был» (Соловьев С. М. История. Т. 28, гл.1).

Наполеоновские войны: война с Антихристом

Наполеоновские войны дали огромный материал в кейс «священные войны России». Тут церковно-государственная пропаганда, дающая богословское обоснование антинаполеоновским войнам, достигла поистине зияющих вершин.

1806 год. Царь Александр сколотил очередную (четвертую) антинаполеоновскую коалицию[263]. Холодный душ Аустерлица уже позади.

Войну начала Пруссия. После того, как Наполеон отверг ультиматум прусского короля Фридриха Вильгельма III о выводе французских войск из Германии и роспуске Рейнского союза, две прусские армии двинулись на Гессен. Александр бросил в бой 120 000 русских солдат. Бои шли в пока еще существующей Польше. То есть русские избы никак не пылали. И на сокровища северорусских нечерноземов Наполеон никак не покушался.

И всё же Александр 6 декабря 1806 г. дал указ Святейшему Синоду:

«Мы призываем Святейший Синод предписать всем местам и чинам, ему подвластным, дабы градские и сельские священники в настоящих обстоятельствах, при образовании земского ополчения усугубили ревность свою ко внушению своим прихожанам, колико ополчение сие для спасения Отечества необходимо».

Нужно было показать, что война, которую ведет Россия, носит справедливый, освободительный характер, что «не искание тщетной славы, но безопасность Наших пределов, безопасность Отечества <...> влагает им в руки оружие».

Ну да — Пруссия напала на Францию, но «русское Отечество гибнет!»

Манифест Александра I «О составлении и образовании повсеместных временных ополчений или милиции» (30 ноября 1806 года) призывал — пастыри «да внушают им, что православная наша церковь, угрожаемая нашествием неприятеля призывает верных чад своих к сему ополчению».

---

[263] Четвертая антифранцузская коалиция состояла из Пруссии, России, Великобритании, Швеции и Саксонии (ах, «вся Европа всегда против нас!»).

И Синод при непосредственном участии знаменитого церковного оратора митрополита Платона (Левшина) издал просто карикатурное воззвание («Объявление») во оправдание похода в Европу, провозглашающее Наполеона антихристом:

«Святейший Правительствующий Синод Православныя Всероссийския Церкви Архимандритам, Игуменам, Пресвитерам, Диаконам, монашествующим, всему причту и всем православным христианам, желает благословения от Всевышняго ко исполнению их должности.

Неистовый враг мира и благословенной тишины, Наполеон Бонопарте, самовластно присвоивший себе царственный венец Франции и силою оружия, а более коварством распространивший власть свою на многие соседственныя с нею Государства, опустошивший мечем и пламенем их грады и селы, дерзает, в изступлении злобы своей, угрожать свыше покровительствуемой России вторжением в ея пределы, разрушением благоустройства, коим ныне она единая в мире наслаждается под кротким Скипетром Богом благословеннаго и всеми возлюбленнаго Благочестивейшаго Государя Нашего Александра Перваго, и потрясением православныя Греко-российския Церкви, во всей чистоте ея святости в Империи сей процветающия.

Пастыри стада Христова, призванные на святое служение Церкви Его! Се предстоит вам время явить усердие и ревность, достойные вашего избрания. Мы напоминаем вам долг ваш, клятвенным обетом пред престолом Вышняго запечатленный. Вообразите оный час, в который вы, приступая к престолу Бога, клялись сему Всевышнему Существу тако пещись о врученной вам пастве, как и о себе самих. Сия ваша клятва равно обязует вас дать Богу ответ о врученных вам, аще кто из них падет в искушение и погибель, в которую навождением диавольским тщится вовлещи всех православных сей рушитель тишины, веры и блаженства народов.

Всему миру известны Богопротивные его замыслы и деяния, коими он попрал закон и правду.

Еще во времена народного возмущения, свирепствовавшего во Франции во время Богопротивной революции, бедственной для человечества и навлекшей небесное проклятие на виновников ея, отложился он от Христианской веры, на сходбищах народных торжествовать учрежденные лжеумствующими Богоотступниками идолопоклоннические празднества и в сонме нечестивых сообщников своих воздавать поклонение, единому Всевышнему Божеству подобающее, истуканом, человеческим тварям и блудницам, идольским изображением для них служившим.

В Египте приобщился он гонителям Церкви Христовой, проповедовал алкоран Магометов, объявил себя защитником исповедания суеверных последователей сего лжепророка мусульман и торжественно показывал презрение свое к пастырям святыя Церкви Христовой»[264].

«Наконец, к вящшему посрамлению оной, созвал во Франции иудейские синагоги, повелел явно воздавать Раввинам их почести и установить новый великий сангедрин Еврейский, сей самый Богопротивный собор, который некогда дерзнул осудить на распятие Господа нашего и Спасителя Иисуса Христа — и теперь помышляет соединить Иудеев, гневом Божиим разсыпанных по всему лицу земли, и устремить их на испровержение Церкви Христовой и (о, дерзость ужасная,

---

[264] Это традиционно: манифест Петра Первого от 6 ноября 1708 уверял, будто Мазепа в сговоре со шведским и польским королями замыслил превратить православные храмы «в кирхи свои лютерские и униятские» (Письма и бумаги императора Петра Великого. Т. VIII. Вып. 1. — М., — Л., 1948. С. 280).

превосходящая меру всех злодеяний!) *на провозглашение лжемессии в лице Наполеона.*

Из сего видите, что сей нечестивый человек изыскивает все способы и коварства на расхищение стада Христова: не бежите, яко наемники, но паче вооружитесь силою слова Божия и возъмейте попечение о спасении правоверных, дабы они не были корыстию ищущаго погибели их, и ни един не приобщился его Богопротивным разглашениям и начинаниям; наполните сердца ваша ревностию Христианскою; потщитеся, яко верные, усердные и мудрые строители дома Божия, возбудить примером вашим и увещаниями в душе каждого — твердость в вере, мужество на поражение врагов ея и готовность на исполнение святых обязанностей, подтвержденных присягою к Благочестивейшему и Самодержавнейшему Великому Государю Императору Александру Павловичу, соедините ревность свою с ревностью паствы вашея; представьте себя вкупе с нею Богу усердными рабами, Монарху верными подданными, Отечеству достойными его членами, Церкви истинными ея сынами.

Православные Христиане! к вам ныне обращаем увещания наши, основанный на слове Божием. Бог на нас возложил долг проповедывать вам Евангельские истины, дабы предохранить вас от нещастия позабыть оныя. Мы исполняем оный, дабы не безответным явиться нам пред страшным Его судом, и да воздействует в душах ваших благодать Его святая.

Вы желаете, чтоб Бог послал на вас милости в сей жизни, чтобы труды ваши увенчаны были успехами, чтобы благословение Вышнее почивало на домах ваших, чтобы жизнь ваша была угодна Богу и спасительна для вас; вы желаете, чтобы час смерти не наносил вам страха, чтоб в будущей жизни прославлены были вы тою славою, каковую Бог любящим Его и исполняющим святый Его закон уготовал: потщитесь убо исполнить веления Вышняго, соблюдите святую веру праотцев ваших во всей чистоте ея, воспламените души ваши любовию к Отечеству, защиты своей от вас требующему; явите безпредельную и достодолжную приверженность к Избраннику Божию, Благочестивейшему Государю нашему, утвержденному всесильною благодатию Вышняго и исполняющему святыя намерены Его.

Сохраните почтительность и повиновение к установленным над вами властям и начальникам; уклоните помышления ваши от всех злых начинаний, буйства и поползновений; не ослепляйтесь коварными обольщениями людей строптивых и развращенных, к временной и вечной погибели ведущими. Да соединит всех вас союзом неразрывным взаимная любовь друг к другу, кротость и мужество, преданность к Правительству, пекущемуся о благе вашем, и упование на Бога. „Сердце Царево, глаголет Господь, бысть в руце своей. Всякая душа властем предержащимда повинуется, несть бо власть аще не от Бога, суть же власти от Бога учинены суть. Темже противляйся власти Божию повелению противляйся". Исполнение святых обязанностей, возлагаемых на вас верою и Отечеством, привлечет на вас благословения всеблагого, всесильного и премудрого Бога: но горе противящимся святой воле Его! Вонмите гласа гнева Божия, гремящий над главою дерзновенных „аще не послушавши гласа Господа Бога твоего, проклят ты во граде, проклят ты на селе, прокляты житницы твои и останки твои, проклята изчадия утробы твоея, и плоды земли твоея, стада волов твоих и паства овец твоих. Проклят ты внегда входити тебе, и проклят ты внегда исходити тебе. — Постигнет скудость, гладь и истреблена на вся, на няже, возложиши руку твою, дондеже потребит тя и дондеже погубит тя вскоре, злых ради начинаний твоих, зане оставил еси

Господа Бога твоего. Потребишася и возмешися от земли, ниже наследише ю" <...> *Ужасны клятвы, навлекающая на таковых нещастия временнрй жизни: но вообразите, сколь ужасное осуждение ожидает в вечной жизни. Страшно есть впасть в руце Бога жива. Страшно услышать осуждение на огнь вечный. Можете ли убо кто пожелать, чтобы толь страшные наказания временные и вечные его постигли?*

Нет, православные Христиане! мы уверены, что вы готовы исполнить долг верных сынов Церкви и Отечества, и что не пощадите временных благ земных и самыя жизни для принесения им в жертву: к чему подают вам видимый пример духовные ваши пастыри и отцы, посвящая детей своих на службу Государю для защищения Отечества и Церкви. Любовь Бога должна поселить в душах ваших омерзение к высокомерному властолюбцу, противящемуся законам Божиим: вы любите ближняго, отвратитеся от сего гонителя православных! вы желаете быть спасены, положите непреоборимым преграды нечестивым его начинаниям. Он дерзает против Бога и России, явите себя защитниками славы Его и верными ея сынами. Отринув мысли о правосудии Божием, он мечтает в буйстве своем, с помощию ненавистников имени Христианскаго и способников его нечестия, Иудеев, похитить (о чем каждому человеку и помыслить ужасно!) священное имя Мессии: покажите ему, что он тварь, совестию сожженная и достойная презрения. Благодать Божия отступила от него; ничто уже не соединит его с Богом, которому он сделался толь ужасно неверным! не верьте ему, испровергните его злодейства, накажите безчеловечия, оказанным над многими неповинными: их глас вопиет на небо; осуждение вечное преследует его. Вы же, коих промысл вышний избираем орудием мщения своего в сей жизни, вооружитесь против сего врага Церкви и Отечества вашего; наполните сердца ваши верою, мужеством и праведным негодованием: Бог благословит святые намерения ваши; Он услышит молитвы верных чад Своих, утвердит вас Своею силою; благодать Вышнего осенит вас, и подвиги ваши будут прославлены Церковью и Отечеством, соплетут вам венцы в Небе и уготовят жилище в блаженстве вечном. Аминь»[265].

Автор этого послания, митрополит Платон, был еще жив в 1812 году, хотя по болезни уже год как был «на покое». Услышав о вступлении Наполеона в Россию, заплакал и сказал:

«Боже мой! до чего я дожил!» Когда Александр в июле того года прибыл в Москву, то Платон прислал ему икону св. Сергия Радонежского с запиской: *«Всемилостивейший Государь Император! Первопрестольный град Москва, новый Иерусалим, приемлет Христа своего яко мать в объятия усердных сынов своих и сквозь возникающую мглу провидя блистательную славу Твоея Державы поет в восторге: „Осанна! — благословен грядый!“ Пусть дерзкий и наглый Голиаф от Пределов Франции обносит на краях России смертоносные ужасы; но кроткая Вера, сия праща Российского Давида, сразит внезапно главу кровожаждущей его гордыни! Се Образ Преподобного Сергия, древнего Ревнителя о благе нашего Отечества, приносится Вашему Императорскому Величеству — болезную, что слабеющие мои силы препятствуют мне насладиться любезнейшим Вашим лицезрением: теплые воссылаю к Небесам молитвы, да Всевышний возвеличит род правых и исполнит во благих желание Вашего Величества»*[266].

---

[265] О обязанности духовенства при составлении земскаго войска или милиции, и о чтении по церквам сочиненного Синодом по сему случаю объявления // Полное собрание законов Российской империи. — СПб., 1830. Т. 29. С. 928–930. Также: Шильдер Н. К. Император Александр 1. Его жизнь и царствование. Т. 2. — Спб., 1882 Приложения. С. 353–355.

[266] Публ.: Горчаков Н. Д. Описание монастыря Спасо-Вифанского и воспоминание о московском митрополите Платоне. — М., 1843 Послание также цитируется в «Войне и мире» (т. 4. Ч. 1, 1).

Текст интересен тем, что в нем христианский священник рекламирует саму христианскую веру как оружие в руках главы государства для борьбы с его врагами.

Царь подачу принял.

9 (21) июля 1812 года Александр I писал М. Б. Барклаю де Толли:

*«Я решился издать манифест, чтобы при дальнейшем вторжении неприятелей воззвать народ к истреблению их всеми возможными средствами и почитать это таким делом, которое **предписывает сама вера**»*[267].

Соответственно:

«во время войны 1812-го года духовенство захотело показать, что и оно, любя отечество небесное, которое моль не точит, любит и земное, которое точит Наполеон, и действительно принесло на жертву больше чем кровь и деньги — здравый смысл — и предало Наполеона проклятию. Но как-то императору Александру I показалось непоследовательно называться благословенным и проклинать других, он после войны и замял дело. По несчастию, кой у кого остались копии с синодского воззвания»[268].

Это почти забытое воззвание Синода от 6 июля 1812 г. гласило:

«По благости, дару и власти, данными нам от Бога и Господа нашего Иисуса Христа, его великим и сильным именем взываем ко всем благоверным чадам Российския церкви.

---

[267] Цит. по: Вороновский В. М. Отечественная война 1812 г. в пределах Смоленской губернии. — СПб., 1912. С. 237.

[268] Герцен А. И. Попытка предания анафеме // Собрание сочинений в 30 томах. — М., 1958. Т. 14. С. 94. Герцен спутал синодальные послания 1806 и 1812 годов.

С того времени, как ослепленный мечтою вольности народ французский испровергнул престол единодержавия и алтари христианские, мстящая рука Господня видимым образом отяготела сперва над ним, а потом чрез него и вместе с ним над теми народами, которые наиболее отступлению его последовали. За ужасами безначалия следовали ужасы угнетения. Одна брань рождала другую, и самый мир не приносил покоя. Богом спасаемая церковь и держава Российская доселе была по большей части сострадающею зрительницею чуждых бедствий как бы для того, чтобы тем более утвердилась в уповании на Промысл и тем с большим благоразумием приготовилась встретить годину искушения.

Ныне сия година искушения касается нас, россияне!

Властолюбивый, ненасытимый, не хранящий клятв, не уважающий алтарей враг, дыша столь же ядовитою лестью, сколько лютою злобою, покушается на нашу свободу, угрожает домам нашим и на благолепие храмов Божиих еще издалеча простирает хищную руку.

Сего ради взываем к вам, чада церкви и отечества! Примите оружие и щит, да сохраните верность и охраните веру отцов наших. Приносите с благодарением отечеству те блага, которыми отечеству обязаны. Не щадите временного живота вашего для покоя церкви, пекущейся о вашем вечном животе и покое. Помяните дни древнего Израиля и лета предков наших, которые о имени Божием с дерзновением повергались в опасности и выходили из них со славою. Взываем к вам, мужи именитые, стяжавшие власть или право на особенное внимание своих соотечественников: предшествуйте примером вашего мужества и благородной ревности тем, которых очи обращены на вас. Да воздвигнет из вас Господь новых Навинов, одолевающих наглость Амалика, новых судей, спасающих Израиля, новых Маккавеев, огорчающих цари многи и возвеселяющих Иакова в делах своих.

Наипаче же взываем к вам, пастыри и служители алтаря! Яко же Моисей во весь день брани с Амаликом не восхотел опустить рук, воздеянных к Богу: утвердите и вы руки ваши к молитве дотоле, доколе не оскудеют мышцы борющихся с нами. Внушите сынам силы упование на Господа сил. Вооружайте словом истины простые души, открытые нападениям коварства. Всех научайте словом и делом не дорожить никакою собственностью, кроме веры и отечества. И если кто из сынов Левитских, еще не определившихся к служению, возревнует ревностью брани: благословляется на сей подвиг от самыя церкви.

Всех же и каждому, от имени Господа нашего заповедуем, и всех умоляем, блюстися всякого неблагочестия, своеволия и буиих шатаний, пред очами нашими привлекших гнев Божий на языки, пребывать в послушании законной от Бога поставленной власти, соблюдать бескорыстие, братолюбие, единодушие и тем оправдать желания и чаяния взывающего к нам верноподданным своим Богом помазанного монарха Александра.

Церковь, уверенная в неправедных и нехристолюбивых намерениях врага, не престанет от всея кротости своея вопиять ко Господу о венцах победных для доблестных подвижников и о благих нетленных для тех, которые душу свою положат за братию свою. Да будет как было всегда, и утверждением и воинственным знамением россиян, сие пророческое слово: о Бозе, спасение и слава!»

Воззвание это было разослано при указе Св. Синода от 15 июля 1812 г. с приказанием в первый воскресный или праздничный день, перед началом Божественной литургии, обнародовать манифест от 6 июля, а затем:

«1). *Отправить напечатанное в особой книжице, именуемой последование молебных пений, отправляемое во время брани против супостатов, находящих на ны, молебное пение с коленопреклонением. По отправлении такового пения и по совершении литургии прочесть и означенное воззвание Св. Синода;*

2). Положенную на литургиях после сугубой ектений о победе на супостата молитву читать с коленопреклонением ежедневно; а во все воскресные дни после литургии отправлять и упоминаемое молебное пение с коленопреклонением же»[269].

Кроме того, император потребовал написать особую молитву:

«***Рапорт Св. Синоду московской Святейшего Синода конторы.*** *Сего июля 17-го дня, Святейшего Синода конторы, член оныя, преосвященный Августин, епископ дмитровский*[270]*, предложил, что Государю Императору благоугодно было поручить ему, преосвященному, сочинить молитву в нашествие супостат, чтомую с коленопреклонением, для чтения во всех московской столицы и епархии монастырях, соборах и церквах, вместо читаемой доселе на литургии. По сочинении каковой молитвы доставлена она была от него, преосвященного, 16-го числа сего июля, для поднесения Его Императорскому Величеству, к московскому военному губернатору, генералу от инфантерии графу Ф. В. Ростопчину, от которого он, преосвященный, тогожь числа быль извещен, что Государь Император молитву, им, преосвященным, сочиненную, изволил удостоить высочайшего*

---

[269] Шильдер Н. К. Император Александр 1. Его жизнь и царствоваание. Т. 2. — Спб., 1882. Приложения. С. 357–358.

[270] Еп. Августин Виноградский был тогда викарием московского митрополита Платона. Но 13 июня 1811 года митрополит Платон по состоянию здоровья передал ему дела по управлению московской епархией, формально оставаясь ее главой.

одобрения, с таковым повелением, чтобы молитва сия была напечатана и читана каждодневно в церквах московской столицы и епархии ея. Во исполнение сей Высочайшей воли, по напечатанию той молитвы в московской синодальной типографии 1.500 экземпляров, оные для чтения в церквах московской епархии, а равно в ставропигиальных монастырях и соборах, сего июля 18-го числа разосланы»[271].

«Господи Боже сил, Боже спасения нашего! призри ныне в милости и щедротах на смиренные люди Твоя и человеколюбно услыши, и пощади и помилуй нас. Се враг, смущаяй землю Твою и хотяй положити вселенную всю пусту, воста на ны; се людие беззаконнии собрашася, еже погубити достояние Твое, разорити честный Иерусалим Твой, возлюбленную Тебе Россию: осквернити храмы Твои, раскопати олтари[272] и поругатися святыне нашей. Доколе, Господи, доколе грешницы восхвалятся? доколе употребляти имать законопреступный власть?

Владыко Господи! услыши нас молящихся Тебе: укрепи силой Твоей благочестивейшего, самодержавнейшего, великого государя нашего императора Александра Павловича, помяни правду его и кротость, воздаждь ему по благости его, ею же хранит ны Твой возлюбленный Израиль. Благослови его советы, начинания и дела! утверди всемощной Твоей десницей царство его, и подаждь Ему победу на враги,

---

[271] Дубровин Н. Отечественная война в письмах современников. — Спб., 1882. С. 56.

[272] Это двойное враньё. Во-первых, никаких антицерковных целей Наполеон не ставил. В-вторых, в середине июля его армия находилась в Литве и западной Беларуси, где местное даже православное духовенство встречало его приветственными молебнами. Кроме того, в эти дни Наполеон и сам еще не решил, станет ли он входить в пределы собственно России (то есть те, что были до разделов Польши). См. Главу «Наполеоновские планы или что значит „уничтожить Россию"» в моей книге «Мифология русских войн».

якоже Моисею на Амалика, Гедеону на Мадиама и Давиду на Голиафа. Сохрани воинство его: положи лук медян мышцы во имя Твое ополчившихся, и препояши их силой на брань. Приими оружие и щит, и восстани в помощь нашу, да постыдятся и посрамятся мыслящий нам злая, да будут пред лицом верного Ти воинства, яко прах пред лицом ветра, и Ангел Твой сильный да будет оскорбляяй их; да приидет на них сеть, юже не уведеша, и ловитва, юже сокрыша, да обымет их: да будут под ногами рабов Твоих, и в попрание воем нашим да будут. Господи, не изнеможет у тебе спасение во многих и в малых: Ты еси Бог, да не превозможет противу Тебе человек.

Боже отец наших! помяни щедроты Твоя и милости, яже от века суть: не отвержи нас от лица Твоего, ниже возгнушайся недостоинством нашим: но помилуй нас по велицей милости Твоей и по множеству щедрот Твоих презри грехи и беззакония наши. Сердце чисто созижди в нас и дух прав обнови во утробах наших; всех нас укрепи верой в Тя, утверди надеждой, одушеви истинной друг ко другу любовью, вооружи единодушием на праведное защищение одержания, еже дал еси нам и отцам нашим, да не вознесется жезл нечестивых на жребии освященных.

Господи Боже наш, в Него же веруем и на Него же уповаем! не посрами нас от чаяния милости Твоей, и сотвори знамение во благо, яко да видят ненавидящий нас и православную веру нашу, и посрамятся и погибнут, и да узрят вся страны, яко имя Тебе Господь и мы людие Твои. Яви нам, Господи, ныне милость Твою и спасение Твое даждь нам; возвесели сердце рабов Твоих о милости Твоей; порази враги наша и сокруши их под ноги верных Твоих вскоре. Ты бо еси заступление, помощь и победа уповающим на Тя: и Тебе славу воссылаем Отцу, и Сыну, и Святому Духу, и ныне, и присно, и во веки веков. Аминь».

Как видим, молитва, по приказу царя прочитанная 17 июля 1812 года московским епископом Августином, опять же придавала начинающейся войне за право торговать с Англией религиозный характер.

Эта молитва полностью приводится в романе «Война и мир». Но интересна реакция чуткой Наташи Ростовой на нее:

«Неожиданно, в середине и не в порядке службы, который Наташа хорошо знала, дьячок вынес скамеечку, ту самую, на которой читались коленопреклоненные молитвы в троицын день, и поставил ее перед царскими дверьми. Священник вышел в своей лиловой бархатной скуфье, оправил волосы и с усилием стал на колена. Все сделали то же и с недоумением смотрели друг на друга. Это была молитва, только что полученная из Синода, молитва о спасении России от вражеского нашествия. — «Господи Боже сил, Боже спасения нашего, — начал священник тем ясным, ненапыщенным и кротким голосом, которым читают только одни духовные славянские чтецы и который так неотразимо действует на русское сердце... В том состоянии раскрытости душевной, в котором находилась Наташа, эта молитва сильно подействовала на нее. Она слушала каждое слово о победе Моисея на Амалика, и Гедеона на Мадиама, и Давида на Голиафа, и о разорении Иерусалима твоего и просила Бога с той нежностью и размягченностью, которою было переполнено ее сердце; но не понимала хорошенько, о чем она просила Бога в этой молитве. Она всей душой участвовала в прошении о духе правом, об укреплении сердца верою, надеждою и о воодушевлении их любовью. Но она не могла молиться о попрании под ноги врагов своих, когда она за несколько минут перед этим только желала иметь их больше, чтобы любить их, молиться за них. Но она тоже не могла сомневаться в правоте читаемой колено-преклонной молитвы. Она ощущала в душе своей благоговейный

и трепетный ужас перед наказанием, постигшим людей за их грехи, и в особенности за свои грехи, и просила Бога о том, чтобы Он простил их всех и ее и дал бы им всем и ей спокойствия и счастия в жизни. И ей казалось, что Бог слышит ее молитву» (Т. 3, гл. 18).

Сам Августин войну всецело погружал в библейский контекст, и потому французы у него стали египтянами, император французов — фараоном:

«От мраков запада двинулась сила египетская; восшумели колесницы и тристаты. Надменный фараон является с ополчениями своими в пределах благословенного одержания царя нашего. Он умышляет в ярости своей разорить святой Иерусалим, расхитить достояние людей Божиих, огнем и мечом опустошить Россию.... Под знаменами Господа сил, под знаменами помазанника Господня мужественно веди их на поражение кровожаждущия злобы»[273].

Тем более повысил градус его религиозного гнева пожар Москвы, которая его языком была превращена в Иерусалим: «Еще развалины огромных зданий покрывают лице Иерусалима; еще святой Сион не облекся в прежнюю лепоту!»[274]

«Рассыпаны алтари Господни, осквернены храмы, поругана Святыня. Не человек уже, но Сам Бог вооружается отмщать за оскорбление Божеского величества Своего. Россы! Господь Саваоф избрал вас не бичом для наказания человечества, но Архистратигами неприступныя славы

---
[273] Слово 28-го июля 1812 года // Сочинения Августина, архиепископа Московского и Коломенского. — СПб., 1856.
[274] Слово в день тезоименитства государя императора Александра I, и по освящении московского большого Успенского собора. Говорено 30 августа 1813 года // Там же.

Своей. Всем дан пламенник веры истреблять нечестие и безбожие»[275]. *«Он падет под ударами мстящих россиян; он цепенеет пред раздраженными взорами их»*[276]. *«Гордый фараон познал, что россияне суть язык избранный, люди Божии, и Россия есть страна, покровительствуемая небом»*[277].

А раз так — то призвание России в том, чтобы расширять свои пределы и нести счастье всем народам земли (в том веке это счастье равнялось не «коммунизму», а «вечному спасению»: «Обладатель России, не пленяясь славой побед своих, простирает взоры свои во все страны; ищет одного, — ищет Бога; и узрев на востоке свет Евангельской истины, тотчас озаряет ей все подвластные ему народы»[278].

...И просто для улыбки — какими эти события слышались простыми людьми:

«Бонапарт царь немецкий пришел в Россию с миллионом и половиной войска поработить Россию. Но встретившись с Александром, переоделся торговцем и лукаво убежал. Александр царь российский потом повел свои войска и покорил три царя под свою власть. Бонапарта же заточили в Ени дюня».

---

[275] Воззвание к жителям Москвы, при раздаче пособия, присланного от государыни императрицы Марии Феодоровны, произнесенное 12 ноября 1812 года // Там же.

[276] Слово по случаю победы, одержанной при Лейпциге российскими и союзными войсками над французской армией. Говорено 2-го ноября 1813 года // Там же.

[277] Слово при совершении годичного поминовения по воинам, за веру и отечество на бран. Слово в день тезоименитства государя императора Александра I, и по освящении московского большого Успенского собора. Говорено 30 августа 1813 годаи Бородинской живот свой положивших. Говорено 26 августа 1813 года // Там же.

[278] Слово в день тезоименитства государя императора Александра I, и по освящении московского большого Успенского собора. Говорено 30 августа 1813 года // Там же.

Это приписка болгарина, «даскала (то есть учителя) Драгия» на рукописной книге Паисия Хиландарского «История старобългарская» (написана в 1762 году)[279]. «Ени дюня» (тур. Yeni-Dünya) дословно «Новый свет». Автор может иметь в виду как Америку, так и новую османскую крепость, что в 1764 году была построена на берегу Одесского лимана, взята русскими войсками в 1789 году и тоже называлась Yeni Dünya.

Крымская война: война за Гроб Господень

Последующие русско-турецкие войны шли под лозунгом освобождения братских православных народов от иноверного ига. Как всегда в таких случаях, пропаганда придавала религиозный мотив как самому действиям угнетателей, так и своему желанию ввести свои армии в эти регионы. Примеры русско-турецких войн приведены в моей книге «Мифология русских войн» (том 1, глава 7 «Идем на юг»).

В апреле 1828 года император Николай I объявил войну Турции. В его манифесте было сказано:

«Порта вызывает Россию на брань, грозя ей войной истребительной... Вместе с твердой уверенностью в правоте Нашего дела, повелели мы войскам нашим двинуться, и с помощью Божией действовать против врага, поправшего святость мирных союзов и прав общенародных... Да предыдет

---

[279] Книга написана в Афонском монастыре, там оригинал и хранился в болгарском Зографском монастыре. В 1984 году болгарская разведслужба (ДС — Държавна сигурност), ее выкрала, подменив копией, и вывезла в Болгарию. Подмена была обнаружена в конце 90-х годов. И в 1998 г. по инициативе президента Петра Стоянова рукопись была возвращена в Зографский монастырь. (https://bg.wikipedia.org/wiki/История_славянобългарска)

всемощная сила Всевышняго Христолюбивому воинству Нашему и Небесным Его благословением приосенится оружие Наше подъемлемое в оборону Святыя Православные Церкви и любезного Отечества нашего»[280].

Сложнее с так называемой Кавказской войной. Это целый букет во многом раздельных военных кампаний с разными кавказскими народами и протогосударственными образованиями. Не было официального манифеста о ее начале. Замирения происходили часто, иногда в устной форме. И не менее часто нарушались. Поэтому опрос о том, какой документ можно считать официальной презентацией Петербурга обществу и армии о причинах и целях Кавказской войны, мне непонятен. Не было и заявления Синода на эту тему.

Значит, остаются частные документы и свидетельства о той религиозной рамке, в которой современники и акторы видели эту войну.

В 1830 г. особый комитет, созданный для обсуждения Кавказских дел, опираясь на идеи генерала И. Ф. Паскевича, составил проект действий, в котором, с одной стороны, предполагалось выказывать уважение мусульманскому духовенству, стараясь заручиться его поддержкой, а с другой — «...для смягчения нравов горцев и распространения между ними просвещения заводить, где только можно, училища. Большим для сего подспорьем могут также служить миссионеры»[281].

Тезис «о нравственном освоении» Кавказа звучал как в чисто культуртрегерском ключе, так и в конкретно-миссионерском. Идея христианизации Кавказа, предлагалась в 1846 г. титулярным советником Александром Бегичевым в «Проекте о введении

---

[280] Полное собрание законов Российской империи. Второе собрание. — Спб., 1830. Т. 3. С. 393. № 1947.
[281] Цит. по: Гордин Я. А. Зачем России нужен был Кавказ: иллюзии и реальность. — СПб., 2002. С. 187.

христианской веры на Кавказе между горскими народами». Он считал, что:

«вера горцев есть коренная причина воинственного отношения горцев к русским. Та же самая причина определяет характер отношений рабов к французам в Африке. Здесь нельзя не заметить разительной аналогии в отношении горцев к русским и арабов к французам: Ших-Мансур, Кази-Мулла и в наше время Шамиль не разыгрывают ли на Кавказе той же самой роли, как и Абдель-Кадер в Африке?»[282]

В конце 1857 г. начальник Кавказского корпуса Д. Милютин привез в Санкт-Петербург императору Александру II записку командующего корпусом князя А. И. Барятинского «о положении христианской веры между горными племенами Кавказа и о пользе учреждения особого братства для восстановления православия между горскими племенами». В документе подчеркивалось:

«Для восстановления христианства в племенах, где оно давно уже поколебалось... нужно иметь хороших проповедников и достаточной суммы для того, чтобы устроить местную церковь. При значительных средствах можно завести училище и для образования проповедников... Создать эти средства есть долг православного государства»[283].

Уничтожение ислама не ставилось в качестве цели собственно военной деятельности. Но штык должен был проложить дорогу миссионеру.

Далее приведу тексты, касающиеся идеологического обрамления Крымской войны.

---

[282] Цит. по: Кавказ и Российская империя: проекты, идеи, иллюзии и реальность. Начало XIX — начало XX вв. / сост. Я. А. Гордин. — СПб., 2005. С. 394.

[283] Цит. по: Гордин Я. А. Зачем России нужен был Кавказ... С. 194.

19 февраля 1853 московский митрополит Филарет (Дроздов) писал наместнику Троце-Сергиевой Лавры архимандриту Антонию: «В Петербурге говорят, и в Москве пересказывают, что Государю во сне или в видении представился старец в иноческой, но белой одежде и спросил: „Для чего война?" и по ответе: „На защиту христиан", благословил его крестом». И потом прибавляет: «Лицо брани становится всё суровее. Господи сил с нами буди!»[284]

Верны ли те слухи о сне или нет, но манифест Николая I о занятии Россией Придунайских княжеств (14 июня 1853 г.) говорил о религиозной основе вторжения:

«Известно любезным Нашим верноподданным, что защита Православия была искони обетом блаженных предков Наших. Действия Порты грозили совершенным ниспровержением всего увековеченного порядка, столь Православию драгоценного. Истощив все меры миролюбивого удовлетворения справедливых Наших требований, признали Мы необходимым двинуть войска Наши в Придунайские княжества, дабы доказать Порте, к чему может вести ее упорство. Не завоеваний ищем Мы; в них Россия не нуждается. Мы и теперь готовы остановить движение Наших войск, если Оттоманская Порта обяжется свято соблюдать неприкосновенность Православной Церкви. Но если упорство и ослепление хотят противного, тогда, призвав Бога на помощь, Ему предоставим решить спор наш и, с полной надеждой на Всемогущую Десницу, пойдем вперед — за веру Православную»[285].

---

[284] Письма митрополита Московского Филарета к наместнику Свято-Троицкой Сергиевой лавры архимандриту Антонию. 1831–1867 гг. Ч. 3. — М., 1883. С. 269.

[285] Полное собрание законов Российской империи. Второе собрание, Т. 28. — Спб., 1854. С. 290. № 27346.

Высочайший манифест о войне с Турцией (20 октября 1853 г.) подтверждал:

«Россия вызвана на брань: ей остается — возложив упование на Бога — прибегнуть к силе оружия, дабы понудить Порту к соблюдению трактатов и к удовлетворению за те оскорбления, коими отвечала она на законную заботливость Нашу о защите на Востоке православной веры, исповедуемой и народом русским. Мы твердо убеждены, что Наши верноподданные соединят с Нами теплые мольбы ко Всевышнему, да благословит десница Его оружие, подъятое Нами за святое и правое дело, находившее всегда ревностных поборников в Наших благочестивых предках. На Тя, Господи, уповахом, да не постыдимся вовеки»[286].

Следующий Манифест царя Николая Павловича — о разрыве дипотношений с Францией и Англией 9 февраля 1854 — говорит именно об этом: «Против России, сражающейся за Православие, рядом с врагами Христианства становятся Англия и Франция. Да поможет нам Всевышний! В этом уповании, подвизаясь за угнетенных братьев, исповедующих Веру Христову, воззовем: Господь наш, Избавитель наш! Кого убоимся! Да воскреснет Бог и расточатся врази Его»[287].

Еще один царский Манифест (от 11 апреля 1854 года) был уже об объявлении войны Англии и Франции:

«Россия не забыла Бога! Она ополчилась не за мирские выгоды, она сражается за веру христианскую и защиту единоверных своих братий, терзаемых неистовыми врагами. Да познает же всё христианство, что, как мыслит Царь Русский, так мыслит, так дышит с ним вся русская

---

[286] Там же. С. 490. № 27628.
[287] Полное собрание законов Российской империи. Второе собрание, Т. 29. Отд. 1. — Спб., 1850. С. 177. № 27916.

семья — верный Богу и Единородному Сыну Его, Искупителю нашему Иисусу Христу, православный русский народ. За веру и христианство подвизаемся! С нами Бог, и никто же на ны!»[288]

Московский митрополит Филарет закреплял религиозный характер войны.

Произнося слово в день рождения императора 25 июня 1853 г.:

«Слышим от благочестивейшего самодержца нашего во всенародный слух исшедшее слово, которым Он ограждает права и спокойствие православного христианства на Востоке, и особенно в святых местах святой земли. Неутешительно ли видеть Его здесь на том пути, который пророчество предначертало Царям благочестивым, — на пути царя-охранителя и защитника Сиона Божия? — Ублажи, Господи, благоволением Твоим Сиона (Пс. 50:20) и видимого, и умозримого. Да постыдятся и возвратятся вспять вси ненавидящий Сиона (Пс. 128:5). Державному же защитнику Сиона, Боже, суд Твой цареви даждь (Пс. 71:1) и судом правды и мира победу над всякою враждой и ухищрением. Да будет судьбой Его выну святое слово: яко царь уповает на Господа, и милостью Вышнего не подвижится (Пс. 20:8). Аминь»[289].

«Народ нехристианский упорно вызывает Россию на новые подвиги брани.

Счастливо это для нас, что самыя обстоятельства поставляют нас в положение народа Божия против врагов Божиих. Самые обстоятельства поставляют нас в положение

---

[288] Там же. С. 416. № 28150.
[289] Сочинения Филарета, митрополита Московского и Коломенского. Слова и речи. Т. 5. — М., 1885. С. 215–216.

народа Божия против врагов Божиих. Враги наши суть враги креста Христова. Следственно, мы можем просить от Бога защиты и победы не только для себя, но и для славы имени Христова. Надобно только, чтобы мы, приступая с сею молитвою к Богу, представлялись Ему в чертах истиннаго народа Божия, которыя суть: чистая вера в Бога, крепкая надежда на Бога, нелицемерная любовь к Богу и ближнему, верность заповедям Божиим, преданность власти, сущей от Бога, любовь к православному отечеству, возведенная до степени, указанной Христовым словом: **больши сея любве никтоже имать, да кто душу свою положит за други своя** *(Иоан. XV. 13) <...> Изступленные и безчеловечные враги имени Христова, чье изступление особенно возбуждено против христианства и человечества. Духовная* **победа, уже победившая мир, вера наша** *(1 Иоан. V. 4), не приминет привести нам и видимую над врагами победу и победоносный мир»*[290].

Вот его «Речь по окончании напутственного молебна, при выступлении в поход 16-й пехотной дивизии, говорена в Екзерциргаузе (Манеже) января 16-го 1854 года»:

«Дети Царя и Отца и Матери России, братия воины! На подвиг призывают Вас Царь, Отечество и Христианство и сопровождает Вас молитва Церкви и Отечества. Вы сражаетесь за Благочестивейшего Царя, за любезное Отечество, **за святую Церковь против нехристиан**, *против гонителей христианства, против утесняющих народы нам единоверные и частию соплеменные, против оскорбителей святыни поклоняемых мест Рождества, Страдания и Вос-*

---

[290] Беседа в день восшествия на Всероссийский Престол Благочестивейшего Государя Императора Николая Павловича 20 ноября 1853 года в Чудове монастыре // Сочинения Филарета, митрополита Московского и Коломенского. Слова и речи. Т. 5. — М., 1885. С. 232–233.

кресения Христова. При сих условиях, — благословение и слава побеждающим, благословение и блаженство приносящим в жертву жизнь свою с верою в Бога, с любовию к Царю и отечеству! Сказано в писании о древних подвижниках за отечество: „верою победиша царствия" (Евр 11,33). Верою победоносни будете и вы. Для сего и напутствуем вас молитвою и знамениями веры. Возмите также и имейте с собою военное и победоносное слово Царя и Пророка Давида: «о Бозе спасение... и слава» (Пс. 61, 8)»[291].

«Вот святый образ Христа Спасителя, которым Государыня Императрица Мария Александровна благословляет вас, с молитвою благочестивейшего Ея сердца, да воинствуете с Именем Господа Иисуса Христа»[292].

В 1855 году Филарет сделал «Наставление настоятелям монастырей, благочинным монастырей и церквей, протоиереям и священникам соборов и церквей градских и сельских». В нем предписывалось:

«Священнослужители должны изъяснять пастве, особенно же людям податных сословий, что **настоящая война, с самого начала своего, есть для нас, русских, война за святую веру***, за Церковь Христову, Самим Спасителем насажденную на востоке, за православных восточных Христиан, страждущих под турецким игом».* Филарет счел нужным, с своей стороны, сделать *«наставление настоятелям монастырей, благочинным монастырей и церквей, протоиереям и священникам соборов и церквей градских и сельских»*[293].

---

[291] Сочинения Филарета, митрополита Московского и Коломенского. Слова и речи. Т. 5. — М., 1885. С. 533.

[292] Речь на Красной площади к стрелковому полку Императорской фамилии по совершении молебствия 9 сентября 1855 года // свт. Филарет митр. Московский. Творения. Слова и речи. Т. 5. — М., 2007. С. 580.

[293] Цит. по: Корсунский И. Святитель Филарет, митрополит Московский: Его жизнь и деятельность на Московской кафедре по его проповедям,

Аналогичны были проповеди святого современника Филарета — Иннокентия Борисова, архиепископа Херсонского. Эти проповеди важны еще и тем, что Севастополь, Крым и Одесса входили в состав его, Херсонской, епархии. Так что по сути это главный фронтовой капеллан.

Цели войны он определял однозначно и видел их вовсе не в защите родных деревень:

> «Во́йска у нас, слава Богу, не мало, и оно всё воодушевлено чрезвычайно. Великие слова: „за гроб Господень, за веру православную!" Каждый готов на смерть, в ожидании венца мученического»[294]. «Мы сражаемся за веру православную, за Гроб Господень и за угнетенных собратий наших по вере»[295].

> «И за кого была бы претерплена вчера самая смерть, если не за Крест и Гроб Христов? Какая другая цель самой войны настоящей, как не защита веры православной и единоверных собратий наших от насилий и угнетений мусульманских?»[296]. «Вспомните, почему и для чего решились мы на брань настоящую. Мы стали за целость веры православной и святость Креста Христова. Россия никогда не откажется от великого и святого призвания своего — быть защитницей веры православной; никогда не предаст Ковчега

в связи с событиями и обстоятельствами того времени. — Харьков, 1894.

[294] Чтения в обществе истории и древностей. 1869. Кн. I. С. 150. отд. «Смесь».

[295] Слово во время бомбардирования Одессы соединенным флотом англо-французским // Сочинения Иннокентия архиепископа Херсонскаго и Таврическаго. Т. 3. Слова по случаю общественных бедствий. — СПб., 1908.

[296] Слово после бомбардирования города Одессы соединенным флотом неприятельским // Сочинения Иннокентия архиепископа Херсонскаго и Таврическаго. Т. 3. Слова по случаю общественных бедствий. — СПб., 1908.

Завета, ей свыше вверенного, в нечистые руки филистимлян»[297].

Обличая «измену» англичан, св. Иннокентий так определяет свою позицию:

«Мы остались, наконец, одни под знаменем Креста, у подножия Гроба Господня! Мы можем улучить милость и заступление свыше, кои ратуем и подвизаемся не за себя, а за Крест и Гроб Христов»[298].

Это ли не лозунг крестоносцев?

Английские ядра летят над Одессой — а крестоносная мысль Иннокентия отождествляет Севастополь и Иерусалим:

«Итак, вы не решились оставить Гроба Спасителя своего и в эти грозные минуты, когда смерть и пагуба носятся над собственными головами и вашими!... То самое море, которое доселе обыкло приносить нам прохладу и все выгоды жизни, обратилось теперь в бездну огнедышащую, из коей несутся на нас молнии и громы. Но будем ли унывать и смущаться безотрадно? Нет: у живоносного Гроба Спасителя для христианина не страшен самый ад»[299].

«Мы желаем спасти Крест Христов и Евангелие от совершенного унижения перед Алкораном — вот наши желания

---

[297] Слово по случаю нашествия на полуостров Крымский иноплеменников // Сочинения Иннокентия архиепископа Херсонскаго и Таврическаго. Т. 3. Слова по случаю общественных бедствий. — СПб., 1908.

[298] Слово при появлении перед Одессою флотов неприятельских // Сочинения Иннокентия архиепископа Херсонскаго и Таврическаго. Т. 3. Слова по случаю общественных бедствий. — СПб., 1908.

[299] Слово во время бомбардирования Одессы соединенным флотом англо-французским // Сочинения Иннокентия архиепископа Херсонскаго и Таврическаго. Т. 3. Слова по случаю общественных бедствий. — СПб., 1908.

и требования! Других мы не имели и не имеем; это можем сказать мы вслух всему свету, пред сим Крестом и Гробом Спасителя нашего»[300].

В этой же проповеди св. Иннокентий высказывает надежду на полное изгнание турок из Константинополя и вообще Европы:

«что могут сказать (англичане) в оправдание своего нечестивого союза против нас с поклонниками Магомета? Что для спокойствия и благоденствия нашей части света необходимо существование среди нее во всей силе прелести Магометовой? Что взаимное отношение стран и народов христианских поколеблется и превратится, если во граде Константина Великого не будет ежедневно провозглашаемо на всех стогнах: нет Бога, кроме Бога Магометова?»

---

[300] Слово во время облежания Одессы флотом неприятельским// Сочинения Иннокентия архиепископа Херсонскаго и Таврическаго. Т. 3. Слова по случаю общественных бедствий. — СПб., 1908. При этом 11 апреля Иннокентий доносил обер-прокурору Святейшего Синода графу Н. А. Протасову, что пасхальное воскресенье прошло «довольно спокойно, хотя один из пароходов подходил стрелять по …… гавани», особо подчеркнув при этом, что «народ православный покоен, и возглашенное ему во время канонады с амвона слово, что Одесса в самый день Гроба Господня удостоилась пострадать за Гроб Господень и веру православную и крестилась кровью и огнем, произвело благотворное действие». РГИА, ф. 797, оп. 24, отд. 2, ст. 2, д. 16, л. 1–3. 25 июня Николай I подписал рескрипт на имя архиепископа Иннокентия, в котором сообщалось о пожаловании ему «в ознаменование особенного монаршего благоволения к столь доблестному служению» алмазного креста для ношения на клобуке. Через год по инициативе Иннокентия Синод благословил ежегодно в день бомбардировки (10 апреля) совершать таинство Елеосвящения (соборования). «Приими же, богоспасаемый град Одесса, новое благочестивое учреждение сие с той живой верой и благоговением, кои подобают градам Богоспасаемым! Притекай спешно каждый год на совершение сего Таинства, оставляя для сего все житейские заботы твои, как бы они важны ни казались» (Речь в память бомбардирования Одессы в Великую Субботу 1854 года флотом неприятельским). Ныне это забыто.

Иннокентий сурово обличает христиан, вступивших в союз с мусульманами:

«Как ни горько, братия мои, помышлять о такой измене западных христиан Богу отцов своих, и как ни жалко в сем отношении их духовное состояние, как ни отвратителен их противоестественный союз с врагами Креста Христова, но с другой стороны: сие-то самое и должно служить к ободрению нашему, ибо враги наши, в ослеплении ума и совести своей, восстали таким образом уже не против нас, а, можно сказать, против Самого Спасителя своего, бесчестя Его всесвятое имя и унижая Божественную веру в Него перед лжеучением Магометовым».

При этом он забывает, сколь часто русские князья (начиная со св. Александра Невского) и цари звали татар и крымчаков в свои междоусобицы, и что башкирская и калмыцкая конница уже давно составляла часть русской армии. Причем порой весьма своеобразную часть: в Полтавском сражении «Казаки и калмыки имели повеления, стоя за фрунтом, колоть всех наших, кои побегут или назад подадутся, не исключая самого государя» (Пушкин А. С. История Петра Первого).

Иннокентий вообще оказался мастером геополитического псогоса:

«Турция — держава, от коей вовсе нельзя было ожидать нападений, по самой ее слабости, которая, образуя из себя дикий и безобразный нарост в благоустроенном составе тела государств Европейских, и по тому самому давно и неизбежно обречена уничтожению <...> Гряди с Богом брани и побед православное воинство российское. Докажи врагам нашим, что ты то же самое, которое было при Кагуле, Измаиле и Кулевче, или паче покажи им, что являешься теперь за Дунаем уже с берегов не Днепра и Днестра, а с берегов Вислы и Псела, приведши в разум те народы,

с коими долго еще не сравняться полудиким поклонникам Алкорана»[301].

Враги, понятно, — слуги диавола: «Если есть кто с врагами нашими, то разве Велиар и Магомет, за темную державу коего они восстали на нас»[302]. «Отныне дело наше, или вернее сказать, дело всего христианства, в руках уже не человеческих, а Божиих. Да возможет Самодержец наш с высоты престола своего проразуметь все козни врага, все извития дракона, уже давно со всех сторон изъязвленного, но всё еще ядовитого!»[303]. «Если кто первый виновник нынешнего, едва не всемирного, смущения и бедствий, то это отец лжи, который, будучи поражен смертельно на Голгофе в главу Крестом Христовым, в отмщение за то старается возмущать враждою благодатное царство Христово на земле, восставляя один против другого самые народы христианские»[304]. «Служители веры магометанской, последуя душевредному Алкорану, и сами всю жизнь шли и других слепо вели за собой в пропасть адскую»[305]. «Христолюбивое воинство наше в порыве святой ревности ожидает как празднества того дня и часа, когда

---

[301] Речь по прочтении Высочайшего манифеста о войне с Турцией // Сочинения Иннокентия архиепископа Херсонскаго и Таврическаго. Т. 3. Слова по случаю общественных бедствий. — СПб., 1908.

[302] Слово во время бомбардирования Одессы соединенным флотом англо-французским // Сочинения Иннокентия архиепископа Херсонскаго и Таврическаго. Т. 3. Слова по случаю общественных бедствий. — СПб., 1908.

[303] Речь по прочтении Высочайшего манифеста о войне с Турцией // Сочинения Иннокентия архиепископа Херсонскаго и Таврическаго. Т. 3. Слова по случаю общественных бедствий. — СПб., 1908.

[304] Слово после бомбардирования гавани Одесской пароходом неприятельским Турцией // Сочинения Иннокентия архиепископа Херсонскаго и Таврическаго. Т. 3. Слова по случаю общественных бедствий. — СПб., 1908.

[305] Слово при совершении покаянного молебствия по случаю нашествия на полуостров Крымский иноплеменников // Сочинения Иннокентия архиепископа Херсонскаго и Таврическаго. Т. 3. Слова по случаю общественных бедствий. — СПб., 1908.

можно будет, не щадя своей крови и живота — за Царя и Отечество — ринуться победоносно на толпы богопротивных иноплеменников»[306]. «Враги наши не престают в таком множестве препосылать сынов своих в жертву Ваалу и Молоху»[307].

Редко какая капелланская проповедь во дни войны обходится без пророчеств. И св. Иннокентий не обошелся без этого увлечения:

> *«Образованнейшие из народов Запада с таким упорством хотят продлить, и вопреки явным намерениям Самого Промысла Божия, существование в Европе — среди собственных недр своих — этой дикой орды магометанской, которой бытие так недавно еще почиталось от всех за признак гнева небесного, которая и ныне не может иначе существовать, как кровью и слезами подручных ей народов. Если кто при сем торжествует, то разве один Магомет — во глубинах адовых, видя, как падающая и оставляемая самими мусульманами злочестивая хоругвь его подъемлется из праха и поддерживается в силе кровью христиан. Кто бы ни поддерживал позорное знамя Магомета, ему суждено изветшать и обратиться в прах от самого времени: с каким бы самоотвержением ни старались переливать собственную кровь в одряхлевший состав мусульманства для его обновления и укрепления, юное через то может потерять силу и бодрость, а старое и помертвевшее пребудет устарелым и мертвым. Исламу не существовать более в том виде, как он, ко вреду человечества, существовал более четырех веков. И будьте уверены, братие мои, предопределенное*

---

[306] Слово по случаю нашествия на полуостров Крымский иноплеменников // Сочинения Иннокентия архиепископа Херсонскаго и Таврическаго. Т. 3. Слова по случаю общественных бедствий. — СПб., 1908.

[307] Св. Иннокентий Херсонский. Слово по прочтении Высочайшего манифеста о государственном вооружении иноплеменников // Сочинения Иннокентия архиепископа Херсонскаго и Таврическаго. Т. 3. Слова по случаю общественных бедствий. — СПб., 1908.

свыше исполнится во всей силе! Кто бы ни поддерживал позорное знамя Магомета, ему суждено изветшать и обратиться в прах от самого времени»[308].

Его предсказание сбылось лишь в одном: «Исламу не существовать более в том виде, как он, существовал более четырех веков». Через сто с небольшим лет ислам станет глобальной политической силой, способной свергать престолы, соединять и разрушать государства — причем силой народной веры, а не по велению султана, шаха, хана, короля или президента.

Свои пророчества тогда были и у св. Игнатия Брянчанинова. Н. Н. Муравьеву-Карскому, наместнику Кавказскому и командующему войсками на Кавказском театре Крымской войны, он предсказывал:

«31 июля 1855 года. Германия должна желать торжества России и содействовать ему: торжество России есть вместе и торжество Германии. Так это ясно, что мы не удивимся, если на будущую весну увидим Германию, вместе с Россиею идущею на Париж, расторгающею злокачественный союз, и потом всю Европу, устремленную для обуздания Англичан. Решительный исход этой войны и прочный мир виднеют в самой дали: за периодом расторжения Англо-Французского союза и за побеждением Англии на море».

«26 января 1856 года. Вследствие готовящихся открыться переговоров, а затем переворотов, не придется ли Вам предпринять путешествие в Индию?»[309]

И хотя в этом время Игнатий был жителем Сергиевой пустыньки, он переживал военные новости: он посылает адмиралу

---

[308] Речь при освящении новых батарей Одесских // Сочинения Иннокентия архиепископа Херсонскаго и Таврическаго. Т. 3. Слова по случаю общественных бедствий. — СПб., 1908.

[309] https://azbyka.ru/otechnik/Ignatij_Brjanchaninov/budushhee-rossii-v-rukakh-bozhestvennogo-promysla/

Нахимову икону недавно (в 1832 г.) прославленного св. Митрофана Воронежского и поясняет:

> «Когда впервые сооружался Черноморский флот в Воронеже по повелению Петра Великого, святитель Митрофан содействовал гениальному Царю казною своею в сооружении судов. Теперь Святый Митрофан сделался богаче и могущественнее, как свыше облаченный благодатию чудодейства. Да снидет он на помощь к тому флоту, об основании которого он присоединил свои усилия к великим трудам Государя! да снидет он на брань против тех неверных, против которых он возбуждал Православного Царя, и против гордых помощников их. Снишел некогда Ангел Господень в войско фараона, дерзнувшее пуститься по дну расступившегося моря вслед за Израильтянами, помрачил взоры Египтян, связал колесницы их невидимою силою, потопил врагов народа Божия водами, возвратившимися в свое ложе, так и ныне да снидет Святитель Митрофан с ликом прочих Святых земли Русской, всегда отличавшихся любовию к отечеству, да снидет к флотам иноплеменников, да **свяжет и оцепенит машины**, на которые они уповают, да потемнит их умы, да расслабит ноги и руки их, а Вам да дарует победу, которую вселенная принуждена будет провозгласить чудом. Черное море, море, вскипевшее под ладьями наших предков, когда они, будучи идолопоклонниками, покусились воевать против православного Цареграда, теперь воздвигни столь же справедливо-гневные волны, устреми их **против колоссальных машин Европы**, скопившихся на водах твоих для поддержания тяжкого ига, под которым стонет православие Цареграда, порабощенного последователями Магомета. С нами Бог! разумейте языцы и покоряйтеся. Вы надеетесь на множество тленной мудрости Вашей, и потому поучайтесь тщетным, начинаете начинание несбыточное. Царь наш и мы уповаем на Господа, и силою

веры нашей пребудем непоколебимы. Нам пошлется помощь от Святаго и заступление от Сиона. Живый на Небесех посмеется ухищрениям врагов наших, Господь поругается им. Он возглаголет к ним гневом, и яростию Своею сметет их. Они падут, а мы восторжествуем. Господи! спаси Русского Царя и воинство его, и услышь всю Россию, молитвенно вопиющую Тебе о них и призывающую Твою страшную и непобедимую силу на нечестивых врагов своих» (1 февраля 1854 года)»[310].

Война Бога против машин может ли считаться религиозной? Потом, правда, русские офицеры с горечью будут шутить об этом: «Мы воюем с Богом, а немцы с тяжелой артиллерией»[311].

Военный азарт славянофилов напоминать не буду. По имени — и позиция, и риторика.

Но несколько стихотворений независимо от степени известности авторов всё же хорошо выразили общую волну общественного мнения.

Графиня Е. П. Растопчина откликнулась следующей одой:

Пришла пора… зажглася над Востоком

Давно желанная заря!

Уж близок, близок час, обещанный пророком,

В псалмах еврейского царя!

Долой мечеть с двурогою луною!

Сияй, наш православный Крест,

Над маковкой Софии золотою

---

[310] https://azbyka.ru/otechnik/Ignatij_Brjanchaninov/perepiska-s-druzjami-i-znakomymi/#0_42

[311] Эти слова записаны последним военным министром Временного правительства. А. И. Верховским в его дневнике «Россия на Голгофе» (Глава 3-я. Разгром в Галиции. 1915 год) (Верховской А. И. На трудном перевале. — М., 1959. С. 77).

Ода «Нашим братьям Юго–Восточным православным» написана 18 июня 1853 года сразу после публикации манифеста о вторжении в молдавские княжества. Этот Июньский манифест Ростопчина прямо называет военным, что следует из затекстовой авторской пометки: «Прочитавши манифест о войне».

Также Е. П. Ростопчина памятна стихом «Годовщина 19-го марта: Песня достославным русским воинам, участвовавшим при взятии Парижа». Понятно, что на Россию «под знаменем Корана» идут турки, «кичливый галл» и «сребролюбивый бритт». Но по приказу русского царя, «душою богатыря», Россия «родит ему солдат». Посему царь глаголет своим врагам:

«Мильон штыков могу послать на вас!..
Велю — их будет два!.. а попроси я, –
Мне три народ мой даст сейчас!..»

Более чем ясная демографическая программа и ее главная цель.

В связи с этим сенатор Лебедев записал в дневнике, что **«война за веру**, за Греков и славян нашла сильное сочувствие в говорливых людях»[312].

Бывший семинарист Иван Никитин пишет стих «Война за веру». Но он еще не знает, что через полтора века патриарх Кирилл будет твердить, что Россия никогда не вела религиозных войн и не ходила в крестовые походы.

Вперед, святая Русь! Тебя зовет на брань
Народа твоего поруганная вера!
С тобой и за тебя молитвы христиан!
С тобой и за тебя святая матерь-дева!

А еще этим стихом расчесывается гондурас «наших обид»:

Глумится над крестом безумство мусульман,
И смотрят холодно великие державы

---

[312] Из записок сенатора К. Н. Лебедева //Русский Архив 1888 г. № 5. С. 137.

*На унижение и казни христиан.
За слезы их и кровь нет голоса и мщенья!
От бедных матерей отъятые сыны
В рабы презренному еврею проданы,
И в пламени горят несчастные селенья...
Скажите нам, враги поклонников креста!
Зачем оскорблены храм истинного бога
И Древней Греции священные места, —
Когда жидовская спокойна синагога?*

У каких христианских матерей турки в 1850-е годы отнимали детей и продавали их в рабство «презренному еврею»? Можно ли показать такие случаи на основании писем и статей еп. Порфирия Успенского или архим. Антонина Капустина?

Другой пиит — прапорщик Иванов 2-й — отозвался стихом «На вступление русских войск в Придунайские княжества». Ему тоже ясна цель начавшегося в июне похода:

*С Богом в путь далекий, славный,
С Богом! Севера сыны,
Мы соседей своенравных
Вразумить теперь должны
И опять пред русским громом
Затрепещет их Царьград.
Что, по слову Николая,
Мы припомним старину
И права родного края
Не уступим никому*

Как видим, «права родного края» простираются далеко за его границы.

Впрочем, если захотеть, можно отождествить права-желания-владения. Как в стихе Ф. Ф. Смурова «Песнь к походу»:

*Главы гордых посечем
Православия мечом;
Защитим страну святую –
Ниву Господа родную!
Где Спаситель наш рожден,
Где невинно осужден!*

Не знал о том, что Россия не ведет религиозных войн и К. С. Аксаков — старший сын Сергея Аксакова и автор стиха «Орел России. 1453–1853»:

*«Ты за веру, Русь святая,
В бой с врагом решилась стать»*

Некая М. Алексеева стихосложила:

*Победный клик — в боях он страшен;
Как вихрь, метет прах дольний с мест,
Сорвет луну он с гордых башен
И водрузит на храмах крест!*[313]

Аполлон Майков — тоже во пророках:

*Наш век велик, могуч и славен;
Провозвестит потомкам дальным,
Что мы всё те же, как тогда,*

---

[313] Вышел даже целый сборник таких стишат: Алексеев П. Ф. Современный голос к славе и чести русских ратников. — Спб., 1854. http://az.lib.ru/a/alekseew_p_f/text_1854_sovr_golos_oldorfo.shtml См. также: Ратников К. В. Крымская война и русская поэзия: Антология патриотических стихотворений 1853–1856 гг. — Челябинск, 2011. С. 21–22. Шаповалова Н.В. Крымская война в художественном творчестве ветеранов 1812 года (по произведениям П. А. Вяземского и Ф. Н. Глинки) // Человек и культура, 2018. № 2. С. 12. https://nbpublish.com/library_read_article.php?id=25941

*И что жива еще в России
О христианской Византии
Великодушная мечта!
Мы прозреваем наконец
В самосознании народном —
Нам не в Париже сумасбродном,
Не в дряхлой Вене образец.
А мы за нашими царями,
Душою веруя Петру,
Как за искусными вождями,
Пошли к величью и добру.
Познай, наш враг хитроугрозный!
С ее царем дороги розной
России ввек не может быть.
И пусть она еще ребенок,
Но как глядит уже умно!
Еще чуть вышла из пеленок,
Но сколько ею создано!..*
**Во славу имени Христова
Кипит священная война,**

(2 или 3 декабря 1853 г.).

Тут понятно: партийная борьба хуже абсолютизма и потому Европа гниет. А вот Петр вел Россию дорогой любви. Правда, в ту самую Европу. И война честно названа религиозной.

Стихотворение князя Н. А. Цертелева «Русскому победоносному воинству», написанное 2 января 1854 г., начинается призывом к «богатырям богоспасаемой России» отправиться на юг, чтобы «Восстановить святые алтари и царство древней Византии».

И более того:

*И вспрянут волны Иордана,
И радостно далекий Град — Святый
Воскликнет вам: осанна!
Благословен, во имя Господа грядый!*[314]

В январе 1854-го князь Д. И. Долгорукий пишет стихотворение «Ура»:

*«Ура!» — кричали наши деды;
«Ура!» пришлось кричать и нам
Ликуй, Иерусалим, — ты с нами,
Мы грудью станем за тебя...*

Некто написал «Экспромт уральским казачьим полкам»:

*Слава матушке-России,
Слава батюшке-царю!
Сердце чует, говорит:
На воротах Цареграда
Подновить Олегов щит!
Ура, ура! ура-ура-ура!*

Федор Глинка в 1854 году написал оду «Ура!»[315]

*Спроситесь и с полями битвы,
Как Русским святы честь и долг*

---

[314] Московские ведомости. 1854. 18 февраля.

[315] «Ура!» стало признанным военным кличем только к концу XVIII в. Инструкцией «Как вести себя в сражении солдатам и в особенности офицерам» 1706 года в атаку предписывалось идти молча, а за крик на поле боя солдата или драгуна должны были «заколоть до смерти» свои же (Арзамаскин Ю. Н., Мартынов В. Ф. Морально-психологический фактор в русской армии эпохи Петра Великого // Вестник военного университета, 2012. № 1 (29). С. 158).
При Елизавете Петровне «ура» стало использоваться в армии как военное приветствие, соседствуя с принятым «виватом». В записи о сражении при Гросс-Егерсдорфе 19 августа 1757 г. в «Журнале военных действий

И как доходны их молитвы
И как ВЕЛИК РОССИЙСКИЙ БОГ!!!
Вам Русского не сдвинуть Царства:
Оно с ХРИСТОМ — и за ХРИСТА!

П. Ф. Алексеев в октябре 1853 г. написал стих «Манифест о войне с Турцией». В нем «Царь, двинув рать» начал войну, итогом которой станет занятие Палестины.

Царь, двинув рать, грозу рассыпал,
Рокочут громы, ходит гул.
Война! из урны жребий выпал:
Бледнеет Понт, дрожит Стамбул.

армии С. Ф. Апраксина» читаем: «Но прежде нежели лагерь назначить успели, его высокопревосходительство генерал-фельдмаршал всю во фрунте стоящую армию объездил и войско, похваляя храбрость оного, [с]толь знатною от бога дарованною победою поздравлял, при чем следующее от всей армии троекратное учинено восклицание: „виват ее императорскому величеству, нашей природной государыне и премилосердной матушке Елисавет Петровне на множество лет ура, ура, ура!"» (Из «Журнала военных действий армии С. Ф. Апраксина» о сражении при Гросс-Егерсдорфе // Семилетняя война. — М., 1948. С. 184–188). Вероятно, один из первых случаев использования «ура» в качестве настоящего боевого возгласа отображен в «Журнале генерал-фельдмаршала князя А. А. Прозоровского 1769–1776 гг.». Описывая сражение с турками под Алуштой, произошедшее в июле 1774 г., Прозоровский записывает следующее: «И по выходе из самого того последнего рва приказал я гренадерам оставлять ружейную пальбу, поелику продолжение оной причинило б больше урону нам, нежели неприятелю, в рассуждении сидения его за каменной линией, и что из той батареи, против которой стоял Тамбовский полк и в которой батальон бросились турки в то место, куда я приблизился. Вместо ж стрельбы из ружей велел им приударить его в штыки. Они сие исполнили с поспешностью, закричав все вдруг „ура"» (Записки генерал–фельдмаршала князя Александра Александровича Прозоровского. 1756–1776. — М., 2004. с. 597–598).
О том, что к началу XIX века «ура» утвердилось в качестве боевого клича, свидетельствует поэзия. Одним из первых поэтов, использовавших «ура» в этой функции, был Д. В. Давыдов: «Ну–тка, кивер набекрень, / И — ура! Счастливый день!» («Бурцову» 1804).

О вождь, душа стальной щетины!
Мой взор в грядущее проник:
Твой лавр с оливой Палестины
Скруглит в венец Архистратиг.

Финал стиха так представляет финал начавшейся войны: клич «Ура!» русских воинов «Сорвет луну он с гордых башен / И водрузит на храмах крест!»

Прямо скажем, взор пиита проник куда-то не туда. Шибляки Севастополя — это вовсе не оливы Палестины.

Но с другой стороны окопов риторика была такой же. Послание Августа Сибура (Marie-Dominique-Auguste de Sibour), архиепископа Парижского от 29 марта 1854 года гласило:

«Клиру и народу епархии нашей благодать и благословение во Господе нашем Иисусе Христе. С того времени как Франция восстала и приняв от рук провидения прерванную нить судеб, решилась во главе Европы, еще раз защитить дело цивилизации и святой веры нашей на Востоке, мы, Первосвященник, духовенство и народ, должны исполнить великую обязанность. Мы должны вознести сердца наши к небу и просить помощи свыше, помощи от святого.

Почему христианская Европа в течение трехсот лет [продолжительность эпохи крестовых походов] обращала меч свой к этому Востоку, откуда пришла к нам цивилизация с просвещением? — Чтобы остановить волны варварства, чтобы установить плотину перед этим потоком, который грозил затопить всё. Чтобы спасти христианскую идею и организацию, которая, начиная с Фотия, была на Востоке развращена и стала до такой крайности беспомощной противостоять внешнему врагу, что она сама стала гибельной для единства и внутреннего мира Церкви. Вот почему наши отцы совершили столько славных походов, заполнили все дороги Азии, основали царство в Иерусалиме и французскую империю в Византии.

Сегодня те же опасности предстают пред нами, скорбные как никогда. Нам угрожает новое варварство, проводимое людьми утонченными. Христианство, развращенное Фотием, поработило веру могущественной мирской власти. Сегодня оно сделало из нее инструмент потерявшей границы наглости. Оно хочет подчинить всё, тела и души, своему ложному православию. Если бы только этот колосс встал на Босфоре — одной ногой на Европе, другой на Азии — гибель наций была бы полной. Можно было бы проследить воочию их упадок и заметить час их полного разрушения. Поэтому остановить наступление северного гиганта, ограничить и сдержать его мощь — вопрос жизни и смерти для цивилизованных народов, для Церкви Иисуса Христа и для подлинного православия. Вот истинная и главная причина, причина промыслительная готовящегося похода. И вот почему и мы называем эту войну войной святой. Да, говоря об этом славном походе, наши воины смогут повторить клич наших отцов: „Бог хочет того!" [боевой клич крестоносцев, лат. Deus vult!]

Да, Бог хочет этого, потому что Его замысел состоит в приведении мира к единству в истине, однако, если победят горделивые устремления, против которых мы сейчас готовимся воевать, то мир будет приведен к единству в заблуждении. Даже сейчас на Востоке, в лоне христианского эллинизма есть много признаков возвращения к единству. Ненависть понемногу умиряется, предрассудки уменьшаются. Эти признаки будут угашены, если московитское влияние продолжится, а особенно если оно усилится. Влияние Запада, напротив, благоприятствовало бы им и привело бы их к единству подлинному.

Бог хочет этого, ибо сейчас препятствие к единству — это уже не мусульманство. Скажем прямо: это московитский цезаризм, с его притязаниями, с его фанатизмом. Ничто так не угрожает Церкви Божией, как разворачивание этой мощи, и так уже слишком колоссальной. Они говорят, что для христианской Европы позорно идти на Восток, чтобы защищать турок. Но, по сути, разве же мы идем на Восток, чтобы защищать турок? Не больше ли для того, чтобы установить плотину против угрожающего продвижения силы, наступление которой пора остановить? Разве наша вина в том, что враги цивилизации, враги Церкви больше не в Турции, а инуде, и что один христианский народ, развратив христианство и сделав его жертвой своих амбиций, стал сегодня преемником и исполнителем роли древних врагов Иисуса Христа? Чтобы было позволено царю-первосвященнику, сегодня потерянному в степях, прийти воссесть, позволим себе сказать, на престоле Константинопольском, нося на главе тройной венец, соединенный с императорской диадимой; чтобы он правил оттуда Востоком и тяготел над Западом, чая его поработить, и не будет ничего более подобного той вселенской апостасии, о которой говорят святые книги, и тому нечестивому делу, которое должно противостать делу Иисуса Христа и стать ужасающим знамением последних дней мира.

Да, Бог хочет того; ибо правосудие не всегда ожидает вечности, чтобы покарать гонителей; есть на севере нации-мученики; есть целые Церкви, чья вера была насильно погашена; во глубине ледяных пустынь Сибири тысячи голосов ежедневно воздымаются к небу; на всех дорогах изгнания встречаются жертвы этого неумолимого гонения. Бог не может долго оставаться глухим к стольким мольбам. Держава столь виновная должна быть наказана. Небо допустило ее самоослепление, так чтобы сама чрезвычайность ее гордыни привела к ее наказанию и разрушению

Богу хочет этого потому, что Он положил, чтобы в это дело, как Его собственное, вовлечены были могущественные нации приманкою бесчисленных интересов политических и материальных, которыми им пренебречь невозможно.

Могущественные западные нации с удивительным спокойствием и с великодушною решимостью предпринявшие эту борьбу, которой ничто не могло воспрепятствовать, — так была она необходима, — изумляют мир громадными своими приготовлениями, выказывая силы и средства, приготовленные сорокалетним миром. Что касается до нас, возлюбленные братья, то прежде всего будем надеяться на помощь Божию и да будет основанием уверенности нашей это изречение: „Сии на колесницах, мы же во имя Господа".

Но может ли оставить наше оружие помощь Божия, когда оно подымается на защиту столь справедливого и священного дела? Это великое дело теперь разъяснилось. Тонкости и извороты дипломатии раскрыты, и мы видим, с одной стороны, доверчивость, желание мира, усилия самые ожесточенные (если можно так выразиться) к сохранению его, и крайнее уважение к трактатам и ко всем законным требованиям, совершенное отсутствие честолюбия и ни тени желания завоеваний, видим наконец во всей Европе одни и те же мысли и решения, несмотря на различие нравов, характеров, интересов и положений; с другой стороны, искусство, соединенное с хитростью и двуличием, обширные замыслы господства, колоссальное могущество, которое по своему произволу возмущает всех, видимое намерение возвести на Константинопольский престол чадо заблуждения и с этого пункта угрожать материальным и нравственным интересам образованных народов.

Преклонимся, братия возлюбленные, пред дивным зрелищем правды и милосердия Божия. Будем молиться, да придет на землю Царство Его, да исполнятся великие Его предопределения, да явятся на свет все блага, таящиеся в недрах мятущихся народов и да утешит Он нас в начинающихся муках рождения. Будем молиться за Принца, Богом поставленного во главе нашей нации. Будем просить Того, кто внушил ему политику столь твердую и решительную, столь прямую и искреннюю, и особенно столь неприязненную для злоумышленных тонкостей, чтобы божественная мудрость всегда была ему присуща: „Боже Отец наших, Господь премилосердый, ниспошли ему и эту мудрость, ниспошли с небес, с высоты престола, на котором седишь ты, полный славы и величия, чтобы она всегда была при нем и действовала с ним".

Будем молиться за храброе наше воинство и неустрашимого вождя его. Будем просить, чтобы мысль о Боге и отечестве служила для них приятным отдохновением среди военных трудностей; чтобы эта двойственная любовь побудила их с самоотвержением встречать величайшие опасности; чтобы великодушные воины наши, довольные своими оброками, согласно заповеди евангельской и славным преданиям военным, воздерживались от всякой несправедливости; чтобы исполненные человеколюбия, они щадили кровь среди ужасов битв и не поражали беззащитных жителей; чтобы особенно уважали детей, жен и стариков; чтобы вера и природа, народное право европейское и христианские обычаи Франции находились под покровом национальной чести; наконец, чтобы друзья и враги наши удивлялись добродетелям их, издавна им свойственным, также как и испытанной их храбрости.

Будем также молить Бога о сокращении дней и бедствий этой борьбы. Увы! Войны даже самые справедливые и необходимые всегда влекут за собою бесчисленные бедствия. О, если бы Господь смягчил их и ускорил минуту счастливого и прочного мира!

По этим причинам, согласно с мнением наших почтенных каноников и с правилами нашей митрополической Церкви, — Мы повелели и повелеваем следующее:

1. Со дня обнародования настоящего указа, в течение девяти дней, Священникам читать на обедни молитвы Pro tempore belli.

2. В продолжение войны читать те же молитвы на обедни по воскресным дням.

3. На всех вечернях, которые будут совершаться во время войны, после Domine salvum и стиха: Fiat manus tua петь молитву: Pro imperatore et eyus exircitu.

Настоящий указ наш прочитать в страстное Воскресенье во всех Церквах и капеллах нашей Епархии и публиковать везде, где нужно.

Дан в Париже, 29 Марта 1854 года.

Мария, Доминик-Август, Архиепископ Парижский»[316].

(Папа Пий IX формально сохранял нейтральную позицию и в изданной 1 августа 1854 г. энциклике Apostolicae Nostrae Caritatis («Апостольской нашей любви») призвал всех к миру).

Ответ на это послание парижского архиепископа сразу же дал А. С. Хомяков брошюрой «Несколько слов о западных вероисповеданиях по поводу одного послания парижского архиепископа».

Для нашего же повествования достаточно самого факта этого послания, чтобы понять, что крестопоходностью размахивали обе стороны этой «репетиции Первой Мировой войны». От

---

[316] Mandement de Monseigneur l'Archevêque de Paris, qui ordonne des Prières publiques pour le succès de nos armes en Orient [«Окружное послание Монсеньера Архиепископа Парижского, устанавливающее общественные моления об успехе нашего оружия на Востоке»]. Листовка, 1854. https://gallica.bnf.fr/ark:/12148/bpt6k5803090n Современный русский перевод В. Лурье дополняю старым Н. П. Гилярова-Платонова (Православное Обозрение. 1864. Т. 13. С. 7–38, 105–144).

репетиции до премьеры перевернутся военные союзы (антипарижская брошюра Хомякова была издана в немецком Дрездене, союзном России), но риторика останется.

А в защиту чести св. Иннокентия надо сказать следующее:

1. Он лично приехал в осажденный Севастополь и много времени провел в воюющем Крыму.

2. «После Алмского сражения, Преосвященный объявил татарам, что дает два рубля серебром за каждого раненого, которого ему принесут с поля сражения; и ему принесли до ста на другой и третий день»[317].

3. После падения Севастополя из его проповедей напрочь исчезли «крестовопоходные» призывы и аналогии. И уж полностью пропали две ранее обозначаемые цели войны — уничтожение Турции и освобождение Гроба Господня.

Вообще это могло бы быть темой отдельного исследования — как менялись интонации патриотических риторов в ходе развития военных действий — от бравурных до примирения с горькой реальностью.

Так, князь Петр Вяземский, автор мема «квасной патриотизм»[318] в записной книжке, для себя восплакал:

Тревожит душу неизвестность;
Страх, потаенная тоска
Ни блеск долин, ни Леман синий
Не в силах скорби обмануть:
Тень Севастопольской твердыни
Ложится саваном на грудь.

---

[317] Письма митрополита Московского Филарета к наместнику Свято-Троицкой Сергиевой лавры архимандриту Антонию. 1831–1867 гг. Ч. 3. — М., 1883. Письмо от 31 января 1855 г.

[318] Интересно, что патриотствовал Вяземский, находясь вне России: с начала 1850-х годов он лечился от тяжелого приступа нервной болезни в Европе.

И он же сделал честный вывод по итогам той Николаевской авантюры:

Мы дома, нам с братией близкой
Должно не Австрийцами быть.
К чему по кровавому полю
Искать нам чужих крепостей?
Из крепости Русской на волю
Отпустим мы Божьих детей.
Вот подвиг нам светлый и смелый!
Мы Богу его посвятим;
А Франко-цесарское дело
Тому же фон-Булю сдадим.
Боюсь, дипломатии леший
Нас втянет в свой бор и в свой ил;
Дай Бог нам поменьше депешей,
Поболее внутренних сил.
Пред чуждой — не склоним мы выи;
Но рук не дадим ей взаймы:
Россия нужна для России,
На дом свой работники мы.
Да здравствует дома Россия
И борется только с собой!
Да сплавить стихии родные
В единый и правильный строй.
С сознанием строго и зрело
Свой долг и свой путь изуча,
Свое, а не чуждое дело
Валить на могучи плеча.
Не суясь ни в ссоры, ни в дружбу,
Да помнить, и помнить верней,
Что часто не в дружбу, а в службу
Иные вербуют друзей.

(1859)

«Россия нужна для России» — это предшественник «Россия сосредотачивается» Горчакова (после поражения в Крымской войне») и «проект сбережения народа» Солженицына (после надрыва СССР)[319].

Но еще ранее, в печальные для России месяцы Крымской войны Петр Чаадаев немногими афоризмами изложил полный достоинства символ веры. Он как бы подводил итог своему общественному служению:

«Слава Богу, я ни стихами, ни прозой не содействовал совращению своего отечества с верного пути.

Слава Богу, я не произнес ни одного слова, которое могло бы ввести в заблуждение общественное мнение.

Слава Богу, я всегда любил свое отечество в его интересах, а не в своих собственных.

Слава Богу, я не заблуждался относительно нравственных и материальных ресурсов своей страны.

Слава Богу, я не принимал отвлеченных систем и теорий за благо своей родины.

---

[319] О, если бы Россия приложила к себе формулу Бисмарка о том, что для Германии Балканский вопрос не стоит костей одного померанского гренадера. Точнее: «Я не сторонник активного участия Германии в этих делах, поскольку в общем не усматриваю для Германии интереса, который стоил бы переломанных костей хотя бы одного померанского мушкетера» (речь 5 декабря 1876 года в рейхстаге). «Нам совершенно всё равно, кто правит в Болгарии и что вообще станет с Болгарией — это я повторяю здесь; я повторяю все, что говорил ранее, употребляя избитое и заезженное выражение о костях померанского гренадера: весь восточный вопрос не является для нас вопросом войны. Мы никому не позволим из-за этого вопроса накинуть себе на шею поводок, чтобы поссорить нас с Россией» (речь 11 января 1887 года в рейхстаге). Цит. по: Душенко К. В. Красное и белое: Из истории политического языка. — М., 2018. С. 246.

Слава Богу, успехи в салонах и в кружках я не ставил выше того, что считал истинным благом своего отечества.

Слава Богу, я не мирился с предрассудками и суеверием, дабы сохранить блага общественного положения — плода невежественного пристрастия к нескольким модным идеям»[320].

Напомню, 18-летний Петр Чаадаев в составе гвардейского Семеновского полка участвовал в Бородинском сражении (после захвата неприятелем Батареи Раевского участвовал в отражении атак французской тяжелой кавалерии на центр русской позиции), ходил в штыковую атаку при Кульме (в том бою погибли до 900 человек из состава полка, в том числе полковник Андрей Ефимович), был награжден русским орденом св. Анны и прусским Кульмским крестом.

Но ни Чаадаева, ни Вяземского не услышали.

Последовала очередная Русско-турецкая война, которая также разжигалась религиозными доводами и призывами.

Балканская война: война, объявленная епископом

Сама война была объявлена церковным способом: после парада войск на Скаковом поле в Кишиневе на торжественном молебне епископ Кишиневский и Хотинский Павел (Лебедев) прочел Манифест Александра II об объявлении войны Турции[321].

Когда тот же манифест был зачитан в Москве, оттуда 13 апреля 1877 г. в редакцию столичного (петербургского) «Церковного вестника» был отправлена телеграмма:

---

[320] Русское общество 30-х годов XIX века. Мемуары современников. — М., 1989. С. 35–36.
[321] Полное собрание законов Российской империи. Собрание 2. Т. 52. Ч. — СПб., 1879. № 57155.

«Сейчас окончилось молебствие. Между соборами, на площади, собралось до 50 000 народа; верхи кремлевских колоколен унизаны головами зрителей; на парапетах высоких лестниц также толпится народ. По всей Москве гул колоколов; город, до сих пор сонный, ожил. На улицах повсюду толпы народа; встречные поздравляют друг друга. Восторг всеобщий»[322].

Приказ номер один, изданный главнокомандующим великим князем Николаем Николаевичем, уверял:

«Не для завоеваний идем мы, а на защиту Веры Христовой. Итак, вперед! Дело наше свято и с нами Бог!»[323].

В отличие предыдущих войн Синод не составил специального воззвания к народу. Но это вовсе не значит, что церковь осталась в стороне

Церковная пресса писала:

«11 апреля в Кишинев прибыл Государь Император, чтобы благословить христолюбивое воинство свое на священную брань с неверными. Полная любви к своему Великому Монарху, полная веры в святость ЕГО намерений, предавшись воле ЕГО, как Провозвестника воли Божией, Россия напряженно ждала решения волнующаго ее вопроса об участи христиан Балканскаго полуострова. На здании городской думы появился бюст Повелителя земли русской, под которым на красном сукне золотыми буквами выступала надпись: „Слава Обновителю России! Преобразователю городов слава!" У окна вагона сидел Самодержец земли русской, и жадно всматривались ЕГО верноподанные в ЕГО

---

[322] Одушевление народа // Церковный вестник. 1877. № 15. Часть неофициальная. С. 13.

[323] Приказ по войскам действующей армии от 12 апреля 1877 // Кишиневские епархиальные ведомости. 1877. № 7. С. 143.

кроткое, полное милосердия, любви, грустного раздумья лицо, от которого не хотелось оторвать своих взоров. Сама природа как будто сжалилась над подданными, желавшими встретить обожаемаго Отца России с возможно большими выражениями любви и преданности своей, и приостановила, смягчила враждебные действия, — ветер затих, дождь перестал, сделалось значительно теплее. Раздался радостный трезвон всех церквей города, понеслось „ура".

Светлые надежды возбудил этот приезд всея России Обладателя на окраину, некогда томившуюся под игом турецким, испытавшую всю тяжесть мусульманскаго владычества.

Хотелось, чтобы скорее настало утро, чтобы вновь при свете дня увидеть лице Царево, услышать Царское слово, поклониться Помазаннику Божию, возблагодарить Всевышняго, в НЕМ и чрез НЕГО прославляющаго Имя свое, вносящаго в судьбы мира и отношения народов правду и человечность. Разсвет начал собирать жителей города на соборную площадь и Московскую улицу. Около восьми часов пришли воспитанницы и воспитанники всех учебных заведений Кишинева и заняли тротуары против бульвара. Красивую группу представляло новое подрастающее поколение, над которым приятно манила к себе глаз зелень растений... Преосвященный обратился к ЕГО ИМПЕРАТОРСКОМУ ВЕЛИЧЕСТВУ с речью, призывающею благословение Божие на Повелителя России и ЕГО благия начинания. Прочувствованная, искренняя речь архипастыря нашего произвела на всех присутствовавших глубокое, сильное впечатление. Преосвященный явился выразителем того, что шевелилось в недрах души каждаго, что клокотало в груди, трепетом наполняло сердце, теснилось в нем, просилось с языка, стремилось излиться, но не находило ни слов, ни возможности.

Затем начался краткий молебен. Усердныя моления Церкви слились с молитвой Помазанника Божия и понеслись к престолу Царя царей. Полный кротости, дышащий любовию и милосердием взор ГОСУДАРЯ затуманился грустной слезой.

Поклонившись иконе Гербовецкой Божией Матери и приложившись к ней, ГОСУДАРЬ ИМПЕРАТОР вышел из собора, чтобы отправиться на загородное Скаковое поле, где собраны были войска.

Раздалась Царская команда: „На молитву, шапки долой". Затем ЕГО ИМПЕРАТОРСКОЕ ВЕЛИЧЕСТВО с Преосвященным Павлом подошел к войску на близкое разстояние и повелел Преосвященному прочитать Высочайший Манифест об объявлении войны Турции. Редкий жребий выпал Преосвященному Павлу первому прочитать манифест о войне, манифест, который слышать, читать, заучивать, отпечатлевать в душе своей жаждала и жаждет вся Русь святая. Трепет охватывал всё существо, ясно сознавалось собственное ничтожество, чувствовался перст Божий, указывающий путь русской армии и всему народу русскому, неизъяснимые мгновения переживала душа, слезы, сладостные слезы умиления и восторга, невольно лились из глаз, пред очами вставал колоссальный величественный, великий своими добродетелями Образ Русского Царя, дух Которого обнимал весь свой народ, в сердце Которого сливалась вся правда и любовь этого народа, соединился Господь Вседержитель и всё святое земли русской.

Война объявлена и душа Царева обратилась с молитвой к Подателю всяческих благ. Началось молебное пение ко Господу Богу нашему, за ИМПЕРАТОРА и за люди, певаемое во время брани противо супостатов. „С нами Бог, разумейте языцы, и покоряйтеся: яко с нами Бог", огласило воздух.

Солнце с неба ясного лило лучи света, озаряя величавую картину молитвы Царя среди воинов и народа. Осязательным становилось присутствие Божие; являлась твердая уверенность, что Бог крепкий, Бог, устроивший концы земли, направить настоящую брань ко благу России, а чрез нее и человечества; внедрялось светлое упование, что Господь посрамит крестоненавистное супостат наших царство, прославит силою крестною в победе Крестоносного ИМПЕРАТОРА и люди своя, вопль и воздыхание единоверных услышит от церкве святыя своея, и от врагов и супостат порабощенных рабов своих, в печали скорби своей, к Нему вопиющих, и изведет от тли живот их, укрепит воинов, просящих помощи Вседержителя и, на Его силу дерзающе, ополчающихся на врагов своих, мир и славу вселить в земле нашей.

Слезы Венценосца, Которому дорога каждая капля русской крови, ЕГО святые молитвы послужат семенем славы нашего оружия. По призыву Церкви склонил Свои колена Державный Монарх, скомандовав войскам: „на колена"; упали на колена все ЕГО окружающие, духовенство и войско; взоры устремились к небу; молитва умиленно читалась Архипастырем. Величие этих мгновений, святость чувств передать словом невозможно. В глубине души поднималось что-то неизъяснимо-высокое, переживалось что-то великое, неиспытанное, подавляющее и силою и необычайностию. Плакал ГОСУДАРЬ, плакали маститые, закаленные в бою воины, певчие не могли сразу начать тропарь: „Спаси Господи люди". Поцелуи МОНАРХА и любящаго Брата благословляли на бой Главнокомандующаго и Его Августейшего Сына, Императорское внимание осчастливило Начальника Штаба действующей армии и генерала Драгомирова. Величественнейшие мгновения! Святейшие волнения! Возвышающие и облагороживающие сердце чувства! Не повторятся они, но навсегда, до гробовой доски останутся памятны тем, кто их пережил»[324].

Одно непонятно: когда это Кишинев «томился под игом турецким, испытав всю тяжесть мусульманского владычества»? Но пропаганда всегда сильно преувеличивала «невыносимые страдания» угнетенных.

Больше правды было вот в этом тексте времен Ивана Грозного: «Вот что говорит Петр, молдавский воевода, о турецком царе султане Магомете: „Хоть неправославный царь, а устроил то, что угодно Богу: в царстве своем ввел великую мудрость и справедливость, по всему царству своему разослал верных себе судей, обезпечив их из казны жалованьем, на какое можно прожить в течение года. Суд же он устроил гласный, чтобы судить по всему царству без пошлины, а судебные расходы велел собирать в казну на свое имя, чтобы судьи не соблазнялись, не впадали в грех и Бога не гневили. А если наградит он какого вельможу за верную службу городом или областью, то пошлет к своим судьям и велит выплатить тому по доходной росписи единовременно из казны. И если провинится судья, то по закону Магомета такая предписана смерть: возведут его на высокое место и спихнут взашей вниз и так скажут: „Не сумел с доброй славой прожить и верно государю служить". А с других живьем [кожу] обдирают и так говорят: „Нарастет мясо, простится вина". И нынешние цари живут по закону магометову с великой и грозной мудростью. Говорит Петр, молдавский воевода: „Сильно и прославленно и всем богато это царство Московское! А есть ли в этом царстве правда?" И так еще сказал Петр, молдавский воевода: „Видим мы, как они гибнут, ибо враждебен

---

[324] Встреча Его Императорского величества в Кишиневе // Кишиневские епархиальные ведомости. 1877. № 7. С. 295–302.

Господь Бог гордым, обращает на них за неправду неутолимый гнев. А правду любит Господь, правда сильнее всего". Турецкий царь султан Магомет великую правду ввел в царстве своем, хоть иноплеменник, а доставил Богу сердечную радость. Вот если б к той правде да вера христианская, то бы и ангелы с ними в общении пребывали» (Иван Пересветов. Большая челобитная царю и великому князю Ивану Васильевичу)[325].

В 1538 год совершается окончательное закабаление Молдавского княжества османами. Правда, в отличие от балканских земель, здесь не был создан пашалык, а сохранилось молдавское господарское управление.

Там был случай, когда православный молдавский князь сжег молдавского митрополита (господарь Иоан Водэ Лютый (Грозный) в 1574 году сжег в Бистрице митрополита Георгия Второго и «наложил руку на его имущество»[326]). Турки такого тут не делали. Церковь в Молдавском княжестве процветала, и многие переводы на церковно-славянский язык (да, это был богослужебный язык и язык государственных документов в средневековой Молдове) появились тут раньше, чем в Москве.

Но знание и уважение к истории не нужно в пропаганде начавшегося крестового похода.

И вот кишиневско-приграничный епископ Павел Лебедев обращается с речью к императору:

«Благочестивейший Государь!

Один ты возлюбил попираемые пятою ислама христианские народы. Ты грядешь к нам на рубеж царства Русского

---

[325] Библиотека литературы Древней Руси. Т. 9: Конец XIV — первая половина XVI века. — СПб., 2000. http://lib.pushkinskijdom.ru/default.aspx?tabid=5115

[326] Хроника Азария // Cronicile slavo-române din sec. XV–XVI. — Bucuresti, 1959. P. 137. Хроника Уреке // Cronicile slavo-române din sec. XV–XVI. — Bucuresti, 1959. P. 147.

и к пределам поработителя братий наших по вере и крови. Ты грядешь к нам для того, чтобы повелеть твоим войскам сокрушить врата адовы (Мф.16,18), горделиво именующие себя Блистательною Портою. Благословен грядый во имя Господне Русский Царь Православный. Государь, призови благословение Божие и изреки твое отчее благословение на славные войска твои, всегда готовые по твоему слову защищать святое правое дело. Под осенением небесных и земных благословений они да порадуют тебя своими победами и в своем победном шествии да прейдут они и тот предел, до которого в начале своего царствования дошел славный твой родитель, император Николай, предписавший Порте мир в Адрианополе. От блеска подвигов и побед твоих войск да померкнет Луна, и да возсияет как солнце, Христов Крест!»[327].

Вот типовая проповедь священника государственной церкви тех лет. Ее автор — дядя будущего философа Сергея Булгакова, священник Андрей Булгаков.

«Теперь, когда Турция упорно отвергла самые миролюбивые настояния об улучшении участи своих христианских населений, мы зрим Благочестивейшего Государя нашего в величии Подвигоположника, начинающего **священную брань с нечестивыми агарянами** за честь России, за святое дело свободы веры жизни и чести единоверных братий наших, балканских славян»[328].

Вот типовая речь госчиновника: «Нет войны праведнее сей и, слава Господа, призвавшего ее на такой святой подвиг, святая Русь молит Его лишь об одном: да сподобит Он ее явиться

---

[327] Речь Благочестивейшему Государю Императору Александру Николаевичу, сказанная 12 апреля 1877 // Кишиневские епархиальные ведомости. 1877. № 7. С. 289–290.

[328] Орловские епархиальные ведомости 1877. № 15. С. 877–879.

достойной призвания и совершить его до конца» (приветствие московского городского головы императору Александру 23 апреля 1877)[329].

Вот типовой приказ генерала: «Умирай за Веру Православную, за Царя Батюшку, за Святую Русь: Церковь Бога молит. Погубящий душу свою, обрящет ее. Кто остался жив, тому честь и слава!»[330]

Вот типовая проповедь архиерея:

«К вам, братия святой обители сей, особое обращение мое <...> Вы громко, ясно, торжественно хвалитесь крестом Христовым. Вы вознесли, воздвигли крест Христов, возглавив им свой св. кресто-воздвиженский храм <...> Высоко воздвигнут крест Христов, возглавляющий храм ваш. Он попирает луну, которая есть символ ислама. **Крест в лице русских крестоносцев попрал турецкий полумесяц**, *русское крестоносное воинство сокрушило силу христоненавистной Турции. Брань, которая Вам же предстоит, братия возлюбленная, попирать луну иным образом, — духовно, духовным оружием. Луна есть символ ислама, религия фатализма, фанатизма, чувственности, насилия, вражды ко всему, что немусульманское. В лице вашем крест да попирает луну, — да попирает в вас дух отчаяния, фатализма*

---

[329] Кишиневские епархиальные ведомости. 1877. № 9. С. 374–375. В тот же день московский митрополит св. Иннокентий приветствовал в Успенском соборе Кремля императора такими словами: «Да укрепит Он десницу твою и твое христолюбивое воинство да дарует тебе силу и премудрость совершить начатое во славу Божию» (с. 377). Еп. Павел. Слово при освящении Кресто-Воздвиженского собора в Ново-Нямецком монастыре в селе Кицканы 5 ноября 1878 г. // Кишиневские епархиальные ведомости. 1878. № 222. С. 948.

[330] Драгомиров М. Памятка солдату // Лебедев К. А. Примеры военного красноречия разных народов минувших лет и настоящего времени. (Замечательные речи, приказы, воззвания, манифесты). — СПб., 1900. С. 84.

чрез вашу жизнь, проникнутую преданностию воле Божией»³³¹.

А вот нетиповая, яркая проповедь того же архипастыря:

«*Бог Мститель призывает вас отомстить за неповинную кровь христианскую, вопиющую на небо. Вы горите нетерпением быть бичом божиим, смертельно поражающим свирепого врага. Да поможет вам Господь врага поразить, а собратий ваших спасти от порабощения, муки и погибели*». Так глава пограничной епархии, кишиневский архиепископ Павел напутствовал отряд болгарских добровольцев»³³².

«Да прославится Господь Бог наш чрез нашего императора и предводимое тобою (главнокомандующим великим князем Николаем) христолюбивое воинство. Да явит Он через тебя и сподвижников твоих силу и славу Свою. Да сокрушит Он силою оружия твоего твердыни вражеские, да соделает он для Вас неудобопроходимые горы Балканские путями гладкими и легкими. Да воскреснет Бог на помощь Вам и да расточатся враги имени Христова, да бежат от лица Божия и Вашего при каждой встрече с Вами ненавидящие Господа и враги его. Сим — Христовым Крестом — побеждай»³³³.

Он же в день объявления войны обратился с проповедью к армии:

«*Вам выпадает великий жребий — и за Дунаем, и за Балканами водрузить Христов Крест над Полумесяцем, и над*

---

³³¹ Еп. Павел. Слово при освящении Кресто-Воздвиженского собора в Ново-Нямецком монастыре в селе Кицканы 5 ноября 1878 г. // Кишиневские епархиальные ведомости. 1878. № 22. С. 948.

³³² Кишиневские епархиальные ведомости. 1877. № 8. С. 359–360.

³³³ Речь к великому князю Николаю, главнокомандующему действующей армии 30 апреля 1877 // Кишиневские епархиальные ведомости. 1877. № 8. С. 361–362.

серпом Полумесяца, над тлетворною, губительною гражданственностью мусульманской воздвигнуть Древо жизни и с ним гражданственность христианскую... На своем пути вы встретите искони родной русскому народу Дунай, Константинополь — свидетель славных подвигов и побед русских дружин, русских войск. Славные мужи России неоднократно заставляли трепетать Царьград-Стамбул пред силою их оружия; возвеличили Россию, расширили ее пределы присоединением к ней от Турции обширных и богатых областей. Благоверный Государь — Архистратиг воинства русского! В твоем лице благословляю предводимое тобою христолюбивое воинство святым образом Господа-Вседержителя. Христос да пребудет неразлучно с вами — защитниками дела Христова и да венчает ваши подвиги славными победами»[334].*

Святой этого поколения — епископ Феофан Затворник — жил в своей теплой и безопасной келье в Вышенском монастыре близ Шацка. Но на столе у затворника — карты военных действий. Своим корреспондентам в канун балканской войны (она начнется в апреле 1877 года) он писал следующее:

«И со всем бы порешить турок-то не худо бы. Можно устроить независимые королевства или княжества славянские... Можно состряпать из них федерацию... Константинополь-Франкфурт... Малая Азия — особо. Там армянское царство... и позабыли... А турки — убирайся, откуда пришли. Подобные мечты давно ходят по моей голове. Турки — не туземцы. И не след им вечно сидеть на чужих хребтах. И гадкий народ!» (Письмо А. В. Рачинскому от 1 ноября 1876 г.).

---

[334] Архиеп. Павел. Речь собранным в Кишиневе войскам, сказанная 12 апреля 1877 // Кишиневские епархиальные ведомости. 1877. № 7. С. 293–294.

«И на мысль никому не может придти, чтобы Господь воззрел на войну нашу не благоволительно. Слышно, что и в Питере, и у вас в Москве не мало лиц, которые не благоволят к войне, и даже к самому заступничеству нашему. Это должно быть выродки какие-нибудь. Есть и тут лица с высшими взглядами; но и это всё грошевый народ. Их прозвать надобно башибузуками за то, что, не желая войны, желают братьям нашим оставаться в status quo, а это — то же, что оставлять их под тиранством башибузуков» (Письмо А. В. Рачинскому от 15 декабря 1876 г.).

«Я никак не удерживаюсь от желания войны, хоть и от войны мороз по коже подирает. Охватившее нас воодушевление не есть ли Божие в нас действие? Все такие мысли прямо ведут к решению: хочешь, не хочешь, — а ступай воевать мать Русь Православная. У турок, конечно, будет множество англичан, венгерцев, поляков и других уродов. Но всё же это не армия какая, а подспорье. Неужто Англия открыто станет за турок? И неужто Австрия к ней пристанет? Ничего. Поколотим и их. У Австрии возмем Галицию, восстановим Чешское королевство, отделим прочих славян от венгров, с особым управлением; частичку возмем для Румынии. Австрия дорого поплатится за свое лукавство. Англию теперь только на турецкой территории поколотим; но после неизбежна с нею война, чтобы смирить ее и отбить у ней охоту и возможность вмешиваться всюду, и липнуть как банный лист... Слышно, что и в Питере, и у вас в Москве, не мало лиц, которые не благоволят к войне, и даже к самому заступничеству нашему. Это должно быть выродки какие-нибудь. Ибо я не вижу и не слышу, чтоб хоть где-нибудь было какое колебание в народе и среди всех провинциалов. Есть и тут лица с „высшими

взглядами", но и это всё грошевый народ» (Письмо А. В. Рачинскому от 8 января 1877 г.)[335].

Удивительное совпадение основных тезисов с пропагандистами войны 2022 года с их ненавистью к «англосаксам» и «выродкам»-либералам. О начисто ампутированной эмпатии к «несвоим» говорит та легкость, с которой святитель дает негативную оценку целому народу (туркам) и призывает к их тотальной депортации невесть куда («убирайся, откуда пришли») из мест, где они жили столетиями (в Европе турки с 1362 года — когда османы сделали своей столицей Адрианополь (современный Эдирне)).

На помощь христианам Балкан

Когда-то всё было проще. Вот как легко встраивал Бога в свои захватнически-военные планы вандал Гейзерих (V век):

«Говорят, что как-то, когда Гизерих сел уже на корабль в Карфагенской гавани и паруса были подняты, кормчий спросил его, против какого народа он велит плыть? Тот в ответ сказал, что, разумеется, против тех, на кого прогневался Бог» (Прокопий Кесарийский. Война с вандалами, кн. I, 5, 24–25).

Так, теперь мы поняли, против кого Бог.

А за кого Он?

Тут простой ответ дал шекспировский принц Гарри, предлагая своим войскам идти в бой с кличем: «Господь за Гарри и святой Георг!»

---

[335] Первая публикация: Три письма преосвящ. Феофана по восточному вопросу // Православное обозрение. 1877. Т. 1. № 3. С. 602–609. Републикация: Собрание писем. Из неопубликованного. — М., 2001. С. 324–330.

Всё вкупе дано в символе веры хана Батыя.

В 1248 году армянский дипломат Смбат Спарапет пишет на Кипр своей сестре Стефании и ее мужу королю Генриху. Смбату стало известно о приезде в Орду папского посланника Плано Карпини и о содержании ответного послания хана Батыя:

*«...его святейшество посылал послов к великому хану, чтобы узнать, христианин ли он или нет, и почему он послал армию для уничтожения и разрушения мира. Но **хан ему ответил, что Бог заповедал его предкам и ему посылать своих людей, чтобы истребить все развратные и злые народы**, а на вопрос: христианин он или нет — он ответил, что Бог это знает, и если папа хочет это знать, то пусть придет сам увидеть и узнать»*[336].

В этом случае любой набег это рука Божья и Его воля.

Византийским императорам Бог всегда сообщал то же, что и Гейзериху и принцу Гарри: ваш враг — Мой враг.

Но вот уже в XVIII веке европейский политес требовал прикрыть свои аппетиты чем-то гуманным и благородным. Захватить заморские колонии надо для того, чтобы принести цивилизацию бедным туземцам. Сделать то же самое с соседней страной нужно для помощи если не всему ее населению, то хотя бы его части, испытывающей несправедливые притеснения.

В манифесте императрицы Екатерины об объявлении войны Турции 18 ноября 1768 года говорится: мол, поскольку «православие в Речи Посполитой несказанно утеснено, не преминули Мы возобновлять усильные Наши представления в пользу греко-российской православной церкви и находящихся с нею в равном случаи прочих диссидентов... **По умножению безвинного**

---

[336] Армянские источники о монголах: извлечения из рукописей XIII–XIV вв. — М., 1962. С. 66.

гонения и насильств против диссидентов повелели Мы части войск Наших вступить в земли Республики Польской»[337].

Страдания христиан под турецким владычеством сильно преувеличивались и ими самими, и российской пропагандой. Священник Петр Лукьянов, побывав на Востоке в 1710–1711 годах, писал:

«Таковы-та греки милостивы! А как сами, блядины дети, что мошенники, по вся годы к Москве-та человек по 30 волочатся за милостынею, да им на Москве-та отводят места хорошия да и корм государев. А, приехав к Москве, мошенники плачют пред государем, пред властьми и пред бояры: „От турка насилием отягчены!" А набрав на Москве да приехав в Царьград, да у патриарха иной купить митрополитство, иной — епископство. Так-то они все делают, а плачут: „Обижены от турка!" А кабы обижены, забыли бы старцы простыя носить рясы луданныя, да комчатныя, да суконныя по три рубли аршин. Напрасно миленъкова турка-та старцы греческия оглашают, что насилует. А мы сами видили, что им насилия ни в чем нет, и в вере ни в чем. Все лгут на турка. Кабы насилены, забыли бы старцы в луданных да комчатых рясах ходить. У нас так и властей зазирают, как луданную-та наденет, а то простыя да так ходят. Прям, что насилены от турка! А когда к Москве приедут, так в таких рясах худых тоскаются, бутто студа нет. А там бывши, не заставиш ево такой рясы носить»[338].

Вот типовой плач св. Филарета Дроздова, митрополита Московского (в связи с Русско-турецкой войной 1828 года): «Народ,

---

[337] Полное собрание законов Российской Империи. Собрание Первое. Том XVIII. — СПб., 1830. С. 769

[338] Хождение в Святую землю московского священника Иоанна Лукьянова. 1701–1703 // изд. подготовили Л. А. Ольшевская, А. А. Решетова, С. Н. Травников; отв. ред. А. С. Дёмин. — М.: Наука, 2008.

от котораго святая Русь наследовала святую веру, едва не исчезает в бедах от врагов веры. Священники распинаются или сожигаются. Христиане, мужи и жены, старцы и дети влекутся в рабство, или истаевают гладом, или, что всего ужаснее, принуждаются отречься от имени Христова» (28 мая 1828 года. Слово по случаю возложения на раку мощей иже во святых отца нашего Алексия, митрополита Московского, от благочестивейшего государя императора Николая Павловича принесенного покрова и медали за Персидскую войну).

Из такой декларации можно сделать вывод, что в стране турок христианину и уж тем паче священнику опасно выйти из дому. Но и в своем доме он не в безопасности: в его дом и в его храм в любую минуту могут ворваться башибузуки и убить просто за то, что тот не славит Магомета вместе с ними.

Да, XIX век знает примеры христиан, убитых турками за свою веру в мирное время и безо всякой связи с политикой. Но каждый раз это были единичные истории, протекавшие по четырем основным сюжетом:

1. Жертва частного религиозного энтузиазма соседей или проходящей турецкой воинской части.

2. Человека ложно обвиняли в принятии ислама и в последующем отречении от него[339].

3. Человек и в самом деле некогда принял ислам и потом от него отрекся.

4. Энтузиаст, который сам пожелал добровольного мученичества.

Не найти среди них человека, который просто жил и молился в своем монастыре или доме, и вдруг к нему и его соседям ворвались турки и потребовали принять ислам, потрясая указом

---

[339] Во всех империях хула на государственную религию и тем более переход из нее в иную веру строго карались — в том числе в Византийской и в Российской империях. Опять же везде принятие иноверным преступником веры кесаря освобождало от наказания или смягчало его.

султана о том, что с сегодняшнего дня все его подданные должны быть мусульманами[340].

Дамаскин Габровский — афонский монах. Пошел в город Свиштов, чтобы взыскать долг с турка, что-то арендовавшего у монастыря. Но должник с друзьями решили спрятать на монастырском подворье турчанку легкого поведения, чтобы затем обвинить о. Дамаскина в связи с ней. Ночью, когда женщина с помощью лестницы перебралась на территорию подворья, они ворвались внутрь, ограбили подворье, схватили о. Дамаскина и отвели к судье, обвиняя его в надругательстве над мусульманкой. Судья решил, что о. Дамаскин невиновен, и собирался отпустить его, но толпа разъяренных турок настояла, чтобы его приговорили к казни через повешение. Переход в ислам мог спасти о. Дамаскина от казни, но он заявил, что родился христианином, им же и умрет. 16 января 1771 года его повесили.

Лазарь Болгарский аналогично погиб в 1802 году из-за козней местной ханши (ханамы) и ее семьи. Ханама оклеветала его после того, как собака Лазаря напала на нее, когда он спал, и порвала ее одежду. Турецкий судья оправдал его. Но местный ага и без суда приказал казнить Лазаря, если тот не примет ислам[341].

Райко (Иоанну) Шуменскому[342] в 1802 году было примерно 18 лет от роду. Его ювелирная мастерская в Шумене была расположена напротив дома некоего турка, чья незамужняя дочь пре-

---

[340] Есть сведения о таковой программе султана Селима I (1512 —1520). Он издал указ своему великому визирю: «...да обратит все церкви в мечети, запретит христианское богослужение и предаст смерти всех, кто не примет ислам». Но против этого восстал даже стамбульский муфтий Джемали и вместе с великим визирем Пири-Мехмед Пашой они убедили султана отменить жестокое и неисполнимое повеление. Joseph von Hammer-Purgstall. Geschichte des osmanischen Reiches. Pest, 1827–35. Bd. 1–10; Т. I. s. 804. Цит. По: В. Кжнчовъ. Македония. Етнография и Статистика. — София, 1996. С. 40.

[341] https://bg.wikipedia.org/wiki/Лазар_Български

[342] Грек иеромонах Никифор Хиосский написал первое житие этого мученика. Он не упомянул, что тот был болгарином, а его болгарское имя

льстилась красотой юноши и сгорала от страсти. Однажды она вышла из дому и, отойдя немного от ворот, позвала Райко якобы для того, чтобы снять мерку с пальца для перстня. Когда Райко приблизился, развратница схватила его изо всех сил и попыталась втащить в дом. Юноша вырвался и оттолкнул ее, так что она упала на спину. Тогда она стала кричать и звать на помощь, а затем оклеветала Райко, обвинив его в том, что он покушался на ее девичью честь. Разъяренные турки схватили юношу и привели к судье, который постановил: либо Райко примет ислам и возьмет девушку в жены, либо его будут бить, пока он не умрет. Святой ответил, что отречению от Христа предпочитает смерть.

Петр Генев (Петко Беликчи от Калофер) в 1827 году вел свой бизнес в Пловдиве (торговал кожами). На него поступил донос, и турецкий чиновник сказал ему: «Бедный Петко Бегликчи, я не смог тебе помочь: твоих врагов много — шестнадцать турок и тридцать твоих болгар!» Паша велел ему вернуться в Калофер и только тогда, когда он решит стать турком, прийти к нему. И Петко ушел. Когда калоферские торговцы, находившиеся в Пловдиве, узнали об этом, они послали за ним подкупленного человека, который догнал его по дороге и солгал, чтобы он вернулся, потому что так якобы приказал паша. Петко поверил ему и вернулся. Паша понял его возвращение как обращение в ислам. Получив же отрицательный ответ, велел казнить...[343]

Да, это клевета, несправедливость. Но это не часть какой-то государственной программы гонений за веру. Это бытовые конфликты с соседями, которые вдруг обрели религиозную окраску.

Грек Георгий Яннинский (†1838): мусульмане на суде уверяли, что он был их.

Райко заменил на греческое Иоанн. Только в 1979 году в сборнике житий болгарских мучеников ему было возвращено его имя (см. комментарий проф. Т. Тотева в сборнике «200 години Свети Райко Шуменски», — Шумен, 2002).

[343] https://petkohinov.com/pravoslavie/11/bulgarski_novomucenici/petko_kaloferski.html

Ангелис из критской деревни Меламбес (†1824) — из греческой криптохристианской семьи, формально принявшей ислам.

Димитрий Пелопонесский. Принял ислам и публично отказался от него (†1803).

Димитрий Хиосский принял ислам ради любимой девушки и потом отрекся от него (†1802).

Иоанн Эпирский (†1814). При рождении был наречен Хасаном.

Марк Хиосский совершил преступление и, чтобы избежать наказания, принял ислам. Через много лет исповедал себя христианином, назвав мусульманскую веру ложной и пагубной (†1801).

Родопская мученица Хадиджа-Мария родилась в исламизированной болгарской семье в 1817 году. Эта семья была уже несколько поколений в исламе. Крещение Хадиджи состоялось в 1844 году. Новая христианка скрывала это целый год, но молва всё же разнеслась по селу. Узнали об этом и ее братья ее и стали допытываться, правда ли это, но она отрицала, что крестилась. На следующий год Тижа-Мария готовилась встретить Пасху: покрасила яйца, изготовила свечи, испекла куличи и просфоры в ожидании праздника. Братья ее, жившие в другом селе, тайком пришли, чтобы проверить слухи. Они обнаружили яйца, куличи, зажженную лампаду — и уверились, что она стала «гяуркой». Братья начали ее душить, затем, полуудушенной, заткнули ей рот тряпками, выволокли ее из дома под большую цветущую сливу и там двумя выстрелами добили[344].

Дмитрий Сливенский в молодости осиротел и прислуживал в разных домах. В 1839 году он служил на банкете по случаю прибытия в город нового кадия, на пиру, устроенном местными беями в честь новоприбывшего. Когда он закончил свою работу и собирался уходить, кади задержал красивого юношу с намерением убедить и заставить принять мусульманство. Дмитрий

---

[344] https://vk.com/topic-16327457_28381983?ysclid=md0a9s7zg2985177615

в ответ на уговоры и обещания иронично заявил: «Олур ба, эфендим» («Всё в порядке, господин судья!»). Турки восприняли эти слова всерьёз, и один из них тут же принялся наматывать ему на голову белый тюрбан, который мог носить только правоверный мусульманин. Дмитрий убежал в Русе, где встретился с местным епископом, после чего решил вернуться в Сливен и принять мученическую смерть. Он сдался властям и обвинен в вероотступничестве. Казнен через обезглавливание 30 января 1841 года в Сливене[345].

Спас (Анастасий) из Струмишки (или Солунский; Ἀναστάσιος ὁ ἐκ Βουλγαρίας, νεομάρτυς) в возрасте 20 лет начал работать в Салониках помощником оружейника. Однажды, переодевшись турком, Спас попытался провезти контрабандный товар через таможню. Однако таможенники заставили его произнести «салават» (краткое исповедание веры в исламе) в качестве доказательства того, что он мусульманин. Анастасий отказался, и его отправили к кадию. Был казнен 8 августа 1794 года[346].

Иоанн Тырновский, рано осиротев, примкнул к отряду гайдуков. Вскоре его отряд был захвачен турками, которые решили казнить гайдуков. Когда подошла очередь Иоанна, он потерял сознание. Турки привели его в чувство и предложили принять ислам, чтобы избежать казни. Он последовал их совету и отрекся от Христа. Но через 8 месяцев Иоанн вместе с женой, которая также перешла в ислам, стал сильно сокрушаться. Некий иеромонах попросил Иоанна продать шкатулку, украшенную христианскими символами, и когда молодой человек попытался это сделать, турки обвинили его в хранении оскорбляющих мусульман предметов. Отвечая на обвинения, Иоанн заявил, что это его шкатулка, а он сам христианин. Когда правитель потребовал от него

---

[345] https://www.pravoslavieto.com/life/01.30_sv_D_Slivenski.htm
[346] https://www.pravoslavieto.com/life/08.29_sv_Atanasij_Strumishki.htm

объяснений, Иоанн кинул феску на пол и открыто исповедал Христа... Повешен в 1822 году[347].

Прокопий Варненский ушел с Афона, чтобы принять ислам. Он явился к местному кадию (судье), прошел подготовку и через 15 дней совершил обрезание. Но вскоре раскаялся, вернулся на Афон и выразил желание смыть грех отречения от Христа своей кровью. В 1810 году снова пришел к кадию, где сбросил турецкие одежды и начал обличать ислам. После напрасных попыток переубедить мученика обещаниями денег и различных благ, его приговорили к казни[348].

Игнатий Старозагорский шел на Афон, по дороге в Шумене встретил своего знакомого Елевферия (Евфимия), который перешел в ислам. Отречение друга расстроило Ивана. По дороге он был схвачен турками и от страха тоже дал обещание перейти в мусульманство. И всё равно дошел до Афона, где старец Акакий постриг его в монахи и благословил на мученичество. В сентябре 1814 г. Игнатий пришел в Константинополь, переоделся в турецкую одежду и направился на заседание суда. Там он сорвал с головы тюрбан, бросил его на землю и сказал, что в юности вынужденно солгал, пообещав отречься от веры, а теперь желает забрать свои слова обратно и исповедать Христа, Истинного Бога. Судья призывал его изменить решение, но Игнатий смело порицал религию мусульман. Тогда его осудили и повесили. Через три дня сопровождавший его афонский монах Григорий выкупил его мощи и доставил их на Афон[349].

Друг Игнатия Елевферий (Евфимий), принявший ислам, тоже отправился на Афон, где принял монашество и приготовился к мученическому подвигу. В марте 1814 году он вошел

---

[347] Жития на Българските светии // Ред.: Партений (Стаматов), еп. Левкийски. — София, 1979. Т. 2. С. 82–87 (https://bg.wikipedia.org/wiki/Димитър_Сливенски)

[348] Афонский патерик. — СПб., 1867. Т. 1. С. 551–555.

[349] Жития на на българските светии / Новоболг. пер. еп. Партений (Стаматов). — София, 1974. Т. 1. С. 171-177.

в здание стамбульского суда и публично проклял ислам. Его тело унес на Афон всё тот же монах Григорий.

Акакий Серский 9-летним ребенком был усыновлен беем и принял ислам. В 18 лет покаянно ушел на Афон. В 1816 году пошел в Стамбул, явился в турецкий суд, публично проклял пророка Мухамеда и назвал его лжепророком. Турки долго его увещевали, но Акакий настаивал на казни. После повешения его тело было выкуплено и увезено на Афон[350].

Иоанн Болгарский в ранней юности попал в сложную ситуацию и принял ислам, но затем, мучимый угрызениями совести, удалился на Афон. В 18 лет, желая искупить вероотступничество мученическим подвигом, отправился в Константинополь (1784 год). Надев мусульманскую одежду, он пришел в мечеть, устроенную в Св. Софии, и, сотворив крестное знамение, стал молиться по-христиански. Когда турки схватили его, он объяснил, что, будучи православным, принял ислам, но вскоре понял «ошибочность этой религии»…[351]

Тринадцатилетний Лука Одринский устроил драку с мальчиком-турком. Собравшиеся прохожие увидели, что Лука побеждает, и бросились на него с громкими криками, угрожая смертью. Испуганный мальчик закричал: «Отпустите меня, и я стану мусульманином!» Его поймали на слове, и Лука, силой приведенный служить знатному турку, был обрезан. Позже, покаявшись, он пришел на Афон, где его приготовили к подвигу. В 1802 году надев поверх монашеской рясы мирскую одежду, он отправился в местный суд. Первая его попытка не удалась. Однако, он снова отправился к судье Назир-аге, «требуя избавить его от позорной печати обрезания, против воли наложенной на него в детстве». Когда турки посмеялись над ним, Лука заверил судью, что он в полном рассудке, и убеждал Назир-агу незамедлительно исполнить то, что предписывает в таких случаях мусульманский

---

[350] Жития на българските светии. — Атон, 2002. С. 468.
[351] https://www.pravenc.ru/text/469364.html

закон... Три раза его подвергали допросу (без пыток). Турки оставили его на три дня в тюрьме, ожидая, что он изменит свое решение. Но когда Лука снова предстал перед судьей, он попросил, как единственную милость, быть казненным на час раньше...[352]

Онуфрий Габровский в возрасте 8–9 лет в обиде на родителей за наказание после проступка публично заявил, что примет ислам. С большим трудом родители спасли ребенка от обрезания. Юношей же он пожелал претерпеть мученичество и очистить свой юношеский грех отречения от Христа. В 1818 году в исламский суд он пришел в зеленой чалме и красной обуви. Открыто исповедав Христа, Онуфрий осудил ислам, а затем бросил чалму на пол...

Не знаю, как оценить действия афонских монахов: там была целая школа, где таких мальчиков, как Онуфрий, готовили к мученичеству. В задачи его «старца» входило не только проводить его на смерть, но и потом «обрести его мощи», составить житие и службу новому мученику[353].

Вот энтузиасты без предыдущей мусульманской страницы в их биографии.

Ангелис Хиосский (пам. греч. 3 дек.). Победив в диспуте некоего француза-безбожника, он оставил работу и затворился в своем доме, общаясь только с двумя близкими друзьями, которым и открылся, что решил пострадать за Христа. В Лазареву субботу 1813 г. он объявил, что он мусульманин. По прошествии

---

[352] https://drevo-info.ru/articles/12553.html

[353] «В Атон е създадена школа, която подготвя за мъченически подвиг тези, които са взели решението да го приемат. Бъдещият мъченик за вярата се придружава от старец, който е негов духовен наставник. Той ще прибере мощите, ще разкаже за подвига, ще бъдат съставени житие и служба за мъченика». — Сава Сивриев. Българските мъченици от края на XVIII — началото на XIX век // Сава Сивриев. Литературна археология 2009 https://literatursviat.com/?p=6614#3

Подробнее в книге: Константин **Нихоритис,** Константинос. Света гора — Атон и българското новомъченичество. — София, 2001.

нескольких месяцев сбрил бороду и явился на таможню, где перед турками исповедал христианскую веру.

Аргирис Македонский: пристыдил человека, ушедшего из христианства в ислам, и был казнен (1808).

Иоанн Наннос. В возрасте 17 лет им овладело желание пострадать за Христа. Он решил принять ислам и затем отречься от него (1802).

Мануил, Феодор, Георгий, Георгий, Михаил и Лампрос Самофракийские. При подавлении греческого восстания 1821–1829 гг. были взяты турками в плен, проданы в рабство и обращены в ислам. Но потом объявили о возвращении в христианство (†1835).

Никита Серский, желая принять мученическую кончину, 30 марта 1808 г., в Великий понедельник оставил Афон и отправился к мечети, где проповедал перед турками Христа и призвал их к истинной вере...

Игнатий Старозагорский в 1814 году также покинул Афон, явился в Цариград, бросил чалму на землю и отрекся от турецкой веры. Тело его было выкуплено афонскими монахами и отправлено на Афон.

Это я прошелся по списку греческих и болгарских новомучеников XIX века[354].

Еще в нем есть Пантелеимон Критский (†1848). Однажды на него обратили внимание турки и стали склонять способного юношу к принятию ислама. Он отказался, был посажен в тюрьму, а затем казнен. Останки мученика мать перевезла на его родину... Однако еще в 1865 г. митр. Афинский Феофил (Влахопападопулос) распространил окружное послание, в котором сообщалось о некоей семье с острова Спеце, по неизвестной причине перебравшейся в 1821 г. на Крит. Принадлежащая этой семье женщина по имени Анна стала вести распутную жизнь

---

[354] https://www.pravenc.ru/rubrics/122332.html и https://bg.wikipedia.org/wiki/Списък_на_българските_православни_светци

и сожительствовать с турком, от которого родила сына Пантелеимона. Мальчик умер в 12-летнем возрасте. Мать изъяла из погребения его кости и стала путешествовать с ними по Греции, выдавая их за чудотворные мощи до тех пор, пока митр. Феофил не забрал у нее останки ребенка и не провел расследование относительно ее биографии. Окружное послание митр. Феофила поддержал Константинопольский Патриархат, однако, видимо, какое-то почитание Пантелеимона сохранилось[355].

Есть еще странное сообщение, опубликованное в болгарской газете «Литературен фронт» 9 января 1975 года Георгием Таховым[356]. В нем собщалось об открытии приписки к некоей богослужебной книге:

«Пришел Караасан с тысячой воинов в Шумен, отурчил деревни. Три деревни он отурчил, чтобы умножить людской грех. Летом 1787 года. Учитель Кузман сказал Караасану: „Князь ты, или царь, или воевода, подумай, от кого ты получил эту власть!“ И ему отрубили голову. В субботу ему отрубили голову. (Писано) рукой Саввы, сына Волкова».
(*«Дойде Караасан с хилядо аскери, та право у Шуменграда, изтурчи селата. Три села изтурчи за умножение грех человечески. Лето 1787. Даскал Кузман рече на Караасан: „Княз ли си, или цар, или войвода, то помисли от кого си приел тая власт!“. Та му отсекоа главата. В събота му отсекоа главата. (Писа) рука Сава, син Вълков»*).

Караасан — это Гасан-паша Алжирский. Этот грузинский мальчик был захвачен в плен турками и куплен торговцем из Текирдага, который воспитывал его наравне со своими сыновьями. Со временем он стал Великим визирем, и командовал турецкими войсками на начальном этапе Русско-турецкой войны 1787–1792

---

[355] https://www.pravenc.ru/text/2578850.html
[356] Тахов Г. Най-късата литература // Литературен Фронт. 9.I.1975.

годов, сражался в Чесменском бою[357], при Фидониси и при обороне Очакова. Умер он как раз в Шумене в 1790 году. Был знаменит тем, что во время службы в Африке приручил льва, который повсюду сопровождал адмирала.

Учитель («даскал») Кузман о Христе ничего не говорит. Его фраза одинаково верна с точек зрения как христианства, так и ислама.

> *«А потому, — пишет болгарский историк, — следовало бы привести более обоснованные аргументы в пользу того, почему страдалец Кузман — мученик за православную веру. Мы не отрицаем возможности того, что этот достойный болгарин был мучеником за Христа. Но если открыть старые книги, описывающие турецкие зверства на порабощенных болгарских землях, то найдем десятки и сотни подобных случаев невинно убиенных болгарских христиан. Стоит ли всех их без колебаний причислять к сонму новомучеников?»*[358]

А других свидетельств о том, что Хасан-паша насильно обратил три села в ислам, нет (как нет в сети ни конкретного названия книги, где найдена эта приписка, ни фотографии самой приписки). В научный сборник таких рукописных «приписок» она вошла лишь со ссылкой на упомянутую газетную публикацию и опять же, в отличие от сотен других публикуемых приписок, —

---

[357] В фильме «Адмирал Ушаков» (1953) роль Хасан-паши сыграл Эммануил Геллер.

[358] Елена Т. Узунова. Достоверни ли са «Разказите за българските светии и за светиите, свързани с България»? // Православна беседа — Книжовен преглед (1/2005). Рецензия на книгу: Разкази за българските светии и за светиите, свързани с България» (за деца и възрастни, и в помощ на неделното училище по вероучение), събрани и записани от монахиня Валентина Друмева. Света Гора Атон. Славянобългарски манастир «Св. вмчк Георги Зограф», Ч. I. 2003 г., Ч. II. 2004 г. https://petkohinov.com/pravoslavie/19/2005_1.html

без указания конкретного имени книги, в которой была найдена[359].

В списке балканских новомучеников есть немало «этномартиров», то есть тех, кто был казнен в ходе вооруженного сопротивления. Но всё же не просто за «веру в Христа».

В 1821 году был повешен патриарх Григорий V. Но вовсе не потому, что турки вдруг заметили, как среди них ходит человек иной веры: «Они (стамбульские турки) отдались одному только чувству — жажде мести за кровопролитие, жертвами которого стали их единоверцы в Греции»[360].

19 мая 1821 г. в критском городе Ханье был повешен Мелхиседек (Деспотакис), еп. Кисамский, который, объезжая свою епархию, призывал народ к восстанию против турок.

Болгары помнят, что «През 1806 година епископ Калиник е арестуван от османските власти заедно с други свещеници и миряни заради участието си в Сръбското въстание». Но и тут вина ясно обозначена — «за участие в восстании».

Были репрессии в 1829 году — в ответ на Тракийское восстание; в 1841 году — в ответ на Нишское восстание и так далее. То есть это были репрессии не за веру, а за мятеж.

Вот кончилась очередная война, русская армия ушла из Болгарии, и, по уверению болгарской пропаганды:

«През октомври 1829 г. турците извършват кланета над българите в Странджа и Сакар. Само в едно донесение до щаба на руската армия от 14.X.1829 г. са посочени избити 400 български първенци в района на границите на Одрински и Старозагорски пашалъци»[361].

---

[359] Датирани приписки // Писахме да се знае. Приписки и летописи. — София, 1984. С. 114. Но с комментарием: «Данная приписка отражает последнее массовое потурчение в Болгарии» (с. 229).

[360] Преображенский А. Ф. Патриарх Григорий V и греческое восстание // Православный собеседник 1906 июль-август. С. 360/

[361] https://lentata.com/page_9177

Промежуточный и более наукообразный текст звучал так:

«На границата между Одрински и Старозагорски пашалък са започнали преди един месец и продължават и досега убийства и грабежи над християните. Досега са убити до 400 души, които произхождат от доскорошни богати фамилии»[362]. *Но ссылки на источник всё равно нет. Но теперь хотя бы понятно что, «първенци» означает «знатные люди».*

Даже если это так, то это опять же не описание будничной жизни христиан под турецким игом. Резня после двух лет войны была ее следствием, а не причиной.

И, кроме того, где это «одно сообщение в штаб русской армии»? Где его научная публикация?

Для пропаганды нужны страшные и красивые истории.

Посему популярная болгарская версия *Нишского восстания 1841 года* говорит, что восстание вспыхнуло от того, что на Пасху 6 (18) апреля 1841 года племянник нишского паши Сабри Мустафы с бандой своих приятелей ворвался в храм села Каменица (нынешняя Сербия), чтобы похитить полюбившуюся ему девушку.

Если это так, то это обычная уголовщина, увы, обычная для самого дикого уголка тогдашней Европы. Это горы; рядом — «арнауты» (албанцы). Первый болгарский король Фердинанд I, прибыв впервые в Софию, с чисто немецким чувством юмора назвал себя «мухой, которая сидит в таком месте, которое никому не хочется чесать»[363].

Стоит учесть, что это была новая граница османов с Сербией (появление границы и таможни резко осложнило местную торговлю), а после предыдущего Нишского восстания 1835 года

---

[362] http://www.promacedonia.org/ss/ss_4.html
[363] Цит. по: Айрапетов О. История внешней политики Российской Империи. Т. 3. 1855–1894. — М., 2018. С. 627.

новоназначенный Хайри-паша запретил туркам вообще въезд в сёла этого района. Увы, в 1839 году его и сменил тот самый «дядя» Сабри Мустафа.

Сербская версия прозаичнее: во-первых, они уточняют, что дело вспыхнуло не на Пасху, а неделей позже — в Фомину неделю. Во-вторых, у сербов тут нет упоминания о нападении любовника. Зато подчеркивается, что Милоје Јовановић готовил восстание заранее и на деньги сербской княгини Любицы Обренович[364].

Порой и болгары признают, что этот мятеж не был стихийно-случайным: «…създава почва за нови въстания. Подготовката е започната от местните първенци Милой Йованович от С. Каменица»[365]. Ой, опять «первенцы». Но тут уж совсем ясно, что этот Милой вовсе не был младенчиком. Хотя его и вправду турки казнили.

Понятно, что бывали вооруженные восстания, и бывало их жестокое подавление. И тут не стоит путать причину и следствие.

Восстание — это прежде всего убийства тех «угнетателей», что оказались в зоне доступа.

Вот «апрельское восстание» 1876 года в Болгарии. Тодор Каблешков начинает восстание в город Копривштица. «Первый выстрел раздается рядом с мостом — Георгий Тиханек стреляет в турецкого охранника Кара Хусейна, охранник падает, в Копривштице звонят колокола, и повстанцы штурмуют конак (постоялый двор).

Каблешков, словно сознавая историческую роль момента, написал первый письменный документ восстания — кровавое

---

[364] https://sr.wikipedia.org/wiki/Милојева_и_Срндакова_буна
и https://sr.wikipedia.org/wiki/Милоје_Јовановић_(трговац)
См. также Владимир Стојанчевић, академик. Народни устанак 1841 године и његов историјски значај
https://web.archive.org/web/20220408035510/http://istorijanisa.wikidot.com/narodni-ustanak-1841-godine

[365] https://trud.bg/a/articles/забравеното-нишко-въстание

письмо, скреплённое крестным знамением из крови убитого турецкого полицейского:

> «*Братья! Вчера в деревню приехал Неджип Ага из Пловдива и хотел вместе со мной посадить в тюрьму ещё нескольких человек. Когда мне стало известно о вашем решении, принятом на собрании в Оборище, я позвал нескольких храбрецов, и, вооружившись, мы направились к постоялому двору, напали на него и несколькими выстрелами убили старосту... Сейчас, когда я пишу вам это письмо, перед особняком развевается флаг, гремят выстрелы, сопровождаемые эхом церковных колоколов, а герои целуются на улицах!.. Если вы, братья, были истинными патриотами и апостолами свободы, то последуйте нашему примеру в Панагюрище... Копривштица, 20 апреля 1876 года. Т. Каблешков*»[366].

«Кровавое письмо» вскоре попало в руки Георгия Бенковского, главы революционного округа, базировавшегося в Панагюриште. Бенковский сплотил своих четников, которые быстро зарубили всех турок, до которых смогли добраться»[367]. Болгарские революционеры начали творить историю — «им удалось достичь успеха всего лишь в нескольких горных городах, где началось массовое истребление турецких чиновников»[368].

Вот после этого башибузуки устраивают кровавую резню в болгарском селе Батак (вскоре туда приехал британский журналист Januarius MacGahan и рассказал о ней миру).

И это был именно тот результат, которого и желали пребывающие в безопасной эмиграции (в том числе в Румынии) болгарские революционеры-«будители».

---

[366] https://www.koprivshtitza.com/todor-kableshkov.php
[367] Richard Selcer «nor-prayers-for-mercy». www.historynet.com/nor-prayers-for-mercy / First published in Military History Magazine's January 2017 issue.
[368] Айрапетов О. История внешней политики Российской Империи. Т. 3. 1855–1894. — М., 2018. С. 314.

Один из руководителей болгарской революционной эмиграции — Любен Каравелов — призывал «дать картинку»:

*«Необходимо оживить комитеты, но не для того, чтобы освободить народ от тяжкого ярма, но для того, чтобы подготовить его к революции, которая вызовет русское вмешательство. Представляешь, какой огонь разгорится в Европе, которая едва знает имя болгарина, когда она услышит, что в Турецкой империи на Балканском полуострове сожжены столько-то и столько-то сел и городков, убито столько-то тысяч человек. **Если мы сможем вызвать с помощью комитетов где-нибудь в отечестве смуты, бунт и как результат — резню-заклание**, это, несомненно, вызовет вмешательство России, я скажу: «Комитеты сыграли свою роль!» и буду очень доволен»*[369].

---

[369] Цит.по: Макарова И. Ф. Апрельское восстание 1876 года в Болгарии: две версии одного события // Studia Balkanica. К юбилею Р. П. Гришиной. — М., 2010. С. 84. Аналогичная был чешская политика британской разведки в начале 1940-х годов: засланные диверсанты-десантники убийством Гейндриха должны вызвать репрессии гестаповцев против чехов; а чехи в ответ проснутся и наконец-то начнут массово участвовать в деятельности, вредительствующей Третьему Рейху. Первые два шага плана удались: 27 мая 1942 года Гейндрих был убит. А 9 июня была уничтожена деревня Лидице: всё мужское население старше 15 лет (172 человека) было расстреляно, женщины (195 чел.) были отправлены в концентрационный лагерь Равенсбрюк (из них 52 там погибли). Из 98 детей было оставлено 13 детей возрастом до одного года и годные для онемечивания. Остальные дети вместе с детьми из села Лежаки были убиты в газовой камере в лагере смерти близ Хелмно. Все строения поселка были сожжены и сровнены с землей.

Ну, а жемчужиной чешского сопротивления до майского восстания 1945 года был «бутербродный заговор». Хотя Чехия была оккупирована нацистами, формально в ней было свое правительство и свой президент. Смотрящим от рейха в ней был не Гендрих, а протектор фон Нейрат. См. о нем: https://ru.wikipedia.org/wiki/Нейрат,_Константин_фон Президент Чехии Эмиль Гаха тайно сотрудничал с чешским правительством Бенеша в изгнании. Он назначил Алоиса Элиаша на пост премьер-министра и, по-видимому, надеялся, что его прежние связи с протектором помогут в той или иной мере отстоять интересы Чехии.

Бихач и Баня-Лука. Конец 1875 года:

«Семь месяцев дерутся в Герцеговине. Шайки (христианских) инсургентов жгут и истребляют все, что можно сжечь и истребить, так что в настоящее время всё пространство по берегу Савы опустошено вглубь верст на 30.

Алоис Элиаш задумал покушение на протектора, использовав его любовь к лошадям. Он вступил в сговор с конюшим, чтобы организовать заражение немца конским сапом. Но тут Гитлер отстранил Нейрата от управления Чехией, и покушение потеряло смысл.

Тогда премьер-министр решил отравить видных журналистов, сотрудничавших с нацистским режимом, и официально пригласил их к себе. 18 сентября 1941 года премьер-министр угостил журналистов бутербродами, которые он при помощи своего уролога отравил, впрыснув в них ботулинический токсин, туберкулезные микобактерии и вызывающую тиф риккетсию. Единственным, кто умер после употребления бутербродов, был главный редактор журнала «Чешское слово» (České slovo) Карел Лажновский. Прочие журналисты лишь заболели.

Алоис Элиаш регулярно поддерживал контакты с движением Сопротивления. Вскоре это стало известно фашистам, его арестовали и казнили. Однако его причастность к «делу бутербродов» стала известна лишь 60 лет спустя.

Есть сведения о подобной тактике советской стороны: партизаны в форме полицаев или немцев сжигали села, чтобы озлобить население и понудить его к уходу на партизанские базы (хотя в большинстве случаев это и в самом деле были нацисты). В ходе работы над книгой-документом «Я из огненной деревни» белорусские писатели и публицисты Алесь Адамович, Янка Брыль и Владимир Колесник во время опроса получили свидетельские показания о карательной акции партизанского отряда под командованием Ваграма Калайджана, в ходе которой было убито 80 жителей деревни, не пожелавшие покидать деревню перед приходом немецких войск, деревня была сожжена. Об этом рассказывала учительница Вера Петровна Слобода, что из деревни Дубровы возле Освеи. Командиров она, оказывается, назвала двоих: Калайджана. В личном архиве командира Освейской бригады имени Фрунзе хранится сrравка на Калайджана на двух листах, написанная собственноручно Героем Советского Союза Иваном Кузьмичом Захаровым: „Во время карательной фашистской экспедиции в марте 1943 года скрывающих (ся) 9 семей с маленькими ребятишками из дер. Дубровы в лесу под видом полицейских также по его приказу были расстреляны"».
https://web.archive.org/web/20081006133617/
http://bdg.press.net.by/2004/07/2004_07_02.1441/1441_13_1.shtml

Инсургенты бродят по Славонии, Кроации и Военной границе. Более 2 000 человек вооружены игольчатыми ружьями; желающих же принять участие весной более 10 тыс. человек... Последствия их отчаянной борьбы будут самые ужасные. Начнется поголовное истребление христиан Боснии»[370].

«В течение последних шести дней получены мною из достоверных источников следующие сведения 1. Между Градишкой и Баня-Лукой появился отряд новых восстанцев в числе 600 человек под предводительством Симо Стефановича, который три года тому назад находился в здешней тюрьме по поводу градишских событий. Сообщения прерваны между двумя городами. Отряд ворвался в турецкое село Клачиницу, сжег мечеть и пять домов. 2. В часовом расстоянии от Баня-Луки магометане вошли в дом православного священника, убили его ... Погонщики, пришедшие дня два тому назад из Сенницы, сообщили мне, что они лично видели, как с Явора прибыло в этот город 160 телег с турецкими ранеными»[371].

«Герцеговинские инсургенты в последнее время старались дать себе военную организацию, главнокомандующим был избран Пеко Павлович. Назначены им начальниками отдельных отрядов архимандрит Мелентий Перович и католический священник доктор Иван Мусич. Около Банян и Шаранцев командуют отдельными частями Лазарь Сочица и поп Богдан Зимонич»[372].

---

[370] Донесение А. Н. Кудрявцева Н. П. Игнатьеву о репрессиях и терроре башибузуков в Боснии и Герцеговине 10 дек. 1975 // Россия и восстание в Боснии и Герцеговине. 1875–1878. Документы. — М.: Индрик, 2025. С. 205–206.

[371] Донесение А. Н. Кудрявцева Н. П. Игнатьеву 7 сентября 1876 г. // Россия и восстание в Боснии и Герцеговине. 1875–1878. Документы. — М.: Индрик, 2025. С. 322–323.

[372] Донесение А. Н. Кудрявцева Н. П. Игнатьеву со сведениями о действиях повстанцев и об обнародовании в Сараеве султанских фирманов. 23 янв.

Если духовенство принимало активное участие в вооруженной борьбе, стоит ли удивляться тому, что ответные репрессии турки обрушивали и на церковные здания, и на священников?

И, как это обычно бывает, восставшие имели довольно заметную из-заграничную подпору. В 1713 году, с одной стороны, царь Петр идет в Прутский поход, а другую окраину Османской империи поджигает полковник российской армии М. Милорадович, серб по национальности. Он возглавил двадцатидевятитысячную армию повстанцев. «Они разоряли мечети, жгли деревни, опустошали целые округа, уничтожали турок физически»[373].

Вот, например, герцог Петр Августинович Монтеверде — подполковник русской службы в отставке. В сентябре 1875 г. выехал в Герцеговину в качестве корреспондента «Русского мира». В Герцеговине сблизился с руководителями восстания П. Павловичем и Б. Зимоничем и принял непосредственное участие в ряде сражений, в том числе в битве при Дуге в ноябре 1875 г., о чем писал так:

«Во время битвы был на шанцах с утра до вечера. Бился и стрелял с другими, и где мог управлял. Мы — 40 человек — атакованные пятью батальонами и обстрелянные двумя орудиями, оставили позицию два часа после всех остальных в 5 часов и возвратились в лагерь en longeant toute la ligne ennemie qui ne nous attaquait pas (le camp était à l'extremité de l'aile droite tandis que notre retranchement était le dernière a l'extrême gauche). Турки апровизионировали Никшич на 14 дней, но потеряли 2 500 или 3 000 людей. Это была настоящая бойня, я насчитал 5 или 6 на моей совести»[374].

1876 // Россия и восстание в Боснии и Герцеговине. 1875–1878. Документы. — М.: Индрик, 2025. С. 236.

[373] Бабенко О. В. Дискуссионные вопросы балканской политики России XVIII в. // Социальные и гуманитарные науки. Отечественная и зарубежная литература. Сер. 5: История. — М.: ИНИОН РАН, 2022. № 2. С. 94–95.

[374] Письмо П. А. Монтеверде Г. С. Веселитскому-Божидаровичу о сражении при Дуге и своем участии в боевых действиях против турок

То есть и сами восставшие комбатанты — отнюдь не предтечи махатмы Ганди. И судьба всех восставших во всех странах печальна — если они оказываются в руках реставраторов старого порядка. Когда восстали янычары — и их перерезали, хотя они были мусульманами.

Но страшные дни кровавой расплаты не стоит выдавать за обычные будни. Подавление вооруженного восстания — это особая ситуация и из нее нельзя делать выводы, будто: 1. в обычные дни и в мирных областях тоже творились такие кошмары; 2. причиной казней были именно христианские взгляды погибших («гонение за веру»).

Увы, при подавлении мятежей страдают не только те, кого взяли с оружием в руках (см. газовые атаки Тухачевского против тамбовских крестьян или Новочеркасский расстрел). Но из этого нельзя делать вывод, будто обычного жителя в обычное немятежное время и в немятежной местности могли вот так просто взять и казнить. А на войне — как на войне.

Если пушки Суворова однажды стреляли по Праге, это вовсе не значит, будто в мирные дни русские войска запросто и ежедневно расстреливали поляков с 1772 по 1916 годы. Если однажды саперные лопатки обагрили кровью проспект Руставели, это не значит, что со времен Георгиевского трактата и до конца СССР грузинам было опасно выходить из домов «под сенью дружеских штыков».

Теперь про «распятие священников», о которых вещал митр. Филарет. Сам он фактов, имен и дат не привел.

В поиске таковых я раскрываю двухтомник проф. А. Лебедева «История Греко-восточной церкви под властью турок» — и ничего не нахожу там о невыносимых страданиях христиан в XIX веке.

---

18 апреля 1876 г. // Россия и восстание в Боснии и Герцеговине. 1875–1878. Документы. — М.: Индрик, 2025. С. 284.

Зато в той же книге читаем:

«В 30-х гг. XIX в. известный русский путешественник А. Н. Муравьев насчитал в Константинополе более 25 церквей, но, очевидно, в этом веке число церквей здесь начинает прибывать. Впрочем, в некоторых греческих провинциях Турецкой империи число храмов было очень велико. Вот что, например, известие 1835 года о Морее и островах. В Морее и вообще на континенте деревня состояла из 7 или даже 3 домов, но имела церковь и могла иметь священника. Но так как менее 50 семей не могли пропитывать священника, то большая часть этих храмов оставалась без службы и священника. А на островах было еще более храмов. Так, на островах Эгейского моря, в области теперешнего Греческого королевства, при греческом народонаселении в 17 тыс. семей было 502 церкви и 630 священников; следовательно, на 26–27 семей приходился один священник. В особенности на островах было очень много часовен; так, на небольшом о. Скиросе в середине XVIII в. находилось 365 часовен»[375]...

Раскрываю электронную версию автобиографической книги еп. Порфирия Успенского. Сей ученый монах десятилетия прожил в Османской империи. И в томе за 1853 год (канун Крымской войны и ее начало)[376] я сделал поисковый запрос «...уби». Вышло немало рассказов о драках мусульман между собой. Один раз — об их угрозах католическому епископу Вифлеема (из-за «квартирного вопроса», а не вероучительного). И ничего про убийства православных.

---

[375] Лебедев А. А. История Греко-Восточной церкви под властью турок: От падения Константинополя (в 1453 г.) до настоящего времени. Кн. 2. — СПб., 2004. С. 260.

[376] https://azbyka.ru/otechnik/Porfirij_Uspenskij/kniga-bytija-moego-dnevniki-i-avtobiograficheskie-zapiski-tom-5/1_1

И даже во дни начавшейся войны власти защищали христиан:

«15 ноября. Из Дамаска получено верное известие, что тамошняя магометанская чернь, услышав о победе турок над русскими, взбесилась и стала бесчестить и бить встречных христиан. Одна толпа отправилась к униатской церкви с намерением ограбить ее. Но ага разогнал эту сволочь».

Другой церковный историк того же XIX века писал:

*«На христианских державах Европы, особенно на России, лежало высокое призвание — спасти христианство на Востоке от подавления и народы от медленной смерти. Призвание было понято и принято. История дипломатических сношений европейских держав с Турцией есть, можно сказать, история непрерывного заступничества их пред Портой за угнетенных восточных христиан. Россия придала этому заступничеству реальную постановку. С того момента, как ее влияние в Турции утвердилось на прочных основаниях в **конце XVIII в., наступает новая эпоха в жизни восточных христиан и отношения к ним турецкого правительства принимают другой вид»***[377].

Для отказа от живописания жизни христиан в Османской империи исключительно в черных красках достаточно одного простого факта по имени «липоване». Множество русских староверов (и просто казаков) бежало из России и поселялось в пределах Османской империи. В 1862 году их число оценивалось в 250 000 человек[378].

---

[377] Скабаланович Н. А. Политика турецкого правительства по отношению к христианским подданным и их религии — от завоевания Константинополя до конца XVIII в. // Христианское Чтение. 1878. № 9-10. С. 463–464.

[378] «Россия под надзором»: отчеты III отделения 1827–1867. — М., 2006. С. 508.

«Бежавшие в Турцию раскольники проповедуют везде и всем, что правительство русское не щадит никого и гонит людей не только за их деяния, но и за верования. хотя бы их деяния согласовались во всем с гражданским порядком. Пропаганда раскольничья приводит всех христиан, живущих в Турции, в изумление, ибо восточные христиане хотя и имеют поводы жаловаться на различные притеснения со стороны турецкого правительства в отношениях политическом, хозяйственном и гражданском, но они должны сознаться, что касательно веротерпимости турецкое начальство неукоризненно. Оттоманское правительство дозволяет каждому созидать себе Бога по произволу, не вступается ни в какую догматику и смотрит с величайшим равнодушием на обряды всех Церквей и религий. Для турок нет различий между православным и тем. который принадлежит поповщине или безпоповщине. Для турок нет оттенка между молящимся за Царя или немолящимся за Царя, ибо турок от гяура молитвы не требует. Итак, вот причина, по которой раскольник, гонимый в своем отечестве, предпочитает Турцию России»[379].

---

[379] Рукописная записка Михаила Волкова: «Что довело Россию до настоящей войны........., посвященная князю Александру Михайловичу Горчакову» // Зайончковский А. М. Восточная война 1853–1856 гг. в связи с современной ей политической обстановкой. Т. 1. Приложения. — Спб., 1908. С. 178, прил. № 30. Ср.: «Турки мало интересуются тем, что происходит в христианских храмах их государства. В церковных книгах встречается следующее молитвенное воззвание: «Агарянская чада, ты Отроковице, покори императору нашему молитвами твоими» (Октоих, гл. 4., пятн. Канон песнь 9)» (Лебедев А. А. История Греко-Восточной церкви под властью турок: От падения Константинополя (в 1453 г.) до настоящего времени. Кн. 2. – СПб., 2004. С. 262). Митр. Филарет в 1858 году в связи с этим советовал «стоит труда сделать опыт доставить болгарам из России нужнейшие богослужебные книги, напечатанные так, чтобы враги православия не могли указать на них, как на противные политическому положению Турции. Прошение о низложении царства агарянского можно заменить прошением о обращении непознавших истины к истинному Богопознанию о вере» (Собрание

Так что вполне справедливо советский академик Е. Тарле сказал об одной активной столичной славянофилке:

«О защите христианских братьев, притесняемых нечестивыми агарянами, и о свободе веры в Турции хлопотала и придворная славянофилка Антонина Дмитриевна Блудова, озабоченно справлявшаяся в это самое время у своих московских корреспондентов о том, правда ли, что на Рогожском кладбище в самом деле вполне исправно запечатаны старообрядческие молельни. Фрейлину это очень беспокоило вследствие ее опасения, что только зазевайся московская полиция, того и гляди, старообрядцы как-нибудь вдруг заберутся к своим запечатанным и запрещенным иконам. Преследуя русских старообрядцев, она осмеливалась разглагольствовать о защите свободы веры!» (Тарле Е. В. Крымская война. Т. 1., гл. 2.).

А про то, как изнывала собственно греческая церковь под османским гнетом в 19 столетии, есть такое свидетельское описание:

«Константинопольская Церковь, правимая Святейшим Синодом под председательством Вселенского Патриарха, есть нравственное лицо, сильное, богатое, пользующееся обширною властью и заведывающее делами Православной Церкви на всем пространстве Европейской Турции и Малой Азии. Она считается истинною главою православнаго народонаселения Оттоманской Империи и заведует не только собственно духовными и церковными, но даже и гражданскими актами сынов своих. Православное народонаселение простирается до 8.500.000 душ. Константинопольская Церковь, имея паству многочисленную, зажиточную, про-

---

мнений и отзывов Филарета, митрополита Московского и Коломенского, по делам православной церкви на Востоке. — СПб., 1899.

мышленную и пользуясь над этой паствою властью обширною, пресыщена благами мира сего. Она утопает в неге и бездействии, собирает с овец своих дань, не заботится ни о благосостоянии, ни о просвещении своей паствы, но, имея в виду одно вещественное благо свое, идет рука в руку с Портою Оттоманскою, делит каждое руно на две части, оставляя большую себе и уступая меньшую турецкому правительству. Константинопольская Церковь имеет около семидесяти епархий; но из ея семидесяти верховных пастырей, едва десять могут почесться истинными пастырями. Прочие суть совершенные волки»[380].

---

[380] Эпизод из первой автобиографии в истории болгарской литературы: «Прииде архиерея и помолиха ся. И он той час изволи да мя хиротониса в неделю и подадоха му седемдесят гроша. Ала беше у сряда то изплатение и аз ся готвех за в неделя потребная. В петок вечер прииде иконому и принесе ми парите и рече: — Да знайш, како не има да тя учини владика свещенник, почто другий подаде сто и пятдесят грош. Того хоче да хиротониса. Ами какова ли скорб и сожаление мя обзе, като ся изповядах на духовнику и узех мартория, изготвих ся все потребная. Ами кому да скажа тоя скорб мою? Потекох до ония человеци, що са бяха молили и парите дали. И они пойдоха и дадоша още тридесят гроша. И рукоположи ме в лето 1762, септемврия 1» (Житие и страдания грешнаго Софрония).

(«Епископ пришел и помолился. И тотчас же соблаговолил рукоположить меня в воскресенье, и ему дали семьдесят грошей. Но эта плата была в среду, а я готовился к необходимому в воскресенье. В пятницу вечером пришел иконом, принес мне деньги и сказал: Знаешь, епископ не будет тебя посвящать, потому что некто дал ему за свою хиротонию сто пятьдесят грошей. Он хочет его рукоположить. Какая же печаль и сожаление охватили меня. Но кому я поведаю эту свою печаль? Я побежал к тем людям, которые просили меня стать их священником и дали деньги. И они пошли и дали мне еще тридцать грошей. И он рукоположил меня летом 1762 года, 1 сентября»)

И еще: «Но так как я всё же хотя бы умел читать, то другие священники возненавидели меня, потому что все они тогда были пахарями, и я по глупой юности своей не хотел их слушаться, потому что они были так просты и неучены. И они напали на меня с епископом, и он меня ненавидел. И был там епископский протосингельский, неученый и неграмотный грек, — он очень меня ненавидел. Потому что это естественно:

«Константинопольская Церковь, гордясь своим богатством и своей силою, смотрит на Русскую Церковь свысока, почитает ее младшею сестрою своею и отзывается о духовном русском регламенте и о Святейшем нашем Синоде как о нововведении в иерархии церковной. Она не почитает Синод властью, с собой равной, ибо Вселенская Церковь приписывает Константинопольскому Трону первенство. Огромные доходы, которыми Вселенская Церковь пользуется, ставить ее в положение, совершенно независимое. Она не нуждается в пособиях внешних; не посылает за сборами в Россию; не хлопочет о метохах и монастырях; не наскучает никому о доброхотных подаяниях, но налагает произвольно оброки на свою богатую и многочисленную паству; употребляет свои огромные доходы, как ей угодно, и страшится чужого вмешательства в ее управление.

Всякий иностранный посол, пребывающий в Царьград, есть предмет недоверчивости Вселенского Патриарха и его Синода. Представитель России есть в глазах его естественный покровитель православия на Востоке, но с тем условием, что он не дозволит себе ни запроса, ни разбора, ни порицания. ни надзора по делам Вселенской Церкви. Константинопольский Патриарх с его Синодом образуют тесную олигархию, в которую нет доступа никому. Патриарх и Синод боятся одной Порты и поэтому ей одной и хотят угождать. Патриарх и Синод подлежат всем превратностям судьбы. Лица, сидящие на патриархии, часто сменяются по проискам и козням турецких сановников, или по просьбе

ученый любит ученого, а простой человек — простого человека, а пьяный — пьяницу». Казалось бы, священник должен уметь читать. Но русский раскол показал, что это не так: многие священники, с детства пребывая в храме и в отсутствие иных источников информации, просто знали основные службы наизусть. Поэтому перемена текста (никонова «справа») просто обнажала их профнепригодность. И им легче было объявить себя староверами, чем признать свою несостоятельность.

самих греков, недовольных управлением какого-нибудь патриарха. Но права и власть патриарха и синода остаются непоколебимы. Самостоятельность Церкви не нарушается; власть переходит, конечно, из рук в руки, но вступивший вновь патриарх продолжает пользоваться тою же самою властью, которою пользовались и его предшественники; также налагает дани, также судить лицеприятно; также гонит и милует и с тою завистью смотрит на иностранных посланников и в особенности на русского, от которого скрывает всегда правду. Со времени греческого восстания, когда погибли на виселице в одном Царьграде двадцать шесть архиепископов[381], Вселенская Церковь перешла в руки людей незначущих.

Кроме вселенского трона, Православная Церковь на Востоке имеет еще трех патриархов: Антиохийского, Иерусалимского и Александрийского. Паства первого состоят из 190.000, паства второго — из 50.000, а паства третьего из 10.000 душ. Помянутые три патриарха по причине малочисленности и бедности паствы своей нуждаются часто в денежных пособиях. Они принимают с благодарностью присылаемые из России суммы. Но что касается до нашего влияния на дела патриархии и в особенности на распределение подаяний наших, то помянутые три патриарха столь же избегают нашего вступательства в их управление, как и Вселенский. Порфирий Успенский, глава русской духовной миссии в Иерусалиме и Сирии, и наблюдатель за тремя бедными патриархами, для них несносный аргус... Среди различных оппозиций, образовавшихся в Цареграде против посла Меншикова, одна из самых сильных была оппозиция патриарха и синода Вселенской Православной Церкви. Патриарх и синод ужасались той мысли, что Россия когда-

---

[381] Об этих событиях 1821 года у меня в книге «О нашем поражении»; глава 9.

нибудь получит право вступаться в их дела. Патриарх и синод готовы были охотно пользоваться услужливым заступничеством России перед Портой и турецким падишахом. Но они трепетали перед мыслью, что Россия сделается когда-нибудь официальной покровительницей Православной Церкви на Востоке. Пользоваться Россией при случае составляло политику патриархии, но даровать России право вступаться гласно в дела Церкви казалось Патриарху и Синоду гнусной изменой против свободы и самостоятельности Церкви. Обладая вполне греческим языком, нам случалось говорить с епископами константинопольского синода о русской церкви и слышать их рассуждения о неудобствах, могущих произойти для Вселенского престола из официального протектората русской державы. Эти епископы нам говорили: Вы обратите нашу Церковь из госпожи (деспины) в рабу. Ваш Петр I сверг законного главу Русской Церкви, устроил какой-то Синод и отнял у церкви управление ее имениями. Ваша Екатерина II обобрала у церкви всё ея достояние и превратила церковь из богатой в убогую. Ваш Николай, теперь столь усердный к благу православия, в прошедшем 1852 году лишил грузинскую церковь ее самостоятельности... Вы сделаете то же самое и с нами. Мы теперь богаты и сильны. Девять миллионов душ в руках патриарха, его синода и семидесяти епархиальных епископов. Вы, с правом протектората в руке, лишите нас всего, уничтожите наше значение и пустите нас с сумою»[382].

Епископ Порфирий Успенский, бывая в тех местах, поражался, сколь турки равнодушны к внутренней жизни православных. Вот стоит православный храм. В алтарь свободный доступ.

---

[382] Рукописная записка Михаила Волкова: «Что довело Россию до настоящей войны..., посвященная князю Александру Михайловичу Горчакову» // Зайончковский А. М. Восточная война 1853–1856 гг. в связи с современной ей политической обстановкой. Т. 1. Приложения. — Спб., 1908. С. 180 и 186–188. Прил. № 30.

Там лежат богослужебные книги, в том числе привезенные из России, а в них не только напечатаны молитвы, желающие русским царям победы над агарянами, но и рукописные приписки самих болгар с проклятиями туркам и их вере. Вот приписка попа Стефана, датированная 1780 годом, на служебнике XVI века: «проклета вера турска, бог да ги убие»[383].

Да, было массовое насилие в ходе завоевания христианских стран и в первые годы после. Было подавление восстаний. Был страшный геноцид армян в годы Первой Мировой войны и малоазийских греков — сразу после нее.

Но в середине XIX столетия не было оснований говорить, что турецкое правительство проводит политику наступления на права христиан и уж тем паче их преследования за их веру.

И, конечно, не во всех преступлениях подданных виновна высшая государственная власть. Османская империя XVIII–XIX веков это нечто мало похожее на европейское регулярное-полицейское государство.

Османы долго сохраняли пережитки родового строя. Аян — это «первенец», глава какой-то ветви рода. Сначала аяна избирала местная знать как посредника между нею и центральным правительством. Но вскоре они стали самостоятельными феодалами. В XVIII веке аяны начали вооружать собственные наемные отряды. Часто, особенно после 1780-х годов, должность аяна (айана) захватывалась силой. Аяны не только воевали друг с другом, но и часто отказывались подчиняться Порте. В 1747 году в районе Разграда вспыхнуло восстание аянов. В 1779 году Порта организовала карательную экспедицию против аянов Демирхисара, Петрича и Мельника, превративших Восточную Македонию в арену своих военных действий. Сепаратизм аянов не был искоренен до второго десятилетия XIX века, и их действия порой носили характер гражданской войны. После окончания Русско-турецкой войны 1806–1812 годов центральное правительство

---

[383] Писахме да се знае. Приписки и летописи. — София, 1984. С. 110.

начало наступление на аянов, в результате чего балканские провинции оказались в прямом подчинении Блистательной Порты.

Москва раньше смогла одолеть региональный сепаратизм. Внутренняя политика России и Турции в XVII веке шли в противоположных курсах: нарастающая централизация власти в одном случае, и регионализация — в другом. Кроме того, на днепровско-донских равнинах Петербург смог в XVIII веке усмирить своих казаков, убедив их погасить свою собственную военную активность и браться за оружие лишь для локальной самозащиты. Стамбул не смог в те же сроки навязать свои порядки своей горной Албании. В столице власть султана безусловна. А какой-нибудь Албании — нет. Доходило до войн (Турецко-албанская война 1820 года).

Славянские источники чаще всего именно албанцев (арнаутов) упоминают в качестве обидчиков христиан, погромщиков монастырей.

Трагична история Рильского монастыря в Болгарии: трижды на него нападали и грабили турки — в 1766, 1769, 1778 годах. Но это были акции разъяренных кредиторов. Местный кадий объявлял монастырь находящимся под его защитой, султан в 1772 году прислал фирман в его защиту[384]. Но помогло это не сразу.

При этом в реальной истории с конца XVIII столетия Турция слабеет и отчаянно нуждается в европейских союзниках, оружии и технологии.

Я не могу себе представить, чтобы «больной человек Европы»[385], во многом лишенный суверенитета европейскими дер-

---

[384] Писахме да се знае. Приписки и летописи. — София, 1984. С. 225.

[385] Св. Иннокентий, архиеп. Херсонский, видел ее так: «Держава, от коей вовсе нельзя было ожидать нападений, по самой ее слабости, тем паче по нашим услугам ей, которая, образуя из себя дикий и безобразный нарост в благоустроенном составе тела государств Европейских, и по тому самому давно и неизбежно обречена уничтожению» (Речь по прочтении Высочайшего манифеста о войне с Турцией // Сочинения Иннокентия архиепископа Херсонскаго и Таврическаго. Т. 3. Слова по случаю общественных бедствий. — СПб., 1908.

жавами, и чье правительство при этом искренне стремится к европеизации, проводил бы госполитику преследования христиан в середине XIX столетия. Напротив, весь XIX век — это издание и подтверждение серии законов, уравнивающих в правах всех подданных Порты.

Самый страшный «налог детьми» (в янычары) был уже давно отменен: де-факто — в 1648 году, де-юре — в 1703[386].

Церковный историк XIX века писал: «в конце XVIII в., наступает новая эпоха в жизни восточных христиан и отношения к ним турецкого правительства принимают другой вид»[387].

И в самом деле, болгарский летописец с ликованием сообщает:

> *«В 1832 году дано полное позволение от царя султана Махмуда на постройку христианских церквей по всей его империи, и это постине чудесно, ибо лютейший зверь превратился в кротчайшего агнца. Ранее и одной черепицей нельзя было прикрыть дыру в крыше храма»*[388].

---

[386] Поскольку такой налог 1. Гарантировал ребенка от голодной смерти в бедной и многодетной семье 2. Мог стать потрясающим социальным лифтом, то не всегда он вызвал протест родителей. Более того, порой турки подкупали соседей-христиан, чтобы отдать в янычары своих сыновей: «Девширме собирали раз в четыре или пять лет в сельских провинциях Восточной Европы, Юго-Восточной Европы и Анатолии. В основном они были собраны с христиан. Однако некоторым мусульманским семьям всё равно удавалось тайно пронести своих сыновей. Боснийские мусульмане были единственной мусульманской этнической группой, которую разрешалось вербовать, требовалась вооруженная охрана, которая вела боснийцев по пути в Стамбул, чтобы избежать контрабанды турецких мальчиков в их ряды» (https://en.wikipedia.org/wiki/Devshirme).

[387] Скабаланович Н. А. Политика турецкого правительства по отношению к христианским подданным и их религии — от завоевания Константинополя до конца XVIII в. // Христианское Чтение. 1878. №№ 9–10. С. 463–464.

[388] Летопись Траянского монастыря // Писахме да се знае. Приписки и летописи. — София, 1984. С. 280.

В 1839 году вышел Гюльханейский хатт-и-шериф о равенстве «всех моих подданных без различия вероисповедания или секты»[389]. В 1843, 1845 и 1854 гг. султан подтверждал этот указ, гася протесты турецких фанатиков. Гюльханейский хатт-и-шериф провозглашал безопасность жизни, чести и имущества османских подданных, как мусульман, так и христиан, публичность судебных расследований, принятие мер против взяток.

15 мая 1846 года в Тырново болгары встретили султана Абдул-Меджида Первого с крестами, Евангелием и кадилами[390].

При султане Абдул-Меджиде в 1847 году прошла реставрация храма св. Софии. Да, конечно, это по-прежнему была мечеть.

Под слоем штукатурки были найдены великолепные византийские мозаики. Турки были в большом недоумении: что с ними делать. Скрыть находку было нельзя: реставрация проходила под руководством приглашенных итальянских специалистов. Просто снести мозаики?[391] Опять залепить и замазать их песком и известью? Некоторые предлагали султану оставить мозаики открытыми, только сделать в них небольшие «поправки». Например, над главным входом была мозаика Божией Матери с Младенцем, а перед ней на коленях стоят императоры Константин (основатель Константинополя) и Юстиниан, подносящий Ей сооруженный им храм Святой Софии. Так вот, льстецы предлагали оста-

---

[389] Хрестоматия по новой истории. Том II. 1815-1870. — М., 1963. С. 424.

[390] Летопис на поп Йовчо от Трявна // Писахме да се знае. Приписки и летописи. — София, 1984. С. 294.

[391] Однажды один московский настоятель пригласил меня осмотреть его храм. Храм был XIX века постройки, переделанный невесть подо что в советские времена и возвращенный церкви в конце 1990-х годов. В храме активно шли работы: молотком сбивались остатки росписи XIX века. На мое недоумение настоятель пояснил: «Фрагментов старой росписи осталось немного. Она была под штукатуркой. О ее существовании московские власти и Министерство культуры не знают, мы открыли эти росписи несколько дней назад. Если же об этом объявить, то Минкульт заставит не только сохранить эти фрагменты, но и весь храм расписать в том же стиле. А мне академическая живопись в храме не нравится, я хочу сделать росписи в древнерусском рублёвском стиле».

вить всё как есть, только посредине на месте Богоматери изобразить красками султана Абдул-Меджида как обновителя здания...

В конце концов решено было покрыть все мозаики легкосмываемым слоем золотой краски, причем Абдул-Меджид приказал: «закройте мозаики как можно легче, чтобы всегда можно было стереть краску. Кто знает, может быть, мой преемник захочет совершенно открыть их»[392]. Между прочим, это был султан времен Крымской войны.

В XVII веке решение султана было бы много более радикальным...

Уголовный кодекс 1840 г. упразднил харадж; в 1843 г. был отменен закон о смертной казни за возвращение в свою веру христиан, принявших ислам. В 1847 г. в больших городах Турции были введены смешанные гражданские суды для рассмотрения дел между христианами и мусульманам.

18 февраля 1856 года султан Абдул-Меджидом издал хатт-и-хумаюн, который подтверждал все духовные и прочие привилегии и льготы, дарованные Гюльханейским хатт-и-шерифом. Духовенству предполагалось назначить определенное жалованье, подобно госчиновникам. Христиане получили право свободно исповедовать свою веру, восстанавливать храмы, кладбища, школы и больницы; запрещалось насильственное обращение христиан в мусульманство. Учреждались смешанные суды для рассмотрения дел между мусульманами и христианами, отменялись пытки при судебных расследованиях. Христиане получили свободный доступ к государственным и общественным должностям и должны были подчиняться общему закону о воинской повинности. Законы шариата в своей строгости такого не допускали.

Да, эти законы плохо исполнялись. Но разве в России с исполнением законов было иначе? Про какую страну сказано, что

---

[392] Иером. Павел. Турки в Константинополе // Прибавления к Церковным ведомостям. — Спб., 1904. № 4. С. 142.

в ней «строгость законов смягчается только необязательностью их исполнения»?

Да, благожелательные для христиан распоряжения высшей власти зачастую тормозились местными турецкими чиновниками. Но есть ли еще случаи, когда бы некая держава сначала навязала другой стране законы, приятные для себя, а потом объявила ей войну из-за того, что по этим уже принятым законам кто-то кое-где у них порой честно жить не хочет?

28 февраля 1870 года, к радости болгар, выходит правительственный фирман, утверждающий автономию Болгарской церкви (и начинается долгий, почти на столетие греко-болгарский церковный раскол).

Регламент, определяющий права христианского населения Боснийского вилайета, порядок взимания налогов и исполнения повинностей, изданный 24 сентября (6 октября) 1875 г. определял:

«Все подданные его величества султана без различия могут исповедовать свою веру всякий по своему обряду с полною свободою и безопасностью. Никто не смеет и помыслить о нарушении этого государственного закона. Если кто-либо осмелится пренебречь этим законом, он немедленно подвергнется наказанию в силу закона. Местные управители или мудиры и даже высшие чиновники ответственны пред законом и подлежат наказанию, если они оставят без внимания уклонение от этого закона, где бы оно ни произошло. Свод законов должен служить руководством в личных и общественных действиях чиновников и общества. Знание закона необходимо для всякого вообще. Но так как свод законов, заключающихся в так называемом дестуре, еще не переведен на туземный язык, то решено сделать этот перевод и опубликовать, с каковою целью будет назначен особый комитет в центре вилайета. Все решения судов гражданских будут писаны с переводом на язык, доступный народу,

и под этим переводом будут подписываться председатель и члены меджлисов. Все верноподданные во всяком случае и вместе без различия вероисповедания пользуются полною равноправностью»[393].

2 октября 1875 г. султан Абдул-Азиз издал указ (ираде), где провозглашались реформы: создавались представительные учреждения — провинциальные советы — для обсуждения нужд населения, взамен десятинного сбора вводился поземельный налог, христианским общинам разрешалось иметь своих представителей в местных административных органах[394].

В конце сентября 1876 года газета «Московские ведомости» поместила корреспонденцию из Константинополя о характере нового монарха:

«...Хотя султан Абдул-Хамид сердечно предан исламу, но он чужд фанатизма. Он назначил к себе куафёром христианина, чему доныне примера не было. Многие из придворных не без удивления видели это назначение, не постигая, как можно допустить, чтобы нечистая рука гяура касалась священной бороды калифа»[395].

В декабре 1876 года этот султан издал ираде о допустимости армейской службы для немусульман (православных, армян, иудеев).

В мае 1876 года была оглашена Прокламация комиссара Порты о даровании амнистии боснякам и герцеговинцам. Во исполнение воли нового султана Мурада V и от его имени Великий визирь давал распоряжения комиссарам Порты в Боснии и Герцеговине заявить о заботе султана о своих подданных в провинции, объявлял предоставление полной свободы всем повстанцам,

---

[393] Там же. С. 148–149.
[394] Россия и восстание в Боснии и Герцеговине. 1875–1878. Документы. — М.: Индрик, 2025. С. 136.
[395] Московские ведомости. 1876. 1 октября. С. 4.

отсрочку в 6 недель для возвращения их к своим домам и сообщал о том, что главнокомандующий предупрежден о всеобщей амнистии с тем, чтобы повсеместно с 31 мая прекратить военные операции на 6 недель. Прокламация была опубликована на турецком и сербском языках[396].

Между прочим, в дни резни в Батаке и болгарского восстания Великим визирем был Махмуд Недим-паша, сын грузинской княжны. Он находился под влиянием Н. П. Игнатьева, посла Российской империи в Османской империи с 1861 по 1877 год, возможно потому, что послу доверял султан. За его руссофильскую ориентацию враги дали Великому визирю прозвища «Недимов» и «Махмудов».[397] Турецкая Википедия вообще пишет, что он «превратил Османское государство в страну, которая следует российской внешней политике». Он точно не мог ни отдать приказа о геноциде христиан, ни пропустить подобный приказ султана (если бы таковой приказ был) вниз по административной цепочке.

Так может, именно устранение Нелима с поста великого визиря в мае 1876 г. и стало причиной войны, объявленной Россией в начале 1877 года?

А как в привычную для нас схему укладывается вот такое сообщение из Боснии:

«Мусульмане-помещики и торговцы в пылу первых страстей фанатизма и политических возбуждений правительства мечтали об истреблении если не самих христиан, то их имущества и капиталов, ибо в последние годы они с трудом сдерживали свою злобу и зависть перед относительным благосостоянием христианского населения, которое своим терпением и благоразумною сдержанностью пода-

---

[396] Россия и восстание в Боснии и Герцеговине. 1875–1878. Документы. — М.: Индрик, 2025. С. 299.

[397] https://ru.wikipedia.org/wiki/Махмуд_Недим-паша

вало пример того, что и при самых неблагоприятных обстоятельствах трудолюбие находит себе вознаграждение. Теперь же, когда торговля остановилась и им почти нечем жить, когда они слышат, что христиане могут, наконец, получить от своего государя различные льготы и облегчения, они стали размышлять о своем безвыходном положении и изменять отчасти образ своих мыслей. Что, к сожалению, верно, это то, что здешние мусульмане не хотят и слышать о новых льготах и правах, которые христиане могут получить. В особенности назначение христиан на высшие должности, на посты губернаторов и каймакамов приводит их в исступление. „Как, — говорят они, — нами будут повелевать гяуры — никогда!" Более чем когда-либо запутывается задача турецкого правительства, и можно смело выразить убеждение, что она им никогда не разрешится. Мне сообщено из верного источника, что Рауф-паша обращался письменно к дужскому игумену о. Мелентию и католику Мусичу, предлагая им возвратиться в Герцеговину и принять места епископов в Гацком губернаторстве. Они отказались положить оружие»?[398]

«О помощи беглецам на случай их возвращения. Заключения ее по этому отделу сообщены начальнику края и всем подведомственным ему губернаторам. Они состоят в следующем. Беглецам, а также пострадавшим от восстания мирным жителям **всех вероисповеданий** будет выдаваться дневное пропитание в количестве 200 драм кукурузы взрослым людям и 100 драм детям до 15-ти летнего возраста. Бедным же и неимущим поселянам, кроме того, даны будут

---

[398] Донесение А. Н. Кудрявцева Н. П. Игнатьеву о настроениях мусульманского населения Боснии и ухудшении его экономического положения в связи с восстанием христиан. 17 декабря 1875 г. Сараево // Россия и восстание в Боснии и Герцеговине. 1875–1878. Документы. — М.: Индрик, 2025. С. 213.

семена пшеницы. Затем разрешена рубка казенного леса для восстановления разрушенных жилищ, и возлагается на обязанность богатых бегов и зажиточных аг принести в дар снова поселяющимся на их землях кметам семена, гвозди, стекла и пр. необходимое для постройки»[399].

«Ибрагим-паша утверждает, что христианское население Петровачского и Гламочского округов возвратилось к покорности и что ему выдано 50 тысяч ок пшеницы для обсеменения полей. Точно так же, по уверению властей, пути сообщения в Ново-Пазарском санджаке очищены от шаек, и жители вилайета приглашаются безбоязненно производить торговлю и возвратиться к обычным своим занятиям. Только около Ливно бродят еще шайки, которые нападают на поместья бегов, стараясь истреблять всё их имущество. Шайки христиан не ограничиваются, однако ж, истреблением одних магометанских имуществ, они не щадят и католические. Так, неделю тому назад одна из них сожгла в 4-х часах от Ливно в католическом селе Рубане церковь, два дома и одно строение. Это явление не ново. В Боснии католики держат свою руку в руке магометан, и потому для православных они такие же враги славянства, как и магометане»[400].

Без «распятого мальчика в трусиках» никак не обошлась и пропагандистская раскрутка войны 1877 года. Правда, в основном повторялся штамп о «невыносимых притеснениях и страданиях православных братьев».

А и в самом деле — что именно такого невыносимого случилось в жизни Болгарии или Сербии в 1876 году в сравнении, скажем, с 1870-м?

---

[399] Донесение А. Н. Кудрявцева Н. П. Игнатьеву о мерах комиссара Порты по умиротворению Боснии. 12 мая 1876. // Там же. С. 294.

[400] Донесение А. Н. Кудрявцева Н. П. Игнатьеву о настроениях населения Боснии 4 мая 1876 // Там же, с. 292.

Случилось одно: в июле 1875 года началось восстание в Боснии. 18 апреля 1876 года началось восстание в Болгарии. 30 июня 1876 года Сербия и Черногория объявили войну Турции. В апреле 1877 войну объявила Россия.

Все эти восстания готовились долго. Готовились профессиональными революционерами. Дело было в их мечтах, а не в объективном росте «невыносимости ига».

Вопрос о том, в какую минуту гнет стал «невыносимым» и вызвал восстание — это вопрос не столько фактологии, сколько оценок. И еще более — пропаганды. Сначала — революционной пропаганды («будителей», в том числе из-за границы), а потом, в случае победы революции — пропаганды новой власти.

Да, 1875–77 годы — это годы многих неправд и взаимной резни на Балканах. Но эта кровь не является традицией «турецкого ига». И кровь эта — следствие не только «робства», но еще и действий тех жителей разных стран, которые желали: «Пусть сильнее грянет буря».

Я не пишу историю России или Болгарии. Здесь я не размышляю о том, какие сложные мотивы могли быть у руководителей российской политики и были ли вообще у них возможности для другой линии поведения. Моя тема узка и определенна: 1. Была ли подложена религиозная мотивация под военные действия 1877 года? 2. Верную ли картину рисовала пропаганда для русских глаз?

Я не спорю, что болгарам, сербам, македонцам, черногорцам, румынам и грекам стало легче жить по итогам серии русско-турецких войн и вообще давления русской дипломатии на Блистательную Порту. Я говорю только о пропаганде, которая жар новых войн возгоняла картинками из далекого прошлого и делала вид, будто от времен падения Царьграда до 1877 года нравы турок не изменились.

Ну так и сегодня пропаганда столь же навязчиво использует прием анахронной подачи материала: «раз тогда, то и сейчас».

Мол, немцы за 90 лет не поменялись; они всё те же нацисты и гестаповцы, вот только еще гомосексуалистами стали...

Напомню об итогах той войны: экспансия России на Балканах теперь уже напрямую столкнулась с аналогичными планами Австро-Венгерской империи. Российский государственный бюджет пришел в такое расстройство, что в него потребовались огромные финансовые влияния извне. Такие деньги нашлись только во французских банках. Так настала эпоха «переворачивания союзов», и вековой союз России и Пруссии (Германии)[401] рассыпался в пользу франко-российской дружбы. Европа решительно шагнула к Мировой войне, династия Романовых — к гибели, русская православная церковь — к...

Еще один результат — разрыв того, что Константин Леонтьев называл турецким презервативом:

«"Старые" славянофилы воображали себе, что затмение турецкого полумесяца повлечет за собою немедленно яркий восход сияющего православного солнца на христианском

---

[401] Кишиневский владыка Павел в речи, обращенной к русскому императору после зачтения манифеста об объявлении войны, напомнил о его немецком дяде: «Да подаст Господь тебе многая лета до старости более маститой, чем маститая старость августейшего твоего дяди и друга — императора Вильгельма» (Речь Благочестивейшему Государю Императору Александру Николаевичу, сказанная 12 апреля 1877 // Кишиневские епархиальные ведомости. 1877. № 7. С. 290).
Вильгельму Первому — королю Пруссии и первому германскому императору, в тот год было 73 года. Его отец — король Пруссии Фридрих Вильгельм III. Дочь Фридриха Вильгельма III Шарлотта (в православии Александра Федоровна) вышла замуж за великого князя Николая Павловича (впоследствии российского императора Николая I). Таким образом, Фридрих Вильгельм III приходился дедом русскому царю Александру Второму, а наследник Фридриха Вильгельма III — император Вильгельм Первый — был дядей Александра Второго, будучи на 21 год старше племянника. Но дядя пережил своего племянника. И сын Вильгельма, Вильгельм Второй, пошел войной на внука Александра Второго, которого в переписке называл «дорогим кузеном».

Востоке. Они мечтали о каких-то патриархально освежающих югославянских родниках! Как возвышенны, как благородны были эти мечты! Как упорно сохранились они у немногих, оставшихся прежними славянофилами и доныне! И как ошибочны эти надежды, как призрачен этот яркий, своеобразный культурный идеал! Но увы!.. Живя в Турции, я скоро понял истинно ужасающую вещь; я понял с ужасом и горем, что благодаря только туркам и держится еще многое истинно православное и славянское на Востоке... Я стал подозревать, что отрицательное действие мусульманского давления, за неимением лучшего, спасительно для наших славянских особенностей и что без турецкого презервативного колпака разрушительное действие либерального европеизма станет сильнее. И какой же тут „страх Божий" в народе неопытном, незрелом, руководимом вчера лишь вольноотпущенными лакеями, побывавшими кое-где в Европе для того, чтобы перестать содержать посты и разучиться любить власти, Богом поставленные? Какой страх Божий в православной нации, которая начинает свою новую историю борьбой против Вселенского Патриарха и против принципа епископской власти, — в нации, которую свои демагоги лет 20 подряд учили не слушаться архиереев, изгонять их, оскорблять, не платить им денег?..»[402]

Леонтьев предвидел, что, получив свои суверенитет и автокефалию, балканские народы начнут воевать друг против друга как по церковной линии, так и по новогосударственной.

Болгарские церковные летописцы пред-освободительных лет уже не отмечали случаев турецкого насилия. Зато у них появлялись такие записи:

---

[402] Леонтьев К. Н. Письма отшельника. // Леонтьев К. Н. Восток, Россия и Славянство: Философская и политическая публицистика. Духовная проза (1872–1891). — М., 1996. С. 169.

«1866. В эти времена много страдали от церковных властей. В городах епископы много священников выгоняли с подворий. Монахам запретили выходить из монастырей просить милостыню»[403].

Люди могут страдать не только от оккупантов и иноверцев, но и от своих же властей — как светских, так и церковных. Но нести свободу всегда отчего-то хочется только за границу.

Японская война: крестовый поход на язычников

Между Балканской и Японской войнами прозвучало слово поручика Льва Толстого, участника Кавказской и Крымской войн:

«...Зазвонят в колокола, оденутся в золотые мешки долговолосые люди и начнут молиться за убийство. И начнется опять старое, давно известное, ужасное дело. Засуетятся разжигающие людей под видом патриотизма и ненависти к убийству газетчики, радуясь тому, что получат двойной доход. Засуетятся радостно заводчики, купцы, поставщики военных припасов, ожидая двойных барышей. Засуетятся всякого рода чиновники, предвидя возможность украсть больше, чем они крадут обыкновенно. Засуетятся военные начальства, получающие двойное жалованье и рационы и надеющиеся получить за убийство людей различные высокоценимые ими побрякушки — ленты, кресты, галуны, звезды. Засуетятся праздные господа и дамы, вперед записываясь в Красный Крест, готовясь перевязывать тех, которых будут убивать их же мужья и братья, и воображая, что они делают этим самое христианское дело. И, заглушая

---

[403] Летопись Дамаскина Святогорца // Писахме да се знае. Приписки и летописи. — София, 1984. С. 348.

в своей душе отчаяние песнями, развратом и водкой, побредут оторванные от мирного труда, от своих жен, матерей, детей — люди, сотни тысяч простых, добрых людей с орудиями убийства в руках туда, куда их погонят. Будут ходить, зябнуть, голодать, болеть, умирать от болезней, и, наконец, придут к тому месту, где их начнут убивать тысячами, и они будут убивать тысячами, сами на зная зачем, людей, которых они никогда не видали, которые им ничего не сделали и не могут сделать дурного. И когда наберется столько больных, раненых и убитых, что некому будет уже подбирать их, и когда воздух уже так заразится этим гниющим пушечным мясом, что неприятно сделается даже и начальству, тогда остановятся на время, кое-как подберут раненых, свезут, свалят кучами куда попало больных, а убитых зароют, посыпав их известкой, и опять поведут всю толпу обманутых еще дальше, и будут водить их так до тех пор, пока это не надоест тем, которые затеяли всё это, или пока те, которым это было нужно, не получат всего того, что им было нужно. И опять одичают, остервенеют, озвереют люди, и уменьшится в мире любовь, и наступившее уже охристианение человечества отодвинется опять на десятки, сотни лет. И опять те люди, которым это выгодно, с уверенностью станут говорить, что если была война, то это значит то, что она необходима, и опять станут готовить этому будущие поколения, с детства развращая их» (Христианство и патриотизм; 1893–1894 гг.).

Он не был услышан и понят лицами, принимающими решения, в том числе и теми «долговолосыми людьми», что оденутся в золотые мешки».

Они ему пояснили:

«Война в мире грешных существ самим фактом своего существования свидетельствует о том, что в этом мире

осталось нечто способное возстать и вооружиться во имя чего-то высшего. Не было бы войны — значит, в людях погибло все, что для них должно было бы составлять самое дорогое и святое, что в них как будто истребилась память о чести, о достоинстве своего существа, о заповедях Божиих и т. п. Значит, не звериная злоба, не животная ненасытность породила войну в роде человеческом, а она есть действие определения, положенного правосудием Божиим в наказание искусителю. В этом первоначальном своем назначении война должна быть действием, направленным к тому, чтобы наказать противника и сокрушением его положить предел злу, им распространяемому. В этом своем смысле война могла быть не чем иным, как действием священным, ибо являлась выполнением правосудия Божия — действием благородным, ибо направлялась бы к целям возвышенным, действием благочестным, ибо свидетельствовала о сохранении в душе человека уважения ко всему святому и возвышенному, попираемому иногда злонамеренными людьми»[404].

Времена всё же менялись. И в своих последних войнах XX века Российская империя устами царя уже не подчеркивала религиозный характер открываемого кровопролития.

Но церковь оставалась государственной, продолжала жить в статусе «ведомства православного вероисповедания». И она по-прежнему была главным официальным «инфлюенсором» на общественное мнение, медиатором между дворцом и народом. Поэтому голос церковного официоза был голосом государственной пропаганды, то есть: именно церковь ясно, доступно и массово выражала то, каким государство желало быть видимым в глазах своих подданных.

---

[404] Свящ. А. Голосов Война перед судом христианства // Рижские епархиальные ведомости. 1905. № 2 (янв.). С. 66 и 76.

Еще до начала Русско-японской войны первенствующий архиерей Русской церкви митрополит Петербургский Антоний сказал императору:

«...и теперь язычники мятутся и готовы напасть на достояние Божие, на Русь святую, на православный русский народ. Русь святая спокойно, радостно и светло воспевает ангельскую песнь мира, несмотря на неистовые воинские клики язычников»[405].

То есть между «нами» и «ими» граница проводится чисто религиозная.

Подчеркивание именно религиозного различия сторон стало лейтмотивом церковной проповеди.

В 1905 году в послании Синода по поводу Кровавого воскресенья была сказано: «Россия ведет с язычниками кровопролитную войну за свое историческое призвание насадительницы христианского просвещения на Дальнем Востоке».

Окружной училищный совет в Тифлисе с благословения экзарха Грузии указал наблюдателям, заведующим и учащим в церковных школах, что надлежит разъяснять детям, что:

«наступившая война для России есть война правая и священная <...> Правая она потому, что Россия не искала войны, но всячески избегала ея, делала всевозможные уступки. Священная эта война потому, что здесь мы видим не простую вражду двух народов, а великую борьбу христианства с язычеством. Вместе с победой России над Японией Господь готовит победу христианства; сотни миллионов язычников в Азии увидят силу Креста и уверуют»[406].

---

[405] Речь митрополита Антония 29 дек 1903 // Прибавления к Церковным ведомостям. — Спб., 1904. №2. С. 34.

[406] Прибавления к Церковным ведомостям. — Спб., 1904. № 11. С. 395.

Иоанн, епископ Пермский ликовал:

«Итак, война! Со знамением креста среди язычников водрузить евангельский мир призвана ты, святая Русь! Тебе Россия, Бог судил среди язычников кровию своею явить величие Бога христианского и что нет иного бога, кроме Бога христианского. Благословит же Бог наш, научая руце наши на ополчение и персты наши на брань, то есть на войну»[407].

Платон, епископ Чигиринский (то есть викарий Киевской губернии) также крестовопоходствовал:

«Христианство, распространяясь, мирно завоевало себе положение в мире, пока не подошло к ныне языческой Японии. Враг рода человеческого силами японцев старается отстоять теперь свою главную стоянку на земле и напрягает все усилия, чтобы затушить на востоке свет Христовой веры Бог не оставит нас в этой борьбе, ибо это дело и наше и Его. Бог за нас!»[408].

Никанор, епископ Гродненский прозревал суть событий и был одержим духом времени:

«Итак, тебе, миролюбивая Россия, Бог судил среди незнающих истинного Бога язычников костями и кровью своей явить великого Бога христианского, и доказать, что нет иного бога, кроме Бога христианского. И, несомненно, настанет время, когда великая и малая, белая и черная Русь будет и желтая, ибо, как пророчески указывает один из российских святителей, границы России должны быть естественно столь же великими, как она сама — моря Белое и Черное, Восточное и Западное и Ледовитый Океан со

---

[407] Там же. № 8. С. 281.
[408] Там же. № 10. С. 366

всеми островами и неизвестными границами Севера, далекими для других и близкими нам, северянам»[409].

Священники более низкого ранга тоже несли эту весть в народ:

«Подай же нам, Господи, единодушное желание, твердость и силу и помоги нам довести до победоносного конца настоящую войну, дабы чрез упрочение на дальнем востоке мира и низложение языческой гордыни вера наша православная разсеяла языческую тьму восточных народов»[410].

«Чуждый искры Божией и христианского просвещения, погрязший в тьме идолопоклонства азиатский народ задумал нанести нам вред. Бог избрал Россию для посрамления языческой гордыни»[411]. «Там, где-то вдали от нас, на крайнем востоке есть страна, именуемая Японией. Страна эта не большая, занимает несколько островов, она только в последнее, недавнее, время стала заявлять о своем существовании. Жители этой страны — язычники»[412].

Ну, а если главное в противнике то, что он не разделяет нашу христианскую веру, значит, он должен быть возведен (низведен) в ранг врага Самого Христа.

Церковная пресса азартно подначивала:

«Мрачная злоба, которую язычество питало во все времена ко Кресту, побудила врагов, предательски подкравшись по

---

[409] Речь преосвященного Никанора, епископа Гродненского, сказанная в кафедральном соборе пред молебствием о победе над врагом. (Церковные ведомости. 1904. №8. С. 281.

[410] Свящ. Н. Поска. Беседа о война по суду Божию // Рижские епархиальные ведомости. 1905. № 12 (июнь). С. 514.

[411] Александровский комитет о раненых // Церковные ведомости. — Спб.,1904. № 8. С. 80.

[412] С нами Бог, разумейте языци // Кишиневские епархиальные ведомости. 1904. № 6.

покровом ночи, направить удар против мирно стоявшей русской боевой силы. Итак, здесь борьба двух мировых идей, двух миросозерцаний, противоположенных друг другу — язычества и христианства»[413].

Тогдашний главный российский златоуст — прот. Иоанн Восторгов пророчествовал:

«Станет наша родина на высоте своего великого, Богом указанного призвания, водрузит Русь святая Крест Господень над языческим знаменем восходящего солнца, как некогда водрузил его народ наш над мусульманским полумесяцем. Аминь»[414].

«Боятся они святой Руси: знают, что она везде и всегда стоит за правду! А пуще всего ненавидят они Христа, нашего Спасителя, и честной Крест Его, и вот почему ополчились теперь язычники со всею злобою на крещеное царство наше»[415]

«Есть, возлюбленные, есть целые народы, несущие во главе с царями своими дело апостольское, есть народы, как бы особенно избранные для того, чтобы свидетельствовать язычникам о Христе. Вы сами узнаете этот народ: это — святая Русь. Испокон веков несла она Крест и проповедывала евангелие и на далеком Севере, и в равнинах Европы, и в глубине Азии; испокон веков отстаивала она Крест

---

[413] Орловские епархиальные ведомости. 1905. № 3. Отдел официальный. С. 21.
[414] Прот. Иоанн Восторгов. Царь, Россия и война // Полное собрание сочинений в пяти томах. — СПб. 1995. Т. 2: Проповеди и поучительные статьи на религиозно-нравственные темы (1901–1905 гг.).
[415] Прот. Иоанн Восторгов. Воинам напутствие на бранный подвиг // Полное собрание сочинений в пяти томах. — СПб. 1995. Т. 2: Проповеди и поучительные статьи на религиозно-нравственные темы (1901–1905 гг.).

*Господень от нападения врагов, и только Господь Единый ведает. Россия ведет войну в защиту Креста, во свидетельство языком — до последних земли. И молим мы: да благословит Господь **оружие Крестоносного Императора нашего**, день рождения Которого мы ныне празднуем. Вниди, Господи, в восклиновении и в гласе трубном, пройди пред лицом воинства нашего! И как в дни былые Ты дал нам хребет нечестивых супостатов и даровал нам водрузить Крест над мусульманским полумесяцем, так и ныне сподоби Русь святую вознести сияющий Крест Твой и над гордым языческим знаменем Восходящего Солнца! Аминь»*[416].

А так, конечно, православных крестоносцев не было...

Еще один и самый странный сквозной лейтмотив военных проповедей тех лет — мы защищаем нашу веру («За веру, царя...»).

В 1905 году в послании Синода по поводу Кровавого воскресенья было сказано, что в текущей войне все обязаны «единодушно встать на защиту Веры, Царя и Отечества»[417].

Св. Макарий (Невский), епископ Томский 15 апреля 1904 г. обратился к воинам, отправляющимся на поле брани:

«Христолюбивые воины! Вы идете на поле брани, чтобы победить врага или умереть за други своя. Вас призывает Царь-Отец, вас посылает мать родная — Русь, вас благословляет Св. Церковь. Идите с Богом на предлежащий вам подвиг бранный. Славно — победить врага; но славно — и положить душу свою за веру, Царя и за Отечество...

---

[416] прот. Иоанн Восторгов. Свидетельство о Христе // Полное собрание сочинений в пяти томах. — СПб., 1995. Т. 2: Проповеди и поучительные статьи на религиозно-нравственные темы (1901–1905 гг.).

[417] Послание Синода 14 янв 1905 // Рижские епархиальные ведомости, 1905. № 2 (янв). С. 49 (https://ru.wikisource.org/wiki/Послание_Святейшего_Правительствующего_Синода_от_14_января_1905_года).

Кровь воина, пролитая на брани, — кровь мученическая. Воин, проливающий кровь свою во время брани, приносит в жертву Богу кровь свою»[418].

Прот. Иоанн Восторгов:

«Сколько крови пролила Русь святая в защиту веры! И теперь такая точно война ведется Россией на Дальнем Востоке. Полчища язычников, за которыми дремлют, но готовы пробудиться новые необозримые их миллионы, устремилась на православную Россию»[419]. *«Туда на Дальний Восток теперь отправляетесь вы, братья, грудью постоять за Крест и веру православную. Армия не осталась в стороне от завязавшейся борьбы христианства и язычества, и вы, братья, в числе первых ее представителей, идете на правую брань. Идите и помните, что вы защищаете Христа Спасителя и Его Церковь святую, она — мать ваша!»*[420]

Какую угрозу «русской вере» несла та далекая колониальная война? Чем именно и как японцы в Корее и в еще более далеком китайском Порт-Артуре могли угрожать православной вере (равно как и петербургскому царю, и Отечеству), пылкие ораторы не объяснили.

Вот рассказ иеромонаха Алексея (Оконешникова), который служил на крейсере «Рюрик», погибшем 1 августа 1904 г. Иеромонах был вытащен японцами из воды и взят в плен.

---

[418] Томские Епархиальные Ведомости. 1904. № 8. С. 32–35.

[419] Прот. Иоанн Восторгов. Свидетельство о Христе // Полное собрание сочинений в пяти томах. — СПб. 1995. Т. 2: Проповеди и поучительные статьи на религиозно-нравственные темы (1901–1905 гг.).

[420] Прот. Иоанн Восторгов. Воинам напутствие на бранный подвиг // Полное собрание сочинений в пяти томах. — СПб., 1995. Т. 2 Проповеди и поучительные статьи на религиозно-нравственные темы (1901–1905 гг.).

«Представились японскому начальству. Я по-японски не знал ни одного слова, кроме слова — бонза — духовное лицо или ученый. По этому слову догадались, что я — лицо духовное, отвели мне каюту и дали матросский костюм. Только теперь я узнал, что я ранен и волосы мои были обожжены. Мне приказали взять ванну и сбрить волосы на голове, но я предпочел коротко остричься. Через несколько времени меня потребовали к командиру. Я явился, сделал ему поклон, но он не ответил и указал на портрет Микадо, требуя, чтобы сначала я поклонился ему. Пришлось подчиниться — в плену воля не своя. После этого командир стал изысканно приветлив, стал угощать папиросами, вином. На прощанье он подарил мне японской бумаги, которая впоследствии мне очень пригодилась. Дали мне и офицерский костюм. Вскоре мне сообщили, что один из наших раненых скончался и командир желает похоронить его по-нашему. Сначала совершили чин погребения японцы по-своему, затем начали отпевание мы... Потребовали к адмиралу. После известного приветствия он извинился за то, что держит меня вместе с пленными, на что я ответил, что я, напротив, ничего против этого не имею... Снова меня потребовали к адмиралу, и он сообщил мне, что я свободен и, если желаю, могу уехать, если же предпочитаю остаться, то это в моей власти. Я выразил желание уехать»[421].

Если враг желает уничтожить веру другого народа, станет ли он так обращаться с его священниками? Я уж не говорю о том, что коренные японцы, воспитанники св. Николая Японского, служили капелланами в японской армии.

При этом японское правительство всячески старалось избегать того, чтобы война принимала религиозный характер:

---

[421] Братское собрание военного духовенства 16-го ноября 1904 года // Вестник военного духовенства. 1905. № 2. С. 55–57.

«Правительство строго следит, чтобы война не имела никакого религиозного оттенка, чтобы за православие, хотя его имя связано с Россией, никто из христиан не был преследуем»[422]. «Изредка кое-где чернь пытается беспокоить христиан, но по первому же сведению этого, местные власти принимают самые решительные меры по прекращению этого»[423]. «Японское правительство принимает все меры к тому, чтобы настоящая война не сочтена была за борьбу между язычеством и христианством и не имела никакого отношения к религии»[424]. «Городская дума города Сякая, состоящая из нехристан, сделала пожертвования из городских средств на постройку во дворах военнопленных трех часовен» для русских солдат»[425].

С 1885 года Корея фактически оказалась под японским протекторатом. Когда по итогам японо-китайской войны и Симоносекского договора 1895 года Китай отказался от участия в контроле над Кореей, та стала всецело открытой для японского контроля. Корейский король Кочжон в эти годы вынужден был прятаться в русском посольстве.

В этих условиях в 1897 году Николай II подписал решение об учреждении миссии в Корее и о строительстве там первого православного храма. Реально миссия стала работать с 1900 года. При миссии была открыта школа для корейских мальчиков. Япония никак не препятствовала этой работе.

---

[422] Письмо прот К. Благоразумову от 21 мая 1904// св. Николай Японский. Письма. Т. 3. — М., 2019. С. 312.

[423] Письмо прот К. Благоразумову от 12 апреля 1904 // св. Николай Японский. Письма. Т. 3. — М., 2019. С. 308.

[424] Письмо прот А. Мальцеву от 11 июля 1904// св. Николай Японский. Письма. Т. 3. — М., 2019. С. 326.

[425] Письмо еп. Тихону Белавину от 30 марта 1905 // св. Николай Японский. Письма. Т. 3. М., 2019. С. 382. Правда, самому св. Николаю японское правительство не дозволило посещение военнопленных — из опасения, что японские фанатики могут убить русского священника, и это будет в укор Японии (там же, с. 406).

Корейская миссия была закрыта вместе с русским посольством лишь с началом Русско-японской войны. А в Японии и в годы войны православная церковь продолжала свою работу; священники получили свободный доступ в лагеря для русских пленных, епархия завозила для них почту и церковные книги.

Да, в XVIII веке и в начале XIX века японская внутренняя политика была весьма недружелюбна к христианам (прежде всего к католикам; православных там тогда не было). Но весь XX век и тени такой враждебности в ее государственной политике не мелькнуло.

«Случаев осквернения икон японцами в ходе войны не обнаружено. Даже напротив: заняв Порт-Артур, японцы поставили около церквей караул, чтобы пресечь возможность мародерства»[426].

Так что уверения в том, будто японцам начала XX столетия был ненавистен Крест Христов, это злая клевета.

И вскоре ход событий и нужды пропаганды заставили признать, что японцы никак не угрожали русской вере и ее святыням:

«Ни мы не покушались на национальную душу японцев, ни японцы на нашу. Святое святых воюющих народов оставалось неприкосновенным. Вот почему, расходясь с кровавых полей, мы разстались благородными дуэлянтами, протянув друг другу руку»[427].

И тем более характерен отклик на разгоравшуюся войну, исшедший из уст вроде бы ученика св. Николая Японского — Сергия Страгородского (будущего сталинского патриарха), который и сам некоторое время прожил в Японии.

---

[426] Жукова Л. В. Икона на войне (по материалам Русско-японской и Первой мировой войн) // Исторический журнал: научные исследования. 2014. № 6 (24). С. 696. https://nbpublish.com/library_get_pdf.php?id=33140

[427] Иванов П. Ф. Из истории русского национального самосознания // Вестник Виленского православного Свято-Духовского братства. 1915. № 2. С. 23–24.

«Враг, коварный и не умеющий щадить, гордый своим внешним успехом и холодный в жестокости, поднял дерзкую руку на родную нашу Святую Русь православную, хочет ее унизить и омрачить ее славу, хочет поколебать ее силу и влияние в мире. Там, на Дальнем Востоке, разгорелась теперь борьба между двумя силами, между верой Христовой и темной силой язычества. Ведь вместе с Россией на Востоке утверждается Крест Христов, вместе с ней побеждает Церковь Православная, вместе с русским влиянием Восток озаряется светом истины. Японец же хочет утвердить свое влияние, свою злую, языческую и чисто мирскую культуру, основанную на грубой силе, на хитрости и обмане, на богатстве и внешнем материальном успехе. Стремясь победить и унизить Россию, остановить ее могучее шествие на восток, японец хочет ограничить влияние христианства, хочет вместо веры поставить началом жизни народной свою грубую, безверную, мрачную силу. Сплотимся же, братья, воедино, забудем все различия, какие есть между нами, забудем наши домашние счеты и разделения, вспомним, что мы все дети одной матери, нашей Святой Руси, и что она теперь всех нас зовет на защиту ее исконного достояния, на защиту веры православной и своего мирового призвания. Будем усердно молить милостивого Бога, да пощадит Он нашу Святую Русь, да не даст врагу ее унизить, надругаться над ее верой, над ее славой и величием, да дарует Он Своему Кресту с новым блеском воссиять на языческом Востоке. Аминь»[428].

С таким врагом Бог просто обязан сражаться лично и непосредственно.

Едва война началась, Синод повелел читать такую молитву:

---

[428] Речь на молебне при прочтении манифеста о войне с Японией // Митр. Сергий Страгородский. Творения. — Спб., 2020. С. 741–742.

«Защитниче правоверных, посли стрелы твоя, Господи, и смятение сотвори врагом нашим, блесни молниею и разжени я, посли руку Твою свыше и покори их, в руки верному Твоему воинству и Императору нашему предаждь, молим Ти ся услыши и помилуй»[429].

И, конечно, Бог обязан вести Свою Священную войну руками Своего Христолюбивого воинства, о чем должны зримо напоминать многочисленные иконы, сопровождающие его.

На всем пути следования из Петербурга в Маньчжурию на каждом вокзале главнокомандующего Куропаткина благословляли и дарили ему иконы.

«А успехи японцев шли за успехами. Один за другим выбывали из строя наши броненосцы, в Корее японцы продвигались все дальше. Уехали на Дальний Восток Макаров и Куропаткин, увозя с собою горы поднесенных икон» (В. Вересаев. На японской войне. Гл. 1, Дома).

Солдатская частушка пропела:

Куропаткин генерал
Всё иконы собирал.
Не успел надеть сапог,
Тягу дал в Владивосток.

Строки правдивы. Когда Куропаткин направлялся на фронт, один вагон штабного поезда был увешан иконами[430].

О Куропаткине святой праведный Иоанн Кронштадтский писал так:

---

[429] Церковные ведомости. — Спб., 1904. № 5. С. 43–44.
[430] Попов И. И. Забытые иркутские страницы: Записки редактора. — Иркутск, 1989. С. 228; Попов Ю. Г. Шешуринский шатер Алексея Николаевича Куропаткина. — СПб., 2017.

«Вождь нашего воинства А. Н. Куропаткин оставил все поднесенные ему иконы в плену у японцев-язычников (В том числе Икона „Торжество Пресвятой Богородицы" Порт-Артурская „На двух мечах"), между тем как мирские вещи все захватил. Каково отношение к вере и святыне церковной! За то Господь не благословляет оружия нашего, и враги побеждают нас. За то мы стали в посмеяние и попрание всем врагам нашим»[431].

На каждом крейсере была своя церковь. Корабельные храмы тоже были полны поднесенными иконами. И иконы тонули вместе с матросами и кораблями. Например, икона Дмитрия Солунского была поднесена крейсеру «Дмитрий Донской» еще в 1901 году, находилась в алтаре церкви крейсера и утонула вместе с ним. После завершения Цусимского сражения икону нашли японские рыбаки, которые отнеслись к находке благоговейно. Японские же военные моряки, узнав, какому крейсеру принадлежала икона, вызвались передать ее «самому доблестному экипажу российского флота». Это к вопросу о якобы ненависти японцев к христианству...

Но самая удивительная и чудесная история тех лет такова: Духовный собор Александро-Невской лавры послал в благословение от лавры миноносцу «Решительный» икону св. князя Александра Невского. Понятно, с «пожеланием да поможет им Господь Бог в борьбе с неверными»[432]. Судьба миноносца не была победоносной. 30 июля 1904 года уже разоруженный миноносец в нейтральном порту попытались захватить японские моряки, скрытно подошедшие на шлюпке. Русские моряки вступили в рукопашную схватку с ними, одновременно стараясь подготовить артиллерийские погреба к взрыву, но миноносец был захвачен. Во время схватки погибли двое матросов и четверо, включая

---

[431] Цит. по: Мизь Н. Порт-Артурская икона Божией Матери. ЖМП. 1998. № 10. С. 71.

[432] Прибавления к Церковным ведомостям. 1904. № 11, стр. 397

командира, были ранены. У японцев погибли двое и ранено 11 человек. Миноносец был восстановлен японцами и переименован в «Акацуки» (яп. 暁 — «*заря*») (второй), после чего вошел в состав 1-го отряда эскадренных миноносцев под командованием лейтенанта Харада.

Где чудо, спросите? А вот оно: этот корабль участвовал в Цусимском сражении в составе японского флота, и в ходе своих маневров протаранил и потопил японский же миноносец № 69...[433]

В главе «Русский фашизм» в книге «Миссия и насилие» я приведу тексты, в которых церковные проповедники придавали этой войне значение войны между расами.

Кроме расового и религиозного, русские проповедники, с энтузиазмом создававшие «образ врага», находили и иные мотивы, которые они приписывали японцам. Главный из них — зависть.

«Не вынес возраставшего величия России завистливый, чуждый нам по вере и воззрениям японский народ. Дрогнула негодованием Русь, пробужденная мощным призывом возлюбленного Монарха, возстал Русский Богатырь и идет с беззаветной верой в Бога, Царя и Отечество войной против языческого Востока»[434].

«Позавидовали нам враги наши, устрашились быстрого роста царства нашего. Для ослабления России они наустили против нас самонадеянный, задорный и жадный народец — японцев. Повинуясь слепо велению своего Государя, он не страшится грядущих испытаний, так как знает, что с нами Бог»[435].

---

[433] Тут уместно напомнить, что и знаменитый крейсер «Варяг» всё же стал японским и под именем **«Соя»** (宗谷) еще 11 лет служил в японском флоте. Опять же отмечу, что по приказу японского императора его имя «Варяг» осталось написанным на его корме — в знак уважения к подвигу русских моряков.

[434] Отечество // Кишиневские епархиальные ведомости. 1904. № 6. С. 100.

[435] От редакции. За Веру, Царя и Отечество // Кишиневские епархиальные ведомости. 1904. № 6. С. 45.

«Господь благословил наше царство: разрослось оно больше всех других царств на свете. Долго и тяжко строилось оно и стало теперь сильнее всех государств в мире. Позавидовали России далекие язычники, кланяющиеся идолам; позавидовали и другие народы, и стали втайне помогать неверным; захотели они ослабить наше царство, отнять у нас наше достояние» (т. е. Корею)[436].

Реальные причины войны была вовсе не в религиозных разногласиях и не в «зависти». Просто Корея для Японии был наиболее близкой страной. С ней у Японии веками шел и культурный обмен, и войны (например, Имдинская война 1592–1598 гг.).

Япония не могла позволить ни Китаю, ни России взять под свою контроль Корею. Увы, царь Николай решил пренебречь этим понятным японским интересом.

В 1896 году, во время усиления российского влияния в Корее, владивостокский предприниматель Ю. В. Бринер подписал с корейским правительством соглашение об образовании «Корейской

---

[436] Прот. Иоанн Восторгов. Царь, Россия и война // Полное собрание сочинений в пяти томах. — СПб. 1995. Т. 2: Проповеди и поучительные статьи на религиозно-нравственные темы (1901–1905 гг.).
Это традиция: В письме к Антонию, игумену Череменецкой обители от 13 февраля 1865 года года св. Игнатий Брянчанинов тоже брянчал про зависть: «Европейские народы всегда завидовали России и старались делать ей зло. Естественно, что и на будущее время они будут следовать той же системе».
Пояснений в письме нет. Это просто аксиома. Патриарху Кириллу мнится, что все народы завидуют русскому православию:
Для сравнения: «Наблюдаемые сегодня военные действия являются последствием длительного цивилизационного конфликта. В обстоятельствах, с которых этот конфликт начался, мы видим несомненное религиозное измерение: иррациональную ненависть к исповедующим Православие народам. Именно эта ненависть стала причиной агрессии против Югославии в 90-х годах прошлого века. Именно этой ненавистью обусловлено бесцеремонное вмешательство западных государств в жизнь стран, народы которых являются носителями Православия» (Доклад Патриарха Кирилла на Архиерейском Совещании 19 июля 2023 года) http://www.patriarchia.ru/db/text/6043547.html

лесной компании», согласно которому компания получала преимущественное право вырубки лесов в верховьях реки Туманган, в бассейне реки Амноккан, а также на острове Уллындо сроком на 20 лет. В 1898 году этим предложением заинтересовался приближенный к правительственным кругам промышленник А. М. Безобразов. При этом в многочисленных обращениях к российскому правительству за поддержкой внимание акцентировалось, что этот проект может быть прикрытием для расширения военного присутствия: под видом лесорубов границу могут пересечь солдаты. Идея А. М. Безобразова получила поддержку Николая II. Реализация проекта началась в 1903 году. В том же году в местах вырубки лесов в целях «охраны» начали обосновываться русские кадровые военные. Все это вызвало протесты как корейского правительства, так и японского. Они были проигнорированы (в том числе потому, что Николай вложил личные деньги в этот проект). Руси воинские контингенты остались в Корее. И тогда туда всадились японцы...

Они не собирались ни истреблять русскую веру, ни хулить Христа и Его Крест, ни присвоить себе хотя бы пядь русской земли. И все военные действия прошли за пределами территории России. «Русские хаты» не пылали.

Суть произошедшего объяснил св. Николай Японский:

«Не морская держава Россия. Бог дал ей землю, составляющую 6–ю часть света н тянущуюся беспрерывно по материку, без всяких островов. И владеть бы мирно ею, разрабатывать ее богатства, обращать их во благо своего народа; заботиться о материальном н духовном благе обитателей ее. А русскому правительству всё кажется мало и ширит оно свои владения все больше и больше; да еще какими способами! Манчжуриею завладеть, отнять ее у Китая, разве доброе дело? „Незамерзающий порт нужен". На что? На похвальбу морякам? Ну вот и пусть теперь хвалятся своим неслыханным позором поражения. Очевидно, Бог не с нами

был, потому что мы нарушили правду. „У России нет выхода в океан". Для чего? Разве у нас здесь есть торговля? Никакой. Флот ладился защищать горсть немцев, ведущих здесь свою немецкую торговлю, да выводить мелких жидов в больших своих расходах, много противозаконных. Нам нужны были всего несколько судов, ловить воров нашей рыбы да несколько береговых крепостей; в случае войны эти же крепости защитили бы имеющиеся суда и не дали бы неприятелю завладеть берегом. „Зачем вам Корея?" —вопросил я когда-то адмирала Дубасова. *„По естественному праву она должна быть наша, — ответил он, — когда человек протягивает ноги, то сковывает то, что у ног; мы растем и протягиваем ноги, Корея у наших ног, мы не можем не протянуться до моря и не сделать Корею нашею". Ну вот и сделали! Ноги отрубают! И Бог не защищает свой народ, потому что он сотворил неправду. Богочеловек плакал об Иудее, однако же не защитил ее от римлян. Я, бывало, твердил японцам: „Мы с вами всегда будем в дружбе, потому что не можем столкнуться: мы — континентальная держава, вы — морская; мы можем помогать друг другу, дополнять друг друга, но для вражды никогда не будет причины". Так смело это я всегда говорил до занятия нами отбитого у японцев Порт-Артура после китайско-японской войны. „Боже, что это они наделали!" — со стоном вырвавшиеся у меня первые слова были, когда я услышал об этом нечистом акте русского правительства. Видно теперь, к какому бедствию это привело Россию. Но поймет ли она хоть отныне этот грозный урок, даваемый ей Провидением? Поймет ли, что ей совсем не нужен большой флот, потому что не морская держава? Царские братья стояли во главе флота доселе, сначала Константин Николаевич, потом — доселе Алексей Александрович, требовали на флот, сколько хотели, и брали, сколько забирала рука; беднили Россию, истощали ее средства, — на что? Чтобы* *купить позор! Вот теперь владеют японцы миллионными русскими броненосцами. Не нужда во флоте создавала русский флот, а тщеславие; бездарность же не умела порядочно и вооружить его, оттого и пошло все прахом. Откажется ли же ныне Россия от непринадлежащей ей роли большой морской державы? Или все будет в ослеплении — потянется опять творить флот, истощать свои средства, весьма нужные на более существенное, на истинно существенное, как образование народа, разработки своих внутренних богатств и подобное? Она будет беспримерно могущественною, если твердо и ясно сознает себя континентальною державою, и хрупкою, и слабою, как слаб гермафродит, если опять станет воображать себе, что она великая и морская держава, и потому должна иметь большой флот, который и будет в таком случае всегда добычею врагов ее и источником позора для нее. Помоги ей, Господи, сделаться и умнее, и честнее!.. Исстрадалась душа из-за дорогого Отечества, которое правящий им класс делает глупым и бесчестным»* (Дневники. 20 мая 1905)[437].

...Петр Николаевич Дурново, министр внутренних дел Российской империи в 1905—1906 годах верно писал:

«В сущности, Россия и Япония созданы для того, чтобы жить в мире, так как делить им решительно нечего. Все задачи России на Дальнем Востоке, правильно понятые, вполне совместимы с интересами Японии. Эти задачи, в сущности, сводятся к очень скромным пределам. Слишком широкий размах фантазии зарвавшихся исполнителей, не

---

[437] Среди тех, кто слышал о русском миссионере, был японец Тиунэ Сугихара. Познакомившись ближе с русской культурой, он в 1924 году принял православие. В 1940-м, будучи вице-консулом в Каунасе, он спас не менее шести тысяч евреев, выдавая им транзитные визы через СССР в Японию.

имевший под собой почвы действительных интересов государственных — с одной стороны, чрезмерная нервность и впечатлительность Японии, ошибочно принявшей эти фантазии за последовательно проводимый план, с другой стороны, вызвали столкновение, которое более искусная дипломатия сумела бы избежать. России не нужна ни Корея, ни даже Порт-Артур. Выход к открытому морю, несомненно, полезен, но ведь море, само по себе, не рынок, а лишь путь для более выгодной доставки товаров на потребляющие рынки. Между тем у нас на Дальнем Востоке нет и долго не будет ценностей, сулящих сколько-нибудь значительные выгоды от их отпуска за границу. Нет там и рынков для экспорта наших произведений. Мы не можем рассчитывать на широкое снабжение предметами нашего вывоза ни развитой, и промышленно, и земледельчески, Америки, ни небогатой и также промышленной Японии, ни даже приморского Китая и более отдаленных рынков, где наш экспорт неминуемо встретился бы с товарами промышленно более сильных держав-конкуренток. Остается внутренний Китай, с которым наша торговля преимущественно ведется сухим путем. Таким образом открытый порт более способствовал бы ввозу к нам иностранных товаров, нежели вывозу наших отечественных произведений. С другой стороны и Япония, что бы ни говорили, не зарится на наши дальневосточные владения. Японцы, по природе своей, народ южный, и суровые условия нашей дальневосточной окраины их не могут прельстить».

Увы, писал это Дурново слишком поздно: уже будучи в отставке и в 1914 году[438].

---

[438] Записка Николаю II. Февраль 1914 года. Первая публ: Е. В. Тарле. Германская ориентация и П. Н. Дурново // Былое. Вып. 19. 1922. и https://www.ruthenia.ru/sovlit/j/407.html

А в ходе войны тихоокеанские имперские и просто лично-финансовые амбиции русского царя были заслонены пропагандистским щитом «За Веру и Отечество!». Война была преподнесена как повод к общенациональному единению вокруг Вождя.

И — как защита «бедных русских селений»!

Иоанн Восторгов:

> *«Что честней пред Господом, **что для сердца радостней, как сложить головушку за родимый край** и знать, что наградой за смерть и за подвиги, за кончину храбрую ждет нас светлый рай!»*[439] *«Вспомните же, родимые, в минуту боя, в страшный час испытания Царя-Батюшку, утешьте Его скорбное теперь сердце; вспомните, дорогие, родимые семьи, престарелых дедов, отцов и матерей, жен, детей: не отдайте их, братцы, в обиду и разорение врагам-язычникам!»*[440]

Св. Макарий (Невский), епископ Томский 6 июля 1904 г., напутствовал солдат, уходящих в Китай:

> *«…Воин, умирающий на поле брани, умирает за Отечество. Это значит, что русский воин, идущий на поле брани, идет спасать свою семью, свое родное село, родной город, страну родную — Русь святую от вторжения вражеского и от тех бедствий, которые могут постигнуть страну вследствие такого вторжения. Когда воин умирает на поле брани, он умирает за отца и мать, за братьев и сестер, за жену и детей и за весь свой народ»*[441].

---

[439] Прот. Иоанн Восторгов. Воинам напутствие на бранный подвиг // Полное собрание сочинений в пяти томах. — СПб. 1995. Т. 2: Проповеди и поучительные статьи на религиозно-нравственные темы (1901–1905 гг.).

[440] Там же.

[441] Томские Епархиальные Ведомости. 1904. № 15. С. 7–11.

Еще раз прошу посмотреть на время и место и обстоятельство этой проповеди. Как японцы в далеких Корее и Китае могли угрожать «родному селу» томичей и их семьям?

Давно ли для русский Порт-Артур (Люйшунькоу) стал «родимым краем»? (от Порт-Артура до современной российской границы (с КНДР) 900 километров).

Честнее сказал еп. Антоний (Храповицкий), выведя пред уши своих прихожан «самоотверженное воинство, устремившееся, по мановению Царя за десять тысяч верст, в страну неведомую»[442].

И года ведь не пройдет, а эту пластинку придется менять (чтобы оправдать торговое поражение) и сказать очевидность:

«Мукденские и Ляолянские поля, на которые шли проливать свою кровь наши воины, не были для нас национально священными: они не были политы потом и кровью наших предков. Примитивная русская соха не резала их. Тихий океан, в котором мученически погиб наш флот, не омывал берегов нашей исконной родины и не лобзал ее прибрежных святынь. Океанские волны не певали нам песен про дела наших отцов. Они были для нас немы, мы к ним — глухи. Да и весь риск той войны был основан на: „немного выиграть или немного проиграть"»[443].

И еще раз вспомним слова томского епископа Макария: «Воин, проливающий кровь свою во время брани, приносит в жертву Богу кровь свою»[444].

Точно ли Бог требовал этой жертвенной крови и принял ее? Безвозвратные потери армии Российской Империи в той войне

---

[442] Еп. Волынский Антоний // Прибавления к Церковным ведомостям. — Спб., 1904. № 7. С. 224.

[443] Иванов П. Ф. Из истории русского национального самосознания // Вестник Виленского православного Свято-Духовского братства. 1915. № 2. С. 23–24.

[444] Томские Епархиальные Ведомости. 1904. № 8. С. 32–35.

оцениваются в 43 300–120 000 человек (сопоставимо с двухдневными потерями под Бородино).

Ну, хорошо, предположим, Бог принял эту кровавую гекатомбу. Какие Его милости после этого излились на Россию?

Может, не случайно даже в официоз проникло словечко «бесследно» — «Государь император, в единой скорби со своим народом о моряках, бесследно, за Отечество, в мучительно-медленной кончине за родину погибших… Над тысячами мучеников-героев сомкнулась безжалостная морская бездна! Бури их разметали, не осталось по ним следа и негде над прахом их помолиться»[445].

Впрочем, нашлись и такие духовные аналитики, что смогли на воде Цусимы нагадать великое будущее России. Лучшей в жанре «этим поражением Бог любовно заботится о нас» была проповедь еп. Антония (Храповицкого), будущего митрополита Киевского и создателя Русской Заграничной церкви:

«Теперь все мы, старые и малые, ученые и простые, знатные и безродные, поняли, почувствовали, что у нас есть отечество, есть Бог, есть Спаситель Христос, есть Царь, заключающей всех нас в своем сердце, есть самоотверженное воинство, устремившееся, по его мановению, за десять тысяч верст, в страну неведомую и ради послушания ему вверившее себя коварной морской стихии, на которой одна вражеская бомба может уничтожить тысячи жизней.

И в этом воинстве теперь уже нет разделения на благородных, живущих по укладу западной жизни, и представителей крестьянского, смиренного быта, а есть одна только Христолюбивая, православная рать, одно неразрывное братство, объединенное верою и надеждою на Бога и безстрашием пред смертию в ожидании помилования за гробом. В войне бывает победителем тот, кто не боится умирать,

---

[445] Воззвание о сборе средств на строительство храма Спаса-на-Водах // Томские губернские ведомости», 1909. 11 ноября. № 84. С. 1.

а умирать не боится тот, кто исповедует веру в Искупителя и усваивает от Его Евангелия равнодушное отношение к этой временной жизни.

Впрочем, и независимо от победы, наши воины, пролившие свою молодую кровь, явились славнейшими победителями для своей родины, убив в ней тот антихристов дух — дух нравственного разложения, дух кощунственного безразличия к добру и злу, к отчизне и к врагам ея, который, как египетская тьма, как скверный, смрадный туман, начал распространяться среди русского общества за последнее десятилетие и еще раньше.

Да будет же благословенна та христианская кровь, которую добровольно отдало русское воинство за нравственное обновление своего отечества. Блаженны воды морские, принявшие в свои глубокие недра тела наших просветителей — воинов русских. Теперь все мы одна семья, один народ, один дух, одно сердце, одна стена против врагов, одно молитвенное кадило за православного Царя и его воинов»[446].

Ну кто еще догадался бы море Цусимы назвать «блаженным»? Кто бы еще догадался, что не только выжившие ветераны, но именно умершие солдаты должны стать учителями и «просветителями» (естественно в духе того, что угодно тому, кто витийствует над их безмолвными могилами)? То, что непосредственным следствием Цусимы стала революция, для красоты архипастырского словца можно было и умолчать...

А ведь пройдет лишь 13 лет, и эти солдаты и в самом деле скажут свое слово. Оно окажется не тихим и не ласковым. И от этого их слова епископу Антонию придется бежать за границу[447].

---

[446] Еп. Волынский Антоний // Прибавления к Церковным ведомостям. — Спб., 1904. № 7. С. 224.

[447] Приведу тут еще одно «пророчество»: «Мы, старшее поколение, ваши наставники, удостоились этого счастья: мы видели в Кишиневе нашего великаго Государя — Освободителя в той же самой великой историче-

Но вот прозвучал царский Манифест о заключении мира:

«Объявляем всем верным Нашим подданным: в 23-й день августа сего года, с соизволения Нашего, заключен Нашими уполномоченными в Портсмуте и в 1-й день текущего октября утвержден Нами окончательный мирный договор между Россией и Японией. В неисповедимых путях Господних Отечеству Нашему ниспосланы были тяжелые испытания и бедствия кровопролитной войны, обильной многими подвигами самоотверженной храбрости и беззаветной преданности Наших славных войск в их упорной борьбе с отважным и сильным противником. Ныне, эта столь тяжкая для всех борьба прекращена, и Восток Державы Нашей снова обращается к мирному преуспеянию в добром соседстве с отныне вновь дружественной Нам Империей Японской. Возвещая любезным подданным Нашим о восстановлении мира, Мы уверены, что они соединят молитвы свои с Нашими и с непоколебимой верой в помощь Всевышнего призовут благословение Божие на предстоящие Нам, совместно с избранными от населения людьми, обширные труды, направленные к утверждению и совершенствованию

ской обстановке; как и вы. Но все-таки, господа, вы счастливее нас. Вы счастливее потому, что мы сойдем со сцены жизни, а вы еще будете жить. Что же с этого? — А вот что: Между вами найдутся, конечно, и такие счастливцы, которые **доживут и до знаменательного 1918 года**. Вы таким образом можете сделаться современниками того будущего поколения, которое будет торжествовать столетний день рождения ныне царствующего великого нашего Государя» (Лев Мацеевич, преподаватель Кишиневской семинарии. Речь в день столетней годовщины имп. Александра Павловича 12 дек 1877 // Кишиневские епархиальные ведомости. 1877. № 24. С. 1100).

«Прочувствованное слово г. Л. С. Мацеевича нашло отклик в сердце каждого, а, когда смолкли громогласное одобрение и аплодисменты, мгновенно наполнившие залу лишь только замолчал почтенный и всеми любимый оратор» (Там же, с. 1039). 1918 год и в самом деле стал «знаменательным» для династии Романовых. Она была расстреляна именно в тот год...

внутреннего благоустройства России. Дан в Петергофе октября 5-го дня в лето от Рождества Христова 1995-е, Царствования же Нашего в одиннадцатое».

И тут же священники государственной церкви нашли в своем арсенале нужных цитат нечто антивоенное:

«*Благовестием мира преисполнено все содержание Священного Писания. Тот мир, который Христос заповедал апостолам преподавать в каждом приемлющем их доме, Он оставляет им как главный и священный завет на земле. Мир оставляю вам, глаголет Он. Сей священный мир апостолы восприняли от Христа всею полнотою своей души. Большинство своих посланий они всегда начинали приветствием мира. Завет о мире унаследовали от апостолов и их преемники — отцы и учители церкви. О мире всего мира святая Церковь молится за каждым своим Богослужением. Помолимся, братие, сею молитвою „О мире и утолении крамол и нестроений: Господи Иисусе Христе Боже наш! Утоли вся крамолы и нестроения, и раздоры ныне сущие, и подаждь мир и тишину, любовь же и утверждение, и скорое примирение людем Твоим"*»[448].

Хорошие слова. Но сказанные невовремя, то есть с запозданием в два кровавых года...

Вывод отсюда простой и увы, очевидный. «Ведомство православного вероисповедания» не имело субъектности ни политической, ни моральной. Оно лишь «подставляло плечо» политике императора. Что приметил еще Владимир Соловьев:

«*В московском государстве, как прежде в Византии, религиозные и нравственные начала были совсем исключены из области политических и социальных отношений. В этой области на место вселенского христианского идеала явились*

---

[448] Прот. Кл. Фоменко. О мире // Прибавления к Церковным ведомостям. — Спб., 1905. № 7. С. 297–298.

чисто языческие понятия и чувства. Собственной нации и национальному государству было возвращено абсолютное значение, отнятое у них христианством. Признавая себя единственным христианским народом и государством, а всех прочих считая „погаными нехристями", наши предки, сами не подозревая того, отрекались от самой сущности христианства... Как в понятии русских людей, начиная с московской эпохи, само христианство утратило присущее ему универсальное значение и превратилось в религиозный атрибут русской народности, так, естественно, и Церковь перестала быть самостоятельною социальною группою, слилась в одно нераздельное целое с национальным государством, усвоила себе вполне его политическую задачу и историческое назначение» (В. С. Соловьёв «Несколько слов в защиту Петра Великого» (1889)).

И это Владимир Сергеевич застал еще только начало серии войн православных жителей Юго-Восточной Европы между собой: сербов против болгар (первая из них — 1886 год), греков против болгар, румын против болгар, румын против сербов, болгар против русских…

Богословие в Первой Мировой войне

Но время думать головой иссякло к Первой мировой, а после думать стало некому и нечем.

Михаил Щербаков

Первая мировая война стала своего рода антииконой военно-полевого богословия и самым большим богословским конфузом XX века: священники всех воюющих империй, республик и королевств уверяли, что Христос именно с ними (и разве что «одинокий бог мусульман»[449] был только с турками).

Через сто лет в финале фильма «Звездный десант. Мародер» была предложена универсальная формула гражданской религии:

«Все эксперты пришли в единодушному мнению, что: 1. Бог существует. 2. Он на нашей стороне. 3. Он желает нам победы!»

И это даже не пародия и не фантастика. В реальной истории в манифестах об объявлении *Παукόσμιος Πόλεμος* монархи каждый по отдельности, но в итоге хором провозгласили, что Бог на их стороне.

Вкратце:

«Со спокойной совестью Я вступаю на путь, который Мне указывает Мой долг. И верю, что Всемогущий Господь ниспошлет победу Моему оружию» (император Австро-Венгрии Франц-Иосиф).

«Вперед, с Богом, который хранит нас так же, как хранил наших отцов!» (кайзер Вильгельм).

«С глубокою верою в правоту нашего дела и смиренным упованием на Всемогущий промысел мы молитвенно призываем на Святую Русь и доблестные войска наши Божье благословение» (царь Николай).

Полные тексты их манифестов:

---

[449] Во второй половине XX века в популярном сравнительном западном религиоведении стало модным сопоставлять Троицу как межсубъектную любовь (по формуле Августина: Отец — Любящий, Сын — Любимый, Дух — связь любви, Их соединяющая) и «одинокого бога мусульман», «не рожден и не рождал» и потому одинок в своей вечности, где ему, соответственно, некого любить.

Австро-Венгрия:

«Моим народам!

Моим самым искренним желанием было посвятить годы, отведенные Мне милостью Божьей, делу мира и защите Моих народов от непомерных жертв и бремени войны.

Но Божьей волей было определено иначе!

Козни противника, полного вражды, вынуждают Меня к тому, чтобы после долгих лет мира взять в руки меч, чтобы сохранить честь Своей монархии, защитить ее достоинство и ее положение сильной державы, чтобы обезопасить ее территорию. Мои предки и Я поддерживали Сербское королевство и покровительствовали ему с первых шагов достижения государственной самостоятельности вплоть до самого последнего времени; но с неблагодарностью, которая быстро забывает все хорошее, оно уже в течение нескольких последних лет вступило на путь открытой враждебности к Австро-Венгрии.

Когда после тридцати лет благословенной миротворческой работы в Боснии и Герцеговине Я расширил свои права на эти две земли, это Мое решение вызвало в Сербском государстве необузданные страсти и острейшую враждебность, хотя его права не были никоим образом ущемлены. Мое правительство тогда воспользовалась правом более сильного и с крайней терпимостью и добротой потребовало от Сербии лишь сократить ее войска до тех размеров, которые были до войны, и дать обещание в будущем идти по пути мира и дружбы.

Тот же дух сдержанности привел Мое правительство к тому, чтобы два года назад, когда Сербия боролась с Турцией, ограничиться защитой важнейших жизненных интересов монархии. Этому в первую очередь Сербия должна быть благодарна за то, что достигла своих военных целей.

Надежда, что Сербское королевство оценит терпение Моего правительства и его любовь к миру и исполнит свое обещание, не оправдалась. Всё более разгорающееся пламя ненависти против Меня и Моей семьи все очевиднее проявлялось в устремленности к тому, чтобы с помощью силы отторгнуть нерасторжимые земли Австро-Венгрии.

Преступная травля распространяется за пределы границ, чтобы на юго-востоке монархии разрушить основы, чтобы народ, которому с отеческой любовью Я выражал Свою безграничную заботу, был поколеблен в его верности к царствующей фамилии и чтобы подрастающая молодежь была введена в заблуждение и подстрекалась к ужасным действиям заблуждения и измены. Далее очевидное сплетение кровавых интриг, которые имели истоки в Сербии и вели из нее, целая цепь кровавых замыслов и затем осуществленного по задуманному проекту заговора, который страшным образом реализовался, в самое сердце ранили и Меня, и Мои народы. Эта ужасная травля должна быть остановлена, необходимо положить конец непрекращающимся вызовам Сербии, дабы были сохранены незапятнанными честь и достоинство Моей монархии и дабы это не сказывалась беспрестанно на ее государственном, экономическом и военном развитии.

Безрезультатно Мое правительство сделало еще одну, последнюю, попытку достичь этой цели мирными средствами и серьезным предупреждением Сербии пойти другим путем. Сербия отклонила сдержанные и справедливые предложения Моего правительства и не пожелала выполнить тех обязательств, которые являются в жизни народов и государств естественным и необходимым залогом мира.

И поэтому Я вынужден принять решение силой оружия осуществить необходимые меры, которые могут обеспечить Моим землям мир внутри государства и продолжительный мир за его пределами.

В этот час Я полностью осознаю всю важность Своего решения и Своей ответственности перед Всевышним.

Я осмыслил и обдумал все.

Со спокойной совестью Я вступаю на путь, который Мне указывает Мой долг.

Я возлагаю надежды на Мои народы, которые всегда, при всех бурях сплачивались в единстве и верности вокруг Моего престола и всегда были готовы к самым страшным жертвам во имя чести, величия и силы родины. Надеюсь на отважные, полные воли к борьбе и самопожертвованию вооруженные силы Австро-Венгрии.

И верю, что Всемогущий Господь ниспошлет победу Моему оружию.

Император Франц-Иосиф»

Германия:

31 июля 1914 г. в 7 часов вечера, еще до объявления войны России, Вильгельм II перед многотысячной толпой в Берлине выкрикивал с балкона: «Тяжелый час пробил сегодня для Германии. Всюду завистники. Нас вынуждают к самообороне. Нам втискивают меч в руки. Если и в этот последний час стараниями моими не удастся образумить наших противников и сохранить мир, — я надеюсь, что Божье благословение поведет нашим мечом, покуда мы снова с честью вложим его в ножны. Огромные жертвы кровью и средствами потребует от немецкого народа война. Но мы покажем нашим противникам, что значит затрагивать Германию. Теперь я поручаю вас Богу. Идите сейчас в церковь, преклоните колени и молите Господа о помощи нашим войскам»[450].

---

[450] П. Х. Воюющая Германия. — Петроград, 1915. С. 52

И сам Манифест:

«К немецкому народу!

С момента основания Рейха вот уже 43 года Мы, Император Вильгельм, и Наши Предшественники прикладывали значительные усилия для поддержания мира во всем мире и нашего благополучного мирного развития. Но результаты наших трудов вызывают зависть у наших врагов!

Мы привыкли к открытым и тайным недружественным шагам с Запада, Востока и заморских стран, которые мы встречали с достоинством и силой, но теперь нас хотят просто унизить! От нас хотят, чтобы мы сквозь пальцы смотрели, как наши враги вооружаются, мастерски готовясь к нападению! От нас требуют, чтобы мы перестали быть верными нашему товарищу по союзу, который сражается за свое право быть великой державой и чье поражение будет означать потерю уже нашей мощи и славы!

Так пусть решает меч!

Коль в мире жить не хочет враг,

То всяк, кто медлит — тот предатель,

Когда о помощи к тебе взывает брат...

Быть или не быть — вот вопрос, который звучит перед Империей, вновь воссозданной нашими Отцами, быть или не быть немецкому государству и образу жизни. Мы будем драться до последней капли крови каждого немецкого солдата. И мы победим, даже если целый мир стал против нас! Еще никто никогда не завоевывал единую Германию!

Вперед, с Богом, который хранит нас так же, как хранил наших отцов!»

(Речь кайзера Вильгельма в Рейхстаге 4 августа 1914).

Россия:

«Божией милостью

*Мы, Николай Второй,
Император и самодержец Всероссийский,
Царь Польский, Великий князь Финляндский,
и прочая, и прочая, и прочая
Объявляет всем верным нашим подданным:*

Следуя историческим своим заветам, Россия, единая по вере и крови со славянскими народами, никогда не взирала на их судьбу безучастно. С полным единодушием и особою силою пробудились братские чувства русского народа к славянам в последние дни, когда Австро-Венгрия предъявила Сербии заведомо неприемлемые для державного государства требования. Презрев уступчивый и миролюбивый ответ сербского правительства, отвергнув доброжелательное посредничество России, Австрия поспешно перешла в вооруженное нападение, открыв бомбардировку беззащитного Белграда.

Вынужденные в силу создавшихся условий принять необходимые меры предосторожности, мы повелели привести армию и флот на военное положение, но, дорожа кровью и достоянием наших подданных, прилагали все усилия к мирному исходу начавшихся переговоров.

Среди дружественных сношений союзная Австрии Германия, вопреки нашим надеждам на вековое доброе соседство и, не внемля заверению нашему, что принятые моры отнюдь не имеют враждебных ей целей, стала домогаться немедленной их отмены и, встретив отказ в этом требовании, внезапно объявила России войну.

Нам предстоит уже не заступаться только за несправедливо обиженную родственную нам страну, но оградить честь, достоинство, целость России и положение ее среди великих держав. Мы непоколебимо верим, что на защиту русской земли; дружно и самоотверженно встанут все наши подданные.

В грозный час испытания да будут забыты внутренние распри. Да укрепится еще теснее единение царя с его народом и да отразит Россия, поднявшись, как один человек, дерзкий натиск врага.

С глубокою верою в правоту нашего дела и смиренным упованием на Всемогущий промысел мы молитвенно призываем на Святую Русь и доблестные войска наши Божье благословение.

Дан в Санкт-Петербурге в двадцатый день июля в лето от Рождества Христова тысяча девятьсот четырнадцатое, Царствования же нашего в двадцатое».

Манифест царя об объявлении войны Австро-Венгрии призывал: «Да поднимется вся Россия на ратный подвиг с железом в руках с крестом в сердце»[451].

… Британские[452] и итальянские[453] заявления обошлись без религиозной риторики.

Никакого упоминания о Боге не было и в сообщении президента Французской Республики Пуанкаре о начале войны. Предмет защиты тут обозначен «как честь знамени и земля Родины». Правда, упоминаются «вечная моральная сила», «священный союз граждан» и «патриотическая вера». «Как никогда прежде Франция представляет пред всеми мири Свободу, Закон и Разум», войну же она поведет «в интересах прогресса и блага всего человечества»[454].

---

[451] Вестник военного и морского духовенства. 1914. №№ 15–16. С. 532
[452] https://www.bbc.co.uk/history/worldwars/wwone/mirror01_01.shtml
[453] https://movio.beniculturali.it/mcbcv/maggio1915iviadanesirisposero/it/proclama_del_re
[454] https://gallica.bnf.fr/ark:/12148/btv1b53015817t/f1.item.zoom

Более удивителен практически полностью светский характер болгарского царя Фердинанда о вступлении в войну 1 октября 1915 года[455].

Он честно и сразу сказал, что воевать будем за территориальные приращения:

«Огромная несправедливость причинена нам разделом Македонии. Большая часть ее территории должна принадлежать Болгарии. Только наш коварный сосед Сербия в своей злобе и жадности даже напала на нашу собственную территорию... Дорогие национальные интересы заставили меня в 1912 году призвать нашу храбрую армию к борьбе, в которой они самоотверженно развернули знамена и разорвали цепи рабства. Наши сербские союзники были тогда главной причиной потери нами Македонии. Измученные и уставшие, но не побежденные, мы были вынуждены сложить флаги в ожидании лучших дней. Хорошие дни наступили гораздо раньше, чем мы могли ожидать. Европейская война подходит к концу. Победоносные армии Центральных держав находятся в Сербии и быстро продвигаются. Я призываю болгарский вооруженный народ защитить свою родину, оскорбленную вероломным соседом, и освободить наших порабощенных братьев от сербского ига. Наше дело правое и святое. Вперед! Да благословит Бог наше оружие!»

А что было ему делать? Ведь никакое религиозной границы между болгарами и сербами нет...

Румынский король Фердинанд в своей Прокламации от 15 августа 1916 года тоже говорил лишь о желательных приобретениях и минимально тревожил Бога:

«Для нашего народа он принес день, которого национальное сознание ждало веками, день его объединения. Сегодня от

---

[455] https://bulgarianhistory.org/manifest-na-car-ferdinand-za-parvata-svetovna-voina/

нас зависит освобождение наших братьев от иноземного владычества в горах и на равнинах Буковины. В нашей храбрости заложена способность восстановить их право на мирное процветание в единой и свободной Румынии от Тисы до моря, в соответствии с обычаями и чаяниями нашего народа. Я призвал вас пронести ваши флаги через границы, где ваши братья ждут вас с нетерпением и с сердцами, полными надежды. Вдохновленные возложенным на нас священным долгом с Богом вперед! С Божьей помощью победа будет за нами»[456].

Турецкий султан сразу зашел с козырей.

Группа из 29 исламских правоведов встретилась в Стамбуле, чтобы обсудить и подготовить пять правовых заключений (фетв), разрешающих джихад[457].

Эти пять фетв были официально санкционированы султаном Мехмедом V и представлены ключевым политическим, военным и религиозным деятелям на закрытом заседании 11 ноября. Только после этого, 14 ноября 1914 года, призыв к священной войне был зачитан от имени султана (Османская империя именует своего султана «заместителем Посланника Аллаха и Верховным повелителем правоверных»)[458].

У мечети султана Мехмеда-Завоевателя (Фатих) шейх-уль-ислам[459] Мустафа Хейри Эфенди зачитал фетву о джихаде и ираде султана и развернул зеленое знамя Пророка.

---

[456] https://historia.ro/sectiune/general/proclamatia-regelui-ferdinand-la-intrarea-romaniei-573445.html

[457] Роган Ю. Падение Османской империи. Первая мировая война на Ближнем Востоке, 1914–1920 гг. — М., 2018. С. 85.

[458] Hurgronje C. Snouck The Holy War, «Made in Germany». New York; London, 1915.

[459] Шейх-уль-ислам (араб. «старейшина ислама») — почетный титул мусульманских теологов и законоведов. В Османской империи этот титул применялся к муфтию Константинополя. Основная функция шейх-уль-

Как и в остальных европейских столицах, огромная толпа встретила эти слова восторженным ревом.

Ираде султан-халиф Мехмеда призвало солдат броситься, как львы, на врага, «потому что не только существование нашей империи, но и жизнь и будущее трехста миллионов мусульман, которых я в священной фетве призвал к Великому джихаду, от вашей победы зависят»[460].

Участие в объявленном джихаде фетва объявляла личной обязанностью «по всей земле живущих мусульман». Особое внимание акцентировалось на том, что «обязанностью всех мусульман, которые находятся под властью правительств [Антанты], является также присоединиться к джихаду и поскорее напасть на них». Напротив, отдельная фетва призывала к послушанию мусульман Германии и Австро-Венгрии: «Борьба против высокого исламского правительства и поддерживающих его Германии и Австрийской империи, является большим грехом, заслуживающим мучительного наказания».

Одновременно с султанским ираде Энвер-паша как вице-генералиссимус опубликовал и свое обращение к армии, выразив уверенность, что:

«враги будут разгромлены» истинными сынами героев османского прошлого, «вперед и только вперед, ибо победа, слава, героическая смерть и райское блаженство — всё это для тех, кто идет вперед».

Беседуя с константинопольским корреспондентом Berliner Tageblatt, шейх-уль-ислам Хейри Эфенди заявил:

ислама состояла в том, чтобы давать фетву, которой он освещал решения султана по политическим и социальным вопросам (см. Ислам: Энциклопедический словарь. — М., 1991. С. 289).

[460] Шерстюков С. А. Германо-османский альянс и пропаганда джихада: между вымыслом и реальностью (1914–1918) // Известия Алтайского государственного университета. 2018. № 5 (103). С. 166.

> *«Прошли столетия, но слова Корана о священной войне продолжают жить в сердцах мусульман… Враги ислама угрожают халифату и этим вызвали священную войну. Сотни тысяч паломников, направляющихся из Мекки и Медины к священной горе, знают, что объявлена фетва. Как микробы, проникнут они в неприятельские лагеря: сперва в английские колонии, затем во французские и в Россию»*[461].

Объявляя джихад, шейх-уль-ислам издал специальные фетвы, адресованные российским мусульманам. Они были переведены на языки тюркских народов России и растиражированы в форме листовок.

Правда, те мусульмане, что жили вне Османской империи, но зато под Британским или Французским протекторатом, сочли иначе. Шериф Мекки, Хусейн, призвал поддержать «подлинных защитников ислама» — англичан[462], и даже объявил свой джихад идет против младотурок и немцев, а в июне 1915 г. поднял арабов на восстание против Османской империи.

Аналогичной была позиция тех мусульман, что жили в российской зоне влияния. Так, Ага-хан, духовный глава исмаилитов, проживающих на границе с Афганистаном, обратился к единоверцам с фетвой, в которой призвал выступить против Германии и Турции:

> *«Мусульманам надлежит оставаться верными долгу присяги… Никто не сможет победить столь могучих государей, как император и король Индии и Англии и царь Всероссийский!»*[463].

---

[461] Синенко С. Джихад против России в годы Первой мировой войны https://topwar.ru/75972-dzhihad-protiv-rossii-v-gody-pervoy-mirovoy-voyny.html

[462] Киреев Н.Г. История Турции. XX век. — М.: ИВ РАН, 2007. С. 99–100.

[463] Синенко С. Джихад против России в годы Первой мировой войны. https://topwar.ru/75972-dzhihad-protiv-rossii-v-gody-pervoy-mirovoy-voyny.html

Со стороны авторитетных российских мусульман вызвала осуждение сама идея джихада. Муфтий Мухамедьяр Султанов выступил в Уфе с официальным заявлением, что Турцией сделан под влиянием Германии необдуманный шаг, а объявление джихада вызвано не интересами Турции и мусульманской веры, а происками Германии.

Стоит заметить, что Германия, придя на ранее малознакомый ей Ближний Восток, умело создала проект ислама, политизированного в нужную для нее сторону.

В ноябре 1898 года кайзер Вильгельм II предпринял путешествие в Левант, входивший в состав Османской империи. Официальной целью императорского путешествия было открытие Церкви Искупителя в Старом городе Иерусалима в День Реформации. Из Иерусалима он поехал в Дамаск. Тут у мавзолея Саладина (султана и полководца XII в.) он произнес речь, в которой справедливо назвал Саладина «самым рыцарским правителем всех времен» и «рыцарем без страха и упрека, который часто учил своих соперников правильному поведению». И завершил свою речь знаменательными словами: «Император Германии всегда будет верным другом султану и тремстам миллионам мусульман».

Также почетный гость оставил в мавзолее памятный подарок — золотой венец с надписью на арабском языке: «Этот венец подарен обладателем благородства и величия, императором Германии Вильгельмом II в качестве сувенира, напоминающего о визите кайзера на земле, где присутствовал султан Салах ад-Дин аль-Айюби. Дамаск, 1315 г. [по хиджре]. Соответствует 1898 г.» По легенде, из Дамаска венец утащил легендарный британский разведчик Томас Эдвард Лоуренс (Лоуренс Аравийский). Сейчас этот артефакт выставлен в лондонском Имперском военном музее.

Феномен турко-германской дружбы в общем понятен: Германия не претендовала на раздел остатков Османской империи — в отличие от России, Австрии или Англии.

Подданные этих «помазанников Божиих» миллионократно воспроизводили этот тезис.

6 сентября 1914 года епископ Лондонский А. Уиннингтон-Инграм в проповеди, произнесенной перед солдатами, назвал войну священной[464]. В ход пошла риторика о битве между «воинством Христовым» и «последователями Одина» (германского языческого бога).

«Следующее послание с фронта его мать получила через пять дней от штабного лекаря. Врач сообщал ей, что ее сын умер от последствий ранения пулей в легкое, которое он получил в битве под Лангемарком. Далее следовали типичные слова утешения, что он «заснул тихо, не испытывая боли» и «погиб за Бога и отечество»[465].

Это ноябрь 1914 года. Бельгия. Речь идет о 17-летнем солдате А. Вильмаре, участнике Ипрской битвы.

Или:

«Если бы Иисус из Назарета, проповедовавший любовь к врагам, снова пожелал сойти на землю, он, конечно, вочеловечился бы в немецком отечестве. И — как вы полагаете? — где его можно было бы встретить? Неужели вы думаете, что он возглашал бы с церковной кафедры: многогрешные немцы, любите врагов ваших? Я уверен — нет! Нет, он был бы в самых первых рядах бойцов, сражающихся с непоколебимой ненавистью. Он был бы там, он благословил бы кровавые руки и смертоносное оружие, он, может быть, сам взялся бы за карающий меч, изгоняя врагов Германии далеко за пределы обетованной земли, как он когда-

---

[464] Остапенко Г. С. Британские церкви во второй половине XIX — первой четверти XXI вв.: социальный и исламский вызовы. — СПб., 2018. С. 75.

[465] Трансформация мифа о Лангемарке в немецкой истории XX в. // Вестник Томского гос. ун-та. История. 2018. № 53

то изгнал торгашей и барышников из Иудейского храма» (газета Der Volkserzieher — «Народный педагог»). «Отныне никто не в состоянии уклониться от логического вывода, что примирение было бы катастрофой, что единственной возможностью стала война. До сих пор — ответ на вызов, дело чести, средство к цели, отныне война становится самоцелью! Вся нация, как один человек, будет требовать вечной войны!» (Munchener Medizinische Wochenschrift)»[466].

В фильме «Счастливого Рождества» (2005 год) показано реальное событие братания в рождественскую ночь 1914 года на Западном фронте. И там удивительный финал. По сюжету шотландский военный капеллан служит мессу на латыни и для немцев, и для шотландцев, и для французов. Общий язык старой латыни смог разные народы объединить в эту ночь. Потом начальство с каждой сторон начинает разборку: «Как вы посмели?!!!» и прочее. Посыпались штрафбаты и прочее. И вот приезжает католический епископ с шотландской стороны, собирает братавшийся батальон и начинает им проповедь со слов «не мир принес я вам, но меч».

«Итак, братья мои, меч Господень в ваших руках. Вы стоите на защите самой цивилизации. Силы добра против сил зла. Ибо эта война есть крестовый поход. Это священная война ради спасения свободы в мире! Истинно говорю вам: немцы действуют не так, как мы; думают не так, как мы. Они не такие, как мы. Не дети Господа. Разве могут дети Господа разорять мирные города? Разве могут дети

---

[466] Цит. по: Федин К. Города и годы. (1924). Федин первую мировую войну провел в Германии (весной 1914 года он уехал в Германию для совершенствования в немецком языке, и до конца войны жил там на положении гражданского пленного, работая актером в городских театрах). Так что германская пресса тех лет была ему знакома. В его повести это газетная вырезка, которая хранилась в блокноте у арестованного бельгийца Перси.

Господа с оружием в руках преследовать женщин и детей? С Божьей помощью, вы должны убивать немцев — злых или добрых, молодых или старых; убить всех до одного. Чтобы никогда не пришлось начинать сначала. Да пребудет с вами Бог. Да пребудет он и с Вами. Да благословит вас Господь во имя Отца, и Сына, и Святого Духа. Аминь».

Писатель Ярослав Гашек был подданным Австро-Венгерской империи и справедливо отметил горький универсализм этого богословского позора:

«В Пруссии пастор подводил несчастного осужденного под топор, в Австрии католический священник — к виселице, а во Франции — под гильотину, в Америке священник подводил к электрическому стулу, в Испании — к креслу с замысловатым приспособлением для удушения, а в России бородатый поп сопровождал революционеров на казнь и т. д. И всегда при этом манипулировали распятым, словно желая сказать: „Тебе всего-навсего отрубят голову, или только повесят, удавят, или пропустят через тебя пятнадцать тысяч вольт, — но это сущая чепуха в сравнении с тем, что пришлось испытать ему!"

Великая бойня — мировая война — также не обошлась без благословения священников. Полковые священники всех армий молились и служили обедни за победу тех, у кого стояли на содержании. Священник появлялся во время казни взбунтовавшихся солдат; священника можно было видеть и на казнях чешских легионеров.

Ничего не изменилось с той поры, как разбойник Войтех, прозванный „святым", истреблял прибалтийских славян с мечом в одной руке и с крестом — в другой. Во всей Европе люди, будто скот, шли на бойню, куда их рядом с мясниками — императорами, королями, президентами и другими владыками и полководцами гнали священнослужители всех вероисповеданий, благословляя их и принуждая к ложной присяге: „На суше, в воздухе, на море..." и т. д...

Полевую обедню служили дважды: когда часть отправлялась на фронт и потом на передовой, накануне кровавой бойни, перед тем как вели на смерть.

Помню, однажды во время полевой обедни на позициях неприятельский аэроплан сбросил бомбу. Бомба угодила прямехонько в походный алтарь, и от нашего фельдкурата остались окровавленные клочья. Газеты писали о нем, как о мученике, а тем временем наши аэропланы старались таким же способом прославить неприятельских священников»[467].

Да, восторг от начала мировой бойни был всеобщим.

В фильме «Счастливого Рождества» (2005 год) представлена замечательная подборка патриотических стишков, которыми разные страны накачивали тогда детей по пути превращения их в пушечное мясо:

Франция:

*Смотри, дитя: на карте этой
ты видишь черное пятно.
Как в траур,
в черный цвет одето.
Но красным быть оно должно.
И, где бы ты ни оказался,
мне обещай с мечом придти
Туда, где сироты Эльзаса
к нам тянут рученьки свои.*

---

[467] http:// militera.lib. ru/ prose/foreign/hasek/11.html

*Пусть в нашей Франции,
как прежде,
Зеленым деревцем надежда,
тобой посажена, цветет.
Расти, расти... Отчизна ждет.*

Британия:

*Стереть с лица земли поможем
Германию и весь народ.
Мы эту расу уничтожим.
Никто от кары не уйдет!
Повсюду льют злодеи кровь,
терзают женщин и детей.
Их пощадим — восстанут вновь.
Их остановит только смерть.*

Германия:

*У нас один лишь враг до гроба,
Германии готовит смерть.
Он дышит завистью и злобой,
он должен первым умереть.
Один лишь враг над нами вьётся.
Тот враг Британией зовется.*

В **России** стихи были такими:

*Народ с утра спешил на площадь
К Дворцу на сретенье Царя.
Теснилась флагов русских роща,
Цветами яркими горя.*

*Национальных песнопений
Опять катился мощный вал,
И Александра вещий гений
Венок победы поднимал.
Да, не бывало у столицы
Такого утра с давних лет!
В подъезд влетали вереницы
Автомобилей и карет.
Примчались сербы, нам родные,
Был пышен быстрый съезд Двора,
И проходили запасные
Под крики дружного «ура».
До полдня близко было солнцу,
Когда раздался пушек гул.
Глазами к каждому оконцу
Народ с мечтою жадной льнул.
Из церкви доносилось пенье...
Перед началом битв, как встарь,
Свершив великое моленье,
К народу тихо вышел Царь.
Что думал Он в тот миг великий,
Что чувствовал Державный, Он,
Когда восторженные клики
Неслись к Нему со всех сторон?
Какая сказочная сила
Была в благих Его руках,
Которым меч судьба вручила
На славу нам, врагам на страх!
Как море в мощный час прилива,
Народный хор не умолкал.
И Царь, внимая терпеливо,
Главу ответно наклонял.*

К Нему невидимые нити
Из всех сердец неслись, горя...
Так в незабвенный час событий
Свершилось сретенье Царя[468].

Того же Городецкого «Подвиг войны»:

Война! Война! Война!
Так вот какие
Отверзлись двери пред тобой,
Любвеобильная Россия,
Страна с Христовою судьбой!
Так приими ж венец терновый
И в ад убийственный сойди
В руке с мечом своим суровым,
С крестом, сияющим в груди!
Прости, несжатый, мирный колос!
Земля родимая, прости!
Самой судьбы громовый голос
Зовет Россию в бой идти.
Не празден будет подвиг бранный,
В крови родится новый век,
И к пашне, славой осиянный,
Вернется русский человек...

Грянула Первая Мировая.

В своей первой реакции 20 июля Синод удержался от демонизации врагов. Религиозный градус был еще невысок:

«Народ русский всегда считал своею священною обязанностью защищать слабых и угнетаемых меньших братий,

---
[468] Сергей Городецкий «Сретенье царя» (Нива. 1914. № 35; затем в его книге «Четырнадцатый год», — Пг., 1915).

родных по вере и по племени, памятуя слово Господа: „Больше сея любве никтоже имать, да кто душу свою положит за други своя" (Ин. 15, 13). Ныне Россия нежданно вовлечена в брань врагами. Предстоит защищать не только братий наших по вере, но и постоять за славу нашего Царя, за честь и величие Родины. Воины русские! Грядите с Богом на поле брани. Да увенчает Господь оружие наше победою. <...> Воины русские. Грядите с Богом на поле брани. Грядите с глубокою верою в то святое дело, которому служите. Вера оружие непобедимое. Бодро идите в бой: знайте, что святая Церковь Христова непрестанно будет молиться ко Господу, да сохранит Он вас невредимыми под кровом Своим и да дарует венец вечного царствия тем, коим суждено будет пасть в славном бою»[469].

Тогда же «Святейший Правительствующий Синод имел суждение по Высочайшему Манифесту, данному 20-го сего июля, о войне с Германией.

Приказали: Господь, содержащий в Своей Деснице судьбы царств и народов в мире и во брани, призывает ныне Россию ополчиться на брань. Признавая необходимым, чтобы каждый из духовенства и мирян, всецело предав себя воле Божией, указуемой словом Царевым... Призвать всех православных людей в настоящий час испытания для нашей Родины оставить взаимныя несогласия, ссоры, распри и обиды, крепкою стеною сплотиться у Царскаго Престола и по Царскому зову охотно и бодро идти на защиту Отечества всеми способами и мерами, какими кому предназначено и указано, не щадя, по примеру славных своих предков, своих сил, достояния и даже жизни, памятуя, что тем, кои принесут свое достояние и свою жизнь на алтарь Отечества, уготована вечная слава в роды родов»[470].

---

[469] Церковные ведомости, издаваемые при Святейшем правительствующем Синоде. 26 июля 1914. № 30. С. 347.

[470] Там же. С. 349.

Синод определением от 26 июля (№ 6653) обязал в каждом храме на каждой литургии читать молитву, в которой цель Первой мировой войны сформулирована так:

«Да уведят вси языцы яко Ты еси Бог наш, и мы людие Твои, под державою Твоею всегда хранимии».

Через четыре года «вси языцы» уведали совсем обратное. В этой молитве приводился и мотив для войны:

«Господи, помилуй нас; се бо врази наши собрашася на ны во еже погубити нас и разорити святыни наша»[471].

А вот это уже почти предельная мотивация своих и демонизация врага.

Никаких планов о разорении православных святынь (будь то русских, будь то сербских) у Австрии и Германии не было. Равно как и геноцидных планов в отношении славян[472]. Наследник австро-венгерских корон эрцгерцог Фердинанд вообще считал, что

---

[471] Церковные ведомости, издаваемые при Святейшем правительствующем Синоде. 2 августа 1914. № 31, стр. 360.
https://www.pravoslavnoe-duhovenstvo.ru/media/priestdb/materialattachment/attachment/b6/7c/b67ca2ef-7405-463b-a8d3-ae14c49ef3ac.pdf

[472] Даже последовавшая потом трагедия Талергофа не означает наличие умысла уничтожения славянства и православия. «Австро-Венгрия депортировала десятки тысяч славян, которых считала ненадежными, без всякой оглядки на их этничность или вероисповедание. Среди них были и католики (чехи), и православные (сербы). В одном венгерском лагере Арад во время войны умерло от 3 до 4 000 хорватов. Репрессии коснулись и других групп. Так, в лагеря Нижней Австрии по подозрению в „ирредентизме" было отправлено 12 000 итальянцев <…> В современной российской антиукраинской публицистике распространено убеждение, что целью репрессий австрийских властей было всё русинское население Галиции. Это изначально ошибочное мнение. Известно, что к сентябрю 1915 года в лагере около Гмюнда (Нижняя Австрия) в 140 бараках было размещено 53 000 русинских беженцев, для которых была создана вся инфраструктура, включая культурно-образовательную.

славянам надо дать больше прав, преобразовав «двуединую монархию» в триединую (но тут приходится сказать, что Австро-Венгрия всегда опаздывала на одну идею и одно поколение).

У Германии вообще не было никакого разработанного и утвержденного плана ведения войны против России: план Шлиффена-Мольтке просто ничего не говорил о восточном фронте.

А и были бы — синод о том не мог знать 26 июля (война была объявлена Австрией Сербии 15 июля ст. ст.).

Тут сказался замечательный эгоцентризм наших епископов: все события в мире вращаются вокруг них. Их вера вызывает ненависть всяких нехристей, и их же молитвы спасают страну...[473] Как видим, церковным риторам все хочется сделать церковным — в том числе и войны. А потом врать, что в истории православия священных войн никогда и не было.

Всего же за время войны, по некоторым оценкам, во внутренние районы Австро-Венгрии попало до 800 000 (!) беженцев из Галиции. Те же, кто по какой-то причине остался, вне зависимости от этничности навлекал на себя подозрения. (Баринов И. Образ Талергофа в антиукраинской и антизападной мифологии современной России // Форум новейшей восточноевропейской истории и культуры. — 2015. — Вып. 2. https://www1.ku.de/ZIMOS/forum/docs/forumruss24/07Barinov.pdf)
По другую линию фронта: в конце декабря 1914 года начальник штаба Ставки Николай Янушкевич приказал выселить из польских губерний всех немецких колонистов-мужчин (это не менее 200 000 человек). См. Лор Э. Русский национализм и Российская империя: кампания против «вражеских подданных» в годы Первой мировой войны. http://militera.lib.ru/research/lohr_e01/index.html

[473] Рассказ киевского митрополита Онуфрия: «В 1969 году я закончил три курса Черновицкого Государственного Университета и у меня появилось твердое желание стать священником. Как украинец, я хотел поступить в Одесскую Духовную Семинарию, но мне отказали... моя Украина отвернулась от меня» https://news.church.ua/2023/04/09/blazhennejshij-mitropolit-onufrij-podcherknul-chto-yavlyaetsya-grazhdaninom-tolko-ukrainy-i-razyasnil-otkuda-poshli-drugie-sluxi/?lang=ru#2023-04-11 Представьте себе любого другого 25-летнего парня-недоучку, которого не принимают в какое-нибудь учебное заведение — и он описывает эту неприятность словами «моя Родина отвернулась от меня». Причем даже не в минуту провала, а спустя десятилетия. А так, говорят, Онуфрий очень смиренен...

Тогда же Синод принял еще одно, более развернутое послание:

«Русские обитатели древней вотчины славнодержавного князя Владимира — Галиции — ждут нас, теснимые недругами славян, врагами православия — немцами, как избавителей от насилий их совести. Они ждут нас, Господь посылает нас на этот великий подвиг их освобождения.

Чтобы быть достойным орудием Божия Промысла, надо себя очистить. Чтобы других освобождать, должно прежде себя освободить от рабства порокам. Самый ужасный в наше время порок это пьянство с его порождениями: буйством, бунтом против власти. От пьянства уже наблюдаются опасные признаки такого отравления нашего народа, что за последние сорок-пятьдесят лет русские люди стали много слабее телом, ниже ростом, уже в груди, тупее умственно, склоннее к разным порокам, безсильнее волею, безучастнее сердцем.

На это великое зло русской жизни благоугодно было обратить Свое особенное внимание Благочестивейшему Государю нашему, беззаветно преданному попечению о благе вверенного Ему Господом Богом Русского народа. И в Своей Высочайшей отметке, положенной на всеподданнейшем адресе православно-церковных обществ трезвости, и в рескрипте, данном на имя Министра Финансов, Государь изволил выразить твердо и определенно Свое Царское пожелание, чтобы вместо пьянства, „вносящаго в жизнь народа разорение духовных и хозяйственных сил его", „трезвенное движение всемерно распространялось по всей Русской земле". А в недавно опубликованных „Мерах против потребления спиртных напитков в армии", принятых в войсках, по Высочайшему повелению, к неуклонному исполнению, выражена отеческая забота Государя об охранении сил, здоро-

вья и бодрости духа в среде воинов от зловредного влияния исконного врага родного народа — алкоголя.

И Святейший Правительствующий Синод, приветствуя и благословляя этот Державный призыв нашего возлюбленнаго Самодержца, приглашает архипастырей и пастырей Церкви Всероссийской направить всю силу своего учительного слова, весь запас своего пастырского опыта на то, чтобы Царская забота о сохранении народной мощи от разлагающего влияния алкоголизма дошла до самаго сердца народного, чтобы слово о ней широкою ободряющей волной пронеслось по лицу всей Русской земли, проникло глубоко в сознание народное и легло в основу неустанной борьбы с вековым злом, в корень подрывающим и народное благосостояние, и народное здоровье, и духовные силы великого Русскаго народа. Золотые, истинно Царские слова, начертанные Державною десницею возлюбленного Отца Отечества на адресе трезвенников: „Желаю всемерного распространения по всей Русской земле трезвенного движения" — эти слова пусть станут законом для нашей русской совести, и мы должны сделать все, чтобы они восприяли силу закона и в нашей бытовой и общественной жизни. А это великое, истинно апостольское дело может выполнить только Церковь.

Ныне время особенно благоприятное для такого святого начинания: грянул гром брани, и, осеняя себя крестным знамением, пошли наши христолюбивые воины на защиту веры, Царя, Отечества и страждущих братий наших славян, — пошли многие на явную и вместе славную смерть; пойдем и мы на домашнего злейшаго врага, которого народ называет зеленым змием»[474].

---

[474] Церковные ведомости, издаваемые при Святейшем правительствующем Синоде. 2 августа 1914. № 31. С. 366–369.

Тут уже ясно — война идет с «врагами православия» и за «защиту святынь».

После начала войны с Турцией Синод изменил молитвы: на великой ектенье теперь надо было произносить: «О еже низложити супостаты, на ны возставшыя, святыя же Божия церкви, в напасти сущыя, со предстоятели их и всеми верными свободити, Господу помолимся».

На сугубой ектенье после слов: «и в руки верному Твоему воинству и Императору нашему предаждь» — добавить: «святыя же Божия церкви, в напасти сущыя, со предстоятели их и всеми верными, огради и защити силою Твоею».

В молитве после слов: «и в день праведнаго воздаяния Твоего воздаждь венцы нетления» — добавить: «Посли, Господи, одоление на супостаты, возставшыя на ны, и силою Твоею огради и защити сущыя в пленении предстоятели и чада святых Божиих церквей»[475].

«Сущие в пленении предстоятели церквей» — это «восточные патриархи»: Константинопольский, Антиохийский, Иерусалимский и Александрийский. Чтобы их освободить — надо было через Турцию, Сирию и Палестину дойти до Египта.

Так с самого начала война империалистическая превращалась в войну священную, и даже крестоносную — в войну за освобождение «святынь», никогда России не принадлежавших и существовавших еще до ее возникновения.

А ведь российская пропаганда даже не скрывала, что главной задачей начавшейся войны является территориальное расширение Империи.

Вот характерное обращение Верховного Главнокомандующего действующей армии великого князя Николая:

---

[475] Определение Святейшего Синода от 21 октября 1914 г. за № 9643, по Высочайшему Манифесту о войне с Турцией // Церковные ведомости. — Спб., 1914. № 43. С. 491.

«Поляки! Пробил час, когда заветная мечта ваших отцов и дедов может осуществиться. Полтора века тому назад живое тело Польши было растерзано на куски, но не умерла душа ее. Она жила надеждой, что наступить час воскресения польского народа, братского, примирения его с Великой Россией. Русские войска несут вам благую весть этого примирения. Пусть сотрутся границы, разрезавшие на части польский народ. Да возсоединится он воедино под скипетром Русского Царя»[476].

«Как бурный поток рвет камни, чтобы слиться с морем, так нет силы, которая остановила бы Русский народ в его порыве к объединению. Да не будет больше подъяремной Руси. Достояние Владимира Святого, [галицкая] земля Ярослава Осмомысла, [галицких] князей Даниила и Романа, сбросив иго, да водрузит стяг единой, великой, нераздельной России. Да совершится Промысел Божий, благословивший дело великих собирателей Земли Русской. Да поможет Господь Царственному Своему Помазаннику Императору Николаю Александровичу всея России завершить дело великого князя Ивана Калиты»[477].

То есть Польша, ранее по воле российских императоров несколько раз разделенная на четыре или на три части, должна всё же стать целостной, но теперь уже в составе одной, российской, Империи. При этом некую ее часть возьмет себе в прямое подчинение продолжатель дела Ивана Калиты, назвав ее (Галичину) русской, а не польской землей[478].

---

[476] Верховный Главнокомандующий, Генерал-Адъютант Николай. Воззвания Верховного Главнокомандующего // Прибавления к Церковным ведомостям. — Спб., 1914. № 32. С. 1415.

[477] Воззвания Верховного Главнокомандующего // Прибавления к Церковным ведомостям. — Спб., 1914. № 32. С. 1416.

[478] «Записка» Дурново более трезво смотрела на польский вопрос: «Жизненные интересы России и Германии нигде не сталкиваются и дают

Будущий Киевский, а пока еще лишь Харьковский архиепископ Антоний Храповицкий также видел расширение русской державы в том направлении: «Владимир умолил Бога возвратить своему престолонаследнику отторгнутые от русской державы и от Христовой Церкви малороссийские галицкие пределы»[479].

22 августа 1914 года петербургское «Вечернее время» опубликовало статью, в которой утверждалось, что «протоиерей Рыжков был горячим сторонником объединения <...> славянских народов Австрии **под скипетром русского государя**»[480].

полное основание для мирного сожительства этих двух государств. Будущее Германии на морях, то есть там, где у России, по существу наиболее континентальной из всех великих держав, нет никаких интересов. Заморских колоний у нас нет и, вероятно, никогда не будет, а сообщение между различными частями империи легче сухим путем, нежели морем. Избытка населения, требующего расширения территории, у нас не ощущается, но даже с точки зрения новых завоеваний, что может дать нам победа над Германией? Познань, Восточную Пруссию? Но зачем нам эти области, густо населенные поляками, когда и с русскими поляками нам не так легко управляться. Зачем оживлять центробежные стремления, не заглохшие по сию пору в Привислинском крае, привлечением в состав Российского государства беспокойных познанских и восточно-прусских поляков, национальных требований которых не в силах заглушить и более твердая, нежели русская, германская власть? Совершенно то же и в отношении Галиции. Нам явно невыгодно во имя идеи национального сентиментализма присоединять к нашему отечеству область, потерявшую с ним всякую живую связь. Ведь на ничтожную горсть русских по духу галичан, сколько мы получим поляков, евреев, украинизированных униатов? Так называемое украинское или мазепинское движение сейчас у нас не страшно, но не следует давать ему разрастаться, увеличивая число беспокойных украинских элементов, так как в этом движении несомненный зародыш крайне опасного малороссийского сепаратизма, при благоприятных условиях могущего достигнуть совершенно неожиданных размеров» (Записка Николаю II. Февраль 1914 года. Первая публ: Е. В. Тарле. Германская ориентация и П. Н. Дурново // Былое. Вып. 19. 1922. https://ru.wikisource.org/wiki/Записка_(Дурново) и https://www.ruthenia.ru/sovlit/j/407.html).

[479] Речь архиепископа Харьковского Антония (Храповицкого) // Прибавления к Церковным ведомостям. — Спб., 1914. № 32. С. 1404.

[480] Упомянутый протоиерей Николай Рыжков служил в Праге (т. е. одной из столиц Австро-Венгерской империи), когда началась война. И про-

Но царский Манифест о войне с Турцией смотрел дальше:

«С упованием на помощь Божию примет Россия это новое против нее выступление старого утеснителя христианской веры и всех славянских народов; нынешнее безрассудное вмешательство Турции в военные действия только ускорит роковой для нее ход событий и откроет России путь к разрешению завещанных ей предками исторических задач на берегах Черного моря»[481].

«Исторические задачи на берегах Черного моря» — это, конечно, овладение Царьградом и Проливами[482]. Но тогда зачем же останавливаться на них? — «Настал час суда Божия над соседними с нами народами, забывшими заветы Христовы и содержащими истину в неправде, и Бог Тебя избирает орудием Своего

должал проповедовать идею всеславянского единения в составе российской империи. Но, когда многие газеты перепечатали эту заметку из «Вечернего времени», на него обратила внимание австрийская военная прокуратура. Священника заключили в тюрьму и вскоре перевели в Вену, где он провел 22 месяца в одиночной камере в «башне смерти». 7 мая 1917 года суд приговорил отца Николая к смертной казни через повешение. Уже Временное Российское правительство начало через посредников переговоры об обмене священника на задержанного в России униатского митрополита Андрея Шептицкого. Обмен состоялся, и отец Николай вернулся в Петербург.

[481] Манифест о войне с Турцией // Церковные ведомости. — Спб., 1914. № 43. С. 490.

[482] Та же «Записка» Дурново и тут была осаживающе права: «Выхода в открытое море проливы нам не дают, так как за ними идет море, почти сплошь состоящее из территориальных вод, море, усеянное множеством островов, где, например, английскому флоту ничего не стоит фактически закрыть для нас все входы и выходы, независимо от проливов. Поэтому Россия смело могла бы приветствовать такую комбинацию, которая, не передавая непосредственно в наши руки проливов, обеспечила бы нас от прорыва в Черное море неприятельского флота. Такая комбинация, при благоприятных обстоятельствах вполне достижимая без всякой войны, обладает еще и тем преимуществом, что она не нарушила бы интересов Балканских государств, которые не без тревоги и вполне понятного ревнивого чувства отнеслись бы к захвату нами проливов».

правосудия над ними. Пути Промысла неисповедимы: быть может, Твой щит заблистает **не только у врат Царя-Града, но изъемлет и драгоценнейшую святыню Гроба Господня** из рук неверных. Гряди, Государь, по пути Твоего высокого призвания; Бог повелевает! Аминь»[483].

О том, как тот же архиеп. Антоний Храповицкий в 1915 году строил планы по русско-церковной ассимиляции покоренного Стамбула, см. в моей книге «Мифология русских войн» (том 1, глава 7 «Идем на юг»).

Ну, а при начале войны он просто придавал ей священный характер. Тот, кто некогда назвал «блаженными» воды Цусимы, теперь назвал радостным день начала войны:

«Если б наша воля, то все мы бы пошли умирать за Веру и Царя: и духовные и мирские, и старые и малые, и мужчины и женщины. Туда, под ядра и пули рвется наша русская душа! Не горестный, а радостный сей день, когда Царь позвал под знамена своих воинов. Возстань же, русский народ, единою душою и единым сердцем против врагов Веры и Родины. Одушевись готовностью радостно умирать за Веру, Царя и Отечество... В день пророка Илии грянул гром на злых поработителей в мощном слове русского Самодержца»[484].

Это правда: война началась в Ильин день. Но оказалось, что это тот случай, когда «чума на оба ваших дома» (точнее, на четыре: все четыре воинствующие европейские империи по итогам войны распались и исчезли).

---

[483] Речь Анаста́сия, епископа Холмского и Люблинского, сказанная при встрече Его Императорского Величества Государя Императора 26 октября 1914 г. в Холмском кафедральном соборе // Прибавления к Церковным ведомостям. — Спб., 1914. № 45. С. 1874.

[484] Речь архиепископа Харьковского Антония (Храповицкого) // Прибавления к Церковным ведомостям. — Спб., 1914. № 32. С. 1404.

Эта его проповедь также интересна тем, что живописует царя как некое двуполое существо: «По Своей отеческой, по Своей материнской любви Он долго откладывал эту неизбежную освободительную войну»[485]. А еще можно было сказать так: ««Наш великий Государь, истинный отец и **нежнейший любитель всей России** и своего народа»[486].

Другой архиепископ — Новгородский — Арсений (Стадницкий):

«Теперь предстоит война идейная, война за православие. Мы лицезрели Царя и внимали Его вдохновенным словам. „Великий Бог земли Русской", „С нами Бог", изрек Государь. Этот священный призыв Печальника земли Русской несомненно проник сердца всех русских людей. Под священною хоругвью этой веры наше Отечество укреплялось и утверждалось в годины бедствий»[487].

Третий, литовский, архиепископ — Тихон говорил не иначе:

«Сражаются там наши доблестные воины за дело правое, за веру православную, за отчизну дорогую, отражая дерзкое посягательство на наши святыни жестокого врага. Не смерть там, а переход в новую блаженную вечность для всех, души свои положивших. Веруем, что эти светлые дни — заря нового лучшего будущего, когда Господь, внемля нашим усердным молитвам, ниспошлет нам радость победы над врагом»[488].

---

[485] Речь архиепископа Харьковского Антония (Храповицкого) // Прибавления к Церковным ведомостям. — Спб., 1914. № 32. С. 1404.

[486] свящ. А. Голосов. Война перед судом христианства // Рижские епархиальные ведомости. 1905. № 2 (янв.). С. 65

[487] Прибавления к Церковным ведомостям. — Спб., 1914. № 33. С. 1450.

[488] Епархиальная хроника // Вестник Виленского православного Свято-Духовского братства. 1916. № 2. С. 19

30 июля 1914 года на торжественных проводах командующего 1-й армией генерала Ренненкампфа:

«Высокопреосвященный Тихон благословил генерала П. К. Ренненкампфа поднесенными ему иконами и сказал приблизительно следующее: „Ваше Высокопревосходительство! У русского народа, весь уклад жизни которого основывается на религиозных началах, есть одно очень краткое, но в то же время и мудрое изречение. Когда кого-либо отправляют в путь-дорогу, то, выразив ему свои благопожелания, в конце говорят: „с Богом!" Вы, Ваше Высокопревосходительство, изволите во главе вверенной Вам армии отправляться на самое место военных действий. Дело, которое предстоит исполнить Вам, — дело трудное, серьезное, ответственное; посему мы, провожая и напутствуя Вас своим благословением, говорим: „с Богом!" Хотя мы уверены, что храбрость, мудрость и опытность Ваша и нашей армии и являются серьезным оплотом против врагов; но мы в то же время верим, что победа достигается не одною только силою оружия, но главным образом помощию Того, Кто, по слову Писания, научает руце наша на ополчение и персты на брань, дает крепость людям Своим и низлагает врагов. Примите же от русской Вильны благословение Вам и вверенной Вам армии сие св. изображение Господа Бога Вседержителя. Да подаст Он Вам силу и крепость к совершению великого Вашего подвига и да возвратит Вас к нам целым, здравым и победителем врагов. Грядите с Богом!"»[489].

Однако успехи 1-й армии были кратковременными и уже в начале сентября она вышла из Пруссии и начала отступление по землям Российской империи.

---

[489] Хроника церковно-общественной жизни // Вестник Виленского православного Свято-Духовского братства. 1914. №№ 15-16. С. 351.

Именно эти три архиепископа — Антоний, Арсений, Тихон — будут в числе трех кандидатов на патриарший престол в 1917 году. Большинство голосов на соборе набрал Антоний. Арсений был на втором месте. Но жребий падет не на них, а на Тихона. И именно его, а не царя Николая станут именовать «Печальник земли Русской».

Церковная пресса с первого дня войны напяливала на нее нимб. В том же же номере церковного официоза, где был опубликован царский манифест о начале войны, сразу же нашлись первые ее уподобления событиям из Священной Библейской Истории:

> *«Ахав и Иезавель — не прообраз ли это той двуединой империи (Австро-Венгрии), которая всю свою долгую историческую жизнь жила только завистью, обманом, насилием и разбоем, и особенно по отношению к славянству? Виноградник несчастного Навуфея — не образ ли маленькой Сербии, которая только в том в сущности оказалась и виновной, что расположена «очень близко» около Австро-Венгрии? Великое дело Илии пророка волею Божиею возложено на русский народ, и он, с ревностью Илии о поруганной правде, поспешил раньше, чем свершится гнусное и кровавое дело, с грозным предостережением и обличением Австро-Венгрии. Будем уповать, что Русь Святая, в духе и силе Илии-ревнителя, исходящая ныне на мировой подвиг, унаследует и благоволение Божие, явленное пророку; огнем с неба испепелит врагов (4 Цар. I,10-13); укрыта будет Богом от гонения нечестивых; прольет дождь правды на землю алчущую, как некогда Илия; посрамит современного кровожадного Ваала — тевтона, в сетях которого запутан и изнемогает мир славянский; приимет силу и торжество огненной колесницы и склонит милосердие неба к грешной земле»*[490].

---

[490] прот. Иоанн Восторгов. Ахаво-Иезавелино дело // Церковные ведомости, издаваемые при Святейшем правительствующем Синоде. 26 июля 1914. № 30 С. 1322–1333

Образцовую военную проповедь произнес священник Кишиневской епархии 24 июля ст. стиля:

«Не мы одни пришли сюда, чтобы проводить и именем Господним благословить тебя, Христолюбивое победоносное Российское воинство, на великий подвиг брани против супостата, но в сии же минуты на тебя взирает и благословляет с неба и воинство небесное, св. ангелы небесные, тезоименитые с тобою по своему служению!

Ангелы небесные по призванию своего служения окружают престол Царя Небесного, выну прославляя и величая святое имя Его. Они же, ангелы небесные, защищают и сохраняют всякую страну христианскую, всякий град и всякого человека от всего злого, а наипаче от злого духа — диавола.

И вы, воины земные, своим служением призваны окружать престол Царя нашего земного и прославлять его драгоценное имя своими воинскими доблестями, своею верностью присяге, данной вами при вступлении на службу.

Вы же своим служением призваны защищать и сохранять дорогое наше Отечество, престол родного царя-батюшки и церковь Христову от всякого врага и супостата.

Было время, когда все ангелы небесные, эти бестелесные духи, были святы и безгрешны, — но со временем один из числа главных ангелов согрешил пред Богом чрез свою гордость, возбудившую в нем самомнение до такой степени, что он перестал повиноваться своему Творцу — Богу, имея в то же время поползновение стать на ряду с Ним; к этому одному непослушному и горделивому ангелу присоединились еще и многие другие ангелы, и таким образом в области небесного круга образовались две враждующие силы: ангелы добрые и ангелы злые.

И сказал Господь Бог архангелу Михаилу, чтобы он собрал всех добрых духов и поразил бы всех злых духов, восставших против него, — и злые духи были побеждены, от престола Царя Небесного удалены и низвергнуты в преисподняя земли.

Было время, когда между всеми христианскими державами сохранялся мир, добрый братский союз и когда они в частности и сообща шли войною против басурман, но вот, к нашему общему прискорбию настало теперь, в наш просвещенный 20-й век, время, когда христианские державы идут войной на своих же братьев: Австрия на Сербию и Россию, а Германия на Россию и другие христианские же державы.

И вот по поводу сего с высоты священного и самодержавного Трона раздается на всю матушку Россию призыв нашего родного Царя: «Дорогие мои дети, русские воины! Нежданный враг возстал против нас, идите во всеоружии против дерзкого врага, покажите силу русского оружия, сокрушите неистовство беснующихся, помня, что я не положу оружия до тех пор, пока последний воин врага не будет изведен из пределов дорогого вам отечества»[491].

---

[491] В обоих манифестах Николая Второго об объявлении войны Германии (20 июля ст.ст.) Австро-Венгрии (26 июля) не было слов «я не положу оружия до тех пор, пока последний воин врага не будет изведен из пределов дорогого вам отечества». Это из манифеста Александра Первого в 1812 году. Но они былив речи Николая II, сказанной 20 июля (2 августа) 1914 г. с балкона Зимнего дворца:

«С спокойствием и достоинством встретила наша великая матушка Русь известие об объявлении нам войны. Убежден, что с таким же чувством спокойствия мы доведем войну, какая бы она не была, до конца. Я здесь торжественно заявляю, что не заключу мира до тех пор, пока последний неприятельский воин не уйдет с земли нашей. И к вам, собранным здесь представителям дорогих мне войск гвардии и Петербургского военного округа, и в вашем лице обращаюсь ко всей единородной, единодушной, крепкой, как стена гранитная, армии моей и благословляю ее на ратный труд».

В этой речи интересно, что царь с нею обращается не к народу, а только к армии.

«И вы, послушные сыны Царя-Отца, идете на призыв Его, идете на врага дерзко посягнувшего на мир, благосостояние и благоденствие нашего дорогого отечества.

Нельзя не удивляться, что враг наш совершенно неожиданно и без всякого повода объявляет нам войну; еще более нельзя не поражаться, что этот враг наш — Германия — приносит нашему царю и отечеству нашему такую жестокую неблагодарность за все оказанные ей благодеяния в минуты трудные, как в борьбе с Наполеоном, так равно и в войне с той же Францией, давшей ей Эльзас и Лотарингию. Забывает Германия, что наше Отечество давным давно усыновило ее единоверцев, дало им возможность поселиться в самих лучших по климатическим условиям и плодородию пределах нашей родины, что они, ее единоверцы, живут у нас несравненно богаче и вольнее, чем в самой Германии.

Забыл все это немецкий царь и обнажил давно бряцающее свое оружие на своих же братьев, которые на ряду с вами идут защищать Россию.

С другой стороны, мы не можем не радоваться видя, как вы, наши славные воины, бодро, спокойно и весело идете на предстоящую брань, а это уже есть залог несомненной победы над врагом.

Навстречу вашей готовности преодолеть врага и мы все идем со своими искренними благопожеланиями вам полного успеха, и как вещественное доказательство этих наших чувств, Аккерманский Отдел Союза Русского народа благословляет вас всех иконою-складнем св. великомученика и победоносца Георгия, а Св. Вознесенский Аккерманский Собор благословляет и дарует каждому из вас иконки преп. отца нашего Серафима Саровского.

Взирая на образ св. великомученика Георгия, припомните, возлюбленные, что и он был тоже воином и пострадал за веру христианскую от руки нечестивого царя; видя же сего угодника Божия сидящим на коне и поражающим копьем какое-то чудовище наподобие дракона, которое пожирало людей, молитесь угоднику, дабы он помог и вам поразить и сокрушить того дракона — Австрию, — который долгие годы сосал кровь маленького, сродного нам Королевства Сербии, а потом возжаждал и совсем проглотить его, молитесь тому же угоднику, чтобы он стал нам на помощь и против хитрого и скрытого нашего врага — прусских немцев.

Молитвами же преподобного Серафима Саровского да утвердится в душах ваших терпение, весьма необходимое каждому воину во время брани. Помните, возлюбленные наши, что идя на войну, вы этим исполняете на деле самую высокую добродетель — отдаете свою жизнь за ближних своих, — „больше же сия любви никто же имать, да кто душу свою положит за други своя". Первый, кто положил душу свою за ближних, это был наш Спаситель. Который принес Самого Себя в жертву для того, чтобы избавить людей от власти диавола врага рода человеческого, — после Него отдавали душу свою за веру Христову все мученики, — и вы, православные воины, идете защищать и душу свою положить не только за Царя и Отечество, но и за веру православную.

Как древний Израиль в войнах своих со врагами носил среди войска своего Ковчег Завета, веря, что присущая сей святыне сила Божия будет твердою опорою против врага, и сим неоднократно побеждал врага, так и вы, православные воины наши, во время битвы со врагом носите в сердцах и душах ваших веру и надежду на силу Божию, которая обратит ваше оружие на погибель наших врагов [492].

---

[492] В этой речи интересно, что царь с нею обращается не к народу, а только к армии.

Мы же, остающиеся здесь в своих местах и домах, не престанем возносить Господу Богу горячие молитвы о вашем благополучии, а также не оставим в нужде и печалях и ваших присных, дорогих вашему сердцу семейств ваших, остающихся на наше попечение.

Осенив себя крестным знамением, иди, верный сын России и храбрый воин, на врага нашего и сокруши его под ноги нашего возлюбленного Монарха, острым мечем своим усмири зазнавшегося пруссака и грохотом орудий своих возвести всему миру, что с нами Бог!»[493].

Когда же капелланы и епископы станут стыдиться таких проповедей? Какое отношение имеет «за Бога» к той тупой всемирной бойне, которая даже не была «за Отечество»?

Изумительна независимость этой гремучей смеси от реальных событий и их мотивов. В 1914 г. русские армии вторглись в Пруссию и Галицию при отсутствии вражеских солдат «в пределах дорогого вам отечества».

Более того: 24 июля по ст. ст (дата произнесения проповеди) Россия еще не объявила войну Австро-Венгрии…

Изумительно сочетание противоположностей: Спаситель умер за людей — и подражая Ему, идите и «с грохотом орудий» убивайте. Изумительно сопряжение религиозных сюжетов с текущей политикой.

И еще более изумительно позднейшее и современное нам уверение в том, будто РПЦ никогда не провозглашала и не вела религиозных войн.

Ну и что, что синоды, епископы и «епархиальные ведомости» про кровавую и бессмысленную мясорубку мировой войны

---

[493] Протоиерей Иаков Юсипенко. Речь, сказанная 24-го июля при мобилизации частей войска в г. Аккермане // Кишиневские епархиальные ведомости. 1914 августа 10 и 17. №№ 32–33. Отдел неофициальный. С. 1365–1368.

говорят, что это «мессианская война». Патриарху Кириллу это не мешает твердить, будто история России не знает религиозных войн.

Эта проповедь прозвучала в Кишиневе. В другой приграничной и вскоре тоже прифронтовой епархии — Рижской — главным златоустом считался Василий Васильевич Щукин. Он был главным редактором «Епархиальных ведомостей», преподавателем местной семинарии и священником кафедрального собора.

В своих проповедях он старался создать икону войны:

> *«Православие показало себя истинным христианством, прежде всего, в учении о войне. Война нами ведется благородно свято, вполне по православному, и в этом первое торжество и наше и нашего св. православия»*[494].

Вот откуда этому тыловому карьерно успешному священнику знать, как именно «ведется нами война»? Он что, был вездесущим и неусыпным наблюдателем на всей тысячекилометровой линии фронта, которая как раз активно передвигалась в первый год войны?

Или же Щукин был просто усердным и верующим потребителем и ретранслятором официальных сообщений, который в любой ситуации просто обязан сочетать озверин с благодушием (таблетка озверина должна быть принята вместе с чтением текста про врагов, таблетка гордого благодушия — вместе с потреблением текста про своих владык и солдат)?

Так что, не зная реалий войны, священник Щукин просто пишет ее благочестивую пропагандистскую икону.

Вот его текст из 1914 года:

> *«Кичливый и безмерно вооружившийся враг наш, поторопившийся объявить нам войну, был главным виновником*

---

[494] свящ. В. Щукин. Торжествующее православие // Рижские епархиальные ведомости. 1915. № 4 (фев.). С. 109.

чрезмерного усиления и расширения военных сил и средств по всему свету. Под его гнетущим влиянием в течение многих лет все христианские государства и народы главные силы и средства свои тратили на чрезмерные вооружения и на приготовление к жестокому взаимному истреблению. Теперь это ужасное истребление по мановению виновника его как раз и наступило! Однако, устрашаясь бедствий и ужасов наступающей безмерно истребительной войны, мы должны утешаться надеждою, что она в конечном результате лишь принесет пользу, лишь возродит нашу жизнь. Потерявший меру в чрезмерном вооружении враг наш несомненно будет сокрушен будет, значит положен конец и гнетущему все народы безмерному вооружению.

Несомненно, всемирные сторонники мира, став победителями, обезпечат Мiру мир. После настоящей войны с Божиею помощью Европа избавится от безбожнаго насильника и будет походить на христианскую страну. Гной милитаризма должен будет, наконец, вылиться из современного человечества. Наступят, быть может, те благодатные времена, о которых в Слове Божием сказано: перекуют люди мечи на плуги! И это будет поистине драгоценным и мудрым плодом современного безумного перевооружения и безумной всенародной бойни.

Да будут благословенны настоящие дни, поразительно уверившие нас, что мы все глубоко еще любим свою веру, Царя, народ, отечество и славу. Тот духовный подъем, то патриотическое единодушие, то одушевление лучшими и благороднейшими чувствами, которым охватили нас всех в эти великие дни, являются драгоценнейшим и прекраснейшим плодом самого начала нынешней войны. Война еще не успела разразиться, а этот добрый плод ея уже вкушается нами и услаждает всех нас в настоящие горькие минуты. Отрадно сознавать, что великая Православная Россия еще не пустой звук; что все ея разноплеменные и разноверные сыны еще способны объединяться в единую несокрушимую нацию.

Война помогла нам найти самих себя; помогла нам откопать под пеплом холодной и серой обыденности жар таящихся в нас сильных, благородных и святых чувств. Если она за этим принесет многим из нас и смерть, то да будет почтенна и благословенна и эта смерть при возродившихся в наших душах лучших чувствах. Умереть с любовью к своему ближнему, к обожаемому Царю и дорогому отечеству, с одушевлением во имя святого идеала несравненно ведь лучше, чем долго прозябать на земле с душею чорствою, с чувствами ничтожными и враждебными. Благородная смерть безконечно ценнее пошлой жизни. С настоящаго момента как раз и открывается возможность достойною смертно загладить недостойную жизнь земную и во едином часе сподобиться жизни вечной.

Ободритесь! Потому что наши воины бодро и радостно идут на смерть и верят в славную победу добра и правды над злом.

Ободритесь, потому что с нами Бог, идущий лишь против начинающаго и поражающей лишь надменнаго, а мы, слава Богу, еще не запятнали себя ни вызовом, ни надменностью!

Сохраняя бодрость и мужество, постараемся сохранить и охватившую нас братскую любовь, и общее единодушие. Никогда еще не открывалось нам такого широкого поля проявления единодушной христианской любви, как именно в настоящее время.

Никогда еще не бывало столько поводов и случаев обнаружить высшую степень христианской любви — святое христианское самоотвержение, как именно теперь! Забыть себя ради ближних, „положить душу свою за други своя" — теперь легче и доступнее, чем когда бы то ни было.

Миллионы наших доблестных воинов идут в самое жерло смерти и ада именно с этою святой готовностью принести себя в жертву за нас.

Десятки миллионов их родных терпеливо переносят разлуку с ними, сдерживают рыдания и жалобы, зная, что теперь — момент пожертвования на общее благо самым дорогим их страждущему сердцу достоянием. Теперь вообще святой момент для всех нас быть готовыми отдать все на алтарь отечества и помочь семьям обреченных на смерть воинов.

Не только ежедневно, но и ежечасно станем умолять Владыку смерти и жизни о спасении бедствующаго отечества, о победе православнаго воинства и о благопоспешении нашего возлюбленнаго Государя Императора. Да поможет Ему Господь Бог, после славной и победоносной войны, заключить дорогой Его сердцу, всеми нами желаемый и никем впредь ненарушимый благословенный мир»[495].

Хорошо в этой проповеди предвидение именно бойни: «жестокое взаимное истребление, наступающая безмерно истребительная война, безумная всенародная бойня». Верно предвидено, что «миллионы воинов обречены на смерть». Хорошо сказано о «гное милитаризма».

Плохо то, что даже такая цена не показалась ему препятствием для выражения своего патриотического восторга и для наполнения целой корзины ложных пророчеств.

И совсем плохо, что подъем в людях низменного животно-племенного чувства и жажды убивать себе подобных священник якобы Христов именует нравственным пробуждением.

Через год он издаст книгу: Священник Щукин. В годину кровавой брани. Проповеди о войне. Рига, 1915. И — должен будет «сменить пластинку».

---

[495] Священник В. Щукин. В виду военной бури // Рижские епархиальные ведомости. 1914. № 14–150 (июль). С. 420–425.

Фронт подошел к его родной Риге. Был объявлена эвакуация. Вышло повеление снять колокола и увезти их в глубь России. Более того, церковные власти приказали сжечь православные алтари.

«9 апреля, когда в Либаве стала слышна усиленная стрельба, перешедшая в грохочущую канонаду, — решено было оставить обитель, но предварительно сжечь престолы и жертвенники двух церквей, чтобы не оставить эти святыни на поругание и осквернение врагов. В 8 ч. вечера свящ. о. А. Соколов в присутствии всех сестер отслужил молебен и прочитал акафист Покрову Божией Матери. Затем священник с диаконом вынесли престолы и жертвенники из храмов и поставили на приготовленные кирпичи, при чем пели тропарь храму. При пении „Святый Боже" трижды окадили престолы с жертвенниками и затем подожгли. Под несмолкаемый грохот орудий и зарево пожаров церемония сожжения дорогих святынь была потрясающей. Сожжение престолов совершено было также и в г. Виндаве в Николаевской церкви»[496].

И вот голос священника Щукина тех дней:

«Сегодня мы переживаем печальную годовщину настоящей безпримерно-жестокой войны. Годовщина ея принесла нам и еще одну беду — вынужденное бегство. Враг приблизился к нашему городу и угрожает ему разорением, поруганием наших святынь и насилием над лучшими гражданами. Поэтому по распоряжению военной и гражданской власти сегодня утром должно было покинуть Ригу духовенство

---

[496] Эвакуация духовенства рижской епархии // Рижские епархиальные ведомости. 1915. № 17–20 (сент.). С. 466.

В Лиепаю немцы вошли 8 мая 1915 года. Из Риги эвакуация была объявлена 18 июля 1915 года. Тут поторопились: Рига была оставлена лишь через два года — 3 сентября 1917-го.

с Архипастырем во главе и вывезти с собой церковные святыни. Вот почему вы видите полуопустошенный храм и лишены благолепного богослужения. Но что же теперь остается делать осиротелой пастве? Ничего иного, как бежать же, бежать из обреченного города куда кто может. Да братие, в настоящие жестокие и грозные дни бегство оказывается единственным спасительным для нас делом и единственным прямым долгом нашим. Что это действительно так, нам может подтвердить свят. Евангелие. В нем мы можем найти самое ясное наставление Господа И. Христа о бегстве от врагов, данное Им в виду лютой римско-иудейской войны. „Тогда находящиеся в Иудее да бегут в горы и кто на кровле, тот да не сходит взять что нибудь из дома своего; и кто на поле, тот да не обращается назад взять одежды свои... Молитесь, чтобы не случилось бегство зимою" (Мф. 24, 16–20). Значит, бывают и должны быть такие злые обстоятельства и такие безпощадные враги, пред которыми бегство оказывается единственно-разумным и спасительным.

Главное из этих обстоятельств заключалось в том, что Иерусалим был заранее осужден Богом на полное, безпощадное разрушение. Мера его беззаконий была исчерпана. Город, запятнавший себя неповинной кровию своего Мессии, ставший вместилищем мерзости, — должен был изгладиться с лица земли. Так было угодно Богу, так неизбежно должно было произойти. Оставаться в таком Иерусалиме, когда пришли дни страшного уничтожения его, значило и себя обрекать неизбежному уничтожению. Поэтому, все и всё, более или менее неповинное и полезное, должно было бежать из Иерусалима. „Тогда находящиеся иудеи (в Иерусалиме) да бегут в горы». Да бегут, потому что в этом единственное спасение; да бегут, потому что от Иерусалима «не останется камня на камне". Там, где Богом предречена полная гибель, там уже не может быть ни средств, ни надежды к спасению и сохранению. Оттуда нужно немедленно и без оглядки бежать.

Можем ли мы усомниться в том, что и наш город не заслужил безпощадного обречения на полную гибель и вражеское разрушение? Каких только грехов и беззаконий не совершалось в нем! Иноверие и зловерие здесь постоянно теснили и поносили Св. Православную Веру. Пьянство, разврат и хулиганство царили неограниченно. Безсердечие и жестокость проявлялись в крайней степени. Среди богатства и роскоши богачей нередко у нас замерзали зимой на улицах или погибали от голода безприютные бедняки. Заветы и заповеди Христовы попирались непрестанно... Можно-ли после этого удивляться, что наш город обречен на безпощадное разорение лютым врагом? А если так, то и из него нужно теперь бежать немедленно и обязательно и лишь в этом бегстве искать своего единственного спасения.

Было, далее, и другое обстоятельство, которое неотвратимо вынуждало Христовых последователей к обязательному бегству. Это — крайняя жестокость римлян. От таких людей можно и обязательно нужно только бежать — бежать без оглядки.

Теперь понятно, почему Сам Господь Иисус Христос, имея в виду неотвратимую гибель Иерусалима и неумолимую безпощадность врагов, не обинуясь, заранее говорил Своим ученикам: „Тогда да бегут в горы" (Лук. 21, 21).

Св. ученики и все последователи Христовы исполнили это Христово завещание. Они бежали. Их бегство не было ни предательством, ни изменой отечеству. Оно имело для них значение прямого долга. Самое лучшее, что они могли сделать и для себя непосредственно и косвенно для отечества, —это лично спастись бегством от лютых врагов.

Они бежали и в своем лице спасли ценнейших представителей своего отечества, распространителей и носителей драгоценного христианства, которое родилось в Иерусалиме, но которое отнюдь не должно было умереть и погибнуть под его развалинами. Если бы Христовы последователи остались в истребляемом Иерусалиме, они бы лишь напрасно умножили и без того колоссальные жертвы вражеского неистовства. Таким образом, бегство от врагов было для них священным и спасительным долгом.

В этом бегстве нет никакого нарушения каких бы то ни было обязанностей — ни пред страной, ни пред правительством, ни пред местным обществом, ни пред семьей и собственностью!

Пусть каждый из нас хоть самого-то себя спасет для отечества и общества. Пусть никто не содействует успеху и пользе врага, оставаясь на занимаемых им местах. Враг ухитряется из всех и из всего извлекать свою пользу. Кто не бежит от него, тех он или забирает в свои ряды, или заставляет рыть укрепления, или работать на себя, или служить заложниками, или вообще быть материалом, чрез который можно досадить противнику.

Только кто не имеет никакой физической возможности убежать, заслуживает извинения и оправдания. Кто же остается на долю врагу из личных разсчетов — сохранить, напр., свое достояние, тот и изменяет долгу, и имущества не спасает, и себя губит.

Единственный правильный выход из невозможного положения — это бегство с вывозом имущества в возможно большей мере и уничтожением остающегося»[497].

---

[497] Свящ. В. Щукин. Бегство как долг // Рижские епархиальные ведомости. 1915. № 15–16 (авг.). С. 419–423.

И снова:

«Менее всего пастырь положит душу свою за овец своих, если напрасно полезет под неприятельские пули и бомбы или обречет себя на вражеский плен <...> Ближние ничего от этого не выиграют, разве только получат новое горе. Мы хотим предостеречь пастырей от идеальных иллюзий и прекрасных мечтаний о том, что оставаясь на волю врага в местах своего служения они будут в состоянии принести кому-нибудь пользу или совершить подвиг»[498].

Что ж, как эмигрант, я его понимаю. И этот текст показываю тем моим хейтерам, что гневно осуждают уход от опасностей в форме смены места жительства.

Но и в эвакуации Щукин продолжал генерировать казенный оптимизм:

«Если сейчас Бог медлит и не избавляет нас от ужасов нынешней страшной войны, то значит, еще нужно, чтобы мы переносили ея тяготы и получали спасительный урок. В свое время Он единым мановением разгонит кровавыя военные тучи и озарит нас блаженным миром и обновлением... Эта победа будет в нашу пользу, так как не может же быть, что бы небесная Предстательница и Заступница наша Пресвятая Богородица склонила Божию помощь и благопоспешение не в нашу пользу, а в пользу тех, кто Ея не признает и не почитает, кто ругается над Ея храмами и оскверняет святыни. У нас есть и видимый залог благоволения и помощи Царицы — это именно копия видимой нами здесь чудотворной иконы Умиления, столь нами почитаемой»[499].

---

[498] Свящ. В. Щукин. Оставаться или бежать? // Рижские епархиальные ведомости. 1916. № 2. С. 61, 64, 65.

[499] Свящ. В. Щукин. Радость во дни горя и бедствия // Рижские епархиальные ведомости. 1915. № 17–20 (сент.). С. 454 и 456.

Его сын — Константин Щукин. После окончания рижской семинарии в 1915 году он поступил во Владимирское военное училище. Выпущенный прапорщиком, назначен в 6-й стрелковый полк и отправлен на фронт. Был на передовых позициях под Чарторийском, участвовал в майском наступлении. В июне назначен в пулеметную роту и через месяц получил в распоряжение пулеметную команду (из 6 пулеметов). Участвовал в августовских и сентябрьских наступлениях под Владимиром-Волынским. Был представлен к чину подпоручика[500].

Пережил ли он Первую Мировую и какой была его судьба после 1917 года, я не знаю.

Но Щукин-старший успел приветствовать февральскую революцию:

«В последние дни на наших глазах совершилось грандиознейшее похоронно-праздничное торжество в честь недавних жертв, павших за свободу народную. Чествовали первых борцов против деспотической власти, против дурных представителей прежнего дурного строя, против неизбежно-надвигавшейся гибели от внешнего врага... Не имеет ли наше многовековое страстное торжество чего-либо общего с этим нынешним политическим торжеством? Не является ли и распятый Господь наш И. Христос своего рода жертвой за свободу человеческую, своего рода борцом против злого господства и злейшего насилия?!»[501].

Уже в мае 1917 года «вышла из печати и поступила в продажу новая книжка свящ. В. Щукина „На заре новой жизни. Первые беседы свободного проповедника Православной церкви".

---

[500] Рижские епархиальные ведомости. 1916. № 10 (окт.). С. 301.
[501] Свящ. В. Щукин. Всемирный Борец-Освободитель. Слово у Плащаницы в Великую пятницу // Рижские епархиальные ведомости. 1917. № 4 (апр.). С. 113. Странно. Это Щукин говорил в Нижнем Новгороде. Там были жертвы февральского переворота?

Содержание: 1. Праздник свободы. 2. Народ — царь. 3. Христианская революция. 4. Отношение Евангелия к буржуазии и пролетариату. 5. Свобода, равенство и братство — политические и христианские. 6. Море слов. 7. Отделение церкви от государства. 8 Волки церковные. 9. Православные, объединяйтесь! 10. Дезертирство и братанье. 11. Дисциплина — не рабство. 12. Долг пред прошлым и будущим. Объем книжки — три печатных листа. Цена 60 к.»[502]

Примеры священнических проповедей, воспевающих мировую войну как священную, бесконечны.

Канон таков:

«Народный смысл назвал современную войну священною. Она священна потому, что есть борьба царства добра и правды против царства лжи и зла, царства божественной жизни на земле против царства духовной смерти, царства свободы против нового рабства, уничтожающего дарованную во Христе свободу и достоинство человеческой личности»[503].

Во внутренней российской жизни и политике обозримых столетий, наверное, не было ничего, «уничтожающего дарованную во Христе свободу и достоинство человеческой личности». Поэтому «священную войну» против, например, крепостничества, русская церковь никогда не объявляла. Освобождать русских крестьян она не торопилась. Но всегда поспешала на освобождение братушек-славян в далеких краях.

«Народ русский — народ-крестоносец. Господь избрал его для трудного, но высокого жребия. Он освободитель

---

[502] Рижские епархиальные ведомости. 1917. № 5–6 (май-июнь) С. 168.
[503] Прот. Беляев А. А. По поводу современной войны. — Сергиев Посад.: тип. Св.-Тр. Сергиевой лавры, 1915. С. 20. Автор — мой коллега; преподавал Историю Русской Церкви в Московской Духовной Академии. С 1899 по 1908 был ректором Вифанской семинарии в Сергиевом Посаде.

плененных христиан от иноверного ига, он — защитник слабых, он — заступник угнетенных, он — гроза надменных и сильных, угнетателей безсильных. Не из корысти, не из гордости, не из жажды бранной славы обнажает оружие русский народ, а во исполнение евангельского завета: «полагать душу свою за други своя», и вот почему Святая Церковь всегда благословляла оружие русского христолюбивого воинства по евангельскому завету идущего на раны, на смерть «за други своя». И ныне голос Святой Церкви, в лице Святейшего Правительствующего Синода, призывает благословение Божие на защитников Родины доблестных русских воинов, призывает их явить врагам то несокрушимое мужество, коим грозно и могуче стало русское имя по всему свету. Предстательствующие пред Престолом Царя Царей святители призывают воинов к борьбе за Царя, за Родину, не бояться страха смертного, ибо их ограждают молитвы Церкви, а павший в славном бою есть воин Христов, наследник вечного царства. И верим мы, святительские молитвы облекут силою непобедимою оружие русского христолюбивого воинства и оградят светоносными ангельскими полками Помазанника Божия Благочестивейшего Государя нашего. С нами Бог!»[504]

В другом памфлете автор, скрывавшийся за инициалами A. R. писал: «С крестом в руке, с молитвой на устах, с любовью и милостью в сердце идет наш народ, народ-богоносец, объявить человечеству свободу»[505].

Важный мотив публицистики всех воюющих стран, причем как церковной, так и светской — это шовинизм. То есть воспевание якобы наступившего всенародного единства, отменившего все прежние классовые партийные и иные конфликты.

---

[504] Голос Церкви // Вестник Виленского православного Свято-Духовского братства. 1914. №№ 15–16. С. 333.

[505] А. R. Вильгельм 2 — угроза гуманности и справедливости. — Киев, 1914. С. 3.

Слово *шовинизм* происходит от имени литературного персонажа Шовена. Это не исторический деятель, это литературно-сценический персонаж французских театров второй половины XIX века. Так вот, в пьесах разных авторов была одинаковая трактовка образа Шовена: это солдат, ветеран наполеоновских войн, чем-то похожий на «поручика Ржевского», хвастун своими подвигами — военными и не очень.

Ключевая фраза, которая сделала его имя бессмертным, это небольшая сценка в новелле Альфонса Додэ «Смерть Шовена» (1873). Парижская коммуна. Баррикады перегородили Париж. Коммунары и стоящие напротив солдаты императорской армии уже готовы стрелять друг в друга. И в эту минуту между ними выбегает старый Шовен с возгласом «Да здравствует Франция!», он погибает, сраженный залпами с обеих сторон, «зажатый между двумя ненавистями». Додэ кончает свой рассказ краткой эпитафией: «Так погиб Шовен, жертва нашей гражданской войны. То был последний француз»[506].

В общем:

> «*в солдате-землепашце Шовене как раз и воплощается мечта о национальном примирении, о слиянии всех французов, к какому бы классу и к какой бы партии они ни принадлежали, во всеобщей любви на земле, к воинской доблести и к нации... Такова высшая функция мифа, та, которой все подчинено и которую превосходно передает гравюра Шарле, где старый служака разнимает двух молодых солдат, готовых схватиться друг с другом. „Мы французы, Шовен, дело можно уладить", — поучает он новобранца. Этот призыв к „национальному согласию" и по сей день лежит в основе речей французских политиков*»[507].

---

[506] Доде А. Смерть Шовена (исторический набросок) // Синий журнал. 1915. № 9. С. 15.

[507] Пюимеж Ж. Шовен, солдат-землепашец: Эпизод из истории национализма. — М., 1999. С. 387. См. также Душенко К. В. Никола Шовен,

В той же Франции:

«Символичным стало примирение в первые месяцы войны Третьей республики с католической церковью, отношения которых в тот период были очень натянутыми после секуляризации образования и других антиклерикальных мер, предпринятых во Франции в конце XIX — начале XX века. Видные католические публицисты, например, граф Альбер де Мен, в период тяжелых испытаний посвятили свой литературный талант служению Франции, старались внушить населению страны веру в грядущую победу»[508].

Объединение народа представлялось безусловным благом. А если война поспособствовала его наступлению, то хвала войне!

Тезис «война как лекарство и как целительное антиреволюционное лекарство» был общим местом тогдашней публицистики. «Война нынешняя — это для нас прямо Божье чудо и Божья милость. В нашей болезни она — лекарство горькое и страшное, но необходимое. Уже с самого начала война переродила русское общество: все мы преображены, к нам вернулось наше здоровье, а вместе с ним и наша сила, наша решимость»[509].

«В эту пору Россия переродилась, русского народа, русского общества узнать было нельзя: исчезли раздоры, пропало равнодушие к судьбам родины, рассеялись, как дым, малодушие и обособленность недавних дней. Внезапно поднявшееся пламя войны прежде всего выжгло в русских людях то дурное, низменное и презренное, что так недавно владело ими, осталось чистое золото великого народного чувства»[510].

легендарный патрон шовинизма // Литературоведческий журнал. 2022. № 2 (56). С. 52–77.

[508] Юдин Н. В. Патриотический подъем в странах Антанты в начале Первой мировой войны. — М., 2017. С. 162.

[509] Московские ведомости. 1914. 12 августа. С. 1.

[510] Назаревский Б. Война за правду. Как началась великая европейская война? — М., 1915. С. 48.

«Горячий отклик в миллионах русских сердец найдет царский призыв к оружию на защиту родины и славянства. Слова манифеста выразили то, что думает и чувствует вся Россия. В такие минуты, когда верховная власть становится на защиту национального достоинства и чести, совершается торжественный акт даже не единения, а полного и безраздельного слияния царя с народом: устами царя говорит сам народ»[511].

«Мы совсем было отвыкли говорить одним языком, исповедовать одним сердцем, пить из одного источника, но что-то благодатное вдруг повеяло на всех, забились в одном общем чувстве сердца миллионов людей»[512].

Точно такие же народные ликования были в Турции и в Германии. Это тоже было благодатно?..

Церковные публицисты видели в этом еще и целебное таинство Божия промысла:

«Печальная и тяжелая война имеет и добрые последствия. Благодаря ей, прекратилось пьянство, — воцарилась трезвость, прекратились вражда, ссоры и несогласия, и водворились взаимные мир, любовь и братолюбие. Все тесно сплотились и объединились, как бы в одну дружную семью, — в одно единое Братство»[513].

«Мы не можем не обратить внимания и на другую душевную весну, внезапно наступившую для нас после долгой политической зимы, сковывавшей все народы льдом милитаристического гнета. Новая весна открылась грозной военной

---

[511] Новое время. 1914. 21 июля. С. 3.

[512] Орловские епархиальные ведомости. 1914. № 35. Отдел неофициальный. С. 883–884.

[513] Епархиальная хроника // Вестник Виленского православного Свято-Духовского братства. 1916. № 11. С. 108. До катастрофы оставался лишь год, но св. Тихон ее не предвидел даже 13 августа 1916 года.

бурею. Загрохотали громы ужасных орудий, устремились ливни свинца, потекли потоки крови... И вот, вопреки всяким ожиданиям, среди такой ужасной бури человеческие души не только не замерли и не оцепенели, напротив ожили и расцвели. Какая масса чудных душевных цветков внезапно появилась в душах современников! Кто бы мог подумать, что наша народная душа расцветится таким чудным массовым геройством! И полководцы и рядовые, и мужчины и женщины, и старики и дети, и интеллигенты и простецы в нынешнюю войну соперничают в самых геройских подвигах и чувствах. А каким дивным, цветущим, необъятным полем раскинулась перед нами наша неисчерпаемая народная любовь! Как чудно слила эта любовь армию и народ, русских людей и инородцев, богачей и бедняков! Аромат любящих русских душ изливается даже и на врагов. Сколько имеем примеров самых трогательных отношений к врагам и пленным»[514].

«Пред глазами всего Мира совершается ныне новое крещение православных христиан Духом Св. и огнем. Дух Святый вдохновил наш православный народ — от великого Государя до малейшего пахаря — на великую борьбу за христианскую любовь, правду и мир. Дух Святый умудрил русский народ отрезвиться и сознать всю важность совершаемого ныне ратнаго подвига. Одушевлены нынче вожди, одушевлены воины, одушевлены и все русские люди от мала до велика. Воистину повторилось чудесное всеобщее крещение Духом Святым, <...> но и огнем. Незримый благодатный огонь попалил наши главные народные недуги — вялость, малодушие, разномыслие, раздор, пьянство и т. п. Дивный, небывалый закал обнаружили наши вожди и воины, душевно крещенные благодатным огнем, пред страшным всегубитель-

---

[514] Свящ. В. Щукин. Днесь весна душам // Рижские епархиальные ведомости. 1915. № 8 (апр.). С. 236.

ным огнем военным. Мы всегда благодушествуем» даже под огнем нынешней нестерпимо-ужасной войны, — вот что вместе с апостолами могут сказать о себе и наше воинство и весь наш народ. И в этом залог нашей священной, христианской победы над изменившим христианству врагом!»[515].

И совсем по-простому это объяснялось крестьянам:

«Господь попустил быть великой войне русского народа с врагами православной веры и славян. Кроткий, миролюбивый православный русский народ, верный заветам Христовым, войны никогда не желал и всегда стремился только к миру. Но варварские христоненавистные соседи наши — немцы и австрийцы, — уже давно оставившие Бога и святой закон Его, сами дерзко подняли на нас меч свой за то, что мы не хотим дать в обиду родственных нам по вере и единоплеменных братьев сербов-славян. Теперь каждый русский человек считает за счастье попасть на поле брани и постоять за правду Божию, Царя-Батюшку и дорогую Отчизну. Даже князья и сановники бросают все и спешат в кровавый бой»[516].

Эти настроения оказались непрочными. Но и на грани вызванного войной распада, позиция церковная осталась прежней — всем солидарно стоять на местах: власти — во власти, простолюдинам — в окопах и на рабочих местах, продолжая воевать невесть за что.

Едва открывшись 24 августа 1917 года, Поместный собор Русской Церкви воззвал: «Забывшие присягу воины и целые воинские части позорно бегут с поля сражения, грабя мирных

---

[515] Свящ. В. Щукин. Крещение Духом Святым и Огнем // Рижские епархиальные ведомости. 1915. № 10 (май). С. 299.

[516] Листок для народа. Приложение к Вестнику Виленского православного Свято-Духовского братства. 1914. № 20. С. 2.

жителей и спасая собственную жизнь. А в это время на несчастную Россию надвигается ужас междоусобной войны.

Православные! Именем Церкви Христовой Собор обращается к вам с мольбой. Очнитесь, опомнитесь, отбросьте вашу взаимную ненависть и внутренние распри, встаньте за Россию.

Власть имущие, осените себя крестом и в духе святой любви к народу служите России, а не партии. Имущие, жертвуйте вашим достоянием. Рабочие, трудитесь, не жалея ваших сил и подчиняйте ваши требования благу Родины. Землевладельцы и земледельцы, помогите ей хлебом. А вы, молодые, здоровые и сильные, жертвуйте вашей жизнью. Да остановится малодушное бегство русской рати перед врагом.

Призывая вас к молитве, труду и подвигу, мы верим, что сила Божия, воскресающая мертвое, вновь соберет во едино распавшееся тело народное. Да почиет на нас благословение великих подвижников и предстателей за землю русскую — преподобного Сергия Радонежского, митрополитов Петра, Алексия, Ионы и Филиппа и священномученика патриарха Ермогена, преподобных Антония и Феодосия, печерских чудотворцев. В дни великой опасности и всеобщего распада Россия не раз спасалась их святыми молитвами.

Да сочетаются же эти воспоминания о великих подвижниках наших с священным знамением христианской надежды.

Да осенит нас в эти скорбные дни непобедимая сила животворящего Креста Господня. Да воскреснет святая Русь в великом подвиге самоотвержения и любви Христовой»[517].

В этом послании всё же есть одна перемена: сохраняется любование своим иконическим и легендарным прошлым. Есть уверение в прекрасном и победоносном будущем. Но исчезла лакировка настоящего времени.

Как из столь прекрасного прошлого вырастает столь дурное настоящее и отчего это из такого настоящего должно вырасти паки прекрасное будущее, из этого текста не понять

---

[517] Церковный вестник. 1917. 16 сентября. № 36–37. С. 311–313.

Еще один важный мотив милитаристской церковной проповеди это демонизация врага. Примеры из Первой Мировой см. в главе 5 «Где живет сатана?».

И в другом послании того же дня Собор призывал к тому же:

«Враг у дверей. Он уже подбирается и к Киевским святыням и к Северной столице. Великая Россия у края гибели... Родина зовет вас, — спасите ее! Идите, братья, спасать! Забудьте партийные споры и счеты. Простите обиды. Как братья, как дети одной матери, протяните друг другу руки прощения. Слейтесь в одну дружную семью, могучую любовью к Родине и во имя Христа готовую на всякие жертвы для спасения ее. К Богу, к молитве, к покаянию, к труду, к братской любви и прощению друг друга, к жертвам, к подвигам! Именем народа, пославшего нас, именем наших предков, строителей отечества, священною властью Собора, именем Божиим зовем, заклинаем вас и со слезами молим Господа, да, простив все ваши согрешения, укрепит и умудрит вас, сердца заблудших на путь правды обратит, спасет и помилует вас и всю Русь Святую, яко благ и человеколюбец. 24 августа 1917 г.»[518]

Многочисленные статьи церковной прессы, карикатуры, плакаты и открытки активно поддерживали военное озлобление и священный характер войны.

Как пример можно взять журнал «Историческая летопись», предназначенный для семейного чтения[519]. Вот лишь один его номер за июнь 1915 года.

В эссе В. П. Лебедева «Страшный сон. Из былей прошлого и настоящего», которое открывает журнал, кайзер Вильгельм предстает воплощением зла:

---

[518] Церковный вестник. 1917. 30 сентября.
[519] Конспект этого номера сделан в: Тарабукина А. В. Фольклор и культура прицерковного круга. — Спб. 2002.

«На каменном хищном лице его ярче обозначились глубокие морщины, и нервное подергивание чаще и чаще шевелило жестокую складку крепко стиснутых и хранящих злую тайну бледных губ» [с. 641]. Авто у кайзера соответствующее: «Среди этих полчищ, жаждущих крови и мести, несется с бешеным ревом сигнального рожка железное чудовище — автомобиль Кайзера с черным, одноглавым, хищным прусским орлом спереди, словно готовым своими когтями схватить добычу и растерзать ее» (с. 641).

Кайзера окружают «обреченные на гибель люди» [с.644], причем они обречены на гибель духовную, поскольку греховно «жаждут крови и мести».

Далее в очерке А. Пресса «Кровавый призрак. (Осада Парижа 1870 г.)» конкретно описывается дьявольская жестокость немцев. Повествование идет от лица француза, мальчиком пережившего осаду Парижа. Мифология ясна и безотказна: ребенок против чудовища.

Зато «Над русскими броненосцами витают славные тени предков, в громе их орудий слышится героический призыв Вещего Олега, прибившего славянский щит к вратам Цареграда» (Статья «Россия и Царьград. К близкому решению векового вопроса». С.731).

Далее в журнале под заголовком «Второе распятие» приводятся выдержки из статьи протоиерея Рубинского, напечатанной в «Уфимских епархиальных ведомостях»:

«Настоящую войну называют исторической, отечественной, национальной и т. д., но нам не встречалось ни в печати, ни в частных беседах определения ея, которое само собой со всей очевидностью напрашивается — это войны мессианской. Настоящая война — необходимая война, но она вместе с тем — продолжение той войны, которая велась в Палестине на 40-дневной горе и завершилась драмой

на Голгофе. Это изначальная война Христа с Его противником и время от времени до положенного срока она будет возобновляться в лице человечества, хотя, быть может, и в иных формах. Наши народные жертвы — второе распятие Христа; жертвы немцев — жертвы иудейских судей, когда-то восклицавших перед Пилатом: „Кровь Его на нас и на чадах наших!"» (С. 760–763).

И это отражалось в боевых приказах:

«Боевые товарищи! С Божией помощью смело вперед на жестокий рукопашный бой с подлым врагом. Насаживай его на штык, дабы этих извергов осталось поменьше. В глубокую старину исконные русские люди, идя в жестокий бой, исповедовались и приобщались св. Тайн. Сделайте это и вы, и тогда никакая сила вас не сокрушит. Кто падет смертью храбрых, будем поминать всей дивизией. Осените себя крестным знамением и смело, с Богом вперед. Господь да сохранит вас» (Приказ по войскам 104-й пехотной дивизии от 19 сент. 1916)[520].

Одна нота в этом хоре оказалась просто восхитительно фальшивой:

«Напал на нас не чужой, не неведомый до сего времени кочевник. Напал воспитанник на кормилицу, сын на матерь свою, которая помогла стать ему и богатым, и просвещенным, и знатным. Не русским ли Государям обязаны немцы существованием своих государств Пруссии и Австрии?

---

[520] Зверев С. Военная риторика Нового времени. — Спб., 2012. С. 374–375. Перед этим в июле-августе в ходе Второго Ковельского сражения эта дивизия (бывшая 3-я дивизия Государственного ополчения) уже потеряла около 4 000 солдат и офицеров. После того она 7 месяцев стояла в обороне на «пассивном участке», где потеряла еще 2 500 человек убитыми и ранеными, и около 3 000 — заболевшими.

Разве не Франц-Иосиф, посылающий против нас свои полчища, как лакей, открывал когда-то дверцы кареты нашего великодушного Государя Николая Павловича? Не русским ли хлебом питался наш враг? Не русские ли деньги поддерживали промышленность и курорты его? Не лучшие ли земли и доходные должности уступались ему? „Бери, пользуйся, — говорили мы, — не проливай только крови!" Смотрите, как теперь наш враг машет мечом! Смотрите, как он душит смрадом геенны тех, которые сажали его в почетный угол! А кормилица святая Русь с болью в груди медленно выдвигает свой щит. Материнская рука не спешит наказывать. Сердце матери скорбит. Велика досада матери, убедившейся, наконец, что сын ее — и безбожник, и развратник, и грабитель, и вор»[521].

Я вот не встречал больше текстов, в которых Россия была бы представлена как любящая мать для Австрии и Германии. Но автор этого образа — русский немец[522].

Л. А. Хитрово жаловался профессору Л. В. Рейнгарду в письме от 19 сентября 1914 года:

«По-моему, теперь единственною приличною газетой в Москве являются „Русские ведомости". Остальные, получив разрешение из участка любить отечество и ненавидеть врага, пустились во всю прыть и „национализируют" публику и в хвост и в гриву. Употребляя усилие, чтобы не подпасть этому психозу, чувствуешь, что с этим трудно бо-

---

[521] Речь, сказанная священником П. Балодом 8 июля 1915 г. на площади гор. Вендена пред торжественным молебном о даровании победы русскому воинству // Рижские епархиальные ведомости. 1915. №№ 15–16. (авг.). С. 430.

[522] П. А Баллод — внук Давида Баллода, первого православного священника-латыша. Скончался в 1928 году. Об этой семье есть книга: Манфред Шнепс-Шнеппе «Немцы в России. Мятежный род Баллодов между немцами, евреями и русскими».

роться и что сам звереешь и теряешь порою человеческий смысл, отдаваясь заведомой брехне, доходящей иногда до неприличия»[523].

Хитрово, конечно, не был одинок в своем ужасе от всеобщего патриотического восторга. Граф Витте находился за границей и, встревоженный, вернулся в Петербург, надеясь удержать Россию от втягивания в эту войну. Морис Палеолог (посол Франции в России) так излагает его позицию:

«Эта война — безумие! За что должна сражаться Россия? За наш престиж на Балканах, наш священный долг, помощь кровным братьям? Это романтическая, старомодная химера. Ни одному человеку здесь, по крайней мере мыслящему человеку, нет никакого дела до этого задиристого тщеславного балканского народца, сербов, в крови которых на самом деле нет ничего славянского, это просто турки, окрещенные ложным именем! Пусть сербы понесут наказание, которое заслужили. И это стало поводом к развязыванию войны! А теперь поговорим о выгодах и преимуществах, которые нам может принести война. Чего можно от нее ожидать? Расширения территории? Боже милостивый! Разве империя Его Величества недостаточно велика? Разве у нас нет в Сибири, Туркестане, на Кавказе и в самой России огромных пространств, которые еще предстоит открыть? Что нам завоевывать из того, что мельтешит перед глазами? Восточную Пруссию? Разве у государя и без того не слишком много немцев среди подданных? Галицию? Там же полно евреев! Константинополь, чтобы водрузить крест на Святой Софии, Босфор, Дарданеллы? Настолько безумно, что об этом и помышлять не следует. И даже если

---

[523] Цит. по: Юдин Н. В. Патриотический подъем в странах Антанты в начале Первой мировой войны. — М., 2017. С. 146.

мы выберемся из всеобщей войны, а Гогенцоллерны и Габсбурги настолько измельчают, что пойдут по миру и согласятся на все наши условия — это будет означать не только конец немецкого господства, но и насаждение республик по всей Европе! Это будет одновременно означать и конец царизма. Лучше помолчу о том, что нас ждет в случае нашего поражения... Мой практический вывод таков: нам следует как можно быстрее покончить с этой дурацкой авантюрой»[524].

Против был и Григорий Распутин (вот тут я с ним полностью согласен):

«Милой друг есче разскажу грозна туча нат расеей беда горя много темно и просвету нету. Слес то море и меры нета крови? что скажу? слов нету неописуемый ужас. знаю все от тебя войны хотяти верная не зная что ради гибели. тяжко божье наказанье когда умотри нет тут начало конца. ты Царь отецнарода не попусти безумным торжествовать и погубить себя и народ вот германию победят а расиея? подумать так воистину не было от веку горшей страдальницы вся тонет в крови велика погибель бесконца печаль»[525].

Про ходу войны число ужаснувшихся росло. Но среди таковых было много больше большевиков, чем священников.

Церковное руководство было за войну до победного конца даже после свержения царя и даже при большевиках — протестуя против заключения Брестского мира.

Только вместо воспевания мудрого царя и благочестивого народа оно стало отчитывать предателей:

---

[524] Палеолог М. Дневник посла. — М., 2003.
[525] Факсимиле письма опубл. в: Соколов Н. Убийство царской семьи. — Париж, 1925. С. 73 и 96.

«Священный Собор Православной Российской Церкви всероссийским христолюбивым воинству и флоту.

Священный долг Собора обязывает нас прежде всего обратиться к вам, христолюбивые воины, защитники и Церкви и Родины нашей, со словом правды. Примите эту правду с миром: она исходит из страдающих за Родину сердец, она внушена и растворена любовью.

Кто изобразит весь ужас нынешнего нашего положения? Внутри страны — разруха, на фронте — измена. Сбитые с толку предателями и шпионами, злостно обманываемые врагом, целые полки оставляют позиции, бросают оружие, предают товарищей, сдают города, дарят врагу огромную добычу, над мирными жителями чинят гнусные насилия. Среди воинов не мало таких, что смеются над законом, глумятся над доблестью, издеваются над подвигом, избивают начальников, изменнически братаются с врагом и в то же время злодейски в спину расстреливают идущих в бой своих же героев. Неслыханное на Руси, как стоит она, дело: наши войска, своею доблестью удивлявшие мир, ныне становятся посмешищем, игрушкою для врага и ужасом для своего же тыла. Немецкие шпионы и наемники, и наши предатели и изменники из тыла отравили у армии ум и вырвали сердце.

К этим преступникам Всероссийский Собор обращает вопль исстрадавшейся души своей.

Вы, забывшие Бога и совесть, растлители в воинах чистой веры, убийцы их духа, разрушители устоев, на которых доселе крепла и развивалась воинская мощь и сила, ужаснитесь вашего сатанинского дела! горе тому, кто соблазнит одного из малых сих, а вашим ядом отравлены целые полки; может быть, на всю жизнь развращены у многих сердца. За ваше безумие Родина уже заплатила врагу теми ужасными поражениями, которые он так легко, без жертв и усилий, нанес нам на нескольких наших фронтах. Вы виновники тех бесчисленных жертв, которые в последнее время бесплодно принесены лучшими сынами Родины, павшими не только от вражеских, но и от своих мечей и пуль. Вы сделали то, что надежда России, ее богатырь — солдат теперь для многих мирных граждан стал предметом ужаса и отвращения. Вы будете виновны, если сраженная Россия склонит свою голову, лишится своей свободы и подпадет под немецкое рабство, которое сильнее татарского придушит народ, вас же и ваших детей и внуков. Если вы делаете это по неразумию, раскайтесь и принесите плод, достойный покаяния. Верните армии то, что вы безбожно отняли у нее, — ее могучий дух. Если вы делаете это по злому умыслу — горе вам! Придет пора, что преданный вами народ, — народ, прозревший, наученный великим страданием, поймет и жестоко осудит вас.

Обманутые врагами и предателями, изменой долгу и присяге, убийствами своих же братий, грабежами и насилием запятнавшие свое высокое священное звание воина, — молим вас, — опомнитесь! Загляните в глубину своей души и ваша, придушенная вражьими наветами, совесть, — совесть русского человека, христианина, гражданина, может быть, скажет вам, как далеко вы ушли по ужасному, преступнейшему пути, какие зияющие, неисцелимые раны нанесли вы Родине — матери своей. Ужель вы хотите свое благополучие построить на развалинах и пожарище Святой Руси? Иль вы думаете свое личное счастье купить гибелью Родины? Не может быть счастья изменнику, предателю. Ужасно Каиново счастье! „Нет мира нечестивым, говорит Бог мой". (Ис. LVII, 21). Молим вас: вернитесь к Богу, к правде, к своему великому долгу!

А вы, малодушные, слабовольные, колеблющиеся, в чьем сердце еще борются свет и тьма, долг и бесчестье, муже-

ство и трусость; вы, увлекающиеся ветром всякого учения, взгляните на истерзанную, опозоренную, попираемую врагом Родину свою! Свободе народной грозит гибель; враг готовится захватить новые пространства исконной русской драгоценной для народа земли; самому народу грозит тяжкое немецкое рабство. Не время теперь колебаться. Преступно всякое малодушие и бездействие, когда неисчислимые беды надвигаются на Родину. „Укрепите ослабевшие руки и колени дрожащие. Скажите робким душой: будьте тверды, не бойтесь, вот Бог наш. Он придет и спасет вас" (Ис. XXXV, 4). Твердо станьте в ряды! Станьте в ряды великих защитников Святой великой Руси! И тогда благословит вас Господь.

Теперь вы, верные своему долгу и делу, доблестные, славные наши воины, примите слово любви из глубины нашего израненного сердца. На ваши плечи легла главная тяжесть выпавшего на долю России креста. Ваши же братья за вашу любовь к Родине платят ненавистью, на вашу правду отвечают клеветою; глумятся над вашей доблестью, за вашу верность долгу обливают вас грязью или вашей же кровью; за ваши подвиги избивают и расстреливают вас. Невыразимо тяжел ваш крестный путь. Но знайте, что с вами и за вас вся верующая, страдающая Россия; с вами все верные сыны ее! Знайте, что для нас священна каждая капля вашей крови, как крови мучеников за други своя! В вашем мужестве и подвигах Родина черпает веру, что не погибнет она, доколе есть у нее верные сыны, идущие на страданья и мученья за нее. Прославляем ваши страданья, целуем ваши раны, преклоняемся пред величием вашего духа. „Бог всякой благодати да совершит вас, да утвердит, да укрепит, да сделает непоколебимыми" (Петр. V, 10). 24 августа 1917 г.»[526].

---

[526] Церковный вестник. 1917. 30 сентября.

Архим. Спиридон (Кисляков) тогда же назвал это послание «языческим трупом»[527].

Тем важнее помнить путь этого человека. 13-летний крестьянский мальчик убежал из дома, чтобы стать монахом на Афоне. Он влюбляется в монашескую молитву и жизнь, но подмечает также и недостатки Афонской жизни — межнациональную рознь среди монахов, духовное тщеславие, а также нередкие случаи алкоголизма. О чем позже вспоминал так: «Те иноки, которые делают в своей жизни те или иные отклонения от духовного напряжения <…> просто выражают ими свою человеческую усталость или даже беспомощность в беспрерывной борьбе со злом в себе самих».

Его переводят в подворье русского афонского монастыря в Константинополе. Жизнь греческой патриархии – у него перед глазами. Парень взрослеет и понимает: «Семнадцать веков своею властью духовенство, точно проволочным бичом, выгоняет Самого Христа из Его церкви, как ее Основателя … благодаря такой власти, которую они похищают у Христа, они и породили и доселе порождают всякие расколы и всякие разделения в Церкви». С 1895 года он проповедует христианство язычникам в далеком Алтайском крае. Там влюбился в девушку и убежал от «искушения» обратно на Афон. И снова возвращается на проповедь — теперь в Бурятию.

И опять в нем поднимается волна протеста — против полицейского характера православной миссии. Спиридона возмущают массовые крещения язычников, проводимые единственно с целью увеличения количества «единоверцев» в регионе. «Я как-то сразу понял, что значит обокрасть духовно человека, лишить его самого для него ценности, вырвать и похитить у него святое святых, его природное религиозное мировоззрение, и взамен этого ничего ему не дать, за исключением разве лишь нового

---

[527] Архим. Спиридон Кисляков. Исповедь священника перед Церковью. — М., 2018. С. 230.

имени и креста на грудь». Священник с 1903 года. Причем — тюремный священник, духовник Читинской тюрьмы и Нерчинской каторги.

Критика в адрес властей, а также растущая популярность среди арестантов привели к тому, что после революции 1905 года Спиридон был арестован карательной экспедицией как политический деятель. Возмущенные заключенные собрали 14 тысяч подписей и послали телеграмму на имя царя с просьбой поддержать их духовного пастыря. Естественно, просьбу тюремного населения никто не собирался рассматривать всерьез, и весь 1906 год Спиридон провел под домашним арестом. После повторного ареста Спиридон в 1908 году переселяется на Украину. В 1913 году он живет в Одессе, где беседует с рабочими в ночлежках.

С началом войны он произносит проповедь в Андреевском Афонском подворье в Одессе, которая кончается словами: «Пока будут вести войны, до тех пор они ни в коем случае не имеют права называть себя христианами». Эта проповедь была сейчас же передана архиепископу Назарию.

«Преосвященный призвал меня к себе и строго начал говорить мне: „Настоящая война есть священная война. Всякое учение против войны есть толстовское учение"»[528].

И всё же и он заразился всеобщим народным психозом, «воодушевленным стремлением к войне».

После конфликта с церковным начальством оставаться в Одессе не представлялось возможным. И Спиридон принимает решение — самому отправиться на войну. В 1915 году он в качестве полевого проповедника отправляется на Юго-Западный фронт. Военные госпитали, затем этапный пункт — поначалу Спиридон проникается всеобщим патриотизмом и едет на фронт полковым священником...

---

[528] Там же. С. 125.

И там солдат спрашивает его:

«Как же я могу идти убивать после причастия Тела и Крови Христа?» Эти слова вновь возвращают Спиридону все его тревоги. А потом над ним пролетает немецкий аэроплан с черным крестом. В тот момент, когда из креста посыпались бомбы, в голове Спиридона мелькнуло: «Сим победиши».

Итогом его размышлений стало его письмо к Поместному Собору 1917 году под названием «Исповедь моей души».

Это и в самом деле исповедь:

«…В сане иеромонаха я четыре года подряд в Забайкальской области ходил с крестным ходом и в интересах своего епархиального начальства обманывал и обдирал простой люд, торговал молебнами и самым крестным ходом. Встречал я крестные ходы и в других епархиях, встречал их с чудотворными иконами, с мощами святых. И все эти крестные ходы преследовали ту же самую преступную цель, что и я. Несколько раз ходил я и в те монастыри и соборы, где находятся чудотворные иконы и мощи святых, да еще каких святых, не мужиков, не простых крестьян, а царей, цариц, князей, княгинь, патриархов, митрополитов, архиереев; и там, в этих монастырях и соборах, я увидел, что вся эта святыня отдана в постыдную торговлю. И великое церковное горе, что из-за этой корысти нередко забываются духовенством живые души пасомых, погибающих в неверии и языческой жизни. Этот крестный ход черным пятном лег на мою собственную совесть. Так я попирал нравственную сторону Евангелия Христова.

Самым же бессовестным и безбожным образом я сознательно нарушал и нагло попирал ее в течение сей мировой войны в бытность мою военным священником. Перо выпадает из рук при одной только мысли о том, что я делал на войне Я, будучи священником Алтаря Христова, все время войны с крестом и святым Евангелием в руках ревностно занимался кровавой травлей одних христиан на других. Я запричастил Святыми Тайнами около двухсот тысяч солдат, которые от меня шли убивать христиан. Во что я превратил Святые Тайны? Не в одно ли из могучих средств воодушевления солдат на убийство подобных себе солдат? Через причащение солдат, идущих в кровавый бой, не посылал ли я Самого Христа убивать людей и Самому быть убитым? Своими кощунственными безбожными проповедями я безумно вдохновлял своих отечественных воинов на бесчеловечное убийство и зверское истребление немцев и австрийцев. С пеною у рта я убеждал их в том, что настоящая война есть Божие правосудие над тевтонами, и мы, русские, вкупе с верными нам союзниками в настоящее время являемся в руках Божиих грозным всеистребляющим орудием Его праведного гнева на властолюбивую Германию, поэтому мы должны считать своим священным долгом без всякой пощады убивать немцев и железной рукой уничтожать и сметать их с лица земли, как самый вредный элемент человечества. Я мастерски подтасовывал евангельские тексты и исторические факты с тою целью, чтобы перед судом христианской совести воинов не только оправдать эту народную бойню, но и придать ей характер чисто религиозно-нравственный.

Теперь же за все мои военные „подвиги" совесть моя беспощадно меня мучает. Особенно меня мучает смертельная тоска по живому Христу. Я ради интересов государства, своей русской нации и личной жизни давно отрекся от Него»[529].

Скорее всего это письмо он пишет в конце сентября, когда патриарх еще не выбран, а Синод по сути уже был не у дел,

---

[529] Там же. С. 238–240.

и поэтому о. Спиридон обращается именно к Собору. В обычное время его лишили бы сана. Но в стране и в церкви шли огромные перемены. «Мудрый председатель этого Собора, ныне Всероссийский Патриарх Тихон, счел за лучшее ничего о ней не говорить Собору, он передал ее моему херсонскому епископу»[530]. Тихон спас Спиридона от церковных наказаний и даже наградил («*правом служения Литургии при открытых Царских вратах по Отче наш*»)[531].

Наверно, и св. Тихон что-то поменял в своих взглядах на войну. Но точно не сразу. Брестский мир вызвал у него лишь публичное отторжение:

«Тот ли это мир, о котором молится Церковь, которого жаждет народ? Заключенный ныне мир, но которому отторгаются от нас целые области, населенные православным народом, и отдаются на волю чуждого по вере врага, а десятки миллионов православных людей попадают в условия великого духовного соблазна для их веры, мир, по которому даже искони православная Украина отделяется от братской России и стольный град Киев, мать городов русских, колыбель нашего крещения, хранилище святынь, перестает быть городом державы Российской, мир, отдающий наш народ и русскую землю в тяжкую кабалу, — такой мир

---

[530] Там же, с. 250.

[531] Ни сам указ, ни дата его издания, ни повод к награде не известны. Служить так Спиридон начал еще осенью 1917 года в Киеве и самовольно. Местный митрополит Владимир не замечал этого, пришедший ему на смену Антоний Храповицкий — запретил (с. 251). О дальнейшем, возможно, говорят слова о. Анатолия Жураковского из его надгробной проповеди: «12 лет назад в чем только не обвиняли тебя, но Бог послал тебе сильного защитника в лице патриарха Тихона, истинного служителя духа, а не буквы мертвящей. Он увидел тебя за тысячи верст, протянул тебе руки, и ты стал под его покровительством» (Там же, с. 262). Скорее всего это была не личная награда, и мера борьбы с обновленчеством.

не даст народу желанного отдыха и успокоения, Церкви же православной принесет великий урон и горе, а отечеству неисчислимые потери.

Устранит ли объявленный мир эти вопиющие к небу нестроения? Не принесет ли он еще бо́льших скорбей и несчастий? Увы, оправдываются слова пророка: „они говорят: „мир, мир!", а мира нет". Нет мира и нет радости, спутницы мира.

Святая Православная Церковь, искони помогавшая русскому народу собирать и возвеличивать государство русское, не может оставаться равнодушной при виде его гибели и разложения.

По воле Пастыреначальника, Главы Церкви, Господа нашего Иисуса Христа, поставленные на великое и ответственное служение Первосвятителя Церкви Российской, по долгу преемника древних собирателей и строителей земли русской, Святителей Петра, Алексия, Ионы, Филиппа и Ермогена, Мы призываемся совестию своею возвысить голос свой в эти ужасные дни и громко объявить пред всем миром, что Церковь не может благословить заключенный ныне от имени России позорный мир. Этот мир, принужденно подписанный от имени русского народа, не приведет к братскому сожительству народов. В нем нет залогов успокоения и примирения, в нем посеяны семена злобы и человеконенавистничества. В нем зародыши новых войн и зол для всего человечества. Может ли примириться русский народ с своим унижением? Может ли он забыть разлученных от него по крови и вере братьев? И Православная Церковь, которая не могла бы не радоваться и не возносить благодарственного моления Господу Богу за прекращение кровопролития, не может теперь иначе, как с глубокой скорбью, взирать на эту видимость мира, который не лучше войны.

Не радоваться и торжествовать по поводу мира призываем мы вас, православные люди, а горько каяться и молиться пред Господом.

Будем молить Господа, чтобы Он даровал нам мужей разума и совета, верных велениям Божиим, которые исправили бы содеянное злое дело, возвратили отторгнутых и собрали расточенныя. 5 (18) марта 1918 года»[532].

Но хотя бы на Гражданскую войну св. Тихон своего благословения, кажется, не дал.

Священная Гражданская

Религиозная политика противоборствующих сторон была отчетливо контрастной.

Думаю, даже из тех проповедей, что приведены были выше, ясно, что у большевиков были все основания для того, чтобы стать антиклерикалами (то есть сторонниками решительного отделения епископов от госполитики и госфинансирования). Столь же логично, что белому движению было очень сподручно поднять знамя именно религиозно мотивированной борьбы с большевиками.

Тем более, что традиция именования социалистов сатанистами сложилась уже давно:

«В наше время вкрались некоторые люди, оскверняющее плоть, отвергающее начальства и злословящие высокие власти. Мы разумеем погибельных апостолов социализма, которые возстают на Господа и на Христа Его, — отрицают

---

[532] Послание Святейшего Патриарха Тихона // Церковные ведомости 1918. №№ 9–10. С. 49–51.

Бога, Веру, семью, собственность, возстают против царей и всяких властей. Мы разумеем апостолов социализма, которые мечтают совершить такой же, по объему и значению переворота в жизни человечества, какой совершили Господь Иисус Христос и Его апостолы чрез христианство, только в совершенно ином, враждебном христианству духе и направлении... Лжеапостолы социализма будучи во всем противоположными и враждебными Христову и апостольскому служению и христианству, явились в недрах человечества гибельнейшими врагами его, слугами антихриста. Их путь, их дух, средства и цели их действования, — все говорит о них, как об исчадиях ада, несущих с собою духовный смрад, зло, бедствия, гибель людям. Чьи они посланники? Божии? Но пусть сотворят пред нами чудеса и знамения, пусть явятся пророками. Во чье имя пришли они к нам и начинают действовать среди нас? Во имя свое (Ин. 5, 43) пришли они» (епископ Павел. Слово в день апостола Андрея 30 ноября 1878, Кишинев)[533].

А основания к тому, чтобы видеть и кощунство, и источник бед в теснейшем союзе Трона и Креста, стали многим видны еще раньше.

В начале 1854 года появилось стихотворение М. А. Карлина:

*Я слышу грозный клич: война!
Я вижу страшные движенья,
Душа моя тоской полна,
В уме рождается сомненье.
Куда? зачем идут полки?
Какая польза для народа,
Что кровь багрит собой штыки
В начале нынешнего года?*

---

[533] Кишиневские епархиальные ведомости. 1878. № 23. С. 988. https://pravoslavnoe-duhovenstvo.ru/media/priestdb/materialattachment/attachment/5c/65/5c65a29f-90fe-4c6c-bb85-de68b006b048.pdf

Что извлечем мы из побед?
И ждать ли нам еще победы?
И так глядят уж много лет
На нас с усмешкой все соседи...
— Но Русь сильна? Быть может, да.
Да чем сильна? Извне штыками,
Внутри плетьми ограждена
Да зауральскими горами.
Народ и так изнеможен,
Народ страдает от налогов,
Клянет в тиши людской закон
И явно ропщет уж на Бога.
Но Бог ни в чем не виноват,
А тот, кто здесь во имя Бога, —
Он заставляет нас страдать,
Безумно властвуя в чертогах.
Он слышит плач, он слышит стон
И гордо пишет манифесты:
«Вперед! За веру, честь и трон,
Поможем сватушке иль тестю...»
Да черт бы взял его родню,
Какое нам до немцев дело?
Нам прежде родину свою
И долг и честь спасать велели,
Зачем губить в чужих полях
Цвет нашей русской молодежи?
Мы лучше выметем весь прах,
Весь сор, что дома нас тревожит...
И близок уж тот час: не плач,
Услышат рабский стон тирана,
Когда к нему его палач
Придет лишить венца и сана.

*То не измена будет — месть,
Не бунт — правдивое восстанье:
К тому зовут нас долг и честь
И наше долгое страданье*

Это верно: если бы церковные ораторы столько слов и слез, сколько они пролили по поводу страданий далеких зарубежных братушек, уделили бы оплакиванию бед русского мужика, история страны и церкви могла бы быть совсем иной. Но придворные ораторы предпочитают гневно обличать лишь зарубежные пороки...

В годы Гражданской войны патриарх Тихон жил в красной Москве, и потому воздерживался от призывов к вооруженной борьбе с ленинской властью, хотя и ругал большевиков за их первые шаги по отстранению церкви от госбюджета, и за Брестский мир. Но критика власти и призыв к вооруженной борьбе против нее — это всё же не одно и то же.

За триста лет до того, еще до воцарения династии Романовых по провинции ходили грамоты с призывом к ополчению от имени патриарха Гермогена, проживавшего в польской тогда Москве (у историков до сих пор идут споры об их подлинности). Так и после свержения династии в белогвардейских, а позже в эмигрантских кругах ходили достоверные слухи о тайных благословениях святейшего московского узника, передаваемых вождям Белого Движения.

Правда, современный церковный журнал пишет:

«Было или нет благословение адмирала Колчака лично Святейшим Патриархом Тихоном? Мы имеем тому достаточно достоверные свидетельства, сохранившиеся у адъютанта Колчака, о том, что Колчаку была передана очень маленькая фотокопия иконы Николая, архиепископа Мир Ликийских, Чудотворца (Можайского), покровителя моряков (это тоже важно отметить), с ворот московской

башни ворот Московского Кремля. Этот образ пострадал во время обстрелов боев 1917 года и тем не менее сохранилась как раз та часть иконы, где Николай Чудотворец держал в руках меч. И в письме Святейшего Патриарха Тихона было отмечено, что этим мечом духовным благословляется и адмирал Колчак на свершение своего духовного подвига борьбы за возрождение России. Эта иконка была передана очень сложным путем, прошла через линию фронта»[534].

Мне это свидетельство не кажется достоверным, хотя оно принадлежит адъютанту Колчака ротмистру Владимиру Князеву. Вот что он писал:

«В первых числах января 1919 года к Верховному Правителю, адмиралу А. В. Колчаку приехал священник, посланный Святейшим Тихоном [Беллавиным], Патриархом Московским и всея Руси, с фотографией образа Св. Николая Чудотворца с Никольских ворот Московского Кремля. Так как эта фотография была очень малого размера, с ноготь пальца, она была отдана в Пермь для увеличения.

Священник был в костюме бедного крестьянина, с мешком на спине. Кроме крошечного образа, с большим риском для жизни священник пронес через большевицкий фронт еще письмо от Патриарха, зашитое в подкладке крестьянской свитки. Мне удалось наскоро скопировать части прекрасного благословляющего письма Патриарха Тихона Адмиралу:

„Как известно всем русским и, конечно, Вашему Высокопревосходительству, перед этим чтимым всей Россией Образом, ежегодно 6 декабря, в день Зимнего Николы, возносилось моление, которое оканчивалось общенародным пением:

---

[534] Цветков В. Ж. Белое Движение и Православие. http://academy.foma.ru/beloe-dvizhenie-i-pravoslavie.html

„Спаси, Господи, люди Твоя..." всеми молящимися на коленях. И вот 6 декабря 1917 года, после октябрьской революции, верный вере и традиции народ Москвы по окончании молебна, ставши на колени, запел: *„Спаси, Господи..."*

Прибывшие войска и полиция разогнали молящихся, стреляя по Образу из винтовок и орудий. Святитель на этой иконе Кремлевской стены был изображен с крестом в левой руке и мечом в правой. Пули изуверов ложились кругом Святителя, нигде не коснувшись Угодника Божия. Снарядами же, вернее, осколками от разрывов была отбита штукатурка с левой стороны Чудотворца, что и уничтожило на Иконе почти всю левую сторону Святителя с рукой, в которой был крест.

В тот же день по распоряжению властей антихриста эта Святая Икона была завешана большим красным флагом с сатанинской эмблемой. Он был плотно прибит по нижнему и боковым краям. На стене Кремля была сделана надпись: „Смерть Вере — Опиуму Народа".

На следующий год, 6 декабря, собралось множество народу на молебен, который никем не нарушимый подходил к концу! Но, когда народ, ставши на колени, начал петь: „Спаси, Господи..." — флаг спал с Образа Чудотворца. Аура атмосферы молитвенного экстаза не поддается описанию! Это надо было видеть, и, кто это видел, он это помнит и чувствует сегодня. Пение, рыдание, вскрики и поднятые вверх руки, стрельба из винтовок, много раненых, были убитые... и... место было очищено. На следующее раннее утро по Благословению Моему про Образ было всенародно объявлено, что показал Господь через Его Угодника Русскому народу в Москве в 1918 году 6 декабря.

Посылаю фотографическую копию этого Чудотворного Образа как Мое Вам, Ваше Высокопревосходительство,

Александр Васильевич — благословение — на борьбу с атеистической временной властью над страдающим народом Руси. Прошу Вас, усмотрите, досточтимый Александр Васильевич, что большевикам удалось отбить левую руку Угодника с крестом, что и является собой как бы показателем временного попрания веры Православной... Но карающий меч в правой руке Чудотворца остался в помощь и Благословение Вашему Высокопревосходительству в Вашей христианской борьбе по спасению Православной Церкви и России»[535].

Полагаю, что это фейк. Как-то непредставимы в устах патр. Тихона слова: «Аура атмосферы молитвенного экстаза не поддается описанию!»

Но есть и иные версии:

«Архангельские епархиальные новости» (№ 18 15 сентября 1919 г.) писали: «Из Омска телеграфируют, что там было отслужено богослужение в память святителя Тихона Задонского, мощи которого были осквернены в Задонске большевиками... Прибывший недавно из Москвы Камчатский архиепископ Нестор присутствовал на богослужении и после литургии передал верующим благословение патриарха Тихона, находящегося все еще в Москве. Послание Тихона гласит: „Скажите всему русскому народу, что, если он останется разъединенным и откажется поднять оружие и идти на спасение Москвы, мы все погибнем и с нами вместе погибнет Святая Русь". Кроме этого послания патриарх Тихон посылает благословение Колчаку...»[536]

---

[535] Князев В.В. Жизнь за всех и смерть за всех. — Джорданвилль, 1971. С. 20–23.

[536] Свящ. Игорь Затолокин. Образ Николы «Раненого»: Благословение адмирала А. В. Колчака Патриархом Тихоном и святыня Дружины Святого Креста (http://www.orthedu.ru/kraeved/498-09.html)

Сам патриарх во время допроса в ЧК в январе 1920 года объяснил, что:

«он не считал нужным делать опровержения по явной несообразности обвинений, к нему предъявленных, ибо он Нестора к Колчаку не посылал, и этот Епископ уехал из Москвы после собора в ту пору, когда еще о Колчаке и не было помина, но что он, Патриарх, еще и потому стеснялся посылать опровержения, что на опыте убедился, что опровержения его, как и остального духовенства не печатаются, а если иногда и помещаются, то с неприятными для духовенства комментариями»[537].

23 января 1923 года на новом допросе патриарх сказал:

«Во время гражданской войны 1917–1919 г.г. я никакой практической поддержки белым армиям, генералу Деникину и адм. Колчаку не оказывал. В виду моих настроений в то время я лишь оказывал Деникину и Колчаку моральную поддержку, не доходившую, однако, до дачи им благословения»[538].

Член Союза русских национальных общин В. М. Скворцов печалился по этому поводу:

«Добрармия вследствие большевистского пленения и угнетения духовного вождя нашей Церкви Святейшего Патриарха Тихона не имеет от него благословляющей ее крестные подвиги патриаршей грамоты, которая бы указала сбитому с толку темному народу молитвенноспешествующее отношение Церкви к Добрармии как собирательнице рассыпавшейся Русской земли и охранительнице

---

[537] Следственное дело патриарха Тихона. Сборник документов по материалам Центрального архива ФСБ РФ. — М., 2000. С. 94–95.
[538] Там же. С. 198.

святынь народной веры и Церкви, правопорядка и истинной свободы»[539].

Как известно, две главные белые армии — Колчака и Деникина (Врангеля) — так никогда и не соединились.

Поэтому об официальной церковной позиции на контролируемых ими территориях можно судить по документам двух церковных соборов. У Врангеля — это «Сибирское соборное совещание» (Томск, ноябрь 1918). У Деникина — «Юго-Восточный Русский Церковный Собор» (Ставрополь, май 1919).

Сибирский поместный церковный собор заседал в составе 30 человек, в том числе 13 архиереев.

На молебне пред открытием собора присутствовал Верховный правитель адмирал А. В. Колчак со своим штабом[540].

В его присутствии омский архиепископ Сильвестр сказал:

«Событиями последнего года у нас, братия, строй общественной и государственной жизни глубоко нарушен. Ныне здоровое чутье общества и наро опознало то, что ему единственно полезно и потребно. Употребляются героические усилия к установлению и упрочению правильного порядка общественной и государственной жизни, к устранению разрушительных влияний, особенно идущих от тех захватчиков

---

[539] Юго-Восточный Русский Церковный Собор 1919. Сборник документов под редакцией Ю. А. Бирюковой. — М.: Новоспасский монастырь, 2018. С. 62.

[540] «Постановление Совета министров о признании Высшего временного церковного управления высшим представительным органом Православной Церкви 28 марта 1919 г. Совет министров постановил и Верховный правитель утвердил: Учрежденное Томским соборным совещанием Высшее временное церковное управление признать временным высшим представительным органом Православной Церкви. Сношения Высшего временного церковного управления с органами правительственной власти совершаются при посредстве Главного управления по делам вероисповеданий» (Сибирское соборное совещание 1918. — М., 2020. С. 161).

власти, которые пред всеми открыто проявили богоборство и человеконенавистничество. Власть установлена православная, твердая и единая»[541].

Один из участников этого собора вспоминал:

«В Томске происходило Сибирское соборное совещание, когда Урал и Сибирь оказались отрезанными от Москвы чешским фронтом. Тогда члены Московского Собора 1917 года, находившиеся на этой территории, собрались в Томске, чтобы обсудить церковные дела. Нужно было принять некоторые решения для того, чтобы узаконить отсутствие Патриарха. И вот в Томске начались для меня сюрпризы во всех направлениях: и в политическом, и в церковном. Дело в том, что огромное большинство этого собрания были самые бессмысленные монархисты, возводившие монархизм в догмат и нисколько не желавшие считаться даже с самыми очевидными фактами. Они вспоминали только те проповеди, которые они когда-то слышали в царские дни, и далее этих проповедей их думы не шли. Соответственно с этим главным догматом о необходимости и неизбежности восстановления царской власти и начались работы этого томского совещания. Я стал решительно и твердо протестовать против такого оборота дела, и моим активным единомышленником был только епископ Екатеринбургский Григорий»[542].

Собор обратился с «Посланием» к тем, кого считал своей паствой:

«Царская власть пала. Установлено было Временное правительство. Его заменила немецко-советская власть. В течение года мы испытали от этой последней власти полноту

---

[541] Сибирское соборное совещание 1918. — М., 2020. С. 83.

[542] Воспоминания архиепископа Андрея (Ухтомского) о Сибирском соборном совещании // Там же, с. 171.

разрушения по всем сторонам жизни материальной и духовной. Советская власть явила себя врагом Православной Церкви и воздвигла на нее открытое гонение. Начиная с московского Кремля, многие храмы Божии были осквернены и разрушены. Крестные ходы, как например, в Туле и Петрограде, были подвергнуты расстрелу[543]. *Начиная с Киевского митрополита Владимира, целый сонм архипастырей, пастырей и пасомых христиан, явились мучениками за веру. Неизбежно явилась внутренняя гражданская война. С Божией помощью Сибирь и Приуралье освобождены ныне от кровожадных грабителей. Среди такого государственного и общественного распада, среди самых гонений нерушимо стояла в нашем многострадальном Отечестве Святая Православная Церковь. Среди всеобщего распада Она, матерь наша, одна устояла. Ее незыблемые основы — священное апостольское преемство и верность святоотеческим заветам. Эта непрерываемая законность церковной власти и сила церковных уставов доныне, несмотря на все государственное разложение, поддерживала единение в нашем народе»*[544].

---

[543] Это не вполне так. Огромный крестный ход прошел в Петрограде 21 января без эксцессов. См. https://www.pravoslavie.ru/109948.html. 2 февраля «в Туле ожидали крестного хода после аналогичных мероприятий в других городах, и председатель Совета рабочих и солдатских депутатов Кауль ввел военное положение, чтобы его не допустить. Епископ Тульский Иувеналий согласился отменить ход, чтобы обойтись без неизбежной крови, но его заместитель епископ Каширский Корнилий воспротивился. После богослужения в соборе, молившиеся вышли из Кремля, намереваясь пройти к Киевской улице (на сегодняшний день проспект Ленина). Первой вышла процессия с хоругвями. На руках несли всеми чтимую икону Казанской Богоматери. Раздался залп в воздух. Процессия двигалась. Залпы продолжались. Затрещали пулеметы. Впереди шел старик-рабочий с крестом в руках. Его остановили, скрестили оружие и направили на него револьвер. Старик крестом выбил револьвер и пошел дальше. За ним двинулась 20-тысячная толпа. Раздались новые залпы. Улица обагрилась кровью». https://newstula.ru/fn_366806.html

[544] Послание Всероссийского Священного Собора епархий Сибирских и Приуралья всем чадам Православной Церкви епархий, освобожден-

Собор постановил:

«Необходима организация деятельной борьбы с большевизмом и другими разрушительными антихристианскими течениями современной жизни через планомерное воздействие на воинов в проповедях Принимая во внимание то обстоятельство, что современный книжный рынок выбрасывает много вредной для православия и государственности литературы, например, „Памятка солдату", „Идея государства", „Может ли христианин воевать", „Не убий", „Письмо к военному фельдшеру графа Л. Толстого", „Нагорная проповедь" и другие, просить военное начальство ввести в состав военно-цензурного комитета представителя военного духовенства, дабы такого рода литература не допускалась в войска. Просить военное начальство не допускать в войска антирелигиозной и сектантской литературы...

Войти с представительством к Всероссийскому правительству чрез Высшее церковное управление о сохранении за духовенством соответственно повышенного вознаграждения от государства за его труды по метрикации населения и др.»[545].

«В области военно-духовной — учреждена должность главного священника Сибирской армии, впредь до восстановления связи с военными протопресвитерами». Главным священником Сибирской отдельной армии стал протоиерей Алексей Русецкий[546].

При этом был еще и «главный священника армии и флота протоиерей А. Касаткин». Он издал циркуляр духовенству действующей армии: «Вступив, согласно приказу Верховного

ных от советской власти // Сибирское соборное совещание 1918. — М., 2020. С. 48.

[545] Там же, с. 53 и 77.
[546] Там же, с. 79.

правителя и Верховного главнокомандующего, на высокий, а вместе с тем и ответственный пост главного священника армии и флота, считаю долгом высказать вам, дорогие соработники, свои пожелания и требования. Волею правительства, все мы, военные священники, призваны в армию для того, чтобы словом, молитвою и совместными с воинами трудами и лишениями укреплять их веру в Бога и Промысел Божий, озарять их души светом евангельской истины, развивать в них чувства любви к истерзанной Родине и преданности долгу, вдохновлять их на подвиги великие и всячески помогать им в деле освобождения Родины от врагов... Пусть пастыри раскрывают в своих беседах, как с отдельными воинами, так и с целыми группами, цель настоящей войны — возродить единую, неделимую Россию, защитить от поругания святую веру и Церковь и т. п., указывают на те величайшие бедствия, в которые ввергли ее враги Родины и примкнувшие к ним изменники и предатели Родины, хотя бы и русские по крови, объясняют значение бранных страданий по подобию страдальческого подвига Спасителя за всех людей, высоту воинского служения, когда оно выполняется воинами согласно долгу и учению Евангелия и т. п. Свои беседы пастыри должны стараться иллюстрировать примерами то из жизни святых угодников Божиих, то доблестных воинов минувшей и прежде бывших войн, подвигами своими мир удивлявших»[547].

Деникинский собор ставил себя крайне высоко:

«Мы, **изволением Святаго Духа** собравшиеся на Поместный Собор в Богоспасаемом граде Ставрополе, дабы при Божией помощи устроить важнейшие церковные дела...»[548].

---

[547] Там же, с. 151 и 153.
[548] Послание Собора // Юго-Восточный Русский Церковный Собор 1919. Сборник документов под редакцией Ю. А. Бирюковой. — М.: Новоспасский монастырь, 2018. С. 88.

Правда, протопресвитер армии и флота Щавельский сказал о том же более приземленно:

> «Несколько месяцев назад у **высшего командования Добровольческой армии** возникла мысль об учреждении на Юге России Высшего Церковного Управления»[549]

Собор был проведен на средства, выделенные Добровольческой Армией (50 000 рублей). Суточные для членов Собора составляли 35 рублей (суточные для членов Поместного Собора 1917–18 года в Москве составляли 30 руб.). Также членам Собора выданы деньги на проезд 1 классом.

19-го мая совершается архиепископом Агафодором в сослужении с другими пятью иерархами торжественная литургия. «Во время пения „Верую" быстрыми шагами вошел в Андреевскую церковь Главнокомандующий генерал Деникин, и было что-то знаменательное в том, что при пении Символа православной веры вошел символ единой православной Руси», — писала тогда местная пресса[550].

Открывая заседание Собора, архиепископ Кавказский и Ставропольский Агафодор приветствовал Главнокомандующего Вооруженными силами Юга России генерала Деникина как доблестного витязя земли Русской, а также и всех собравшихся на Соборе.

После речи архиепископа приветствовал Собор Главнокомандующий генерал Деникин следующей речью:

> «В эти страшные дни одновременно с напором большевизма, разрушающим государственность и культуру, идет планомерная борьба извне и изнутри против Христовой Церкви... я от души приветствую Поместный Собор Юга

---

[549] Там же, с. 97–98.
[550] Там же, с. 261.

России, поднимающий меч духовный против врагов Родины и Церкви».

Генералу Деникину от имени Собора отвечал Высокопреосвященный Митрофан, архиепископ Донской и Новочеркасский:

«Ваше Высокопревосходительство! Южнорусский церковный Собор, манием Божественным собравшийся в богоспасаемом городе Ставрополе для разрешения вопросов о временном церковном управлении, благоустроении дел церковных, приносит Вашему Высокопревосходительству почтительнейшую и глубочайшую благодарность за инициативу созыва Собора и за мощное покровительство и содействие осуществлению этого великого и святого дела. Ваши труды и старания в этом деле с очевидностью свидетельствуют, что не менее судеб Родины Вашему сердцу близки и судьбы многострадальной Церкви, которой Вы сыновне и беззаветно преданы. Вы — истинный патриот и христианин, не мыслящий блага государственного без церковного. Вы совершаете дело поистине величайшей важности, и славу Вашу возвестят людие, и похвалу Вашу исповесть Церковь до окончания века. Вот какая пленительная для сердца и души перспектива открывается перед нами — блестящие победы водимого и вдохновляемого Вами воинства, ополчающегося на лютого врага веры и Родины, являют светлую зарю близкого восстановления единой и неделимой России и попранных врагами прав Святой Церкви, возвращения ей должной свободы на спасение людей Божиих. Веруем, что недалек тот день, когда Пастыреначальник, избравший Вас орудием Своего промышления о Церкви Божией и России, соберет расточенная, и облечется во всю славу свою многострадальная Родина. Да благословит Вас Христос Господь, да воздаст Вам сторицею за Ваши подвиги и в сей жизни, и в будущей и да сохранит драгоценную для Отечества

и Церкви жизнь Вашу на многая лета». Собором было пропето троекратное многолетие генералу Деникину»[551].

Но это было личное обращение архиеп. Митрофана.
Собор же в целом принял отдельное «Обращение Собора к генералу А. И. Деникину»:

«Южно-русский Поместный церковный Собор Главнокомандующему, Генералу Антону Ивановичу Деникину и предводимому им Христолюбивому Воинству.

Господь сил да будет с Вами! Благодать и мир Его да умножится в Вас!

От имени Церкви, приявшей от Господа благодать и истину, приветствуем мы вас, Христолюбивые воины, подъявшие на свои рамена величайшее дело защиты поруганной веры, спасения разоренной Родины, восстановления чести, правды и порядка на опозоренной русскими же гражданами необъятной Русской Земле.

Полтора года тому назад люди, дышащие ненавистью к Богу и Церкви, исполненные лжи и злобы, захватили в свои руки русскую власть... Праведный гнев к хульникам, святотатцам, убийцам и разорителям родной земли да не изгоняет из сердец ваших завещанных Господом прощения и любви к заблудившимся иль обманутым братьям!

Благодать Господа нашего Иисуса Христа, и любовь Бога Отца, и причастие Святаго Духа да будут со всеми вами!»[552]

---

[551] Послание Собора // Юго-Восточный Русский Церковный Собор 1919. Сборник документов под редакцией Ю. А. Бирюковой. — М.: Новоспасский монастырь, 2018. С. 85–86.
[552] Там же. С. 119–120.

По окончании работы собора последовало «Обращение Председателя Собора архиепископа Митрофана [Симашкевича] к генералу А. И. Деникину в связи с окончанием Собора:

«Свое отношение к переживаемым событиям Собор высказал в ряде обращений, посланий, обращенных к чадам Православной Церкви, к Вам и предводимым Вами доблестным войскам, к предстоятелям Православных Церквей на Востоке, призывая их сплотиться во имя Христа на борьбу с общим врагом христианства. Таким образом, заложены основания великого дела укрепления и оживления церковной жизни и, с Божьей помощью, пробуждения народной совести. В подъятом Вами подвиге освобождения России Вы найдете Православную Русскую Церковь ныне, как и в старину, усердной пособницей в деле духовного объединения и собирания России. В тесном единении Церкви и государственной власти лежит залог возрождения нашей многострадальной родины»[553].

Кроме того, собор принял обращения к красноармейцам, назвав их слугами антихриста:

«Красноармейцы! Есть среди вас и обманутые, есть и обольщенные, есть и сознательные преступники, но все вы одинаково служите делу грядущего антихриста! Под видом борьбы за народное счастье и народную власть вас повели под кровавым знаменем революции, прежде всего, против Господа нашего Иисуса Христа и Его Церкви. И ведь вы, ослепленные, не видите, что вся цель вождей ваших не в борьбе, как они говорят, со „старым режимом", а в борьбе со старой верой вашей, святой и могучей. Долготерпелив Господь. Но страшен и гнев Его. Возмездие земное

---

[553] Там же, с. 241.

уже близится. И близок час, когда силой оружия, благословляемые Православной Церковью русские полки с крестом и священными знаменами войдут в Кремль Москвы»[554].

Пресса в те дни писала о конкретной работе с пленными красноармейцами:

«Ставрополь. 22 мая на плацу были выстроены солдаты местного гарнизона из числа пленных красноармейцев, к которым обратился с прочувствованным словом член церковного Собора о. Шавельский, указавший в нем, до какой разрухи довела Россию преступная деятельность Красной армии, а также, что Россия пользовалась бы теперь уже всеми благами мира, если бы солдаты не изменили в свое время своему долгу.

«Только один способ есть загладить, красноармейцы, свой грех, это — стать на защиту Веры и Отечества», — сказал о. Шавельский. Речь произвела очень сильное впечатление, и многие из красноармейцев плакали и обещали исполнить свой долг перед Родиной. Протопресвитер предполагает посетить и другие части, и военную гауптвахту для таких же бесед»[555].

Напомню, до крушения Деникина осталось ровно полгода.

Приказ командующего Восточной группой армий генерала Дитерихса № 5 от 15 июня 1919 г.:

«Призываю всех объединиться в борьбе против общего врага. НАПОМИНАЮ, ЧТО МЫ ВЕДЕМ НЕ ПОЛИТИЧЕСКУЮ БОРЬБУ, А РЕЛИГИОЗНУЮ. Не какие-либо политические платформы или кастовые, классовые начала

---

[554] Там же, с. 163.
[555] Газета Жизнь. 1919. 30 мая (№ 30). Цит. по: Юго-Восточный Русский Церковный Собор 1919. Сборник документов. — М., 2018. С. 268.

заставляют нас проливать кровь наших отцов, братьев и сыновей. Мы боремся за поруганную и попранную веру наших отцов и дедов с кучкою пришлых людей, чуждых вере в Бога, не признающих религии»[556].

Этим же приказом создавались «Дружины Святого Креста». 7 сентября 1919 года генерал В. В. Голицын в интервью «Нашей газете» довольно оптимистично оценивал начало добровольческих формирований:

«Отрадно видеть, что добровольчество идет с низов. Само население берется за оружие. Попутно это движение выдвинуло новый клич: „За веру Родины!" Православные под знаком креста и мусульмане под знаком полумесяца поднимаются на Священную войну. Мне рисуется волнующее душу зрелище: потерявший надежду на спасение и вверивший себя только Промыслу Божьему народ Советской России вдруг увидит идущие навстречу полки с великим знаменем Святого Креста»[557].

19 сентября генералом Дитерихсом было утверждено «Положение о Дружинах Святого Креста». Создаваемые дружины были одновременно и «воинской частью», и в то же время составляли «религиозные братства», имеющие своего небесного покровителя (например, дружины «Святого Гермогена», «Святого Александра Невского», «Сергия Радонежского» и др.) и устав. Все вместе дружины образовывали Братство Святого Креста[558].

В одной из листовок, призывавшей становиться в ряды добровольцев, говорилось:

---

[556] Генерал Дитерихс. Ред.-сост. В. Ж. Цветков. — М., 2004. С. 259.

[557] Цит. по: Карпов Н. Д. Крестоносцы — последний резерв Колчака. — М., 2014. С. 78–79.

[558] См. Гагкуев Р.Г. Дружины Святого Креста и Зеленого Знамени — последний резерв адмирала А. В. Колчака // Известия Лаборатории древних технологий № 3 (20). 2016.

«Православные! Оружие против сатаны есть святой крест... Белый крест проложит вам путь до святынь московских. Нашивайте белый крест на грудь и на правую руку вашу, которую вы творите божие дело»[559].

... Самый страшный вопрос вот в чем: точно ли такая предельная сакрализация своих мотивов и такая демонизация другой стороны гражданского конфликта не давала отголоски в практике той войны?

«В это же время сюда из-под Сломихинской двигались казацкие полки; они набрели на хутор, где задержался иваново-вознесенский обоз. Начались ужасные расправы. Случайно спаслись, убежали только три красноармейца. Они и сообщили о случившемся... Представилось ужасное зрелище: две девушки валялись с отрезанными грудями, бойцы — с размозженными черепами, с рассеченными лицами, перерубленными руками... Навзничь лежал один худенький окровавленный красноармеец, и в рот ему воткнут отрезанный член его...» (Фурманов Д. Чапаев. Гл. 15. Финал)

«В семи верстах от Вешенской, в песчаных, сурово насупленных бурунах его зверски зарубили конвойные. Живому выкололи ему глаза, отрубили руки, уши, нос, искрестили шашками лицо. Расстегнули штаны и надругались, испоганили большое, мужественное, красивое тело. Надругались над кровоточащим обрубком, а потом один из конвойных наступил на хлипко дрожавшую грудь, на поверженное навзничь тело и одним ударом наискось отсек голову» (Шолохов. Тихий Дон. Кн. 3. Ч. 6. Гл. XXXI).

---

[559] Плаксин Р. Ю. Крах церковной контрреволюции 1917–1923 гг. — М., 1968. С. 126.

А еще было три обращения собора к казакам:

«Все как один встали казаки, как вставали и их деды и прадеды, за Русь Святую, за веру православную, за мир крещеный, за народ христианский. Ибо так завещано от дедов и прадедов, и еще седые запорожцы принимали в Сечь к себе только тех, кто верил в Бога и Пресвятую Троицу. Еще с тех пор казаки считали главным делом своей жизни защиту веры Христовой и родной земли. И не забыли этих заветов славные кубанцы, не колеблясь став в рядах ратей, ведомых славными витязями земли Русской, приснопамятными Корниловым, Алексеевым и здравствующим ныне Деникиным. Да сохранит Господь Бог невредимыми всех ратующих за славу Его, а преставившимся в борьбе сей да воздаст неувядаемый венец славы и упокоит души их в селениях праведных»[560].

«Подкупленные предатели обманом добились минутного торжества большевизма на Дону. Казачьи знамена захватили грязные руки новоявленных иуд... Мужайся, войско донское! С тобою героическая Добровольческая армия — символ Родины нашей, православной Руси, братья — кубанские и терские казаки, а главное, с тобою Господь Вседержитель и вся многострадальная верующая Русь. Все воинства, сражающиеся с презренными наймитами, а в частности и войско донское, — орудие в руках Божиих для наказания изменников Родины и растлителей верующего сердца народного. Вспомните, донские казаки, как безоружные и малые числом вы одолевали многочисленного и прекрасно вооруженного врага. Ведь это явный знак Божественной вам помощи. Запомните, донские казаки, на веки вечные, что ваше победоносное продвижение на Север Дона для осво-

---

[560] Обращение Собора к Кубанскому казачьему войску 23 мая 1919 г. // Там же, с. 165.

бождения его от ига насильников началось со дня всенародного моления во граде Новочеркасске перед чудотворной Аксайской иконой Божией Матери, Покровительницы и Заступницы славного войска донского. Мужайся же, Христолюбивое воинство донское! Еще немного и твое крестоносное [сражение] окончится. Придут иные дни — дни светлого торжества: воскресения нашей общей Родины — единой неделимой России. Да укрепит же, да ниспошлет Господь Вседержитель доблестному войску Донскому силы на предстоящий бранный подвиг по освобождению не только родного края, но и московских кремлевских святынь, где правители, слуги антихриста, на месте святом создали сейчас мерзость и запустение»[561].

«Настали как бы последние дни, ибо восстал брат на брата и дети на отцов своих. Ни стоны жен и матерей, ни пожары сел и городов, ни кровь, льющаяся рекою, не могут насытить, видимо, сынов сатаны, свершающих свое страшное дело. Вы, славное войско Терское, идете на спасение веры и Отечества. Спешите же, воины православные, на святое дело спасения веры вашей, блюдя заветы отцов и дедов, собиравших Святую Русь, дерзко расхищаемую и попираемую теперь ногами сатанинскими. Спешите же, сильные верою и желанием подвига душу свою положить за други своя. Благословение наше и молитва да сопутствуют вам на трудной и славной стезе вашей»[562].

Член этого собора и член Союза русских национальных общин В. М. Скворцов уверял, что:

«Церковь осветит духовным ореолом новосозданную русскую армию как Христолюбивое Воинство, о котором

---

[561] Обращение Собора к Всевеликому войску Донскому 23 мая 1919 г. // Там же, с. 166–167.

[562] Обращение Собора к Терскому казачьему войску // Там же, с. 169.

Церковь искони возносила молитвы, и ныне, как встарь, споспешествует ему своими молитвами и мерами духовного воинствования за то чистое и святое знамя, под которым ведет свой ратный подвиг Доброармия, — за Веру и Отечество. Мера эта окрылит духовным мужеством и самих духовных вождей народа — пастырей и проповедников, угнетенных большевистским террором»[563].

По подсчетам историка И. Д. Эйнгорна, из 3,5 тыс. священнослужителей, находившихся на территории, занятой войсками адмирала А. В. Колчака, около 2 тыс. человек составляло военное духовенство, бывшее в армии «сибирского правителя»[564].

Благочинный 15-й Воткинской стрелковой дивизии Г.М. Желватых писал А. В. Колчаку 12 августа 1919 г., в день годовщины антибольшевистского восстания в Воткинске, от имени военного духовенства своей дивизии: «**Все свои силы** духовенство отдает на поддержку Вашего Высокопревосходительства и нашей доблестной армии»[565].

При слышании таких заверений, правда, всегда возникает вопрос: **остаются ли тогда у духовенства силы для служения Богу?**

После этого трудно отрицать тезис о том, что «официальная церковная позиция» ВСЕГДА есть не более чем производная, взятая от позиции группировки, временно управляющей контролируемой ею территорией и приписанными к ней епископами. Это касается и Москвы, и Киева, и Донецка с Луганском и Симферополем.

---

[563] Там же, с. 62.

[564] Священник Игорь Затолкин. Образ Николы «Раненого»: Благословение адмирала А. В. Колчака Патриархом Тихоном и святыня Дружины Святого Креста // Живоносный Источник. Новосибирск. 2009. № 1 http://www.orthedu.ru/kraeved/498-09.html

[565] Публ.: Приветственные послания Верховному Правителю и Верховному Главнокомандующему адмиралу А. В. Колчаку. Ноябрь 1918 — ноябрь 1919 г. Сб. док. // сост. и науч. ред. В. В. Журавлев. — СПб., 2012. С. 450.

Это Максимилиан Волошин молился о мире («и всеми силами своими молюсь за тех и за других»).

А священники «по уставу» молились о победе своего военного начальства.

«В 10 часов утра я совершил в Штабе дивизии благодарственный молебен с коленопреклонением, с провозглашением многолетия Верховному Правителю и воинству. На молебне присутствовало много начальствующих лиц и солдаты. При этом докладываю, что при полевом штабе, где я нахожусь, на фронте, мною совершаются ежедневно богослужения и молебны о даровании победы» (Благочинный 15-й Воткинской стрелковой дивизии Г. М. Желватых. Рапорт от 10 сент. 1919 г.).

Ярослав Гашек уверял, что были «полк Богородицы», «полк Иисуса Христа»[566]. Монархически-ностальгирующая пресса потом этот слух поддерживала.

Гашек написал фельетон, но вот и реальность:

«Наши войска творят сплошной грабеж и насилия. Население этого района надолго сохранит в памяти наше пребывание. и я не знаю, что нам придется им говорить и обещать, если скоро будем вновь освобождать их от большевиков. Единственная надежда еще на то, что последние будут во мною раз хуже нас. Это единственное наше спасение, если у них войска вырвутся из их рук так же, как вырываются наши. Одними мерами репрессии, даже самыми суровыми, скоро помочь делу нельзя. Мне представляется, что назрела минута применить религиозные приемы оздоровления путем учреждения особого братства, члены которого давали бы обет полного воздержания от всего, что порочит

---

[566] Гашек Я. Дневник попа Малюты.

воинское житие и святое дело Добровольческой армии, а с другой стороны вели бы беспощадную борьбу против своих сослуживцев, не желающих осознать всю преступность их поведения, подрывающего дисциплину в армии и ее репутацию. У Вас сидят теперь два митрополита — Платон и Антоний, есть церковный совет. Не предложите ли Вы им выпустить воззвание о записи в число членов „братства воинства Христова", или под другим названием с приложением устава братства с его правами и обязанностями, внешними отличиями (например, восьмиконечный крест на груди или на рукаве) и т. д.»[567].

Понятно, что эти соборы и благословленная ими практика капелланства в белых армиях дали мощный аргумент советской атеистической пропаганде и антиклерикальным репрессиям[568].

---

[567] Письмо командующего войскам Киевского округа генерала Драгомирова генералу Деникину (12 декабря 1919) // Славянский мир в третьем тысячелетии. 2019. Т. 14. С. 256.

[568] Правда, и тут бывали неожиданности:
«Рапорт благочинного 15-й Воткинской стрелковой дивизии г. М. Желватых Главному священнику армии и флота протоиерею А. А. Касаткину № 354. Аманиевские юрты, 7 октября 1919 г. Для сведения доношу Вашему Высокопреподобию, что Преосвященный Иринарх, Епископ Тобольский, сделал распоряжение по вверенной ему епархии о сборе в пользу Сибирской Армии денег. Основание: личный разговор с Преосвященным» (Вебер М. И. «Никто из духовенства действующей армии не должен находиться в обозах»: рапорты благочинного 15-й Воткинской дивизии Георгия Желватых (январь — октябрь 1919 г.) // Известия Лаборатории древних технологий. 2022. Т. 18, № 1. С. 205).
Что сделали с этим епископом большевики, завоевав Тобольск? А почти ничего:
В октябре 1919 г. был арестован и 4 месяца провел в заключении. После этого он написал статью «Правда о большевиках из уст служителя церкви». В ней он говорил, что «духовенство с ужасом ждало прихода красных… Но красные войска, заняв Тобольск, никого из духовенства не тронули», в городе сохранялись мир и спокойствие. Епископ Иринарх выразил свою радость, что советская власть перешла от разрушения к строительству, поскольку считал идеалом союз автономной Церкви и христианского государства, исключающий возможность

Также понятно, что последующие заверения церковных риторов о том, что церковь в Гражданской войне была нейтральна и просто молилась о мире — это враньё. (Увы, и я, не зная этих текстов, бывало, так говорил).

В церковной среде принято идеализировать Белое движение. И напрочь отсутствует понимание того, что это не большевики победили, а белые проиграли. В том числе — на фронте пропаганды.

* * *

В дальнейшей советской истории власть уже не требовала религиозного оправдания своих действий. Но некоторые её враги не отказались от древней традиции.

Весной 1938 года в уже нацистской Германии епископ Мараренс сделал последний шаг, приказав всем пасторам своей епархии лично поклясться в преданности фюреру. В короткий срок подавляющее большинство протестантского духовенства официально и морально связало себя этой клятвой.

Даже те немецкие священнослужители, что встали на путь несогласия, всё же не выступали против войны. Были выступления против других аспектов нацизма: эвтаназии, антисемитизма, но не против войны.

насилия с одной и другой сторон» Правда о большевиках из уст служителя церкви. Беседа с Тобольским епископом Иринархом // Тобольская коммуна. 1919. № 9. Цит. по: В. В. Дронова К вопросу о взаимоотношениях государства и Русской православной церкви в Тобольской епархии в 1917 г. — конце 1930-х гг. // Известия Алтайского государственного университета. 2012. № 4–1 (76).

В начале 1920 года Иринарх Синеоков выехал в Тюмень, где стал викарием о Тобольского архиепископа. В 1922 его арестовали по обвинению в препятствовании изъятию церковных ценностей (одобрил и благословил протест прихожан Затюменской Никольской церкви). Амнистирован в 1924-м. В конце 26 года — новый арест. В 1928 г. освобождён по ходатайству митр. Сергия от дальнейшего отбывания ссылки и назначен в июле того же года епископом Якутским. В 1932 году приговорен к 5 годам ссылки (не тюрьмы и не лагеря), где и скончался в 1933 г.).

Глава Католической Церкви в Германии кардинал Адольф Бертрам приказал звонить во все колокола по всем костелам после захвата Варшавы. Его епархия выступила с заявлением, в котором назвала войну с католической Польшей «священной войной», которая велась с целью обеспечить соблюдение Божьих Заповедей и вернуть себе «потерянную немцами землю»[569].

В тех странах, где мнение православных иерархов было значимо, оно, конечно, было согласно с властями. Например, в 1941 году румынский патриарх Никодим поддержал завоевательный поход Румынской армии на восток, заявив, что:

«борьба против большевизма является священной борьбой, борьбой за Бога и его истину с апокалипсическим драконом большевизма который превратил Святую Русь в отвратительное место всяческих преступлений, базу тех, кто объявил войну Самому Богу». Потерю Бессарабии в 1940 г. Никодим объявил актом, противоречащим Божественной справедливости[570].

В 1997 году в городе Цетинье, в столице Черногории прошла православная богословская конференция.

Поводом была годовщина св. митрополита Петра Цетиньского, «экзарха и полководца», воевавшего 200 лет тому назад против турок и Наполеона. Работа собрания проходила под руководством митрополита Черногорского Анфилохия (Радовича), по ее итогам на русском, английском и греческом языках издан объемистый сборник, почти 400 страниц. Одна из главных тем докладов — богословие войны. Это тема докладов, но вовсе не дискуссий. Если кто из участников и касался этой темы, то неизменно оправдывал войну. Никто не произнес ни слова об умер-

---

[569] Czesław Madajczyk. Polityka III Rzeszy w okupowanej Polsce. Svazek 2. — Varšava: Państwowe Wydawnictwo Naukowe, 1970. s. 209.

[570] Bundesarchiv Berlin. R 5101/23174. Bl. 30, 36. Цит.: https://www.pravenc.ru/text/2565576.html

ших и погибших с анти-сербской стороны в войнах на руинах советской Югославии. Сам черногорский митрополит предложил следующий тезис:

«Может быть, история христианского народа является возвратом к Ветхому Завету». То есть для удобства национального мифа Новый завет можно вынести за скобки — и тогда путь от Иисуса Навина к Гавриле Принципу будет логичен. В развитие тезиса владыка сказал, что «война есть на небе — она должна быть и на земле».

Среди участников оказался и Радован Караджич. По словам последнего, эта война — не простое продолжение политики другими средствами, но священная война, «и пока тот народ есть, будет и... casus belli». Богословы же твердили: лучше война, чем мир, отделяющий от Бога; эту войну вели Европа и ООН против сербов, а во главе всех стоял римский первосвященник — Папа. В этих условиях война — это миссия, святое дело. То есть война эта нам была нужна, и мы готовы ее продолжить[571].

* * *

Есть еще тема «священной мести». Она звучала не так часто, но всё же была.

Византийский император Ираклий вдохновлял свою армию малохристианскими словами: «будем подвизаться на отмщение за поругание Бога. Мы теперь в земле персидской; отмстив за растление дев, за поругание над воинами, которых мы видели с отрезанными членами...» (Феофан Исповедник. История, 614 год).

Архиепископ Августин сообщал москвичам о ходе Заграничного похода:

---

[571] Проф. Мирко Джорджевич. Странная теология войны. Третье письмо из Сербии // Церковно-общественный вестник № 17, 8 июня 1997. Специальное приложение к «Русской мысли» (Париж), № 4177.

«Там царь, Ангел мира и блаженства, окруженный торжествующими россами, яко исполин преходит от страны в страну, от царства в царство, мечет праведные громы на нечестье, поругавшееся святыне» (Речь по освящении облачений, устроенных от щедрот императрицы Елисаветы Алексеевны, говоренная в Московском большом Успенском соборе апреля 20 дня 1813 года). *Он же приписывал воинам, павшим в Бородинской битве, жажду мщения: «Пали они от ударов врага, но глас крови их, яко глас крови Авелевой, возопиял от земли, умоляя Господа сил об отмщении»* (Слово при совершении годичного поминовения по воинам, за веру и отечество на брани Бородинской живот свой положивших. Говорено 26-го августа 1813 года)[572].

Приказ великого князя Николая по войскам действующей армии (издан в Сан-Стефано 27 февраля 1878 г.) подводил итог Балканского похода: «Доблестные войска! Вы достойно отомстили врагу за Севастополь, за десятки тысяч павших двадцать пять лет тому назад русских воинов»[573].

---

[572] В устах епископа это странно. Тексты Ветхого Завета знают о грехах, «вопиющих к Небу» о своем отмщении. Но убийства на войне нет в этом списке.
«Смертные грехи, которые вопиют небу об отмщении за них: 1. Вообще умышленное человекоубийство (аборты), а в особенности отцеубийство (братоубийство и цареубийство). 2. Содомский грех. 3. Напрасное притеснение человека убогого, беззащитного, беззащитной вдовы и малолетних детей-сирот. 4. Удержание у убогого работника вполне заслуженной им платы. 5. Отнятие у человека в крайнем его положении последнего куска хлеба или последней лепты, которые потом и кровию добыты им, а также насильственное или тайное присвоение себе у заключенных в темнице милостынь, пропитания, тепла или одеяния, которые определены им, и вообще угнетение их. 6. Огорчение и обиды родителям до дерзких побоев их».
https://hramushakova.ru/index.php/biblioteka/azy-pravoslaviya/39-gresm

[573] Лебедев К.А. Примеры военного красноречия разных народов минувших лет и настоящего времени. (Замечательные речи, приказы, воззвания, манифесты). — СПб., 1900. С. 72

И, конечно, главный генератор мести и крови в XX веке: «Германский Флаг оскорблен, германская империя осмеяна, это требует примерного наказания и мести»[574].

Мобилизованные святые

Важный признак священной войны — участие богов в битвах. В христианстве это участие Христа, Богородицы, ангелов и святых.

В римской армии были свои святые покровители для конкретных подразделений: существовали гений центурии (genius centuriae), гений когорты (genius cohortis), гений легиона (genius legionis) и гений армии (genius exercitus).

Кроме того, существовали гении, оберегавшие различные категории военнослужащих, имевших склонность объединяться в корпоративные ассоциации, каждая из которых охранялась своим личным божеством: были гении центурионов, опционов, сигниферов, вексилляриев, разведчиков. Даже различные части лагеря имели собственного гения и защитника.

Традиционные религиозные церемонии могли состоять из суппликации (supplicatio), то есть всеобщего моления, и иммолации (immolatio), или жертвоприношения. Суппликация подразумевала церемонию с вином и ладаном, в то время как иммолация состояла из жертвоприношения животного — вола, быка, коровы[575].

В ГХ ВС РФ (это официальнаая аббревиатура: «Главный Храм Вооруженных сил Российской Федерации») православные

---

[574] Речь императора Вильгельма II-го по поводу убийства Германского Посланника в Китае, произнесенная в Вильтельксгафене 20 июня 1900 г. на смотру Экспедиционного отряда в Китай. Лебедев К. А. Примеры военного красноречия разных народов минувших лет и настоящего времени. (Замечательные речи, приказы, воззвания, манифесты). — СПб., 1900. С. 87

[575] см. Банников А. В. Быть легионером. Спб., 2019. С. 41.

могут совершать суппликацию, а мусульмане — иммолацию. И с гениями легионов все у нас в порядке.

Еще св. митрополит московский Филарет уверял, что русские святые, почившие много веков тому назад, всё же сражаются в рядах современной ему русской армии:

> «*Раздаятель оного верует, что и Ты не праздным был зрителем брани сей, но хотя невидимо, тем не менее действительно подвизался пред Богом за верных сынов России против вероломных последователей лживого пророка*» (28 мая 1828 года Слово по случаю возложения на раку мощей иже во святых отца нашего Алексия, митрополита Московского, от благочестивейшего государя императора Николая Павловича принесенного покрова и медали за Персидскую войну).

Патриарх Кирилл всё систематизировал.

2 июля 2020 года его указом войскам радиационной, химической и биологической защиты Вооруженных Сил Российской Федерации (РХБЗ ВС РФ) в небесные покровители определен святой благоверный князь Андрей Боголюбский[576]. Патриархия договорилась с Небесами, что этот князь с того света будет помогать газовым атакам. Наверное, потому, что Киев он зачистил вполне в масштабах ОМП.

---

[576] «02.07.2020. Войска РХБ защиты обрели небесного покровителя В целях активизации работы по патриотическому воспитанию военнослужащих войск радиационной, химической и биологической защиты Вооруженных Сил Российской Федерации (РХБ защиты ВС РФ) в год 75-летия Великой Победы в Великой Отечественной войне, приобщению их к духовно-нравственным ценностям и сохранению исторической памяти о героическом прошлом нашего народа руководство войск РХБ защиты ВС РФ и Союза ветеранов войск РХБ защиты ВС РФ обратились в Московский Патриархат для определения небесного покровителя для войск РХБ защиты Вооруженных Сил Российской Федерации широко известного и почитаемого в Русской Православной Церкви святого благоверного князя Андрея Боголюбского» (https://function.mil.ru/news_page/country/more.htm?id=12300016@egNews).

Архиепископ Сыктывкарский и Коми Зырянский Питирим напомнил:

> «*А это Андрей Боголюбский, Ярослав Мудрый, которые выжигали Киев за определенные преступления руководивших там князей. То ли Святополка за убийство Бориса и Глеба, святых, причем. После этих всех военных действий, как сейчас спецоперации по Донбассу и Луганску, и по всей Украине, даже эти наши князья, ведшие тогда военную брань, причислены к лику святых. У нас более 60 князей, и большинство из них вели войны. А тех, которые не вели войны справедливые, Богом данные, читаем в Библии, Господь наказывал таких воинов. То есть, есть войны, которые ведет даже сам Господь. В данном случае мы видим то, что освобождается весь мир от этих лабораторий, которых было на территории Украины 32, для уничтожения бактериологическим оружием всего земного шара. Дай Бог здоровья и мудрости нашему главе государства*»[577].

Поистине, нет такой мерзости, которую нельзя было бы оправдать путем подбора святого прецедента. Широк мир православных святых, слишком широк

Упомянутые Борис и Глеб назначены в покровители Железнодорожных войск.

Патриарх назначил преподобного Иосифа Волоцкого в небесные покровители войск материально-технического обеспечения Вооруженных сил Российской Федерации[578].

Также патриарх Кирилл определил архангела Михаила духовным покровителем Следственного комитета России по инициативе главы ведомства Александра Бастрыкина[579].

---

[577] https://sm.news/arxiepiskop-pitirim-podderzhal-reshenie-putina-o-nachale-specoperacii-na-ukraine-56509/

[578] Об этом сообщил Департамент информации и массовых коммуникаций Министерства обороны Российской Федерации (https://function.mil.ru/news_page/country/more.htm?id=12297141@egNews).

[579] https://tass.ru/obschestvo/3542443

Архангел Гавриил приступил к исполнению обязанностей «небесного покровителя Службы защиты государственной тайны ВС РФ»[580].

Собор Оптинских старцев назначен в небесные покровители спецназа ГРУ[581].

Решением Патриарха Московского и Всея Руси Кирилла в 2016 году Александр Невский определен небесным покровителем Сухопутных войск Российской Федерации.

Покровителем Главного управления связи ВС РФ приказано быть Сергию Радонежскому. Он же по совместительству — покровитель Строительного комплекса ВС Российской Федерации.

Князь Владимир по версии патриарха — покровитель войск Росгвардии.

Дмитрий Донской — покровитель Военной полиции.

Артиллеристам покровительствует св. Варвара. Тут, правда, проблема в том, что именно она уже не одно столетие считается покровительницей немецких артиллеристов.

Серафим Саровский — покровитель атомного 12-го Главного управления Министерства обороны Российской Федерации.

Апостол Андрей вместе с Николаем Чудотворцем отвечает за ВМФ.

Иоанн Кронштадтский — покровитель Финансово-экономической службы ВС Российской Федерации.

Князь Даниил Московский — покровитель инженерных войск.

Ракетчикам и десантникам обязан помогать св. Илья Муромец.

Артиллеристам — св. мученица Варвара (это старая еще немецкая традиция).

---

[580] https://diak-kuraev.livejournal.com/2235119.html
[581] https://diak-kuraev.livejournal.com/3111800.html

Пимену Угрешскому определено быть «небесным покровителем работников уголовно-исполнительной системы Российской Федерации»[582].

Иоанну Крестителю велено быть покровителем Главного оперативного управления Генштаба: «Мы ходатайствовали перед Патриархом Московским и Всея Руси Кириллом о том, чтобы он благословил нам небесного покровителя. Почему Креститель Иоанн? Наверное, здесь определяющим является то, что сам его жизненный путь является примером, его склад ума, его деятельность», — сказал начальник Главного оперативного управления ГШ ВС РФ генерал-полковник Сергей Рудской в ходе освящения иконы святого Пророка Предтечи Крестителя Иоанна. Для военнослужащих Вооруженных Сил Российской Федерации офицеры ГОУ ГШ всегда являются образцом высокого профессионализма, принципиальности и аскетичности, каким был в своем духовном служении святой Пророк, Предтеча и Креститель Иоанн[583]. Маршал Василевский одно время был начальником Генштаба. Поэтому в аналойную икону Иоанна Предтечи в ГХ ВС РФ встроена его лупа.

Именно таков славный «Исторический путь православия». От «Рука, после принявшая Евхаристию, да не осквернится мечом и кровью» — до Главной Иконы Главного Храма ВС РФ. Сокращенно — ГИ ГХ ВС РФ. Это я не придумал. Это в официальных документах.

---

[582] http://www.patriarchia.ru/db/text/6109327.html Сам Пимен (жил в XIX веке) к тюрьмам и их надзирателям не имел никакого отношения. Просто его городок в советские годы получил имя Дзержинский.

[583] https://function.mil.ru/news_page/country/more.htm?id=12345066@egNews

Глава 5

Где живет сатана?

Если церковный проповедник взялся на церковном языке обличать врага своего суверена, то он уже не может остановиться в рамках светского лексикона и неизбежно доходит до обвинения недруга в сатанизме.

Византия и тут задала стандарты для русской церковной риторики:

«Патрикия же Василия посылает Константин Багрянородный с войском в поход против безбожного Хамвада. Укрепленный его боговдохновенными советами, тот покинул царский дворец и явился в земли врагов Христа...» (Продолжатель Феофана. 6, 44).

Это ясно: враги кесаря — это враги Бога.

Есть ли такое в русской военной истории и сопровождающих ее проповедях? IV Новгородская летопись, повествуя о начале Куликовского сражения, ставит маркер:

*«Преже бо начата ся съеждати сторожевым полки и рускии с тотарьскими, сам же великий князь (Дмитрий) наеха наперед в сторожевых полцех на поганого царя Теляка, на реченаго плотнаго **дьявола Мамая**»*[584].

---
[584] ПСРЛ. 1915. С. 319.

Через двести лет св. митрополит Макарий приветствовал Ивана Грозного, вернувшегося с победой из разоренной Казани:

> «*На тобе же, благочестивом царе, превзыде свыше Божиа благодать: царьствующий град Казаньский со всеми окрестъными тебе дарова. И* **змиа, гнездящася там** *и крыющася в норах своих и нас зле поядающаго, сокруши благодатию Своею и силою Крестною и тобою, благочестивым царем, сие нечестие исторгнул и благодать насади*»[585].

В 1562 году царь честит сатанистами всех «немцев» вообще:

> «*...врагов християнства и наших Литовского Короля, иже против имени Божия и пречистыя Его Матери и всех Святых Его много хулившаго, и святые иконы попрашаго, и честному кресту ругающуся, с ними отдавна прельщенный от диавола Немецкий род, от них же сия злоба беззакония изыде, еже всеконечне от Бога душею и телом отступшим, и сице к дьяволстей воли устроившимся, и готови суть крови человеческие пролияти, яко звери свирепые: им же ныне воедино согласившимся, образом дивьяго зверя, распыхахуся на все православие, пожрети хотяще, ничтоже ино уповающе токмо на свое бесовское волхвование*»[586].

Тут предельная религиозная демонизация врага. И полное отсутствие каких бы то ни было «светских» поводов для оправдания войны. И никакого религиозного различения нехристианских крымцев от христианских, но иноконфессиональных «немцев».

В Смутное время бесы, конечно, видятся повсюду.

---

[585] Речь Митрополита Макария к царю при встрече в Москве после покорения Казани (1552, ноября, 3) ПСРЛ. — СПб., 1904. Т. 13. С. 226

[586] Акты, собранные в библиотеках и архивах Российской Империи Археографическою экспедициею Императорской академии наук. Т. 1. — СПб., 1836. С. 286–287.

*«На всей великой Росийской земли учинилась неудобьсказаема напасть: вражиим советом, отступник православныя нашея крестьянския веры и злый льстец, **сын дьяволь**, еретик, чернец, рострига Гришка Отрепьев...»*[587]

Пример политического богословия, которое политическое противостояние возводит в ранг Богоотступничества и даже сатанизма, дают «грамоты патриарха Гермогена к изменникам, пытавшимся свергнуть царя Василия Шуйского» (После 17 февраля 1609 г.):

Грамота 1

«Ныне же, грех ради наших, сопротивно обретеся, не ведаем, как вас и назвати: оставивши бо свет — во тьму отойдосте, отступивше от Бога — к Сотоне прилепистеся, возненавидевше правду — лжу возлюбисте, отпадше от соборныя и апостольския церкви пречистыя владычицы нашея Богородицы, крестьянския непогрешительныя надежи, и великих чюдотворцев Петра, и Алексея, и Ионы, и прочих святых, просиявших в Русии.

Вы же, забыв обещания православныя крестьянския нашея веры, в нем же родихомся, в нем же крестихомся, и воспитахомся, и возрастохом, и бывши во свободе — и волею иноязычным поработившимся, преступивше крестное целование и клятву, еже стояти было за дом пречистыя Богородица и за Московское государьство до крови и до смерти, сего не воспомянувше — и преступивше клятву ко врагом

---

[587] Богомольная грамота Патриарха Ермогена, митрополиту Ростовскому и Ярославскому Филарету О мятеже в Северских и Рязанских городах, об усердии к престолу Тверитян и Смолян, о походе служилых людей к Москве, о раскаянии Сумбулова и Ляпунова, о поражении Коломенских мятежников и о молебствии во всех церквах // Акты, собранные в библиотеках и архивах Российской империи Археографической экспедицией Академии наук. Т. 2. — СПб., 1836. № 58. С. 131.

креста Христова и к ложно-мнимому вашему от поляк имянуемому царику приставши».

Грамота 2

«К вам же мы пишем, понеже стражи нас над вами постави Господь и стрещи нам повеле, чтобы вас кого Сатана не украл; вы же самохотием ему сами поклонистеся, и нас воистинну о том велика печаль и страх объемлет, чтоб кого от вас там смерть не постигла и чтоб вам с Сатаною и с бесы в безконечные веки не мучитеся.

Бога ради, узнайтеся и обратитеся от смерти в живот, чтоб не быти вам отлученым от лика святых православных воин, братии ваших»[588].

Через 200 лет вспоминая об этих событиях, московский архиепископ вспомнит и сатану:

«Дух злобы паки восстает на Россию. Он умыслил изгнать из олтарей веру отец наших, и на престол единоплеменных царей возвести пришельца. При сих ужасных искушениях сколько чудес явил Господь над нами? Возгремел глас: Михаил да царствует над нами!»[589].

А через сто лет после Смуты гетмана Мазепу тоже обозвали сатанистом. 12 ноября 1708 года митрополит Стефан Яворский произнес слово:

«Христе Спасителю наш, который дал еси нам власть вязати и решити, глаголя: яже аще свяжете на земли, будет

---

[588] Акты, собранные в библиотеках и архивах Российской империи Археографической экспедицией Академии наук. — СПб., 1836. Т. 2. № 169.

[589] Слово в день тезоименитства государя императора Александра I, и по освящении московского большого Успенского собора. Говорено 30 августа 1813 года// Сочинения Августина, архиепископа Московского и Коломенского. — СПб., 1856.

связана и на небеси, и яже аще разрешите на земли, будут разрешена на небеси; Ты Сам рекл еси: аще око твое соблазняет тя, изми е и верзи от себе; аще рука твоя соблазняет тя, отсецы ю; аще нога твоя соблазняет тя, отсецы ю. Изменник нынешний был у государя своего якоже зеница ока, назирающая прадеднаго его государства достояние, — был якоже рука, кормило Малыя России управляющая, — был яко нога, на нейже тело Российское подтверждашеся. Ныне убо понеже тое око, тая нога и сама соблазнися и прочих хотяше соблазнити, мы Твоим именем, Христе, Спасителю наш, и властию, нам от Тебе данною, аки мечем обоюду острым уд растленный и согнивший от тела Церкви Святыя отсецаем, да не повреждением единаго уда прочие уды в повреждение придут. Уне есть единому уду растленному погибнути, да не все тело в повреждение придет. Мы убо, во имя Христово все собравшиеся зде архиерее, властию, нам от Бога данною, нынешнего изменника, перекидчика и явственного вора Ивашку Мазепу, бывшаго гетмана, за его измену и вероломство проклинаем: анафема, анафема, анафема, да будет проклят»[590].

23 ноября 1708 года тот же митрополит Стефан возгласил такой чин анафемы:

«Новый изменник нарицаемый Ивашка Мазепа, бывый Гетман Украинский, или паче антихристов предтеча, лютый волк овчею покрытый кожею, и потаенный вор, сосуд змиин, вне златом блестящийся, честию и благолепием красящийся, внутрь же всякия нечистоты, коварства, злобы диавольския, хитрости, неправды, вражды, ненависти, мучительства, кровопролития и убийства исполненный.

---

[590] Слово пред проклятием Мазепы, произнесенное митр. Стефаном Яворским в Московском Успенском соборе 12 ноября 1708 г. // Труды Киевской Духовной Академии. 1865. Т. 3. № 12. С. 512

Ехиднино порождение, иже аки змий вселукавый, яд свой злаго умышления на православное государство чрез долгое время начальства своего потаенный, излева 1708 года в месяце Декемврии презрев толикая благодеяния Божия, и крайнюю неизреченную к себе Государеву милость и любовь, ковалерством превысоким от него почтенный. Сломал веру и верность на крестном целовании обещанную и утвержденную.

И аки вторый Иуда предатель отвержеся Христа Господня и благочестивыя державы Благочестивейшаго Государя нашего царя и великаго князя Петра Алексиевича, всея Великия и Малыя и Белыя России Самодержца. И привержеся врагу Божию и святых Его, проклятому еретику королю шведцкому Карлу Второму Надесять, впровадил его в Малороссийскую землю иже Церкви Божия и места святая осквернил и разорил. И бысть ему шведцкому королю помощник и поборник в брани, и на благодетеля своего и Государя, разбойническую воздвиже руку, хотя Малороссийскую землю аки прегордый Люцыфер хоботом своим изменническим, и разбойническим, от благочестивой и Великороссийской державы отторгнути.

Но не поможе ему Господь сил тое свое диавольское умышление и злобу совершити; ибо силою Божиею, мужеством же и храбростию, непреодоленнаго монарха нашего: Благочестивейшаго Государя нашего Царя и Великаго Князя Петра Алексиевича всея Великия и Малыя и Белыя России Самодержца; и Его победоноснаго воинства побеждены суть вся полки неприятельския, под городом Полтавою, в 1709 году, месяца Иуния в 27 день, тако преславно, яко едва сам король свейский и оный изменник Мазепа убеже к Турскому порту под защищение. И тамо окаянный по немногих днех злобу свою, и житие сконча, и хотя взыйти на небо, и быти подобен вышнему, до ада низведеся.

Темже яко сын погибели за таковую свою измену отступничество от благочестивой державы, предательство же и поднесение рук разбойнических и брани на Христа Господня, своего благодетеля и Государя, со всеми своими единомысленники, скопники и изменники, да будет проклят. Анафема!»[591]

Хор сослужившего ему духовенства, опуская свечи огнем вниз, трижды возгласил: «Анафема! Анафема! Анафема!»

В этих текстах нет указания ни на какие преступления против веры.

Но есть и иной вариант:

«Мазепа пристал ко еретическому королю Шведскому, Малороссийския отчизны отчуждился, хотя оную под иго работы Лядской поддати, и храмы Божия на проклятую обратити унею... Сего ради Духу Святому и нам, Малороссийским Архиереем, тако изволившим, чужд стался Церкви Святыя Православнокафолическия и общения православных, и все его одномышленники с ним самоизвольне, от его царского пресветлого величества до противныя части Шведския удалившиеся, от матери нашея Церкви Святыя Восточныя суть отвержены и прокляты. К сему же из позосталых домов их аще кто-либо соизволяя измене той и предаяйся до их части будет, таковый всяк не токмо от Церкви Святыя Восточныя, от общения Таин Святых, но и от сопребывания Православных извержется и всем чужд будет, Архиерейско повелеваем»[592].

---

[591] Прот. Константин Никольский. Анафематствование (отлучение от церкви) совершаемое в первую неделю Великого поста // Что такое анафема. — М., 2006. С. 255–256.

[592] Источники Малороссийской истории, собранные Д. Н. Бантышем-Каменским. Ч. II. 1691–1722. — М., 1859. С. 184–185.

А священники еще долго проклинали вослед:

«К сему же кую тяжесть содела треклятый изменник Мазепа, который мало не всю Украину с собою отторже. Запорожье все, аки бесное, подвижеся; змий сей ниже бо человеческаго воспоминания достоин есть, аки оний апокалиптический третию часть звезд с собою отторже; тамо трудность бяше превелия, внийде в Малую Россию неприятель»[593].

Никакого церковного расследования не было. Епископы просто поверили заверениям царя.

И верят до сих пор: 8 марта 2008 года –

«праздник Торжества Православия, архиепископ Тираспольский и Дубоссарский Юстиниан, проводя чин анафематствования в соборе Тирасполя, возгласил анафему гетману Ивану Мазепе, памятник которому руководство Приднестровья намеревается установить у Бендерской крепости. Напомним, 14 октября 2008 года, в присутствии ряда приднестровских чиновников, депутатов Верховного Совета ПМР, представителей украинских общественных организаций, учащихся украинской гимназии и сотрудников посольства Украины в Молдавии была торжественно открыта плита, заложенная в основание памятника гетману Мазепе, что вызвало волну возмущения не только в Приднестровье, но и далеко за его пределами. Одним из первых публично осудил эту кощунственную акцию архиепископ Тираспольский и Дубоссарский Юстиниан. Регенту Архиерейского

---

[593] Слово обер иеромонаха Гавриила благодарственное Богу триипостасному о полученной победе над Каролом королем шведским и войски его под Полтавою произнесенное при Ангуте в церкви Преображения Господня походной полка Преображенскаго 1719 лета месяца июня, 27 дня // Панегирическая литература Петровского времени. — М., 1979. С. 253.

хора диакону Вячеславу Лукановскому, солисту трио духовной музыки „Южный глас", обманным путем втянутому в это постыдное шоу, пришлось приносить покаяние»[594].

Тут тоже нет никакого богословия, а есть качели, на которых в те годы скользили ориентиры Приднестровской политики от Киева к Москве. Кстати, через год, 30 апреля 2009 года, глава Отдела внешних церковных связей УПЦ МП архимандрит Кирилл Говорун (единственный высокопоставленный клирик Украины с приличным историко-богословским образованием) о возможности снятия анафемы с Мазепы. Он сказал, что в Украинской Церкви создана специальная комиссия, которая рассматривает данный вопрос и готова принять решение, когда утихнут политические споры вокруг Мазепы. „Еще митрополит Киевский и Галицкий Антоний (Храповицкий) в начале XX века говорил, что, скорее всего, гетман Мазепа был предан анафеме по политическим мотивам", — сказал архимандрит Кирилл»[595].

Степана Разина и Емельяна Пугачева сатанистами официально не называли (хотя и анафематствовали).

Тем более неожиданна была демонизация Наполеона, названного антихристом («лжемессией»).

В 1806 году Синод при непосредственном участии знаменитого церковного оратора митрополита Платона (Левшина) издал просто карикатурное воззвание во оправдание похода в Европу:

> «Неистовый враг мира и благословенной тишины, Наполеон Бонапарте, самовластно присвоивший себе царственный венец Франции и силою оружия, а более коварством распространивший власть свою на многие соседственные с нею Государства, опустошивший мечем и пламенем их грады и селы, сей рушитель тишины, веры и блаженства народов,

---

[594] https://ruskline.ru/news_rl/2009/03/09/arhiepiskop_yustinian_vozglasil_anafemu_getmanu_mazepe

[595] https://sedmitza.ru/text/685643.html

*во искушение и погибель, **навождением диавольским** тщится вовлещи всех православных.*

Еще во времена народного возмущения, свирепствовавшего во Франции во время Богопротивной революции, бедственной для человечества и навлекшей небесное проклятие на виновников ея, отложился он от Христианской веры, на сходбищах народных торжествовал учрежденные лжеумствующими Богоотступниками идолопоклоннические празднества и в сонме нечестивых сообщников своих воздавал поклонение, единому Всевышнему Божеству подобающее, истуканом, человеческим тварям и блудницам, идольским изображением для них служившим.

В Египте приобщился он гонителям Церкви Христовой, проповедовал алкоран Магометов, объявил себя защитником исповедания суеверных последователей сего лжепророка мусульман и торжественно показывал презрение свое к пастырям святыя Церкви Христовой.

*Наконец, к вящшему посрамлению оной, созвал во Франции иудейские синагоги, повелел явно воздавать Раввинам их почести и установить новый великий сангедрин Еврейский, сей самый Богопротивный собор, который некогда дерзнул осудить на распятие Господа нашего и Спасителя Иисуса Христа — и теперь помышляет соединить Иудеев, гневом Божиим рассыпанных по всему лицу земли, и устремить их на испровержение Церкви Христовой и (о, дерзость ужасная, превосходящая меру всех злодеяний!) на провозглашение **лжемессии в лице Наполеона.***

Из сего видите, что сей нечестивый человек изыскивает все способы и коварства на расхищение стада Христова. Вооружитесь силою слова Божия и возымейте попечение о спасении правоверных, дабы они не были корыстию ищущаго погибели их, и ни един не приобщился его Богопротивным разглашениям и начинаниям.

Любовь Бога должна поселить в душах ваших омерзение к высокомерному властолюбцу, противящемуся законам Божиим. Он дерзает против Бога и России, явите себя защитниками славы Его и верными ея сынами. Отринув мысли о правосудии Божием, он мечтает в буйстве своем, с помощию ненавистников имени Христианскаго и способников его нечестия, Иудеев, похитить (о чем каждому человеку и помыслить ужасно!) священное имя Мессии: покажите ему, что он тварь, совестию сожженная и достойная презрения. Благодать Божия отступила от него; ничто уже не соединит его с Богом, которому он сделался толь ужасно неверным! не верьте ему, испровергните его злодейства, накажите безчеловечия, оказанным над многими неповинными: их глас вопиет на небо; осуждение вечное преследует его. Вы же, коих промысл вышний избираем орудием мщения своего в сей жизни, вооружитесь против сего врага Церкви и Отечества вашего»[596].

Войну 1806 г. назвать освободительной было довольно трудно. Прусский король Фридрих Вильгельм III предъявил Наполеону ультиматум о выводе французских войск из Германии и роспуске Рейнского союза. Наполеон отказался и прусская армия двинулись на Гессен. Следом за ней Александр двинул в Польшу и Пруссию русскую армию. То есть «горящие русские хаты» — точно не про эту войну.

Вообще-то в те годы без стыда и громко хвалились тем, что целью войн являются территориальные приобретения:

«Великий Петр! Отечества отец! возрадуйся, зря на дела Александра, достойного потомка твоего. Шествуя по

---

[596] О обязанности духовенства при составлении земскаго войска или милиции, и о чтении по церквам сочиненного Синодом по сему случаю объявления // Полное собрание законов Российской империи. — СПб., 1830. Т. 29. С. 928–930. Также: Шильдер Н. К. Император Александр 1. Его жизнь и царствование. Т. 2. — Спб., 1882. Приложения. С. 353–355.

следам твоим, он поставляет себе трофеи там, куда и твои не достигали громы. Возрадуйся! Се любезная тебе Россия покоряет владычеству своему новые земли, новые народы, знаменитые грады, пространства и безопасные пристани»[597].

Но почему-то в «Объявлении» Святейшего Синода явно агрессивную войну 1806 года было решено представить как войну оборонительную и священную, как войну с «неистовым врагом мира и благословенной тишины», который «дерзает <…> угрожать России вторжением в ея пределы, разрушением благоустройства <…> и потрясением православный Грекороссийския Церкви».

И это было неправдой. Времена революционного антиклерикализма уже давно прошли. Наполеон еще в 1801 году заключил с католической церковью конкордат, согласно которому католицизм был признан религией «преобладающего большинства французского народа». Сам он каждое воскресенье посещал мессу. Он уже был коронован римским папой.

И ему просто никакого дела не было до «православный Грекороссийской Церкви».

За его плечами уже был поход в Египет. И что? Много горя он причинил тамошней Александрийской патриархии?

Понятно, что война с антихристом есть священная война… Впрочем, она была односторонней: Наполеон не требовал от папы или протестантских лидеров объявить ответную анафему Александру. И вообще даже в 1812 году французская пресса уважительно писала про него.

…Но от той прокламации Синода пройдет всего один год и всего один разгром под Фридландом — и Александр будет обнимать Наполеона, называть его братом, и вручит ему высший орден своей империи.

---

[597] Слово в день коронации императора Александра I. Говорено 15-го Сентября 1809 года // Сочинения Августина, архиепископа Московского и Коломенского. — СПб., 1856.

А управляющий московской епархией епископ Августин представит провальную кампанию 1806–1807 годов и Тильзитский мир как победу:

«И так умолкли громы брани, прекратилось мщение и убийство. Народ, ослепленный счастьем оружия своего, познал наконец крепкую и высокую руку Божию, по нас поборающую. Познал в повелителе севера дух премудрости и разума, дух совета и крепости, и чувствуя суетность советов своих, преклонил гордую выю пред великим во владыках земных Александром. Непобедимые воины! какие вам соплетем венцы? Какими похвалами вознесем труды и подвиги ваши? Вы прешли огнь и воду, вы поразили мощных и сильных»[598].

---

[598] Слово на торжество о заключении мира между Россией и Францией // Сочинения Августина, архиепископа Московского и Коломенского. — СПб., 1856. Еще шедевры этого проповедника: «Дикий американец, обитатель бесплодных пустынь Аравийских, хладным инеем покрытый лапландец не воздыхают ли о месте рождения своего, разлучаясь с ним, и сколь почитают себя счастливыми в минуту, когда паки возвращаются в оное? Что ж? сколь живее, сколь сильнее привязанность к отечеству будет в тех, коим провидение благоволило родиться под кротким и благодетельным небом, которые обладают землей, исполненной довольства и изобилия, землей, кипящей медом и млеком?» (еп. Августин Виноградов. Слово в день коронации императора Александра I. Говорено 15-го Сентября 1808 года). Россияне! благословим Господа, благодеющего нам, благословим судьбу нашу. Израиль и во дни Соломона был ли столько счастлив, сколько блаженны мы во дни Александра? чего же не достает нам? Довольство и изобилие течет к нам рекой; гласы веселия раздаются посреди нас; тишина и безопасность царствует в пределах наших. И хотя гремят еще громы брани, но пождите: они скоро умолкнут, и только слава будет греметь о победителях наших, так, как возгремела ныне. Народы юга также покорятся могущественному оружию россов, как и народы севера» (Слово в день коронации императора Александра I. Говорено 15-го Сентября 1809 года).
Прошло двести лет. Вряд ли жители Кувейта, Арабских Эмиратов, США и Финляндии плачут в связи с тем, что им выпало родиться не в России, «кипящей медом и млеком». «Народы севера», что «покорились могущественному оружию россов» — это Финляндия, завоеванная в ходе русско-шведской войны 1808–1809 годов. Мирный договор

Повторюсь: «непобедимые воины» сказано после Аустерлица и Фридланда[599]...

Особый шарм синодальным обвинениям 1806 года придает то, что сам русский царь Александр в те года вполне себе атеист (как и назначенный им обер-прокурор синода).

Тут интересна эволюция религиозных взглядов самого царя Александра.

Князь А. Н. Голицын был детским другом Александра. В 1803 году царь предложил 30-летнему Голицыну стать обер-прокурором Святейшего Синода.

«Рассеянная жизнь, дворские привычки, веселый сгиб моего характера, вовсе неуместительный с теми мрачными понятиями, какие я имел тогда об этом звании, всё приводило меня в смущение. Помилуйте, Ваше Величество, сказал я Государю, Вам небезызвестен образ моих мыслей о религии, служа здесь, я буду прямо уже стоять наперекор совести!.. Неверственная школа XVIII столетия пустила глубокие корни в моем сердце. Деизм составлял все мое верование... Наконец я становлюсь обер-прокурором Синода. Скажу о первом принятии моей должности. Случилось же, что для первого моего прихода слушаны были такие дела, которые могли послужить богатой канвой для самой соблазнительной хроники. На тот раз были предложены процессы о прелюбодеяниях во всех их подробностях. Мне тогда показалось, что и святые отцы вовсе не были прочь их выслушивать; что же мне, молодому холостяку»[600].

во Фридрихсгаме будет подписан через два дня после этой речи. Но манифест о присоединении Финляндии Александр I подписал еще 1 апреля 1808 года.

[599] См. в моей книге «Мифология русских войн» (том 2, глава 55 «Как сообщить о поражении»).

[600] Рассказы князя А. Н. Голицына. Из записок Ю.Н. Бартенева // Русский архив. 1886. № 5. С. 59–60.

Голицын упоминает, как он смеялся про себя: «Если бы знали жрицы любви, что они обнимают обер-прокурора синода!»[601] В дружеских беседах с царем они жестко высмеивали религию и церковь[602].

Но в течение трех лет, рассказывает Голицын, он изменил свое отношение к религии. Через масонов и мистиков он приходит к какой-то своей версии принятия православия. И предлагает царю прочитать Евангелие (на французском языке). Для русского царя это была незнакомая книга.

«Вскоре после нашего разговора Государь отправился в Новую Финляндию; он отправился осматривать ее, но кажется более для свидания с Бернадотом нынешним королем шведским»[603]. Встреча царя с Бернадотом имела место в городе Або 2 августа 1812 года. К этому времени Наполеон уже взял Смоленск[604].

---

[601] Голицын провел всю жизнь холостяком и был известен своими интимными связями с мужчинами. Но в мемуарном рассказе он не раскрывается и всячески подчеркивает свой интерес к женщинам. Позже, однако, Голицын уверял в перемене своих взглядов: «Когда император назначил [кн. А. Н. Голицына] обер-прокурором, он сказал: «Какой я обер-прокурор Синода? Вы знаете, что я не имею веры». — «Ну полно, шалун, образумишься». — «Когда же, — говорил после Голицын, — я увидел, что члены Синода делали дела серьезно... и сам стал серьезнее, почтительнее относиться к делам веры и Церкви; когда через год или два спросил себя: верую ли я? — то увидел, что верую, как веровал в детстве» (Из воспоминаний св. Филарета // Русский архив. 1906. № 10. С. 214).

Провозгласив благочестие основанием истинного просвещения, Голицын взял курс на клерикализацию образования, который под его руководством ревностно проводили М. Л. Магницкий и Д. П. Рунич. К современной ему литературе он относился с подозрением, что выражалось в крайней придирчивости цензуры.

[602] Александр воспроизводил фразу своего учителя Лагарпа, в которой предлагалось такое определение Христа: «Некий еврей, именем которого названа одна христианская секта». Анри Труайя. Александр I. Северный сфинкс. — М., 1997. С. 15.

[603] Рассказы князя А. Н. Голицына. Из записок Ю.Н. Бартенева // Русский архив. 1886. № 5. С. 87.

[604] На соседней странице Голицын относит обращение Александра к предвоенному времени: «Государь вдруг пожелал напитать себя чтением

Именно в этой поездке, коротая время путешествия, царь впервые раскрыл Библию.

Голицын рекомендовал:

«чтобы он пока приостановился еще читать Ветхий Завет, а читал бы только одно Евангелие и Апостольские послания (Апокалипсиса также покуда не читайте, сказал я ему). Тайное мое побуждение, давая этот совет государю состояло в том, чтобы сердце Александрово напиталось, проникнулось сперва мудрою простотою учения Евангельского, а потом уже приступило бы это дорогое для меня сердце к восприятию в себе и более крепкой пищи ветхозаветных обетований и символов».

Однако с самого начала Александра заинтересовало не столько Евангелие, сколько Апокалипсис и Ветхий Завет. По прошествии некоторого времени Александр сказал Голицыну: «Меня очень соблазняет твой Апокалипсис; там, братец, только и твердят об одних ранах и зашибениях (il n'y que plaie et bosses)».

Да и в самом Новом Завете царя, видимо, в первую очередь интересовали отсылки к Ветхому.

«Знаешь ли, — продолжал князь, — каким образом приступил Александр к чтению Ветхого Завета? Причина сего побуждения очень замечательна. Однажды Государь в Новом Завете вычитал сие знаменитое Послание Апостола Павла, где так подробно говорится о плодах веры, как она, эта вера, низлагает врагов внешних, как побеждает миром силы супротивные. В сем послании указуется и на Ветхий Завет, где апостол берет из оного сильные и блестящие

и Ветхого Завета, напитать себя прежде, чем разразилось над ним и государством то страшное испытание, которое грозно к нему приближалось».

уподобления. Сердце Государево созрело уже чтоб закрепить себя в несокрушимую броню веры»[605].

Итак, «в грозную пору» во главе Российской Империи стоит неофит, вдохновленных громами и молниями Апокалипсиса. Понятно, что в его представлении текущая война просто не может не стать священной.

Следующий его вкусам и приказам епископ Августин в молебен об победе включил чтение библейское пророчество (паремию), которое обычно понималось как говорящее о сатане или антихристе:

«Сядешь ли ты, выйдешь ли, войдешь ли, Я все знаю; знаю и дерзость твою против Меня. За твою дерзость против Меня и за то, что надмение твое дошло до ушей Моих, Я вложу кольцо Мое в ноздри твои и удила Мои в рот твой, и возвращу тебя назад тою же дорогою, которою пришел ты» (4 Царств 19, 27–28).

Позже это станет штампом, но именно Августин был тем, кто впервые применил его к Наполеону[606].

---

[605] Рассказы князя А. Н. Голицына. Из записок Ю.Н. Бартенева // Русский архив. 1886. № 5. С. 89.

[606] Свящ. г. Добронравов. Последование молебнаго пения, певаемаго в день Рождества Христова в воспоминание избавления церкви и державы российския от нашествия галлов и с ними двадесяти язык. — М., 1913. С. 9. Молебен отменен решением синода от 3 декабря 1914 года в связи с тем, что «галлы» стали союзниками России против «тевтонов». Вновь этот мобелен появился в церковном календаре на 2012 год (25 декабря ст. ст.). Ясное дело — юбилей, двести лет истреблению армий Наполеона и Кутузова Дедом Морозом… «Все языки, которые дерзнули внести кровавый меч в мирное отечество наше, после были караемы оскорбленным небом, ниспустившим на них хлад и мраз; и чрез то познали, что они вошли в достояние Божие, и осквернили храм святой Его» (Слово в день рождества Иисуса Христа, и в день воспоминания избавления Церкви и державы российской от нашествия галлов, и с ними двадесяти язык (1814) // Сочинения Августина, архиепископа Московского и Коломенского. — СПб., 1856.

А актуализированный Августином библейский текст «возвращу тебя назад тою же дорогою, которою пришел ты» оказался точным описанием маршрута следования Наполеона по Старой Смоленской дороге...

Не только в молитвах, но и в проповедях Августин демонизировал Бонапарта:

«Тьма покрыла запад. Народ, который паче прочих хвалился мудростью, объюродел. Отрекся Творца своего, опроверг Его олтари, и возвестил вселенной нечестие и безбожие. Из среды сего нечестивого языка возник человек, подобный деннице. Он рек в уме своем: взыду выше облак, буду подобен Вышнему! Злоба беззаконного заставила ад разверзсти недра свои и изрыгнуть громы. Небо, мстя за осквернение святыни, удержало дыхание теплоты, испустило хлад и мразы, и истребило влачащиеся полчища его»[607].

Той же цели демонизации способствовала «афишка номер 17» московского губернатора Ростопчина от 20 сентября:

«Враг рода человеческаго, наказание Божие за грехи наши, дьявольское наваждение, злой француз взошел в Москву: ограбил храмы Божии; осквернил алтари непотребствами, сосуды пьянством, посмешищем; надевал ризы вместо попон; посорвал оклады, венцы со святых икон; поставил лошадей в церкви православной веры нашей, разграбил домы, имущества; наругался над женами, дочерьми, детьми малолетними; осквернил кладбища и, до второго пришествия, тронул из земли кости покойников, предков наших родителей. Оставайтесь, братцы, покорными христианскими

---

[607] Слово в день тезоименитства государя императора Александра I, и по освящении московского большого Успенского собора Говорено 30 августа 1813 года // Сочинения Августина, архиепископа Московского и Коломенского. — СПб., 1856.

воинами Божией Матери! Почитайте начальников и помещиков; они ваши защитники, помощники, готовы вас одеть, обуть, кормить и поить. Истребим достальную силу неприятельскую, погребем их на Святой Руси, станем бить, где ни встренутся. Истребим гадину заморскую и предадим тела их волкам, вороньям. Отец наш, Александр Павлович, он один — помазанник Бога, а злодей француз — некрещеный враг. Он готов продать и душу свою; уж был он и туркою, в Египте обасурманился. Уж им один конец: съедят все, как саранча, и станут стенью, мертвецами непогребенными; куда ни придут, тут и вали их живых и мертвых в могилу глубокую. А вы не робейте, братцы удалые, истребляйте сволочь мерзкую, нечистую гадину»[608].

Даже спустя 40 лет митрополит московский Филарет не мог сменить пластинку:

*«Между тем как на народы древних великих Церквей Востока постепенно налегало иго неверных, а **запад омрачался дымом от студенца бездны, отверстого звездою, падшею с небес на землю**, Бог насадил, возрастил, укрепил, расширил Церковь Российскую и, посредством христолюбивой ревности царей наших, соделал ее защитницею православные веры в странах неверных»*[609].

Понятно, что проповеди епископов и священников настойчиво придавали этой войне священный характер войны с бесами, подогревая то, что Пушкин назвал «остервенение народа».

К чему это приводило — см. в моей книге «Мифология русских войн» (том 1, глава 19 «Безгрешное закапывание живьем»).

---

[608] Ростопчинские афиши 1812 года. — Спб., 1889.

[609] Слово св. митр Филарета 20 сентября 1852 года на освящении храма св. апостола Филиппа, подворья Иерусалимского патриарха в Москве. // Сочинения Филарета, митрополита Московского и Коломенского. Слова и речи. Т. 5. — М., 1885. С. 174–175.

Этот опыт стал воспоминаться через сто лет. С началом японской войны «златоуст» начала XX века, прот. Иоанн Восторгов, возгремел апокалиптическими образами: «Решается вопрос: что победит, Крест, или языческое восходящее Солнце, кто восторжествует, Христос, или древний Дракон»[610].

Стефан, епископ Сумский, говорил так же:

«Ничтожный доселе японский народ напал на нас чтобы завладеть нашим достоянием. В лице врага этого и его пособников мы видим обычных исконных врагов креста Христова, всею злобою своею обрушившихся на Церковь Христову еще при первом ее появлении в мире. Вы идете сражаться за самый Крест Господень за веру нашу православную ибо враги наши — безбожные язычники»[611].

А кто «исконный враг креста Христова»? Ну, тут по вкусу: или иудеи, или бесы.

Во всю мощь этот мотив зазвучал во дни Первой Мировой.

И церковная и светская печать прежде всего сорвала с немецких плеч проссорскубю мантию:

«Настоящая война обнаружила во всей наготе факт не новый, но теперь уже твердо установленный, — факт духовного одичания и нравственного разложения немцев. В настоящее время русская общественная мысль занята объяснением этого трудно объяснимого факта»[612]. «Культура без Христа, культура, попирающая все высшие принципы совести, проникнутая материалистическим духом,

---

[610] Прот. Иоанн Восторгов. Помощь больным и раненым воинам // Полное собрание сочинений в пяти томах. — СПб., 1995. Т. 2: Проповеди и поучительные статьи на религиозно-нравственные темы (1901–1905 гг.).

[611] Прибавления к Церковным ведомостям. 1904. № 9. С. 314.

[612] прот. Беляев А. А. По поводу современной войны. — Сергиев Посад: тип. Св.-Тр. Сергиевой лавры, 1915. С. 3.

стремлением только к внешнему благополучию, опирающаяся при том на грубую силу — вот культура немецкого народа. В такой культуре нет ничего христианского, вся она пропитана духом антихриста, и повсюдное торжество ее было бы водворением царства антихриста в мире. Дух антихриста в настоящее время, можно сказать, полностью опочил на Германии и овладел душою германского народа»[613].

В Российской империи широкие слои населения оказались неподготовленными к восприятию нового образа врага — немца. С Австрией Россия не воевала никогда, с Пруссией последней была «Семилетняя война».

Немцы — это правящий класс Империи, основа ее бюрократии, промышленности и торговли. Это локомотив науки и прогресса.

Даже русские славянофилы воспевали русский народ по лекалам немецких романтиков, и «Русскую общину» открыл для них немец барон Август фон Гакстгаузен.

Знаменитая «Беседа о смысле христианской жизни» преподобного Серафима Саровского» была пересказом работ Шеллинга[614].

---

[613] Малицкий П. Тевтонский дух // Прибавления к Церковным ведомостям. — Спб., 1915. № 2. С. 505

[614] Нет, преп. Серафим не читал Шеллинга. Но его читали те, кто писал от его имени — Мотовилов и затем Нилус. «На 10 центральных страницах (с 165 по 176) текст построен на трех десятках прямых библейских цитат и множестве цитат неявных (библейских, патристических и литургических). Мотовилов, бывший к тому времени двадцати одного года от роду и имевший диплом по филологии и светской философии, вряд ли мог воспринять и тем более удержать в памяти этот отрывок. Преп. Серафим обращался прежде всего к простым людям и в беседах с ними умел найти точное слово. Трудно понять, почему он облек свое обращение, адресованное главным образом мирянам всех сословий, в термины богословской науки. Кроме того, этот текст вызывает доктринальные трудности, и с 1911 года он стал появляться с купюрами, без

Стихи про то, что «Врагу не сдается наш гордый Варяг» написал австрийский поэт Рудольф Грейнц (Rudolf Heinrich Greinz); первая публикация этого стиха была в мюнхенском журнале *Jugend*. Вальс «Амурские волны» написал Макс Кюсс (вообще-то он одесский еврей, но назвал себя немцем, чтобы попасть на Русско-японскую войну капельмейстером Восточно-Сибирского стрелкового полка).

Русскую икону открыли для русских опять же немцы. Прежде всего издатель — немец Иосиф Кнебель, задумавший издать фундаментальный труд «История русского искусства». Игорь Эммануилович Грабарь стал редактором и составителем[615].

первых четырех страниц (с 166 по 170). В полном издании излагается вся история спасения от создания мира до основания Церкви; сокращенный текст начинается сразу с Беседы после Тайной Вечери. Очевидно, цензоры настояли на изъятии всего сказанного о создании человека. Такая космогония и подобный способ аргументации обнаруживаются, напротив, у Феофана Авсенева, который преподавал в Киевской духовной академии некоторое время спустя после смерти преподобного (около 1840). Авсенев был приверженцем немецкого философа Г. Шуберта («История души», 1830), последователя Ф. Шеллинга» (Протоиерей Всеволод Рошко. Преподобный Серафим: Саров и Дивеево: Исследование. и материалы. — М., 1994).

[615] Вдохновившись масштабностью задачи, Грабарь начал собирать материалы по всей стране. Он колесил по дальним монастырям и скитам, выискивая потрясающие образцы древнерусских фресок и делая их черно-белые фотографии.

Первый выпуск «Истории» вышел в 1908 году, всего же до 1915 года было выпущено восемь томов.

Работу над многотомником прервали «благодарные» русские националисты, устроившие 27–29 мая 1915 года трехдневный «немецкий погром» в Москве. Досталось и издательству Кнебеля.

Грабарь в отчаянии писал: «Увы! — при всем желании, не в силах помочь Вам выпустить книгу с серией клише из моей „Истории русского искусства": Вы, верно, забыли о знаменитых „немецких погромах" в мае 1915 года в Москве, когда все склады моего издателя Кнебеля, сорок лет служившего культурному делу России, но родившегося в Галиции, подверглись полному разграблению и уничтожению 13. Ведь потому-то я и вынужден был прекратить выпуск „Истории", что все

И вот теперь надо было разорвать эти «путы» и «шаблоны». Даже путем погромов[616].

негативы — до 20.000 штук,— снятые под моим руководством, а в значительной степени и мною лично и мне лично принадлежавшие, были уничтожены. Среди них были не сотни, а тысячи драгоценнейших уник. документов, ныне уже не восстановимых, ибо я исколесил всю Россию, весь Север, все значительные усадьбы в центральных губерниях, а Вы хорошо знаете, как много изо всего этого богатства погибло от ветхости, огня и дурных инстинктов. Тогда же были приведены в негодность и клише. Молодые люди, „патриотически" настроенные, пересматривали один негатив за другим, любовались ими и затем их растаптывали на мелкие кусочки, „чтоб немцу не склеить их". И когда полуграмотные прикащики, со слезами на глазах умоляли их пощадить хоть негативы, как нужные культурной России, они только неистовее принимались за свое сатанинское дело. Я плакал навзрыд, когда мне принесли в деревню, где я жил и работал, ужасное известие, и теперь, когда Вы случайно заставили меня Вашим письмом вспомнить об этих чудовищных майских днях, я чувствую, что теряю равновесие при одном только воспоминании» (Письмо Е. В. Евдокимову 12 марта 1920 г. // Грабарь И. Письма 1917–1941. — М., 1977. С. 31).

[616] В Петербурге на крыше германского посольства была установлена металлическая группа «братья Диоскуры». Она была исполнена в стилистике Второго-Третьего Рейхов: голые мускулисты мужики ведут под уздцы коней. Но посольство было прямо напротив Исаакиевского собора. Бдительные граждане приметили, что прямо на той же высоте, где у Исаакия боковые колоколенки, у немцев — мужские и лошадиные «колокольчики».

«Горожане жаловались, что подобная группа неуместна по соседству с Исаакиевским собором, так как оскорбляет религиозные чувства видом обнаженных фигур. Нарекания вызывала не только скульптурная группа, но и само здание посольства».

На следующий день после объявления Германией войны России в столице начались антинемецкие демонстрации. Вечером 22 июля 1914 года одна из демонстраций направилась к немецкому посольству, здание подверглось погрому. Немецкий герб был сброшен со здания и утоплен в Мойке. Бронзовых возничих и коней первоначально попытались сбросить, но упала лишь одна фигура возничего, другая повисла на выступе крыши. Но в конце концов было выброшено и потерялось всё. Сейчас в здании располагается Управление Президента по Северо-Западному округу.

Текст истории: http://www.hellopiter.ru/Embassy_of_germany.html
Фото: http://periskop.livejournal.com/1747020.html.

Даже «открытие русской иконы», начатое Грабарем, развивалось как своего рода «импортозамещение». При этом «германофобии в Российской империи имела разрушительные последствия для общественного консенсуса: она объективно подрывала ассимиляторский и интегративный потенциал монархизма, который был присущ ему изначально и который строился вокруг принципа династической лояльности»[617].

Но — надо, так надо.

И вот листовка с воззванием великого князя Николая Николаевича Младшего к русскому народу в начале Первой мировой войны включает в себя пророчества Иоанна Кронштадтского и апокалиптические рассуждения о том, что грядущий антихрист должен происходить из среды протестантских государей, недвусмысленно намекая на германского императора Вильгельма II[618].

А «Приходской листок» (приложение к официальному ресурсу «Церковные ведомости, издаваемые при Святейшим правительствующим Синоде») сообщал:

«Не так давно немецкий канцлер Бетман-Гольвег провозгласил о готовности германцев заключить союз с самим дьяволом, если по течению событий в этом будет надобно. Наблюдающие европейскую войну уже с первых дней ее могли заметить, что немцы и начали ее, заручившись союзничеством ада, ибо не только христианское, но и человеческое вообще сознание отказывается усмотреть в их военных действиях хоть проблеск человечности. О том, что они — христиане, немцы позабыли, очевидно, много раньше

---

[617] Юдин Н. В. Патриотический подъем в странах Антанты в начале Первой мировой войны. М., 2017. С. 144.

[618] Предсказание о конце нынешней Великой войны, и победе над врагом Воззвание к рус. народу Е. И. В. В. К. Николая Николаевича, главнокомандующего Кавк. армией. — Нижний Новгород, 1914. Зверев С. Военная риторика Нового времени Спб., 2012. С. 319.

заключения союза с турками. Древний бог кайзера, способный принимать свойства и Бога чтимого христианами и Бога, чтимого магометанами, есть голое понятие, а не Бог, явившийся во плоти, явивший Себя в живом образе Богочеловека, Бога милости, щедрот и человеколюбия. Служение этой идее, как Богу, соединенное с бессмысленною идеей всемирного владычества посредством крови и железа есть проявление овладевшего нацией безумия, служения Люциферу»[619].

В 1914 году в Киеве вышла брошюрка «Вильгельм Второй — угроза гуманности и справедливости». Она сообщала, что кайзер Вильгельм — «новоявленный антихрист, апокалипсический зверь» (с. 7).

Автор показывал, что ему знакомы тайные мысли и мотивы кайзера (спустя сто лет это назовут «нооскопом»[620]):

«В дни воскресного отдыха в полной адмиральской форме, перед аналоем, покрытым военным флагом, Вильгельм совершает торжественную службу. Но не о молитве думает император, и не благочестивы его помыслы перед престолом Всевышняго. В голове его роятся громоподобные пропо-

---

[619] прот. Беляев А. А. По поводу современной войны. — Сергиев Посад: тип. Св.-Тр. Сергиевой лавры, 1915. С. 8 и 20.

[620] О нооскопе — инструменте для чтения мыслей рассказал руководитель администрации Путина Вайно: «Прогноз и предупреждение кризисных со-Бытий на дорожной карте развития осуществляется с помощью нооскопа (описанного в более чем в 50 патентах) — прибора, состоящего из сети пространственных сканеров, предназначенных для получения и регистрации изменений в биосфере и деятельности человека с помощью транзакций — кинокадров со-Бытия — образа перекрестка пространства-времени-жизни. Сенсорная сеть нооскопа, начиная от банковских карт нового поколения и заканчивая „умной пылью", однозначно идентифицирует со-Бытия в пространстве и во времени» (http://law-journal.ru/files/pdf/201204/201204_42.pdf). См. также: Вайно А. Э., Кобяков А. А., Сараев В. Н. Образ Победы. — М., 2012. http://www.chronos.msu.ru/images/rreports/obraz.pdf

веди и кощунственные молитвы-призывы к Богу сил и браней — благословить оружие новоявленных гуннов, тевтонов-варваров.

„Всемогущий Боже! — молится император, — возлюбленный Отец Небесный! Бог армий! Владыка сражений! Мы поднимаем к Тебе наши умоляющие руки, мы доверяем Твоему сердцу тысячи наших братьев по оружию, которых Ты Сам призвал к битве. Будь всемогущим щитом, который охранит груди наших сыновей! Даруй нашим войскам решительную победу! Управляй ими в сражении..."

Какая прямо-таки жуткая бизонья прямолинейность, ни в ком и ни перед чем не знающая препятствий, живет в этом человеке! Бога любви и милосердия, Бога, ушедшего из мира юдоли и плача с благословением и молитвой за своих гонителей и врагов, Бога всепрощенья, Бога страстотерпцев, мучеников и святых, великого христианского Бога — призывать на помощь и в защиту насильников и поджигателей, кровожадных тигров и рафинированных палачей! Ибо не на святое дело защиты родины и чести призывал тогда Вильгельм Божье благословение, и не освобождать и защищать, а губить, мучить и издаваться шли его озверелые полки. Вся эта кощунственная молитва была произнесена, весь этот комедийно-трагический парад был устроен в дни приснопамятных германских зверств в Китае, во время позорной карательной экспедиции» (С. 19–20).

Это злой памфлет. Но идея этой страницы верная. И актуальная. Не всякую молитву-просьбу можно принести к стопам Распятого.

И очень узнаваемо про «жуткую бизонью прямолинейность» одного позднейшего асфальтоукладчика....

В этой книжечке есть один интересный педагогический рассказ:

> «Семилетний Вильгельм вырвался от нянек и сразу после утреннего подъема убежал во двор немытым и непричесанным. Пробегая мимо часового, он был удивлен: часовой не шелохнулся, не проявил никаких признаков верноподданнического трепета, не взял на караул и, казалось, даже не замечал маленького принца, как тот ни вертелся перед ним, желая обратить на себя его внимание.
>
> Весь в слезах, вбежал Вильгельм в кабинет отца и рассказал о дерзкой выходке солдата. Кронпринц Фридрих с самым невозмутимым видом подозвал поближе сына, внимательно осмотрел его с ног до головы и затем сказал: „Неумытым принцам не полагается воздавать воинских почестей“.
>
> Нечего, разумеется, пояснять, что весь этот инцидент был подстроен родителями принца и раз навсегда и накрепко его приохотил к выполнению необходимых манипуляций утреннего туалета» (С. 6–7).

А вот что еще можно было прочитать про кайзера в церковном официозе:

> «Наиболее полное свое выражение дух антихриста нашел в лице настоящего руководителя германского мира, немецкого кайзера Вильгельма. Он уже свою волю отождествляет с волею Самого Бога, и самого себя считает орудием Всемогущего. Его военный приказ солдатам по объявлении войны такого содержания: „Солдаты, помните, что вы избранный народ. Дух Божий сошел на меня, так как я император германцев; Я являюсь орудием Всемогущего. Я — Его меч и Его воля. Уничтожение и смерть всем, кто не верит в мою божественную миссию. Да погибнут все враги германского народа. Бог требует их уничтожения. Бог, вещающий чрез меня, приказывает вам исполнить Его волю“. Таким же безграничным духом гордыни проникнуто воззвание кайзера к полякам. „Поляки! Вы, конечно, помните, как од-

нажды ночью начали звонить без участия человека колокола Святогорского монастыря. Тогда уже люди набожные поняли, что случилось великое и важное событие, отмеченное чудом. Событие это — решение мое воевать с Россией и отдать Польше ее святыни и присоединить ее к культурнейшей стране — Германии. Я видел чудесный сон. Ко мне явилась Богородица и приказала спасти Ея св. обитель, которой угрожает опасность. Она посмотрела на меня со слезами, и я пошел исполнить Ея божественную волю. Знайте об этом, поляки, и встречайте мои войска как братьев, как спасителей. Со мною Бог и святая Богородица. Она подняла меч Германии на помощь Польше".*

Если бы эти два документа, о которых сообщила иностранная и русская печать, оказались бы и неподлинными, если бы он их сам не писал, а ему их приписали, то и тогда остается верным, что германский кайзер — воплощенная гордыня. Немецкий кайзер часто говорит о Боге, но это не тот Бог милости и любви, которого чтут христиане, а какой-то „старый", немецкий Бог, который только покровительствует немцам. Но особенно дух противления Христу у германского кайзера выразился в его попытке вызвать весь мусульманский мир к священной войне с христианами»[621].

То есть автор понимает, что пересказывает фальшивку, но это его не останавливает. На священной войне все средства хороши...

Архиепископ Вологодский Никон (Рождественский) обвинял в сатанизме уже не одного кайзера, а всех немцев вообще:

«*Выступление немцев — дело гордыни сатанинской; наш подвиг есть подвиг любви в защиту православия, в защиту*

---

[621] Малицкий П. Тевтонский дух // Прибавления к Церковным ведомостям. — Спб., 1915. № 2. С. 505–508.

братьев по крови, в защиту родной земли, которой грозит нашествие воистину безбожных тевтонов, потерявших образ человеческий»[622].

И это действовало.

На встрече нового 1917 года в штабе Юго-Западного фронта А. А. Брусилов заявил:

«В этом году враг будет окончательно наконец разбит. Мы должны убить в нем его злую силу милитаризма, а сила эта действительно злая. Все народы признают, что есть лишь один общий Бог, сотворивший Вселенную. Немцы же говорят, что их бог особый — их „старый немецкий бог". Так как такого бога нет, то я полагаю, что это едва ли не сам сатана. Мы и боремся именно с этим сатанинским богом, воплощающим ныне дух австро-германского народа. Уповаю, что Бог единый и праведный поможет нам его победить. Я поднимаю бокал за Верховного Вождя земли Русской Государя Императора. За Русь святую, за нашу победу! Да здравствует Святая Русь! Ура!»[623]

Русский философ Ф. А. Степун вспоминал о своих разговорах с солдатами:

«Мое сообщение, что немцы — христиане, а больше трети из них —католики, то есть христиане, каждое воскресенье

---

[622] Архиеп. Никон Выступление гордыни и подвиг любви // Прибавления к Церковным ведомостям. — Спб., 1914. № 32. С. 1412.

[623] Брусилов А.А. Речь генерала Брусилова. 1916. На эту речь ссылался священник Сергий Соловьев в статье «Национальные боги и Бог истинный», напоминая соотечественникам, что не одни немцы отрицают всечеловеческого Бога и вместо него воздвигают национального идола, но этим грешат и «многие властители дум в России, для которых борьба России и Германии есть борьба двух национальных богов», а всякий национальный бог «если и не сам сатана, то во всяком случае демон». Христианская мысль. — Киев, 1917. № 3/4/

обязательно ходящие в церковь, крестящиеся в ней и становящиеся на колени, совершенно сбило моих собеседников с толку, так как явно не вязалось с их представлением о враге — турке или японце»[624].

А вскоре пришло время обзывать сатанистами своих, русских, людей.

Листовка духовенства 4-й Уфимской стрелковой генерала Корнилова дивизии (май 1919 г.) ободряла солдата:

«Веруй, брат, в Бога, молись Ему и призывай Заступницу всех к помощи. Склоняй небеса молитвами своими. Будь христолюбивым воином. Знай, что ты на правом пути, что ты ведешь войну с врагами веры своей, с гонителями Церкви православной, с страшными осквернителями святынь твоих, с людьми, гордо вызвавшими самого Господа-Творца в бой, с людьми, некогда предавшими Господа Христа за 30 сребренников, а теперь прельстивших наших братьев, русских, большим жалованьем, с людьми, приверженцами апокалипсического красного дракона — слугами Антихриста. Не за деньги идешь ты по тернистому и кровавому пути гражданской войны, не земного рая ты ищешь в конце ее, а мирного и честного труда, плоды которого ты снова будешь собирать в свои житницы, а не отдавать их кучке нерусских людей не с крестом в груди, а с кровавой масонской звездой и с злобой в сердце — эти люди продолжают разрушать вековые порядки и святыни нашей Родины»[625].

Нетрудно заметить, что градус диффамации не сильно менялся в зависимости о того, кто в данный момент был врагом русского царя: японские язычники, турецкие мусульмане, французские католики, шведские протестанты православные казаки-

---

[624] Степун Ф. А. Бывшее и несбывшееся. — Спб., 1995. С. 270.
[625] https://rusneb.ru/catalog/000200_000018_RU_NLR_bibl_2072205/?ysclid=mb4y9k07au139764462

мазепинцы или русские красноармейцы. Все они объявлялись слугами сатаны.

Мешали нам татары, турки, шведы,
Мешали добрый царь и злой тиран,
Мешали нам буржуи и полпреды,
Мешали пролетарии всех стран.
Все в ужасе от нашего соседства!
Мы в ужасе от собственных затей...
(Любовь Захарченко, 2021) [626]

... «Священная военная операция» 2020-х годов тоже воспомянула нечистого.

Всемирный русский народный собор во главе с патриархом Кириллом 27 марта 2024 года принял «Наказ» [627] с напалмовыми формулировками:

«С духовно-нравственной точки зрения специальная военная операция является Священной войной, в которой Россия и ее народ, защищая единое духовное пространство Святой Руси, выполняют миссию „Удерживающего", защищаю-

---

[626] К самомнению православной России вполне может быть отнесен стих Игоря Губермана об Израиле:
Тут вечности запах томительный,
и свежие фрукты дешевые,
а климат у нас — изумительный,
и только соседи х**вые.

[627] «Нам поступили предложения теоретического и практического характера. Все эти предложения были тщательно изучены, и на их основании был составлен документ, который называется Наказ XXV Всемирного Русского Народного Собора «Настоящее и будущее Русского мира». Наказ состоит из восьми разделов и касается специальной военной операции, Русского мира, внешней политики, семейной, демографической и миграционной политики, образования и воспитания, экономического, пространственного и градостроительного развития» — патр. Кирилл. http://www.patriarchia.ru/db/text/6116021.html

щего мир от натиска глобализма и победы впавшего в сатанизм Запада»[628].

30 сентября 2022 года Владимир Путин заявил:

«...диктатура западных элит направлена против всех обществ, в том числе и народов самих западных стран. Это вызов всем. Такое полное отрицание человека, ниспровержение веры и традиционных ценностей, подавление свободы приобретает черты „религии наоборот" — откровенного сатанизма. В Нагорной проповеди Иисус Христос, обличая лжепророков, говорит: по плодам их узнаете их. И эти ядовитые плоды уже очевидны людям — не только в нашей стране, во всех странах, в том числе для многих людей и на самом Западе»[629].

Это было сказано на церемонии подписания договоров о принятии Донецкой Народной Республики, Луганской Народной Республики, Запорожской области и Херсонской области в состав Российской Федерации и как бы отрицало очевидное: мы, мол, войну ведем не ради территориальных приращений, а ради Бога и против антихриста.

Бывший президент РФ Дмитрий Медведев с началом войны стал говорить красиво и религиозно.

2 ноября 2022 года он впервые употребил оборот «киевские сатанисты».

4 ноября 2022 года это был уже развернутый текст:

«Против нас сегодня часть умирающего мира. Это кучка безумных нацистов-наркоманов, одурманенный и запуганный ими народ и большая стая лающих собак из западной

---

[628] https://www.patriarchia.ru/db/text/6116189.html Слово «удерживающий» взято у апостола Павла: «Ибо тайна беззакония уже в действии, только не совершится до тех пор, пока не будет взят от среды удерживающий теперь» (2 Фес. 2:7).

[629] http://www.kremlin.ru/events/president/news/69465

псарни. С ними разномастная свора хрюкающих подсвинков и недалеких обывателей из распавшейся западной империи со стекающей по подбородку от вырождения слюной. У них нет веры и идеалов, кроме выдуманных ими же похабных привычек. Поэтому, поднявшись против них, мы приобрели сакральную мощь. Свалили за тридевять земель трусливые предатели и алчные перебежчики — пусть сгниют их кости на чужбине. Их нет среди нас, а мы стали сильнее и чище. Нашего пробуждения ждали другие страны, изнасилованные повелителями тьмы, рабовладельцами и угнетателями. У нас есть возможность отправить всех врагов в геенну огненную, но не это наша задача. Мы слушаем слова Создателя в наших сердцах и повинуемся им. Эти слова и дают нам священную цель. Цель остановить верховного властелина ада, какое бы имя он ни использовал — Сатана, Люцифер или иблис»[630].

24 апреля 2023 года мы узнали, что «именно ляхи своим тщеславием и высокомерием дали тогда идеологическое топливо для появления национализма и бандеровщины, для укрепления бесовщины униатства, для превращения Галиции и Волыни в рассадник кровавого сатанизма».

20 октября 2023 года он рассказал про Киев, что там «грязная политика, густо замешанная на кокаине и сатанизме. Ведь зеленский не просто выродок без рода и племени. Не просто манкурт, забывший и свою, и чужую историю. Он трясущийся от вожделения власти клоун-Франкенштейн, созданный на потеху заказчикам и готовый отдать им не только свое тело для плотских утех, но и *запросто уничтожить Христианство на родной земле*».

23 апреля 2024 года автор показал свое хорошее знание богословия: «Это уже не деятельность отдельных еретиков и их

---

[630] https://t.me/medvedev_telegram/206; 4 ноября 2022 г.

последователей, как во времена Ария, Аполлинария Лаодикийского или константинопольского епископа Македония. Это полноценный сатанизм, который исповедуют кокаиновая тварь и его вурдалаки».

30 декабря 2024 года Медведев пугал своих читателей такой картиной: «На улицах Европы развеваются грязные полотнища жовто-блакитных флагов, в нацистских типографиях печатают комиксы про пустоглазого вурдалака Бандеру, а кровососущие неофиты в Киеве преследуют каноническую Церковь и славят Сатану»[631].

Андрей Ильницкий, член Совета по внешней и оборонной политике и советник министра обороны России, оформил это в целую концепцию:

«Когда глобалистскими элитами поверх и против всех культурных кодов через ментальное насилие насаждаются неолиберальные ценности и безответственность перед людьми и Богом, а при этом традиционные общества это отвергают и не приемлют, уважая и ощущая Божий промысел, — элитам остается не отменить, а подменить Бога. Воистину — дьявольский промысел. В этом суть ТЕХНОЛОГИИ АНТИХРИСТА. Многие полагают, что слово „антихрист" означает „против Христа", на самом деле смысл этого слова скорее „подделка под Христа". Антúхрист (от греч. ἀντί — против, вместо и Χριστός — Помазанник, Христос; ἀντίχριστος). Антихрист — человек-марионетка Сатаны, подделка под Христа, который попытается вобрать и замкнуть на себя все религии. За наш

---

[631] 8 мая 2025. /ТАСС/. Зампред Совета безопасности РФ, председатель «Единой России» Дмитрий Медведев заверил, что ведет свой Telegram-канал самостоятельно. «„Это я пишу, — отметил Медведев. — Если бы я что-то подобное [кому-то] поручил — мне-то бы ничего не сделали, — сказали бы: „Вы что!" Люди бы просто испугались, — пояснил председатель „Единой России", — сказали бы: „Нас всех просто сейчас поувольняют". Такие вещи только я могу делать, у меня эксклюзив", — смеясь, заключил Медведев». https://tass.ru/obschestvo/23892507

Русский мир, против антихристианского Запада мы сегодня сражаемся на полях СВО, где столкнулись Добро со Злом. Все мы — Богоизбранный народ. Все мы — это русские. Избранность и сакральность нашего народа — это и есть идеология и философская основа государства, которое осознает величие собственной истории и культуры»[632].

В первую годовщину начала путинской СВО обозреватель МИА «Россия сегодня» написал:

«Укро-американские нацисты хотят достичь большего — они желают превратить церковь в антицерковь, христианство в антихристианство, и эту сатанинскую псевдорелигию поставить на службу сатанинскому же государству. Именно поэтому в захваченных самосвятами храмах устраиваются языческие обряды, пародирующие православную литургию. Задача режима — как можно плотнее окутывать живущую на Украине часть русского народа сатанинским мороком. Только так можно гнать миллионы на войну против собственных братьев, а в конечном итоге и на смерть. Смерть, как физическую, так и духовную, смерть окончательную и бесповоротную, потому что нельзя служить абсолютному злу и надеяться на жизнь вечную. Глава антихристианской церкви — Антихрист»[633].

«Документальный» фильм «Основано на реальных событиях. Новые пророки» (НТВ, 25 мая 2025) авторитетно сообщил: «Главарь киевского режима подписал контракт с повелителем

---

[632] Ильницкий А. Антихрист как технология. https://www.pnp.ru/politics/antikhrist-kak-tekhnologiya.html

[633] Ищенко Р. Сатанинский морок власти. Прецедент Скворцова как зеркало современной Украины» известный политолог, Ростислав Владимирович Ищенко (https://ukraina.ru/20230224/1043872988.html и https://radonezh.ru/2023/02/25/rostislav-ishchenko-oni-zhelayut-prevratit-cerkov-v-anticerkov).

зла. Все знают, что Зеленский, словно Иуда, был завербован МИ-6 и с тех пор пошел по рукам от одного черта к другому».

В апреле 2023 года имел место громкий конфликт вокруг Киево-Печерской Лавры. Если убрать громкие слова, происходило следующее: владелец квартиры хотел проверить состояние сдаваемой им жилплощади, а съемщик квартиры его не впустил (в те дни, о которых я сейчас говорю, речь шла именно об этом: три дня подряд комиссию Министерства культуры Украины просто не пускали в монастырские здания).

Киевская Лавра — это государственная собственность, управляемая государственным Музеем-Заповедником. К марту 2023 года закончился срок договора аренды между религиозной организацией «мужской монастырь Киево-Печерская Лавра УПЦ» и Музеем. Арендодатель отказался продлить арендные отношения и предложил покинуть помещение, предварительно проведя инвентаризацию. Это вполне житейская ситуация. Хозяин квартиры даже не обязан объяснять жильцу, почему он решил так сделать («такая корова нужна самому!»).

Но жилец включил музыку на полную мощность: это беспрецедентные гонения на Церковь Христову!

Мол, сторонники такого развода-разъезда — это враги Христа, бесноватые и просто сатанисты. По православным блогам пошли гулять картинки, на которых именно бесы пикетируют Лавру[634].

Вот эта готовность православных превращать живых людей в бесов — это самое страшное, что есть в православии. История показывает, что радикальная дегуманизация образа врага — это прямой путь к массовому насилию.

Это оборотная сторона бесконечного «торжества православия». Раз мы как корпорация святы, непогрешимы, благодатны и просто божественны, то те, кто не разделяет с нами это чувство

---

[634] См. https://diak-kuraev.livejournal.com/4040293.html

ежепраздничной самовлюбленности — это враги Бога и значит, сатанисты.

А ведь речь идет просто об имущественном споре. Но как же приятно ощущать себя не обывателем скандальной коммуналки, а маленьким героем великой вселенской духовной брани, который бросил вызов самому Саурону.

Аналогично, когда 28 марта 2025 года государственная научная комиссия пришла в государственный музей заповедник «Киево-Печерская Лавра» для описи мощей, то в Москве замглавы информационного отдела РПЦ Вахтанг Кипшидзе назвал это «вопиющим актом сатанизма». Его начальник В. Легойда сказал, что «это одержимые»[635].

А ведь именно потому, что такие описи были в советских музеях и в их запасниках, потом останки святых были возвращены церкви.

13 мая 2023 года Евгений Кульберг, митрополит Екатеринбургскийй министр образования всей РПЦ, сказал на танковом «Уралвагонзаводе»:

«Сатанизм шествует широкими шагами по Европе. На украинской земле это шествие уперлось в броню уральских танков, производство которых в Нижнем Тагиле увеличили в три с лишним раза»[636].

Как смягчающее обстоятельство можно принять то, что он это сказал после просмотра рок-оперы прямо в цеху сборки танков, причем автором оперы был «соловей Генштаба» Александр Проханов:

---

[635] https://www.patriarchia.ru/article/114987

[636] Оригинал: https://t.me/s/mitropolitEKB?before=350, 13 мая 2023; частичный репост:
https://eanews.ru/news/satanizm-shagayet-po-yevrope-yekaterinburgskiy-mitropolit-posetil-rok-operu-na-tankovom-zavode_13-07-2023.

«Сегодня на главном конвейере, где собираются танки „Уралвагонзавода", свершилась премьера рок-оперы „Хождение в огонь". Произведение посвящено освобождению Донбасса, новым смыслам России и русской мечте. И в сердце „Уралвагонзавода", где рождается лучшая в мире бронетехника, звучит музыка жизни, музыка души и мечты о будущем русского человека... Надеюсь, со временем этот вдохновляющий Русский Гимн смыслов увидят во многих городах нашей страны!»

В некоторых голливудских фильмах о борьбе с антихристом (сатаной) положительный герой использует при этом свою физическую силу и обычное оружие. Как правило, это происходит на фоне бессилия священника, крестов и алтарей[637].

Возможно, под влиянием такого кино митрополит заговорил про танки, способные остановить армию сатаны, забыв про слова Христа («Борьба же наша не против крови и плоти, а против духов злобы поднебесных»; «Род же сей изгоняется постом и молитвою»).

21 апреля 2024 года в Передаче «Церковь и мир» на гостелеканале Россия-24 глава казачьего и военного отделов РПЦ ставропольский митрополит Кирилл Покровский был спрошен — «Почему эта война названа священной?» Ответ митрополита: «А потому что на Западе торжествует сатанизм».

И в подтверждение своего приговора привел аж 2 (два) примера:

1. В Италии по жалобе «какого-то мужика» запретили держать распятия в классах.

2. Где-то уволили стюардессу за ношение нательного крестика.

---

[637] См. рецензию Леонида Каганова на фильм «Конец света» со Шварцнегером: https://lleo.me/arhive/recensia/konsveta.htm

На деле:

2010 год. Стюардесса British Airways Надя Эвейда выиграла судебный процесс против работодателя, запретившего ей носить нательный крестик. Европейский суд по правам человека признал, что запрет на ношение креста нарушает 9-ю статью ЕСПЧ на свободу вероисповедания, и постановил выплтить стюардессе, которой сейчас 60 лет, 32 000 евро компенсации[638].

2011 год. Европейский суд по правам человека в Страсбурге, признал законным размещение распятий в итальянских государственных школах. Суд постановил, что нет доказательств того, что распятия в классных комнатах оказывают какое-либо воздействие на школьников. Этим решением суд отменил свое же постановление, запрещавшее распятия в школах Италии. Оно было принято в ноябре 2009 года и вызвало взрыв возмущения в Италии, где 90% процентов граждан считают себя католиками.

О новом постановлении с одобрением отозвался министр иностранных дел Италии Франко Фраттини. «Это решение освобождает Италию от несправедливых обвинений и отражает стремление граждан защитить собственные ценности и убеждения», — подчеркнул он. Фраттини также высказал надежду на то, что после этого вердикта «Европа с такой же решимостью вернется к теме веротерпимости и религиозной свободы». Решение Страсбургского суда одобрили и в Ватикане[639].

Тринадцати лет военному митрополиту не хватило для того, чтобы освоить эту информацию. Я понимаю, что приказ от патриарха — педаль газа в пол и вперед, без тормозов и без оглядки. А страну и церковь таким вот шумахерам совсем не жалко?

19 октября 2023 года бывший секретарь Одесской епархии, а ныне московский протоиерей Андрей Новиков сказал:

---

[638] https://rus.delfi.lv/57862/abroad/42973530/styuardessa-cherez-sud-dobilas-prava-nosit-krestik-na-rabote

[639] https://www.bbc.com/russian/international/2011/03/110319_crucifixes_italy

«Становиться извращенцами, сатанистами — это то, для чего предназначена сейчас украинская государственность. Ведь пришествие Антихриста, о котором сказано в Писаниях, будет сопровождаться религиозным поклонением ему. И я думаю, что Украина — как раз такой пример в миниатюре будущего Антихриста — общества, которое ждет человечество в конце мировой истории, с насаждением сатанизма во всех его формах»[640].

В марте 2025 года бывший ректор Московской духовной академии епископ Питирим Творогов заверил:

«Господь их встречает там и свидетельства есть такие тоже, что сам Господь вот этих наших бойцов встречает, потому что они стоят уже на рубеже когда рвется в мир антихрист уже вот это вот западный. Сейчас пока еще коллективный антихрист, а потом, когда уже вот всё это зло персонифицируется вот в этого человека беззакония, вот этого антихриста, и он уже воцарится над всем миром. Сейчас вот эта специальная военная операция отодвигает это время, вот каждый бой, каждая смерть нашего бойца или даже ранение, увечие, каждый крик вот этот отчаянный, да это всё на одну на секунду, на минуту, на час отодвигает приход антихриста. Они — воины апокалипсиса»[641].

---

[640] https://regnum.ru/article/3840523
[641] https://www.youtube.com/watch?v=KQAmCoj33Oc, 28-я минута. Сам Питирим про это свое интервью студентам профиля «Политическая журналистика» Института государственной службы и управления Президентской академии в рамках проекта «Воинство и священство: грани служения» сказал: «Это одно из лучших интервью, которые со мной делали. Причина, как мне кажется, в том, что юная журналистка еще только учится, поэтому и вопросы были нестандартные, и ответы получились живыми» (https://m.vk.com/wall710899450_9350).

Это не просто кидание какашками. Это — доводы «партии войны до победного конца», нужные ей для борьбы с «партией переговоров».

Православная аскетика говорит, что даже «собеседование» с греховным помыслом есть грех. С сатаной не может быть никаких договоров и компромиссов.

28 августа 2024 года Святейший Патриарх Московский и всея Руси Кирилл на обеде в Кремле заявил:

«Нельзя найти компромисс между Богом и диаволом, между правдой и ложью, не бывает такого. Компромиссы могут быть в сфере политики или бизнеса, но в Церкви — никогда, потому что Церковь — провозвестник Божией правды»[642].

Тем самым придавая земному конфликту религиозный характер битвы с мировым злом и сатаной, патриарх блокирует возможность замирения на обычной основе компромиссов.

Именно этот месседж он вложил в уста Александра Невского:

*«Александр понял, что им нужна наша душа, они за ней пришли на землю Русскую, и с ними не может быть **никакого перемирия, никакого компромисса**, — необходимо дать бой, который бы завершился победой, и тем самым спасти Родину»*[643].

---

[642] http://www.patriarchia.ru/db/text/6154796.html
Это он соврал, конечно, ибо ранее он же признавал пользу компромиссов: «По мнению Патриарха Кирилла, **Церковь должна сглаживать противоречия и добиваться компромиссов**. „Русская Православная Церковь и Римско-Католическая Церковь придерживаются этой позиции сегодня", — заявил Его Святейшество» (30 октября 2019 года. Встреча Патриарха Московского и всея Руси Кирилла с Президентом Кубы Мигелем Диас-Канелем Бермудесом. http://www.patriarchia.ru/db/text/5522340.html

[643] http://www.patriarchia.ru/db/text/5869899.html. Слово 6 декабря 2021 года.

Эту же идею непримиримости проговаривал митрополит Иларион Алфеев, еще будучи главой церковной дипломатии:

«Мы не встречаемся с сатанистами, сектантами и не встречаемся с террористами. Мы не ведем с ними диалог. Я думаю, вы хорошо понимаете, что диалог с террористами может быть только один — их уничтожение. Другого лекарства, к сожалению, человечество против этой чумы не нашло. Сатанизм и сектантство — явления одного порядка: даже если сатанисты не убивают людей физически, они уничтожают их духовно и морально. Поэтому в диалог с ними мы вступать не можем. Мы можем с ними только бороться. Мирное сосуществование с сектами и с сатанистами невозможно. Мы должны с ними бороться»[644].

То есть еще до начала СВО руководство патриархии провозгласило, что переговоров и компромиссов с теми, кого Москва объявит сатанистами, быть не может. И если с началом войны

---

[644] http://www.patriarchia.ru/db/text/4483484.html Вот еще слова этого митрополита с европейским лицом: «Митрополит Иларион указал: „Мы призваны хранить бдительность. Если кто-либо в той или иной религиозной общине узнает о человеке, который заражен террористической идеологией, надо незамедлительно сообщать об этом в соответствующие инстанции. За таким человеком должны следить спецслужбы, он должен находиться на постоянном контроле у правоохранительных органов. Мы должны научиться выявлять и обезвреживать сатанистов до того, как они совершат свои злодеяния". По данному вопросу было предложено выступить старшему инспектору по особым поручениям Главного управления вневедомственной охраны Росгвардии М. В. Мухину. Руководитель Юридической службы Московской Патриархии игумения Ксения (Чернега) в своем выступлении указала, что у Русской Православной Церкви имеется ряд замечаний к разработанному в Росгвардии проекту, которые были переданы этой организации» https://mospat.ru/ru/2018/03/27/news158254/

Невероятно: христианин, служитель слова, декларирует немощь благодати и педагогики, доброго примера и дела. Только бомбы и доносы.

такая декларация прозвучала — значит, и возможность остановки войны религиозно-идеологически исключается.

Впрочем, и мотивы, и цели этой войны призрачны. Однажды она всё равно кончится, и в любом случае кремлевская пропаганда назовет ее исход победным. То есть мир всё равно придется заключать, так и не взяв Лондон. И тогда алтарному мальчику Путина придется брать свои гнусно-разжигающие слова о сатанизме назад, ибо в его картине мира его хозяин не может быть официальным фаустом.

Глава 6

Канон об отлучении ветеранов

Около 375 года святой Василий Великий в частных письмах дает советы своим корреспондентам, не зная, что эти рекомендации будут объявлены «канонами». Но собранные вместе его ответы предлагают довольно сложный взгляд на вопрос об отношении к убийцам.

Канон Василия Великого на эту тему состоит из трех положений:

«1. Разбойников взаимно поражающие, если не суть в церковном служении, да будут отлучаемы от причастия Святых Тайн; если же клирики — да низложатся со своего степени. Ибо сказано: всякий, взявший меч, мечом погибнет (Мф. 26:52) (3-е каноническое послание св. Василия Великого, Правило 55).

2. Совершенно также вольное, и в сем никакому сомнению не подлежащее, есть то, что делается разбойниками и в неприятельских нашествиях, ибо разбойники убивают ради денег, избегая обличения в злодеянии, а находящиеся на войне идут на поражение противника, с явным намерением: не устрашить, и не вразумить, но истребить оных (Первое каноническое послание св. Василия св. Амфилохию Иконийскому, Правило 8).

3. Убиение на брани отцы наши не вменяли за убийство, извиняя, как мнится мне, поборников целомудрия и благочестия. Но, может быть, добро было бы советовать, чтобы они, как имеющие нечистые руки, три года удержались от приобщения только Святых Тайн (Первое каноническое послание. Правило 13)».

Как видно, св. Василий уже знал, что поколением раньше «отцы наши», а именно св. Афанасий Великий, отличали убийство на войне от бытового убийства или разбоя: «Убиение на брани отцы наши не вменяли за убийство, извиняя, как мнится мне, поборников целомудрия и благочестия» (Афанасий. Письмо Амуну монаху).

Но всё же солдат он считает подвидом убийц.

Также он полагал, что даже кровь, пролитая на войне, оскверняет человека («нечистые руки»). И потому ветеран требует «очищения» — епитимьи в виде трехлетнего отлучения от причастия.

Так считал и преп. Исидор Пелусиот:

«Если убийство в другом случае непозволительно, но война не есть дело ненавистное, то почему, спрашивал ты, Моисей возвратившихся с войны отсылал за стан, чтобы они очистились (Числ. 31:19)? Посему отвечаю: хотя умерщвление неприятелей на войнах кажется делом законным и победителям воздвигаются памятники, возвещающие их заслуги, однако же, если рассмотреть тесное сродство между всеми людьми, то и оно не невинно. Потому Моисей предписал и тому, кто убил человека на войне, очищения и кропления» (Письмо 102. Грамматику Офелию).

Применялось ли это правило Василия Великого в жизни? В византийской жизни таких следов и свидетельств нет…

В IX веке преп. Феодор Студит пробовал восстановить епитимью воинам[645] — но патриархи его уже не слушали. И в XII веке знаток и толкователь церковных канонов Зонара итожит: «Итак, я думаю, что это предложение Василия никогда не действовало» (Толкование на 13-е правило Василия Великого).

Возможно, в русской практике оно дало отголосок в том, что князья принимали монашество перед смертью. Ведь их войны были почти ежегодными, а причастие перед смертью считалось необходимым. Как совместить запрет и потребность? — Сменить имя и биографию. Причастие, которое нельзя было дать князю Александру, можно дать иноку Алексею...

Хотя на Западе в раннем средневековье правило духовного карантина для демобилизованных всё же порой применялось. Большинство западных покаянных книг за убийство врага в открытом бою предусматривает 40 дней покаяния[646]:

Кентерберийский епископ Теодор в конце VII века в письме священнику Эоде рекомендовал:

«Кто убил человека по приказу своего сеньора, тот не должен посещать церковь в течение сорока дней, а свершившему убийство на войне должно сорок дней каяться». В англосаксонском пенитенциалии той же эпохи находим схожие слова: «Если король выводит армию против восставших или бунтовщиков и ведет войну в защиту королевства и христианской справедливости, то на совершившего в этих условиях убийство не падет тяжкий грех; но по причине пролития крови пусть тот не посещает сорок дней церковь и постится несколько недель, и когда смиренный и примиренный будет принят епископом, то пусть получит причастие через сорок дней».

---

[645] Послание 51 К Навкратию // преп. Феодор Студит. Послания. Кн. 1. — М., 2003. С. 178.

[646] Текст приведен в: Контамин Ф. Война в Средние века. — СПб., 2001. С. 284–285.

Такое же наказание — за убийство при самозащите: «Если на земли нападут язычники, грабя церкви и вызывая христианский народ на войну, то учинивший убийство не совершает тяжкого греха, и пусть он только не посещает церковь в течение семи, четырнадцати или сорока дней, а затем, очистившись, получит допуск в церковь».

Согласно пенитенциалию Беды, солдат, убивший во время войны, должен соблюсти сорокадневный пост. Такое же покаяние и на тот же срок находим в двух более поздних пенитенциалиях: Paenitentiale Vallicellanum primum (вторая половина VIII в.), и в Paenitentiale Vallicellanum secundum (конец X в.), но в последнем уточняется, что поститься нужно «на хлебе и воде» (in pane et aqua). Пенитенциалий Арундела (конец X в.) возвращается к трем годам покаяния, предусмотренным св. Василием для тех, «кто убил врага за свободу отчизны». Фульберт Шартрский в начале XI в. требует только одного года.

Однако:

«Вступление германцев в христианскую историю создало совершенно новую ситуацию. Война была образом жизни германских народов. Для них война сама по себе была формой морали, более высоким типом жизни, чем мир»[647].

С другой стороны, феодальные армии формировались в значительной степени добровольно: рыцарь мог выбрать, кому отдать своей меч, и поэтому нередко он мог сам решать, на какую войну ему идти в новом сезоне. Поэтому Бурхард Вормсский в начале XI в. в трактате «Исправитель или лекарь» (Corrector

---

[647] Карл Эрдман. Происхождение идеи Крестового похода. — Спб., 2018. С. 79 и 82.
Эволюция отношения к войне и правилам ее ведения рассмотрена тут: Кувалдин С. Что можно и чего нельзя на войне. Что осуждалось в ситуациях массового убийства с античных времен до сегодняшнего дня. https://arzamas.academy/materials/924

sive inedicus) предлагает исповедникам задавать кающимся вопросы:

> *«Убил ли ты по приказу законного государя, ведшего войну за восстановление мира? Убил ли ты тирана, который старался нарушить мир? Если да, то ты будешь соблюдать три поста в предписанные дни. Но если убил не по приказу законного государя, то необходимо совершить покаяние, как за своевольное убийство».*

Еще одна причина разного интереса двух половин Римской Империи к вопросу личной ответственности воинов, возможно, в том, что большинство войн в Европе шло между самими христианами (в том числе с уже крещеными варварами), в то время как Восточная Империя по прежнему воевала или с языческой Персией, или с теми некрещеными ордами, что прорывались из евразийской глубинки за Дунай.

В современной РПЦ этот канон не исполняется.

А ведь порой даже атеистам была понятна правда того древнего и преданного канона св. Василия.

В 1944 году 20-летний Николай Панченко прямо на фронте написал «Балладу о расстрелянном сердце»:

> *Я сотни верст войной протопал.*
> *С винтовкой пил.*
> *С винтовкой спал,*
> *Спущу курок — и пуля в штопор,*
> *и кто-то замертво упал.*

> *А я тряхну кудрявым чубом.*
> *Иду, подковками звеня.*
> *И так владею этим чудом,*
> *что нет управы на меня.*

*Лежат фашисты в поле чистом,
торчат крестами на восток.
Иду на запад — по фашистам,
как танк — железен и жесток.*

*На них кресты
и тень Христа,
на мне — ни бога, ни креста:
— Убей его! —
И убиваю,
хожу, подковками звеня.
Я знаю: сердцем убываю.
Нет вовсе сердца у меня.*

*А пули дулом сердца ищут.
А пули-дуры свищут, свищут.
А сердца нет,
приказ — во мне:
не надо сердца на войне.*

*Ах, где найду его потом я,
исполнив воинский обет?
В моих подсумках и котомках
для сердца места даже нет.*

*Куплю плацкарт
и скорым — к маме,
к какой-нибудь несчастной Мане,
вдове, обманутой жене:
— Подайте сердца,
Мне хоть малость? —
ударюсь лбом.
Но скажут мне:*

— Ищи в полях, под Стрием, в Истре,
на польских шляхах рой песок:
не свист свинца — в свой каждый выстрел
ты сердца вкладывал кусок.
Ты растерял его, солдат.
Ты расстрелял его, солдат.

И так владел ты этим чудом,
что выжил там, где гибла рать.
Я долго-долго буду чуждым
ходить и сердце собирать.

— Подайте сердца инвалиду!
Я землю спас, отвел беду. —
Я с просьбой этой, как с молитвой,
живым распятием иду.

— Подайте сердца! — стукну в сенцы.
— Подайте сердца! — крикну в дверь,
— Поймите! Человек без сердца —
куда страшней, чем с сердцем зверь.

Меня Мосторг переоденет.
И где-то денег даст кассир.
Большой и загнанный, как демон,
без дела и в избытке сил,
я буду кем-то успокоен:
— Какой уж есть, таким живи. —
И будет много шатких коек
скрипеть под шаткостью любви.

*И где-нибудь, в чужой квартире,
мне скажут:
— Милый, нет чудес:
в скупом послевоенном мире
всем сердца выдано в обрез.*

А с началом СВО нам напомнили, что:

«Священнослужитель призван настроить воина на добросовестное выполнение своего долга, ободрить его, вдохновить на ратное дело. Заповедь „не убий" не относится к воинству и военной обстановке. Воины не отлучаются от Причастия»[648].

Думать не надо. Совесть надо оставить в военкомате вместе с паспортом.

Странно, что российская пропаганда, вроде бы так любящая труды Ивана Ильина, тем не менее прошла мимо главной его книги — «О сопротивлении злу силою».

А там всё же прописана много более полная композиция тезисов: 1. Война это зло. 2. Убийство на войне это грех. 3. Но иногда надо идти на «духовный компромисс» и выбирать меньшее зло, чтобы избежать большего. 4. Зло, совершенное на войне даже с благой целью, остается злом и его не надо героизировать.

Цитирую финальные страницы книги Ильина:

«...голос совести необходим каждому из людей, но правителю и воину — больше, чем кому бы то ни было. И притом именно потому, что основное дело их жизни заставляет их

---

[648] Прот. Дмитрий Кувыртаев, помощник командира 27-й отдельной мотострелковой Севастопольской бригады, благочинный Ильинского округа г. Москвы (https://prihozhanin.msdm.ru/home/podumat/ob-otechestve/3300-svyashchennik-pridaet-smysl-vsemu-proiskhodyashchemu-v-zhizni-voina и https://pravoslavie.ru/147232.html).

как бы отодвигать на второй план заботу об их личной праведности. Дело воина требует не только преданности, чувства чести, самообладания и храбрости, но еще и способности к убийству, к военному коварству и беспощадности. Плохо, если у правителя и у воина не окажется необходимых им отрицательных свойств, но гораздо хуже, если в их душах исчезнут необходимые положительные качества, если начнется идеализация отрицательных свойств и их господство, если они начнут принимать дурное за хорошее, культивировать исключительно дурное и строить на нем всю свою деятельность. Правитель или воин с заглушенной или извращенной совестью не нужны никому — ни делу, ни людям, ни Богу; это уже не правитель, а тиранствующий злодей; это не воин — а мародер и разбойник.

Невозможно человеку жить на земле и строить дело Божие, не приемля духовного компромисса, но именно духовный компромисс требует религиозного и нравственного очищения.

Человек, отвечающий силой и мечом на агрессивность злодея, не может не выйти из духовного равновесия и нравственной плеромы — и в этом злу всегда обеспечена некоторая видимость внутренней, душевно-духовной „победы"; в этом смысле зло всегда „имеет успех". Именно процесс очищения, следующий за подвигом неправедности, отнимает у зла последнюю видимость успеха и победы.

Очищение души не менее необходимо и после выхода из борьбы. И прежде всего для того, чтобы обезвредить и погасить в себе всевозможные следы незаметно проникшей заразы: все эти душевные осадки, отпечатки, отзвуки ведшейся борьбы, начиная от вспыхивавшей кровожадности, ненависти, зложелательства и кончая неизжитыми зарядами интриги и коварства. Все эти остатки, не освещенные и не обезвреженные, оседают в душе, как клочья злого тумана по ущельям и расселинам, и незаметно отравляют чувство, волю и мысль человека. Они имеют свойство ассимилироваться душевной атмосфере, и если эта ассимиляция происходит, то они, естественно, сливаются с собственными дурными влечениями человека, питаются ими, подкрепляют их со своей стороны и сильно затрудняют духу ведение надлежащей борьбы с ними.

Но больше всего очищение души необходимо для того, чтобы избавить душу от возможного очерствения и ожесточения, связанного с восприятием зла».

А если участие солдата в войне — это «восприятие зла» через «вспыхивавшую кровожадность, ненависть, зложелательство», то как можно, памятуя слова «в чем застану, в том и сужу», заранее и всем выдать «пропуск в рай»?[649]

Вот человек бросился в огонь, чтобы спасти ребенка. Он молодец, совершил подвиг. Но огню нет дела до его мотивов — и потому он всё равно получил ожоги и отравление ядовитыми газами, а потому нуждается в последующем и, возможно, долгом и болезненном лечении. Забытое правило Василия Великого говорит о необходимости такого лечения и для души ветерана, побывавшего в страстном пламени боя. Это не суд над солдатом и не осуждение его, а просто диагноз.

Но для всех — и для самого ветерана, и для страны — опасен отказ от психической и нравственной диагностики как отдельного солдата, так и всего общества, доведённого военной обстановкой и пропагандой до кризиса, а также попытка закрыть эту тематику бронелистом с надписью: «Война — это путь в рай».

Заодно замечу, что в военных церковных речах патриарха Кирилла напрочь исчез тезис, традиционный для этого жанра: «Война — это беда, которую Бог наслал на нас за наши грехи».

---

[649] Слова Христа, не записанные в Евангелиях, но сохраненные у Иустина Мученика (Разговор с Трифоном иудеем, 47).

Глава 7

Все солдаты попадают в рай

Достаточный, хотя и не необходимый признак священной войны/крестового похода в заверении, будто все солдаты в случае гибели на поле боя попадают в рай.

Это не христианское изобретение. Языческие племенные религии и ислам так мотивировали своих воинов.

Христианский мир почти тысячу лет сопротивлялся этому верованию.

Но в итоге — сдался.

Первое обещание воинам мученических венцов — это речь генерала Юстиниана в 576 году, обращенная к армии накануне сражения с персами:

«Мужи-философы (я скорее называю вас философами, чем воинами: у вас ведь одних постоянное занятие — смерть), покажите варварам вашу бессмертную отвагу. Сегодняшняя сладкая смерть, о которой всегда мы думаем, является каким-то сном, сном более длинным, чем обычно, но очень коротким по отношению ко дню будущей жизни. Ныне ангелы записывают вас в свое воинство и имена умерших заносят в свои списки» (Феофилакт Симокатта. История 3,13)

Тут и подчеркивание религиозных отличий, и обещание погибшим воинам рая. Это не священная война?

В 624 году этот тезис звучит уже из уст императора:

«*Царь Ираклий пошел в страну гуннов[650]... Царь, собравши войско ободрял его словами и так увещевал: „многочисленность да не смущает вас, братья. Если Бог похощет, то один прогонит тысячи. Итак пожертвуем Богу собою за спасение наших братий; примем мученические венцы, чтобы и потомство нас похвалило и Бог воздал бы нам мзду"*» (Феофан Исповедник. История. 624 г.)

А вот и голос высшего церковного иерарха: римский папа Стефан II (III) в 753 г. заверил: «Будьте уверены, что за борьбу, которую вы поведете в защиту Церкви [св. Петра], вашей матери духовной, Царь апостолов отпустил ваши грехи». Это он умолял франкского короля защитить его от лангобардского короля, тоже христианского. Да, и Рим в это время еще вполне Византия, и император Констанций V считал себя вправе слать распоряжения папе Стефану.

Веком позже то же говорил св. папа римский Лев IV:

«*Для тех, кто умрет [в сражении с сарацинами], царствие небесное закрытым не будет*»[651].

Принятия этого догмата добивался император Никифор Фока (963–969) которому хотелось уравновесить боевой дух

---

[650] Этноним, как часто у византийских авторов, условный. Боевые действия происходят в Закавказье на окраинах Персидского царства, то есть поход Ираклия носит наступательный или карательный характер.

[651] Цит. по: Контамин Ф. Война в Средние века. — СПб., 2001. С. 288.
Именно при этом папе началось то, что позже получит название «Фотиевой схизмы». Константинопольским патриархом был принц-кастрат Игнатий. В 847 году, поздравляя св. Льва с восшествием на Папский престол, св. Игнатий послал ему в Рим паллий (pallium superhumerale). Лев счел это оскорблением и ответил Игнатию, что Римский понтифик дарует паллий, но не принимает его от других епископов.

имперских солдат с фанатизмом мусульманских воинов⁶⁵². Для этого он:

> *«задумал издать закон, чтобы тех воинов, которые погибли на войне, причислять к лику святых только за то, что пали на войне, не принимая во внимание ничего иного. Он принуждал Патриарха и епископов принять это как догмат. Патриарх и епископы, храбро оказав противодействие, удержали императора от этого намерения, делая упор на канон Василия Великого, который гласит, что воин, убивший на войне врага, должен быть отлучен на три года от причастия»*⁶⁵³.

По рассказу Льва Диакона, патриарх Полиевкт устоял перед давлением царя.

Но есть более печальный позднейший рассказ о тех же событиях, принадлежащий антиохийскому патриарху XII века Иоанну Вальсамону:

> *«Когда император Фока потребовал, чтобы убиваемые на войне причислялись к мученикам, тогдашние архиереи, воспользовавшись этим правилом, заставили царя отказаться от своего требования, говоря: „каким образом мы причислим к мученикам падших на войне, которых Василий Великий устранил от таинств, как имеющих нечистые руки"? Когда же, по царскому приказанию, предстали пред собором различные священники, а также и некоторые епископы, и признались, что они участвовали в битве с неприятелями и убили многих из них, то божественный и священный собор, следуя настоящему правилу и 43-му того же святого и другим божественным постановлениям, хотел, чтобы они*

---

⁶⁵² Кстати, согласно Ибн аль-Асиру, и сам этот император был потомком мусульманина из Тарса по имени Ибн аль-Фаса.
⁶⁵³ Лев Диакон. Недостатки правления Никифора // Лев Диакон. История. — М., 1988. С. 118-119.

более не священнодействовали; но большинство и особенно те, которые были более воинственны, настояли на том, что они даже достойны наград» (Толкование на 13-е правило Василия Великого).

То есть на том соборе всё же было принято некое решение. Оно касалось не посмертной участи солдат, а оценки личного участия священников в войнах. И если по канонам даже невольный убийца не мог становиться священником (если только он не крестился уже после своего преступления), то этот собор своим воинственным большинством вывел из-под осуждения и даже похвалил бывших штурмовиков, принявших священнический и даже епископский сан.

Официально шахидский догмат так и не будет принят никаким православным собором. Но в проповедях патриархов и митрополитов он займет важное место.

И сам император Никифор II Фока попал в святцы как святой (память 11 дек., местночтимый святой Великой Лавры на Афоне; памяти в синаксарях нет, имеется служба)[654].

Мучениками были объявлены и воины имп. Никифора II Фоки (963–969), погибшие в битве с арабами[655].

---

[654] Православная Энциклопедия. Т. 30. С. 277. См.: Дмитриевский А. А. Служба в честь византийского императора Никифора Фоки // Труды Киевской Духовной Академии. 1906. № 2. С. 237–252. https://azbyka.ru/otechnik/books/original/17912/ii_35.pdf. Канонизирован он, вероятно, за то, что был жестоко убит узурпатором: Никифор был убит в собственном дворце Иоанном Цимисхием, который был тайно введен в царскую спальню с согласия царицы Феофано. По свидетельству Льва Диакона, «Иоанн схватил его за бороду и безжалостно терзал ее, а заговорщики так яростно и бесчеловечно били его рукоятками мечей по щекам, что зубы расшатались и стали выпадать из челюстей. Когда они пресытились уже мучениями Никифора, Иоанн толкнул его ногой в грудь, взмахнул мечом и рассек ему надвое череп. Он приказал и другим наносить удары [Никифору], и они безжалостно расправлялись с ним, а один ударил его акуфием в спину и пронзил до самой груди».

[655] Там же, с. 355.

А в Минологии императора Василия II (начало XI века) изображены с нимбами воины имп. Никифора I, убитые болгарами 26 июля 811 года во время битвы в Вырбицком ущелье. Этот военный поход имел лишь косвенное отношение к исповеданию веры во Христа; болгары предложили заключить мир, но предложение было отвергнуто; единственной причиной почитания византийских воинов стало то, что они были христианами и пострадали от язычников.

Итак, в X веке св. патриарх Полиевкт отказался от тотальной солдатской индульгенции.

Потом (Когда именно? Не знаю…) произошла перемена.

20 марта 1208 года — то есть уже имея перед глазами опыт и идеологию крестоносцев — патриарх Михаил IV Авториан вместе со своим синодом издал послание к армии Никейской империи:

> *«Вы — телесные защитники наследия Христова <...> наши враги будут повержены Господом. <...> наши враги потеряют свои души в вечном пламени, <...> и если он не берегут свои погибшие души, и сражаются за свою погибель как за свое спасение как мы, которым помогает естественное право, и чающие быть судимыми Непогрешимым Оком, не пойдем мужественно в бой против них, и не будем ли мы сражаться сверх наших сил, чтобы земные блага сопровождались для нас сопровождаться Божьей наградой? Мы, духовенство, вооруженные духовным оружием, поможем вам нашими гласами. Да пребудет с вами благодать Господа нашего. Получив от него великий дар Его благодати, **мы прощаем все грехи тем из вас, кто умрет**, сражаясь за защиту нашей родины и спасение народа Божьего».*

Копия обращения к войскам была отослана императору вместе с особым письмом, в котором Михаил отпускал императору Феодору Ласкарису все совершенные им к тому времени грехи:

*«Поскольку твое святое царство никогда не перестает служить Божией Церкви и ее главе, Христу, поскольку только ты являешься условием нашего спасения, и ты отдаешь свою жизнь за нас, как Христос, и **ты оправдан пред Богом самими своими деяниями**, поскольку ты так усердно трудишься ради наследства, вверенного твоему царству, то как мы можем не просить для тебя благословения и помощи Небес? С твоим возглавлением мы также будем благословлены, и мы не только избежим гибели, но и будем развиваться и достигнем совершенства. Я уже написал в армию, что диктует время и закон. Пусть Бог направит все твои пути, сохранит тебя и возвернет тебя нам победоносным и надолго и счастливо удержит тебя во главе римлян. Через нас, недостойных, но получивших по Его благодати апостольский престол, **Он прощает тебе все грехи**, которые ты по слабости совершил до сих пор»*[656]...

Император, в свою очередь, призывает греческое население Константинополя к охоте на «латинских собак»[657], тогда как римский папа Иннокентий III в 1210 году отлучает от церкви тех западно-европейских рыцарей, что встали под знамена православной Никейской империи.

Тут надо учесть, что в это время византийское церковное право вообще считало, что восхождение на престол дает удачливому заговорщику отпущение всех его грехов, включая публичное убийство предыдущего императора.

В 969 году генерал Иоанн Цимисхий убил своего дядю императора Никифора II Фоку: императрица Феофано провела Цимисхия в дворцовую спальню, а там:

---

[656] Oikonomidès N. Cinq actes inédits du patriarche Michel Autôreianos // Revue des études byzantines. 1967. T. 25. P. 115–120.
https://www.persee.fr/doc/rebyz_0766-5598_1967_num_25_1_1390

[657] Там же, P. 127.

«Иоанн схватил его за бороду и безжалостно терзал ее, а заговорщики так яростно и бесчеловечно били его рукоятками мечей по щекам, что зубы расшатались и стали выпадать из челюстей. Когда они пресытились уже мучениями Никифора, Иоанн толкнул его ногой в грудь, взмахнул мечом и рассек ему надвое череп. Он приказал и другим наносить удары [Никифору], и они безжалостно расправлялись с ним, а один ударил его акуфием в спину и пронзил до самой груди» (Лев Диакон. История 5, 8).

В отличие от аналогичного случая с русским императором Павлом, заговорщики не стали врать, будто тот погиб «от апоплектического удара табакеркой». Отрезанную голову Никифора показали его охранникам — и те сразу поняли, что императора на самом деле теперь зовут Иоанном.

В городе тоже не было сомнений в том, кто виновен в убийстве императора. Поэтому патриарх Полиевкт объявил, что «не дозволит государю войти в храм» (6, 4). Это был тот патриарх, который крестил киевскую княгиню Ольгу, бабку св. князя Владимира... Он патриаршествовал уже 14 лет и был опытным царедворцем[658]. Условием прощения Цимисхия он поставил изгнание царицы Феофано, с которой он был в конфликте, и отмену антиклерикального «томоса» Никифора.

Цимисхий согласился. Но скандал был слишком велик и не мог быть разрешен просто келейной договоренностью патриарха с узурпатором.

О последующих событиях как раз и рассказывает величайший православный канонист антиохийский патриарх Феодор Вальсамон в том самом XII веке:

---

[658] Еще это был «евнух, человек образованный и добродетельный, красноречивый проповедник» (еп. Арсений (Иващенко)). Летопись церковных событий и гражданских, поясняющих церковные, от Рождества Христова. — СПб., 1899. С. 349).

*«Святейший патриарх Полиевкт прежде извергнул из священной ограды церкви императора Иоанна Цимисхия, как убийцу императора Никифора, а напоследок принял. Ибо вместе со святым синодом в состоявшемся в то время соборном деянии[659] сказал, что, **как помазание святого крещения изглаждает соделанные прежде того грехи, каковы бы и сколько бы их ни было, так, конечно, и помазание на царство изгладило совершенное прежде его Цимисхием убийство**».*

Вальсамон сослался на 12-е правило Анкирского собора (314 год) говорившее, что крещением смываются все прежние грехи («Прежде крещения идоложертвовавших, и потом крестившихся, рассуждено производить в чин священный, яко омывших грех»).

Прямо скажем — это весьма произвольное расширение правила на совершенно чуждую для него сферу. Прецедент уже был: помазание царей на Востоке было введено именно для очищения узурпаторов, занявших трон путем убийства (и впервые совершено над Василием I Македонянином в IX веке — за сто лет до Иоанна Цимисхия). Но Полиевкт впервые подвел богословско-каноническую базу, увидев в старом каноне основание для освящения цареубийцы.

С той поры помазание императоров на царство (сначала елеем, а потом и миром) стало традицией — первоначально только для успешных убийц.

Вплоть до взятия Константинополя крестоносцами в 1204 году оно совершалось лишь над теми византийскими василевсами, которые восходили на престол в результате заговоров. Лишь при Ласкарисах (с 1207 года) оно стало совершаться над

---

[659] Синодальную грамоту об этом τὸ χρίσμα τῆς βασιλείας видел русский исследователь еп. Порфирий (Успенский) (Первое путешествие в афонские монастыри и скиты архимандрита, ныне епископа Порфирия (Успенского). Ч. I. 2-е отд. — Киев, 1877. С. 302).

всеми византийскими автократорами — так как нужен был противовес латинским императорам Константинополя, которые по западному образцу ввели обряд помазания миром для каждого вступающего на константинопольский престол государя. Мол, у нашего императора не меньше благодати, чем у латинского.

А Вальсамон не ограничился рассказом о том, как патриарх Полиевкт изощрился прощать убийства одних крещеных христиан другими. Он решил резко расширить круг «святых грешников»:

> *«Итак, следуя сему деянию, те, которые более расположены к снисходительности и Божие милосердие ставят выше суда, говорят, что помазанием архиерейства изглаждаются соделанные до него прегрешения, и справедливо отстаивают мысль, что **архиереи не подлежат наказанию за душевные скверны, соделанные до архиерейства; ибо, как цари называются и суть помазанники Господни, таковы же суть и именуются и архиереи**. Для неопровержимого утверждения всего этого они пользуются также словом великого Григория Богослова, написанным им к отцу своему после своей хиротонии, которое начинается: опять на меня помазание и Дух. И знай, что нисколько не менее удостаивается благодати Всесвятого Духа тот, кто недостойно принял хиротонию, если после хиротонии проводил жизнь в чистоте, чем принявший хиротонию достойно и в той же чистоте оставивший жизнь среди нас. Это об архиереях; **хиротония архиереев и помазание царей изглаждают соделанные прежде хиротонии и помазания грехи, каковы бы они ни были**. Ибо потому епископы имеют и власть отпускать грехи, что слышат при хиротонии: елика свяжете на земли, будут связана на небеси, и елика разрешите на земли, будут разрешена на небесех. А рукоположение священников и других посвященных лиц изглаждает малые грехи, например поползновение ко греху*

и ложь и другие подобные, не подвергающие извержению; но не изглаждает блудодеяния. Почему священники и не могут отпускать грехов»[660].

Вообще потребность царей в отпущении им грехов убийства не такая уж и плохая черта: значит, некое нравственное совестное беспокойство всё же было им известно. Но поражает несоразмерность царских грехов и церковных средств «прикрытия».

Гарантии получают воины Ивана Грозного, идущие на захват Казани:

«Яко же по рождении своем омышася духовною нетленною банею, Крещением, тако же и второе обмыют кровию своею прежняя согрешения воины твоя в нынешнее время со окоянными казанцы за святыя церкви и за Православия, подобяще святым мученикам»[661].

В июле 1552 года св. Макарий, митрополит всея Руси, пишет Ивану Грозному, ушедшему в Казанский поход:

*«А еже, благочестивый царю, в ополчении по Бозе вашего пречестнаго подвига и благочестия и победы на супостат ваших, аще случится кому от православных християн на той брани до крови пострадати за святыя Церкви и за святую веру християнскую и за множество народа людей православных, и потом живым быти: и те, поистине, **пролитием своея крови, очистят прежние свои грехи, имиже по святом Крещении согрешили** и осквернены были, о всем о том от Господа Бога прощены будут. И не токмо прощение грехов от Бога получат, за пролитие своея крови, но*

---

[660] Правила святых поместных соборов с толкованиями. — М., 1880. С. 35–36.
[661] Послание митр. Макария царю под Казань // ПСРЛ. — СПб., 1903. Т. 19. Стб 427–433.

*и сугубы мзды вое приимут, в нынешнем веце приложение лет и здравие животу, но **и в будущем веце сугубы мзды восприимут за пролитие своея крови**. А еже случится кому ныне от православных християн, на том вашем царьском ополчении, не токмо кровь свою пролияти, но и до смерти пострадати за святыя Церкви, и за православную веру християнскую, и за множество народа людей православных, ихъже Христос искупи от мучителства честною Своею кровию и Его Христово слово исполнити: «ничтоже тоя любви болши, еже положити душу свою за брата своего». Тии, по реченному Господню словеси, второе мученическое Крещение восприимут и пролитием своея крови очистятся, и омыют от душа скверну своих согрешений, и добре очистят свою душу от грех, и восприимут от Господа Бога, в тленных место, нетленная и небесная, и в труда место, вхождение вышняго града Иерусалима и наследие. А за оружие и за благострадение телесное, вечных благ восприятие, и за мечное усечение и копейное прободение, с мученики и со Ангелы радость неизреченную, по божественному Апостолу реченное восприимут, „ихъже око не виде, и ухо не слыша, и на сердце человеку не взыде, яже уготова Бог любящим Его" в день он, от Мздовоздаятеля, праведнаго Судии, Господа Бога, терпения венцы восприимут и покой вечныя жизни в безконечныя веки, аминь»*[662].

Росписи усыпальницы Ивана IV в диаконнике Архангельского собора сделаны при жизни самого Ивана Грозного. В приделе св. Уара в росписи среднего регистра изображены события из жития Клеопатры и Иоанна. Клеопатра несла подвиг захоронения тел христиан-мучеников во время гонений. Она перенесла на родину тело мученика Уара, где в семейном склепе

---

[662] Акты исторические. Т. I. — СПб., 1841. С. 290–295; ПСРЛ. — СПб., 1904. Т. 13. С. 192–197.

похоронила в ней мощи Уара. Со временем она возвела там храм, и епископ прибыл для его освящения. В день торжественного освящения храма неожиданно заболел «огневой болезнью» единственный сын Клеопатры Иоанн. Юноша вскоре скончался. В ответ на слезы и упреки Клеопатре дано видеть сына своего «светящиеся яко солнце». По молитве Уара бог «благоволит ввоинити сына твоего себе в вои небесными, да служит царю небесному и вечному» (Минеи-Четьи под 19 октября). Своему наследнику царевичу Димитрию Иван дал имя Уар (это его «прямое имя»; вероятно, оно скрывалось из боязни, чтобы на царевича не навели порчу[663]).

То есть это рассказ о том, что католики назвали «сверхдолжные заслуги»: святой, накопивший плюсов больше, чем нужно для его собственного спасения, может ими делиться с грешниками. Оттого в церковно-народной традиции считается, что именно Уару надо молиться о спасении душ некрещеных сродников.

Димитрий-Уар не взошел на трон. И в последовавшее Смутное время св. патриарх Гермоген вполне по-путински[664] запугивал врагов московского царя Василия Шуйского:

> *«Кого ни убьете с нашия стороны благословенных воинов — те все идут в небесное царство, с мученики святыми в безконечную радость веселитися, и о сих мы радуемся и молим их о нас молити, дабы их молитвами и нас сподобил Господь с ними быти. А с вашия отпадшия стороны кто ни будет*

---

[663] см. Карамзин Н. М. История государства Российского. Кн. 3. Т. 9. — Спб., 1845. С. 251.
[664] 18 октября 2018 года во время участия в ежегодном международном форуме «Валдай» в Сочи, Владимир Путин сказал: «Суть ядерной доктрины России в том, что агрессор должен знать: возмездие неизбежно, всё равно он будет уничтожен. А мы, как жертва агрессии, мы, как мученики, попадем в рай, а они просто сдохнут, потому что даже раскаяться не успеют». https://ria.ru/20181018/1530999011.html

убьен или общею смертию умрет — тот во ад идет и во святых церквах приношения за таковых, по писанному, неприятна Богом и, конечно, отвержено и идут таковии без конца мучитися. Можете, аще хощете, перебороти врага и с нами паки воедино быти и небесная вся возвеселити. Можете обрящением своим двигнути небеса на веселие, писано бо есть: „Радость бывает на небесех о едином грешнице кающемся", — кольми паче о тьмах християнского народа возвеселитися имать Бог и ангели его?!»

Грамота патриарха Гермогена ополчению:

«В полкех говорити безстрашно, что буде и постраждете, и вам в том Бог простит и разрешит в сем веке и в будущем»[665].

В том же столетии о том же говорит письмо от 6 мая 1687 года, которое патриарх Иоаким послал из Москвы воеводам, пошедшим в Крымский поход:

«Всех воинов защищающих веру православную от проклятого агарянского злобожного свирепства Господь да сподобит прекрасного рая приятии... Чесого ради мздовоздаятелства в вечном блаженстве на небесех сподобишася от Господа... За что от Бога мздовоздаяния сподобтесь и зде и на небесех вечно»[666].

---

[665] Грамота в Нижний Новгород, с повелением написать в Казань и другие города, чтоб отнюдь не упрочивали царства сыну Маринкину, а стояли бы все за Веру, не щадя живота своего Писана 1611, в Августе. // Творения святейшего Гермогена патриарха Московского и всея России. — М., 1912. С. 100–101.

[666] Савелов Л. Переписка патриарха Иоакима с воеводами, бывшими в Крымских походах 1687—1689 гг. Симферополь, 1906 // Известия Таврической Ученой Архивной Комиссии. Т. 40. — Симферополь, 1907. http://www.library.chersonesos.org/showtome.php?tome_code=39§ion_code=1

Архимандрит Игнатий Римский-Корсаков было того же убеждения:

«Всяк бо на сицевой брани умираяй, близ святых мученик водворяется чина: яко о Бозе и о церкви полагает свою»[667].

Над полем полтавской баталии прозвучали похожие слова царя Петра:

«Июня 28-го. Его царское величество повелел тела убитых российского войска собрать и положить в один курган, и всей армии встать кругом кургана, и от всех полков быть священникам для отпевания убитых. Во время отпевания великий государь пребывал в горьком рыдании и слезах и изволил говорить: „О благочестивые воины, во благочестии жившие, за благочестие павшие, все, как имеете дерзновение у Бога, молитвами своими помогайте мне на враги, которые тщатся и истинное благочестие наше истребить, и храмы Божии с землей сравнять"»[668].

В XIX веке св. Филарет Московский учил:

«Война — страшное дело для тех, которые предпринимают ее без нужды, без правды, с жаждою корысти или преобладания, превратившейся в жажду крови. На них лежит тяжкая ответственность за кровь и бедствия своих и чужих. Но война — священное дело для тех, которые принимают ее по необходимости, в защиту правды, веры, Отечества. Подвизающийся в сей брани оружием совершает подвиг веры и правды, который Христианские Мученики со-

---

[667] Публ.: Богданов А. П. Памятники общественно-политической мысли в России конца XVII в.: Литературные панегирики. — М., 1983. С. 137.

[668] Крёкшин П. Н. Дневник военных действий Полтавской битвы // Труды Императорского Русского военно-исторического общества. — СПб., 1909. Т. 3, [№ 237]. С. 292–293.

вершали исповеданием веры и правды, страданием и смертью за сие исповедание, и приемля раны, и **полагая живот свой в сей брани, он идет вслед Мучеников к нетленному венцу.** Если суждено верному воину окончить земной путь и прийти в Отечество Небесное, вы, вдовы, будете иметь на небесах благодарного вам и призывающего на вас благословение Отца Небесного»[669].

Понятно, что проповедях и публицистике XIX и XX веков это стало уже общим местом.

«Катехизис русского солдата», изданный в 1913 году, призывал отвергнуть всякое сомнение:

***Вопрос.** В чем заключатся истинный героизм?*

***Ответ.** Кто твердо решил победить или умереть и привел свое решение в исполнение — тот истинный герой. Он знает, что исполнен Божественным дыханием, и что ничто не может навредить ему, так как он составляет часть вечности»[670] (даже очевидную еретичность выражения про «часть вечности» цензура пропустила).*

Издатели и авторы «Листка для народа» считали вдохновляющими такие слова: «Огнем крещены и воины, павшие на поле брани за Веру, Царя и Отечество. Страшным и мучительным огнем крещаются и те вожди и воины, которые полагают живот свой за веру, Царя и Отечество в морских боях. После крещения водою дитя чисто и невинно. И после крещения огнем, уповаем, христианский воин чист от греха. Он как бы возрожден. Ему не чужды слова Господа: аминь

---

[669] Беседа к сердобольным вдовам, избранным для попечения о раненых и больных воинах действующей армии, 1854 г. // Святитель Филарет (Дроздов). Избранные труды, письма, воспоминания. — М., 2003. С. 481–483.

[670] Шалапутин Н. Катехизис русского солдата. — М., 1913.

глаголю тебе, днесь со Мною будеши в рай (Лук. 23:43). Воин, павший на поле брани за Веру, Царя и Отечество, венчается венцем мученическим, как и 40 мучеников Севастийских, которых так глубоко чтит православный русский народ»[671].

Тут налицо вполне бессовестное передергивание. Упомянутые «40 мучеников Севастийских» и в самом деле были воинами. Но погибли они вовсе не в бою.

Их Житие относится к жанру «эпических мученичеств»[672] (рассказы о мучениках, которые строятся не на сохранившихся протоколах и судебных актах, и в которых первоначальное зерно подверглось позднейшей переработке, называются в исторической агиографии passions épiques), их членство в «Молниеносном легионе» исторически недостоверно[673].

Да, на Руси это очень популярный праздник. В этот день 22 марта пекут «жаворонков» — это печеные птички из постного теста. «В православной традиции они символизируют летящие к Богу души мучеников. По другой версии песнь этих птиц символизирует молитву Севастийских мучеников Богу»[674]. На самом деле это природно-календарный праздник, приветствующий весеннее возвращение птиц.

Но сегодня упоминание о мучениках, убитых императором Лицинием в 320 году, вызывает память не о птичках, а о битвах и победах пропагандистов. Летописи, как известно, пишут победители. И многие века во всех семинариях мира учили, что гоне-

---

[671] Листок для народа. Приложение к Вестнику Виленского православного Свято-Духовского братства. — 1914 № 20. С. 8.

[672] «Мученичество севастийских мучеников относится к „эпическим", в нем содержатся параллели с другими позднеантичными агиографическими произведениями из Малой Азии» (Православная Энциклопедия. Т. 62. М., 2021. С. 242).

[673] Там же, с. 243.

[674] https://foma.ru/zhavoronki.html

ния на христиан кончились «Миланским эдиктом», изданным св. императором Константином.

Но Александр Каждан показал, что этот эдикт был издан именно Лицинием:

«Выходит, что „гонитель христианства" Ликиний, на голову которого обрушивают гнев и ярость церковные писатели еще до Константина смирились с новой религией, прекратили гонения, разрешили строить храмы. Им — а не Константину — принадлежат первые законы в пользу христиан. Но случилось так, что в ожесточенной борьбе за власть победил Константин, а Максенций, Максимин Даза и, наконец, Ликиний потерпели поражение. И тогда христианские писатели, кормившиеся при дворе Константина, сообразили, что враги Константина — это совсем не те люди, с которыми нужно связывать признание христианской религии. Историю нужно было исправить: ведь бог всегда с тем, кто победил. Победил Константин — значит, он и был первым из римских правителей, на кого с любовью взглянул бог. Так родилась легенда о небесном знамении накануне Мильвийского боя. Как это часто бывает, победитель отрекся от своих предшественников, представил их нечестивыми злодеями и приписал себе самому то, что было сделано другими»[675].

Православная энциклопедия в целом согласна: «Текст Миланского эдикта не сохранился. Реконструировать его с достаточной точностью позволяет текст эдикта, изданного имп. Лицинием в Никомидии от имени 2 императоров 13 июня 313 г.» (т. 41, ст. «Лициний»).

Если Житие говорит правду и вина за смерть сорока солдат-христиан лежит на императоре Лицинии, то это время

---

[675] Каждан А. От Христа к Константину. — М., 1965. С. 16 и след.

гражданской войны. Западная Римская империя уже во власти христианина Константина. Лициний же, хоть и женат на его сестре, не желает отдать ему свою Восточную империю…

Это я к тому, что солдаты-христиане могли бы уйти на запад и вернуться назад в составе крестоносного войска. Кроме того, в городах Восточной империи было уже много христиан[676] (больше, чем в Западной). Можно было бы обратиться к ним и возглавить восстание… Но они отказались защищать себя и свою веру оружием.

Так что знак равенства между ними и солдатами, убивавшими и убитыми из-за какого-то геополитического каприза земного империалиста не вполне очевиден.

Ну как не отупеть и устоять перед таким напором высоких слов:

«…когда Родина-мать с невыразимой болью в сердце, но верная заветам Христа, оторвала от своей любящей материнской груди многие миллионы своих сынов и по зову родного Царя Отца послала их на великий подвиг — положить душу за други своя — ты безбоязненно, громко воскликнув со всею святою Русью „с нами Бог", бросился с „железом в руках, с крестом в сердце" на врага и в море братской крови, проливаемой за святую Родину и за обездоленных, несчаст-

---

[676] Житие Никомидийских мучеников: «В праздник Рождества Христова 302 года, когда в Никомидийской соборной церкви собралось около 20 000 христиан, император послал в храм глашатая, который передал его повеление всем христианам выйти из церкви и принести жертву идолам, в противном случае он угрожал сжечь храм вместе с молящимися. Однако все присутствовавшие поклониться идолам отказались. Все 20 000 молящихся скончались в огне».
Храм Христа Спасителя вмещает до 10 тысяч человек. Вместимость собора св. Петра в Ватикане — 15 тысяч человек. Да, в случае паники и давки он, наверно, может вместить и 20 тысяч. Но можно ли себе представить, чтобы в период гонений христиане строили столь огромные храмы, да еще в провинциальном городке? И где же археологические следы этой огромной постройки?

ных, угнетенных братьев-славян, влил и свою чистую святую кровь и теперь ранами своими и своею праведною кончиною громко свидетельствуешь, что обрел истинное счастье, ибо совершил свой подвиг любви до конца, положив душу свою за други своя. Ты претерпел до конца и будешь спасен. Мы этому верим. Это сказал Христос»[677].

*«Минувший год залил кровью почти всю Европу, но эта кровь запечатлела не только злодейство и жестокость несправедливо нападающих, но и святое мученичество и любовное самоотвержение защищающихся и защищающих. Реки горьких слез заставил пролить минувший год, осиротив сотни тысяч матерей, отцев, жен и детей; но эти слезы умягчили сердца, освежили любовь и затопили безплодную пустыню нашей годами накоплявшейся сердечной черствости. Ряды цветущих граждан нашего отечества за минувший год поредели, но **умножилось число граждан небесных**, цветущих неувядаемо»*[678].

И всё это, конечно, возродилось в XXI веке, будучи востребованным для нужд «священной военной операции».

Патриарх Кирилл весьма настойчив в проведении мысли о спасении всех солдат, что погибли на войне. Даже выступая перед детьми на елке в Рождество 2023 года, он уверял их:

«Мы вспоминаем подвиги наших воинов, которые защитили Отечество в Великую Отечественную войну: где они, в каком месте, простил ли им Господь грехи? И тут же, вспоминая слова, что нет большей любви, чем если кто жизнь

---

[677] Священник К. Айвазов. Екатеринослав. Слово, сказанное 12 сент. в бригадной церкви г. Екатеринослава, при отпевании умершего от ран поручика Феодосийского полка Георгия Васильевича Замятина. // Голос Церкви. 1914. С. 165.

[678] Слава Богу за все! // Рижские епархиальные ведомости. 1915. № 1 (янв), С. –78

свою положит за други своя, мы понимаем, что все они у Господа, прощены были им грехи за ту великую жертву, которую они принесли ради народа»[679].

Конечно, не миновать рая и солдатам «специальной военной операции»:

«Мы знаем, что сегодня многие погибают на полях междоусобной брани. Церковь осознает, что если кто-то, движимый чувством долга, необходимостью исполнить присягу, остается верным своему призванию и погибает при исполнении воинского долга, то он, несомненно, совершает деяние, равносильное жертве. Он себя приносит в жертву за других. И потому верим, что эта жертва смывает все грехи, которые человек совершил»[680]. «Идите смело исполнять свой воинский долг и помните, что если вы жизнь свою положили за Родину, за други своя, как говорит Священное Писание, то вы будете вместе с Богом в Его Царстве, в Его славе, в Его вечной жизни»[681].

Иерархи рангом пониже подражают своему начальнику.
Ректор Московской академии и наместник Лавры епископ Кирилл рассказал, что:

«обязательно нужно слово пастырской поддержки и духовного наставления, что они, положив душу за отчизну, чтобы остановить торжество зла, марширующего по планете, что они, безусловно, у Бога. И надо сказать, что они-

---

[679] http://www.patriarchia.ru/db/text/5993811.html
[680] Проповедь 25 сентября 2022 года.
http://www.patriarchia.ru/db/text/5962628.html
[681] 13 июня 2021 года. Слово патриарха Кирилла по случаю первой годовщины освящения главного храма Вооруженных сил РФ.
http://www.patriarchia.ru/db/text/5819726.html

то у Бога, а мы — неизвестно, попадем ли. За них можно даже порадоваться, что они удостоились такой светлой кончины, о которой некоторые святые даже мечтали — в битве за добро, за свет»[682].

«Для православного так понятно, что погибнуть за веру и отечество является святым долгом, святой обязанностью. Воины, так погибшие, являются святыми. Воины испокон веков, как и сейчас, несмотря, где они воюют, — в Сирии, в Афганистане или в Украйне, не имеет значения — они все являются святыми, если идут соответственно воинскому уставу и воинской науке. Одно из условий быть в раю — это быть православным воином, хранить честь своего государства и защищать его соответственно военной науке, а как она устроена, мы, гражданские, не можем судить»[683].

Его тезка, епископ Питирим Творогов, разворачивает такую картину:

«Есть у тебя ощущение, что ты общаешься со святыми, и меня потом мои спутники спрашивали: „Владыка, а мы не поймём, а что тут мы, когда уходим из этих госпиталей, ощущение, как будто общались со святыми. А там уже в прокуренных палатах мы сами провоняли этим самым табачищем. А потом я понял, почему похоже, что как будто мы со святыми с Афона возвращаемся и общались с афонскими старцами прозорливыми, такими, как преподобный Сергий. А потому, что святые готовы в любой момент умереть. Они готовы к вечности, в отличие от нас, и эти

---

[682] https://www.youtube.com/watch?v=AynWuvugxKc 1 час 06 мин.

[683] Архиепископ Сыктывкарский Питирим (Волочков) https://vk.com/pitirim1961?z=video224347172_456242323%2Fd1a27a3da 5bd72c496%2Fpl_wall_74284165 21 марта 2022.

также готовы к вечности. Они выжили, а их друзья, их однополчане умерли, а эти выжили, чтобы свидетельствовать. А в глазах у них уже отразился рай, как у святых, и у него на лице еще и ужимки уголовника, а глаза у него уже святого... Основная масса, с кем мы общаемся, это штурмовики, в основном. Те, которых вот больше всех гибнет. Они же бывшие зэки. Мужики разных возрастов там, и красивые какие-то бывают, и какие-то уже прямо печать уголовника у него на лице, а всё равно они как одна семья. Этих штурмовиков я больше всех люблю, именно с ними с бывшими зеками общаться, потому что вот тех, которых особенно в бой провожаешь, вот их понимаешь, что они погибнут, почти что все погибнут и нам говорят командиры — «вряд ли кто из них вернется». И они знают, что они погибнут, но они уже столько всего пережили вот этих вот знаете этапов принятия там или непринятия, что они уже приняли всё, то есть они уже даже смирились с этим и они уже идут как бы вот на смерть... Господь их встречает там, и свидетельства есть такие тоже, что сам Господь вот этих наших бойцов встречает, потому что они стоят уже на рубеже, когда рвется в мир антихрист уже вот это вот западный. Сейчас пока еще коллективный антихрист, а потом когда уже вот всё это зло персонифицируется вот в этого человека беззакония, вот этого антихриста и он уже воцарится над всем миром. Сейчас вот эта специальная военная операция отодвигает это время, вот каждый бой, каждая смерть нашего бойца или даже ранение, увечие, каждый крик вот этот отчаянный, да это всё на одну на секунду, на минуту, на час отодвигает приход антихриста. Они — воины апокалипсиса»[684].

---

[684] https://www.youtube.com/watch?v=KQAmCoj33Oc, 28-я, 44 и 46 минута. Сам Питирим про это свое интервью студентам профиля «Политическая журналистика» Института государственной службы и управления Президентской академии в рамках проекта «Воинство и священство:

Прот. Андрей Ткачев осенью военного 2022 года объяснил:

«...чтобы умер в бою и пошел в рай. Воинская смерть — лучшая из всех смертей. Люди умирают как свиньи, захлебываются блевотиной, ели-пили, перепились, под столы попадали, обрыгались и блевотиной захлебнулись, вот тебе и смерть. Или малолетки-зацеперы, его током шваркнуло 3 000 вольт, он обугленный на рельсы упал. Таких дурацких смертей — во! Так лучше с оружием в руках умереть за Родину, как герой, как мужчина. Еще и помолиться перед смертью — и пошла душа в рай»[685].

Альтернативу русскому мужику уважаемый докладчик рисует лишь такую: смерть от водки или в бою. Возникает лишь один вопрос: а Русь точно была крещена? Или так и осталась в мире берсерков?

А раз все погибшие святы, то их кости — это святые мощи. Так что вполне логично некий фронтовой священник из-за отсутствия частицы мощей использовал для проведения причастия кости погибших российских солдат. Такой историей 2 июля 2024 года поделился ведущий «Соловьев LIVE» Сергей Карнаухов. По его словам, батюшке предстояло провести таинство для военных, которые собирались идти на штурм, но у него не было антиминса — шелковой материи с вшитой в него частицей мощей какого-либо православного мученика, которое используется при литургии. Священник решил, что в этом случае антиминсом можно будет считать землю, в которой лежат кости погибших:

грани служения» сказал: «Это одно из лучших интервью, которые со мной делали. Причина, как мне кажется, в том, что юная журналистка еще только учится, поэтому и вопросы были нестандартные, и ответы получились живыми» (https://m.vk.com/wall710899450_9350).

[685] https://www.youtube.com/watch?v=spP1id48fbM&embeds_euri=https%3A%2F%2Fl.lj-toys.com%2F&feature=emb_logo

> *«Он говорит: „Я вижу, что земля блестит. Кости ребят наших, которые в разные дни погибали (а война же уже идет третий год), они наполнили всё это поле. Прошли по ним танки. И мы когда эту землю освободили, эти косточки беленькие поблескивают на солнце. Я тогда понял, что каждый из этих пацанов — они святые"».*

После этого священник положил чашу для литургии на землю, которую он посчитал антиминсом и смог провести таинство.

То, что по их непохороненным костям их же сослуживцы ездят танками — это теперь стоит расценивать как кощунство?

Но лаконичнее всех эту мысль выразил В. В. Путин — «мы как мученики попадем в рай, а они просто сдохнут»[686].

---

[686] 18 окт 2018 г. (https://ria.ru/20181018/1530999011.html)

Глава 8

Точно ли солдатская любовь самая большая?

Еще один маркер ухода богословия от раннехристианского пацифизма к военно-полевому богословию — это история толкования слов Христа «Нет больше той любви как положить душу свою за ближнего своего» (Ин. 15, 13).

Мы их сегодня обычно слышим в сопровождении милитаристской риторики: это, мол, про «защитников отечества» и солдат.

Однако, их контекст и прямой смысл вовсе не были армейскими:

«Сие сказал Я вам, да радость Моя в вас пребудет и радость ваша будет совершенна. Сия есть заповедь Моя, да любите друг друга, как Я возлюбил вас. Нет больше той любви, как если кто положит душу свою за друзей своих. Вы друзья Мои, если исполняете то, что Я заповедую вам. Я уже не называю вас рабами, ибо раб не знает, что делает господин его; но Я назвал вас друзьями».

То есть Христос эти слова сказал о Себе, о Своей Жертве и о Своих отношениях с учениками, а не о солдатах.

Всем известно, что Писание говорит, что именно любовь есть истинный признак христианина. Эти слова Христа о высшем проявлении любви, а, значит, это просто сертификат настоящего христианина.

«За други своя» умели погибать не только христиане. Так поступали древнегреческие воины-гомосексуалисты (Плутарх советовал набирать в армию любовников, чтобы они яростнее защищали друг друга[687]). Вполне жертвенны были самураи (у них, впрочем, тоже воспевались гомосексуальные связи).

В знаменитом цицероновском «Сне Сципиона» римскому полководцу является его дед и рассказывает о мироустройстве.

---

[687] «Муж, исполненный Эротом, сражается за своего друга. Клеомах фарсалиец пришел союзником к халкидянам, когда у тех была в разгаре Лелантская война с эретрийцами. Пехота была у халкидян достаточно сильна, но им было трудно сопротивляться набегам вражеской конницы. Поэтому они просили Клеомаха как человека выдающейся храбрости первым напасть на всадников. Клеомах спросил присутствовавшего при этом своего возлюбленного, хочет ли он увидеть это сражение. Тот ответил утвердительно, дружески поцеловал Клеомаха и надел ему шлем. Воодушевленный Клеомах, собрав вокруг себя лучших из фессадийских воинов, произвел блистательный набег и обратил в смятение, а затем и в бегство вражескую конницу. Вслед за Этим бежали и гоплиты, и эретрийцы одержали полную победу. А любовь к мальчикам, которая у халкидян ранее осуждалась, теперь окружена у них большим почетом и уважением, чем где-либо.

А у вас в Фивах не было ли в обычае, что влюбленный дарил своему возлюбленному в день его внесения в воинские списки полное вооружение? А муж по имени Паммен, хорошо знающий силу Эрота, изменил воинский строй гоплитов, упрекнув Гомера как далекого от Эрота за то, что он построил ахеян по филам и фратриям, вместо того чтобы поставить рядом влюбленного и возлюбленного, щит со щитом, шишак с шишаком, единственное непобедимое среди воинских построений. Ведь бывает, что покидают в строю близких по филе, родственников и даже, Зевс свидетель, родителей и детей, но между двумя воодушевленными Эротом никогда еще не прошел, разлучив их, ни один неприятель. Перечислить все встречи Геракла с Эротом дело трудное, так они многочисленны. Но Иолая доныне почитают как его возлюбленного все влюбленные и на его могиле принимают заверения и клятвы от своих любимых» (Плутарх. Об Эроте, 17).

Эта модель мира весьма близка к нашей: крохотная шарообразная Земля среди огромных звезд, но сотериология излагается вполне языческая: «всем тем, кто сохранил отечество, помог ему, расширил его пределы, назначено определенное место на небе, чтобы они жили там вечно, испытывая блаженство» (О Государстве. кн 6. 13, 13). По сюжету это сказано перед радикальным «расширением пределов» римского государства, т. е. перед штурмом заморского африканского Карфагена[688].

Может ли отличительной чертой христианина быть поведение, присущее язычникам и атеистам? Точно ли накануне Своего

---

[688] При этом: «Культурно неоднородный, опиравшийся на союзников-партнеров, искавших в войне выгоды, Карфаген был торговой державой и не вел войны на уничтожение: карфагенянам было достаточно добиться нужных коммерческих договоренностей, монополий или приращения территорий плодородными землями. Карфагенской олигархии ни к чему было разрушать города и вырезать их население: мертвые не платят. В контроле над территориями они были заинтересованы ровно в той мере, в которой из них можно было извлечь прибыль. И, вероятно, они не ожидали, что Рим проявит безразличие к возможности будущей дани и будущих прибылей, которые покоренный Карфаген охотно заплатил бы.

В свою очередь Рим, спаянный единой культурой, опиравшийся на монолитный италийский союз, с самого начала вел войну на сокрушение и тотальное уничтожение противника. Поражения в этой войне римляне принципиально не предусматривали. Не готовились они и к обычным в иных случаях переговорам с побежденным об условиях сдачи. Для двух империй этот мир был слишком тесен. Остаться должен был лишь один. Что, в итоге, и произошло.

В случае с Карфагеном мы впервые видим катастрофу, вызванную не природными или социальными причинами: это было тщательно спланированное и вполне осознанное уничтожение одной цивилизации, финикийско-карфагенской, другой цивилизацией — римо-латинской. Уничтожение цивилизации Карфагена являлось твердо задуманным, хорошо организованным единовременным политическим действием. Римляне действовали в иной, чем карфагеняне, парадигме: им нужна была победа и только победа, а поражение означало для них завоевание их страны и разрушение всего мироустройства. Поэтому ради победы они были готовы идти — и шли! — на все» (Данилова Т. Предисловие к книге «С точки зрения Карфагена».
https://coollib.com/b/422459-elena-vladimirovna-haetskaya-s-tochki-zreniya-karfagena-finikiytsyi-i-karfagen/read

ареста Христос озаботился тем, чтобы сочинить девиз армейской службы?

Тут интересна история экзегезы этого места.

Есть ли в святоотеческих толкованиях на Евангелие от Иоанна приложение этих слов к солдатам?

«Если отвращающихся и удаляющихся Он возлюбил так, что даже умер за них, то возлюбивших Его в высочайшей степени, ибо «нет больше той любви, как если кто положит душу свою за друзей своих» (Ин.15:13), — с каким примет Он благоволением и почитанием?» (Иоанн Златоуст. Похвала святому мученику Юлиану).

«Он говорит: „Нет больше той любви, как если кто положит душу свою за друзей своих" (Ин. 15:13). Смотри, как он заботится и о тех, которые распяли Его, и которые столько оказали неистовства над Ним! Так говорил Он об них к Отцу: „Прости им, ибо не знают, что делают" (Лк. 23:34)! И впоследствии послал еще к ним учеников» (Златоуст. На Матфея 60,3).

«Христос не просто говорит о любви, но указывает и образ любви: „как Я возлюбил вас". Затем снова показывает, что Он отходит не по ненависти, а по любви; и потому-то, говорит, вы особенно и должны были прославлять Меня, так как за вас Я полагаю душу Мою» (На Иоанна 77,1). Именно в этом месте своих объяснений Евангелия от Иоанна Златоуст разбирает 15-ю главу этого Евангелия. Но именно этот стих про «бóльшую любовь» он не приводит, ограничиваясь частичным пересказом оборота «полагает душу». Относя этот оборот, конечно, к Самому Христу, а не к солдатам.

Блаж. Феофилакт Болгарский в конце XI, века сокращая и пересказывая беседы Златоуста, понятно, тоже не относит эти евангельские слова к солдатам.

Св. Василий Великий видит в этих словах нечто противоположное тому, что желательно комиссарам-капелланам:

«Очистившись от всякой ко всем ненависти, должно любить и врагов, а за друзей, когда потребует сего нужда, полагать душу, имея такую же любовь, какую возымел к нам Бог и Христос Его» (Нравственные правила. 5).

Св. Кирилл Александрийский тоже буквально-христолгичсеки понимает эти слова:

«Он явил совершеннейшую любовь к Своим, сущим в мире, ибо отнюдь не отказался положить за них жизнь Свою. А что действительно в этом особенно надо видеть совершеннейшую меру любви, свидетелем представлю Самого Господа нашего Иисуса Христа, говорящего святым ученикам: „Сия есть заповедь Моя, да любите друг друга, как Я возлюбил вас; ибо большую этой любовь никто не имеет, да кто душу свою положит за друзей своих" (Ин.15:12–13). Впрочем, и другим образом святые Евангелисты всегда заботливо старались показать, что Господь наш Иисус Христос предведал время Своего страдания... Имеющие в себе полную силу Божественной любви без всяких колебаний признают, что они суть ученики любви или Христа, имеющего наивысшую любовь. Ведь Он так возлюбил мир, что и самую душу Свою положил за него и подвергся жестокости иудейских злодейств. Это засвидетельствует Он Сам, говоря к Своим ученикам, что „больше сей любви никто не имеет, да кто душу свою положит за друзей своих" (Ин.15:13)... И как, скажи мне, давал ясное доказательство Своей любви к нам в том, что пожелал пострадать за нас? Ибо больше, говорит, сей любви никто не имеет, чтобы кто душу свою положил за друзей своих (Ин.15:13). И зачем ясно требовал от нас любви к Себе и для сего желал, чтобы мы охотно исполняли волю Его? Любящий Меня, говорит, заповеди Мои

соблюдет (ср. Ин.14:15)». (Толкования на Иоанна, кн. 10). И там же: «Чем другим могло бы быть отторжение от любви, как не порождением войны, низвержением мира и появлением всякого двоедушия?»

В «Древнем Патерике» (IV–VI вв.) есть две цитации Ин. 15, 13:

«Два брата пошли на торг продать домашние вещи. Когда они разошлись друг с другом, то один из них впал в блуд. Пришедши, другой брат сказал ему: пойдем в келью нашу, брат! — Не пойду, отвечал он. — Почему же? спрашивал брат. — Потому, отвечал он, что когда ты отошел от меня, я впал в грех. Желая приобрести его (Мф. 18, 15), брат стал говорить ему: и со мною тоже случилось, как я отошел от тебя; но пойдем, покаемся прилежно, — и Бог простит нам. И пошедши рассказали они старцам о случившемся с ними. Старцы дали им заповедь — покаяться. И один из них каялся за другого, как будто и сам он согрешил. Бог, видя таковой подвиг любви его, чрез несколько дней открыл одному старцу, что за великую любовь несогрешившего брата Он простил согрешившему. Вот это поистине значит: положить душу за брата своего!» (Гл. 5, 30).

[Авва Пимен] еще сказал:

«Больше сея любве никто же имать, да кто душу свою положит за ближняго своего (Ин. 15, 13). Ибо если кто услышит оскорбительную речь и, имея возможность сам сделать подобное, подвизается понести труд, терпеть и не сказать ничего, или если кто, будучи оскорблен на деле, сделает себе принуждение и не отплатит тем же огорчившему, такой человек полагает душу свою за ближнего своего» (Гл. 17, 12).

У блаженного Августина эти слова тоже не пахнут казармой:

«Похоть же уменьшается по мере возрастания любви до тех пор, пока эта последняя дойдет здесь до такой высоты, больше которой уже ничего не может быть, „нет больше той любви, как если кто положит душу свою за друзей своих". Там же, где не будет никакой похоти, кто укажет, какова там будет любовь? Ведь когда не будет никакого притязания со стороны смерти, тогда будет высшее совершенство» (Энхиридион Лаврентию, 121). «Когда мученики исполняли великие заповеди, они исполняли их при помощи великой воли, то есть великой любви, о которой сам Господь говорит: Нет больше той любви, как если кто положит душу свою за друзей своих. Поэтому и апостол говорит: любящий ближнего исполнил закон. Ибо заповеди: „Не прелюбодействуй", „Не убивай", „Не кради", „Не пожелай" и все прочие заповеди заключаются в этом слове: Люби ближнего твоего, как самого себя. Любовь не делает ближнему зла, потому любовь есть исполнение закона» (О благодати и свободном решении.17, 33)

Св. римский папа Григорий Двоеслов:

«Верх этой любви Он выражает, присовокупляя: „нет больше той любви, как если кто положит душу свою за друзей своих". Господь пришел умереть даже за врагов и, несмотря на то, Он говорил, что положит душу Свою за друзей, чтобы явно показать нам, что когда мы можем по любви сделать пользу врагам, тогда други наши даже те самые, которые преследуют нас» (Сорок бесед на Евангелия. 27, 2).

Преп. Феодор Студит отстаивает свое право давать духовные советы и епитимьи, если епископы уклонились в ересь — несмотря на то, что сам он не священник:

«Так как он видит, что господствует ересь и обстоятельства со всех сторон стеснительны, то предоставил всем желающим врачевать приключившиеся болезни, кто как может. Не соблазн производят эти действия, а служат доказательством истинной любви. Ибо Господь говорит: „Нет больше той любви, как если кто положит душу свою за друзей своих". Так врачи и полагают души свои за врачуемых, по слову истины, не извлекая себе прибыли от Божественного домостроительства, как совершающие куплю Христову. Даже находящемуся в звании слуги не запрещается заниматься этим, по мере приобретенного ими врачебного знания» (Письмо 33 (221) Феодору монаху).

Берем сборник «Библейские комментарии отцов Церкви. Новый Завет. Том 4б», С. 203. Там приводятся толкования из Августина и Григория Великого. И опять никакой проекции этих евангельских слов на солдат.

Так когда и у кого эти слова впервые стали прилагаться к военным? Когда и у кого эти слова стали тотальной индульгенцией, прилагаемой ко всем погибшим солдатам, без всякого вдавания в детали о справедливости данной войны и обстоятельствах гибели данного воина?

Очевидная нижняя дата закрепления воинского толкования — 70-е годы IX века, время составления Жития Константина (св. Кирилла, «просветителя славян»). В 6 главе, описывающей диспут с мусульманами, в уста Константина вкладывается тезис:

«Бог сказал: „В этой жизни никто не может явить большей любви, чем положивший душу свою за друзей (своих)" Ради друзей мы и делаем это, чтобы с пленением тела и душа их в плен не попала».

Так что в «русский мир» христианская вера пришла, уже будучи всецело готовой к военному использованию.

Впервые в русской письменности я это вижу в Ипатьевской летописи, когда киевский игумен Моисей оплакивает убийство князя Андрея Боголюбского (1174 г.):

«и пакы глаголюще слово усты святых евангелист аще кто положит душю свою за други свои может мои оученик быти. Сеи же боголюбивии князь не за друга, но за самого творца, создавшаго всяческая от небытья в бытье душю свою положи. Тем в память убьения твоего страстотерпьче княже Андрею, удивишася небеснии вои, видяще кровь проливаему за Христа <...> Блаженныи же въскочи хоте взяти меч, и не бе ту меча, бе бо том днии выняты и князь поверже одиного под ся и мневше князя поверьжена и уязвиша и свои други и по сем познавша князя и боряхуся с ним велми бяшеть бо силен»[689].

То есть: князь оказывает сопротивление своим убийцам. Бросается к мечу, а не отбрасывает его (правда, меч был выкраден у него накануне его же ключником). Это не Борис и Глеб (именно Борису принадлежал меч, к которому потянулся Андрей). Убит он православными (боярином Кучкой — владельцем тех земель, где только что была основана Москва). Убит вовсе не по религиозным мотивам, а за то, что перед этим Андрей приказал казнить одного из Кучковичей. И умирать князь вовсе не собирался.

Остановила ли его смерть дальнейшую кровь? Нет. В Боголюбове (где и произошло убийство) начались погромы, и число убийств умножилось: «И велик мятеж бысть в земли той и велика беда, и множьство паде голов, яко и числа нету», — говорит новгородский летописец.

А ведь есть еще и версия о том, что убийство организовала жена Андрея:

---

[689] Ипатьевская летопись // ПСРЛ. Т. 2. — СПб., 1908. С. 401–403.

«Убиен бысть благоверный великий князь Андрей Юриевич Боголюбский от своих бояр от Кучковичев по научению своеа ему княгини. Бе бо болгарка родом, и дрьжаше к нему злую мысль, не про едино зло, но и просто, иже князь великий много воева <...> Болгарскую землю, и сына посыла, и много зла учини болгаром. И жаловашеся на нь втайне Петру, Кучкову зятю...»[690]

Тем не менее летописец уверяет, что Андрей «положил душу свою за Самого Творца»!..

Что ж удивляться, что спустя почти 1000 лет эти евангельские слова появятся и на могиле Януковича.

Виктор Янукович, сын бывшего президента Украины, погиб в России во время «покатушек» на автомобиле по льду озера Байкал: в 200 метрах от берега его «Фольксваген» провалился под лед. Судя по всему, он и его друзья нарушили главное правило при нахождении машины на льду водоема: двери машины должны быть открыты, а водитель и пассажиры — не пристегнуты и готовы к эвакуации. Потратив время на то, чтобы отстегнуться, выбраться из микроавтобуса, Янукович, вероятно, не успел и мог потерять сознание от ледяной воды.

Телеканал «Вести» уверил, что Виктор Янукович погиб, как герой, спасая людей. Поэтому, мол, его и похоронили на кладбище для героев войны, среди солдат.

«Сына Виктора Януковича похоронили в Севастополе на Братском кладбище, расположенном в районе Куриной балки. Здесь находятся 472 братские могилы с останками сотен безымянных „нижних чинов", а также 130 индивидуальных захоронений офицеров и генералов, погибших во время Крымской войны. Здесь же покоятся многие участники обороны Севастополя, генералы, адмиралы и офицеры,

---

[690] Тверская летопись // ПСРЛ. Т. 15. [Вып. 2]. Стб 250–251.

умершие значительно позже. Однако не только героями славится Братское кладбище: в кровавые 90-е оно стало некрополем криминальных братков полуострова. Расположена на частной территории Свято-Никольского храма, возле могилы бизнесмена, политика и криминального авторитета Евгения Поданева по прозвищу Папа. Территория была выделена после его громкого убийства. Она обнесена забором с двумя воротами, свободного прохода внутрь нет»[691].

Но есть и менее героическая версия: казначей храма Вера Александровна пояснила, что на этом кладбище хоронят только тех, кто давал пожертвования Никольскому храму, людей, которых лично знал протоиерей Георгий Поляков, духовник всего Черноморского флота России.

«„Младший Янукович тут похоронен не потому, что он Янукович. А потому, что он оказывал большую помощь храму. И батюшка не отказал, потому что дети Януковича помогли отремонтировать храм", — сказала казначей. Однако, место на этом кладбище стоит немало. „Пять нулей. А какая перед нулями цифра стоит, я не знаю, как они там рисуют цифры... Ему звонят, а батюшка выделяет для неких супер-пуперлюдей", — пояснил охранник кладбища»[692].

Над бронзовым бюстом героя, на арке, — слова Христа про «положил душу свою за ближних своих».

Мои религиозные чувства оскорблены этой профанацией...

---

[691] https://www.mk.ru/social/2015/03/24/viktora-yanukovicha-pokhoronili-ryadom-s-kriminalnym-avtoritetom-podanevym.html?ysclid=mbdw3i70r315021949

[692] https://zaxid.net/news/ Прот. Георгий Поляков — это легендарный персонаж в жизни Севастополя (в 90-е годы он показывал мне пистолет, который он все время носил под рясой).

Глава 9

Православные кришнаиты

Древняя «Бхавадгита» назидала, что тот, кто убивает, пребывая «в сознании Кришны», не грешник, а святой. Так вразумлял Кришна Арджнуну, который накануне битвы при Курукшетре не хотел убивать своих братьев («Здесь отцы и наставники наши, сыновья здесь стоят и деды, дядья, внуки, шурины, свекры, друг на друга восставшие в гневе. Пусть меня убивают; но я их не убью»).

В ответ божественные уста сказали ему:

...ему молвил Убийца Мадху.
Благой Господь сказал:
Что за слабость ничтожная в битве
овладела тобой?
Она в рай не ведет — к позору! —
тебе, арию, не подобает.
Малодушию не поддавайся,
не твое это дело: ты воин!
Жалость жалкую сердцем оставив,
встань на битву, Врагов Губитель

Дхарму свою соблюдая,
ты в бою колебаться не смеешь:

*помышляя о долге, сражаться —
это благо для кшатрия, Партха!
Когда в битву такую вступает,
исполняется радости кшатрий,
словно дверь приоткрытую рая
пред собою увидел внезапно.
Если ж ты эту славную битву
вопреки своей дхарме покинешь —
то, свой варновый долг и славу
погубив, лишь грехом осквернишься*

*Так поднимайся! Добудь себе славу!
Царством, врагов перебив, наслаждайся!
Их ведь заранее всех поразил Я:
будь лишь оружьем Моим, славный лучник!
Дрону, и Бхишму, и Карну, сын Притхи,
и Джаядратху — бойцов превосходных —
ты не колеблясь убей, Мной убитых!
С ними сразись! Ты их всех одолеешь.*

*Тот, чья мысль никогда не грязнится,
чья природа вне самости, —
он, всех этих бойцов убивая,
не убийца; ничем он не связан.*

*Совершаемое ради долга, любви — ненависти непричастно,
без привязанности к результатам —
это действие «светлым» зовется*

*Как у брахмана, так и у вайшьи,
как у кшатрия, так и у шудры —*

*естеством рожденные гуны
все их действия определяют.
Сила, твердость, смекалка, доблесть,
неспособность в бою к отступленью,
прирожденная щедрость, властность —
это признаки кшатриев, Партха.*

*Если ты, погрузившись в самость,
помышляешь: «Не буду сражаться!» —
тебя, Партха, природа заставит,
ибо ложно твое решенье.*

(пер. Вс. Семенцова).

Спустя века вслед за Кришной святейший московский патриарх стал сопрягать слова «святость» и «убийство» через слово «долг».

Точнее, начал он это делать, еще будучи смоленским митрополитом. В интервью какому-то местному телеканалу в 1994 году он признал, что война в Афганистане была «от начала до конца неправильной с политической точки зрения, с экономической точки зрения, с моральной точки зрения»[693] (тогда такое было в политическом мейнстриме).

И пояснил, что независимо от целей войны советские солдаты по-любому герои, т. к. *«они принесли свою жизнь за других»*. За кого именно, Кирилл не ведает: «за своих ли однополчан или за жителей той страны, мы не знаем». Он поясняет: Евангельские слова не уточняют политических целей приносимой жертвы, права та политика или нет, но отдать свою жизнь за другого — *«это вершина христианской добродетели... предел совершенства»*.

---

[693] https://www.youtube.com/watch?v=ZB0_0zwCLC0

Это верно. Евангельские слова вне политики. Просто по той причине, что ими Спаситель объясняет смысл Своей собственной жертвы, а не солдатской.

Об убийстве как долге, исполнение которого гарантирует рай, патриарх Кирилл говорил 17 марта 2023 года в проповеди в Даниловом монастыре:

«Князь Даниил, взойдя на высоту светской власти, жизнью своей освятил место, где принимаются решения, в том числе связанные с насилием и даже с принесением смерти. Ведь как иначе можно понять военные действия, инициаторами которых нередко становятся государственные властители, как не принесением других на жертвенник этой войны? Святой благоверный князь Даниил удивительным образом соединил несоединимое. Можно соединить в том случае, если человек и во власти поставляет себя под власть Бога. Если человек и во власти считает всенепременным для себя исполнение Божиих заповедей. Тогда греховное уходит, исчезает, и такой человек исполняет властные полномочия, движимый только чувством долга и любовью к людям»[694].

Упоминание про «исполнение заповедей» российскими государями вызывает вопросы. Мало кто из российских императоров был благочестив. Петр Первый был кощунником и пьяницей, обе Екатерины — блудницами, Александр Первый был атеистом. Александр Второй — двоеженцем, Николай Второй — спиритистом. А «неверный в малом неверен и во многом» (Лк. 16, 10). Если про них нельзя сказать, что они всецело пребывали в чистоте, благочестии и в Духе — то откуда тогда уверенность в том, что их приказы, посылавшие солдат на смерть, «от Бога»?

---

[694] 17 марта 2023 года. Слово патриарха Кирилла в день памяти благоверного великого князя Даниила Московского.
http://www.patriarchia.ru/db/text/6011285.html

Значит, остается лишь догмат о том, что независимо от личной неправедности царя, все его решения всё равно от Бога и обсуждению не подлежат.

С началом первой мировой бойни священник Н. Платонов написал трактат «Война с христианской точки зрения»:

«Люди с кристально-чистой душой, обвеянные всецело благодатным духом учения Христа, сами на войне убивали сотни врагов. Достаточно вспомнить преп. Сергия Радонежского или св. Александра Невского... Если с таким настроением христианин идет в бой, он не грешит. Где тут грех? Для него убийство даже не средство — оно стихийное следствие его горячего духа, одушевленного высокими идеями... Злом война может быть, если она превращается в бойню. Кровь может превратить людей в зверей — вот в чем опасность войны. Если это случается, если враги идеи становится личным врагом, по отношению к которому считается дозволенным всё, тогда из великой жертвы война становится убийством»[695].

Прямо скажем, критерий не очевидный. Как раз во время Первой Мировой еще нельзя было воевать без личной ненависти. «Руби-коли!» Рукопашные атаки и сшибки. Доблестный казак Кузьма, насадивший на свою пику разом четырех германцев и разрубивший «до седла» еще пять...

А вот в XXI веке это уже можно. Можно сидеть в уютном офисе в мягком кресле, пить американо, рассказывать анекдоты соседям, и при этом программировать полетное задание ракеты. Никакой личной ненависти, никакой эмпатии-симпатии-антипатии к тем, кого вскоре за многие сотни километров от твоего офиса убьет твоя ракета.

---

[695] Свящ. Н. Платонов. Война с христианской точки зрения (перепечатка из журнала «Голос Церкви») // Рижские епархиальные ведомости. 1914. № 21 (ноябрь), С. 618–620.

И трудно сказать, что «зверинее» — личная ненависть «контактной войны» или же вот эта анонимность и превознесённо-отстраненная а-моральность войны дронов и ракет.

В этой концепции нет места понятию «преступный приказ», и вовсе не предполагаются какие-то «соображения совести» у подчиненных исполнителей.

А в целом выходит дивное разделение труда: у отдающего приказы — чисты руки (он сам не убивал), а у исполнителя — чиста совесть (он лишь исполнял свой служебный долг).

Главное — пребывать «в сознании Кришны», «быть в Духе» (= верно следовать политике партии), и тогда начальство и ведомственная пропаганда оправдают и героизируют любой твой поступок.

Очень жаль, что проповеди иерархов РПЦ скатились до уровня пьяных песенок в кабаке. Именно там и так был отлит в граните их главный догмат. Я имею в виду песенку гвардейцев кардинала:

Притон, молельня, храм или таверна,
Верши приказ, а средств не выбирай.
Тому, кто кардиналу служит верно,
Заранее заказан пропуск в рай.
Его высокопреосвященство
Нам обещал на небе райское блаженство.

Это была ирония. А сейчас Вика Цыганова на полном серьезе воспевает мертвых наемников:

Оркестранты войны без ума влюблены
В оратории канонады
В это золото дней и разрывы ночей
И в антракты больничной палаты

*Оркестранты войны для огня рождены
Для сражений без всяких идиллий
Где под крики Химер дирижер Люцифер
Управляет полетом Валькирий*

*Так давай, Вагнер, играй
Оркестрантов своих поднимай
Поднимай легким взмахом смычка
Наша русская ЧВК*

*Оркестранты войны не хотят тишины
Во Вальхаллу их путь в ярком свете
В небе только Луна, в сердце только война
И безумное танго смерти!*

*Так давай, Вагнер, играй
Оркестрантов своих поднимай
Поднимай легким взмахом смычка
Наша русская ЧВК*

*Оркестранты, воины России
Пусть пребудет с Вами благодать
Наши павшие, наши святые
И небесная Божья рать*

*Так давай же, Вагнер, играй
Оркестрантов своих поднимай
Поднимай легким взмахом смычка
Наша русская ЧВК*

*Так давай, Вагнер, играй
Оркестрантов своих поднимай
Поднимай легким взмахом смычка
Наша русская ЧВК!*

Герои Цыгановой прожили свою жизнь и смерть «под крики Химер». Они убивали и были убиты под руководством «дирижера Люцифера», управляющего «полетом Валькирий в Вальхаллу. Не буду спорить — этот демонический образный ряд вполне подходящ. Но как эти машины для убийства, у которых «в сердце только война и безумное танго смерти в итоге оказываются «Наши павшие, наши святые», а Благодать обязывается быть к ним приписанной?

Убедительнее кажется формула из фильма «Аватар. Путь воды»: «Морпехи не умирают, а десантируются в ад».

Тезис о том, что рай гарантирован любому, кто погиб в бою «за ближних своих», хорош лишь для зачтения с трибуны. А при ближайшем рассмотрении возникает множество вопросов. Проблема в слове «все».

1. Бандиты, отстреливающиеся от полиции, тоже ведь приносят себя в жертву за свою «братву». Пошел с пацанами подраться-пострелять, скажем, «двор на двор», и не вернулся — и оказался на блаженных «полях вечной охоты»? Если неважно, за кого и ради чего подставлять себя под пули, то бандитский Петербург 1990-х — это просто Святой Град.

2. Наемники и прочие «солдаты удачи» тоже ведь защищают друг друга, а, значит, тоже совершенны и христоподобны.

Вот обычное объявление эпохи СВО (13 июля 2022):

«Приглашаются на военную службу по контракту в Росгвардию граждане, годные по состоянию здоровья. Контракты на 2, 4, 6, 12 месяцев в командировку. После командировки получается удостоверение ветерана боевых действий, дающее право на большой пакет льгот (бесплатный проезд в Москве, скидки на оплату коммунальных услуг, + ежемесячная выплата 3 500 р., в некоторых субъектах освобождение от транспортного налога), почитайте закон о ветеранах.

Выплаты от 180 тысяч в месяц, при желании контракт можно продлить после командировки и остаться выполнять задачи в одном из подразделений г. Москва. Минимум бумажной волокиты. Максимум внимания решению вопроса вашего трудоустройства. Звоните в рабочее время. Сергей Вячеславович»[696]

Богословский вопрос: того наемника, что откликнется именно на такое приглашение и именно по указанным в нем мотивам, точно ли можно считать тем, кто якобы «полагает живот свой за други своя»? А если это аналогичный «солдат удачи» с другой стороны? Предположим боеконтакт «ВЧК Вагнер» с французским «Иностранным легионом» где-то в глубине Африки. Все пошли в рай?

3. Распространяется ли эта формула на солдат всех армий или только той, которой в данную минуту симпатизирует патриарх Кирилл? Даст ли московский патриарх свою индульгенцию украинскому солдату, который в самом прямом смысле слова пошел воевать для защиты своего дома (или после того, как этот дом уже был разрушен) и погиб? Что мешает патриарху поговорить о героическом самопожертвовании украинских солдат и гарантировать им рай в той же уверенности, что и российским?

... В 1896 году погиб Кирилл Хоси — японец, принявший православие и оставшийся на службе в японской армии.

Св. Николай Японский полагал, что чин его погребения должен был бы быть таким: «Следовало о. Титу, отслужив провод в доме, предоставить всё остальное утвержденному церемониалу и патриотическому чувству язычников, которые тоже не с дурных расположений, а с любовью к Кириллу собрались. Всего же лучше потом не в облачениях,

---

[696] https://hh.ru/vacancy/67553898?from=vacancy_search_catalog&hhtmFrom=vacancy_search_catalog

а в частном платье во время языческой церемонии произнести надгробное слово, в котором бы, между прочим, указать, как Христова вера не мешает, а способствует геройству за Отечество сие» [697].

Св. Николай Японский писал своему японскому ученику (ректору семинарии) о событиях японо-китайской войны:

«Война блистательно для Японии идет. И замечательно: первый воин, вступивший из Кореи на китайскую землю и геройски поплатившийся жизнью за то, был православный христианин: в виду всей армии и неприятеля он искал перехода через реку и нашел его, но, возвращаясь к своим на берег, сражен был вражеской пулей; генерал его написал ему великолепную эпитафию. <...> немало японских православных воинов желают исповедоваться и приобщиться, отправляясь на поле битвы и чести, — и для иных — перехода в вечное Божие Царство. Церкви Божии везде по Японии стоят прочно; хотя поступление вперед ее так быстро и успешно, как желалось бы, — как это происходит, например, с японскими победоносными войсками ныне в китайской земле» [698].

Речь идет о войне чисто захватнической со стороны Японии. Но и тут выходит, что смерть не пойми за что — это «переход в вечное Божие Царство».

Готовы ли наши армейские капелланы сказать, что японские воины пошли в рай, потому как исполнили высшую заповедь любви — положили живот свой за други своя?

Интересно было бы также узнать о подвигах православных самураев в годы Русско-японской и Второй Мировой войн.

---

[697] Св. Николай Японский. Дневник. Запись от 27 октября 1896 // Дневники св. Николая Японского. Т. 3. — Спб., 2004. С. 393.

[698] Письмо И. Э. Сенума 17/29 ноября 1894 г. // Собрание трудов равноап. Николая Японского. Т. 3. Письма. — М., 2019. С. 263.

4. Главная точка уязвимости этого замполитского верования — в его аморальности. Погибший солдат не считался субъектом морального выбора. «Вот пуля прилетела — и ага». По своей ли воле он оказался на фронте или близ него? А если это была принудительная мобилизация? И гражданин пошел на совсем нежеланные им фронт чужой для него войны просто из-за страха немедленного расстрела? (см. в моей книге «Мифология русских войн» (том 2, глава 41 «Прописка и мобилизация»)).

5. Кроме того, тут есть определенное противоречие. Если солдат — лишь слепой исполнитель приказа, то не может быть и речи о его личной жертве: он не выбирал ни свой путь, ни время и место своей смерти.

Жертвы нет там, где нет решения о ней, нет выбора. У человека, подлежащего мобилизации, с момента вручения повестки выбора практически нет. Тем более нет этого выбора в его дальнейшей солдатской судьбе.

Именно этим и можно хотя бы частично оправдать его участие в несправедливой войне и просто в военных неправдах. Он может быть «спасен» именно потому, что как раз не выбирал и не был в этом смысле «вменяем». Но тогда и нимба в его ранце тоже быть не может. Ибо святость, мученичество, жертва — это выбор.

Такой солдат может быть уподоблен животному неразумному агнцу, потому что был в полном пассиве. Он — жертва чужих приказов и чужой глупости-подлости. Но не он сам в эту жертву принес себя. Будь его воля — он бы постарался этого избежать (чего уже точно желали большинство солдат «ограниченного контингента» в Афганистане). Таких можно жалеть («наши мальчики»), но неуместно прославлять как святых.

6. В современных войнах смерть может прилететь к нему, когда он находится еще за десятки и даже сотни километров от линии фронта. Предположим, что «солдат удачи» не успел доехать до линии боевого соприкосновения и совершить свой подвиг — а в место его расположения или в его эшелон прилетела бомба.

В последнюю минуту он не думал о «Святой Руси», не молился, а желал обычных для себя радостей: его мысли были, например, о добыче алкоголя и о том, какой «редиской» был кто-то из его начальников или сослуживцев. Может быть, его последние слова были матерными. Может, его жизнь внезапно пресеклась в ту минуту, когда он предавался мыслям (а, может и делам), которые в церковной среде считаются «греховными», а порой и просто бесовскими приражениями. Всё равно ему не избежать рая?

7. Если же боец шёл на войну, на «разборку» добровольно, «по контракту», то тогда как раз очень важны и его личные мотивы, и нравственная оценка того конфликта, в который он решил ввязаться. Как в фильме «Офицеры» — мать говорит своему подростку со следами драки на лице: «Драться нужно только за правое дело».

А если это всё же был его выбор, но мотивы этого выбора были сугубо корыстны? Предположим, некий человек был осуждён за тяжкое преступление. Тут же воспользовался предложением уехать на фронт. Предположим далее, что среди мотивов, по которым он принял такое решение, вовсе не было желания «остановить торжество зла, марширующего по планете». И вообще религиозного мотива. Он просто хотел поскорее выйти из тюрьмы. Ну и, возможно, заработать денег. А класть живот свой за други своя он точно не собирался. Всё равно свят?

8. Можно было бы счесть эту проповедь вальхаллы для берсерков «милосердием» — мол, Бог принимает даже несовершенных Своих чад. Но отчего же в остальных случаях уста церковных златоустов столь легко издают проклятия и угрозы адом?

В Запорожье некий молодой человек решил свести счёты с жизнью. 31 декабря 2018 года он выбросился с высотки — и упал на коляску с младенчиком (1 год и 9 месяцев). Малыш погиб. Забрав тельце из больничного морга, родители попросили отпевания в больничном же храме. Священник УПЦ МП спросил, крещён ли он. Услышав, что «да, в храме Киевского патриархата», — священник отказался проводить отпевание... Запорожско-московский митрополит Лука выступил в поддержку этого священника. Экая разборчивость! Рай всё же оказался не для всех. Самому герою этой истории не-отпевший священник пояснил: «Если бы я отпел этого ребенка, с меня бы владыка снял сан. Но даже это не так страшно. Меня бы покарал Бог»[699].

Вот так создают волны презрения и ненависти (презрения за богословское невежество; ненависти — за бесчеловечность) к своей церкви — а потом плачут про свою гонимость.

Как некто точно заметил: «Попы УПЦ таки сбили свой Боинг...»[700]

---

[699] https://www.religion.in.ua/news/vazhlivo/38567-detej-krestivshixsya-v-kievskom-patriarxate-zhdet-skoraya-smert-schitaet-svyashhennik-otkazavshijsya-otpevat-mladenca.html

[700] «Ну шо, получилось сйэкномить на похоронах ребенка, москвопархи? Всех услуг было что-то невнятно пробубнеть и получить за это двести гривен, чтобы хоть как-то осушить слезы матери. Вам же казалось, что всё вам по*уй в этом мире. Ну оттащите от гробика бьющуюся в горе мать! Вам шо, трудно это сделать? „Нам по канону нипаложено". Ладно, у вас политическая позиция, хотя вам по канону не положено. Так вот: бородатые пидарасіs в платьях и с дорогими будильниками на запястьях, вам теперь по канону теперь тоже много чего не положено. У вас отобрали ваш метр границы в рай.
Любой христианин может обратиться к Богу напрямую, минуя вашу е*аную таможню. Солдат может другого умирающего солдата окрестить на поле боя, если тот явно выразил желание принять веру и ся исповедать побратиму. Если нет воды — то слюной. Нет слюны — то землей, сказав ей — будь вода, именем Божьим велю тебе! Ибо горчичного зерна веры достаточно. Вы, бляди, «мерседесы» из шлангов святили. А на ребенка пожлобились, решив поиграть в политику. Ну так вот вам политика. Поиграйте в нее. Последняя соломинка преломила спину верблюда.
Вы что, свою же собственную библию не читали, штоле??? У вас же блять только одна главная книжка, хоть и толстая. Как можно не прочитать одну единственную книжку и бизнесовать на ней?
Окуеть вы менеджеры по торговле радугой.
Торгуйте теперь в Рязани. Впаривайте свой бубнеж в обмен на валежник. Да вас, как иродов, преломило одно дитя.

И просто без политики: представьте, где-то в России или в Австралии родители просят отпеть ребенка, который, как выясняется, был крещен у старообрядцев-беглопоповцев. Скажет ли им священник, что их дитя и жило, и померло как нехристь?

Часто приходится читать и слышать: «Я попал на войну не по своей воле. Но когда убили моего друга, во мне проснулась ненависть, и я просто мстил за него». В Запорожье спор высоких церковных чиновников о своих титулах обернулся горем и обидой для обычной семьи. И это для многих людей может сделать личным ранее на замечавшийся ими конфликт.

Пропагандисты придумали ответ на эти вопросы: неважно, как жил солдат до призыва и даже на фронте. Важно, что он пережил «катарсис» (см. слова еп. Питирима Творогова, приведенные в главе 7 «Все солдаты попадают в рай»).

Может, пережил, а, может, и нет.

Есть спор Шаламова и Солженицына о том, ломает ГУЛАГ души людей или просветляет. Сын священника был пессимистичен; неофит Александр надеялся на лучшее[701]. Разные перемены были в ГУЛАГе и на фронте.

Утрата школьных мирных иллюзий на фронте гарантирована. Обретение новых — нет. Окопный опыт может привести совсем не к бравурным выводам (см. у Ремарка и других писателей-ветеранов Первой Мировой, а также у миллионов русских солдат, ушедших с фронта той войны).

Как вы безгрешного младенца не отпели, потому что он „не того патриархата", так у вас теперь лавры отнимают, потому что вы не того патриархата. И попробуйте сказать, что это несправедливо» *Юрий Гудименко. https://gorky-look.livejournal.com/278163.html).

[701] «Солженицын ищет путь сопротивления системе и пытается передать его читателю. Шаламов свидетельствует о гибели людей, раздавленных лагерем» (Шрейдер Ю. Искушение адом // Шаламовский сборник. Вып. 1. — Вологда, 1994. С. 206). «Там, где Шаламов проклинает тюрьму, исковеркавшую его жизнь, Солженицын верит, что тюрьма – это и великое нравственное испытание, и борьба, из которой многие выходят духовными победителями» (Шур А. В.Т. Шаламов и А.И. Солженицын (сравнительный анализ некоторых произведений) // Новый журнал. 1984. № 155. С. 93.

Если же окопный «катарсис» приводит к молитве и вере — то этот опыт доступен солдатам любых армий: правых и неправых, обороняющихся и нападающих, православных и иноверных. Всё равно после смерти в рай?

Смерть может найти бойца до его личного «катарсиса».

Кроме того, даже однажды пережитое может быть утрачено, причем не только после войны, но и по ее ходу. В фильме «Место встречи изменить нельзя» среди бандитов оказывается фронтовик Сергей Левченко (однополчанин Шарапова). Ну, это кино. А в реальности — есть ли статистика о том, сколько ветеранов ВОВ после войны совершили уголовные преступления и были осуждены?

Если были Герои Советского Союза, перешедшие к власовцам[702], то почему бы не быть и фронтовикам, что ушли к обычным бандитам?

Примеры:

Анатолий Синьков — летчик, орденоносец, с 1942 года воевавший на штурмовике ИЛ-2, награжден рядом орденов, а в 1944 году представлен к званию Героя СССР. После войны служил в Северной Корее, где в состоянии алкогольного опьянения совершил насильственные действия в отношении местной девушки и ограбил ее. Трибунал был непреклонен, Анатолий получил 7 лет лагеря и был лишен звания, наград и Звезды Героя.

Анатолий Моцный — танкист, неоднократно горевший в своей боевой машине и лишь чудом уцелевший. Прошел войну на «тридцатьчетверке» — от Дона в 1942 году до Берлина в 1945-м. Его представляли к званию Героя уже в 1943 году, но заменили на Орден Красного Знамени. По ходу Берлинской операции и в апреле 1945 года он был повторно представлен к высшей награде. После войны герой вернулся в родной город Шклов,

---

[702] Летчики Бронислав Романович Антилевский и Семен Трофимович Бычков.

дальше был неудачный брак, двоеженство, а в 1952 году он убил своего пятилетнего сына Геннадия. Голова ребенка была проломлена, нога переломана в колене. Сам Анатолий прятался в выгребной яме уборной. Он получил 10 лет, но вышел по амнистии в 1958 году. После освобождения нигде не работал, пил и доставал соседей. В 1959 году за совершенные деяния и антисоциальный облик был лишен всех наград и звания Героя.

Николай Кукушкин, летчик-штурмовик, с лета 1943-го по май 1945 года совершил более 150 боевых вылетов. Он садился на вынужденную посадку в немецком тылу, пробирался к своим. После войны остался служить в рядах советских ВВС на территории Венгрии. В 1948 году в Венгрии, в состоянии алкогольного опьянения, он застрелил подполковника Виноградова. Между ними ранее состоялся конфликт из-за местной девушки. За это Николай Кукушкин был осужден на 25 лет и лишен всех наград и звания Героя СССР.

Василий Григин воевал в пехоте с лета 1941-го по конец марта 1945 года и закончил службу в должности командира стрелкового отделения. Высшей награды был удостоен за исключительную храбрость и инициативу при форсировании Дуная в 1944 году. После демобилизации ступил на воровскую дорожку. Кражи и хулиганка следовали одна за другой, всего было 10 судимостей. Звезды Героя и других наград (в том числе и медали «За отвагу») Василия лишили после 6-ой по счету судимости. После своей последней судимости от вышел аж в 1986 году.

Аникович Василий Трофимович в августе 1949 года осужден по ст. 214 УК Белорусской ССР (умышленное убийство).

Артамонов Николай Фролович 30 декабря 1949 года был осужден Московским областным судом за совершение уголовного преступления (изнасилования) на 18 лет лишения свободы. К этому времени уже имел две судимости (в 1947 и 1948 гг.).

Ванин Василий Павлович совершил кражу оружия у сотрудника милиции, несколько грабежей прохожих, изнасилование.

9 марта 1948 года народным судом 1-го участка Сталинского района города Сталинграда по совокупности статей осужден на 10 лет.

Голубицкий Федор Антонович был трижды приговорен к лишению свободы за совершение тяжких преступлений. (В 1950 г. — на 7 лет, в 1953 г. — на 15 лет, в 1960 г. — на 6 лет).

Золин Петр Петрович 16 августа 1945 года Военным трибуналом 13-й воздушной армии был осужден за убийство пионервожатой из хулиганских побуждений на 8 лет лишения свободы.

Кульба Николай Филиппович в 1947 году был приговорен по ст. 162 (кража) и ст. 74 (хулиганство) УК РСФСР к 5 годам лишения свободы. 31 мая 1955 года Томским областным судом он был осужден по ст. 74 ч. 1 УК РСФСР (хулиганство) и, в соответствии со ст. 4.1 Указа Верховного Суда СССР от 4 января 1949 года «Об усилении уголовной ответственности за изнасилование», приговорен к 10 годам лишения свободы.

Чижиков Петр Васильевич в декабре 1948 года Краснодарским краевым осужден по ст. 2 Указа Президиума Верховного Совета СССР от 4 июня 1947 г. «Об уголовной ответственности за хищение государственного и общественного имущества» и по ст. 169 ч.1 УК РСФСР (мошенничество) на 20 лет лишения свободы. В последующем был осужден в 1957 году на 6 лет за хищение государственного имущества и в 1961 году на 5 лет за кражу личного имущества.

Шилков Александр Анфимович 10 сентября 1960 года военным трибуналом Черноморского флота осужден за изнасилование на 10 лет лишения свободы...

Всего 51 Герой Советского Союза был осужден за послевоенные уголовные преступления и лишен звания. Еще 13 человек была осуждены, лишены Звезды, но потом награда была им возвращена[703].

---

[703] https://ru.wikipedia.org/wiki/Список_лиц,_лишенных_звания_Героя_Советского_Союза

Но это лишь отдельные случаи и лишь по небольшой подборке (только Герои СССР). А есть ли общие цифры?

«Хотя мне не удалось найти ни одного примера преступных группировок, состоявших только из бывших фронтовиков, инвалиды войны нередко оказывались их лидерами. Популярность полулегальных и откровенно незаконных способов заработка среди ветеранов показывает, до какой степени теневая экономика, вращающаяся вокруг рынков и рыночных обменов, обеспечивала альтернативный канал доступа к материальным благам и к создаваемому ими социальному образу относительного благополучия»[704].

И хотя статистика мне неизвестна, но и этого достаточно для отторжения проповеди о том, что всяк, кто «мы смерти смотрели в лицо», становится святым.

Более того — патриарх Кирилл рассказывал о своей личной встрече с озлобленным антирелигиозным инвалидом Великой Отечественной войны:

«Здесь (на Валааме) находилось некое специальное учреждение, которое со стороны выглядело как колония для заключенных, но на самом деле здесь жили инвалиды Великой Отечественной войны. Те, кого тогдашняя власть не желала показывать людям, потому что вид их был страшен. У некоторых не было ни рук, ни ног. Вот и жили они здесь в изоляции, формально считаясь свободными, но не имея возможности выехать за пределы Валаама; и психика этих людей была, конечно, помрачена кошмарами, через которые они прошли. Должен сказать, что первая встреча с этим храмом произошла в очень неблагоприятном контексте. Я подошел к дверям храма — они были закрыты, причем был

---

[704] Марк Эделе. Советские ветераны Второй мировой войны: народное движение в авторитарном государстве, 1941–1991. — М., 2023.

еще дополнительно засов с висячим замком. А рядом на скамеечке сидел какой-то инвалид, видимо, не очень доброжелательно относившийся к Церкви. Он грубо меня окликнул со словами: „А ты поп, что ли?" Я отвечаю: „Вроде как так". — „А что ты тут делаешь?" — „Ну это же монастырь, святое место". — „Да какое это святое место?!" И стал выговаривать все, что у него было на душе и что выразилось в какой-то немотивированной злобе».

Оказывается, война может не освящать и облагораживать солдат, а, напротив — «психика этих людей была, конечно, помрачена кошмарами, через которые они прошли». И всё равно — святы?

Эти вопросы и эта дискуссия не новы.

В шекспировской трагедии король Генрих говорит то, что ему кажется очевидным:

«Мне думается, нигде смерть не была бы мне так желанна, как возле короля; ведь дело его правое и притязания вполне законны». Уильямс возражает: *«Ну, этого нам не дано знать».*

Бетс поддерживает право на незнание:

«Да и незачем нам в это вникать. Мы знаем только, что мы подданные короля, и этого для нас достаточно. Но если бы даже его дело было неправым, повиновение королю снимает с нас всякую вину».

Уильямс:

«Да, но если дело короля неправое, с него за это взыщется, да еще как. Ведь в судный день все ноги, руки, головы, отрубленные в сражении, соберутся вместе и возопиют: „Мы погибли там-то!", и одни будут проклинать судьбу, другие

призывать врача, третьи — своих жен, что остались дома в нищете, четвертые горевать о невыплаченных долгах, пятые — о своих осиротевших маленьких детях».

Далее Уильямс поясняет, отчего древнее церковное правило св. Василия Великого отлучало ветеранов боевых действий от церкви, а вовсе не гарантировало им рай:

«Боюсь, что мало солдат, умирающих в бою со спокойной душой; да и как солдату умирать с благочестивыми мыслями, когда у него одно лишь кровопролитие на уме? И вот, если эти люди умрут не так, как подобает, тяжелая ответственность падет на короля, который довел их до этого; ведь ослушаться короля — значит нарушить законы и долг верности».

Король Генрих:

«Так, значит, по-вашему, если отец пошлет своего сына по торговым делам на корабле, а тот погибнет во грехах своих на море, то ответственность за его порочность должна пасть на его отца, который его послал? Или если хозяин пошлет куда-нибудь слугу с деньгами, а на того нападут по дороге разбойники и он умрет без покаяния, то приказ господина вы будете считать причиной гибели души слуги? Нет, это вовсе не так! Король не ответствен за смерть каждого отдельного из своих солдат, как и отец или господин не отвечают за смерть сына или слуги, потому что, отдавая им приказания, они не думали об их смерти.

Вдобавок, ни один король, как бы ни было безгрешно его дело, в случае, если придется защищать его мечом, не может набрать войска из одних безгрешных людей. У одних может оказаться на совести преднамеренное убийство; другие, может быть, обманывали девушек, нарушая данные им клятвы; третьи пошли на войну, чтобы скрыться, как за бруствером, от суда за грабеж или насилие, которыми они успели осквернить чистое лоно мира. Но если всем этим нарушителям закона и удалось избегнуть наказания у себя на родине — ибо от людей они могли скрыться, — то нет у них крыльев, чтобы улететь от Бога. Война — бич Божий, кара Господня; и потому здесь, на королевской войне, люди несут наказание за прежние нарушения королевских законов. Там, где они боялись смерти, они спасали свою жизнь, а там, где они считают себя в безопасности, они гибнут. Итак, если они умрут без покаяния, король не будет виновен в гибели их души, как и раньше он не был виновен в проступках, за которые они отвечают теперь. Каждый подданный должен служить королю, но душа каждого принадлежит ему самому. Поэтому каждый солдат, идя на войну, подобно больному на смертном ложе, должен очистить свою совесть от малейших частиц зла. Тогда, если он умрет, — благо ему; если же не умрет, то время, потраченное им на такое приготовление, не будет для него потеряно даром, и он получит великую пользу; и кто уцелеет, тому не грех думать, что в награду за такое усердие Господь сохранил ему жизнь, дабы он познал величие Божие и научил других готовиться к смерти» (Шекспир. Генрих Пятый. Акт 4, Сцена 1).

Как видим, король Генрих вовсе не пацифист. Он готов считать волю короля непререкаемой и отрицает за солдатом право на самостоятельный этический анализ королевского приказа, и он знает, что его солдаты записались в армию вовсе не из любви к нему или к «ближним». Но всё же он далек от их тотальной посмертной канонизации.

В отличие от примитивизма нынешних князей церкви, а по совместительству — алтарных служек президента.

Глава 10

Что есть подвиг?

В 1916 году пресса сообщила о подвиге русских офицеров:

«Денщики сообщили сведения о своих Офицерах и их геройской смерти. Поразительна одновременная смерть их! Юные Офицеры — 3 подпоручика и 1 прапорщик — стояли на своем посту в несколько десятков шагов от врагов. Передвижение на этой позиции совершалось только ночью, в темноте. Всё время приходилось жить в блиндажах. Товарищи Офицеры собрались у ротного командира и вели шумную беседу. Русский человек не очень-то осторожен и часто надеется на авось. Громкая оживленная беседа долетала до врагов. В этом месте вследствие небольшого расстояния между враждующими сторонами, артиллерия не могла действовать из опасения попадания в своих. Поэтому, неприятель метал бомбы посредством бомбометов. И вот одна из таких бомб разорвалась на блиндаже, в котором собрались офицеры. Блиндаж был разрушен, одним осколком сорвало голову у офицера, а три были раздавлены обрушившимся блиндажом, 2 — получили серьезные поранения.

Итак, 4 товарища героя — Сергий, Александр, Алексей и Яков (Нестеров, Баженов, Гервадовский и Шевченко) упокоились вечным сном могилы, исполнив свой долг пред родиной. Отпевание юных героев совершено было торжественно и умилительно. Сознание, что в этих гробах лежат славные борцы за Веру, Царя и Отечество, что смерть таких героев является семенем славы нашей Родины и торжества правды Божией, что и сами они увенчаны уже теперь бессмертным венцом славы умеряли скорбь»[705].

Так, а в чем героизм? В том, что господа офицеры сдуру шумели в блиндаже?

Безвременная смерть — это не синоним слов «подвиг» и «героизм». Хорошее исполнение профессионального долга — тоже. Летчик спас пассажирский самолет, сумев посадить его в почти безнадежной ситуации. Молодец. Но он спасал жизнь не только пассажиров, но и свою. У него тут просто не было выбора. Или выбор между «впасть в ступор» и «сохранить самообладание», «сделать хоть что-то» — это и есть подвиг? Неужто так беден стал наш язык?

Планка подвига мне кажется вот такой:

28 марта 2012 года один из солдат во время учений неудачно бросил гранату. Боеприпас попал в край переднего бруствера, срикошетил и отлетел назад. Майор Солнечников, мгновенно оценив обстановку, оттолкнул растерявшегося солдата и накрыл собой гранату.

И это тот случай, когда я готов сказать, что слова Христа про «нет больше той любви…» уместно отнести к погибшему офицеру.

Вернемся к майору Сергею Солнечникову.

Этот офицер герой. Святой ли он? Не знаю — для святости всё же нужна сознательная вера во Христа. А был этот майор

---

[705] Рижские епархиальные ведомости. 1916. № 11 (нояб.). С. 329.

верующим? Христианином? Церковным человеком? Не знаю. Но по крайней мере в одном отношении он мог бы дать пример профессиональным церковникам.

Вверенный ему солдат ошибся. Согрешил (по-гречески грех — амартия — буквально означает именно не-попадание в цель, промах). Майор не стал ждать осознания солдатом своей ошибки и появления публичных признаков раскаяния. Он просто бросился на гранату. Он простил без всяких условий… А церковные спикеры в те же дни твердили «прощать было бы некорректно» (в связи с делом «Пусси Райот»).

В дни сирийской авантюры Путин взял себе за правило присваивать звание героя России любому погибшему. Планка «Героя» резко снизилась в сравнении с ВОВ.

Но это — дело светское. Для меня удивительно другое: как в СССР было принято Герою вручать вместе с «медалью Золотая Звезда» орден Ленина, так сейчас принято погибшего военнослужащего объявлять святым.

Уже есть иконы с лицами моряков, погибших на подводной лодке «Курск».

«Иконы благословил написать архиепископ Симон в память о ребятах с „Курска". Надо сказать, что эта идея обсуждалась и со Святейшим Патриархом Алексием II и была полностью им одобрена. 28 августа 2000 года в праздник Успения Божией Матери Владыка служил в поморском селе Варзуга на берегу Белого моря. Всего месяц назад и «аз недостойный» начал здесь свое священническое служение. Здесь же и было принято Владыкой решение написать четыре памятные иконы, а по периметру этих икон, на полях, дать портреты всех 118 погибших моряков в белых одеждах. Сразу возник вопрос: „Но среди членов экипажа могли быть и некрещеные". На это сомнение Владыка отвечал однозначно: „Они покрестились в морской воде своего

мученического подвига"»[706]. «Иконы памяти погибших ребят с „Курска" можно было написать только по любви, а не по правде»[707].

В августе 2021 года пресс-служба Северного флота уже сообщала: «К мемориалу в Видяево также были внесены четыре иконы с ликами погибших подводников АПРК „Курск"»[708].

«С ликами»! Это уже канонизация…

Изображены воины в нательных белых рубахах. Не в тельняшках. Белые рубахи в иконографии — это одежда или мучеников за Христа, или новокрещеных.

А почему не во святых погибшие в августе того же 21-го в катастрофе вертолета на Камчатке?

Вины моряков в той катастрофе нет. Но и подвига я не вижу. Большинство при взрыве погибло мгновенно. Капитан Колесников писал письмо. Это не подвиг, это нормально. «Мы горим. Я вас люблю», — звонили дети, сгоравшие в кемеровской «Зимней вишне». Почему нет их иконы? Потому что на них не было мундира?

Гибель экипажа подлодки, у которой заклинило аварийный люк, это всё равно, что гибель пассажиров и стюардесс в лайнере, взорвавшемся на высоте восьми километров. Они не виноваты в том, что произошло, и они ничего не могли сделать для выживания.

А вот среди пассажиров «Титаника» были люди, достойные канонизации: это те, что уступили свои места в шлюпках.

И ведь никто из этих горе-иконизаторов не напишет икону действительного подвига людей на «Оставляющей вдов» лодке К-19…

---

[706] Еп. Митрофан (Баданин). Неугасимая лампада «Курска». — Спб., 2013. С. 61.

[707] Там же, с. 69.

[708] https://ria.ru/20210812/pamyat-1745471182.html

«Почтить память» погибших — можно. Чтить как святых — нет.

Молиться о них — нужно. Молиться им?..

Почему любое доброе дело надо доводить до абсурда?

...Через несколько лет после «Курска» где-то вдали от Москвы женщина спросила меня: «А правда, что патриарх запретил отпевать этих моряков? Они же утопленники». Вопрос меня поразил. В дни той беды отмечался 2000-летний юбилей христианства. В Москве в только что отстроенном Храме Христа Спасителя проходил Собор. И он сделал перерыв в своей работе именно ради панихиды по морякам. Я был и на этом Соборе, и на этой панихиде. Помнится, именно я тогда шепнул митрополиту Кириллу о желательности такого действия. И потому такой вопрос меня просто поразил и даже обидел. Поразил настолько, что потом долгое время я всё искал подтверждения тому, что «утопленников не отпевают». В итоге оказалось, что та женщина оказалась права не по факту, а по принципу.

«У нас до 1771 г. существовал обычай всех умиравших неестественною смертью удавленников, утопленников, замерзших и т. д. не отпевать и не класть на кладбищах: их неотпетыми свозили на так называемые „убогие дома", которые находились вне городов и представляли из себя глубокие ямы. Сложенные там тела оставались неотпетыми и незасыпанными до седьмого четверга по Пасхе. На Семик священник служил общую панихиду, а добровольно являвшиеся сюда мужчины и женщины зарывали яму с телами и вырывали новую <...> Правило патриарха Московского Адриана, преподанное поповским старостам 26 декабря 1697, гласит: „А который человек обесится, или зарежется, или, купаясь и похваляяся и играя, утонет, или вина опьется, или с качели убьется, или иную какую смерть сам над собою своими руками учинит, или на разбое и на воровстве каком убит будет: и тех умерших тел у церкви Божий не

погребать и над ними отпевать не велеть, а велеть их класть в лесу или на поле, кроме кладбища и убогих домов"»[709].

Утопленники тоже относились к числу «заложников». Заложник значит не закопанный, а заложенный хворостом в лесу (защита от животных-падальщиков).

Это «наглая смерть», похищающая жизни. Словарь омонимов Ольги Седаковой поясняет, что слово «наглый» в церковнославянском надо переводить как «внезапный» или «напрасный» (с тем же значением — «напрасно Судия приидет»). Этими словами наши древние книжники пробовали передать значение греческого слова apotomos — «резкий», «суровый», «срезанный».

За триста лет маятник церковного пра́вила качнулся из одной крайности в другую: от запрета отпевать и хоронить на церковной земле до объявления святыми. Причем и то, и другое — вне зависимости от качества жизни и веры утонувшего моряка. Для принятия крещения нужна не только вода, но и вера во Христе и желание принять крещение Христово. Иначе всех утопленников можно было бы считать святыми.

Трудно судить, кто более прав: древняя строгость или нынешняя всеядность. Но и делать вид, будто из туристического рая через катастрофу можно попасть сразу в рай небесный просто потому, что «трагически погиб»[710] в большой и военной компании, тоже нехорошо.

---

[709] Гальковский Н. М. Борьба христианства с остатками язычества в Древней Руси. Т. 1. — Харьков, 1916. С. 200; подробнее см. в книге: Зеленин Д. К. Очерки русской мифологии: умершие неестественною смертью и русалки. — М., 1995.

[710] Трагедия это букв. «песнь козла», назначенного к жертвенному закланию. Слово tragodia происходит от «трагос» — «козел» (плюс «ода» — «песнь»).

Сегодня считают, что трагедия родилась из плясок во время праздников в честь бога Диониса. Обрядовые песни пели, облачаясь в козлиные шкуры. Данте в первых строках своей книги пояснял, что он пишет

Налицо девальвация «святости» и военной, и церковной.

Впрочем, первая неясность тут была заложена самим церковным календарем. Жажда всюду видеть «добровольные жертвы»

именно Комедию по той причине, что «комедия отличается от трагедии тем, что трагедия в начале своем восхитительна и спокойна, тогда как в конце смрадна и ужасна. Потому и называется она трагедией — от tragos («козел») и oda («песнь»), означая примерно «козлиная песня», то есть смердящая будто козел, как явствует из трагедий Сенеки. Комедия же начинается печально, а конец имеет счастливый, как явствует из комедий Теренция».

Tragikos имеет два смысла: козлиный и театрально-трагический, напыщенный, выспренний. Византийские времена противопоставили tragodia как пение под действием чувств и страстей псалмодии. Отсюда и произошло то, что Фасмер назвал «курьезная калька»: церковно-славянское слово козлогласие, козлогласование (Фасмер. Этимологический словарь русского языка. Т. 2. стр. 278).

Соответственно, когда церковно-уставные тексты осуждают козлогласие в церковном пении, то речь идет не о выкриках, не совранных нотах и сорванных голосах, не о чем-то некрасивом. Наоборот, они осуждают именно красивое, оперное, театральное пение. Выходит, бабушка на сельском приходе, дерущая уши дачникам своим гласом, на самом деле поет уставно, не козлогласит. А вот кафедрально-архиерейский хор именно козлогласием всю службу и занимается.

И еще: греч. глагол tragiso означает «вступать в период половой зрелости»… Уже доводилось писать, что помянутое в типиконе козлогласование — это всего лишь перевод греческого слова «трагедия». Журналисты могут этого не знать. Но отчего же в церкви говорят и молятся о «трагически скончавшихся». Как-как скончавшихся? По-козлиному?

Зачем искусственно и без долгих и эрудированных размышлений вкраивать в златотканую ткань церковнославянской молитвы новые и чужие для нее слова? Я давно предлагал в элитных церковных тусовках: давайте подумаем над лексиконом для таких случаев. Чтобы не пропускать газетную лексику в молитву. Не слышат……

Неужели никак нельзя воспользоваться средствами церковно-славянского языка? Неужто он столь беден?

А если так — «еще молимся о всех горькую и внезапную кончину в…… обретших»?

И если вдуматься: именно те смерти, которые сегодня называются трагическими — это антипод тому образу кончины, который мы просим себе на ектеньях. То есть «трагическая смерть» — это кончина не мирная, не безболезненная и не христианская. Это смерть, которая не созрела, и потому не является **спелым успением**.

исходит из самой церковной среды. Вот седален (молитва) из службы 14 000 вифлеемских младенцев: «Рождшемуся днесь от Девы младенцев воинство яко Творцу и Царю приятная приносятся заколения, предложенная Христу веры ради».

Богу была приятна смерть тысяч детей? Хорошо, в церковнославянском слово «приятная» означает «принятая». Но всё равно остается тезис о том, что смерть младенцев была жертвой Христу, которую Он принял. Но — чья жертва? Кто ее принес Христу? Чья вера и во что лежит в основе этой жертвы? Младенцы ничего не понимали. Воины-убийцы творили мерзость, а не «приятное жертвоприношение». Матери точно никому — ни Ироду, ни Христу не хотели отдавать жизни своих малышей…[711]

Еще одна трещинка в, казалось бы, ясном христианском представлении о мученичестве была связана с мальчиком Артемием. Для средневекового народного богословия это непростой вопрос: человек, убитый небесным огнем, — это великий грешник или святой? Артемию Веркольскому это вменилось в святость.

При этом примечательна запись о захоронении Артемия, в которой указывается, что тело отрока было положено сельчанами в «пусте месте», «понеже они тех убьеных громом или молниею гнушаются»[712].

Захоронения убитых во время грозы на общем кладбище, согласно народному поверью, могло навлечь несчастье. Д. К. Зеле-

---

[711] Блаж. Иероним Стридонский в V веке пишет, что в Вифлееме было убито «много тысяч» младенцев (multa parvilorum milia) (На Исайю. 7, 15). По православному преданию, число жертв составляло 14 тысяч, в сирийских источниках упоминаются 64 тысячи, а в ряде западных мартирологов — 144 тыс. младенцев…… Каноны вифлеемским младенцам в современных греческих и русских Минеях разные. См.: http://www.pravenc.ru/text/158896.html

[712] Дмитриев Л. А. Житийные повести Русского Севера как памятники литературы XIII-XVII вв.: Эволюция жанра легендарно-биографических сказаний. — Л., 1973. С. 254.

нин отмечал, что у некоторых народов «требуются особые места для погребения лиц, убитых громом»[713].

Так, например, у черкесов «убитых громом хоронят на месте их смерти»; осетины «избегают хоронить на общем кладбище лиц, убитых громом», поскольку в случае таких похорон данное селенье постигает какое-нибудь несчастие:

> «*в одном таком случае, например, наступила засуха, которая окончилась только тогда, когда труп покойницы вырыли и перенесли в другое место; в других случаях наступают сильные дожди и ненастье… Даже лиц, которые только „подпали влиянию молнии" (опалены были молнией?), нельзя хоронить на кладбище: иначе общество постигнет какое-либо несчастие*»[714].

Отношение к убитым молнией как к нечистым прослеживается в разных жанрах русского фольклора…[715]

Еще одна трещинка — объявление святым убитого царевича Дмитрия. Мальчика, конечно, жалко, но выбора, тем более религиозного, у него просто не было.

Следующую огромную брешь в главном принципе мученичества пробили канонизации балканских «этномартиров» XIX–XX веков (см. главу 4–17 «На помощь христианам Балкан»).

Расширилась эта брешь при массовой канонизации новомучеников советских времен. Как можно считать мучениками тех, кому даже не предлагали выбор между верой во Христа и жизнью на свободе?

---

[713] Зеленин Д. К. Очерки русской мифологии (Умершие неестественной смертью и русалки). — М., 1995. С. 121.

[714] Там же, с. 122.

[715] Рыжова Е. А. Севернорусская агиография в контексте традиционной народной культуры («почему убитые громом — святые») // Рябининские чтения — 2003. — Петрозаводск. 2003. https://kizhi.karelia.ru/library/ryabinin-2003/97.html

Традиционно мученик (и герой) — это тот, у кого был выбор. Крест или жизнь.

Нам будут долго предлагать «не прогадать».
«Ах! — скажут, — что Вы! Вы еще не жили!
Вам надо только-только начинать!»
Ну, а потом, предложат «или-или».

Или пляжи, вернисажи или даже
Пароходы, в них наполненные трюмы
Экипажи, скачки, рауты, вояжи
Или просто — деревянные костюмы.

Нам даже могут предложить и закурить
«Ах! — вспомнят, — Вы ведь долго не курили!
Да вы еще не начинали жить!»
Ну, а потом, предложат «или-или».

Дым папиросы навевает что-то
Одна затяжка — веселее думай!
Курить охота, как курить охота!
Но надо выбрать деревянные костюмы.

И будут вежливы и ласковы настолько
Предложат жизнь счастливую на блюде
Но мы откажемся... и бьют они жестоко
Люди, люди, люди.

А если выбора нет или если в палитру выбора не входит отречение от Христа в качестве пути к свободе и благополучию, то это не христианское мученичество, а нечто иное.

Но для госрелигии это не важно.

Депутат Госдумы от «Единой России» Александр Фокин сказал о детях, которые погибли во время пожара в ТЦ «Зимняя вишня» (март 2018):

> *«Кузбассовцы, нам пора остановиться. Вдохнуть воздух Кузбасса и сказать себе: „Давайте поддержим президента!" Эти ангелы, которые пожертвовали своей жизнью, они должны консолидировать нас в этой серьезной политической ситуации, в которой находится страна»*[716].

Дети, которые искали выход и не смогли его найти, «пожертвовали своей жизнью»? Они решили дальше не жить? И точно ли, что они при этом думали о Путине?

Жертва — это нечто ценное, что можно обратить к своей пользе, но что добровольно и сознательно отдается другому. Кому эти дети сказали «возьми мою жизнь, а взамен…»? Богу? Путину? Хозяину торгового центра? Депутату Фокину?

И это не личный маразм депутата. Это перекраивание христианства под ГРР — «Гражданскую религию России». Это следствие патриотической шизы, военно-мобилизационной пропаганды, навязывающей модель «жертвенной смерти за пацанов». Твоя смерть уже не твоя. Это госимущество. Только государство (под кличкой «Родина») имеет право решать, когда и как тебе умереть и какие комментарии приложить к твоей вроде бы частной смерти.

И уж, конечно, не коррупционная госсистема убила этих детей. Нет, это они принесли себя в сакральную жертву для продления агонии этой системы.

> *«Сразу после начала пожара, из кинотеатра звонила моя племянница Вика. Она говорила, что горит все, двери заблокированы в кинотеатре. Я не могу выйти, дышать не могу.*

---

[716] http://www.rosbalt.ru/russia/2018/03/29/1692657.html

Я ей говорю: «Вика, снимай все, нос закладывай через одежду». Она говорит: «Передай маме, что я ее любила. Передай всем, что я их любила»[717]...

Это «хорошая» детская смерть — с памятью о других и о любви. Но всё же — не «жертва».

Но если безальтернативная смерть приравнивается к добровольному мученичеству, то что же сказать о ясном выборе? Солдат, выбравший самоубийство, сегодня тоже начинает считаться и героем, и святым.

Можно понять светскую эпическую тему, представляющую самоубийство солдата, покончившего с собой, чтобы не попасть в плен, как подвиг. Но ведь и «преемники апостолов» усвоили эту оценку. Именно так о летчике Романе Филиппове, погибшем в Сирии в 2018 году, отозвался митрополит Иларион: «С точки зрения Церкви то, что он совершил, является подвигом»[718].

Ранее тот же митрополит о самоубийцах говорил иначе:

«Церковь считает самоубийство смертным грехом в том случае, если самоубийство совершается из разного рода эгоистических соображений. А эгоистические соображения — это любые соображения, которые связаны с нежеланием человека жить по тем или иным причинам, не связанным с жизнью других людей»[719].

Я согласен с этой формулой.

Да, если избранная тобою смерть спасает жизни других людей, то — это жертва, а не самоубийство.

Но среди именно эгоистических соображений — вполне естественное нежелание подвергнуться пыткам перед неминуемой смертью. А также — «чтобы не испытать неизбежные унижения в плену».

---

[717] https://www.kp.ru/daily/26810.7/3846073/
[718] https://ria.ru/20180319/1516751907.html
[719] Передача «Церковь и мир». Эфир от 17.03.2018.

Если неизлечимо больной человек, устав терпеть многолетние муки и видеть страдания, которые он причиняет своим родным, просит об эвтаназии — тот же здоровенький митрополит Иларион объявит его грешником и самоубийцей, которых и отпевать-то нельзя!

Но если это «человек с ружьем», то его смерть становится государственным достоянием, и митрополиты должны его обслуживать. Там, где включается политика, появляется и необходимость подгонять христианское учение под стандарты госпропаганды.

Но хотелось бы услышать хоть об одном святом **воине**-мученике древних времен, который покончил с собой. Где икона со святым харакири? А ведь это так «по-церковному» смотрелось бы, ибо «при проведении ритуала самоубийства самурай должен был оголить живот и особым образом его разрезать — **крестом**, двумя движениями, сначала от одного бока к другому, затем от груди до пупка».

В аналогичной ситуации в Афганистане (точнее, Пакистане), по рассказу А. Руцкого, ему явилась Божия Матерь и запретила убивать себя:

> *«Очнувшись, приставил пистолет к виску, но в тот же момент — это было воистину так! — передо мной в первых проблесках лучей восходящего солнца появилась Матерь Божия в белом, как снег, одеянии и нежным, но строгим голосом, идущим из-за горизонта, воспретила совершить над собой это деяние. „Не смей, не смей, не смей...“ — уносило горное эхо ее проникновенные слова»*[720].

---

[720] http://www.businesspress.ru/newspaper/article_mId_40_aId_21408.html
Кроме того, этот рассказ я лично слышал от Руцкого 15 августа 1991 года в Новгороде на патриаршей трапезе

Интересно, кто точнее «выражает точку зрения Церкви» — Иларион или Божья Матерь?

В истории есть канонизированные женщины-самоубийцы:

Святая мученица Домнина (память 17 октября) вместе с дочерьми Вероникой и Проскудией утопилась в реке, чтобы избежать блудного насилия со стороны пьяных воинов.

Святая Соломония (память 14 августа), видя смерть своих сыновей — Маккавеев — «не стерпевши рук человеческих нападения, помолившися и в разжегшуюся сковраду себе вверже, и тако Богу дух предаде».

Святая мученица Дросида (память 10 августа), дочь императора Траяна, также бросилась в печь, предварительно покрестив саму себя.

Мученица Пелагия Антиохийская (память 21 октября), опасаясь быть оскверненной в свои 15 лет, оделась в лучшие свои одежды и бросилась с крыши дома.

Святая благоверная княгиня Евпраксия Рязанская (память 11 июля) во времена нашествия хана Батыя, бросилась с городской стены вместе с ребенком.

Но вот солдат-самоубийц среди святых до сих пор не было.

Я могу видеть подвиг и в мужском самоубийстве. 3 апреля 1941 года премьер-министр Венгрии граф Пал Телеки совершил самоубийство, «выразив в предсмертной записке свое возмущение нарушением данных Югославии обязательств».

Причина: Германия требовала соучастия Венгрии в СВО против Югославии, с которой в декабре 1940 года Телеки подписал договор о вечной дружбе.

Он попытался остановить участие Венгрии ссылкой на Хорватию, что тогда входила в состав Югославии: Хорваты, мол, наши братья, а в случае войны с Югославией придется воевать и с хорватами.

Но Гитлер снял этот довод, объявив о создании независимой Хорватии. Телеки написал последнее письмо Хорти, где назвал себя преступно виновным в том, что не остановил Хорти[721]. И застрелился в день начала Югославской войны.

Но для воспевания «самоубийств чести» или солдатских самоподрывов есть саги и полосы светских газет.

Не стоит всякий подвиг считать христианским. И не стоит точку зрения Церкви отождествлять с тем, что выгодно ГлавПУРу.

Увы, именно это сделал в декабре 2022 года заслуженный профессор Московской Духовной Академии А. И. Осипов: солдат, который убивает себя, чтобы не попасть в плен — не самоубийца, а мученик[722].

А вот сам патриарх Кирилл:

> *«Наши благочестивые предки-герои всё хорошо знали и понимали, а потому и соборы строили как крепости, сознавая, что в какой-то момент, может быть, придется за их стенами вести оборону, что и бывало неоднократно в истории нашего Отечества. Достаточно вспомнить героическую оборону Смоленска, когда враг прошел через крепостные стены, и остался только один собор как последняя крепость и убежище защитникам города. И они не пожелали сдать собор — храм был взорван и похоронил под сводами своими защитников, которые остались непобежденными»*[723].

Верно — патриотическая легенда гласит, что в 1611 году во время польской осады собор был взорван самими защитниками, точнее, одним:

---

[721] «Мы стали ренегатами — из трусости — против договора о вечном мире. Нация чувствует это, и мы отбросили ее честь. Мы встали на сторону негодяев — потому что ни одно слово про озвученные зверства ни против венгров, но даже не против немцев не является правдой!! Мы станем трупоедами! самой никчемной нацией. Я не удержал вас. Я виновен». (http://www.bibl.u-szeged.hu/bibl/mil/ww2/doksi/k10403a.html)

[722] https://www.youtube.com/embed/PZt8I4q90SU?si=lsg98XHZ_BsFlXE5

[723] http://www.patriarchia.ru/db/text/5920989.html

«Последние же люди заперлись у Пречистой Богородицы в соборной церкви. Один же смолянин кинулся в погреб. Погреб же был с пороховой казной под тем соборным храмом, и то [пороховое] зелье зажег, и храм Пречистой Богородицы взорвался, а людей всех, которые в церкви были, убило», — сообщает придворный московский «Новый летописец».

Сами смоляне сомневаются в этой версии[724].

Но вот от патриарха хотелось бы более развернутого рассуждения: когда можно самоубиваться? И почему он оправдывает взрыв, в результате которого было убито множество православных людей, включая женщин и детей? Каковы мотивы, оправдывающие такой поступок? Работает ли эта схема в атомную эпоху?

Понимаю, что можно найти библейский прецедент: рассказ о Самсоне, который развалил храм филистямлян и похоронил себя под его обломками вместе с сотнями врагов:

«И сказал Самсон: умри, душа моя, с Филистимлянами! И уперся [всею] силою, и обрушился дом на владельцев и на весь народ, бывший в нем. И было умерших, которых умертвил [Самсон] при смерти своей, более, нежели сколько умертвил он в жизни своей» (Суд. 16:30).

Но тут появляется основной вопрос христианского богословия: сколь иконичны для христиан нормы Ветхого Завета и тем паче действия героев древнееврейского эпоса? Чем-то люди Нового Завета всё же должны отличаться от людей не то что Ветхого Завета, а той эпохи, когда евреи еще и самих себя не судили по Закону Моисея.

В этой теме есть слова блаж. Августина:

---

[724] См. https://forum.smolensk.ws/viewtopic.php?f=59&t=59696&start=720

«Говорят, что многие-де умерщвляли себя, чтобы не попасть в руки врагов. Но мы рассуждаем не о том, почему это делалось, а о том, следует ли так делать. Ибо здравый разум предпочтительнее сотни примеров. Впрочем, с ним согласны и примеры, но только такие, которые куда более достойны подражания, ибо выше по благочестию. Не делали так ни патриархи, ни пророки, ни апостолы. И сам Христос, Господь наш, заповедуя апостолам в случае гонения на них в одном городе бежать в другой (Мф. 10:23), мог повелеть, чтобы они предавали себя смерти, дабы не попасть в руки преследователей. Но так как Он не заповедовал, чтобы таким образом переселялись к Нему из этой жизни те, коим Он обещал обители вечные (Иоан. 14:2), то какие бы примеры люди, не верующие в Бога, нам ни противопоставляли, ясно, что чтущим единого истинного Бога делать так непозволительно» (О Граде Божьем, кн. 1, гл. 22).

«Мы одно говорим, одно утверждаем, одно всячески доказываем: что самовольно никто не должен причинять себе смерти ни для избежания временной скорби, потому что иначе подвергается скорби вечной; ни из-за чужих грехов, потому что иначе, не оскверненный еще чужим грехом, он совершит собственный, причем самый тяжкий грех; ни из-за своих прежних грехов, ради которых настоящая жизнь особенно необходима, чтобы можно было исцелить их покаянием; ни из-за желания лучшей жизни, приобрести которую надеется после смерти: потому что для виновных в собственной смерти нет лучшей жизни и после смерти» (О Граде Божьем, кн. 1, гл. 27).

Но кому какое дело до древнего «Учителя Церкви», если есть более современный живой и авторитарный авторитет?!

В 2011 г. инициативная группа во главе с Александром Щипковым обратилась к Патриарху Московскому и всея Руси

Кириллу с прошением разрешить церковное отпевание генерала М. Г. Ефремова, невозможное на общих основаниях, поскольку Михаил Ефремов покончил жизнь самоубийством.

В прошении говорилось, что самоубийство генерала Михаила Ефремова не является следствием смертного греха уныния и отчаяния. Обстоятельства смерти Ефремова являются примером верности Родине, присяге и солдатам. Он погиб, выполняя воинский долг, то есть, согласно Евангелию, «положил душу свою за други своя».

В сентябре 2011 года Патриарх Кирилл дал разрешение на отпевание Михаила Ефремова, отметив в своей резолюции:

«Согласен с необходимостью возродить память о героической борьбе генерала Михаила Ефремова и о его верности Родине и солдатскому братству»[725].

После этого отпевание было совершено протоиереем Дмитрием Смирновым, тогдашним председателем Синодального отдела по взаимодействию с вооруженными силами и правоохранительными учреждениями, протоиереем Всеволодом Чаплиным, главой Синодального отдела по взаимоотношениям Церкви и общества.

Это не просто вопросы богословской теории. В украинских военных телеграм-каналах ежедневно появляется несколько видеосъемок (с беспилотников) русских раненных солдат, взрывом гранаты или пулей обрывающих свою жизнь. Причем рядом нет солдат противника, которым можно было бы причинить вред этой последней гранатой. Множественность таких случаев заставляет предположить, что это следствие индоктринирования своими же командирами и попами. Первые пугают: «Хохлы тебе яйца в плену отрежут». Попы обещают: «Ты станешь мучеником и пойдешь в рай».

---

[725] http://www.taday.ru/text/1337935.html

И взрывают себя вовсе не офицеры, которые могли бы знать какие-то «военные тайны», а обычное одноразовое «пушечное мясо». То есть их решение — ради своих страхов, а не ради спасения однополчан.

В Сети есть однажды вспыхнувшая и быстро пригашенная дискуссия священников о солдатах-самоубийцах[726]. В ней фронтовые священники разрешают такой исход и себе самим:

Никифор (Волнянский) иеромонах, ст. Старонижестеблиевская 22 мая 2023 года: *«Мне как участнику СВО, находясь с бойцами, можно иметь для этих целей гранату, или все-таки плен».*

Анатолий Дворецкий иерей, Самара 3 июня 2023: *„Граната в кармане для себя придает спокойствие и некую уверенность. Хватило бы у меня решимости выдернуть чеку, слава Богу, проверять не пришлось. С другой стороны, попасть в плен, зная, что можешь подставить других, твои товарищи будут пытаться отбить своего батюшку, т. к. для них это дело чести. И возможно, кто-то погибнет из-за этого. Меня такой расклад не устраивал. Поэтому ходил с гранатой в кармане. Когда сказал об этом игуменье, встретил понимание. Не помню, но Владыке вроде тоже об этом говорил. Так же, как и вопрос ношения оружия там тоже актуален. НЕ ПРИМЕНЕНИЯ, А НОШЕНИЯ, Как мне сказал один опытный батюшка: „Ты не должен выделяться, а то сочтут тебя важной шишкой, и сам пропадешь и других подставишь"».*

Разрешение на отпевание самоубийц — это одно. Но рекомендация оного — это совсем другое. Молитва о прощении самоубийцы — это одно. Но объявление его святым — это другое.

---

[726] https://priest.today/questions/912

Ну не надо отождествлять лексикон (и пантеон) церковный и светский, не надо отождествлять понятия «грех» и «преступление», подвиг воинский и подвиг христианский! Не каждый герой должен быть святым, и не всякий подвиг можно считать христианским. И не стоит точку зрения Церкви отождествлять с тем, что выгодно ГлавПУРу.

Но логика гражданской религии, притворяющейся христианством, диктует иное. Надо дудеть в одной тональности с государевыми мужами, даже если для этого приходится подговаривать людей к самоубийству.

Глава 11

Капелланы-комиссары

Священник должен быть там, где человеку тяжело. Если при этом человек не имеет физической возможности сам прийти к священнику, то священник должен иметь возможность прийти к нему. В этом состоит идея армейских, тюремных и больничных капелланов.

В этом смысл посещения священником даже тех мест, где находится самое страшное оружие. В этих, как правило, изолированных и далеких локациях, живут люди. В их руках страшная уничтожительная сила. И от психического здоровья персонала зависит очень многое. А психическое здоровье невозможно без уверенности в том, что ты сам и твой труд нужны другим людям. В столицах и интернетах можно спорить о нравственной предосудительности оружия массового поражения. Но что сказать вот этому конкретному майору в тайге, чтобы он не спился, не сошел с ума от близости красной кнопки и от ненависти к своему же начальству и к «гражданским», что его не понимают?

Знак вопроса в конце предыдущего абзаца не случаен. У меня нет богословской заготовки, из которой можно было бы изготовить «духовный» ответ этому ядерному майору.

Есть всегдашняя обязанность священника (религиозного проповедника) при встрече с болью — пояснить страдальцу, что его боль не бессмысленна и что надо уметь жить с ней. Ну да, — «опиум для народа».

Следующая высокая банальность такого проповедника: убедить страдальца, что его боль — это не индульгенция, которая могла бы оправдать его ненависть к другим людям. Даже на территории боли, несвободы и смертельной угрозы надо: 1. самому всё равно оставаться человеком; 2. недругов не считать нелюдью, что находится за рамками этического регулирования.

Нет, я не говорю, что такое всегда возможно. Я тут говорю о том, к чему noblesse oblige, то есть о стандарте (каноне) христианской проповеди.

Наконец, его язык должен возвестить еще одну очевидность: «Всё пройдет». Даже из смертельной болезни есть выход (уход на Небеса). И после войны и тюрьмы надо будет вернуться в мир людей («где любимая девушка ждет») и жить там по обычным правилам, а не по правилам зоны или окопа.

Капеллан помогает воину пережить свою боль от раны и от потери боевого товарища. Он говорит, что война идет не с народом, а с другими солдатами, и поэтому пленных и раненых добивать нельзя, равно как и обижать мирных жителей. В общем, он старается сдержать призыв «пусть ярость благородная вскипает, как волна». Это же азы религиозного воспитания: контроль над своими чувствами, тем более негативными.

И, конечно, миссия капеллана — принять предсмертную исповедь и совершить обряды прощания[727].

Итак, служение военного капеллана — не в возгонке атакующей ненависти, а в работе по сохранению человеческого в воинах. В заботе о том, чтобы военная ненависть не сожрала солдата целиком[728].

---

[727] Альтернатива в фильме Никиты Михалкова «Утомленные солнцем: Предстояние», когда умирающий юный красноармеец просит медсестру исполнить его последнюю просьбу: «Сиськи покажи!»

[728] Я не раз говорил об этом в своих лекциях и интервью, отвечая на вопрос об уместности священника в армейской среде. И был рад потом услышать схожие идеи от практика и моего ученика — священника Михаила Васильева (ссылки на его видеобеседы в тему: см. https://diak-

Если священник едет на войну исполнять именно свои обязанности (а не обязанности замполита) — это нормально.

Вот если именно так работает военный капеллан — то он вполне уместен, и в его служении нет противоречия с Нагорной проповедью.

Но всегда ли капелланы удерживаются сами в этих рамках?

Ведь и церковное, и армейское начальство как минимум ставит перед ним еще одну задачу: придать смысл текущей войне.

Профессиональных дружинников, феодалов или наемников не надо было мотивировать: война — это просто долг касты кшатриев, и год без войны считается прожитым напрасно.

Еще один древний гештальт: воля царя есть воля богов, и если царь повел нас на бой, значит, так надо.

А если что не так — не наше дело:

Как говорится, родина велела!
Как славно быть ни в чем не виноватым,
Совсем простым солдатом, солдатом.

Еще очевидность: если напали на мое село или мой город, то жители встают на свою защиту и без поповских призывов.

То есть в этих трех случаях работа капеллана просто излишня.

Между прочим, древнерусская литература не знает случаев военной проповеди священников. Даже «Сказание о Мамаевом побоище», фантазируя о благословении Дмитрия Донского Сергием Радонежским, не дает картины мобилизационной речи перед собравшимся войском:

---

kuraev.livejournal.com/3890876.html). Правда, позже, под впечатлением гибели многих его друзей офицеров и он сказал: «Мы выполняем эту особую задачу наведения порядка на родной земле и освобождении ее от нацистов. Дело это святое и Богоугодное». https://smotrim.ru/article/3075516. При отходе из Херсона он был убит. Посмертно присвоено звание Героя России.

*«Преподобный Сергий окропил его священной водою и всё христолюбивое его войско, и осенил великого князя крестом Христовым — знамением на челе. И сказал: „Пойди, господин, на поганых половцев, призывая Бога, и Господь Бог будет тебе помощником и заступником", **и добавил ему тихо**: „Победишь, господин, супостатов своих, как и подобает тебе, государь наш"».*

Первым военным капелланом в православии можно считать св. Димитрия Солунского. По крайней мере так он выглядит в поздних версиях своего Жития.

Там повествуется, что однажды в Солунь приехал царь-язычник Максимиан, который стал принуждать христиан отречься от своей Веры. Тех, кто не соглашался это сделать, он заставлял бороться со своим любимым борцом Лием, как сейчас скажут — супертяжеловесом. Вокруг арены были воткнуты копья острием вверх. Правила боя были просты: победитель сбрасывал побежденного с помоста на эти копья. То есть победить — означало стать убийцей.

Юный ученик св. Дмитрия Солунского Нестор пошел на гладиаторский поединок с богатырем Лием и прежде получил благословение св. Димитрия на бой и победу.

Ранние агиографы, включая св. Фотия (IX век) ничего не знают о благословении Димитрием предстоящего боя.[729]

Но в XVIII веке рассказ стал таким:

«Юноша по имени Нестор, крепкий телом, красивый лицом, с едва пробивающеюся бородою, был близок к великомученику Димитрию, у коего и научился святой вере. Видя неповинно убиваемых христиан, он воспылал ревностью и вознамерился вступить в борьбу с силачом Лием. Придя к святому Димитрию, находящемуся в темнице, он рассказал ему, как много христиан убил Лий в тот день.

---

[729] см. https://www.pravenc.ru/text/178231.html

— *Помолись обо мне, угодник Божий*, — *говорил он*, — *чтобы по твоим святым молитвам Бог помог мне. Я пойду и поборюсь с тем супостатом, одолею его и сниму поношение с христиан.*

Святой Димитрий сотворил на челе и персях его крестное знамение, благословил его и предсказал:

— Лия ты победишь и будешь мучим за Христа. Приняв благословение, святой Нестор тотчас пошел к месту состязания»[730].

Нестор победил Лия и сбросил его на копья: «Схватив его, как птицу, он сбросил великана с высокого помоста на острые копья. Упав на них, как крепкий дуб, Лий с позором изверг свою окаянную душу». Или, в славянской версии: «И возгласив Боже Димитриев, помози ми, сплетеся с супостатом крепко и горькой предаде его смерти...»

Так что в житийной традиции св. Димитрий представлен как первый святой, благословивший убийство.

Сегодня патриархия объявила Нестора «покровителем борцов»[731]. Правда, на клейме иконы св. Димитрия отчего-то не греко-римская борьба, а поединок гладиаторов — с мечами и щитами.

В капитулярии Карла Великого (ок. 769 г.) сказано, что «государя могут сопровождать один или два епископа со своими капелланами. А всякий военачальник пусть держит при себе священника для исповедания воинов и наложения епитимьи»[732].

В армии византийского императора Никифора II Фоки также упомянуты войсковые священники, сопровождающие армию в походе (Стратегика. VI, 2-3).

---

[730] https://azbyka.ru/otechnik/Dmitrij_Rostovskij/zhitija-svjatykh/935

[731] http://www.optina-pustin.ru/1692-svyatoy-muchenik-nestor-pokrovitel-pravoslavnyh-sportsmenov-borcov.html

[732] Контамин Ф. Война в Средние века. — СПб., 2001. С. 286–287.

Первым капелланом русской истории можно счесть новгородского архиепископа Далмата. Новгородская первая летопись сообщает о нем: «В то же лето, на зиму [1256/57 гг.], приеха князь Олександр, и митрополит с ним; и поиде князь на путь, и митрополит с ним; и новгородци не ведяху, кде князь идет; друзии творяху, яко на Чюдь идет». Это был обычный грабительский поход св. князя Александра Невского на Емь, а не на Чудь (то есть в Финляндию, а не Эстонию), с целью сбора дани и опустошения приграничных окрестностей. Митрополит отчего-то решил присоединиться.

С Иваном Грозным в Казань ходил благовещенский протопоп Андрей, государев духовник. По окончании взятия Казани русскими войсками царь, воздав хвалу Богу, послал за протопопом Андреем, который с животворящим крестом и псалмопением пришел к государю. Но, возможно, это просто «человек свиты», а не окормитель простых воинов.

Первый русский официальный документ, предполагающий наличие военных капелланов, называется «Учение и хитрость ратного строения пехотных людей» (1647 г.). Это вообще первая светская книга в России, изданная типографским способом. И это важный показатель, что и зачем Россия импортировала из европейской культуры:

«Предражайшая шляхетная ратная мудрость опричь богословия превыше все вольные науки и промышленные мудрости во всей вселенней перевысит»[733].

«Ратный чин Господу Богу приятен и от Него Самого установлен и всем добром излюблен и всякий человек, который в тот чин вступит, в нем сможет приятную службу Богу воздавати»[734].

---

[733] Учение и хитрость ратного строения пехотных людей (1647 г.). — Спб., 1904. С. 3.
[734] Там же, с. 7. Подробнее — с. 17–19.

«Государь, решая начать войну, прежде должен обратиться к Богу и вопросить Его — „вести ли мне война или нет и рассуждали не супротивна ли их война Божией чести и ближних их прибыли"» (С. 20–21).

Интересно, что такая война, которую мы сегодня называем гражданской, этот учебник называет — «жилецкая». Саперов же учебник называет «скакальцы» (С. 280–281).

Но поскольку это перевод с немецкого, в нем не могло быть подробностей о службе православного священника[735]. Сказано лишь, что «в месяц полковникову попу по тритцати флорин» (с.42) (солдат стоит 7 флоринов, капитан — 70; поручик — 50, писарь и аптекарь — по 13).

И поскольку это устав австрийской армии, не вполне понятно, в каких своих частях он был воспроизведен в Москве, а в каких — нет. Понятно, что приемы мушкетерского боя были заимствованы максимально буквально. А вот пункт про «полковникова попа», и уж тем более про размер его зарплаты мог игнорироваться.

Следующий документ — «Устав воинский», утвержденным Петром Первым 30 марта 1716 года. Это тоже перевод с немецкого.

В праздники «в 9-м часу пред полуднем (?)[736] должен священник литургию отправлять при каждом полку». «К сей положенной службе все без отрицания ходить долженствуют под штрафом, определенным воинским артикулом. А повседневные службы священникам повелено совершать у себя дома, не отвлекая солдат. Учить солдат молитвам должны офицеры (не священник!)»[737].

---

[735] См. https://runivers.ru/lib/book4522/53949/
[736] В немецком параллельном тексте такого указания на время нет. А в русском оно удивляет: Девятый час пред полуднем — это три часа ночи.
[737] Полное собрание законов Российской Империи. Т. 5. Спб., 1830. С. 306.

Также священник упоминается в главе «Порции и рационы в чужой земле, а в своей только рационы давать надлежит по сему», где священник, если судить по довольствию, занимает промежуточное место между полковым адъютантом и полковым обозным[738].

Но вот уходит в прошлое мифология викингов, и вера в «помазанника Божия» уже не вдохновляет на смерть. Армии становятся непрофессиональными, массовыми, а линии фронтов — весьма далекими от областей призыва. Вот тут и меняется профессиональный функционал капеллана. Теперь это уже не просто походный требоисправитель или слушатель предсмертной исповеди раненого бойца. Теперь главное в его работе — удержание солдат в послушании и повиновении и в их мотивировании.

Помимо регулярного совершения установленных богослужений, армейский священник постоянно вел проповеди и «внебогослужебные беседы». Он давал уроки Закона Божия «для неграмотной команды», осуществлял на судне миссионерскую работу среди иноверцев, содержал судовые библиотечки и наблюдал за чтением матросов в часы досуга. Согласно согласованной с военно-морским ведомством синодской инструкции, в плавании священник обязывался поддерживать тесные отношения с офицерами корабля и уведомлять их о выявленных «неблагонадежных» матросах[739]. Кроме того, батюшка должен был навещать арестованных моряков с целью побуждения их к раскаянию, «беседовать с нарушителями воинской дисциплины, отказывающимися принимать присягу, налагающими на себя руки».

«Сильное воспитательное средство в руках судового священника в отношении к команде — это постоянное неослабное наблюдение за поведением матросов в течение всего

---

[738] Там же, с. 316.
[739] Прот. В. Петлюченко (зам. Председателя ОВЦС МП). Сотрудничество лучше, чем недоверие // Ориентир: журнал Министерства обороны Российской Федерации. — М., 1995. №1. С. 23.
https://pobeda.ru/duhovenstvo-voennogo-flota-rossijskoj-imperii-168

дня. <...> *Для успеха нравственного влияния над командою, судовой священник пусть постарается приобрести доброе-сыновнее ея к себе расположение, при котором его наблюдение не будет казаться полицейским надзором, напротив, появление священника, стесняющее слишком развязных на язык, будет желательным для большинства команды, любящей поговорить со своим «батюшкой не только про судовую жизнь и «политику», но и на более дорогие ему темы и о более близких его сердцу «материях» — «про хлеба, про покос, про старинушку, как то Бог и Господь хлеб уродит нам», и вообще — о чем ему пишут из дому с родины. Кстати, тут священник имеет возможность разъяснить команде происходящие иногда между ею и начальством недоразумения по поводу требований, в чем либо стесняющих их жизнь»*[740].

«Главный Священник Кавказской Армии заботится, дабы священники, проповедуя слово Божие войскам, внушали им любовь к Вере, Государю и Отечеству и утверждали в повиновении властям... Во время сражения он находится в назначенном от Дежурного Генерала месте и наблюдает, чтобы Священники были при своих местах для молебствий, для ободрения православных воинов гласом веры и благословения церкви и для доставления раненым и умирающим утешения веры и Св. Причастия. <...> На обязанности полковых священников состоит внушать уважение к Верховной Монархической власти. Раскрывать важность присяги, гибельные последствия клятвопреступников в земной жизни и неизбежный суд по смерти»[741].

---

[740] О пастырском служении в русском военном флоте // Вестник военного духовенства. 1905. № 2. С. 51.

[741] Прот. Павел Львов. Памятная книжка о правах и обязанностях армейского духовенства, составленная из указов Св. Правительствующего

«Священник должен запастись самоотвержением, чтобы, стоя в пылу битвы, быть способным поддерживать в армии надежду на помощь Божию и свои собственные силы, — вдохнуть в нее патриотический героизм к царю и отечеству»[742].

«В с. Щеглово Вознесенской волости Каннского уезда, 4 февраля, по случаю мобилизации войск Сибирского военного округа, было собрано 150 человек запасных нижних чинов, призванных на действительную военную службу. Многие из них, находясь вследствие опьянения в возбужденном состоянии, требовали отпуска вина из казенной винной лавки, которая по распоряжению властей на это время была закрыта. Раздраженные отказом в исполнении своего требования, запасные нижние чины решили разбить у казенной винной лавки дверь и окна, с каковой целью и направились было к ней толпою. Узнав об этом, местный священник о. Трифон Савицкий вышел навстречу толпе и стал увещевать ее оставить злое намерение, а затем, распорядившись благовестить, убедил собравшихся следовать за ним в церковь помолиться Богу и получить благословение. После отслуженного в церкви молебна и сказанного названным священником напутственного слова запасные нижние чины совершенно успокоились и дали обещание вести себя благопристойно. Прямо из церкви запасные нижние чины были отправлены на станцию железной дороги»[743].

Синода, устава духовных консисторий, предписаний Главных Священников и сводов гражданских и военных постановлений. — Свеаборг, 1889. С. 4–14.

[742] Невзоров Н. Управление духовенством военного ведомства в России. — СПб., 1875.

[743] Письмо Томского губернатора К. Старынкевича на имя епископа Томского и Барнаульского Макария // Томские Епархиальные Ведомости. 1904. № 8, С. 1–3.

Крестьянским сынам надо пояснить, что война идет не просто за интересы государя (стамбульские проливы или обиды Ольденбургского герцога), а за их собственные интересы.

Как поет об этом прекрасная песня «В лесу прифронтовом»:

Настал черед, пришла пора, —
Идем, друзья, идем!
За всё, чем жили мы вчера,
За всё, что завтра ждем!

И, конечно, для формирования такого убеждения в том, что «это лично твоя война» («если дорог тебе твой дом»), используется древнейшая и разветвленнейшая медийная структура: церковь.

Понятно, что все Генштабы возлагают эту функцию на церкви всех стран, а не только на православных.

В годы первой мировой войны в британской армии было около 3 000 англиканских капелланов. До начала Первой мировой войны главный военный капеллан епископ Дж. Тейлор Смит разработал схему мобилизации, которая предполагала трех англиканских, одного римско-католического и одного пресвитерианского капеллана на каждую дивизию. Они должны были быть прикреплены к полевым госпиталям. Однако схема не была включена в итоговое мобилизационное расписание, поэтому, когда 65 армейских капелланов прибыли вместе с Британским экспедиционным корпусом во Францию, то обнаружили, что официально на них нет пайков, транспорта, возможностей для размещения…[744]

---

[744] Забелина Н. Ю. Первая мировая война в произведениях британского религиозного деятеля Р. Дж. Кэмпбелла. Российский журнал истории Церкви. 2021, 2 (1):31-52
https://churchhistory.elpub.ru/jour/article/view/42

Причем в одной армии могут быть капелланы разных конфессий и религий[745]. Даже в вермахте были капелланы-раввины[746].

---

[745] В смоленской авиакатастрофе в 2010 году вместе с президентом Польши Лехом Качиньским погиб главный православный капеллан Войска Польского Мирон Ходаковский — бригадный генерал и архиепископ в одном лице. У главного военного капитана чин выше: дивизионный генерал. У протестантского ниже: полковник. Обилие пастырей на этом борту понятно: предполагалась мемориальная служба на Катынском кладбище по случаю 70-й годовщины Катынского расстрела пленных поляков. А вообще православные капелланы в польской армии не новость. Протоиерей Симеон Федоронько был главой православных польских капелланов в 1939 году. Попал в советский плен. Ему предлагали перейти в московское церковное подчинение. Он отказался и был расстрелян в Катыни. Один его сын — Александр — был летчиком королевских ВВС и погиб в 1944 году при бомбардировке Манхейма. Еще два сына — Вячеслав и Орест — погибли во время варшавского восстания в том же 44-м. Кстати, в 1942 году Сталин не только разрешил прикомандировать 32 католических воинских капеллана к дивизии генерала Владислава Андерса, но даже согласился на посещение воинов приезжим епископом, получившим папские поручения и полномочия. «28 апреля в советской столице оказался Иозеф Гавлина, польский полевой епископ, который через Тегеран прибыл из Лондона, а летом на несколько месяцев остался в Янгиюле под Ташкентом. Епископ Гавлина, который добрался до главной ставки Андерса 7 июня 1942 года, прибыл туда с твердым намерением урегулировать также и вопрос о пастырской работе среди поляков в Советском Союзе. Он привез 50 алтарей, 572 экземпляра Библии, 53 тысячи 500 крестиков, 784 тысячи образков и много денег» (http://regnum.ru/news/society/2110354.html).

[746] «...при организации в сентябре 1918 года еврейского праздника Рош ха-Шана для фронтовиков. Несмотря на очевидные затруднения отступающей армии, Военное министерство, как и раньше, позволило армейским раввинам проводить богослужения в честь праздника. Так, командующий 3 армией разрешил солдатам-евреям, где это „возможно с военной точки зрения", посещать богослужения, которые проводил рав Рейнгольд Левин в кинотеатре в Седане. Хотя строчка „возможно с военной точки зрения" давала командирам повод для отговорок, многим немецким евреям всё же удалось покинуть для празднования свои позиции. Рав Зигфрид Кляйн оценивал, что на его богослужение на Рош ха-Шана пришло около 1 400 солдат, и ожидал примерно такого же количества на Йом-кипур в том же месяце. Военные даже предусмотрели

В России военные священники были сведены в одну структуру и одну вертикаль власти, то есть в нарушение древнего принципа православного церковного устроения (принципа территориального деления церковных структур) военные священники были выведены из-под власти областных епископов и подчинены прямо Петербургу в лице протопресвитера армии.

Для флотского духовенства была создана параллельная аналогичная структура во главе с «обер-иеромонахом флота». Согласно Морскому уставу 1720 г. обер-иеромонаху следовало «быть на корабле аншеф-командующего и иметь управление над всеми священниками во флоте» (Устав Морской. О всем, что касается к доброму управлению в бытности флота на море. Кн. 2, гл. 9, арт. 1)[747].

Но в 1834 году армейское и флотское духовенство было объединено. По утвержденному летом 1890 года «Положению об управлении церквами и духовенством Военного и Морского ведомств» общее руководство священниками сухопутных и морских сил государства вверялось протопресвитеру военного и морского духовенства.

Сам протопресвитер приравнивался по рангу к генерал-лейтенанту армии и подчинялся непосредственно Святейшему Синоду, то есть был равен почтеннейшим митрополитам. При этом

наличие дополнительных поездов по такому случаю и помогали с организацией необходимых обрядов. На посторонний взгляд празднование Рош ха-Шана в сентябре 1918 года не производило впечатления одного из последних движений сломанной и почти разгромленной военной машины» (Тим Грейди. Роковое наследие. Правда об истинных причинах Холокоста. — М., 2019. С. 245).

А вот в российской императорской армии раввинов-капелланов вроде не было. Понятно, что речь идет о вермахте Второго Рейха, а не Третьего. При Гитлере даже наличие Железных Крестов не спасало евреев-ветеранов.

[747] Самым первым обер-иеромонахом российского флота стал вполне сухопутный москвич — префект Славяно-греко-латинской академии Гавриил Бужинский. Таковым он стал, вероятно, в 1718 году. В море он ходил лишь однажды.

сохранялось главное отличие флотского духовенства: тут могли служить только монахи.

Для армейских храмов был разработан сокращенный устав богослужения (как и для храмов придворного духовенства, которые также были выделены в отельное экстерриториальное ведомство во главе с «протопресвитером дворцового духовенства»).

И было еще одно значимое послабление церковной дисциплины: во дни Кавказской войны Синод разрешил прифронтовым священникам-монахам, служащим в гарнизонах «Черноморской береговой линии», всегда есть мясное, крестить и венчать браки[748]. Монахам всё это обычно запрещено[749], чтобы вид чужой семейной радости, связанной с сексом, не перевозбуждал их самих и не порождал в них сожаление о сделанном ими выборе. Поэтому рядом с монастырями строились небольшие церкви, в которых мог бы служить семейный священник и совершать крестины-венчания для окрестных жителей. Но в отдаленной крепости-гарнизоне могло не быть второго священника не-монаха. А княжна Мэри или просто полоненная прекрасная черкешенка или казачка могли привлечь внимание господ офицеров или солдат…[750]. В 1840 году в частях отдельного Кавказского корпуса служили 47 армейских священников.

---

[748] Воспоминания начальника штаба при Черноморской береговой линии Григория Ивановича Филипсона // Русский архив, Вып. 2. 1884. С. 342.

[749] Указ Святейшего Синода от 24 апреля 1721 г.: «Иеромонахам свадьбы венчать и другие мирские требы отправлять весьма воспретить, дабы того оные впредь чинить не дерзали» (Полное собрание постановлений и распоряжений по ведомству православного исповедания. Т. 1. № 52. С. 79).

[750] А бывало с военными священниками всякое. Порой им доводилось претерпевать от своих же офицеров. «Федор Иванович Толстой воспитывался вместе с отцом моим в Морском корпусе… И ни одной-то души не оставлял в покое! Старичок-священник, который находился на корабле, любил выпить лишнее и был очень слаб. У Федора Ивановича в голове сейчас; созрел план новой потехи: напоил батюшку до «положения риз», и когда несчастный священнослужитель как мертвый навзничь лежал на палубе, граф припечатал ему сургучом бороду к полу

С наступлением эпохи массовых мобилизуемых армий и эпохи газет кончается Нагорная проповедь и начинается пропаганда.

Теперь капеллан — это не голос христианской совести, вопиющей в кровавой языческой пустыне. Теперь это ре-транслятор вполне земной пропаганды, доносящий до солдат указания центральной прессы.

Обер-священник армии и флота Григорий Мансветов в 1829 году издал «Сборник кратких христианских поучений к воинам». Он пояснил:

— Наличие армии в государстве необходимо, так как она призвана защищать веру, царя и Отечество. Земные царства устроены Богом по образу Царства Небесного. Иметь войска для защиты своих земель земным владыкам разрешает сам Господь.

— Положение воина важно и почетно. Защищать Отечество его избрал «промысл Небесный, а отнюдь не случай или несправедливость человеческая». Поэтому воин должен «любить и уважать свое звание, с усердием и радостью носить оружие, которым благословила его Святая Церковь». Он должен ревностно относиться к службе, так как этого ждут от него Государь, Отечество и Церковь. Последняя, молясь за Государя, возносит также молитвы и о его христолюбивом воинстве.

украденною из каюты Крузенштерна казенною печатью. Припечатал сидел над ним, пока он проснется... И только что старичок открыл глаза и хотел приподняться, Толстой, указывая пальцем на печать, крикнул ему: — Лежи, не смей! Видишь — казенная печать... После принуждены были ножницами подстричь бороду священнику почти под корешок, чтобы выпустить его на свободу» (Каменская М. Ф. Воспоминания // Исторический вестник. 1894).

Или: «В станице Самурской в 1867 году офицеры, пьянствуя со священником, напоили его до бесчувствия и носили по улицам на мертвецких носилках, говоря всем встречным, что их духовный пастырь скончался и они его сами отпевают» (Короленко П. Переселение казаков за Кубань. Русская колонизация на Западном Кавказе // Кубанский сборник. — Екатеринодар, 1911. Т. XVI).

— «Государь представляет в своем лице Самого Высочайшего Бога; он есть Отец Отечества», который «печется о благоденствии своих подданных». Поэтому «одна из существеннейших обязанностей истинного воина есть сердечная приверженность к своему Государю. Он должен любить Помазанника Господня и защищать Его особу».

— Убийство противника на войне грехом не является. Однако неприятель — «брат по плоти». Поэтому, убивая его, свою должность нужно исполнять без ожесточения. Поверженному противнику следует даровать пощаду. Грабеж и мародерство запрещаются.

— К иноверческим храмам противника нужно относиться с уважением, ибо «ничто так не ожесточает неприятелей, как презрение к народной вере».

— Войны только начинают люди, а оканчивает их Сам Бог, Который, как правило, помогает правому. Поэтому победу нельзя приписывать только своему мужеству, а неудачу на поле брани — ошибке военачальников. «Победа и поражение в деснице Господней».

— Неустрашимость воина заключается в твердости духа, с которой он, «по гласу царя и его военачальников, спокойно идет на все опасности, дабы одолением врага даровать мир Отечеству». Источник неустрашимости — страх Господень. Последний «имеет в своем сердце тот воин, который хранит заповеди Господа и преступлением их страшится Его прогневать. Для воина, боящегося Господа, всё равно — жив ли он останется или умрет, ибо, шествуя с поля брани и возлегши на поле брани, он исполняет свой долг: защищать Отечество».

— Полагая жизнь свою на поле битвы, воин умирает за веру, царя и Отечество, а это — дверь в чертог Отца Небесного.

— Самые страшные военные преступления — нарушение присяги, дезертирство и сдача в плен с выдачей неприятелю известных воину секретов.

— Трусость следует презирать, «как постыднейший для военного человека порок». Честная смерть лучше бегства и бесчестной жизни.

Всего на 1913 год в Русской армии и на флоте насчитывалось 973 священнослужителя. В 1915-м их было свыше 2 000.

Священник как служитель госпропаганды перестает замечать то, с чем он ранее так декларативно боролся.

«Вчера на фронте Сватово-Кременная (участок балка Журавка) бойцы 3 МСД и десантники из 76 дивизии продолжают атаковать врага у Макеевки, артиллерия четко и грамотно уничтожает как личный состав противника непосредственно на позициях, так и подходящие резервы и пункты медицинской эвакуации врага», — сообщил 28 декабря 2022 Voенкор Котенók Z в своем телеграм-канале со ссылкой на другого военкора «Старше Эдды»[751].

В советские времена, считалось, что военным преступлением является «нападение на лиц, прекративших участие в военных действиях», что «серьезными нарушениями настоящего Протокола считаются действия, если они совершаются против раненых, принадлежащих к противной стороне или против медицинского или духовного персонала, медицинских формирований или санитарно-транспортных средств, находящихся под контролем противной стороны» (ст. 85 Дополнительного протокола I к Женевским конвенциям о защите жертв войны 1949 г. (1977)) и что «медицинские формирования и санитарно-транспортные средства в любое время пользуются уважением и защитой и не могут быть объектом нападения (ст. 11 Дополнительного протокола II к Женевским конвенциям о защите жертв войны 1949 г. (1977))».

---

[751] https://t.me/vysokygovorit/10396

Но времена пришли другие. Сегодня всем тем, кто еще не посажен и не оштрафован, известно, что военнослужащие РФ никогда не совершают военных преступлений. И если сообщение об обстреле пунктов медицинской эвакуации бесстыже выходят на ура-патриотических новостных лентах, значит, теперь это считается добрым поступком, совершаемым дистанционно, «четко и грамотно».

И капелланы ВС РФ не возразили. Ни те, что на фронте, ни те, что в тылу.

С другой стороны фронта не иначе:

*«"Бог посреди нас, он воюет вместе с нами за Украину", — сказал иеромонах отец Иоанн. И ушел на войну с первых дней великого нашествия орков. Настоятель отпустил монаха Ивана на фронт добровольцем-капелланом. В Новоград-Волынском отдельный разведбат УНСО (в составе ВСУ) принес присягу. О нынешней партизанке, которую он видел собственными глазами в одном из сел Киевщины, он рассказал с обаятельной улыбкой. "К селу двигалась колонна **рашистских панцерников**. После мощного удара по ней арты ВСУ и "Джевелинов", вдруг обычные сельские дяди быстро выбегали чуть ли не со всех дворов. Тех рашистов, которые выскакивали спасаться **из горящей техники**, покрошили на винегрет из стрелкового оружия. Кто из чего. Из ружей, дробовиков, автоматов, пулемета, что у кого было. Для плена ни одного живого не оставили". Я и спросила: "А где же это у крестьян такое оружие взялось?" Отец усмехнулся и пошутил: "Может, браконьеры?"»*[752].

Кроме умения молчать, воюющий капеллан теперь должен говорить. Он даже может критиковать своих солдат и офицеров.

---

[752] https://fakty.com.ua/ru/opinion/chernecz-troh-voyen-prorocztva-i-vijna/ 21 апр 2022 г.

Но за нечто очень периферийное. Выбор темы для «духовной брани» военного духовенства примечателен. В Первую Мировую главной темой проповедей (помимо военной) была борьба с винопитием. Сегодня таким субститутом является борьба с матом.

Главвоенпоп РПЦ Дмитрий Василенков (и. о. заместителя председателя Синодального отдела по взаимодействию с Вооруженными Силами и правоохранительными органами; главный военный священник духовенства, окормляющего военнослужащих Вооруженных Сил России, сотрудников иных силовых структур в зоне СВО) также главным недостатком воюющей и окормляемой им армии считает матерную ругань:

> *«Нам крайне необходимы умные, инициативные командиры. Но как воспитать такого офицера, когда он растет в **системе подавления личности**? Не будем путать воспитание подчинения, субординации и подавления личности через унижение человека, осуществляемое через мат, который стал в некотором роде вторым языком в военных учебных заведениях. Молодой курсант привыкает, что мат — это норма общения старших с нижестоящими"*[753].

То есть Василенков знает, что армия как таковая это «система подавления личности через унижение человека». Знает, что это плохо сказывается на ее боеготовности. Но воюет не с этим, а с матом. Прекрасно понимая, что в лучшем случае его вежливо выслушают и понимающе скажут: «Ну, попу положено…» И продолжат на своем наречии[754].

---

[753] 19 сентября 2023 года:
https://vk.com/id26079179?w=wall26079179_13769.

[754] Евгений Весник: «Когда вся страна праздновала День Победы, мы еще воевали, так как Курляндская группировка войск противника не капитулировала. Только в ночь с 11 на 12 мая объявили о том, что группировка сдалась. Боже мой, что тут началось! Люди буйствовали от радости, не отдавали себе отчета в том, что делали. Обнимались, кричали, пели, некоторые зачем-то стреляли в покрышки автомобилей. Я выпил

Ни за что иное свою паству капеллан критиковать не может.

Зато он должен пояснить призывникам и солдатам, что текущая война носит священный характер, что речь идет о смертельной угрозе Отечеству и прочее. Капеллан может сам искренне разделять нарративы госпропаганды и просто воспроизводить ее шаблоны. Но тем самым он уже становится просто комиссаром-замполитом.

Впрочем, у главпопа есть и расширенный список солдатских грехов:

«Военные грехи.
В помощь военным священникам на исповеди.

Принимал решения и отдавал приказы, не помолившись Богу.

Унижал подчиненных, обманывал начальников.

Осуждал и клеветал на своих соратников.

Не исполнял приказы руководства, допускал леность и небрежение в исполнении своих обязанностей.

Принимал гордые, тщеславные и иные нечистые помыслы.

Допустил гибель людей в результате неправильно принятого решения и отданного приказа.

Способствовал смерти или ранению людей при исполнении своих воинских обязанностей.

стакан водки, лег в кювет и... рычал. Почему — до сих пор не понимаю... А наш генерал, интеллигент дореволюционной закваски, никогда не позволявший себе ни одного грубого слова, стрелял в воздух из ракетницы, кричал: „Ура! Победа!" — и добавлял самые крепкие русские слова, что приводило нас в восторг». (Труд, 6 мая 2004 г.).

Находился и принимал решения в гневе и раздражении.

Ругался нечистыми словами и показывал недостойный пример подчиненным.

Убивал и мучил пленных и мирных жителей, добивал раненых.

Проявлял сребролюбие, жадность, скупость.

Мародерствовал, воровал, грабил, присваивал чужое и военное имущество.

Способствовал их расхищению другими.

Обманывал, мошенничал, вымогал средства у мирного населения и подчиненных воинов.

Издевался над пленными и мирным населением.

Блудил, прелюбодействовал, рукоблудничал. Насиловал и имел половые извращения.

Педофилия и гомосексуальные отношения.

Испытывал злобу, ненависть и жестокость по отношению к людям. Не проявлял милость и любовь.

Отдавал преступные приказы и исполнял их.

Допустил гибель людей в результате непродуманных и злонамеренных приказов и действий.

Прошел мимо раненого и нуждающегося в помощи, не оказав ее.

Не молился о своих командирах и подчиненных.

Своими решениями и действиями доводил людей до самоубийства, участвовал в сокрытии преступлений.

Уныние, печаль, отчаяние, попытки суицида.

Пьянствовал и принимал наркотики, способствовал их распространению. Курение.

Заставлял подчиненных и мирных жителей участвовать в греховных и преступных деяниях.

Зарабатывал на грехах людей.

Бездействовал, видя гибель людей и сослуживцев. Проявлял боязливость, трусость, малодушие.

Дезертирство. Способствовал оставлению позиций и дезертирства сослуживцев.

Оставление своих раненых воинов противнику.

Вольно или невольно способствовал передаче информации сопредельной стороне о расположении воинского контингента и иных ценных разведывательных данных. Преступно потворствовал действиям противника и предательствам.

Пренебрежение правилами безопасности на войне.

Не должным исполнял свои обязанности. Служил соблазном для других людей.

Не почитал родителей и старших. Не внимание к своей семье и оставление молитвы за ближних. Не должное воспитание детей.

Зависть, сплетни, клевета.

Хвастовство, лукавство, обман.

Чревоугодие, сластолюбие, доведение продуктов до порчи.

Богохульство, забвение Бога, не посещение храма Божьего, не почитание праздников Церковных и постных дней.

Вольно или невольно участвовал в разрушении храмов Божиих, Святых икон и иных Святынь.

Находился в ереси, расколе. Увлекался неоязычеством, родноверием, оккультизмом, сатанизмом»[755].

Прежде всего, это общая беда всех «списков грехов». Через запятую перечисляются тяжелейшие преступления, нарушение внутрицерковных предписаний и вполне естественные и физиологически неизбежные проявления[756]. «Согрешил потреблением молока в пятницу и убийством тещи» в этой скороговорке видятся равноценными или равнотяжкими.

Вот и в солдатско-офицерской исповеди «педофилия» стоит через запятую с «Недолжное воспитание детей»; «Насиловал

---

[755] https://vk.com/id26079179?w=wall26079179_17897
17 июня 2025. Орфография оригинала.

[756] Пример — многократно издаваемая монастырями жуткая брошюрка «Лекарство от греха», внушающая женщинам покаяние в таких грехах: «Имела излишнее попечение о здоровье своего тела, боялась морщин, седины... Красила волосы и подмолаживалась, посещала „салон красоты". Работала парикмахером. Пользовалась душистым мылом, кремом, пудрой, красила брови, ногти и ресницы. Любила пить крепкие чай и кофе. Использовала в пищу приправу. На кладбище рвала сирень и приносила домой. Идя по городу, смотрела по сторонам. По дороге в церковь заходила в магазин. Ценила писателей, артистов за их талант, а того, что они богоотступники, не хотела понять. С мужем жила похотно, допускала плотские удовольствия и даже извращения. При случках животных имела худые желания и мысли. Портила воду, когда купалась в реке, из которой пьют. Выходя из храма по нужде, не укоряла себя в этом. Вставала есть и пить ночью. Чертила крест на земле, носила обувь с крестом на подошве...»

и имел половые извращения» — рядом с онанизмом; «Убивал и мучил пленных и мирных жителей, добивал раненых» — рядом с чревоугодием.

Это называется «нормализация зла». Рассказов о том, что кто-то из сотен современных «полковых священников» смог понудить к деятельному искреннему покаянию реального преступника в военной форме, не слышно. В отличие от пересказов своих проповедей, обличающих суеверие и мат, и «охотничьих рассказов» о том, как под влиянием батюшки целые подразделения давали обет более не ругаться.

Но может быть и хуже: священник начинает креативить на тему «священной войны». В дополнение к тезисам государственной военной пропаганды он находит религиозные оправдания для нее и для той ненависти, которой война живет и которую она порождает. А то и просто поставляет снаряды, лозунги и аргументы непосредственно для госвоенпропаганды.

То есть капеллан в условиях реальной войны почти неизбежно меняет смысл своего служения. Вместо призыва к гуманизму, он становится разжигателем ненависти, а то и прямо комбатантом.

Ну, как Филипп де Дрё, епископ Бове (Philippe de Dreux, внук короля Франции Людовика VI Толстого), который в битве при Бувине (1214) поверх шлема надел митру епископа и вооружился деревянной палицей, говоря, что сан не позволяет ему проливать кровь. Палицей он выбил из седла и оглушил английского графа Солсбери Гийома Длинный Меч. Однако верный обету не пользоваться мечом и не проливать кровь, епископ ограничился ударом булавы и, пленив врага, отказался от выкупа, полагая, что духовное лицо не должно извлекать выгоду из битвы.

Епископ Бернард был командующим силами императора Отгона III (около 1000 г.) и сражался с помощью копья, в которое в качестве реликвий были вбиты гвозди из Святого Креста. Даже папы не могли этого избежать: в середине X в. Иоанн XII с оружием в руках защищал Рим. Между 886 и 908 г. в сражениях погибли десять немецких епископов[757].

Такое бывает и сегодня и у православных: есть священники, которые становятся реальными комбатантами.

> «Андрей Дорогобид стал священником в 2005 году. До этого он служил в ОМОНе. В Братске Дорогобид много лет руководит секцией практической стрельбы и продолжает проводить тренировки после принятия сана. Сейчас 46-летний настоятель совмещает тренерскую деятельность (обучает стрельбе) со служением в городском храме, поставленном во имя святителя Иннокентия Московского. В ноябре 2022 года Дорогобид уехал добровольцем на войну. Он „вел занятия по огневой подготовке на передовой", а также „неоднократно выполнял боевые задания и участвовал в штурмах укрепрайона". Он не стал отвечать, стрелял ли в противника. „Лучше не задавать такие вопросы", — сказал священник. На войне Дорогобид получил медаль „За отвагу". Настоятель прислал журналистам ЛБ несколько своих военных фотографий. Сам Дорогобид одет в камуфляж, на голове — каска, на ногах — берцы, на правой руке — белая лента (отличительный знак российских военных). Священник держит руку на винтовке. В Иркутскую область священник вернулся в марте 2023 года. Он продолжил работать в храме, поставленном во имя святителя Иннокентия Московского. Например, в День Победы, 9 мая, Дорогобид отслужил утреннюю литургию и молебен „О даровании победы русскому народу". А 11 августа в городском соборе Рождества Христова отслужил литургию вместе с епископом Братским и Усть-Илимским Константином. „Люди Байкала" обратились за комментариями и к митрополиту Максимилиану, и к епископу Константину. Максимилиан

---

[757] Контамин Ф. Война в Средние века. — СПб., 2001. С. 287.

ответил: *„Архиереям звонить на мобильный не принято"* и положил трубку. Епископ Константин ответил, что рассмотрел дело Дорогобида. *„Я не нашел никаких препятствий для продолжения служения отцом Андреем в приходе, где он и служил", — заявил Константин»*[758].

«Иерей Дмитрий Быков, настоятель храма Покрова Пресвятой Богородицы села Гавриловка Мичуринского округа, заключил контракт с Минобороны на шесть месяцев. в ближайшие полгода будет выполнять боевые задачи в составе бригады специального назначения. Заключив контракт с Министерством Обороны, отец Дмитрий отправился в зону проведения специальной военной операции»[759].

52-летний Сергей Васильков, иеромонах Феодорит, служил клириком Омской епархии (в сане с 1998 года), ушел на СВО добровольцем и погиб осенью 2024 года.

31 мая он был освобожден от должностей настоятеля храма Святой Троицы в селе Андреевка Омского района и настоятеля храма в Куйбышевском доме-интернате для престарелых по указу митрополита Омского Дионисия[760], информация об этом размещена на сайте епархии.

---

[758] https://baikal-journal.ru/2023/08/29/esli-svyashhennik-vzyal-v-ruki-oruzhie-eto-ni-o-chyom-ne-govorit/

[759] https://gazetaznamenka.ru/news/society/2023-10-27/michurinskiy-svyaschennik-ushyol-po-kontraktu-na-svo-208617. 27 окт 2023

[760] «Указ № 101/01-03 от 31 мая 2024 года// иеромонаху Феодориту (Василькову), клирику Омской Епархии.

Определением моим, иеромонах Феодорит (Васильков Сергей Владимирович) освобождается от должности настоятеля храма Святой Троицы села Андреевка Омского района и от должности настоятеля Домового храма святителя Луки Крымского в АСУСО ОО «Куйбышевский дом-интернат для престарелых и инвалидов» и от прочих епархиальных послушаний.
О чем и дается настоящий Указ.
+ ДИОНИСИЙ, МИТРОПОЛИТ ОМСКИЙ И ТАВРИЧЕСКИЙ».

Как сообщало издание «Новый Омск», Васильков делился своим решением участвовать в специальной военной операции, и, как он отметил, его решение встретило осуждение: «Почти все осудили его, почти никто не понял». Сообщается также, что бывший священник пал в бою «под Курском». Отсутствие шумихи в церковной прессе показывает, что он поехал не в качестве войскового священника-нонкомбатанта, а именно в качестве солдата-добровольца.

14 декабря 2024 года погиб иеродиакон Герасим (Богатырев). Он был выпускником Николо-Угрешской семинарии. Долгое время он служил в Свято-Троицком монастыре в Алатыре, где принял монашество. За свои заслуги в ходе выполнения служебного долга отец Герасим был награжден медалью «За отвагу»[761].

В марте 2025 года на фронте погиб 56-летний монах Раифского монастыря Питирим, в миру Андрей Власов. «Он ушел на фронт добровольцем осенью прошлого года. Погиб отец Питирим от осколочного ранения на поле боя. „Он рвался помогать фронту, много молился о бойцах. Дождавшись пострига и взяв благословения у владыки, он сам пошел добровольцем на СВО и погиб при исполнении воинского долга", — рассказал наместник обители игумен Гавриил Рожнов»[762].

Итак, теперь у монахов появился «воинский долг». Может, заодно и супружеский?

С другой стороны межправославного фронта такое тоже есть:

«26 июля 2022. Иеромонах Пимен Пеприк служил в одном из монастырей в Прикарпатье, а в начале лета присоединился к рядам Вооруженных Сил, чтобы защищать Украину. Об

---

[761] https://www.gazeta.ru/army/news/2025/01/17/24856508.shtml
[762] https://www.tatar-inform.ru/news/v-zone-svo-pogib-monax-raifskogo-monastyrya-kotoryi-otpravilsya-na-front-dobrovolcem-5976724

этом сообщила Переяславско-Вишневская епархия ПЦУ (митр. Александр Драбинко). Он сначала воевал, потом принял монашество и сан, а потом снова пошел на войну, „не снимая монашеских одежд": „Він вирішив стати на захист Батьківщини не лише молитвою, але й дієво, оскільки мав добрий військовий вишкіл та неабиякий бойовий досвід"»[763].

Но даже если священник не машет палицей и не стреляет сам, то его слова всё равно могут быть грехом. Если он религиозно мотивирует ненависть, то он совершает преступление, в первую очередь, против Бога.

Это грех, в частности, пророческого самозванства. Капеллан уверяет, что он якобы знает волю Бога, якобы благословившего эту бойню.

В 1904–1908 годах колониальными войсками Германии был устроен геноцид племен гереро и нама. На территории современной Намибии в ходе подавления народного восстания погибло около 65 000 (до 80%) человек из племени гереро (банту) и примерно 10 000 (50%) человек племени нама (готтентоты). Именно в Намибии немцы создали свои первые концлагеря[764]. И — поставили помпезный памятник немецким солдатам, устроившим первый в XX веке геноцид. Так вот, на этом памятнике на городском кладбище Свакопмунда есть надпись — Mit Gott für Kaiser und Reich — «С Богом за царя и державу!».

Где та Намибия, чем она угрожала рейху? Это неважно, раз кайзер дал приказ, а Бог послушно благословил очередную войнушку. Так сказали уважаемые пасторы, а они всегда точно знают желания Бога.

---

[763] http://pereyaslav-eparchia.kiev.ua/novini/novini-eparkhiji/773-keruyuchij-eparkhiyu-pidnis-molitvi-za-novoprestavlenogo-ieromonakha-pimena-peprika?fbclid=IwY2xjawJDxjFleHRuA2FlbQIxMAABHcKK-F88dg 757SdJr1-R4eEN3I0ON4qwbb7wboNmPf1DPDcZ1zb1QSXYtA_aem_mlWdrr4bl946ldPaGzQzjg

[764] https://ru.wikipedia.org/wiki/Геноцид_племен_гереро_и_нама

Примеры такого «неполного служебного соответствия» предложены к рассмотрению в этой книге.

Сейчас же приведу лишь один.

В разгар СВО против Украины патриарх всея Руси безо всякой маскировки занял свое место в окопах:

«И не надо преуменьшать сложности переживаемого момента! Сегодня нужна мобилизация всех — и воинства, и политических сил; и, конечно, в первую очередь должна быть мобилизована Церковь. Для того, чтобы творить молитву за наши власти и воинство, но также для того, чтобы быть там, на переднем крае, где сейчас наши замечательные полковые священники трудятся и, к сожалению, погибают — но с переднего края не уходят. Кто-то сказал одному из таких священников: „Батюшка, вот там у нас обоз, кухня, медсанчасть, парикмахерская — вам бы туда. Что вы стоите у бруствера? Бахнет — и нет вас". Но батюшка ответил: „Я не парикмахер и не повар — я призван поддерживать в этот тяжелый момент наших воинов, помочь им выйти из бруствера и пойти в атаку". И пять таких священников погибло, потому что они были не в обозе и даже не за бруствером — они пошли в атаку, без оружия, и были убиты»[765].

Кстати, описанного им не было: пятеро убитых к тому времени священников в атаку не ходили. Да и смысла в этом в современной войне нет, т. к. в ней нет массовых пеших атак. Но важно, что патриарх рисует новую икону: мол, главное в служении полкового священника — это не сдерживать агрессию солдат, а ходить в атаки.

---

[765] Слово 12 сент 2023 г. http://www.patriarchia.ru/db/text/6058732.html

Так что вполне уместно римский папа Франциск сказал патриарху Кириллу: «Ты должен быть пастырем народа, а не военным капелланом»[766].

В конце 1990-х годов в церковной среде шли дискуссии о том, кому должен подчиняться армейский священник. В императорской России они сохраняли церковное подчинение (но и церковь тогда была государственной). Однако для них было сделано исключение из церковных правил: они были «экстерриториальны». Поскольку войсковая часть, к которой капеллан был приписан, могла менять место своей дислокации, то и священник вместе с ней переходил с территории одной епархии на территорию другой. Обычный священник при таких переездах должен проходить сложную процедуру церковной перепрописки. И вот чтобы не затруднять этим капелланов, они были выделены в отдельную экстерриториальную церковную структуру (типа монашеского ордена у католиков) — Ведомство военного духовенства по главе с протопресвитером армии и флота, членом Синода.

Конечно, и в постсоветские годы патриархия хотела сохранить контроль над своими кадрами, откомандированными в армию. Но церковь всё же уже не была госструктурой. Минобороны было против нарушения своего принципа единоначалия, выстраданного в борьбе с мехлисовскими комиссарами.

В итоге победило Минобороны: капелланы стали назначаться приказом министра. Они включены в штат частей, поставлены на армейское довольствие и имеют статус помощника (не заместителя!) командира части. «Протопресвитером» назначен обычный генерал и под него было воссоздано упраздненное в постсоветское время политуправление армии.

---

[766] Об этом телефонном разговоре поведал 6 декабря 2022 Станислав Широкорадюк, римо-католический епископ Одесский и Симферопольский в интервью «Дождю». Впрочем, сам Широкорадюк был главой совета по делам пастырской опеки при министерстве обороны Украины и при этом является кавалером Офицерского креста ордена «За заслуги перед Польшей».

Преемник Мехлиса научился говорить о вере. Вот слова главы попов Вооруженных сил РФ, заместителя министра обороны, главы политуправления, генерала Картаполова:

«— Для человека военного вообще вера важна? — Она важна для любого человека, вера формирует у личности дух, в том числе — дух победителя. Конечно, надо верить в победу, силу своего оружия, талант командира, верность товарища... Но каждый человек, особенно на войне, верит в то, что позволит ему остаться в живых и выполнить задачу. Я вам серьезно могу сказать, что на войне нет атеистов. Есть те, которые не признаются, что они чему-то или кому-то молятся. И сегодня мы возрождаем традицию, потому что в русской армии сила духа являлась определяющей. Воин должен верить в правоту своего дела, в то, что даже если он погибнет, и для себя, и для всех окружающих он будет героем. Жизнь каждого человека бесценна, но если ее приходится отдавать, надо это делать ради чего-то очень высокого и важного, чем является свобода и независимость нашей Родины — Матушки-России»[767].

Предметы веры тут далеки от религии — вера в победу, в правоту своего дела, в свою посмертную славу и в величие Матушки-России.

Таков стандарт новой Гражданской Религии России[768].

---

[767] 5 мая 2020 г.
https://www.kp.ru/daily/27127.3/4211285/?fbclid=IwAR3leACJYrzGsbTdLMo1XDMNvNk05FkNeNVcMqvqg0mtYrKedXl9M5AOc8s

[768] Помню, году в 2007-м я присутствовал на вручении Якуниным «ордена апостола Андрея» в Кремлевском Дворце съездов. Среди награжденных орденом с именем церковного святого оказалась некая дама, олимпийская чемпионка по конькам 1960-х годов. Бодрая бабушка, получив имитацию ордена, ошарашила православную часть зала: «Для меня это так дорого... Девиз этого ордена — „За веру и верность", а для меня вера очень многое значит в жизни — ведь я всегда верила в силу советского спорта».

И еще из того же интервью главполита:

«Иосиф Виссарионович — это наш Верховный Главнокомандующий, Председатель Совета народных комиссаров. Он на себе вынес всю тяжесть войны, принимал самые ответственные решения. Да и религию в общем-то вернул. Почему мы должны его стыдиться? Из-за того, что какие-то господа из-за бугра велят нам это делать?»

То есть своей совести нет. Помнить о миллионах людей, чьи судьбы безвинно были перемолоты катком сталинских репрессий, самим россиянам нельзя. А те, кто помнит — те заграничные наймиты. Также генерал сказал, что мозаики и со Сталиным, и с Путиным, несмотря на протесты, будут в главном военном храме.

В общем, в мирное время капеллан еще может позволить себе некоторую фронду общеармейским нравам и говорить о гуманизме и миролюбии. Но в военных условиях он становится просто еще одним рупором возгонки «священной ненависти».

Но есть надежда на то, что привычно советским людям: оратор, пламенно к чему-то призывающий с трибуны, наедине может давать совсем иные советы. И если капеллан вот так «двоедушен», то его присутствие на фронте может кому-то помочь.

Когда я написал об этом в своем блоге, то получил такой комментарий:

«Никогда не будут. Потому что капелланы помимо прочего мыслят себя еще и политруками. Главное для них не трагедия солдат в кошмаре войны, а мотивация, швыряние в бой

Такая вот непристойная игра: вера в Спасителя уравнивается с верой в советский спорт; церковно названной премией тогда же был награжден человек, которого представляют как заслуженного чекиста СССР; иконы, которые дарят лауреатам, по сцене разносили девушки-фотомодели в декольте — и всё это под ликом Распятого...

вчерашних детей за „царя и отечество". Тут вчера Путин вручал героев труда. Множество достойнейших людей, настоящих тружеников, но гвоздем программы стал Лановой за фейковое офицерство в советском киноагитпропе. Он абсолютно поверил в то, что действительно прошел все эти войны и наставил целые поколения белобрысых русских детишек вырабатывать командный голос. На тот же путь становится и наше камуфляжное духовенство, и лет через десять за успех в каком-нибудь локальном конфликте будут благодарить не лишенную убитого сына саратовскую или рязанскую маму, а огромного, жирного, безмозглого олигарх-митрополита за брызганье водой на очередные ракеты и пару общих фраз перед усталыми салагами. Как же всё это мерзко, гадко, пошло, отвратительно...»[769]

Это было написано 30 апреля 2019 года. Не прошло и десяти лет, как «Президент Российской Федерации Владимир Путин подписал указ о награждении председателя Синодального отдела по взаимодействию с Вооруженными Силами и правоохранительными органами, председателя Синодального комитета по взаимодействию с казачеством митрополита Ставропольского и Невинномысского Кирилла орденом Александра Невского. В тексте Президентского указа отмечено, что высокая награда дана «за большой вклад в сохранение и развитие духовно-нравственных и культурных традиций, многолетнюю и плодотворную деятельность».

12 августа 2023 года, по поручению Главы государства, полномочный представитель Президента РФ в Северо-Кавказском федеральном округе Юрий Чайка вручил митрополиту Ставропольскому и Невинномысскому Кириллу орден Александра Невского. Вручение награды приурочено к 60-летию со дня рождения архипастыря. Митрополит Кирилл выразил благодарность

---

[769] https://diak-kuraev.livejournal.com/2413901.html

за высокую оценку его деятельности и подчеркнул, что получить награду Небесного покровителя воинов ему очень важно потому, что он возглавляет Синодальный отдел по взаимодействию с Вооруженными Силами и правоохранительными органами, а также Синодальный комитет по взаимодействию с казачеством и, максимально прилагая силы, будет трудиться на благо Русской Православной Церкви и Отечества. *«Служу и буду служить Русской Православной Церкви, воинству нашему, казачеству и Отечеству. Для меня эта награда стала большой неожиданностью. Конечно, это ваша заслуга, уважаемый Юрий Яковлевич. Вы увидели мой труд, который сегодня был подтвержден Президентом Российской Федерации Владимиром Владимировичем Путиным, которого я очень уважаю и постоянно молюсь о нем»* — сказал архипастырь»[770].

Причем анонимный комментатор довольно точно угадал даже внешний облик награжденного митрополита-главкапеллана.

---

[770] https://www.skvk.org/polnomochnyj-predstavitel-prezidenta-rf-v-skfo-vruchil-mitropolitu-kirillu-orden-aleksandra-nevskogopolnomochnyj-predstavitel-prezidenta-rf-v-skfo

Глава 12

Неожиданные перемирия и «Поэма о Дезертире»

И всё же порой бесконечная история войн христиан между собой прерывалась чудом отрезвления.

Это не были отрезвления епископов. Но если юродивые могли быть голосом Бога (см. завершение главы о княжеских междоусобицах), то почему бы не признать, что иногда нравственную Правду являл человек в мундире рядового, а не его воинские и церковные начальники? Ну, тот, который не стрелял…

Приведу горсточку столь же безумных, сколь и христианских поступков из военной истории. Впрочем, тут не всегда просто отличить: где мотив был религиозно-христианский, а где речь идет просто о светской дворянской чести или о человеческом милосердии.

1. 22 февраля 1709 года имел место Краснокутский бой. Шведский авангард возглавлял сам король Карл. Во главе русских полков стоял немец Карл Ренне. Два русских полка были атакованы королем во главе драбантов, его личной охраны. Ренне спешил часть своих драгун и расположил их скрытно. Атака шведов захлебнулась. Карл, бившийся в первых рядах, остался почти совсем один и решил укрыться на мельнице. В этот момент русский майор Вальтер фон Бок (по некоторым сведениям — предок

будущего командующего группой армий «Центр»)[771] предложил расстрелять мельницу заодно с вражеским королем из пушек. Но немец Ренне без колебаний пресек поползновения своего деловитого соотечественника удивительной фразой: «Того не позволяет честь русская!» Царь, узнав о происшествии, генерала похвалил[772].

2. Братание в разгаре Бородинской битвы:

«После полудня неприятель и мы изнеможены были от усилий и всё умолкло. День был прекрасный, солнце, так сказать, пекло нас. Цепи неприятельские и наши расположены были в близком одна от другой расстоянии. Французы стояли на возвышенной покатости, а мы в лощине, в ореховом кустарнике. Егери наши с утра, кроме чарки вина, ничего не ели и не пили. Всех мучила нестерпимая жажда, при сильном полуденном жа́ре. Наконец, штыками вырыв род колодцев, егери с жадностию утоляли жажду. Увидев это, французский офицер просил позволения, чтобы мы одолжили водой и его солдат. Позволение дано; французский барабанщик не замедлил явиться. Солдаты наливали ему в манерку воду, называя его камрадом. Поступок этот до такой степени восхитил французского офицера, что он прямо со своего поста бросился к нашей цепи и, превознося русских, с восторгом обнимал и целовал офицера, командовавшего цепью. Но ненадолго остановилось прервавшееся сражение. Вдруг слышим выстрел. Все заняли свои места. Началась жесточайшая, упорнейшая и кровопролитнейшая битва»[773].

---

[771] https://shatff.livejournal.com/965376.html

[772] А вот шведский король повел себя подло. Карл XII приказал «в устрашение скифам и для опровержения сомнений в неодолимости шведской армии» сжечь Красный Кут, а мирных жителей выгнать на мороз раздетыми. Многие краснокутцы (в основном старики, женщины и дети, так как краснокутская сотня была в армии), названные «скифами», не имея, где укрыться, «поморозились» и погибли.

[773] [Марин А.Н.] Краткий очерк истории лейб-гвардии Финляндского полка. — СПб., 1846. Кн. 1. С. 25–26; Марин А. Н. Русские богатыри:

«В 2 ½ часа перестрелка утихла с обеих сторон. Погода была теплая, даже жаркая; казалось, солнце на нас смотрело со всем вниманием. Егеря[774] в низком месте вырывали

Заветная книжка для ратных людей и народа русского. — Воронеж, 1872. С. 37–38. Описанное Мариным затишье во время сражения связано с рейдом казаков Платова на крайне правом русском фланге и вызванной ею задержкой Наполеоном атаки на батарею Раевского.

[774] Этот утренний бой показал качество русского планирования всего сражения: «Битва началась на рассвете. Генерал Барклай в полной парадной форме, при орденах и в шляпе с черными перьями стоял со своим штабом на батарее позади деревни Бородино. Деревня Бородино, расположенная у наших ног, была занята лейб-гвардии Егерским полком. Туман, заволакивавший еще в то время равнину, скрывал сильные неприятельские колонны, надвигавшиеся прямо на него. Генерал Барклай, обозревавший всю местность с холма, угадал, какой опасности подвергался этот полк, и послал меня с приказанием, чтобы он немедленно выступил из деревни и разрушил за собою мост. Я поспешил к командиру полка, но колонна вице-короля итальянского под командою генерала Дельзона вступила уже в деревню с большой дороги сомкнутою колонною. Она шла беглым шагом с барабанным боем. Приказание бить отбой было тотчас исполнено, но отступление не могло совершиться достаточно скоро, чтобы помешать другой французской колонне пройти по берегу реки разбросать цепь стрелков и начать стрелять в егерей в то время, когда они проходили по мосту; огонь был убийственный и попадал в цель. Вторая неприятельская колонна, шедшая из деревни беглым шагом по большой дороге, также открыла по мосту продольный огонь, что неминуемо должно было произвести в нашем войске замешательство. Мы были так стеснены, что ни один ружейный выстрел не пропадал даром. Оставалось одно спасение — пройти как можно поспешнее по маленькой равнине и достигнуть оврага, что дало бы егерям возможность собраться и вновь построиться. Бой продолжался не более 15 минут, но эти четверть часа были самыми памятными в моей жизни. Гвардейский егерский полк потерял в этот промежуток времени половину людей, в том числе было убито и выбыло из строя 30 офицеров. На помощь нашим егерям подоспел 1-й егерский полк; сильный ружейный огонь, поддержанный картечью, вынудил неприятеля перейти мост обратно. Деревня Бородино осталась во власти французов, но с этой минуты перестала играть роль в великой драме, получившей, однако, от нее свое название. Барклай высказал, что этот отборный полк был употреблен в месте столь опасном и бесполезном вопреки его желанию. По его мнению в этом пункте было бы достаточно иметь обсервационный пост. Он обвинял в этом бедствии генерала Ермолова, предложившего Беннигсену и Кутузову поставить

штыками ямки, и находили воду для утоления палившей нас тогда жары. Самих неприятелей ссужали мы своею находкою ... В три часа опять заревел гром орудий, и бой возобновился»[775].

...Историк Алексей Стаценко упоминал о том, что у него есть сведения о «водяном перемирии» в Киеве летом 1941 года. Есть аналогичные глухие упоминания и в связи с новороссийской Малой Землей в 1943 году[776].

3. Французским авангардом командовал Мюрат; русским арьергардом — Милорадович. Он послал Мюрату предложение о перемирии: Москва не станет крепостью и будет отдана без нового боя и без пожара, если французы не будут торопиться мешать ее оставлению.

«Я обратился к моим адъютантам и закричал: „Пришлите мне какого-нибудь гусарского офицера, который умеет

тут этот полк. Таким образом погиб безо всякой пользы один из лучших полков гвардии. День начался неудачей» (Вольдемар фон Левенштерн, адъютант командующего 1-й Западной армией М. Б. Барклая де Толли. «Победа ускользнула от нас...» // Родина. 1992. №№ 6–7. С. 50–51). Наполеон накануне боя сказал: «Деревня Бородино... Эта позиция изолирована — и ею легко овладеть... Завтра утром Дельзон двинется и займет Бородино. Это дело минуты» (Попов А. И. Бородино. Северный фланг. — М, 2008. С. 14–15 и 97). Адъютант генерала Ермолова поручик П. Х. Граббе писал, что «Барклай находил опасным и бесполезным удерживать это село и полагал отозвать оттуда немедленно наших егерей» (число около 2 000 человек) (там же. С. 20) В этом бою полк потерял убитыми и ранеными более половины своих офицеров и 38% солдат.

То есть гвардейский егерский полк был выдвинут за реку, отделившую его от основной армии, и лишь начавшаяся атака неприятеля привела к мысли, что в такой позиции полк обречен на уничтожение. Это полк был выдвинут туда еще 23 августа для обеспечения отступления арьергарда после Шевардинского боя. И забыт там.

[775] Гулевич С. История лейб-гвардии Финляндского полка. — СПб., 1906. Ч. I. С. 212–213.

[776] Передача «Путь к Победе» 10 янв 2024.

ловко говорить по-французски". Когда приехал таковой офицер, то я сказал ему с тем же надменным видом: „Поезжайте на неприятельские аванпосты, спросите командующего передовыми войсками короля Неаполитанского и скажите ему моим именем, что мы сдаем Москву и что я уговорил жителей не зажигать оной с тем условием, что французские войска не войдут в нее, доколе все обозы и тяжести из оной отправлены нс будут и не пройдет через нее мой ариергард. Посему скажите, чтобы он, король Неаполитанский, сейчас приостановил следование колонн, которые уже на Воробьевых горах, и также с других застав в оную сейчас должны войти. Есть ли же король Неаполитанский не согласится на сие предложение, то объявите ему, что я сам сожгу Москву, буду сражаться перед нею и в ее стенах до последнего человека и погребуся под ее развалинами".

Через несколько минут возвратился мой посланный[777] *и привез радостную весть, что не только Неаполитанский король согласился на мое предложение и приказал остановить вход войск в Москву до тех пор, как обозы и тяжести увезены будут и мой ариергард пройдет, но что они, и Наполеон сам, находившийся близ короля, меня благодарят за мое предложение, что будто я уговорил жителей не жечь города.*

Часу в пятом я прошел через город и, расположась в нескольких верстах от оного, от усталости вошел в избу и лег. Но через несколько минут вбежал ко мне генерал Панчулидзев, объявя, что два командуемых им полки драгун едва

---

[777] «Мюрат дал знать передовым войскам, чтобы они прекратили перестрелку и продвигались медленно вперед... Французы смешались с казаками, составлявшими заднюю цепь нашего арьергарда. Мюрат очутился между ними и спросил, не говорит ли по-французски кто из офицеров. Русский полковник и Мюрат обменялись подарками». Попов А. Н. Отечественная война 1812 года. Т. 2. — М., 2009. С. 639 и 641.

вышли из заставы, как их окружили неприятели, и что они находятся теперь позади неприятельской цепи. Я послал к генералу, командующему французским ариергардом, требовать их освобождения, но вдруг потом сел сам на лошадь и поскакал вперед. Я проехал неприятельскую цепь без одного адъютанта и без трубача к великому удивлению находившихся тут польских войск, которые смотрели на меня с изумлением. Я громко требовал начальствовавшего тут генерала. Явился Себастиани, которого я знавал в Бухаресте. Я скомандовал нашим драгунским полкам „по три направо" и вывел их за нашу цепь, равно и множество тянувшихся тут частных обозов.

На другой день, то есть 3-го сентября, я устроил ариергард в боевой порядок и, объезжая передовую цепь, увидел впервые Неаполитанского короля; сближаясь понемногу, мы подъезжали друг к другу. „Уступите мне вашу позицию", — сказал он. „Ваше величество", — отвечал я. „Я здесь не король, — прервал он, — а просто генерал". „Итак, г-н генерал, — продолжал я, — извольте ее взять, я вас встречу. Полагая, что вы меня атакуете, я приготовился к прекраснейшему кавалерийскому сражению; у вас конница отличнейшая, а сегодня решится, которая лучше, ваша или моя; местоположение для конного сражения выгодно, только советую вам с этой стороны не атаковать, потому что здесь болота". И после сего я повел его туда, что его крайне удивило. К вечеру я отошел далеко, а на третье утро, то есть 4-го, прислал он известить меня, что через четверть часа намерен меня атаковать. Между тем мы с ним опять съехались на передовой цепи. „К чему проливать кровь, — сказал он, — ваша армия отступает, вы с ариергардом должны следовать ее движению, следовательно, уступить мне без боя вашу позицию". „Это я сделать не могу, — отвечал я, — и есть ли вам угодно поехать со мною, то вы удостове-

тесь лично в моих причинах". Здесь поехали мы через нашу цепь: король немного оробел и оглянулся на свиту свою, оставшуюся позади. „Не бойтесь ничего, — сказал я, — вы здесь безопасны", — и потом обратился к стоявшим вдалеке адъютантам его и ординарцам: „Messieurs da la suite du Roi de Naples avancer!" [„Господа из свиты Неаполитанского короля, подойдите сюда!" (фр.).]

Я показал ему часть моей позиции, он просил меня уступить ему часть деревни, бывшей впереди оной, а потом всю деревню, на что я согласился. После сего он хотел было ехать далее со мною, но я, указав ему на наших гренадер, сказал, что этим храбрым солдатам неприятно будет, есть ли они увидят нас вместе, простился с ним, провел его до аванпостов и на другой день скрылся от него боковым маршем на Калужскую дорогу вслед за Главною армиею»[778].

4. 1815 год. Ватерлоо. Английский полковник Фредерик Понсонби получил два удара пикой и лежал живым среди трупов. К нему подошел французский гренадер и молча и деловито обыскал полковника. Забрал часы и деньги — и ушел. Через десять минут появился еще один, с теми же намерениями. Ушел крайне разозленным. Потом офицер, говоривший по-английски, угостил Понсонби глотком коньяка из фляжки, похлопал его по плечу и сказал: «Думаю, вам приятно будет узнать, что мы отходим. Bon soir, mon ami»[779].

Нет, этот эпизод я отказываюсь считать христианским. Но свой шарм в нем есть.

5. Русско-японская война. При капитуляции Порт-Артура в плен попал будущий адмирал Колчак. Японцы перевели его в госпиталь из-за ревматизма и начинавшейся цинги.

---

[778] Милорадович М. А. О сдаче Москвы // 1812 год в воспоминаниях современников. — М.: Наука, 1995.

[779] Куриев М. М. Ватерлоо. Битва ошибок. — М, 2019. С. 105.

Впоследствии он был отправлен на лечение в Нагасаки, а весной 1905 года «благодаря рыцарскому отношению японского императора к русским пленным офицерам получил разрешение вместе с другими собратьями по несчастью без всяких условий вернуться в Россию»[780]. Оборот «без всяких условий» означает практику европейских войн предыдущих веков: офицера отпускали из плена под его клятвенное заверение, что он не будет более сражаться против своих пленителей (ну хотя бы в текущую кампанию).

6. Первое Рождество Первой мировой войны. 7 декабря 1914 года Папа Римский Бенедикт XV призвал правительства воюющих стран к официальному перемирию. Он сказал, что «орудия могут замолчать хотя бы в ночь, когда поют ангелы». Эта попытка, тем не менее, получила официальный отказ.

И всё же в Сочельник более ста тысяч солдат Западного фронта оставили оружие и поздравили друга друга.

А потом со всех сторон понаехало начальство «наводить порядок» и карать изменников[781].

О противоположном на Восточном фронте в 1942-м см. рассказ А. И. Шумилина «Ванька ротный».

7. У Андрэ Мальро есть сборник «Веревка и мыши» с рассказом о немецкой газовой атаке на Восточном фронте в 1916 году. Ошеломленные зрелищем скрюченных от удушья русских пехотинцев, наступающие немецкие солдаты побросали оружие и принялись выносить из окопов на свежий воздух своих противников:

> *«Пелена газа шириной в километр скользит к передовым позициям русских. Оставили ли русские свои позиции? Даже в бинокль трудно угадать мгновение, когда газ достигнет*

---

[780] Митрофанов А. Ю. А. В. Колчак (1874–1920) в Порт-Артуре: от полярного исследователя к боевому офицеру // Русско-Византийский вестник. 2024. № 3 (18). С. 233.

[781] См. https://ru.wikipedia.org/wiki/Рождественское_перемирие и фильм «Счастливого Рождества!» (2005 год).

*русских окопов. Скоро он полностью их накроет. Майор Берже вспоминает инструкцию: „Непрозрачная роговица синеет, в дыхании появляются свистящие тона, цвет зрачка — это весьма любопытно! — переходит почти в черноту... Русские не смогут выдержать этих мучений..."
Значит, это и происходит сейчас там, где ничто не шевелится под пластами тумана — Когда наши части достигнут траншей, там не останется газа? — Опасаться решительно нечего, — отвечает профессор категорическим тоном, — газ уйдет.*

Профессор раздраженно пожимает плечами: „Им было сказано там не задерживаться!" Его левая рука выпускает прыгающий бинокль и вцепляется в руку Берже: человек без мундира, в одной рубашке, только что выбрался из русской траншеи наружу. Человек двух с половиной метров роста на очень коротких ногах... Без маски. Он останавливается, падает. Под ним оказывается другой человек. На всем протяжении траншеи из нее выходят люди без противогазов, в одних рубашках — белые и, невзирая на расстояние, четкие пятна. Все они необычно высокого роста, как ярмарочные великаны; голова тоже очень высокая, мотается на палке невидимой метлы. Какого черта поснимали они свои мундиры и маски? Многие из ярмарочных великанов переламываются пополам. Часть тела, которая в рубахе, падает; другая продолжает шагать. Они состоят из двух человек, один несет на плечах другого. Неужели у нас столько раненых? Зеленые солдаты в противогазах снова взваливают себе на плечи белые пятна, их ковыляющая вереница устремляется в проходы, прорезанные в проволочных заграждениях. Они идут не в сторону русских, они возвращаются. По всему переднему краю, через проходы в колючей проволоке — беспорядочное бурление вокруг солдат в противогазах, бредущих неверным шагом, волоча на себе белые пятна, —

как муравьи, которые тащат свои личинки. Роты откатываются назад. Они оставляют позиции русских. В тишине, без единого орудийного выстрела. Без единого винтовочного выстрела. Крутизна косогора открывает перед Берже размах катастрофы, постигшей немецкие роты; сотни людей тащат на плечах сотни других людей без мундиров, в одних рубахах. Выталкиваемое снизу, возникает вдруг чье-то туловище в рубашке, с руками, висящими точно плети, как у снятых с креста. Следом — тот, кто его несет. Первый отравленный газами немец... Берже бежит, снова падает, бежит; боль в колене утихла. Это не немец, это русский. Но тот, кто тащит его, наверняка немец. Он стаскивает с себя маску и злобно глядит на Берже. — Что случилось? А? Что? У немца крестьянское лицо, как на старинных портретах. Его лоб хмурится, становится еще более низким. Он искоса глядит на Берже. Взваливая русского на плечи, он, видно, бросил винтовку. Корпус солдата напряжен, он внимательно смотрит за тем, чтобы не дать телу упасть с его плеч, но при этом он страшно озлоблен и, кажется, хочет швырнуть этого русского в физиономию Берже. Резким движением плеч он отбрасывает назад свисающую голову русского, которая поворачивается теперь другой стороной, и на месте волос табачного цвета оказывается пораженное газом лицо. Оно ужасно. От шинели исходит тот же сладковатый и горький запах, что и от раздавленных веток. Сама ухватка, с которой немец поддерживает это тело, выражает, неловко и трогательно, чувство братства. — Нужно что-то сделать... — говорит он уже не так агрессивно. У русского фиолетовые глаза и фиолетовые губы на сером лице. Ногти скребут рубаху, он пытается сорвать ее с себя, но никак не может ухватить. — А офицеры? — кричит Берже. — Не знаю... Делают так же, как мы... Нет, человек создан не для того, чтобы заживо сгнить! — Если война... становится... такой... — говорит унтер. Он останавливается, чтобы перевести дух»[782].

8. Из жизни тачанки: «Во время последнего стратегического наступления белых на Царицын, в передовых частях их под Курском был пулеметчиком на тачанке терский казак старший урядник С. (Он дед моего друга, и тот не хочет, чтоб назвали фамилию). Наступление не удалось, шли тяжелые бои. В одном из них — когда тачанка вылетела вперед, навстречу разворачивающейся красной коннице — С., как он рассказывал потом своему сыну, не захотел стрелять в людей. И бил перед ногами лошадей. Вообще казаки любят воевать — знаю это хорошо. Но С., видно, был исключением. После „германской войны" вернувшись домой, был мобилизован в 1918 году во время восстания терских казаков; потом пришлось перейти в корпус Ляхова — в „добровольческую армию"... Ходил на ингушей; дрался с красными. Надоело человеку. Он должен был быть хорошим пулеметчиком: на тачанку других не брали, с нее стрелять трудно. Конницу красных ему тогда удалось остановить. Не убив и не ранив ни человека, ни лошади. Домой сумел вернуться живым; в 1928 году, спасаясь от репрессий, на год бежал в Бухару, потом возвратился. И сын уже после смерти отца в книжке воспоминаний красного командира прочел, что в таком-то бою под Курском у белых был такой плохой пулеметчик — что сколько ни стрелял в его эскадрон, так ни в кого и не попал... Какой результат? — Мизерный: крошечный тайм-аут в мясорубке, которая тут же возобновилась, и пошла дольше. Осталось в живых десятка на два-три больше людей. „Красных". Если б тогда, в 19 году, я был командиром урядника С., — я зарубил бы его. Понятно, за что. А теперь скажу, что он, похоже, был великий человек»[783].

А вот такое — было или нет, но стих остался:

---

[782] http://imwerden.de/pdf/malraux_zerkalo_limba_1989.pdf
[783] http://germiones-muzh.livejournal.com/1382206.html

Мороз крепчал. Стоял такой мороз
Что бронепоезд наш застыл над яром,
Где ждал нас враг, и бедный паровоз
Стоял в дыму и задыхался паром.
Но и в селе, раскинутом в яру,
Никто не выходил из хат дымящих, —
Мороз пресек жестокую игру,
Как самодержец настоящий.
Был лед и в пулеметных кожухах;
Но вот в душе, как будто, потеплело:
Сочельник был. И снег лежал в степях.
И не было ни красных и ни белых.

Автору, белоказаку Николаю Туроверову, было тогда 19 лет.

С красной стороны есть аналогичный рассказ — стих Михаила Светлова «Колька» (1924). Махновец Колька попал в плен; Светлову велено его расстрелять.

Я не выстрелил,
и мы ушли назад:
И друг друга с дружбой новой
Поздравляли на заре,
Он забыл, что он — махновец,
Я забыл, что я — еврей.

9. К 20 декабря 1943 года у Франца Штиглера было 29 воздушных побед, и до желанного рыцарского креста – Железного креста – ему не хватало всего одного сбитого врага. В этот раз американцы бомбили авиазавод в Бремене. При атаке B-17 Чарльза Брауна получил серьезные повреждения от зенитного огня: был разрушен носовой обтекатель из оргстекла, поражен второй двигатель и поврежден четвертый. Хвостовой стрелок был убит прямым попаданием пушечного снаряда в голову, еще

четыре члена экипажа были ранены. Через поврежденный корпус бомбардировщика Штиглер смог увидеть покалеченный и небоеспособный экипаж.

К удивлению американского пилота Штиглер не открыл огонь по поврежденному бомбардировщику. Штиглер вспоминал слова одного своего командира из Jagdgeschwader 27, Густава Рёделя, во время североафриканской кампании: «Если я когда-нибудь увижу или услышу о том, что ты стреляешь в человека на парашюте, я сам тебя застрелю». Штиглер позже прокомментировал: «Для меня это равносильно, если они были бы на парашюте. Я видел их, и я не мог их расстрелять».

Дважды Штиглер пытался заставить Брауна посадить свой самолет на немецком аэродроме и сдаться или отправиться в близлежащую нейтральную Швецию. Браун и экипаж B-17 не понимали, что кричал и показывал жестами Штиглер, поэтому продолжали лететь. Затем Штиглер летел около самолета Брауна, чтобы немецкие зенитки не добивали B-17; так он сопровождал поврежденный B-17 над побережьем, пока они не достигли открытого моря. Браун, не зная о намерениях Штиглера, приказал своему орудийному стрелку нацелиться на Штиглера, но не открывать огонь, а только предупредить его. Поняв это и убедившись, что бомбардировщик покинул воздушное пространство Германии, Штиглер отдал честь и повернул назад.

Браун сообщил своим офицерам о том, как его отпустил немецкий летчик-истребитель. Ему сказали не говорить об этом остальной части подразделения. Браун прокомментировал: «Кто-то решил, что ты не можешь быть человеком и летать в немецкой кабине». Штиглер ничего не сказал об инциденте своим командирам, зная, что немецкий летчик, который пощадил врага в бою, рискует получить смертный приговор[784].

---

[784] https://ru.m.wikipedia.org/wiki/Инцидент_с_Чарльзом_Брауном_и_Францем_Штиглером. Об этом есть песня группы SABATON No Bullets Fly и видеоролик с мультфильмом и реальной хроникой встречи двух летчиков. https://www.youtube.com/watch?v=dslO-3GgenY

10. Рождественское перемирие 1944 года.

Оно не было массовым, как в 1914-м. Просто 4 немца и 3 американца в одном домике в Арденнах.

Фриц Винкен, которому тогда было 12 лет, переехал со своей матерью в небольшой коттедж в лесу Хюртген после того, как их родной город Аахен был частично разрушен в ходе более раннего американского наступления. Район оставался тихим до тех пор, пока за девять дней до Рождества немцы не прорвались в Арденнах.

В канун Рождества 1944 года Фриц и его мать ответили на стук в дверь — там стояли трое американских солдат, один из которых был тяжело ранен. Хотя Винкены не говорили по-английски, а американцы по-немецки, они в некоторой степени могли общаться на французском. Мать Фрица пригласила американцев внутрь. Фриц вспоминал:

«Мы узнали, что коренастым темноволосым парнем был Джим; его другом, высоким и стройным, был Робин. Раненый Гарри теперь спал на моей кровати, его лицо было белым, как снег снаружи. Они потеряли свой батальон и три дня бродили по лесу в поисках американцев и прятались от немцев. Они не брились, но всё же без тяжелых пальто выглядели просто как большие мальчики. Так мама начала относиться к ним».

Мать Фрица приготовила еду из картофеля и петуха, которые ранее были сохранены для встречи с отцом Фрица. Пока готовили, в дверь постучали второй раз:

«Ожидая найти больше заблудших американцев, я без колебаний открыл дверь. Там стояли четыре солдата в форме, хорошо знакомой мне после пяти лет войны. Это был вермахт! Меня парализовал страх. Еще ребенком я знал суровый закон: укрытие вражеских солдат было государственной изменой. Нас всех можно расстрелять!»

Капрал, возглавлявший немецкий патруль, сказал матери Фрица: «Мы потеряли наш полк и хотим дождаться рассвета <...> можно здесь отдохнуть?»

«Конечно, — ответила она, — вы также можете вкусно поесть и поесть, пока горшок не опустеет. Но у нас есть еще трое гостей, которых вы не можете считать друзьями. Сейчас канун Рождества, и стрельбы здесь не будет».

Капрал спросил: «Кто внутри? Американцы?"

Мать Фрица ответила: «Послушайте. Вы могли бы быть моими сыновьями, и они тоже. Мальчик с огнестрельным ранением, борющийся за свою жизнь, и двое его друзей, потерянные, как и вы, такие же голодные и истощенные, как и вы. Этой ночью, этой рождественской ночью, давайте забудем об убийствах».

Немцы сложили оружие у двери, и после быстрого разговора на французском удивленные американцы также передали свое оружие матери Фрица. Вся смешанная группа, несколько напряженно, села и разделила обед. По словам Фрица:

«На смену подозрению приходило расслабление. Даже мне все солдаты казались очень молодыми, когда мы сидели вместе. Хайнцу и Вилли, оба из Кельна, было по 16. Немецкий капрал, 23 года, был самым старым из них. Из своего пакета с едой он вытащил бутылку красного вина, и Хайнцу удалось найти буханку ржаного хлеба. Мать разрезала хлеб на мелкие кусочки, чтобы подать к столу. Половину вина она оставила „для раненого мальчика". Тогда мама прочитала молитву. Я заметил слезы в ее глазах, когда она произносила старые знакомые слова: „Komm, Herr Jesus. Будь нашим гостем". И я увидел слезы в глазах утомленных боями солдат, снова мальчиков: кто-то из Америки, кто-то из Германии, все вдали от дома. Незадолго до полуночи мать

подошла к порогу и попросила нас присоединиться к ней и посмотреть на Вифлеемскую звезду. Мы все стояли рядом с ней, кроме спящего Гарри. Для всех нас в минуту тишины, когда мы смотрели на самую яркую звезду на небе, война была далекой, почти забытой»[785].

11. Народный артист СССР Евгений Весник родился в 1923 году в Ленинграде. В 1940-м поступил в Щепкинское училище, а в 1942-м 19-летним юношей ушел на фронт артиллеристом. Закончил войну в звании гвардии старшего лейтенанта. Награжден двумя медалями «За отвагу», орденами Красной Звезды и Отечественной войны II степени.

Один его рассказ:

«Помню свой первый бой — форсирование реки Свирь. Мы находились на одном берегу, финны — на другом. В бинокль, а иногда и без него, мы видели друг друга. Наше командование договорилось о „курортной неделе". С 6 до 7 утра мы мылись, стирали, играли в футбол, в волейбол. То же самое делали финны с 7 до 8 утра. Так прошло несколько дней. А затем начался бой — беспрерывный артиллерийский огонь, раскалившиеся стволы орудий, гул сотен самолетов. Смерчи разрывов, языки пламени „катюш". Настоящее пекло... В день моего рождения начался переход границы Восточной Пруссии. Вдруг, а это было перед Новым годом, мы услышали с вражеской стороны: „Рус, заведи нам пластинку Шаляпин". Мы завели. Потом они спрашивали: „Рус, а что хочешь ты слушать?" И мы попросили завести джаз. Так я впервые услышал Армстронга»[786].

---

[785] https://www.abmc.gov/news-events/news/christmas-eve-1944-brief-moment-peace-battlefield
см. также: https://www.nytimes.com/1985/05/06/world/president-cites-a-story-of-peace-amid-the-terrors-of-battle.html
[786] Труд, 6 мая 2004 г.

...А вот три рождественские и три пасхальные ночи русско-украинской войны XXI века не знали ни инициативно-местных перемирий, ни братаний. Хотя сражались между собой единоверные и единоязычные православные.

12. Наш поэт-фронтовик Юрий Белаш. Стихотворение «Он».

Он на спине лежал, раскинув руки,
в примятой ржи, у самого села, —
и струйка крови, черная, как уголь,
сквозь губы неподвижные текла.
И солнце, словно рана пулевая,
облило свежей кровью облака...
Как первую любовь,
не забываю
и первого
убитого врага.

Конечно, все те войны после минут замирения и прозрения имели продолжение.

Более того — последний день Первой Мировой войны отмечен изрядной подлостью, совершенной американскими генералами.

5 ноября Союзники согласились начать переговоры о прекращении огня. 6 ноября германская делегация выехала во Францию. 8 ноября она прибыла в Компьенский лес. Перемирие между союзниками и Германией было подписано 11 ноября в 5 часов 12 минут утра. Оно вступало в силу в 11 часов утра того же дня.

В 10 часов 59 минут погиб последний солдат Великой войны. Это был немец по имени Генри Гюнтер (Henry N. Gunther) из 313-го полка 79-й пехотной дивизии Армии США.

Всего в эти шесть часов с момента подписания перемирия и до его наступления число убитых и раненых выросло на 10 944 человек (из них 2 738 — убиты). Некоторые из генералов Першинга увидели последний шанс на славу, и бросили свой войска в последнюю атаку, сулившую легкое продвижение. Першинг не сделал ничего, чтобы их отговорить, и ему пришлось предстать перед слушаниями в Конгрессе, чтобы объяснить, почему было так много смертей, когда час перемирия был известен заранее[787]...

Но для душ тех солдат, которые вопреки таким генералам смогли дать в себе место человечности, эти их решения значили многое.

И еще частично добрый эпизод из Второй Мировой.

14 ноября 1942 года британская подлодка «Сахиб» (HMS Sahib) лейтенанта Джона Генри Бромейджа (John Henry Bromage) в Средиземном море потопила итальянское судно «Шиллин» (Scillin).

На его борту было 810 британских военнопленных. Подлодка спасла 27 британцев и 34 итальянца. То есть тонущих людей не различали по национальности, и враждебных итальянцев не выбрасывали за борт, чтобы оставить место для своего[788].

---

[787] Persico, Joseph E. Eleventh Month, Eleventh Day, Eleventh Hour. London, 2005, а также https://history.blog.gov.uk/2018/11/09/the-war-that-did-not-end-at-11am-on-11-november/
https://en.wikipedia.org/wiki/Armistice_of_11_November_1918#cite_note-FOOTNOTEPersico2005IX-40
https://owlcation.com/humanities/World-War-One-The-Last-Morning

[788] Стоит отметить, что британское высшее командование знало, что на транспорте — британские пленные солдаты. Но скрыло эту информацию от капитана подлодки, чтобы не выдавать степень своей осведомленности в германо-итальянских шифрах. Всего таким образом Британия пожертвовала пятью транспортами со своими пленными («Себастьяно Вениеро» (9 декабря 1941 г.), «Ариосто» (15 февраля 1942 г.), «Тембиен» (27 февраля 42 г.), «Нино Биксио» (17 августа 1942 г.), «Лорето» (13 октября 1942 г.) и «Шиллин» (14 ноября 1942 г.)) и подставила под «дружеский огонь» 2 000 своих солдат, см. https://ru.wikibrief.org/wiki/SS_Scillin).

12 сентября 1942 года немецкая подводная лодка U-156, которая занималась боевым патрулированием в южной Атлантике, неподалеку от Кейптауна, обнаружила британский транспорт — пассажирский пароход «Лакония». Капитан Вернер Хартенштайн дал приказ атаковать.

На борту «Лаконии» находились 2 741 человек, включая женщин и детей. В это число входили также 1 809 итальянских военнопленных и 160 польских солдат.

По словам выживших итальянцев, многие военнопленные остались запертыми в трюмах, а некоторые из тех, кто сбежал и попытался сесть на спасательные шлюпки и спасательные плоты, были застрелены или заколоты штыками польских охранников. В то время как большинство британских и польских солдат и моряков выжили, было спасено только 415 итальянцев из 1 809, находившихся на борту.

Когда Хартенштайн услышал крики тонущих людей, он понял, что на «Лаконии» находились итальянцы, союзники немцев. Он оказал помощь выжившим итальянцам, а также другим пассажирам и членам экипажа (британцам и полякам), после чего запросил у командования инструкции о дальнейших действиях.

Гросс-адмирал Дениц разрешил продолжение спасательной операции. Но одна подводная лодка не могла вместить такое большое число людей.

Хартенштайн дал в открытый эфир телеграмму с объявлением данной точки зоной, свободной от военных действий и попросил любые суда подойти и спасти тонущих. Чтобы избежать неприятных сюрпризов, немцы вывесили на судах флаги с изображением Красного креста.

К местоположению U-156 были направлены еще две немецкие и одна итальянская подлодка, затем была достигнута договоренность об участии трех кораблей Вишистской Франции (Франция на тот момент уже была оккупирована Германией, и французский флот немецкие подводники не трогали).

Французские корабли спасли 1 083 человека со спасательных шлюпок и взяли на борт тех, кого подобрали четыре подводные лодки, и всего около 1 500 человек выжили при затоплении. Другие источники утверждают, что выжило только 1 083 человека, а погибло 1 658 человек (98 членов экипажа, 133 пассажира, 33 польских охранника и 1394 итальянских пленных), хотя по некоторым оценкам число погибших достигло 1757 человек. На «Лаконии» погибло больше людей, чем на «Титанике».

Пять дней немецкая подводная лодка оставалась на поверхности на месте событий.

Несмотря на сообщения открытым текстом на международных волнах о проведении спасательной операции и демонстрацию флага Красного Креста, 16 сентября немецкие подводные лодки, имевшие на борту несколько сотен спасенных и ведущие на буксире шлюпки, были атакованы самолетом ВВС армии США[789].

По итогам этой истории адмирал Дёниц 17 сентября издал приказ «Тритон Ноль», который запрещал оказывать помощь пассажирам и экипажам судов, потопленных немецкими подводными лодками.

Скажете, капитаны Бромейдж и Хартенштайн просто действовали так, как положено офицеру? Ну, кому-то «положено», а кому-то — нет.

Болгарский транспорт «Струма» в декабре 1941 года вышел из румынской Констанцы. Болгария не была в состоянии войны с СССР; в Софии действовало советское посольство. Впрочем, «Струма» шла под панамским флагом. Ирония судьбы заключалась в том, что 12 декабря 1941 года Панама объявила войну Германии и Италии.

Корабль шел из Румынии, потому что на эту страну жестко давил Берлин, требуя ареста и высылки в Рейх (т. е. в лагеря уничтожения) всего еврейского населения. Румынское правитель-

---

[789] https://en.wikipedia.org/wiki/RMS_Laconia_(1921)

ство предпочло просто открыть для евреев калитку на границе. Такой калиткой, в частности, и была «Струма». Он вывозил евреев. Небесплатно. Стоимость билета достигла цены билета на трансатлантическом лайнере в каюте первого класса — 750 тыс. румынских лей. Каждому пассажиру дозволялось взять на борт по 10 кг багажа, который был обыскан на предмет обнаружения и изъятия ценностей, и питание в дорогу. Многие люди ехали семьями, самому старшему пассажиру было 69 лет, самому младшему — меньше года. Среди 769 еврейских беженцев из Румынии было 103 ребенка.

Судно дошло до Стамбула, но Турция под давлением Англии отказалась его принять, и «Струму» прогнали назад в Черное море. (Это была безусловная подлость; позже боевики организации ЛЕХИ Элиягу Хаким и Элиягу Бейт-Цури выследили и 6 ноября 1944 года убили Уолтера Гиннесса (барона Мойна), ответственного за то решение. Убийцы были арестованы и казнены британскими властями).

24 февраля 1942 года в Черном море советская подводная лодка Щ-213 потопила «Струму». После мощного взрыва командир Щ-213 записал, что наблюдал погружение судна в координатах 41° 26' с. ш. / 29° 10' в. д. Тонущих людей он спасти не пытался. Спасся только один пассажир.

Нота ТАСС, опубликованная в газете «Правда» от 26 февраля 1942 года под заголовком «Новый акт гитлеровского зверства. Гитлеровцами торпедирован пароход с 750 беженцами», пересказывала эпопею «Струмы» и возлагала ответственность за ее гибель на «фашистскую» подводную лодку. Никаких штрафных санкций против экипажа Щ-213 применено не было. Более того, на подводников пролился щедрый дождь правительственных наград[790].

---

[790] см. http://ru.wikipedia.org/wiki/Струма_(судно)
и https://m1kozhemyakin.livejournal.com/6317.html

В 1978 году в Военном издательстве Министерства обороны СССР была издана книга Г. И. Ванеева «Черноморцы в Великой Отечественной войне», в которой «Струма» была названа «транспортом водоизмещением около 7 тыс. тонн, шедшим без охранения, который успешно атаковала подводная лодка Щ-213». И всё.

Кстати, даже в советской литературе немало рассказов о том, как немецкие командиры приказывали с воинской честью хоронить или перемещать в госпиталь красноармейцев, героически сопротивлявшихся им.

> *«Пленный не мог даже сделать глотательного движения: у него не хватало на это сил, и врачам пришлось применить искусственное питание, чтобы спасти ему жизнь. Но немецкие солдаты, которые взяли его в плен и привезли в лагерь, рассказали врачам, что этот человек, всего час тому назад, когда они застигли его в одном из казематов крепости, в одиночку принял с ними бой, бросал гранаты, стрелял из пистолета и убил и ранил нескольких гитлеровцев».* Это о последнем защитнике Брестской крепости, майоре Гаврилове[791].

> *«Солдаты из 1-й кавалерийской дивизии вермахта нашли младшего сержанта в беспамятстве, истекшим кровью. Рядом с пулеметом лежали пустые диски. Пулеметчика тут же переправили на польский берег Буга, где в Яблочинском православном монастыре был развернут полевой госпиталь. Когда Алексей пришел в себя, он отказался отвечать на все вопросы. И только дьякону Александру Мамчур он тихо сказал на ухо: „Я... Алексей Новиков... из Дубиц... Может, кого-нибудь увидите, передайте... Я выполнил свой долг перед Родиной...“ За невиданное до сих пор*

---

[791] Смирнов С. С. Брестская крепость, 1965.

мужество гитлеровцы после смерти Новикова разрешили похоронить отважного пограничника как героя на территории монастыря»[792].

Тело генерала Ефремова 19 апреля 1942 года красноармейцы принесли на жердях, но немецкий командир потребовал, чтобы его переложили на носилки. При похоронах он приказал выставить пленных из армии Ефремова перед немецкими солдатами и сказал: «Сражайтесь за Германию так, как сражался Ефремов за Россию». По воспоминаниям немецкого полковника Артура Шмидта:

«Русские несли тело своего генерала на самодельных носилках несколько километров. Я приказал похоронить его на площади. Я сказал, что доблестная армия фюрера с уважением относится к такому мужеству. По моему приказу на могилу установили табличку с русским и немецким текстом»[793].

Но мне неизвестны подобные рассказы о том, как советские офицеры отдавали бы честь мужеству немецких солдат.

А есть просто поэма. «Поэма о Дезертире».

Сначала — ее исторический контекст.

2 апреля 1801 год огромная английская эскадра из 18 линейных кораблей и 35 фрегатов, бригов и корветов атаковала нейтральную Данию. Сражение получилось очень упорным. У датчан один линкор загорелся и был оставлен командой, еще два корабля затонули. Однако английские линкоры тоже получили серьезные повреждения, а три из них сели на мель.

---

[792] https://history.gpk.gov.by/history/borderpost/aleksey-aleksandrovich-novikov.html

В этом рассказе пропущено, что юный Алексей отказался от исповеди со словами «я комсомолец».

[793] https://ru.wikipedia.org/wiki/Ефремов,_Михаил_Григорьевич

В разгар битвы командующий английским флотом адмирал Паркер поднял сигнал «прекратить бой». Однако Нельсон игнорировал приказ адмирала. Приставив подзорную трубу к слепому глазу, он произнес знаменитое: «Не вижу никакого сигнала».

Нельсон продолжил бой и направил датчанам ультиматум:

«Если стрельба по нам будет продолжаться, то я буду вынужден предать огню захваченные мною датские суда и не буду иметь возможности спасти жизни тех храбрецов, которые их доблестно защищали. Храбрые датчане — вы наши братья, и не должны поступать с нами как враги!»

В переводе с «джентльменского» на обычный человеческий язык это означало прямую угрозу сжечь заживо датских пленных. Во всяком случае, датский кронпринц Фредерик, получив послание, понял его именно так. Чтобы не допустить зверской расправы над пленными, он приказал прекратить огонь.

Однако Фредерик не знал, что Нельсон блефует: на тот момент англичане еще не захватили ни одного датского корабля и пленных датских моряков у них не было.

Английский флот открыл ураганный огонь по городу. В столице были разрушены сотни домов и погибла масса людей.

Так англичане старались организовать общеконтинентальную блокаду Франции. Далее с теми же целями эскадра Паркера-Нельсона должна была идти громить русский флот в Ревеле и Кронштадте, но убийство императора Павла и так положило конец «Лиге Северных стран».

История повторилась 6 августа 1807 года, когда близ Копенгагена был высажен десант. От датчан потребовали передачу своего флота в «депозит» английскому правительству. Датская армия была сосредоточена по южной границе с Пруссией с тем, чтобы противостоять ожидавшемуся вторжению Наполеона.

Столичный район при этом оставался практически незащищенным. Действиями британских флота и десанта столица Дании была блокирована.

Со 2 по 5 сентября английский флот обстреливал датскую столицу: 5 000 залпов в первую ночь, 2 000 залпов во вторую ночь и 7 000 — в третью. При этом погибло не менее 2 000 гражданских жителей столицы, было разрушено каждое третье здание.

7 сентября гарнизон Копенгагена сложил оружие. Британцы захватили весь датский военный флот, но правительство Дании отказалось капитулировать и обратилось за помощью к Франции.

На момент английского нападения Дания была нейтральна. Лишь в конце октября 1807 года был заключен франко-датский военный союз, и Дания официально присоединилась к континентальной блокаде. Только 4 ноября 1807 года Британия официально объявила войну Дании[794].

На основе этих событий датский поэт Carl Bagger написал поэму «Английский капитан»[795].

Ее сюжет:

На военном корабле, где самый большой флаг Великого адмирала гордо развевался на мачте, на рассвете среди офицеров царила суета. Пришла пора вскрыть запечатанные приказы. Лорд Гамбиер разломал печати — и с любопытными глазами все уставились на адмирала.

«Отплыть, — так звучал суровый королевский приказ, — туда, где Дания держит свой флот в безопасном соседстве».

Посреди всеобщего ликования лишь один английский молодой капитан, узнав о том, что предстоит нападение на мирный порт и, помолившись, обращается к адмиралу:

— Мне было 15, когда с Нельсоном я сражался под Абукиром [значит, на тот момент ему 24 года]. Мои шрамы,

---

[794] Эта война шла до 1814 года и по ее итогам Дания уступила Норвегию Швеции — союзнику Англии по анти-наполеоновской коалиции.
[795] https://kalliope.org/da/text/bagger2001042401

полученные при Трафальгаре, прикрыты орденами. Много раз, стреляя в наполеоновский корабль, я, ликуя, кричал «Бог и король Георг!»

Но сейчас я плачу от горя: наш флот занимается грабежом!

Я клянусь верно следовать за флагом Англии, пока смертный пот не укроет это чело. Политики врут, а моряка ведут компас и Божьи звёзды. Я не нарушу присягу. Но сейчас не флот в опасности, а его честь.

Плывите! Я не подчинюсь приказу короля. Я отправляюсь в другое путешествие, ибо в Писании сказано: Богу повинуйтесь более, нежели кесарю!

И с этими словами он бросился за борт.

А флот взял курс на Копенгаген. Вдали от места, где должна была состояться битва, там лежал он, капитан — неизвестно его имя...

* * *

Сказка, конечно, ложь, да в ней намёк. Намёк на то, что превентивная война равна преступному приказу. И что христианская вера — выше армейских уставов. В прежних войнах полковых **священников было много, но вовсе не они были инициаторами перемирий и братаний,**

И всё же — были люди, которые, принимая участие в войне, которую их полководцы и духовные пастыри считали священной и «смертельно важной», всё же вдруг хотя бы на несколько минут из этой войны выпадали.

И с кем же и когда был Бог? С теми, кто кричал «Иди и убей!» или с этими, на минутку остановившимися? Или с теми, кто тогда не остановился, но потом терзался тем, чтобы был слишком послушен?

И об этом — Юрий Шевчук:

Не стреляй в воробьев, не стреляй в голубей,
Не стреляй просто так из рогатки своей!
Эй, малыш, не стреляй и не хвастай другим,
Что без промаха бьешь по мишеням живым.

Ты все тиры излазил, народ удивлял,
Как отличный стрелок, призы получал.
Бил с улыбкой, не целясь, навскидку и влет,
А кругом говорили: «Вот парню везет!»

И случилось однажды, о чем так мечтал:
Он в горящую точку планеты попал.
А когда наконец-то вернулся домой
Он свой старенький тир обходил стороной...

И когда кто-нибудь вспоминал о войне
Он топил свою совесть в тяжелом вине:
Перед ним, как живой, тот парнишка стоял
Тот, который его об одном умолял:

Не стреляй!

ЗАКЛЮЧЕНИЕ

Цитат из современности и из истории на тему сакрализации земных войн можно привести много больше. Но и приведенного достаточно, чтобы понять: да, это традиция. Не изначально-христианская, но всё же почти тысячелетняя.

Восточная Римская Империя (Византия) формально была республикой. Поэтому решения императора о войне оформлялись формальным согласием «синклита» («сената») и патриарха. Несогласия тут никогда не бывало.

Византийская симфония обязывает патриарха бездумно и без всякой нравственной рефлексии оправдывать любую войнушку, развязанную православным государем. Эта многовековая привычка автоматом перенеслась на султанов, генсеков и сёгунов.

Церковь больше не мешает императорам своим неуместным пацифизмом. Цари свободны от евангельской совести. Но и церковь в этой спарке была свободна в главном для нее: она независимо от царя могла определять своих недругов-еретиков. Если церковь на своем соборе кого-то назвала раскольником или еретиком — цари обязаны послать свои войска для исполнения синодального решения. Византийский симфонизм предполагал, что император по умолчанию соглашается считать ортодоксией то, что скажет церковный собор, не вмешиваясь в собственно богословие, а церковь и Патриарх согласны молитвой и своим словом, возглашаемым со всех амвонов империи (по сути церковь была единственным масс-медиа Средневековья), поддерживать те политические акции, которые считает нужным предпринять император.

И поэтому надо сказать, что в богословии восточной церкви вопрос о справедливой или несправедливой войне, равно как о «преступном приказе» просто не ставился. Император сказал — «идем», ну, значит, идем. Таков двуглавый орел: единое тело и две головы, царь и Патриарх.

Если царь решил начать войну, патриарх не взвешивал — справедлива эта война или нет, а просто благословлял «христолюбивое воинство». Царь мог свободно развязывать войны, казнить своих подданных или вводить новые разорительные налоги — и церковь не вмешивалась в его прерогативы, заранее одобряя их все.

Эту позицию, как всегда, блестяще выразил св. Филарет Московский в слове на панихиде по крестьянам, убитым в ходе бунта в селе Бездне: «Существо вопроса об отмене или удержании телесных наказаний до духовного ведомства не касается... Если государство найдет неизбежным в некоторых случаях употребить телесное наказание, христианство не осудит сей строгости»[796]. Сказано в связи с расстрелом крестьян в селе Бездне: шестью залпами убит 51 человек.

Если царь называл имена своих врагов — церковь автоматически объявляла их и своими же врагами (см. истории с церковной анафемой Мазепы или Разина)[797].

---

[796] Собрание мнений и отзывов митрополита Филарета. Т. 5. С. 128 и 131.

[797] Из более свежих: стоило начаться конфликту Сталина и Иосипа Броз Тито, как «В Совет по делам Русской православной церкви при Совете министров СССР. Явно враждебное отношение нынешнего Югославского правительства к нашему Союзу, проявляющееся в том, что оно ведет упорную подрывную работу против Советского Союза, открыто

И в IV веке это произошло невероятно быстро: еще вчера гонимая группа диссидентов и пацифистов мгновенно становится «державной скрепой».

История православия знает лишь одно исключение по имени сербский патриарх Павел.

> *«Нет такого интереса ни национального, ни семейного, ни личного, который мог бы нам дать право на преступление отвечать преступлением. Это бы нас погубило, так как ввергло бы нас в преступления. Когда мы в прошлом году были в Австрии в связи с празднованием 100-летия основания прихода Сербской Православной Церкви в Вене, я заявил о том, что мусульмане и хорваты приписывают мне, что я призываю сербов к войне и отмщению ради Великой Сербии. На что я ответил: „Если бы стоял вопрос отстоять Великую Сербию ценой преступления, я бы не согласился. Никогда. Пусть не будет Великой Сербии. Но, чтобы таким образом — нет. Если нужно было бы отстоять не великую, а маленькую Сербию ценой преступления, и на это не согласен. Если нужно было бы и последнего серба защитить ценой преступления, и этим последним сербом был я, не согласен. Пусть мы исчезнем, только в этом исчезновении останемся людьми Христовыми. Иначе мы не согласны жить"»*[798].

действуя в лагере нынешних поджигателей войны, побуждает меня считать для себя совершенно неприемлемым носить полученный мною в 1945 году югославский орден „Народного Освобождения". Отказываясь от него, я возвращаю его вместе с грамотой от 22 апреля 1945 года и прошу вернуть его по назначению. К моему настоящему решению присоединяются и получившие в том же году югославские ордена епископ Житомирский Сергий (Ларин), протоиереи Московской епархии Димитрий Цветков, Стефан Марков, Сергий Савинский и архимандрит Симеон (Никитин), приславшие мне каждый свое о том заявление. Прошу настоящее заявление мое опубликовать в печати. Алексий Патриарх Московский и всея Руси» (Журнал Московской Патриархии. 1950. № 4. С. 5; Известия, 15 марта 1950).

[798] http://homshevg.ru/pavle.htm Другой перевод: «Я заявляю — если бы ради сохранения Великой Сербии требовалось преступление, я никогда

Не все обязаны с соглашаться патриархом Павлом, так как не все обязаны быть христианами. Но тот, кто считает себя таковым, пожалуй, должен принять такую позицию как часть своего христианского креста. В вере в то, что никто и ничто не может быть выше «за нас Распятого Христа»[799], не может быть исключения ни для какой нации или группы.

Но ожидать от истории, что в каждом кризисе появится человек, подобный патриарху Павлу, было бы слишком капризно. История предлагает нам блюдо с почти грузинским названием «жричодали».

Силу культурной инерции преодолеть трудно[800], тем более, если твоя социальная роль в общем как раз и сводится к тому, чтобы знаково-ритуально воспроизводить традицию. А патриарх и должен всем своим видом напоминать о том, «что искони заведено».

Смысл же этой моей подборки в том, чтобы показать, что дело не в личном избыточном сервилизме современных

не дал бы на это согласие. Пусть исчезнет тогда Великая Сербия. Если бы таким образом требовалось сохранить и малую Сербию, я не дал бы согласие и на это. Пусть исчезнет и малая Сербия, только чтобы не было крови. Нет, такой ценой — нет! Если бы такой ценой надо было бы сохранить последнего серба, и я сам был бы этим последним сербом, не было бы моего согласия. Пусть мы исчезнем, только в этом исчезновении останемся людьми Христовыми. Иначе мы не согласны жить». https://www.srbija.ru/mat/prav/1672-id

[799] Одна есть в мире красота —
Любви, печали, отреченья,
И добровольного мученья
За нас Распятого Христа.
(К. Бальмонт)

[800] В вопросе толкования слов Христа о любви даже патриарх Павел воспроизвел военное толкование: «Христос нам, верующим, сказал: «Нет больше той любви, если кто положит жизнь за ближних своих». Это о тех, кто защищает свою семью, свою свободу, Отечество, могилы предков» (Патриарх Павел: Милошевич — не христианин https://azbyka.ru/otechnik/Pavel-Stojchevich/patriarh-pavel-miloshevich-ne-hristianin/).

иерархов, а в том, что православие и в самом деле содержит в себе и воспроизводит собою традицию освящения войны — через провозглашение ее священной, через демонизацию врага, через канонизацию своих солдат.

Само по себе такое обещание рая погибшим солдатам достаточно для того, чтобы считать войну священной. Но, скажем, в случае с войнами императора Ираклия о таких обещаниях неизвестно. Отчего они не перестают быть «священными».

Если же среди целей военного похода декларируется не просто защита своей имперской ортодоксии и своих граждан, но и распространение своей веры — то это «крестовый поход».

Понятно, что очень часто сакрализация войны есть мера ответная. Но факт всё же таков: и византийская и русская история знали примеры религиозных войн, а церковно-государственная пропаганда именно в таком качестве их и презентовала[801].

… А одну работу я всё же не сделал. Может кому-то хватит интереса и сил посмотреть на историю цитирования и актуализации одного знаменитого места из «Путешествий Гулливера» в русской аудитории:

> *«Всеми разделяется убеждение, что вареные яйца при употреблении их в пищу испокон веков разбивались с тупого*

---

[801] Прот. Герман Каптен полагает: «Можно согласиться с мнением некоторых исследователей, что восточное христианство „так и не выработало идеологического обоснования ведения войны против „неверных", выраженного в понятиях христианской теологии, даже несмотря на то, что временами отдельные исторические лица говорили и действовали так, как будто подобное обоснование в самом деле существовало"» (Каптен Г. Ю. Проблема сакрализации войны в византийском богословии и историографии. — Спб., 2020. С. 154 со ссылкой на Банников А. В., Морозов М. А. Византийская армия (IV–XII вв.). — СПб., 2013. С. 503). Я же считаю, что «отдельные исторические лица» создали как традицию, так и концепцию войны против «неверных», и выразили ее именно «в понятиях христианской теологии» хотя бы по той причине, что другого языка средневековое общество и не могло использовать для рефлексии своих действий.

конца; но дед нынешнего императора, будучи ребенком, порезал себе палец за завтраком, разбивая яйцо означенным древним способом. Тогда император, отец ребенка, обнародовал указ, предписывающий всем его подданным под страхом строгого наказания разбивать яйца с острого конца.

Этот закон до такой степени озлобил население, что, по словам наших летописей, был причиной шести восстаний, во время которых один император потерял жизнь, а другой — корону. Насчитывают до одиннадцати тысяч фанатиков, которые в течение этого времени пошли на казнь, лишь бы не разбивать яйца с острого конца. Были напечатаны сотни огромных томов, посвященных этой полемике <...> В течение этих смут императоры Блефуску часто через своих посланников делали нам предостережения, обвиняя нас в церковном расколе путем нарушения основного догмата, <...> изложенного в пятьдесят четвертой главе Блундекраля <...> Между тем это просто насильственное толкование текста, подлинные слова которого гласят: „Все истинно верующие да разбивают яйца с того конца, с какого удобнее"».

Как часто посреди ликующей толпы, жаждущей новых побед своей веры и своего оружия, появлялись люди, которые бы вспоминали эти слова Джонатана Свифта?

Православный мир, как и любой другой, легко переходил в режим «всё для фронта». Особые налоги, чрезвычайные призывы, «театр — фронту!» И, конечно, древнейший религиозно-мобилизационный ресурс тоже постоянно использовался. Он пригождался как для создания образа врага, так и для укрепления собственного боевого азарта и создания культа непобедимого полководца-императора.

Если война объявляется едиными устами царя — патриарха, то важно ли, кто из них в комнате для тайных совещаний первым предложил ее начать? Если война объявляется священной, важно ли, что ее зачинатель имел в виду иные цели? Для истории пропаганды это не важно. Есть факт презентации и идеологического обоснования некоей акции.

И есть факт позднейшего отрицания этих акций. Мы, мол, просто молились и утешали вдов.

Чтобы эти манипуляторы или неучи были менее успешны в своей работе и была написана эта книга. Вдруг кому-то знание о таком нашем православном прошлом поможет сохранить добродетель, которую православие же считает главной: трезвомыслие в самооценке.

От автора и о нем

Возможно, кому-то из читателей хочется спросить о личном отношении автора этой книги к войне вообще и к религиозной войне в частности.

Тут я скажу, что в этой книге я старался по возможности избежать личных оценок, представив место фактам и цитатам.

Что же касается меня самого, то у меня — переходный возраст.

Убывает адреналин в крови и, может быть, поэтому рассказы о героях и подвигах, о том, кто сколько врагов убил, уже не вызывают ни восторга, ни сочувствия. Формула «худой мир лучше доброй ссоры» становится всё понятнее и приемлемее.

По той же причине возрастного и жизненного кризиса (да, эмиграция, утрата дома, привычной социальной идентичности и т. п.), а также по причине накопления тех знаний, о которых еще Соломон говорил, что они умножают скорбь, я наложил на себя определенные ограничения.

Первое из них: вопреки профессионально-кастовому[802] инстинкту духовенства, я не говорю от лица Бога. Я не говорю от лица Его Церкви. Мое мнение есть просто мое мнение. Правда, я стараюсь его аргументировать.

---

[802] Когда писал эту строку, вышла опечатка и получилось слово «кассовому». Даже жаль убирать столь прекрасную очепятку.

Я отпустил Бога на свободу и признаю за Ним право действовать так, что мне будут совершенно непонятны Его действия и замыслы. Когда Он пожелал — он смирил себя до разговора с кочевым пастушьим племенем в синайской пустыне. Когда Он пожелал — он унизил Себя до креста. Если Он пожелает — Он может смириться до такой степени, что и в самом деле станет говорить и действовать через патриарха Кирилла и президента Путина. «Мои мысли — не ваши мысли, ни ваши пути — пути Мои» (Ис. 55, 8). Бог не обязан исполнять решения какого-нибудь синода. Но Он точно также не обязан и гнушаться их. Он ничего и никому не обязан.

И поэтому я могу говорить лишь о том, что мне «кажется». «Мне кажется, что ближе к позиции Христа является такое-то мнение!..» Но никто не идентичен Иисусу. И вообще, как говорил Ницше, на земле был только один настоящий христианин, и того распяли. Но Сам-то Христос жив и динамичен, и Он может вложить Свой Дух в ослицу, в юродивого бомжа и даже в римского папу. И кто Ему запретит?

Второе: я отказался от надежды иметь внутри себя целостное мировоззрение.

С одной стороны, православная догматика предвидит такую возможность (см. псевдо-тертуллиановское «верую, ибо абсурдно»). С другой стороны, та же самая догматика (а это попытка привнести логику в мир религии, по определению иррациональный) порой демонстрирует сокрушительную логическую силу при опровержении ересей. Но не при доказательстве своих тезисов.

Вот я читаю книгу св. Григория Нисского (IV век), направленную против ереси Македония (он полагал, что Святой Дух это не Сам Бог, а лишь инструмент его действий). И вижу, что св. Григорий убедительно показывает, что имя «Дух» во множестве библейских текстов синонимично имени «Бог». Но я не вижу аргументов в пользу тезиса о том, что это не эманация, а Личность, которую надо отличать от Личности Бога Отца. То есть тезис о том, что Дух — не просто одно из имен Всевышнего (коих тот же ислам насчитывает до ста), а особая Ипостась, оказался вне зоны обоснования.

По законам логики из неправоты одного спорщика совсем не следует правота другого. Вывод: в мире богословия логические цепочки фрагментарны. Это не система Гегеля или Фихте, где весь космос дедуцируется из одного начального тезиса. И это меня радует. Мне с юности страшно в гегелевской казарме[803] и уютно в треснувших мирах экзистенциалистов.

Длина этих богословски логичных фрагментов зависит от личных талантов и усилий отдельного богослова, а не от объема учебника по догматическому богословию. Умный экспериментатор типа Флоренского, Лосева или Лосского может увидеть логику там, где остальные его коллеги и предшественники видели

---

[803] «Гегель ни слова не сказал о личном бессмертии... Субъект у него не сам себе цель, но средство для мгновенного выражения общего, а это общее является у него в отношении к субъекту Молохом, ибо, пощеголяв в нем (в субъекте), бросает его, как старые штаны. Я имею особенно важные причины злиться на Гегеля. Все толки Гегеля о нравственности — вздор сущий, ибо в объективном царстве мысли нет нравственности. Ты — я знаю — будешь надо мною смеяться, а я свое: судьба субъекта, индивидуума, личности важнее судеб всего мира и здравия китайского императора (т. е. Гегелевской Allgemeinheit). Мне говорят: развивай все сокровища своего духа для свободного самонаслаждения духом, плачь, дабы утешиться, скорби, дабы возрадоваться, стремись к совершенству, лезь на верхнюю ступень лестницы развития, а споткнешься — падай — чорт с тобою — таковский и был. Благодарю покорно, Егор Федорыч (Георг Фридрих Гегель — А.К.), кланяюсь вашему философскому колпаку; но честь имею донести вам, что если бы мне и удалось влезть на верхнюю ступень лестницы развития, — я и там попросил бы вас отдать мне отчет во всех жертвах условий жизни и истории, во всех жертвах случайностей, суеверий, инквизиции, Филиппа II и пр. и пр.: иначе я с верхней ступени бросаюсь вниз головою. Говорят, что дисгармония есть условие гармонии: может быть, это очень выгодно и усладительно для меломанов, но уж, конечно, не для тех, которым суждено выразить своею участью идею дисгармонии» (В. Белинский. Письмо М. А. Бакунину. 12 октября 1838 г. и письмо В. П. Боткину 1 марта 1841 г.).

просто авторитетную цитату. Точнее — он может привнести логику в текст, который на самом деле был рожден совсем иными путями, нежели логическая дедукция.

И в этой фрагментарности нет ничего плохого. Богослов более, чем кто-либо имеет право (а порою и долг) сказать «этого я не знаю», «этого я не понимаю».

Та моя вера, которую я старательно строил в себе самом в неофитские и семинарские годы, оказалась слишком отвлеченной и превознесенной конструкцией. Я верил, что Бог открывает Свою волю чрез святых, старцев, епископов, священников...

«Изволися Духу Святому и нам»... Не слишком ли это самоуверенно? Но ведь Бог свободен может смирить себя и ввести Себя в состав даже самого несвободного и унылого соборика... Так что сохраняем знак вопроса.

Таково профессиональное итоговое разочарование многих моих коллег: профессор патрологии Московской Духовной Академии (и расстрелянный в 1938 г. новомученик) И. В. Попов заметил: «Когда знаешь, что такое были епископы IV–VI вв., и читаешь эти лицемерные уверения в их святости и боговдохновенности, становится тошно»[804].

Другой профессор предреволюционной Московской Духовной Академии М. Тареев:

---

[804] Письмо С. И. Смирнову от 16.07.1907. Публ. в: протод. Сергий Голубцов. Стратилаты Академические. — М., 1999. С. 210. Речь идет о книге «О церковной иерархии» псевдо-Дионисия Ареопагита. О епископах он говорит таким языком: «Таким же боговидным образом божественный иерарх, хотя и благовидно сводит к нижним свое объединенное знание иерархии, пользуясь множеством священных намеков, но вновь, как не связанный и не удерживаемый меньшими, возвращается в свое начало не претерпевшим ущерба и, совершив вхождение в свое собственное умственное единое, чисто видит единовидные логосы посвященных, завершая человеколюбивое выступление ко вторичным и совершая более божественное возвращение к Первичному.... Божественный иерарх — это возвеститель, как говорят Речения, богоначальных определений, ибо он „вестник Господа Вседержителя Бога есть"».

«Теперь представьте себе, что творится в нашем школьном и популярном богословии, в церковной публицистике. Каждый параграф, каждый абзац начинается словами: „Православная церковь учит". Как же добывается церковное учение? Приводится мнение какого-либо отца и выдается без малейших колебаний за церковное учение. „Православная церковь учит: св. Макарий Египетский пишет" и пр. „Церковь учит: св. Василий Великий пишет так-то". Да разве голос Макария Египетского есть уже голос церкви? Разве мнение Василия Великого есть уже церковное учение? Нет ни малейшего намека отличать учение церкви, церковное предание от частных систем и мнений святоотеческих. „По отцам" значит: выше всего — личный вкус провозглашающего этот принцип» [805]

Славянофил генерал Киреев, член Предсоборного Присутствия:

«Я всё более и более убеждаюсь в том, что каноны (позднейшие) дают возможность доказывать все, что угодно. Когда является надобность — сейчас приискивают сейчас какой-нибудь «канончик». Признаться, наше Присутствие теряет массу времени в длинных речах профессоров разных отраслей богословия, в особенности канонистов. Чем больше я их слушаю, тем более убеждаюсь, что на какой угодно тезис можно найти подходящий канон; да и прежде не доверял непогрешимости канонов, а теперь и совсем изверился и вижу, что ими можно „жонглировать"!» [806].

Ранее я готов был броситься на защиту любого тезиса, преподанного мне в семинарии. И даже своим первым студентам

---

[805] Тареев М. М. Христианская философия. Ч. 1. Новое богословие. — М., 1917. С. 79–80.
[806] Дневник А. А. Киреева. 1905–1910. — М., 2010. С. 141–142 и 182. Запись в дневнике 4 мая и 14 дек. 1906.

в Российском Православном университете в 1992 году сказал: «Я хотел бы воспитать из вас цепных псов православия»[807].

А сейчас я просто запрещаю себе погружаться в некоторые вопросы богословия, потому что боюсь, что ответы уже не убедят меня, но именно эти ответы и считаются маркерами православия…

Но и помимо богословских сложностей, современный мир столь сложен, что просто не поместится ни в какую «единую теорию всего».

В набоковском «Приглашении на казнь» Цецилия Ц. вспоминает:

«Когда была ребенком, в моде были, — ах, не только у ребят, но и у взрослых, — такие штуки, назывались „нетки", — и к ним полагалось, значит, особое зеркало, мало что кривое — абсолютно искаженное, ничего нельзя понять, провалы, путаница, всё скользит в глазах, но его кривизна была неспроста, а как раз так пригнана… Или, скорее, к его кривизне были так подобраны… Нет, постойте, я плохо объясняю. Одним словом, у вас было такое вот дикое зеркало и целая коллекция разных неток, то есть абсолютно нелепых предметов: всякие такие бесформенные, пестрые, в дырках, в пятнах, рябые, шишковатые штуки, вроде каких-то ископаемых, — но зеркало, которое обыкновенные предметы абсолютно искажало, теперь, значит, получало настоящую пищу, то есть, когда вы такой непонятный и уродливый предмет ставили так, что он отражался в непонятном и уродливом зеркале, получалось замечательно; нет на нет давало да, всё восстанавливалось, всё было хорошо, — и вот из бесформенной пестряди получался

---

[807] И как же я радуюсь сегодня, что двое студентов из той группы сейчас живут в Праге, смеются над той моей фразой и помогают мне. (В Праге они оказались разными путями, независимо друг от друга и от моей релокации).

в зеркале чудный стройный образ: цветы, корабль, фигура, какой-нибудь пейзаж. Можно было — на заказ — даже собственный портрет, то есть вам давали какую-то кошмарную кашу, а это и были вы, но ключ от вас был у зеркала. Ах, я помню, как было весело и немного жутко — вдруг ничего не получится! — брать в руку вот такую новую непонятную нетку и приближать к зеркалу, и видеть в нем, как твоя рука совершенно разлагается, но зато как бессмысленная нетка складывается в прелестную картину, ясную, ясную...»

Сегодня реальных «неток» много.

А вот теоретического зеркала, которое придало бы этим реальным уродцам стройность и смысл, нет. По крайней мере у меня.

Итак, я восхищаюсь последовательными пацифистами, если это не поза, а реальный риск.

Я считаю максимально близкими к позиции Христа поступки римских воинов-дезертиров и тех церковных учителей, что подготовили их к этому поступку (см. гл. 1).

И при этом признаю, что из этого следует, что сам я плохой и непоследовательный христианин.

Ведь я согласен, что война может быть защитительной, неизбежной и справедливой. См. рассказ Генерала в «Трех разговорах» Владимира Соловьева.

Мне понятен тезис Ивана Ильина про то, что иногда участие в войне может быть меньшим грехом, чем уклонение от нее.

Я также могу понять и принять, что религиозные мотивы и лозунги порой могут быть вполне уместны для ведения такой (защитительной, неизбежной и справедливой) войны.

И при этом вижу (и отчасти показал в книге), как легко можно манипулировать этим вроде бы частным и ограниченным разрешением.

Поэтому, повторюсь, строго логична лишь позиция пацифистов: сказано «не убий», и давайте без исключений и комментариев[808].

Позиция августинианцев с их «теорией справедливой войны»[809] предлагает верить не Христу, а имеющемуся земному правителю. Ибо невозможно простому человеку разобраться в том, кто из королей прав. Даже если на его глазах чужеземцы ворвались и сожгли его родную приграничную деревню — быть может, они лишь отвечали на агрессию, проведенную родным королем этого очевидца в другом месте и в более раннее время.

Помню, как в 2014–21 годах в интернетах кипели споры по поводу каждого «прилета» с выяснением геолокации и анализом воронок: могла ли стена этого детского садика пострадать от выстрела вот именно с той стороны, или это провокация?..

Пацифист может не ставить себя в зависимость от споров таких экспертов и просто сказать всем: «Не стреляй!» Августинианец же становится заложником королевской пропаганды.

---

[808] «Божественный авторитет допускает и некоторые исключения из запрета убивать человека. Но это относится к тем случаям, когда повелевает убивать сам Бог, или через закон, или же особым относительно того или иного лица распоряжением. В этом случае не тот убивает, кто обязан служить повелевшему, как и меч служит орудием тому, кто им пользуется. И поэтому заповеди „не убивай" отнюдь не преступают те, которые ведут войны по велению Божию или Его законам, т. е. в силу самого разумного и правосудного распоряжения наказывают злодеев смертью» (Августин. О Граде Божием. I, 21).

[809] «Несправедливость противной стороны вынуждает мудрого вести справедливые войны» (О граде Божием XIX.7). Справедливой считается такая война, «в которой караются беззакония». В таком вооруженном конфликте военачальник, солдат и весь вступивший в войну народ «не столько виновник войны, сколько служитель правосудия» (non tam auctor belli quam minister iudicandus est) (Разыскания на Семикнижие. Кн 7. 6, 9; 419 год).

Пацифизм прост и логичен. Просто я сам уже/еще не логичен. И в путаном клубке моих личных противоречий есть такой узелок: волкодав прав, людоед — нет. А в каждом конкретном случае при определении, кто тут волкодав, а кто людоед, я, конечно, могу ошибаться.

СОДЕРЖАНИЕ

Обозначение темы 4

Глава 1. Исторический путь православия:
от пацифизма к милитаризму 14

Глава 2. Восемь признаков религиозной войны 74

Глава 3. Вела ли «Крестовые походы»
православная Византия? 87

Глава 4. Вела ли «Крестовые походы»
православная Русь? 122

   *Первая русская летопись о первом русском
крестовом походе* *122*

   Война по просьбе патриарха *125*

   Боевые иконы православия *130*

   Православный погром Киева *132*

   Зачем Мамай пошел на Русь? *139*

   *Епископы в повседневности княжеских
междоусобиц* *149*

   Назидания святого Макария Ивану Грозному *174*

   *Жили ли христиане в Белоруссии в XVI веке?
Точка зрения Москвы* *180*

   Призывы патриарха Гермогена *189*

   *Азовское сидение и первое «нашествие
двунадесяти языков»* *195*

Война за Смоленск и патриарх Никон *198*
Крымский поход патриарха Иоакима *205*
Священные брани осьмнадцатого веку *210*
Наполеоновские войны: война с Антихристом *217*
Крымская война: война за Гроб Господень *234*
Балканская война: война, объявленная епископом *266*
На помощь христианам Балкан *278*
Японская война: крестовый поход на язычников *322*
Богословие в Первой Мировой войне *349*
Священная Гражданская *420*
Мобилизованные святые *449*

Глава 5. Где живет сатана? 454

Глава 6. Канон об отлучении ветеранов....................497

Глава 7. Все солдаты попадают в рай.........................507

Глава 8. Точно ли солдатская любовь самая большая? 531

Глава 9. Православные кришнаиты 542

Глава 10. Что есть подвиг? 563

Глава 11. Капелланы-комиссары 583

Глава 12. Неожиданные перемирия
и «Поэма о Дезертире»...617

Заключение..644

От автора и о нем...651

В издательстве BAbook вышли книги

Борис Акунин

Серия «ПРИКЛЮЧЕНИЯ ЭРАСТА ФАНДОРИНА»

РАСШИФРОВКИ
(Приключения Эраста Фандорина)

Серия «ПРОВИНЦІАЛЬНЫЙ ДЕТЕКТИВЪ»

«ИСТОРИЯ РОССИЙСКОГО ГОСУДАРСТВА» в 10 томах

ЗЛАТАЯ ЦЕПЬ НА ДУБЕ ТОМ
(Викистория российского государства)

«ЛЕГО»

«СКАЗКИ СТАРОГО, НОВОГО И ИНОГО СВЕТА»

«МОЙ КАЛЕНДАРЬ»

«ГОД КАК ХОККУ»

ИНТЕЛЛЕКТУАЛЬНЫЕ АНЕКДОТЫ,
собранные и прокомментированные
Борисом Акуниным

«МОСКВА—СИНЬЦЗИН»

«ПРОСНИСЬ!»

Акунин-Чхартишвили

«НА САНЯХ»

Анна Борисова

«ТАМ…»

«КРЕАТИВЩИК»

«VREMENA GODA»

Роман Баданин, Михаил Рубин

«ЦАРЬ СОБСТВЕННОЙ ПЕРСОНОЙ»

Олег Радзинский

«ПОКАЯННЫЕ ДНИ»

Евгений Фельдман

«МЕЧТАТЕЛИ ПРОТИВ КОСМОНАВТОВ»

Михаил Шишкин

«МОИ. ЭССЕ О РУССКОЙ ЛИТЕРАТУРЕ»

https://babook.org/